OBRAS COMPLETAS DE SIGMUND FREUD

TOMO VI

Sigmund Freud

OBRAS COMPLETAS

Tomo VI
(1914-1917)

TRADUCCION DIRECTA DEL ALEMAN, POR LUIS LOPEZ-BALLESTEROS Y DE TORRES

ORDENACION Y REVISION DE LOS TEXTOS, POR EL DOCTOR JACOBO NUMHAUSER TOGNOLA

Biblioteca Nueva

© EDITORIAL BIBLIOTECA NUEVA
Almagro, 38 - MADRID-4 (ESPAÑA)
ISBN 84-7030-193-4 (edición completa).
ISBN 84-7030-234-5 (vol. VI).
Depósito legal: M. 23.716-1972 (VI).
Gráficas Reunidas, S. A. - Avda. de Aragón, 56 - MADRID-27.

LXXXV

HISTORIA DE UNA NEUROSIS INFANTIL (CASO DEL «HOMBRE DE LOS LOBOS») *

1914 [1918]

I. Observaciones preliminares.

E L caso clínico que nos disponemos exponer —aunque de nuevo tan sólo fragmentariamente— se caracteriza por toda una serie de particularidades que habremos de examinar previamente [1325]. Trátase de un hombre joven que enfermó a los dieciocho años, inmediatamente después de una infección blenorrágica, y que al ser sometido, varios años después, al tratamiento psicoanalítico se mostraba totalmente incapacitado. Durante los diez años anteriores a su enfermedad, su vida había sido aproximadamente normal y había llevado a cabo sus estudios de segunda enseñanza sin grandes trastornos. Pero su infancia había sido dominada por una grave perturbación neurótica que se inició en él, poco antes de cumplir los cuatro años, como una histeria de angustia (zoofobia), se transformó luego en una neurosis obsesiva de contenido religioso y alcanzó con sus ramificaciones hasta los diez años del sujeto.

En el presente ensayo nos ocuparemos tan sólo de esta neurosis infantil. A pesar de haber sido expresamente autorizados por el paciente, hemos rehusado publicar el historial completo de su enfermedad, su tratamiento y su curación, considerándolo técnicamente irrealizable e inadmisible desde el punto de vista social. Con ello desaparece también toda posibilidad de mostrar la conexión de su enfermedad infantil con su posterior dolencia definitiva, sobre la cual podemos sólo indicar que el sujeto pasó a causa de ella años enteros en sanatorios

* «Aus der Geschichte Einer Infantilen Neurose», en alemán el original, en *S. K. S. N.*, 4, 578-717, 1918. El tratamiento analítico del joven ruso se inicia con Freud en febrero de 1910 y se le da término en julio de 1914. Freud comienza a redactar el historial en octubre y lo termina en noviembre del mismo año. Esperó cuatro años más hasta su publicación, momento en que sólo añade dos largos comentarios. El epílogo lo escribe para la edición de 1924, donde además incluye un sumario biográfico del paciente. Strachey hace notar que Freud se refirió a diversos episodios y aspectos del 'hombre de los lobos' a lo largo de varios ensayos diferentes. Ver, por ejemplo, el Sueño de los lobos en el trabajo de 1913 titulado 'Sueños con temas de cuentos infantiles' (vol. V de estas *Obras completas*). Este historial es, sin lugar a dudas, uno de los más importantes de Freud, tanto desde el punto de vista de la técnica como de la teoría psicoanalítica. *(Nota de J. N.)*

[1325] Escribí el presente historial clínico recién ter-

minado el tratamiento del caso, en el invierno de 1914 a 1915, y bajo la impresión de las alteraciones que en los resultados psicoanalíticos intentaban introducir C. G. Jung y Alfredo Adler. Se enlaza, pues, al ensayo publicado en el *Jahrbuch der Psychoanalyse* de 1914 y titulado *Historia del movimiento psicoanalítico*, y completa, con la revisión objetiva del material analítico, la polémica esencialmente personal en dicho ensayo integrada. Destinado originariamente al volumen siguiente del *Jahrbruch*, hube de decidirme a publicarlo aparte, ante la demora indefinida que a la publicación del mismo imponía la guerra europea. Mucho de lo que en este trabajo había de ser tratado por vez primera hube de exponerlo entre tanto en mis *ensayos* (en este mismo volumen) *Lecciones Introductorias*.

Reproduzco aquí, sin modificación alguna de importancia, el texto primitivo, añadiendo tan sólo algunos complementos que van entre paréntesis [ ].

alemanes, en los cuales se calificó su estado de «locura maniaco-depresiva». Este diagnóstico hubiera sido exacto aplicado al padre del paciente, cuya vida, intensamente activa, hubo de ser perturbada por repetidos accesos de grave depresión. Pero en el hijo no me fue posible observar, en varios años de tratamiento, cambio alguno de estado de ánimo que por su intensidad o las condiciones de su aparición pudiera justificarlo.

A mi juicio, este caso, como muchos otros diversamente diagnosticados por la Psiquiatría clínica, debe ser considerado como un estado consecutivo de una neurosis obsesiva llegada espontáneamente a una curación incompleta.

Mi exposición se referirá, pues, tan sólo a una neurosis infantil analizada no durante su curso, sino quince años después, circunstancia que tiene sus ventajas y sus inconvenientes. El análisis llevado a cabo en el sujeto neurótico infantil parecerá, desde luego, más digno de confianza, pero no puede ser muy rico en contenido. Hemos de prestar al niño demasiadas palabras y demasiados pensamientos, a pesar de lo cual no lograremos quizá que la conciencia penetre hasta los estratos psíquicos más profundos. El análisis de una enfermedad infantil por medio del recuerdo que de ella conserva el sujeto adulto y maduro ya intelectualmente no presenta tales limitaciones, pero habremos de tener en cuenta la deformación y la rectificación que el propio pasado experimenta al ser contemplado desde años posteriores. El primer caso proporciona quizá resultados más convenientes, pero el segundo es mucho más instructivo.

De todos modos, podemos afirmar que los análisis de neurosis infantiles integran un alto interés teórico. Contribuyen a la exacta comprensión de las neurosis de los adultos, tanto como los sueños infantiles a la interpretación de los sueños ulteriores. Mas no porque sean más transparentes ni más pobres en elementos. La dificultad de infundirse en la vida anímica infantil hace que supongan una ardua tarea para el médico. Pero la falta de las estratificaciones posteriores permite que lo esencial de la neurosis se transparente sin dificultad. La resistencia contra los resultados del psicoanálisis ha tomado actualmente una nueva forma. Hasta ahora nuestros adversarios se contentaban con negar la realidad de los hechos afirmados por el análisis, claro está que sin tomarse el trabajo de comprobarla. Este procedimiento parece ahora irse agotando lentamente. Y es sustituido por el de reconocer los hechos, pero interpretándolos de manera que supriman las conclusiones que de ellos se deducen, eludiendo así una vez más las novedades contra las cuales se alza la resistencia. Pero el estudio de las neurosis infantiles prueba la inanidad de semejantes tentativas de interpretación tendenciosa. Muestra la participación predominante de las fuerzas instintivas libidinosas, tan discutidas, en la estructuración de la neurosis y revela la ausencia de las remotas tendencias culturales, de las que nada sabe aún el niño y que, por tanto, nada pueden significar para él.

Otro rasgo que recomienda a nuestra atención el análisis que aquí vamos a exponer se relaciona con la gravedad de la dolencia y la duración de su tratamiento. Los análisis que consiguen en breve plazo un desenlace favorable pueden ser muy halagüeños para el amor propio del terapeuta y demostrar a las claras la importancia terapéutica del psicoanálisis; pero, en cambio, no favorecen de ninguna manera el progreso de nuestros conocimientos científicos, pues nada nuevo nos enseñan. Nos han llevado tan rápidamente a un resultado favorable porque ya sabíamos de antemano lo que era necesario hacer para alcanzarlo. Sólo aquellos análisis que nos oponen dificultades especiales y cuya realización nos lleva mucho tiempo pueden enseñarnos algo nuevo. Unicamente en estos casos conseguimos descender a los estratos más profundos y primitivos de la evolución anímica y extraer de ellos la solución de los problemas que plantean las estructuras ulteriores. Nos decimos entonces que sólo aquellos análisis que tan profundamente penetran merecen en rigor el nombre de tales. Claro está que su único caso no nos instruye sobre todo lo que quisiéramos saber. O mejor dicho, podría instruirnos sobre todo ello si nos fuera posible aprehenderlo todo, sin que la limitación de nuestra propia percepción nos obligara a contentarnos con poco.

El presente caso no dejó nada que desear en cuanto a tales dificultades fructíferas. Los primeros años de tratamiento apenas consiguieron modificación alguna. Una afortunada constelación permitió, sin embargo, que todas las circunstancias externas hicieran posible la continuación de la tentativa terapéutica. En circunstancias menos favorables hubiera sido necesario suspender el tratamiento al cabo de algún tiempo. En cuanto a la actitud del médico, puedo sólo decir que en tales casos debe mantenerse tan ajeno al tiempo como lo es lo inconsciente y saber renunciar a todo efecto terapéutico inmediato si quiere descubrir y conseguir positivamente algo. Asimismo, pocos casos exigen por parte del enfermo y de sus familiares tanta paciencia, docilidad, comprensión y confianza. Para el analista ha de decirse que los resultados conquistados después de tan largo trabajo en uno de estos casos habrán de permitirle abreviar esencialmente la duración de otro tratamiento ulterior de un caso análogamente grave y dominar así progresivamente, luego de haberse sometido a ella una vez, la indiferencia de lo inconsciente en cuanto al tiempo.

El paciente del cual nos disponemos a tratar permaneció durante mucho tiempo atrincherado en una actitud de indiferente docilidad. Escuchaba y comprendía, pero no se interesaba por nada. Su clara inteligencia se hallaba como secuestrada por las fuerzas instintivas que regían su conducta en la escasa vida exterior de que aún era capaz. Fue necesaria una larga educación para moverle a participar independientemente en la labor analítica, y cuando a consecuencia de este esfuerzo surgieron las primeras liberaciones desvió por completo su atención de la tarea para evitar nuevas modificaciones y mantenerse cómodamente en la situación creada. Su temor a una existencia independiente y responsable era tan grande, que compensaba todas las molestias de su enfermedad. Sólo encontramos un camino para dominarlo. Hube de esperar hasta que la ligazón a mi persona llegó a ser lo bastante intensa para compensarlo y entonces puse en juego este factor contra el otro.

Decidí, no sin calcular antes la oportunidad, que el tratamiento había de terminar dentro de un plazo determinado, cualquiera que fuese la fase a la que hubiera llegado. Estaba decidido a observar estrictamente dicho plazo, y el paciente acabó por advertir la seriedad de mi propósito. Bajo la presión inexorable de semejante apremio cedieron su resistencia y su fijación a la enfermedad, y el análisis proporcionó entonces, en un plazo desproporcionadamente breve, todo el material, que permitió la solución de sus inhibiciones y la supresión de sus síntomas. De esta última época del análisis, en la cual desapareció temporalmente la resistencia y el enfermo producía la impresión de una lucidez que generalmente sólo se consigue en la hipnosis, proceden todas las aclaraciones que me permitieron llegar a la comprensión de su neurosis infantil.

De este modo, el curso del tratamiento ilustró el principio ha largo tiempo sentado por la técnica analítica de que la longitud del camino que el análisis haya de recorrer con el paciente y la magnitud del material que por este camino haya de ser dominado no significan gran cosa en comparación con la resistencia que haya de surgir durante tal labor, y sólo han de tenerse en cuenta en tanto son proporcionales a la misma. Sucede en esto lo que ahora, en tiempo de guerra, cuando un ejército necesita semanas y meses enteros para avanzar una distancia que en tiempo de paz puede recorrerse en pocas horas de tren y que poco tiempo antes ha sido recorrido efectivamente por el ejército contrario en unos cuantos días.

Una tercera peculiaridad del análisis que aquí nos proponemos exponer ha dificultado también considerablemente mi decisión de publicarlo. Sus resultados han coincidido con nuestros conocimientos anteriores o se han enlazado perfectamente a ellos. Pero algunos detalles me han parecido tan singulares e inverosímiles, que me han asaltado escrúpulos de exigir a otros su admisión. En consecuencia, he invitado al paciente a someter a una severa crítica sus recuerdos; mas por su parte no encontró en ellos nada inverosímil. Los lectores pueden estar seguros por lo menos de que sólo expongo aquello que surgió ante mí como vivencia independiente y no influida por mi expectativa. Por tanto, sólo me queda remitirme a la sabia afirmación de que entre el Cielo y la Tierra hay muchas más cosas de las que nuestra filosofía supone. Quien supiera excluir más fundamentalmente aún sus propias convicciones descubriría seguramente más cosas.

II. Exposición general del ambiente del paciente y de la historia clínica.

No me es posible exponer el historial de mi paciente en forma puramente histórica ni tampoco en forma puramente pragmática; no puedo desarrollar exclusivamente una historia del tratamiento ni tampoco una historia de la enfermedad, sino que me veo obligado a combinar ambas entre sí. Como es sabido, no hemos hallado aún medio alguno de que la exposición de un análisis refleje y lleve al ánimo del lector la convicción de él resultante. Tampoco un acta detallada del curso de las sesiones del tratamiento resolvería tal problema, y, además, la técnica psicoanalítica excluye su redacción ante el enfermo. En consecuencia, no publicamos estos análisis para convencer a quienes hasta ahora se han mostrado opuestos a nuestras teorías, sino para procurar nuevos datos a aquellos investigadores a quienes una labor directa con los enfermos ha llevado ya a una convicción.

Empezaré por describir el ambiente en que el sujeto vivió de niño y comunicar aquella parte de su historia infantil que me fue dado averiguar desde un principio sin gran riesgo y que luego no logró en varios años complemento ni aclaración algunos.

Sus padres se habían casado jóvenes y fueron felices hasta que las enfermedades empezaron a ensombrecer su vida, pues la madre contrajo una afección abdominal, y el padre empezó a sufrir accesos de depresión que le obligaron a ausentarse del hogar familiar. La calidad psíquica de la dolencia paterna hizo que el sujeto no se diese cuenta de ella hasta mucho después. En cambio, sí se le reveló en años muy tempranos el mal estado de salud de su madre, que le impedía ocuparse asiduamente de sus hijos. Un día, seguramente antes de cumplir los cuatro años, la oyó quejarse al médico de sus dolencias, y tan impresas se le quedaron sus palabras, que muchos años después las repitió literalmente, aplicándolas a sus propios trastornos. No era hijo único, pues tenía una hermana dos años mayor que él precozmente inteligente y perversa, que desempeñó un importantísimo papel en su vida.

Por su parte se hallaba encomendado a los cuidados de una niñera, mujer del pueblo, anciana ya y nada instruida, que le consagraba infatigable ternura, pues constituía para ella el sustituto de un hijo que había perdido en edad temprana. La familia vivía en una finca durante el invierno y pasaba en otra los veranos. El día en que sus padres vendieron las dos fincas y se trasladaron a la ciudad cercana, a ambas dividió en dos períodos la infancia del sujeto. Durante el primero solían pasar largas temporadas con ellos, en alguna de las fincas, distintos parientes: los hermanos del padre, las hermanas de la madre, con sus hijos y los abuelos maternos. Durante el verano, sus padres solían ausentarse por unas cuantas semanas. Un recuerdo encubridor le mostraba al lado de su niñera contemplando cómo se alejaba el coche que conducía a sus padres y a su hermana y volviendo luego tranquilamente a casa cuando el carruaje se hubo perdido de vista. En la época de este recuerdo debía de ser aún muy pequeño [1326]. Al verano siguiente, sus padres dejaron también en casa a su hermana y tomaron una institutriz inglesa, a la que encomendaron la guarda de ambos niños.

En años posteriores sus familiares le relataron muchos detalles de su infancia [1327], de los cuales ya recordaba él espontáneamente algunos, aunque no pudiera situarlos en fechas determinadas o relacionadas entre sí. Uno de estos recuerdos, repetidamente evocados por sus familiares con ocasión de su posterior enfermedad, nos da a conocer ya el problema, cuya solución habrá de ocuparnos. Según él, el sujeto había sido al principio un niño apacible y dócil, hasta el punto de que los suyos se decían que él había debido ser la niña y su hermana mayor el niño. Pero al regresar sus padres de una de sus excursiones veraniegas le hallaron completamente cambiado. Se mostraba descontento, excitable y rabioso; todo le irritaba, y en tales casos gritaba y pateaba salvajemente. Ello sucedió en aquel mismo verano en que los niños quedaron confiados a la institutriz inglesa, la cual demostró ser una mujer arbitraria e insoportable y aficionada, además, a la bebida. En consecuencia, la madre se inclinó a atribuir a su influjo la alteración del carácter de su hijo, suponiendo que la forma en que le había tratado era la causa de su excitación. La abuela materna, que había pasado el verano con los niños, opinó, en cambio, con mayor clarividencia, que la irritabilidad de su nieto había sido provocada por la discordia surgida entre la inglesa y la niñera, pues la institutriz había insultado varias veces a la anciana criada, llamándola bruja, y la había echado repetidamente de la habitación donde los niños estaban. En estas escenas el niño se había puesto siempre al lado de su amada *chacha* y había mostrado su odio a la institutriz. En consecuencia, la inglesa fue despedida a poco de volver los padres; pero su desaparición no modificó ya la excitación del niño.

[1326] Dos años y medio. En este caso fue posible determinar fijamente casi todas las fechas.

[1327] Información de este tipo pudiera usarse de regla como un material absolutamente auténtico. De aquí que resultaría tentador emprender el fácil camino de llenar las lagunas mnémicas del paciente preguntando a los miembros de más edad de la familia. Sin embargo, mi consejo es abiertamente opuesto a tal técnica. Todo relato que pudiera ser contado por familiares respondiendo a averiguaciones y preguntas está a merced de cualquier temor crítico que alcance ponerse en actividad. Invariablemente uno llega a lamentar haber dependido de tal información; al mismo tiempo que se perturba la confianza en el análisis hace su aparición una verdadera corte de apelaciones sobre él. Lo que pueda llegar a ser recordado debería, en todo caso, aparecer en el curso ulterior del análisis.

El paciente conserva el recuerdo de esta ingrata época. Afirma que el primero de aquellos accesos de cólera surgió en él por no haber recibido dobles regalos el día de Nochebuena, que era al mismo tiempo su cumpleaños. Sus exigencias y su insoportable susceptibilidad no perdonaba siquiera a su *chacha*, a la que quizá atormentaba más que a nadie. Pero esta fase de alteración de su carácter aparece indisolublemente enlazada en sus recuerdos con muchos otros fenómenos singulares y morbosos que no acierta a ordenar cronológicamente. De este modo confunde todos los hechos a continuación expuestos, que no pudieron ser simultáneos y resultan, además, contradictorios en un solo y único período: el de «cuando todavía estaba en la primera finca», de la cual salieron, según cree, poco después de cumplir él los cinco años. Relata así haber padecido por entonces intensos miedos, que su hermana aprovechaba para atormentarle. Había en la casa un libro de estampas, una de las cuales representaba a un lobo andando en dos pies. Cuando el niño veía aquella estampa, comenzaba a gritar, enloquecido por el miedo de que el lobo se fuese a él y le comiese, y la hermana sabía arreglárselas de modo que la encontrase a cada paso, gozándose en su terror. También otros animales grandes y pequeños le daban miedo. Una vez corría detrás de una mariposa amarilla, intentando cogerla (indudablemente se trataba de una 'Schwalbenschwanz'), cuando, de repente, le invadió un intenso miedo a aquel animal y se echó a llorar, abandonando su persecución. También los escarabajos y las orugas le daban miedo y asco. Pero recordaba al mismo tiempo que algunas veces se gozaba en atormentarlos, cortándolos en pedazos. Los caballos le inspiraban igualmente cierto temor. Cuando veía pegar a alguno de estos animales, gritaba temeroso, y en una ocasión tuvieron que sacarle del circo por este mismo motivo. Pero otras veces le era grato imaginar que él mismo pegaba a un caballo. Su memoria de tales hechos no era lo bastante precisa para permitirle discernir si estas modalidades contradictorias de su conducta para con los animales fueron realmente simultáneas o se sustituyeron sucesivamente unas por otras y en qué orden. No podía tampoco decir si este período de excitación fue sustituido por una fase de enfermedad o se prolongó a través de esta última. De todos modos, las confesiones que siguen justifican la hipótesis de que en aquellos años padeciera una evidente neurosis obsesiva. Contaba, en efecto, que durante un largo período se había mostrado extraordinariamente piadoso. Antes de dormirse tenía que rezar largo rato y santiguarse numerosas veces, y muchas noches daba la vuelta a la alcoba con una silla, en la que se subía para besar devotamente todas las estampas religiosas que colgaban de las paredes. Con este piadoso ceremonial no armonizaba en absoluto —o quizá armonizaba muy bien— otro recuerdo referente a la misma época, según el cual se complacía muchas veces en pensamientos blasfemos que surgían en su imaginación como inspirados por el demonio. Así, cuando pensaba en Dios, asociaba automáticamente a tal concepto las palabras *cochino* o *basura*. En el curso de un viaje a un balneario alemán se vio atormentado por la obsesión de pensar en la Santísima Trinidad cada vez que veía en el camino tres montones de estiércol de caballo o de otra basura cualquiera. Por entonces llevaba también a cabo un singular ceremonial cuando veía gente que le inspiraba compasión: mendigos, inválidos y ancianos. En tales ocasiones tenía que espirar ruidosamente el aire aspirado, con lo cual creía conjurar la posibilidad de verse un día como ellos, o, en otras circunstancias, retener durante el mayor tiempo posible el aliento. Naturalmente, me incliné a suponer que estos síntomas, claramente correspondientes a una neurosis obsesiva, pertenecían a un período y a un grado evolutivo posteriores al miedo y las crueldades contra los animales.

Los años posteriores del paciente se caracterizaron por una profunda alteración de sus relaciones afectivas con su padre, al que, después de repetidos accesos de depresión, le era imposible ocultar los aspectos patológicos de su carácter. En los primeros años de su infancia tales relaciones habían sido, en cambio, extraordinariamente cariñosas, y así lo recordaba claramente el niño. El padre le quería mucho y gustaba de jugar con él, que por su parte se sentía orgulloso de su progenitor y manifestaba su deseo de llegar a ser algún día «un señor como su papá». La *chacha* le había dicho que su hermana era sólo de su madre, y, en cambio, él sólo de su padre, revelación que le llenó de contento. Pero al término de su infancia los lazos afectivos que a su padre le unían desaparecieron casi por completo, pues le irritaba y le entristecía verle preferir claramente a su hermana. Posteriormente, su relación filial quedó regida por el miedo al padre como factor dominante.

Hacia los ocho años desaparecieron todos los fenómenos que el paciente integraba en aquella fase de su vida, que se inició con la alteración de su carácter. No desaparecieron bruscamente, sino que fueron espaciándose cada vez más, hasta desvanecerse por completo, proceso que el sujeto atribuye a la influencia de los maestros y tutores que sustituyeron a su servidumbre femenina. Vemos, pues, que los problemas cuya solución se plantea en este caso al análisis son, a grandes trazos, los de descubrir de dónde provino la súbita alteración del carácter del niño, qué significación tuvieron su fobia y sus perversidades, cómo llegó a su religiosidad obsesiva y cuál es la relación que enlaza a todos estos fenómenos. Recordaré de nuevo que nuestra labor terapéutica se refería directamente a una posterior enfermedad neurótica reciente y que sólo era posible obtener algún dato sobre aquellos problemas anteriores cuando el curso del análisis nos distraía por algún tiempo del presente, obligándonos a dar un rodeo a través de la historia infantil del sujeto.

III. La seducción y sus consecuencias inmediatas.

Nuestras primeras sospechas se orientaron, como era natural, hacia la institutriz inglesa, durante cuya estancia en la finca había surgido la alteración del carácter del niño. El sujeto comunicó dos recuerdos encubridores, incomprensibles en sí, que a ella se referían. Tales recuerdos eran los siguientes: En una ocasión en que la institutriz los precedía se había vuelto hacia ellos y les había dicho: «Mirad mi colita.» Y otra vez, yendo en coche, el viento le había arrebatado el sombrero para máximo regocijo de los dos hermanos. Ambos recuerdos aludían al complejo de la castración y permitían arriesgar la hipótesis de que una amenaza dirigida por la institutriz al niño hubiera contribuido considerablemente a la génesis de su posterior conducta anormal.

No es nada peligroso comunicar tales construcciones a los analizados, pues aunque sean erróneas no perjudican en nada el análisis, y claro está que sólo las comunicamos cuando integran una posibilidad de aproximación a la realidad. Efecto inmediato de la comunicación de esta hipótesis fueron unos cuantos sueños, cuya interpretación total no logramos alcanzar, pero que parecían desarrollarse todos en derredor del mismo contenido. Tratábase en ellos, en cuanto era posible comprenderlos, de actos agresivos del niño contra su hermana o contra la institutriz y de enérgicos regaños y castigos recibidos a consecuencia de tales agresiones. Como si hubiera querido..., después del baño..., desnudar a su hermana..., quitarle las envolturas..., o los velos..., o algo semejante. No nos fue posible desentrañar con seguridad el contenido de estos sueños; pero la impresión de que en ellos era elaborado siempre el mismo material en formas distintas nos reveló la verdadera condición de las supuestas reminiscencias en ellos integradas. No podía tratarse más que de fantasías imaginadas por el sujeto sobre su infancia, probablemente durante la pubertad, y que ahora habían vuelto a aparecer en forma difícilmente reconocible.

Su significación se nos reveló luego, de una sola vez, cuando el paciente recordó de pronto que, «siendo todavía muy pequeño y hallándose aún en la primera finca», su hermana le había inducido a realizar actos de carácter sexual. Surgió primero el recuerdo de que al hallarse juntos en el retrete le invitaba a mostrarse recíprocamente el trasero, haciéndolo ella la primera, y poco después apareció ya la escena esencial de seducción con todos sus detalles de tiempo y lugar. Era en primavera y durante una ausencia del padre. Los niños jugaban, en el suelo, en una habitación contigua a la de su madre. La hermana le había cogido entonces el miembro y había jugueteado con él mientras le contaba, como para justificar su conducta, que la *chacha* hacía aquello mismo con todo el mundo; por ejemplo, con el jardinero, al que colocaba cabeza abajo y le cogía luego los genitales.

Tales hechos nos facilitan la comprensión de las fantasías antes deducidas. Estaban destinadas a borrar de la memoria del sujeto un suceso que más tarde hubo de parecer ingrato a su amor propio masculino y alcanzaron tal fin, sustituyendo la verdad histórica por un deseo antitético. Conforme a tales fantasías, no había desempeñado él con su hermana el papel pasivo, sino que, por el contrario, se había mostrado agresivo queriendo ver desnuda a su hermana, y siendo rechazado y castigado, lo cual había provocado en él aquellos accesos de cólera de los que tanto hablaba la tradición familiar. Resulta también muy adecuado entretejer en estas fantasías a la institutriz, a la cual había sido atribuida por la madre y la abuela la culpa principal de sus accesos de cólera. Tales fantasías correspondían, pues, exactamente a aquellas leyendas con las cuales una nación ulteriormente grande y orgullosa intenta encubrir la mezquindad de sus principios.

En realidad, la institutriz no podía haber tenido en la seducción y en sus consecuencias más que una participación muy remota. Las escenas con la hermana se desarrollaron durante la primavera inmediatamente anterior al verano, durante el cual quedaron encomendados los niños a los cuidados de la inglesa. La hostilidad del niño contra la institutriz surgió más bien de otro modo. Al insultar a la niñera llamándola bruja, la institutriz quedó equiparada, en el ánimo del sujeto, a su propia hermana, que había sido la primera en contarle de su querida *chacha* cosas monstruosas e increíbles, y tal equiparación le permitió exteriorizar contra la inglesa la hostilidad que, según veremos luego, se había desarrollado en él contra su hermana a consecuencia de la seducción.

Interrumpiré ahora, por breve espacio, la historia infantil de mi paciente para examinar la personalidad de su hermana, su evolución y sus destinos ulteriores y la influencia que sobre él ejerció. Le llevaba dos años y le precedió siempre en el curso del desarrollo intelectual. Después de una niñez indómita y marcadamente masculina, su inteligencia realizó rápidos y brillantes progresos, distinguiéndose por su penetración y su precisa visión de la realidad. Durante sus estudios mostró predilección por las ciencias naturales; pero componía también poesías que el padre juzgaba excelentes. Muy superior en inteligencia a sus numerosos pretendientes, solía burlarse de ellos y nunca llegó a tomar en serio a alguno. Pero recién cumplidos los veinte años comenzó a dar signos de depresión, lamentándose de no ser suficientemente bonita, y acabó eludiendo por completo el trato social. A su vuelta de un viaje en compañía de una señora amiga de la familia, contó cosas absolutamente inverosímiles, tales como la de haber sido maltratada por su acompañante; pero, sin embargo, permaneció afectivamente fijada a ella. Poco después, en un segundo viaje se envenenó y murió lejos de su casa. Probablemente su afección correspondía al comienzo de una demencia precoz. Vemos en ella un testimonio de la evidente herencia neuropática de la familia y no ciertamente el único. Un tío suyo, hermano de su padre, murió después de largos años de una vida extravagante, de cuyos detalles podía deducirse que padecía una grave neurosis obsesiva. Y muchos parientes colaterales suyos mostraron y muestran trastornos nerviosos menos graves.

Para nuestro paciente, su hermana fue durante toda su infancia —dejando aparte el hecho de la iniciación sexual— una peligrosa competidora en la estimación de sus padres, y su superioridad, implacablemente ostentada, le agobió de continuo con su peso. La envidiaba, sobre todo, la admiración que su padre mostraba ante su gran capacidad, en tanto que él, intelectualmente cohibido por su neurosis obsesiva, tenía que contentarse con una estimación mucho más tibia. A partir de sus catorce años comenzaron a mejorar las relaciones de ambos hermanos, pues su análoga disposición espiritual y su común oposición contra los padres acabaron por establecer entre ellos una afectuosa camaradería. En la tormentosa excitación sexual de su pubertad, el sujeto intentó aproximarse físicamente a su hermana, y cuando ésta le hubo rechazado con tanta decisión como habilidad, se volvió en el acto hacia una muchachita campesina que servía en la casa y llevaba el mismo nombre que su hermana. Con ello dio un paso decisivo para su elección heterosexual de objeto, pues todas las muchachas de las que posteriormente hubo de enamorarse, con evidentes indicios de obsesión muchas veces, fueron igualmente criadas, cuya ilustración e inteligencia habían de ser muy inferiores a la suya. Ahora bien: si todos estos objetos eróticos eran sustitutivos de su hermana, no conseguida, habremos de reconocer como factor decisivo de su elección de objeto una tendencia a rebajar a su hermana y a suprimir aquella superioridad intelectual suya, que tanto le había atormentado en un período de su vida.

A motivos de este género, nacidos de la voluntad de poderío del instinto de afirmación del individuo, ha subordinado también Alfredo Adler, como todo lo demás, la conducta sexual de los hombres. Sin llegar a negar la importancia de tales motivos de poderío y privilegio, no he logrado tampoco convencerme jamás de que pueden desempeñar el papel dominante y exclusivo que les es atribuido. Si no hubiera llevado hasta el fin el análisis de mi paciente, la observación de este caso me hubiera obligado a rectificar tales prejuicios en el sentido propugnado por Adler. Por el término de este análisis trajo consigo, inesperadamente, nuevo material, del cual resultó nuevamente que los motivos de poderío (en nuestro caso la tendencia al rebajamiento) sólo habían determinado la elección de objeto en el sentido de una aportación y una racionalización, en tanto que la determinación auténtica y más profunda me permitió mantener mis convicciones anteriores.

El paciente manifestó que al recibir la noticia de la muerte de su hermana no había experimentado el menor dolor. Imponiéndose signos exteriores de duelo, se regocijaba fríamente en su interior de haber llegado a ser el único heredero de la fortuna familiar. Por esta época llevaba ya varios años enfermo de su reciente neurosis. Pero confieso que este dato me hizo vacilar durante mucho tiempo en el diagnóstico del caso. Era de esperar, desde luego, que el dolor producido por la pérdida de la persona más querida de su familia quedase inhibido en su exteriorización por el efecto continuado de los celos que aquélla le inspiraba y por la intervención de su enamoramiento incestuoso, reprimido e inconsciente. Pero no me resignaba a renunciar al hallazgo de un sustitutivo de la explosión de dolor inhibida. Por fin lo hallamos en una manifestación afectiva que el sujeto no había logrado explicar. Pocos meses después de la muerte de su hermana hizo él un viaje a la ciudad donde la misma había muerto, buscó en el cementerio la tumba de un gran poeta que por entonces encarnaba su ideal y vertió sobre ella amargas lágrimas. A él mismo le extrañó y le desconcertó tal reacción, pues sabía que desde la muerte de aquel poeta por él venerado había transcurrido ya más de un siglo y sólo la comprendió al recordar que el padre solía comparar las poesías de la hermana muerta con las de aquel gran poeta. Un error cometido por el sujeto en sus comunicaciones posteriores me facilitó ahora la interpretación de aquel acto piadoso aparentemente dedicado al poeta. Había manifestado, en efecto, varias veces que su hermana se había pegado un tiro, y tuvo luego que rectificar diciendo ser más cierto que se había envenenado. Ahora bien: el poeta llorado había muerto en un desafío a pistola. [Pushkin, según Strachey].

Vuelvo ahora a la historia del hermano, que a partir de aquí habré de exponer en forma más pragmática. Pudimos fijar con precisión que la edad del sujeto, cuando su hermana comenzó su iniciación sexual, era la de tres años y tres meses. Las escenas descritas se desarrollaron, como ya hemos dicho, en la primavera de aquel mismo año en que los padres, al regresar en otoño de su viaje veraniego, encontraron al niño completamente transformado. Habremos, pues, de inclinarnos a relacionar dicha transformación con el despertar de su actividad sexual, acaecida en el intervalo.

¿Cómo reaccionó el niño a la seducción de su hermana mayor? Con una decidida repulsa, como ya sabemos; pero tal repulsa se refería tan sólo a la persona y no a la cosa. La hermana no le era grata como objeto sexual, probablemente porque su actitud ante ella se encontraba ya determinada en un sentido hostil por su competencia en el cariño de los padres. Eludió, pues, sus tentativas de aproximación sexual, que no tardaron así en cesar por completo. Pero, en cambio, trató de sustituir la persona de su hermana por otra más querida, y las revelaciones de aquélla, que había intentado justificar su proceder con el supuesto ejemplo de la *chacha*, orientaron su elección hacia esta última. En consecuencia, comenzó a juguetear con su miembro ante la *chacha*, conducta en la que hemos de ver una tentativa de seducción, como en la mayor parte de aquellos casos en los que los niños no ocultan el onanismo. Pero la *chacha* le defraudó, poniendo cara seria y declarando que aquello no estaba bien y que a los niños que lo hacían se les quedaba en aquel sitio una «herida».

Los efectos de esta revelación, equivalente a una amenaza de castración, actuaron en muchas direcciones, en las cuales habremos de seguir sus huellas. En primer lugar, su cariño por la *chacha* experimentó con ello un rudo golpe. En el momento mismo de su desilusión no pareció enfadado con ella; pero más tarde, cuando empezaron sus accesos de cólera, se demostró que le guardaba rencor. Ahora bien: uno de los rasgos característicos de su conducta consistía en que antes de abandonar una localización de su libido, imposible de sostener por más tiempo, la defendía siempre tenazmente, y así, cuando surgió en escena la institutriz e insultó a la *chacha*, echándola del cuarto y queriendo destruir su autoridad, el sujeto exageró su cariño a la insultada y mostró su desvío y su enfado contra la inglesa. Pero, de todos modos, comenzó a buscar secretamente otro objeto sexual. La seducción le había dado el fin sexual pasivo de que le tocaran los genitales. Más adelante veremos de quién quería él conseguirlo y qué caminos le condujeron a tal elección.

Como era de esperar, sus primeras excitaciones sexuales iniciaron su investigación sexual, y no tardó en planteársele el problema de la castración. Por esta época pudo observar a dos niñas, su hermana y una amiguita suya, mientras estaban orinando. Su penetración natural hubiera debido hacerle deducir de esta percepción visual el verdadero estado de cosas; pero, en lugar de ello, se condujo en aquella forma que ya nos es conocida por el análisis de otros niños. Rechazó la idea de que tal percepción confirmaba las palabras de la *chacha* en cuanto a la «herida» y se la explicó diciéndole que aquello era «el trasero de delante» de las niñas. Pero tal explicación no bastó para alejar de su pensamiento el tema de la castración. En consecuencia, continuó extrayendo de cuanto oía y veía alusiones a dicho tema; por ejemplo, cuando la institutriz, muy dada a fantasías terroríficas, le dijo que unas barritas de caramelo eran pedazos del cuerpo de una serpiente, hecho que le recordó un relato de su padre, según el cual, habiendo encontrado una culebra en un paseo por el campo, la había matado cortándola en pedazos con su bastón; o cuando le leyeron el cuento del lobo que quiso pescar peces en invierno utilizando la cola como cebo, hasta que se le heló y se le cayó al agua. Así, pues, daba vueltas en su pensamiento al tema de la castración; pero no creía aún en la posibilidad de ser víctima de ella, y, por tanto, no le inspiraba miedo. Los cuentos que en esta época llegó a conocer le plantearon otros problemas sexuales. En la *Caperucita Roja* y en *El lobo y las siete cabritas,* los niños o las cabritas eran extraídos del vientre del lobo. Consiguientemente, o el lobo pertenecía al sexo femenino o también los varones podían albergar niños en el vientre. Este problema no llegó a obtener solución por aquella época. Además, durante el período de esta investigación sexual, el lobo no le inspiraba aún miedo.

Una de las comunicaciones del paciente nos facilita la comprensión de la alteración de su carácter surgida durante la ausencia de sus padres y remotamente enlazada con la seducción. Cuenta que después de la repulsa y la amenaza de la *chacha* abandonó muy pronto el onanismo. *La vida sexual iniciada bajo la dirección de la zona genital había, pues, sucumbido a una inhibición exterior, cuya influencia la retrotrajo a una fase anterior correspondiente a la organización pregenital.* A consecuencia de esta supresión del onanismo, la vida sexual del niño tomó un carácter sádico-anal, y el infantil sujeto se hizo irritable, insoportable y cruel, satisfaciéndose en tal forma con los animales y las personas. Su objeto principal fue su amada *chacha*, a la que sabía atormentar hasta hacerla llorar, vengándose así de la repulsa recibida y satisfaciendo simultáneamente sus impulsos sexuales en la forma correspondiente a la fase regresiva. Comenzó a hacer objeto de crueldades a animales pequeños, cazando moscas para arrancarles las alas y pisoteando a los escarabajos, y se complacía en la idea de maltratar también a animales más grandes; por ejemplo, a los caballos. Tratábase, pues, de actividades plenamente sádicas de signo positivo. Más tarde hablaremos de los impulsos anales correspondientes a esta época.

Facilitó grandemente el análisis el hecho de que en la memoria del paciente apareciera también el recuerdo de ciertas fantasías correspondientes a la misma época, pero de un género totalmente distinto, en las que se trataba de niños que eran objeto de malos tratos, consistentes principalmente en golpearles el pene. La personalidad de tales objetos anónimos quedó aclarada por otra fantasía, en la que el heredero del trono era encerrado en un calabozo y fustigado. El heredero del trono era, evidentemente, el sujeto mismo. Resultaba, pues, que en tales fantasías el sadismo primario de nuestro paciente se había vuelto contra su propia persona, transformándose en masoquismo. El detalle de que los golpes recayeran preferentemente sobre el miembro viril nos permite concluir que en tal transformación intervino ya una conciencia de culpabilidad relacionada con el onanismo.

El análisis no dejó lugar alguno a dudas en cuanto a que tales tendencias pasivas hubieran de aparecer al mismo tiempo que las activas sádicas o inmediatamente después de ellas [1328]. Así corresponde la *ambivalencia* del enfermo, extraordinariamente clara, intensa y persistente, que se exteriorizó aquí por vez primera en el desarrollo idéntico de los pares de instintos parciales antitéticos. Tal circunstancia continuó luego siendo característica en el sujeto; tan característica como la anteriormente mencionada de que en realidad ninguna de las posiciones de su libido desaparecía nunca por completo, al surgir otras distintas, sino que subsistía junto a ellas, permitiéndole una continua oscilación que se demostró inconciliable con la adquisición de un carácter fijo.

Las tendencias masoquistas del sujeto nos conducen a un punto distinto, cuya solución hemos omitido hasta ahora, ya que sólo el análisis de la fase inmediatamente ulterior nos lo descubre con plena certeza. Dijimos que, después de ser rechazado por la *chacha*, el sujeto desligó de ella sus esperanzas libidinosas y eligió otra persona como objeto sexual. Pues bien: tal persona fue la de su padre, ausente por entonces. A esta elección fue seguramente llevado por una coincidencia de distintos factores, casuales muchos de ellos, como el recuerdo del encuentro con la serpiente, a la que había partido en pedazos. Pero, ante todo, renovaba con ella su primera y más primitiva elección de objeto, llevada a cabo, correlativamente al narcisismo del niño pequeño, por el camino de la identificación. Hemos oído ya que el padre había sido su ideal y que, al preguntarle lo que quería ser, acostumbraba responder que un señor como su papá. Este objeto de identificación de su tendencia activa pasó a ser, en la fase sádico-anal, el objeto sexual de una tendencia pasiva. Parece como si la seducción de que su hermana le había hecho objeto le hubiera impuesto el papel pasivo y le hubiera dado un fin sexual pasivo. Bajo la influencia continuada de este suceso, recorrió luego el camino desde la hermana y pasando por la *chacha* hasta el padre, o sea desde la actitud pasiva con respecto a la mujer hasta la actitud pasiva con respecto al hombre, hallando, además, en él un enlace con su fase evolutiva espontánea anterior. El padre volvió así a ser su objeto; la identificación quedó sustituida,

---

[1328] Por tendencias pasivas entendemos aquellas que tienen un fin sexual pasivo, pero sin referirnos con ello a una transformación de los instintos, sino tan sólo de los fines.

como correspondía a un estadio superior de la evolución, por la elección de objeto, y la transformación de la actitud activa en una actitud pasiva fue el resultado y el signo de la seducción acaecida en el intervalo: en la fase sádica no le habría sido, naturalmente, tan fácil llegar a una actitud activa con respecto al padre prepotente. Cuando el padre regresó a finales de verano o principios de otoño, los accesos de cólera del niño hallaron una nueva finalidad. Contra la *chacha* habían servido para fines sádicos activos; contra el padre perseguían propósitos masoquistas. Exteriorizando su maldad, obligaba al padre a castigarle y pegarle, esto es, a procurarle la deseada satisfacción sexual masoquista. Así, pues, sus accesos de cólera no eran sino tentativas de seducción. Correlativamente a la motivación del masoquismo, hallaba también en tales castigos la satisfacción de su sentimiento de culpabilidad. Recuerdo cómo en uno de tales accesos de cólera redobló sus gritos al ver acercarse a su padre. Pero el padre no le pegó, sino que intentó apaciguarle, jugando a la pelota con la almohada de su camita.

No sé con cuánta frecuencia tendrían sus padres ocasión de recordar esta relación típica ante la inexplicable conducta del niño. El niño que se conduce tan indómitamente confiesa con toda evidencia que desea atraerse un castigo. Busca simultáneamente en la corrección el apaciguamiento de su conciencia de culpabilidad y la satisfacción de sus tendencias sexuales masoquistas.

La posterior aclaración de nuestro caso la debemos a la precisa aparición del recuerdo de que todos los síntomas de angustia y miedo se agregaron a la alteración del carácter justamente después de un cierto suceso. Antes del mismo el sujeto no había sentido nunca miedo, y sólo después de él comenzó ya a atormentarle. Fue posible fijar exactamente la fecha de ese cambio en los días inmediatamente anteriores a aquel en que cumplió los cuatro años. La época infantil de la que hemos de ocuparnos queda así dividida, por este punto de referencia, en dos fases: un primer período de maldad y perversidad, desde la seducción, acaecida cuando el niño tenía tres años y tres meses, hasta su cuarto cumpleaños, y otro, sucesivo y más prolongado, en el que predominan los signos de la neurosis. Y el suceso que nos permite llevar a cabo esta división no es un trauma exterior, sino un sueño del que el sujeto despertó presa de angustia.

IV. **El sueño y la escena primordial.**

Ya he publicado este sueño en otro lugar ('Sueños con temas de cuentos infantiles', 1913), en relación a la cantidad de material en el derivado de cuentos infantiles. Comenzaré repitiendo lo que escribí en esa ocasión:

«Soñé que era de noche y estaba acostado en mi cama (mi cama tenía los pies hacia la ventana, a través de la cual se veía una hilera de viejos nogales. Sé que cuando tuve este sueño era una noche de invierno). De pronto, se abre sola la ventana, y veo, con gran sobresalto, que en las ramas del grueso nogal que se alza ante la ventana hay encaramados unos cuantos lobos blancos. Eran seis o siete, totalmente blancos, y parecían más bien zorros o perros de ganado, pues tenían grandes colas como los zorros y enderezaban las orejas como los perros cuando ventean algo. Presa de horrible miedo, sin duda de ser comido por los lobos, empecé a gritar..., y desperté. Mi niñera acudió para ver lo que me pasaba, y tardé largo rato en convencerme de que sólo había sido un sueño: tan clara y precisamente había

visto abrirse la ventana y a los lobos posados en el árbol. Por fin me tranquilicé, sintiéndome como salvado de un peligro, y volví a dormirme.

El único movimiento del sueño fue el de abrirse la ventana, pues los lobos permanecieron quietos en las ramas del árbol, a derecha e izquierda del tronco, y mirándome. Parecía como si toda su atención estuviera fija en mí. Creo que fue éste mi primer sueño de angustia. Tendría por entonces tres o cuatro años, cinco a lo más. Desde esta noche hasta mis once o doce años tuve siempre miedo de ver algo terrible en sueños.»

El sujeto dibujó la imagen de su sueño tal y como la había descrito. El análisis nos procuró el material siguiente:

El sujeto ha relacionado siempre este sueño con su recuerdo de que en aquellos años de su infancia le inspiraba intenso miedo una estampa de un libro de cuentos en la que se veía un lobo. Su hermana, mayor que él y de inteligencia mucho más desarrollada, se gozaba en hacerle encontrar a cada paso, y cuando menos lo esperaba, aquella estampa, ante la cual empezaba a llorar y gritar, presa de intenso miedo. La estampa representaba un lobo andando en dos pies, con las garras extendidas hacia adelante y enderezadas las orejas. Cree recordar que correspondía al cuento de la *Caperucita Roja*.

¿Por qué eran blancos los lobos de su sueño? Este detalle le hace pensar en los grandes rebaños de ovejas que pastaban en los prados cercanos a la finca. Su padre le llevaba algunas veces consigo cuando iba a visitar dichos rebaños, favor que el pequeño sujeto agradecía encantado y orgulloso. Más tarde —según los informes obtenidos, pudo ser poco tiempo antes del sueño— estalló entre las ovejas una mortal epizootia. El padre hizo venir a un discípulo de Pasteur, que vacunó a los animales; pero éstos siguieron sucumbiendo a la enfermedad, a pesar de la vacuna y en mayor número aún que antes de la misma.

¿Cómo aparecen los lobos subidos en el árbol? Con esta idea asocia el sujeto un cuento que había oído contar a su abuelo. No recuerda si fue antes o después de su sueño; pero el contenido del relato testimonia claramente en favor de lo primero. Tal cuento fue el siguiente: Un sastre estaba trabajando en su cuarto, cuando se abrió de pronto la ventana y entró por ella un lobo. El sastre le golpeó con la vara de medir... O mejor dicho —rectifica en el acto el paciente—, le cogió por la cola y se la arrancó de un tirón, logrando así que el lobo huyese asustado. Días después, cuando el sastre paseaba por el bosque, vio venir hacia él una manada de lobos y tuvo que subirse a un árbol para librarse de ellos. Los lobos se quedaron al principio sin saber qué hacer; pero aquel a quien el sastre había arrancado la cola, deseoso de vengarse de él, propuso a los demás que se subieran unos encima de otros hasta que el último alcanzase al sitiado, ofreciéndose él mismo a servir de base y de sostén a los demás. Los lobos siguieron su consejo; pero el sastre, que había reconocido a su mutilado visitante, gritó de pronto: «¡Cogedle de la cola!», y el lobo rabón se asustó tanto al recuerdo de su desgraciada aventura, que echó a correr e hizo caer a los demás.

Este cuento integra el antecedente del árbol en el cual aparecen encaramados los lobos en el sueño. Pero también contiene una alusión inequívoca al complejo de la castración. El sastre mutiló al viejo lobo arrancándole la cola. Las largas colas de zorro que los lobos ostentan en el sueño son seguramente compensaciones de tal mutilación.

¿Por qué son seis o siete los lobos? El paciente pareció no poder responder a esta interrogación hasta que yo puse en duda que la estampa que le daba miedo pudiera corresponder al cuento de la *Caperucita Roja*. Este cuento no da, en efecto, ocasión más que a dos ilustraciones correspondientes, respectivamente, al encuentro de la Caperucita con el lobo en el bosque y a la escena en la que el lobo aparece acostado y con la cofia de la abuela puesta. Detrás del recuerdo de aquella estampa debía, pues, de ocultarse otro cuento. Así orientado, el sujeto no tardó en hallar que tal cuento sólo podía ser el del lobo y las siete cabritas. En él aparece el número siete, pero también el seis, pues el lobo devora tan sólo a seis cabritas, ya que la séptima se esconde en la caja del reloj. También el color blanco aparece en este cuento, pues el lobo se hace blanquear una pata por el panadero para evitar que las cabritas vuelvan a reconocerle, como otra vez anterior, al mostrársele en su pelaje gris. Ambos cuentos tienen, por lo demás, muchos puntos comunes. En ambos hallamos que el lobo devora a alguien y que luego le abren el vientre, sacando a las personas o a los animales devorados y sustituyéndolos por piedras, y también acaban los dos con la muerte de la malvada fiera. En el cuento de las siete cabritas aparece, además, un árbol, pues luego de comerse a las cabritas, el lobo se tumba a dormir a la sombra de un árbol y ronca desaforadamente.

A causa de una circunstancia particular habremos de volver a ocuparnos en otro lugar de este sueño, y entonces completaremos su estudio y su interpretación. Trátase de un primer sueño de angustia soñado en la infancia, y cuyo contenido, relacionado con otros sueños inmediatamente sucesivos y con ciertos acontecimientos de la niñez del sujeto, despierta un especialísimo interés. De momento nos limitaremos a la relación del sueño con dos cuentos que presentan amplias coincidencias: la *Caperucita Roja* y *El lobo y las siete cabritas*. La impresión que estos cuentos causaron al infantil sujeto se exteriorizó en una verdadera zoofobia que sólo se diferenció de otros casos análogos en que el objeto temido no era un animal fácilmente accesible a la percepción del sujeto (como, por ejemplo, el perro o el caballo), sino tan sólo conocido de oídas y por las estampas del libro de cuentos.

Ya expondremos en otra ocasión qué explicación tienen estas zoofobias y cuál es su significación. Por lo pronto, sólo anticiparemos que tal explicación armoniza perfectamente con el carácter principal de la neurosis de nuestro sujeto en épocas posteriores de su vida. El motivo capital de su enfermedad había sido el miedo a su padre, y tanto su vida como su conducta en el tratamiento se mostraban regidas por su actitud ambivalente ante todo sustitutivo del padre.

Si para nuestro paciente el lobo era tan sólo un primer sustituto del padre, habremos de preguntarnos si el cuento del lobo que devora a las cabritas y el de la *Caperucita Roja* integran, como contenido secreto, algo distinto del miedo infantil al padre [1329]. Además, el padre de nuestro paciente, como tantos otros adultos, tenía la costumbre de amenazar en broma a los niños, y seguramente en sus juegos con su hijo durante la más temprana infancia del mismo hubo de decirle más de una vez cariñosamente: «Te voy a comer.» Otro de mis pacientes me contó en una ocasión que sus dos hijos no habían podido nunca tomar cariño al abuelo, porque cuando jugaba con ellos solía asustarlos en broma diciéndoles que les iba a abrir la tripita para ver lo que tenían dentro.

Dejando a un lado todo lo que pueda anticipar nuestro aprovechamiento de este sueño en la labor analítica, tornaremos a su interpretación directa. He de hacer constar que tal interpretación fue tarea de varios años. El paciente comunicó este sueño en la primera época del tratamiento y no tardó en compartir mi convicción de que precisamente detrás de él se ocultaba la causa de su neurosis infantil. En el curso del tratamiento volvimos repetidamente sobre él; pero sólo en los últimos meses de la cura conseguimos desentrañarlo por completo, y por cierto merced a la espontánea labor del paciente. Este había hecho resaltar siempre dos factores de su sueño que le habían impresionado más que todo el resto. En primer lugar, la absoluta inmovilidad de los lobos, y en segundo, la intensa atención con la que todos ellos le miraban. También la tenaz sensación de realidad con la que terminó el sueño le parecía digna de atención.

A esta última sensación enlazaremos nuestra labor interpretadora. Por nuestra experiencia de la interpretación onírica sabemos que tal sensación de realidad entraña una determinada significación. Nos revela que en el material latente del sueño hay algo que aspira a ser recordado como real, esto es, que el sueño se refiere a un suceso realmente acaecido y no sólo fantaseado. Naturalmente, sólo puede tratarse de la realidad de algo desconocido, de manera que la convicción, por ejemplo, de que el abuelo había contado realmente la historia del sastre y el lobo o de haber oído leer el cuento de la *Caperucita Roja* o el de *El lobo y las siete cabritas,* no podía nunca reflejarse en la sensación de realidad prolongada después del sueño. Este parecía aludir a un suceso cuya realidad era acentuada así en contraposición a la irrealidad de los cuentos.

Si detrás del contenido del sueño habíamos de suponer existente una tal escena desconocida, o sea olvidada en el momento del sueño, tal escena debía de haber sido muy anterior. El sujeto nos dice que en la época de su sueño tenía tres o cuatro años, cinco a lo más, y por nuestra parte podemos añadir que el sueño le recordó algo que había de pertenecer a una época todavía más temprana. El descubrimiento del contenido de tal escena debía sernos facilitado por

---

[1329] Cf. la analogía señalada por O. Rank entre estos dos cuentos y el mito de Cronos. (*Zentralblatt f. Psychoanalyse,* II, 8.)

aquello que el sujeto hacía resaltar en el contenido onírico manifiesto, o sea por el atento mirar de los lobos y su inmovilidad. Esperamos, naturalmente, que este material reproduzca con una deformación cualquiera el material desconocido de la escena buscada, deformación que tal vez pueda consistir en una transformación en lo contrario.

De la materia prima que el primer análisis del sueño hubo de suministrarnos podían deducirse varias conclusiones. Detrás de la mención de los rebaños de ovejas debían buscarse las pruebas de la investigación sexual infantil, cuyas interrogaciones podía ver satisfechas el sujeto en sus visitas con el padre a los rediles, pero también indicios de miedo a la muerte, ya que las ovejas habían sucumbido en su mayor parte a la epizootia. El elemento más acusado del sueño, o sea la situación de los lobos en las ramas del árbol, conducía directamente al relato del abuelo, en el cual sólo su relación con el tema de la castración podía ser lo apasionante y el estímulo del sueño.

Del primer análisis incompleto del sueño dedujimos, además, que el lobo era una sustitución del padre, de manera que este primer sueño de angustia habría exteriorizado aquel miedo al padre, que desde entonces había de dominar la vida del sujeto. Tal conclusión no era aún, en modo alguno, obligada. Pero si reunimos como resultado del análisis provisional todo lo que se deduce del material proporcionado por el sujeto, dispondremos ya de los siguientes fragmentos para la reconstrucción:

Un suceso real—acaecido en época muy temprana—el acto de mirar fijamente—inmovilidad—problemas sexuales—castración—el padre—algo terrible.

Un buen día el sujeto inició espontáneamente la continuación de la interpretación de su sueño. Opinaba que aquel fragmento del mismo en que la ventana se abría sola no quedaba totalmente explicado por su relación con la ventana detrás de la cual trabajaba el sastre del cuento y por la que entraba el lobo. A su juicio, debía tener otro sentido: el de que él mismo abría de repente los ojos. Quería, pues, decir que estando dormido había despertado de pronto y había visto algo: el árbol con los lobos. Nada podía objetarse contra tal interpretación, que además podía servir de base a nuevas deducciones. Había despertado y había visto algo. La fija contemplación atribuida en el sueño a los lobos debía más bien ser atribuida al propio sujeto. Resultaba, por tanto, que en un detalle decisivo se había cumplido una inversión, la cual, además, aparecía ya anunciada por otra integrada en el contenido onírico manifiesto que mostraba a los lobos encaramados en las ramas, mientras que en el relato del abuelo estaban abajo y no podían subir al árbol.

¿Y si también el otro detalle acentuado por el sujeto se hallara deformado por una inversión? Entonces, en lugar de inmovilidad (los lobos se mantenían quietos mirándole fijamente, pero sin moverse) se trataría de un agitado movimiento. Así, pues, el sujeto habría despertado de repente y habría visto ante sí una escena muy movida, que contempló con intensa atención. En el primer caso la deformación habría consistido en una transposición de sujeto y objeto, actividad y pasividad, ser mirado en vez de mirar, y en el segundo en una transformación en lo antitético; inmovilidad en lugar de movimiento.

Otra asociación que emergió de repente nos procuró una nueva aproximación a la inteligencia del sueño. El árbol era el árbol de Navidad. El sujeto recordaba ahora haber soñado aquello pocos días antes de Nochebuena, hallándose agitado por la expectación de los regalos que iba a recibir. Como el día de Nochebuena era también su cumpleaños, pudimos ya fijar, con toda seguridad, la fecha del sueño y de la transformación de la cual fue el punto de partida. Había sido poco antes de cumplir los cuatro años. El infantil sujeto se había acostado excitado por la expectación que despertaba en él la proximidad del día que había de traerle dobles regalos. Sabemos que en tales circunstancias los niños anticipan fácilmente en sus sueños el cumplimiento de sus deseos. Así, pues, en el de nuestro paciente era ya Nochebuena y el contenido del sueño le mostraba colgados del árbol los regalos a él destinados. Pero tales regalos se habían convertido en lobos, y en el sueño terminó sintiendo el niño miedo a ser devorado por el lobo (probablemente por el padre) y refugiándose al amparo de la niñera. El conocimiento de su evolución sexual anterior al sueño nos hace posible cegar la laguna existente en el mismo y aclarar la transformación de la satisfacción en angustia. Entre los deseos productores del sueño hubo de ser el más fuerte el de la satisfacción sexual que por entonces ansiaba recibir de su padre. La intensidad de tal deseo consiguió reavivar la huella mnémica, olvidada hacía ya mucho tiempo, de una escena en la que él mismo presenciaba cómo su padre procuraba a alguien satisfacción sexual, y el resultado de esta evolución fue la aparición del miedo: terror ante el cumplimiento de su deseo, represión del impulso representado por el mismo y, en consecuencia, huida lejos del padre y junto a la niñera, menos peligrosa.

La significación que de este modo integraba para él el día de Nochebuena se había conservado en el pretendido recuerdo de haber sufrido el primer acceso de cólera a causa de no haberle satisfecho los regalos recibidos en tal fecha. Este recuerdo integraba elementos exactos e inexactos y no podía ser aceptado como verdadero sin alguna modificación, pues según las repetidas manifestaciones de sus familiares, la alteración del carácter del sujeto se había hecho ya notar a principios de otoño, o sea mucho antes de Nochebuena. Pero lo esencial de las relaciones entre la insatisfacción erótica, la cólera y el día de Nochebuena había sido conservado en el recuerdo.

Ahora bien: ¿cuál podía ser la imagen conjurada por la actuación nocturna del deseo sexual, con poder suficiente para apartar, temeroso, al sujeto del cumplimiento de sus deseos? De acuerdo con el material suministrado por el análisis, tal imagen había de llenar una condición, pues tenía que ser adecuada para fundamentar el convencimiento de la existencia de la castración. El miedo a la castración fue luego el motor de la transformación de los efectos.

Llega aquí el punto en el que he de separarme del curso del análisis y temo sea también aquel en que abandone por completo la confianza del lector.

Lo que aquella noche hubo de ser activado en el caso de las huellas de impresiones inconscientes, fue la imagen de un coito entre los padres del sujeto, realizado en circunstancias no del todo habituales y especialmente favorables para la observación. El repetido retorno del sueño durante el curso del tratamiento, en innumerables variantes y nuevas ediciones que fueron siendo sucesivamente explicadas por el análisis, nos permitió ir obteniendo poco a poco respuestas satisfactorias a todas las interrogaciones que a dicha escena hubieron de enlazarse. Resultó así, en primer lugar, que la edad del niño cuando la sorprendió era la de año y medio [1330]. Padecía entonces de una fiebre palúdica, cuyos accesos retor-

---

[1330] Se consideró que la edad de seis meses era la alternativa menos probable y por cierto la menos defendible.

naban diariamente a una hora determinada [1331]. A partir de sus diez años comenzó a padecer, por temporadas, depresiones que se iniciaban a primera hora de la tarde y alcanzaban su máximo nivel hacia las cinco. Este síntoma subsistía aún en la época del tratamiento analítico. Tales accesos de depresión sustituían a los de fiebre o postración sufridos en aquella pasada época infantil, y las cinco de la tarde había de ser la hora en que por entonces alcanzaba la fiebre su máximo nivel o aquella en que el infantil sujeto sorprendió el coito de sus padres, si es que coincidieron ambas [1332]. A causa probablemente de su enfermedad, sus padres le habían acogido en su alcoba conyugal. Tal enfermedad, comprobada también por la tradición familiar, nos inclina a situar el acontecimiento en el verano y suponer así para el sujeto, nacido el día de Nochebuena, una edad de $n + 1 \frac{1}{2}$ años. Dormía, pues, en su camita, colocada en la alcoba de sus padres, y despertó, acaso por la subida de la fiebre, avanzada ya la tarde y quizá precisamente a las cinco, hora señalada después de sus accesos de depresión. Con nuestra hipótesis de que se trataba de un caluroso día de verano armoniza el hecho de que los padres se hubiesen retirado a dormir la siesta y se hallasen medio desnudos encima de la cama [1333]. Cuando el niño despertó fue testigo de un *coitus a tergo* repetido por tres veces [1334], pudo ver los genitales de su madre y los de su padre y comprendió perfectamente el proceso y su significación [1335]. Por último, interrumpió el comercio de sus padres en una forma de que más adelante hablaremos.

En el fondo, no tiene nada de extraordinario, ni hace la impresión de ser el producto de una acalorada fantasía, el que un matrimonio joven, casado pocos años antes, se acaricie durante las horas de la siesta en una calurosa tarde de verano sin tener en cuenta la presencia de un niño de año y medio, dormido tranquilamente en su cuna. A mi juicio, se trata de algo trivial y cotidiano, sin que tampoco la postura elegida para el coito tenga nada de extraño, tanto más cuanto que del material probatorio no puede deducirse que el mismo fuese realizado todas las veces en la postura indicada. Una sola vez hubiera bastado para procurar al espectador ocasión de observaciones que otra postura de los actores hubiera dificultado o incluso excluido. El contenido mismo de esta escena no puede constituir, pues, un argumento contra su verosimilitud, la cual se fundará más bien en otras tres circunstancias diferentes: Primera, que un niño de la temprana edad de año y medio pueda acoger las percepciones de un proceso tan complicado y conservarlas tan fielmente en su inconsciente; segunda, que luego, a los cuatro años de edad, sea posible una elaboración *a posteriori* de las impresiones recibidas, destinada a facilitar su comprensión, y tercera, que exista un procedimiento susceptible de hacer conscientes de un modo coherente y convincente los detalles de una tal escena, vivida y comprendida en semejantes circunstancias [1336].

[1331] Cf. las ulteriores transformaciones de este factor en la neurosis obsesiva. En los sueños aparecidos durante el tratamiento fue sustituida por un fuerte viento. Adición de 1924.—'Aria' = aire ('mal-aria' = mal aire).

[1332] Con esta circunstancia habrá de relacionarse el hecho de que en su dibujo sólo incluyera el paciente cinco lobos, aunque el texto del sueño consigna seis o siete.

[1333] En ropas interiores *blancas*: el color *blanco* de los lobos.

[1334] ¿Por qué precisamente tres veces? El sujeto sentó de pronto la afirmación de que tal detalle había sido deducido por mí en el curso del análisis. Pero no era así. Se trataba de una ocurrencia espontánea suya, extraída a toda reflexión crítica, y que me atribuía, según costumbre, para que una tal proyección se le hiciera más verosímil.

[1335] Tal comprensión no tuvo efecto en el momento mismo de la percepción, sino ulteriormente, en la época del sueño, cuando el sujeto tenía ya cuatro años. En el momento de la percepción (al año y medio) no hizo extraer las impresiones cuya comprensión *a posteriori*, en la época del sueño, le fue facilitada por su desarrollo, su excitación sexual y su investigación sexual.

Examinaremos cuidadosamente estas y otras objeciones, asegurando al lector que, por nuestra parte, adoptamos una actitud no menos crítica que él ante la hipótesis de que el niño pudiera realizar una tal observación, pero rogándole que se decida con nosotros a aceptar *provisionalmente* la realidad de la escena. Queremos primero continuar el estudio de las relaciones de esta *escena primaria* * con el sueño, los síntomas y la historia del paciente. Perseguiremos por separado los efectos emanados de su contenido esencial y los que tienen su punto de partida en una de sus impresiones visuales.

Tal impresión visual es la correspondiente a las posturas que el niño vio adoptar a la pareja parental: erguido el padre, y agachada, en posición animal, la madre. Hemos visto ya que en el período de miedo infantil del sujeto solía asustarle su hermana mostrándole una estampa del libro de cuentos, en la que aparecía el lobo andando en dos pies, con las garras extendidas y las orejas enderezadas. Durante el tratamiento se tomó el trabajo de rebuscar en las librerías de viejo hasta que encontró aquel libro de cuentos de su infancia, y reconoció la estampa que tanto le asustaba en una ilustración del cuento del lobo y las siete cabritas. Opinaba que la postura del lobo en aquella estampa había podido recordarle la de su padre en la escena primaria. Tal estampa fue, de todos modos, el punto de partida de ulteriores medios. Cuando teniendo ya siete u ocho años le comunicaron que al día siguiente vendría a darle clase un nuevo profesor, soñó por la noche que tal profesor, en figura de león, y en la misma postura que el lobo en la famosa estampa, se acercaba rugiendo a su cama y de nuevo despertó, presa de angustia. Como el sujeto había dominado ya su fobia al lobo, se hallaba en situación de elegir un nuevo animal en calidad de objeto de angustia, y en aquel sueño ulterior elevó al anunciado profesor a la categoría de sustituto del padre.

En los últimos años de su infancia, todos y cada uno de sus profesores desempeñaron este mismo papel de sustitutos del padre, siendo investidos de la influencia paterna, tanto para el bien como para el mal.

El destino deparó al sujeto una ocasión singular de reavivar su fobia al lobo en su época de estudiante de segunda enseñanza y convertir en punto de partida de graves inhibiciones la relación que dicha fobia entrañaba en su fondo. En efecto, el profesor encargado de la clase de latín se llamaba Lobo. El sujeto se sintió intimidado por él desde un principio, y cuando luego se atrajo una grave represión por haber cometido en una traducción latina una falta absolutamente estúpida, no logró ya libertarse de un intenso miedo a aquel profesor; miedo que no tardó en extenderse a todos los demás. También el motivo que le atrajo la represión citada se relacionaba con sus complejos. Tratábase, en efecto, de traducir la palabra latina *filius*, y el sujeto lo hizo con la palabra francesa *fils*, en lugar de emplear el término correspondiente de su lengua materna. Y es que el lobo era todavía el padre [1337].

---

tades suponiendo que en la época de su observación tuviera el niño un año más, esto es, dos años y medio, edad en la que podía ya saber hablar, pues todas las circunstancias accesorias del caso excluyen terminantemente tal hipótesis. Por lo demás, ha de tenerse en cuenta que el descubrimiento de tales escenas de observar el coito entre los padres no es nada raro en el análisis. Y tienen por condición la de pertenecer a la más temprana infancia, pues cuanto mayor es un niño, más

se cuidan los padres, sobre todo en un cierto nivel social, de no darle ocasión a tales observaciones.

* Strachey señala que es el primer uso publicado de esta denominación a la observación del coito entre los padres. (*Nota de J. N.*)

[1337] Después de haber sido objeto de aquella dura represión por parte del profesor Lobo, supo el sujeto, por ser opinión corriente entre sus compañeros, que aquel profesor extremaba su severidad esperando ser

El primero de los «síntomas pasajeros» [1338] que el paciente produjo en el tratamiento se refería aún a la fobia al lobo y al cuento de *El lobo y las siete cabritas*. En la habitación en que se desarrollaron las primeras sesiones del tratamiento había un gran reloj de caja frente al paciente, que se hallaba tendido en un diván, casi de espaldas al lugar que yo ocupaba, y me extrañó comprobar que el sujeto volvía de cuando en cuando la cara hacia mí con expresión amable, como tratando de congraciarse conmigo, y miraba después el reloj. Por entonces supuse que mostraba así el deseo de ver terminada pronto la hora del tratamiento, pero mucho tiempo después el sujeto mismo me habló de aquellos manejos suyos, y me procuró su explicación, recordando que la menor de las siete cabritas se escondía en la caja del reloj, mientras que sus hermanas eran devoradas por el lobo. Quería, pues, decirme por entonces: «Sé bueno conmigo. ¿Debo acaso tenerte miedo? ¿Me comerás? ¿Tendré que huir de ti y esconderme, como la cabrita más joven, en la caja del reloj?»

El lobo que le daba miedo era, indudablemente, el padre; pero su miedo al lobo se hallaba ligado a la condición de que el mismo se mostrara en posición erecta. Su memoria le recordaba con toda precisión que otras estampas que representaban al lobo andando a cuatro pies o metido en la cama, como en la ilustración de la *Caperucita Roja*, no le habían asustado nunca. No fue ciertamente menor la importancia adquirida por la postura que, según nuestra reconstrucción de la escena primaria, había visto adoptar a la mujer; pero tal importancia permaneció limitada al terreno sexual.

El fenómeno más singular de su vida erótica ulterior a la pubertad consistía en accesos de enamoramiento sexual obsesivo, que aparecían y desaparecían en sucesión enigmática, desencadenando en él una gigantesca energía, incluso en períodos de inhibición, y escapando por completo a su dominio. Una interesantísima relación me obliga a aplazar el estudio completo de estos enamoramientos obsesivos, pero puedo ya anticipar que se hallaban enlazados a una determinada condición, oculta a su conciencia, y que sólo durante la cura apareció en ella.

La mujer tenía que mostrársele en la postura que en la escena primordial hemos adscrito a la madre. Desde su pubertad veía el máximo atractivo femenino en unas redondas nalgas opulentas, y la cohabitación, en postura distinta del *coitus a tergo*, no le proporcionaba casi placer. Cabe aquí la objeción de que semejante preferencia sexual es un carácter general de las personas inclinadas a la neurosis obsesiva, no estando, pues, justificada su derivación de una impresión particular de la infancia. Pertenece al cuadro de la disposición erótico-anal, contándose entre aquellos rasgos arcaicos que caracterizan a tal constitución. En el coito *more ferarum* podemos ver, en efecto, la forma más antigua de la cohabitación desde el punto de vista filogénico. Más adelante volveremos sobre este punto, cuando hayamos expuesto el material referente a su condición erótica inconsciente.

---

apaciguado luego por los alumnos con regalos en dinero. Más adelante volveremos sobre este detalle. Me figuro qué alivio constituiría para quienes consideren este historial infantil desde un punto de vista racionalista la posibilidad de suponer que todo el miedo al lobo había tenido, en realidad, su punto de partida en el profesor de latín así llamado, habiendo sido luego proyectado regresivamente sobre la infancia y engendrado con el apoyo de la ilustración del libro de cuentos la escena primordial. Pero ello es absolutamente insostenible, pues la prioridad temporal de la fobia al lobo y su localización en los años infantiles que el sujeto pasó en la primera finca quedaron indudablemente demostradas por toda clase de testimonios. ¿Y el sueño soñado a los cuatro años?

[1338] Ferenczi (1912).

Continuemos, pues, el examen de las relaciones entre el sueño y la escena primaria. Según nuestras esperanzas, el sueño debía mostrar al niño, excitado por el próximo cumplimiento de sus deseos en la Nochebuena, la imagen de la satisfacción sexual procurada por el padre, tal y como él la había visto en aquella escena primordial y como modelo de la propia satisfacción que él deseaba recibir del mismo. Pero en lugar de esa imagen aparece el material del cuento que su abuelo le había contado poco antes: el árbol, los lobos y la falta de cola, representada en forma de supercompensación por las colas frondosas de los supuestos lobos. Nos falta aquí un enlace, un puente asociativo que nos conduzca desde el contenido de la historia primordial al del cuento del lobo, y tal enlace nos es procurado de nuevo por la postura y sólo por ella. En el cuento del abuelo, el lobo rabón invita a los demás a *subirse encima de él*. Este detalle despertó el recuerdo de la imagen de la escena primaria, y por este camino pudo ya quedar representado el material de la escena primordial por el del cuento del lobo, siendo sustituida al mismo tiempo en la forma deseada la cifra dual de los padres por la pluralidad de los lobos.

Por último, la adaptación del material del cuento del sastre y el lobo al contenido del cuento de las siete cabritas, del que tomó el número siete, impuso una nueva modificación al contenido onírico [1339].

La transformación del material —escena primordial, cuento del lobo, cuento de las siete cabritas— refleja la progresión del pensamiento durante la elaboración del sueño: deseo de alcanzar la satisfacción sexual con ayuda del padre —reconocimiento de la condición de la castración, a ella enlazada—, miedo al padre.

A mi juicio, queda así exhaustivamente aclarado el sueño de angustia, soñado por nuestro sujeto a los cuatro años [1340].

[1339] El texto del sueño habla de seis o siete. Seis es el número de las cabritas devoradas por el lobo, pues la séptima se salvó escondiéndose en la caja del reloj. Es ley estricta de la interpretación onírica que todo detalle encuentre su explicación.

[1340] Una vez conseguida la síntesis de este sueño vamos a intentar exponer visiblemente las relaciones del contenido onírico manifiesto con las ideas oníricas latentes.

Es de noche y estoy acostado en mi cama. Lo último es el comienzo de la reproducción de la escena primordial. «Es de noche» es una deformación de «estaba durmiendo». La observación «Sé que cuando tuve este sueño era una noche de invierno» se refiere al recuerdo del sueño y no pertenece a su contenido. Es exacta, pues fue una noche próxima a su cumpleaños, o sea el día de Nochebuena.

De pronto se abre la ventana. Traducción. Despierto espontáneamente de pronto: recuerdo de la escena primordial. La influencia de la historia del lobo se impone con una modificación y transforma la expresión directa en una metáfora. Al mismo tiempo, la introducción de la ventana sirve para incluir en el presente el contenido sucesivo del sueño. En la tarde de Nochebuena se abre de repente la puerta y deja ver el árbol de Navidad con los regalos. Se impone, pues, en este punto la influencia de la expectación despertada en el infantil sujeto por la proximidad de la Nochebuena, expectación que se refiere también a la satisfacción sexual.

El grueso nogal. Representación del árbol de Navidad y, como tal, correspondiente a la época del sueño, pero también del árbol en el que se refugia el sastre y al pie del cual acechan los lobos. Un árbol alto es tam-

bién, como frecuentemente he podido comprobar, un símbolo de la observación de la actividad del *voyeur*. Subido en un árbol puede ver uno, sin ser advertido, todo lo que abajo sucede. Cf. el conocido cuento de Boccaccio y multitud de otros análogos.

Los lobos. Su número: *seis o siete.* En el cuento del lobo son una manada, sin número fijo. La determinación numérica muestra la influencia del cuento de las siete cabritas, de las cuales son devoradas seis. La sustitución del número dual de la escena primaria por una pluralidad, que en dicha escena hubiera sido absurda, es acogida por la resistencia como medio de deformación. En el dibujo en que el sujeto representó su sueño expresó el número cinco como rectificación, probablemente, del dato de que era de noche.

Los lobos estaban encaramados en el árbol. Sustituyen primeramente a los regalos colgados del árbol de Navidad. Pero han sido encaramados al árbol porque ello puede significar que observan algo. Pero en el cuento del abuelo permanecen al pie del árbol. Así, pues, su relación con el árbol ha sido invertida en el sueño, de lo cual ha de deducirse que el contenido onírico integra otras inversiones del material latente.

Le miran con intensa atención. Este detalle ha pasado entero de la escena primordial al sueño a costa de una inversión total.

Son completamente blancos. Este detalle, inesencial en sí, pero enérgicamente acentuado en el relato del sujeto, debe su intensidad a una amplia amalgama de elementos de todos los estratos del material y une luego detalles secundarios de las demás fuentes del sueño con un fragmento importante de la escena primordial. Esta última determinación procede, probable-

Después de lo anteriormente expuesto puedo ya concretar a breves indicaciones sobre el efecto patógeno de la escena primaria y la alteración que su despertar provocó en la evolución sexual del sujeto. Perseguiremos tan sólo aquel efecto que el sueño exterioriza.

Más adelante nos explicaremos que de la escena primordial no emanase una sola corriente sexual, sino toda una serie de ellas, como en una fragmentación de la libido. Habremos además de tener en cuenta que la «activación» de esta escena (evito intencionadamente emplear la palabra «recuerdo») provoca los mismos efectos que si fuera un suceso reciente. La escena actúa *a posteriori*, sin haber perdido nada de su lozanía en el intervalo entre el año y medio y los cuatro años.

Quizá encontremos más adelante un nuevo punto de apoyo para demostrar que ya en la época de su percepción, o sea a partir del año y medio del sujeto, provocó determinados efectos.

Cuando el paciente profundizaba en la situación de la escena primordial extraía a la luz las siguientes autopercepciones:

Había supuesto al principio que el proceso observado era un acto violento, pero tal hipótesis no armonizaba con la expresión placentera que había advertido en el rostro de su madre, debiendo así reconocer que se trataba de una satisfacción [1341]. Lo esencialmente nuevo que la observación del comercio sexual

mente, de la blancura de las ropas de la cama de los padres y de las prendas interiores de los mismos, del color blanco de las ovejas y de los perros de ganado, como alusión a sus investigaciones sexuales en los animales, y, por último, del color blanco aparente en el cuento de las siete cabritas, las cuales reconocen por él a su madre. Más adelante veremos también cómo la ropa blanca constituye una alusión a la muerte.

Permanecían inmóviles. Con este detalle queda contradicho el contenido más acusado de la escena, la movilidad que, por la posición a la que conduce, establece el enlace entre la escena primordial y el cuento del lobo.

Tenían grandes colas, como los zorros. Este detalle está destinado a contradecir un resultado nacido en la influencia de la escena primordial sobre el cuento del lobo, y en el que debemos ver la conclusión más importante de la investigación sexual. Existe, pues, realmente, una castración. El sobresalto con el cual es acogido este resultado mental se abre por fin camino hasta el sueño y pone término al mismo.

El miedo a ser devorado por los lobos. Al sujeto no le parecía motivado por el contenido del sueño. Decía que no había tenido por qué asustarse, pues los lobos parecían más bien zorros o perros y no se abalanzaron hacia él como para morderle, sino que permanecieron inmóviles, sin mostrarse nada temibles. Vemos que la elaboración del sueño se ha esforzado en hacer inofensivos los contenidos penosos por medio de una transformación en sus antítesis. (No se movían y tenían unas hermosas colas.) Hasta que fallaron tales medios y estalló la angustia, que halló una expresión con ayuda del cuento en el que las cabritas-niños son comidas por el lobo-padre. Probablemente este mismo contenido recordó al sujeto las humorísticas amenazas que su padre le dirigía en sus juegos con él («¡Te voy a comer!»), de manera que el miedo de ser comido por el lobo pudo ser tanto una reminiscencia como una sustitución por desplazamiento.

Los motivos optativos de este sueño son fácilmente aprehensibles; a los deseos diurnos superficiales de que hubiera llegado la Nochebuena con sus regalos (sueño de impaciencia) se le une el deseo, más profundo y permanente en aquella época, de la satisfacción sexual procurada por el padre, el cual deseo es sustituido primeramente por el de volver a ver aquello que tanto le impresionó en tiempos. Luego, el proceso psíquico sigue su curso desde el cumplimiento de este deseo en la escena primordial conjurada hasta la repulsa del deseo y la represión, inevitables ya.

La amplitud y la minuciosidad de la exposición a que me obliga el deseo de dar al lector algún equivalente de la fuerza probatoria de un análisis personalmente llevado a cabo, deberá hacerle ver la imposibilidad de comunicar análisis prolongados a través de varios años.

[1341]   Como mejor podemos tener en cuenta esta manifestación del sujeto es suponiendo que el objeto de su observación fue primero un coito en postura normal, el cual despierta siempre la impresión de un acto sádico. Sólo después de este coito habría sido cambiada la postura, dándole ocasión de otras observaciones y otros juicios. Pero esta última hipótesis no pudo ser comprobada en el análisis, ni tampoco nos parece indispensable. No queremos que nuestra sintética exposición del caso haga olvidar que el analizado daba expresión verbal, en edad superior a los veinticinco años, a impresiones e impulsos de cuando sólo tenía cuatro, y para los que entonces no hubiera podido hallar tal expresión. Descuidando estas advertencias es fácil encontrar extraño e increíble que un niño de cuatro años pudiera ser capaz de un juicio tan objetivo y de pensamientos tan cultivados. Trátase simplemente de un segundo caso de elaboración *a posteriori*. El niño recibe al año y medio una impresión a la que no puede reaccionar suficientemente; sólo después, teniendo ya cuatro años, cuando tal impresión experimenta una reviviscencia, llega a comprenderla y a ser agitado por ella, y sólo dos decenios después puede aprehender, con actividad mental consciente, lo que en aquella

de sus padres hubo de procurarle fue el convencimiento de la realidad de la castración, cuya posibilidad había ocupado ya antes sus pensamientos. (La vista de las dos niñas orinando, la amenaza de la *chacha*, la interpretación dada por la institutriz a los caramelos de colores, el recuerdo de que su padre había cortado en pedazos a una culebra.) Pues ahora veía con sus propios ojos la herida, de la que la *chacha* le había hablado, y comprendía que su existencia era condición indispensable del comercio sexual con el padre. No podía ya, por tanto, confundirla con el trasero como cuando vio orinar a las niñas [1342].

El desenlace de su sueño fue un acceso de angustia, del que no logró tranquilizarse hasta que tuvo junto a sí a su *chacha*. Huyó, pues, lejos de su padre, refugiándose al amparo de la niñera. Tal angustia era una repulsa del deseo de que su padre le procurara la satisfacción sexual, deseo que le había inspirado el sueño. Su exteriorización en el miedo de ser devorado por el lobo era tan sólo una mutación —regresiva, como más adelante veremos— del deseo de servir de objeto sexual al padre; esto es, de ser satisfecho por él como su madre. Su último fin sexual, la actitud pasiva con respecto al padre, había sucumbido a una represión, siendo sustituido por el miedo al padre bajo la forma de la fobia al lobo.

¿Cuál podría ser la fuerza motora de esta represión? Conforme a la situación general, no podría ser más que la libido-genital narcisista, que se resistía, en calidad de preocupación de perder su miembro viril, contra una satisfacción, de la cual parecía condición indispensable la renuncia al mismo. Del narcisismo amenazado extrajo el sujeto la virilidad con la cual se defendió contra la actitud pasiva con respecto al padre.

Vemos ahora que en este punto de nuestra exposición hemos de modificar nuestra terminología. Durante su sueño el sujeto había analizado una nueva fase de su organización sexual. Las antítesis sexuales habían sido para él hasta entonces actividad y pasividad. Su fin sexual era desde la seducción un fin pasivo: el de que le tocaran los genitales, y luego se transformó, por regresión al estadio anterior de la organización sádico-anal, en el fin masoquista de ser castigado y golpeado, siéndole indiferente alcanzarlo con el hombre o con la mujer. De este modo el sujeto había pasado desde la *chacha* hasta su padre, sin tener para nada en cuenta la diferencia de sexo; había pedido a la *chacha* que le tocase el miembro, y había querido irritar a su padre para que le castigase. En todo esto no intervenía para nada el órgano genital. En la fantasía de ser golpeado en el pene se exteriorizó aún la relación, encubierta por la regresión. La «activación» de la escena primaria en el sueño le retrotajo entonces a la organización genital. Descubrió la vagina y la significación biológica de los conceptos masculino y femenino, y comprendió ya que activo era igual que masculino, y pasivo, lo mismo que femenino. Su fin sexual pasivo se hubiera tenido que convertir entonces en un fin femenino y tomar como expresión la de servir de objeto sexual al padre en lugar de la de ser golpeado por él en el miembro o en el trasero. Este fin femenino sucumbió a la represión y tuvo que dejarse sustituir por el miedo al lobo.

Hemos de interrumpir aquí la discusión de su evolución sexual hasta que posteriores estadios de su historia arrojen nueva luz sobre éstos, más tempranos.

primera época sucedió en él. El analizado prescinde luego con toda razón de tales tres fases y coloca a su *yo* actual en la situación lejanamente pretérita. Por nuestra parte le seguimos en ello, pues dada una auto-observación y una interpretación igualmente correctas, el efecto ha de ser tal como si pudiera prescindirse de la distancia entre la segunda y la tercera fase cronológica. Además, tampoco disponemos de otro medio para describir los procesos de la segunda fase.

[1342] Más adelante, al ocuparnos de su erotismo anal, veremos cómo se las arregló el sujeto con este aspecto del problema.

En cuanto a la fobia al lobo añadiremos todavía que tanto el padre como la madre eran lobos para el sujeto. La madre era el lobo castrado, que deja que los demás se suban encima de él, y el padre, el lobo que sobre él se subía. Pero su miedo no se refería, como ya le hemos oído asegurar, más que al lobo en posición erecta, o sea al padre. Ha de extrañarnos además que el miedo, con el que se desenlazó el sueño, tuviera un modelo en el relato del abuelo. En éste el lobo castrado que ha dejado subirse encima de él a los demás es acometido por el miedo en cuanto se le recuerda su carencia de cola. Parece, pues, que el sujeto hubo de identificarse durante el proceso del sueño con la madre castrada, y se resistía luego contra tal identificación. Daremos de este punto una traducción, que suponemos exacta: '*Si quieres ser sexualmente satisfecho por tu padre, tienes que dejarte castrar, como tu madre, y eso no puedes quererlo.*' Trátase, pues, de una clara protesta de la masculinidad. Pero habremos de tener en cuenta que la evolución sexual del caso que aquí perseguimos tiene para nuestra investigación la gran desventaja de haber sido múltiplemente perturbada. Es influida primero decisivamente por la seducción y desviada luego por la observación del coito, que actúa *a posteriori* como una segunda seducción.

V. Discusión.

Se ha dicho que el oso polar y la ballena no pueden hacer la guerra porque, hallándose confinados cada uno en su elemento, les es imposible aproximarse. Pues bien: idénticamente imposible me es a mí discutir con aquellos psicólogos y neurólogos que no reconocen las premisas del psicoanálisis y consideran artificiosos sus resultados. En cambio, se ha desarrollado en los últimos años una oposición por parte de otros investigadores, que, por lo menos a su propio juicio, permanecen dentro del terreno del análisis y que no niegan su técnica ni sus resultados, pero se creen con derecho a deducir del mismo material conclusiones distintas y someterlo a distintas interpretaciones.

Ahora bien: la contradicción teórica es casi siempre infructuosa. En cuanto empezamos a alejarnos del material básico corremos peligro de emborracharnos con nuestras propias afirmaciones y acabar defendiendo opiniones que toda observación hubiera demostrado errónea. Me parece, pues, mucho más adecuado combatir las teorías divergentes contrastándolas con casos y problemas concretos.

He dicho antes que seguramente se tacharán de inverosímiles las siguientes circunstancias: Primera, que un niño de la temprana edad de año y medio pueda acoger las percepciones de un proceso tan complicado y conservarlas tan fácilmente en su inconsciente; segunda, que luego, a los cuatro años de edad, sea posible una elaboración *a posteriori* de las impresiones recibidas destinadas a facilitar su comprensión, y tercera, que existe un procedimiento susceptible de hacer consciente de un modo coherente y convincente los detalles de una escena vivida y comprendida en semejantes circunstancias.

La última cuestión es puramente de hecho. Quien se tome el trabajo de llevar el análisis a tales profundidades, por medio de la técnica prescrita, se convencerá de que existe un tal procedimiento; en cambio, quien así no lo haga e interrumpa el análisis en un estrato cualquiera más próximo a la superficie, habrá renunciado al mismo tiempo a toda posibilidad de encontrarlo. Pero con esto no queda resuelta la interpretación de lo alcanzado por medio del análisis abisal.

Las otras dos objeciones se apoyan en una valoración insuficiente de las impresiones de la temprana infancia, de las cuales no se acepta que puedan producir efectos tan duraderos. Tales objeciones quieren buscar casi exclusivamente la motivación de las neurosis en los conflictos más serios de la vida posterior y suponen que la importancia de la niñez no es fingida en el análisis por la inclinación de los neuróticos a expresar sus intereses presentes en reminiscencias y símbolos de su más lejano pasado. Con tal estimación del factor infantil desaparecían muchas de las peculiaridades más íntimas del análisis, pero también, por otro lado, gran parte de lo que crea resistencia contra ellos y le enajena la confianza de los profanos.

Ponemos, pues, a discusión la teoría de que aquellas escenas de la más temprana infancia, a cuyo conocimiento llegamos en todo análisis exhaustivo de una neurosis, por ejemplo, en el de nuestro caso, no serían reproducciones de sucesos reales a los que pudiéramos atribuir una influencia sobre la comformación de la vida posterior y sobre la producción de síntomas, sino fantasías provocadas por estímulos pertenecientes a la edad adulta destinadas a una representación en cierto modo simbólica de deseos e intereses reales y que deben su génesis a una tendencia regresiva, a un desvío de las tareas del presente. Siendo así, resultaría posible prescindir de todas las desconcertantes hipótesis analíticas sobre la vida anímica y la función intelectual de los años en su más temprana infancia.

En favor de esta teoría hablan no sólo el deseo que a todos nos es común de hallar una racionalización y una simplificación de nuestra difícil labor, sino también ciertos factores efectivos. Y también podemos librarla desde un principio de una objeción que habría de surgir precisamente en el ánimo del analista práctico. Hemos de confesar, en efecto, que el hecho de que tal concepción de estas escenas infantiles se demostrase exacta, no traería consigo modificación alguna inmediata en la práctica del análisis. Una vez que el neurótico entraña la perniciosa particularidad de apartar su interés del presente y adherirlo a tales sustituciones regresivas, producto de su fantasía, no podemos hacer más que seguirle en su camino y llevar a su conciencia dichos productos inconscientes; pues, aunque carezcan de todo valor de realidad, son para nosotros muy valiosos como substratos actuales del interés por el enfermo, interés que queremos apartar de ellos para orientarlo hacia las tareas del presente. Por tanto, el análisis seguiría exactamente el mismo curso de aquellos otros en los que el analista, ingenuo y confiado, cree verdaderas tales fantasías. La diferencia surgirá tan sólo al final del análisis, una vez descubiertas las fantasías de referencia. Diríamos entonces al enfermo: «Su neurosis ha transcurrido como si en sus años infantiles hubiera usted recibido tales impresiones y hubiese luego edificado sobre ellas. Pero reconocerá usted que ello no es posible. Se trataba simplemente de productos de su actividad imaginativa destinados a apartarle a usted de tareas reales que le planteaba la vida. Ahora investigaremos cuáles eran tales tareas y qué caminos de enlace han existido entre las mismas y sus fantasías.» A esta solución de las fantasías infantiles podría luego seguir una segunda fase del tratamiento orientada ya hacia la vida real.

Técnicamente, sería imposible hacer más corto este camino, o sea modificar el curso hasta ahora habitual de la cura psicoanalítica. Si no hacemos conscientes al enfermo tales fantasías en toda su amplitud, no podremos facilitarle la libre disposición del interés a ellas ligado. Si le apartamos de ellas en cuanto llegamos a sospechar su existencia y vislumbrar sus contornos generales, no haremos más que apoyar la obra de la represión, por la cual han llegado a ser inaccesibles a todos los esfuerzos del enfermo. Y si las despojamos prematuramente de su valor, comunicando, por ejemplo, al sujeto que se tratará tan sólo de fantasías carentes de toda significación real, no lograremos nunca su colaboración para llevarlas hasta su conciencia. Así, pues, procediendo correctamente, la técnica analítica no experimentará modificación alguna, cualquiera que sea el valor que se conceda a las escenas infantiles discutidas.

Hemos dicho que la concepción de estas escenas como fantasía regresiva puede alegar en su apoyo ciertos factores afectivos. Ante todo, el siguiente: Estas escenas infantiles no son reproducidas en la cura como recuerdos: son resultados de la construcción. Seguramente, habrá alguien que crea ya resuelto el problema con esta sola confesión.

Pero no quisiera ser mal interpretado. Todo analista sabe muy bien y ha comprobado infinitas veces que, en una cura llevada a buen término, el paciente comunica multitud de recuerdos espontáneos de sus años infantiles, de cuya aparición —o, mejor quizá, de cuya primera aparición— el médico no se siente en modo alguno responsable, ya que nunca ha orientado al enfermo con ninguna tentativa de reconstrucción hacia tales contenidos. Estos recuerdos, antes inconscientes, no tienen siquiera que ser verdaderos; pueden serlo, pero muchas veces han sido deformados contra la verdad y entretejidos con elementos fantaseados, como sucede con los llamados recuerdos encubridores, los cuales se conservan espontáneamente. Quiero decir tan sólo que estas escenas como la de nuestro sujeto, pertenecientes a tan temprana época infantil, con tal contenido y de tan extraordinaria significación en la historia del caso, no son generalmente reproducidas como recuerdos, sino que han de ser adivinadas —construidas— paso a paso y muy laboriosamente de una suma de alusiones e indicios.

Ahora bien: no soy de opinión que estas escenas tengan que ser necesariamente fantasías porque no sean evocadas como recuerdos. Me parece por completo equivalente al recuerdo el hecho de que sean sustituidas —como en nuestro caso— por sueños cuyos análisis nos conducen regularmente a la misma escena, y que reproducen, transformándolos infatigablemente, todos y cada uno de los fragmentos del contenido de la misma. El soñar es también un recordar, aunque bajo las condiciones del estado de reposo y de la producción onírica. Por este retorno en los sueños me explico que en el paciente mismo se forme paulatinamente una firme convicción de la realidad de las escenas primarias, convicción que no cede en absoluto a la fundada en el recuerdo [1343].

Sin embargo, mis adversarios no han de verse obligados a abandonar la lucha ante este argumento, dándola ya por perdida, pues, como es sabido, existe la posibilidad de orientar los sueños de un tercero [1344]. Y de este modo, la convicción del analizador puede ser un resultado de la sugestión, para la que aún se sigue buscando un papel en el juego de fuerzas del tratamiento analítico. El psicoterapeuta de la antigua escuela sugeriría a su paciente que había recobrado la salud, dominando sus inhibiciones, etc. Y, en cambio, el psicoanalítico le suge-

---

[1343] Un pasaje en la primera edición de mi 'Interpretación de los sueños' (1900) puede mostrar cómo ya me interesaba yo en ese problema tan inicialmente. Analizo una observación que sucede en un sueño: 'Ya no quedan.' Se explica que la frase provenía de mí. Algunos días antes le había explicado a la paciente que las experiencias infantiles más precoces 'ya no quedan' como tales, sino que son reemplazadas en el análisis por transferencias y por sueños.

[1344] Sobre el mecanismo del sueño no puede ejercerse influencia ninguna, pero sí sobre una parte del material onírico.

riría haber tenido de niño tal o cual vivencia que ahora le era preciso recordar para curarse. Tal sería la sola diferencia entre ambos.

Habremos de hacer constar que esta última tentativa de explicación de nuestros adversarios reduce la significación de las escenas infantiles mucho más de lo que en un principio parecía su propósito. Dijeron, en efecto, que no eran realidades, sino fantasías, y ahora resulta que no se trata siquiera de fantasías del enferm*x*, sino del mismo analista, el cual se las impone al analizado por medio de determinados complejos personales. Claro está que el analista que se oiga hacer este reproche evocará, para su tranquilidad, cuán poco a poco ha ido tomando cuerpo la construcción de aquella fantasía supuestamente inspirada por él al enfermo, cuán independiente del estímulo médico se ha demostrado en muchos puntos su conformación, cómo a partir de una cierta fase del tratamiento pareció converger todo hacia ella, cómo luego, en la síntesis, emanaron de ellas los más diversos y singulares efectos y cómo en aquella única hipótesis hallaron su solución los grandes y pequeños problemas y singularidades del historial de la enfermedad, y hará constar que no se reconoce penetración suficiente para descubrir un suceso que por sí solo pueda llenar todas estas condiciones. Pero tampoco este alegato hará efecto alguno a los contradictores, que no han vivido por sí mismos el análisis. Seguirán diciendo que el psicoanalítico se engaña refinadamente a sí mismo, y éste los acusará, por su parte, de falta absoluta de penetración, sin que sea posible llegar a decisión alguna.

Examinaremos ahora otro de los factores favorables a la concepción contraria de las escenas infantiles construidas. Es el siguiente: Todos los procesos alegados para la explicación de tales productos discutidos como fantasías existen realmente, y ha de reconocerse su importancia. El desvío del interés de las tareas de la vida real [1345], la existencia de fantasías como productos sustitutivos de los actos omitidos, la tendencia regresiva que se manifiesta en tales creaciones —regresiva en más de un sentido, en cuanto se inician simultáneamente un apartamiento de la vida y un retorno al pasado—; todo ello es exacto y puede comprobarse regularmente por medio del análisis. En consecuencia, es de esperar que baste también para aclarar las supuestas reminiscencias infantiles discutidas, y de acuerdo con los principios económicos de la ciencia, tal explicación habría de ser preferida a otra para la cual fuesen necesarias nuevas y desconcertantes hipótesis.

Me permito llamar aquí la atención de mis lectores sobre el hecho de que las objeciones formuladas hasta hoy contra el psicoanálisis siguen, generalmente, la forma de tomar la parte por el todo. Se extrae de un conjunto altamente compuesto una parte de los factores eficientes, se los proclama verdaderos y se niega luego, en favor suyo, la otra parte y el todo. Examinando más de cerca qué grupo ha sido objeto de semejante preferencia, hallamos que es siempre aquel que integra lo ya conocido por otros caminos a lo que más fácilmente puede enlazarse a ello. Jung elige así la actualidad y la regresión, y Adler los motivos egoístas. En cambio, es abandonado y rechazado como erróneo cuanto de nuevo y de peculiarmente propio integra el análisis. Por este camino es por el que resulta más fácil rechazar los progresos revolucionarios del incómodo psicoanálisis.

[1345] Por nuestra parte, y fundados en excelentes razones, preferimos decir: «El desvío de la libido de los conflictos actuales...»

No será inútil acentuar que ninguno de los factores en los que nuestros contrarios apoyan su concepción de las escenas infantiles ha tenido que ser enseñado por Jung como una novedad. El conflicto actual, el apartamiento de la realidad, la satisfacción sustitutiva en la fantasía y la regresión al material del pasado; todo ello ha constituido desde siempre, precisamente en el mismo ajuste y quizá con menos modificaciones terminológicas, una parte integrante de mi propia teoría. Pero no la constituye toda, sino tan sólo el fragmento que integra aquella parte de la motivación que colabora en la producción de las neurosis, actuando desde la realidad como punto de partida y en dirección regresiva. Junto a ella he dejado lugar suficiente para una segunda influencia progresiva que actúa partiendo de las impresiones infantiles, muestra el camino a la libido que se retira de la vida y hace comprensible la regresión a la infancia, inexplicable de otro modo. Así, pues, según mi teoría, los dos factores colaboran en la producción de síntomas. Pero existe aún una colaboración anterior que me parece igualmente importante, pues la *influencia de la infancia se hace ya sensible en la situación inicial de la producción de las neurosis, en cuanto determina, de un modo decisivo, si el individuo ha de fracasar en la superación de los problemas reales de la vida y en qué lugar ha de fracasar.*

Se discute, pues, la importancia del factor infantil. Nuestra labor consistirá en hallar un ejemplo práctico que pueda demostrar tal importancia sin dejar lugar alguno de duda. Tal ejemplo es precisamente el caso patológico que aquí vamos exponiendo tan detalladamente y que se caracteriza por la particularidad de que a la neurosis de la edad adulta precedió una neurosis padecida en tempranos años infantiles. Precisamente por esta circunstancia he elegido este caso para su comunicación. Si alguien quisiera rechazarlo por el hecho de no parecerle suficientemente importante la zoofobia para reconocerla como una neurosis independiente, habremos de señalarle que a tal fobia se enlazaron sin intervalo alguno un ceremonial obsesivo y actos e ideas del mismo carácter, de los cuales trataremos en los capítulos siguientes del presente estudio.

Una enfermedad neurótica en el cuarto o quinto año de la infancia demuestra, ante todo, que las vivencias infantiles bastan por sí solas para producir una neurosis, sin que sea necesaria la huida ante una labor planteada por la vida. Se objetará que también al niño le son planteadas de continuo tareas a las que acaso quisiera escapar. Exacto; pero la vida de un niño antes de su época escolar es fácil de revisar y puede investigarse si existió en ella una «tarea» determinante de la causación de la neurosis. Pero sólo descubrimos impulsos instintivos cuya satisfacción es imposible al niño, incapaz también todavía para sojuzgarlos, y las fuentes de las cuales manan dichos impulsos.

La enorme abreviación del intervalo entre la explosión de la neurosis y la época de las vivencias infantiles discutidas permite, como era de esperar, reducir a un mínimum la parte regresiva de la causación y presenta a la vista, sin velo alguno, la parte progresiva de la misma, la influencia de impresiones anteriores. Esperamos que el presente historial clínico ilustre claramente tal circunstancia. Y todavía por otras razones la neurosis infantil da a la cuestión de la naturaleza de las escenas primarias, o sea de las vivencias infantiles más tempranas descubiertas en el análisis, una respuesta decisiva.

Si suponemos como premisa indiscutida que una tal escena primaria ha sido irreprochablemente desarrollada desde el punto de vista técnico, que es indispensable para la solución sintética de todos los enigmas que nos plantea el cuadro de síntomas de la enfermedad infantil y que todos los efectos emanan de ella como a ella han llevado todos los hilos del análisis, tal escena no podrá ser, en cuanto a su contenido, más que la reproducción de una realidad vivida por el niño. Pues el niño, lo mismo que el adulto, sólo puede producir fantasías con material adquirido en alguna parte. Ahora bien: los caminos de tal adquisición se hallan en parte cerrados al niño (por ejemplo, la lectura), y el tiempo de que dispone para ella es corto y puede ser investigado fácilmente en busca de las fuentes correspondientes.

En nuestro caso, la escena primordial contiene la imagen del comercio sexual entre los padres y en una postura especialmente favorable para ciertas observaciones. Nada testimoniaría suficientemente en favor de la realidad de esta escena si se tratara de un enfermo cuyos síntomas, o sea los efectos de la misma, hubieran aparecido en cualquier momento de su vida adulta. Tal enfermo puede haber adquirido en los más distintos momentos del largo intervalo las impresiones, representaciones y conocimientos que luego, transformados en una imagen fantástica, son proyectados regresivamente sobre su infancia y adheridos a sus padres. Pero cuando los efectos de una tal escena aparecen teniendo el sujeto cuatro o cinco años, es preciso que el niño la haya presenciado en edad aún más temprana. Y entonces quedan en pie todas las conclusiones desconcertantes a las que nos ha llevado el análisis de la neurosis infantil. Es como si alguien quisiera suponer que el paciente no sólo había fantaseado inconscientemente la escena primaria, sino que había confabulado también la alteración de su carácter, su miedo al lobo y su obsesión religiosa, hipótesis abiertamente contradicha por la idiosincrasia del sujeto y por el testimonio directo de sus familiares. Así, pues, no veo posibilidad alguna de llegar a otra conclusión: O el análisis que tiene en su neurosis infantil su punto de partida es, en general, un desatino, o todo sucedió exactamente tal y como lo hemos expuesto.

Hubo de extrañarnos también la circunstancia equívoca de que la preferencia del paciente por las nalgas femeninas y por el coito en aquella postura en que las mismas resultan más especialmente, pareciera exigir en este caso una derivación de la observación del coito parental, siendo así que se trataba de un rasgo general de las constituciones arcaicas predispuestas a la neurosis obsesiva. Mas ahora hallamos una sencilla explicación que soluciona la contradicción, mostrándonosla como una superdeterminación. La persona a quien el sujeto vio realizar el coito en tal postura era su propio padre, del cual podía muy bien haber heredado tal preferencia constitucional. Ni la posterior enfermedad del padre ni la historia de la familia contradicen tal hipótesis, pues, como ya hemos dicho, un hermano del padre murió en un estado que había de ser considerado como el desenlace de una grave neurosis obsesiva.

A este respecto, recordamos que la hermana del sujeto, al seducirle cuando tenía tres años y tres meses, lanzó contra la honrada y anciana niñera la singular calumnia de que ponía a los hombres cabeza abajo y les cogía después los genitales. En este punto hubo de imponérsenos la idea de que quizá también la hermana hubiera presenciado en años igualmente tempranos la misma escena que luego su hermano, habiendo extraído de ellas el estímulo a colocar a los actores cabeza abajo en el acto sexual. Esta hipótesis nos señalaría también una de las fuentes de su propia precocidad sexual.

[Primitivamente no abrigaba la intención de continuar más allá de este punto la discusión del valor real de las «escenas primarias», pero como en el entretanto he tenido ocasión de tratar este tema en mis conferencias de *Lecciones introductorias al psicoanálisis,* en un más amplio contexto y ya sin intención polémica, sería muy dado a malas interpretaciones que omitiera la aplicación de los puntos de vista allí determinantes al caso que aquí nos ocupa. Así, pues, continuaré el presente estudio complementando y rectificando, cuando sea necesario, lo anteriormente expuesto. Es posible todavía una distinta concepción de la escena primaria en que el sueño se basa, concepción que se aparta mucho de la conclusión antes sentada y que nos allana algunas dificultades. De todos modos, la teoría que quiere dejar reducidas las escenas infantiles a símbolos regresivos no habrá de ganar nada con esta modificación. Por el contrario, creo que ha de quedar definitivamente refutada por este análisis de una neurosis infantil, como habría de serlo por cualquier otro.

Opino, en efecto, que también podemos explicarnos el estado de cosas en la forma siguiente: No nos es posible renunciar a la hipótesis de que el niño hubo de observar un coito cuya vista le inspiró la convicción de que la castración podía ser algo más que una amenaza desprovista de sentido. Y por otro lado, la importancia que luego demostraran entrañar las actitudes del hombre y de la mujer en cuanto al desarrollo de angustia y como condición erótica nos impone la conclusión de que hubo de tratarse de un *coitus a tergo, more ferarum*. Pero hay, en cambio, otro factor que no es tan indispensable y puede ser abandonado. No fue, quizá, un coito de los padres, sino un coito entre animales el que el niño observó y desplazó luego sobre los padres, como si hubiera deducido que tampoco los padres lo hacían de otro modo.

En favor de esta hipótesis testimonia, sobre todo, el hecho de que los lobos del sueño fueron, en realidad, perros de ganado y aparecieron también como tales en el dibujo del paciente. Poco tiempo antes del sueño el niño había sido llevado varias veces por su padre a visitar los rebaños donde pudo ver tales perros blancos y de gran tamaño y observarlos probablemente también en el acto del coito. Con esta circunstancia puede relacionarse también la triple repetición que el paciente asignó al acto sin motivación ninguna, suponiendo conservado en su memoria el hecho de haber sorprendido en tres distintas ocasiones a los perros del ganado en tal situación. Lo que luego se agregó a ello en la excitada expectación de la noche de su sueño fue la transferencia de la huella mnémica recientemente adquirida, con *todos* sus detalles, sobre los padres, y esta transferencia fue ya lo que provocó los intensos afectos que sabemos. Se desarrolló entonces una comprensión *a posteriori* de aquellas impresiones recibidas quizá pocas semanas antes, proceso que todos conocemos por haberlo experimentado con nosotros mismos. La transferencia de los perros en el acto del coito, sobre los padres, no fue llevada a cabo por el sujeto mediante un proceso deductivo verbal, sino buscando en su memoria el recuerdo de una escena real en la cual aparecieran juntos sus padres y que pudiera fundirse con la situación del coito. Tal escena podía reproducir fielmente todos los detalles descubiertos en el análisis del sueño, pero haber sido totalmente inocente, consistiendo tan sólo en que una tarde de verano y durante su enfermedad el niño habría despertado y visto a sus padres ante sí vestidos con blancos trajes estivales. Todo el resto lo habría añadido, tomándolo de las observaciones realizadas en las visitas a los rebaños, el ulterior deseo del sujeto, poseído por la curiosidad sexual de sorprender también a sus padres en el acto del coito, y entonces la escena así fantaseada desplegó todos los efectos reseñados, los mismos exactamente que si hubiera sido real y no artificialmente construida con dos elementos, anterior e indiferente el uno, y posterior y muy impresionante el otro.

Vemos en el acto cuán disminuido queda así el margen de credulidad que se nos achaca. No necesitamos ya suponer que los padres realizaron el coito en presencia de un hijo suyo, aunque fuera muy pequeño, cosa que para muchos de nosotros constituía una imagen displaciente, y el intervalo entre la escena primaria y sus efectos queda también muy abreviado, comprendiendo tan sólo unos cuantos meses del cuarto año del sujeto sin llegar ya a los primeros oscuros años de la infancia. En la conducta del niño que transfiere a sus padres lo observado en los perros y se asusta del lobo en lugar de asustarse de su padre no queda ya apenas nada desconcertante. Se encuentra, en efecto, en aquella fase de su concepción del universo a la que en nuestro capítulo IV del ensayo de 1913 *Totem y tabú*, hemos calificado de retorno al totemismo. La teoría que intenta explicar las escenas primordiales de la neurosis como fantasías regresivas de épocas posteriores parece hallar un firme apoyo en nuestra observación, no obstante la temprana edad de nuestro neurótico (cuatro años). A pesar de ella ha conseguido sustituir una impresión recibida a los cuatro años por un trauma imaginario supuestamente experimentado cuando tenía año y medio. Pero esta regresión no nos parece enigmática ni tendenciosa. La escena que se trataba de construir había de llenar ciertas condiciones que, dadas las circunstancias de la vida del sujeto, sólo podían haberse cumplido en aquella temprana edad; por ejemplo, la de hallarse durmiendo en la alcoba de sus padres.

Las observaciones que siguen, extraídas de los resultados analíticos de otros casos, habrán de constituir para la mayoría de nuestros lectores la prueba decisiva de la exactitud de esta nueva concepción. La aparición en el análisis de enfermos neuróticos, de una tal escena —sea recuerdo real o fantasía— en la que el sujeto sorprende un coito entre sus padres no es verdaderamente nada insólito. Es muy posible que el análisis de sujetos no neuróticos nos la descubriera con igual frecuencia y acaso forma parte del acervo mnémico general, consciente o inconsciente. Pero siempre que el análisis me ha conducido hasta una tal escena ha integrado ésta la misma peculiaridad que tanto nos extrañó en el caso de nuestro paciente: la de referirse a un *coitus a tergo*, único que permite al espectador la inspección de los genitales. En estos casos no dudamos ni un solo momento de que se trata de una fantasía, estimulada, quizá regularmente, por la observación del comercio sexual entre los animales. Y aún hay más: he hecho constar que mi exposición de la escena primordial permanecerá incompleta, pues me reservaba para más adelante comunicar en qué forma perturbó el niño el coito de los padres. Añadiré ahora que también la forma de tal perturbación es en todos los casos la misma.

Supongo que en todo esto me habré expuesto a graves sospechas por parte de los lectores de este historial clínico. Si poseía tales argumentos favorables a una semejante interpretación de la «escena primaria», ¿cómo pude echar sobre mí la responsabilidad de aceptar otra de aspecto tan absurdo? ¿O acaso es que sólo en el intervalo entre la primera redacción del historial clínico y este complemento es cuando he descubierto aquellos nuevos datos que me han obligado a esta rectificación de mi interpretación inicial y no quería confesarlo por algún motivo? Confesaré, en cambio, otra cosa, y es que me propongo cerrar por ahora la discusión sobre el valor real de la escena primaria con un *non liquet* *. No hemos llegado aún al término de este historial, y en su curso posterior habrá de surgir un factor que perturbará la seguridad de lo que ahora creemos poder regocijarnos. Entonces sólo me quedará remitir a los lectores a aquellos pasajes de mis *Lecciones introductorias al psicoanálisis,* en los cuales he estudiado el problema de las fantasías o escenas primarias.]

VI. La neurosis obsesiva.

Por tercera vez sufrió el sujeto un influjo que modificó su evolución en forma decisiva. Cuando llegó a los cuatro años y medio sin que su estado de irritabilidad y de miedo continuo hubiera mejorado, la madre decidió enseñarle la Historia Sagrada con la esperanza de distraerle así y reanimarle. Y, en efecto, lo consiguió, pues la iniciación de los dogmas religiosos puso un término a la fase de angustia; pero, en cambio, trajo consigo una sustitución de los síntomas de angustia por síntomas obsesivos. Si hasta entonces le había costado trabajo conciliar el sueño porque temía soñar cosas terribles, como en aquella noche próxima a la Navidad, ahora tenía que besar, antes de acostarse, todas las estampas de santos que colgaban de las paredes de su alcoba y trazar innumerables cruces sobre su propia persona y su cama.

La niñez del sujeto se nos muestra ya claramente dividida en los siguientes períodos: En primer lugar, la época prehistórica hasta la seducción (a los tres años y tres meses), época a la cual pertenece la escena primordial; en segundo, el período de alteración del carácter hasta el sueño de angustia (a los cuatro años); en tercero, la zoofobia hasta la iniciación religiosa (a los cuatro años y medio); y a partir de aquí, la fase de neurosis obsesiva hasta los diez años. Ni la naturaleza de las circunstancias ni tampoco la de nuestro paciente, caracterizada, al contrario, por la conservación de todo lo antecedente y la coexistencia de las más distintas corrientes, hubieron de permitir una sustitución instantánea y precisa de una fase por la siguiente. La irritabilidad no desapareció al surgir la angustia y se extendió luego, disminuyendo paulatinamente a través de la época de fervor religioso. En cambio, en esta última fase no aparece ya para nada la fobia al lobo. La neurosis obsesiva mostró un curso discontinuo; el primer acceso fue el más largo y el más intenso, surgiendo luego otros a los ocho y a los diez años del sujeto y siempre después de sucesos visiblemente relacionados con el contenido de la neurosis. La madre le relataba por sí misma la Historia Sagrada y hacía además que la *chacha* le leyera trozos del libro y le enseñara las ilustraciones. Naturalmente, dedicaron máxima atención a la historia de la Pasión. La *chacha*, mujer tan piadosa como supersticiosa, le procuraba las explicaciones que demandaba, teniendo que oír y satisfacer todas las objeciones y las dudas del pequeño crítico. Si las luchas internas que entonces comenzaron a conmoverle tuvieron como desenlace una victoria de la fe, ello se debió considerablemente a la influencia de la *chacha*.

Aquello que el sujeto me relató en calidad de recuerdo de sus reacciones a la iniciación religiosa despertó al principio en mí una absoluta incredulidad, pues juzgaba que tales pensamientos no podían ser nunca los de un niño de cuatro años y medio a cinco, y supuse que desplazaba a esta lejana época de su

---

* 'No claro.'

pasado ideas procedentes de las reflexiones de su edad adulta, cercana ya a los treinta años [1346]. Pero el paciente rechazó con toda precisión semejante hipótesis y, como en otras muchas ocasiones, no pudimos llegar a un acuerdo sobre este punto hasta que la relación de las ideas recordadas con los síntomas contemporáneos a las mismas, así como su interpolación en su evolución sexual, me obligó a darle crédito. Y hube de decirme también que precisamente aquellas críticas de las doctrinas religiosas, que yo me resistía a atribuir a un niño, sólo eran ya sostenidas por una minoría de adultos cada vez más pequeña y en trance de desaparecer.

Comenzaré por exponer sus recuerdos y sólo después buscaré el camino que ha de llevarnos a la comprensión de los mismos.

Como ya hemos dicho, la impresión que el contenido de la Historia Sagrada produjo al infantil sujeto no fue al principio nada grata. Comenzó por extrañar el carácter pasivo de Cristo en su martirio y luego todo el conjunto de su historia, y orientó sus más severas críticas contra Dios Padre. Siendo omnipotente, era culpa suya que los hombres fuesen malos y atormentasen a sus semejantes, yendo luego por ello al infierno. Debía haberlos hecho buenos y, por tanto, era responsable de todo el mal y de todos los tormentos. El mandamiento de tender una mejilla cuando había sido uno abofeteado en la otra le resultaba incomprensible, así como que Cristo hubiese deseado que apartase de El aquel cáliz, e igualmente que no hubiera sucedido ningún milagro para demostrar que era realmente el Hijo de Dios. Su penetración, así despertada, supo buscar, con implacable rigor, los puntos débiles del poema sagrado.

Pero no tardaron en agregarse a esta crítica racionalista cavilaciones y dudas que nos revelan la çolaboración de impulsos secretos. Una de las primeras preguntas que dirigió a la *chacha* fue la de si Cristo tenía también un trasero. La *chacha* le respondió que Cristo había sido Dios y hombre al mismo tiempo y que en su calidad de hombre había tenido y hecho lo mismo que los demás humanos. Aquello no satisfizo al niño, pero supo consolarse diciéndose que el trasero era tan sólo una continuación de las piernas. El miedo, apenas mitigado, de verse obligado a rebajar a la sagrada persona de Cristo, emergió de nuevo al ocurrírsele la pregunta de si también Cristo se hallaba sujeto a la necesidad de defecar. No se atrevió a plantear a la *chacha* tal interrogación, pero encontró por sí solo una salida mejor que la que su niñera hubiese hallado, pues se dijo que si Cristo había hecho vino de la nada, podía convertir también en nada la comida y librarse así de toda necesidad de excreción.

Volviendo sobre un fragmento anteriormente examinado de su evolución sexual, nos aproximaremos a la comprensión de estas cavilaciones. Sabemos que después de la repulsa de la *chacha* y de la consecutiva represión de la naciente actividad genital, su vida sexual se había desarrollado en las direcciones del sadismo y el masoquismo. Maltrataba y atormentaba a los animales pequeños y construía fantasías cuyo contenido era tan pronto el de que el mismo golpeaba a un caballo como el de que el heredero del trono era maltratado [1347]. En el sadismo

---

[1346] Repetidamente intenté colocar todos los sucesos del paciente adelantados en un año y así referir el episodio de seducción a los cuatro años y tres meses, el sueño a su quinto cumpleaños, etc. Considerando los intervalos entre los distintos sucesos no hay ninguna posibilidad de ganar tiempo. Pero el paciente permaneció obstinadamente en sus afirmaciones, no logrando, sin embargo, remover del todo mis dudas. Una postergación así, de un año, obviamente no sería de importancia ni para la impresión ocasionada por su relato ni para los comentarios e implicaciones relacionadas con el suceso.

[1347] Mal trato, consistente, sobre todo, en golpes administrados en el pene.

mantenía su primitiva identificación con el padre, y en el masoquismo le elegía como objeto sexual. Se hallaba en aquella fase de la organización pregenital en la que vemos la disposición a la neurosis obsesiva. El efecto del sueño que le situó bajo el influjo de la escena primordial le había permitido llevar a cabo un avance hacia la organización genital y transformar su masoquismo con respecto al padre en una actitud femenina para con él, o sea en homosexualidad. Pero el sueño no trajo consigo tal avance, sino que se resolvió en angustia. La relación con el padre, que desde el fin sexual de ser maltratado por él, debía haberle llevado al fin inmediato de servirle de objeto sexual como mujer, quedó retrotraída, por la intervención de su virilidad narcisista, a un estadio aún más primitivo, y disociada, pero no resuelta, por un desplazamiento sobre una sustitución del padre, aparente en calidad de miedo a ser devorado por el lobo. Sólo afirmando la coexistencia de las tres tendencias sexuales orientadas hacia el padre, lograremos, quizá, reflejar exactamente la situación. A partir del sueño, el sujeto era en su inconsciente homosexual, mientras que en su neurosis permanecía en el nivel del canibalismo y en tanto seguía dominando el conjunto su anterior actitud masoquista. Las tres corrientes tenían fines sexuales pasivos. El objeto era uno, como era una la tendencia sexual, pero ambos habían experimentado una disociación hacia tres distintos niveles.

El conocimiento de la Historia Sagrada le procuró la posibilidad de sublimar la actitud masoquista predominante con respecto a su padre. Pasó a ser Cristo, personificación que le fue muy facilitada por el hecho de haber nacido en Nochebuena. Con ello había llegado a ser algo grande y, además —circunstancia sobre la que al principio no recayó aún acento suficiente— un hombre. En la duda de si Cristo podía tener un trasero se transparenta la actitud homosexual reprimida, pues tal cavilación no podía significar más que la duda de si podría ser utilizado por su padre como una mujer, como la madre en la escena primordial. La solución de las otras ideas obsesivas nos conformará luego esta interpretación. A la represión de la homosexualidad pasiva correspondió entonces la preocupación de que era condenable mezclar a la sagrada persona de Cristo tales suposiciones. Se esforzaba, pues, en mantener alejada su nueva sublimación de los complementos emanados de las fuentes de lo reprimido. Pero no lo consiguió.

No comprendemos todavía por qué se rebelaba también contra el carácter pasivo de Cristo y contra los malos tratos que su padre le imponía, comenzando así a renegar, incluso en su sublimación, de su idea masoquista, hasta entonces mantenida. Podemos suponer que este segundo conflicto fue especialmente favorable a la aparición de las ideas obsesivas humillantes del primer conflicto (entre la corriente masoquista dominante y la corriente homosexual reprimida), pues es natural que en un conflicto anímico se sumen todas las tendencias de un mismo signo, aunque procedan de las más distintas fuentes. Nuevas comunicaciones nos revelarán el motivo de su rebeldía, y con él el de la crítica ejercida sobre la religión.

También su investigación sexual había extraído ciertas ventajas del conocimiento de la Historia Sagrada. Hasta entonces no había tenido razón ninguna para suponer que los niños venían tan sólo de la mujer. Por el contrario, su *chacha* le había hecho creer que él era sólo de su padre, y su hermana sólo de su madre, y esta más íntima relación con su padre le había sido muy valiosa. Pero ahora oyó que María era la madre de Dios. En consecuencia, los niños venían de la mujer y no era posible sostener las afirmaciones de la *chacha*. Además, los relatos de la Historia Sagrada le confundían en cuanto a quién era realmente el padre de Cristo. Se inclinaba a creer que José; pero la *chacha* le decía que José había sido tan sólo *como* el padre y que el verdadero padre había sido Dios, y semejante explicación no le sacaba de dudas. Comprendía tan sólo que la relación entre padre e hijo no era tan íntima como él se había figurado siempre.

El niño intuía en cierto modo la ambivalencia sentimental con respecto al padre integrada en todas las religiones y atacaba a la suya por la relajación de aquella relación con el padre. Como era natural, su oposición dejó pronto de ser una duda de la verdad de la doctrina y se orientó, en cambio, directamente contra la persona de Dios. Dios había tratado dura y cruelmente a su Hijo y no se mostraba mejor con los hombres. Había sacrificado a su Hijo y exigido lo mismo de Abraham. El sujeto comenzó, pues, a temer a Dios.

Si él era Cristo, su padre era Dios. Pero el Dios que la religión le imponía no era una sustitución satisfactoria del padre, al que él había amado y del cual no quería que le despojasen. Su amor a este padre creó su penetración crítica. Tuvo que atravesar aquí un tardío estadio de su desligamiento del padre.

De su antiguo amor a su padre, manifiesto ya en época muy temprana, fue, pues, de donde extrajo la energía para atacar a Dios y la penetración para desarrollar su crítica de la religión. Mas, por otro lado, tal hostilidad contra el nuevo Dios no era un acto primero, pues tenía su prototipo en un impulso hostil al padre, surgido bajo la influencia del sueño de angustia, y no era, en el fondo, más que una reviviscencia del mismo. Los dos impulsos sentimentales antitéticos que habían de regir toda su vida ulterior coincidieron aquí, para el combate de ambivalencia, en el tema de la religión. Lo que de este combate resultó en calidad de síntoma, las ideas blasfemas y la obsesión de asociar siempre la idea de Dios con las de «basura» o «cochino», era, por tal razón, el auténtico resultado de una transacción, como nos lo demostrará el análisis de estas ideas en relación con el erotismo anal.

Otros síntomas obsesivos distintos, de modalidad menos típica, se refieren, con idéntica seguridad, al padre, pero deja reconocer también la conexión de la neurosis obsesiva con los sucesos casuales anteriores.

Entre los ceremoniales piadosos con los que al fin purgó sus blasfemias, contaba también el mandamiento de respirar de un modo solemne en determinadas circunstancias. Cuando se santiguaba, tenía siempre que aspirar o espirar profundamente el aire. En su idioma, una sola palabra reúne los significados de «aliento» y «espíritu». Tenía, pues, que aspirar profundamente el Espíritu Santo o espirar los malos espíritus de los que había oído hablar o leído [1348]. A tales malos espíritus atribuía también aquellas ideas blasfemas por las que tantas penitencias había de imponerse. Pero también se veía obligado a espirar profundamente cuando veía a un anciano, a un hombre y, en general, gente inválida contrahecha y digna de lástima, sin que supiera cómo enlazar ya con los espíritus tal conducta. Únicamente se daba cuenta de que lo hacía para no verse como aquellos infelices.

Posteriormente, el análisis nos reveló, con motivo de un sueño, que la obsesión de espirar profundamente cuando veía a alguien digno de lástima había surgido en él cuando ya tenía seis años, y se hallaba relacionada con su padre. Hacía

---

[1348] Como más adelante veremos, este síntoma surgió cuando el sujeto tenía seis años y sabía ya leer.

muchos meses que los niños no habían visto a su padre, cuando un día les anunció su madre que iba a llevarlos consigo a la ciudad para hacerles ver algo que les alegraría mucho. Y, en efecto, los llevó al sanatorio en el que se hallaba su padre, cuyo mal aspecto inspiró gran compasión al sujeto. El padre era, pues, también el prototipo de todos los inválidos, mendigos y ancianos, ante los cuales tenía él que espirar profundamente, como en otros casos es el de las formas imprecisas que los niños ven en estados de miedo o de las burlescas caricaturas que dibujan. En otro lugar veremos que esta actitud compasiva se relaciona con un detalle especial de la escena primordial, detalle tardíamente surgido en la neurosis obsesiva.

El propósito de no verse como aquellas personas dignas de lástima, que motivaba su obsesión de espirar profundamente a su vista, era, pues, la antigua identificación con el padre, transformada en sentido negativo. Pero con ello copiaba también a su padre en sentido positivo, pues el acto de respirar con fuerza era una imitación de la agitada respiración observada en su padre durante el coito [1349]. Así, pues, el Espíritu Santo debía su origen a este signo de la agitación sexual masculina. La represión convirtió este aliento en el mal espíritu, para el cual existía también otra genealogía: el paludismo o malaria (aria=aire) que el sujeto había padecido en la época de la escena primaria.

La repulsa de estos malos espíritus correspondía a un rasgo evidentemente ascético que se exteriorizó también en otras reacciones. Cuando el sujeto oyó que Cristo había introducido a unos espíritus malignos en los cuerpos de unos puercos, los cuales se arrojaron luego por un precipicio, recordó que su hermana se había caído una vez a la playa desde un pretil. Era, pues, también un espíritu maligno y una puerca. Partiendo de aquí, un breve camino le llevó a la asociación Dios-cochino. También su padre mismo se le había mostrado dominado por la sensualidad. Cuando supo la historia del primer hombre la encontró análoga a sus propios destinos, y en sus conversaciones con la *chacha* se fingió, hipócritamente, asombrado de que Adán se hubiera dejado arrastrar a la desgracia por una mujer, prometiendo que, por su parte, no se casaría jamás. En esta época se manifestó intensamente su enemistad contra las mujeres, consecutiva a la seducción de que le había hecho objeto su hermana. Tal hostilidad había aún de perturbar frecuentemente su vida erótica. Su hermana fue así, para él, durante mucho tiempo, la encarnación de la tentación y del pecado. Cuando se confesaba, se sentía puro y libre de toda culpa. Pero en seguida le parecía que su hermana acechaba la ocasión de volverle a inducir en pecado, y antes que pudiese darse cuenta provocaba una violenta disputa con ella, pecando así realmente. Se veía, pues, obligado a reproducir así, siempre de nuevo, el hecho de la seducción. Por otra parte, aunque sus ideas blasfemas le remordían extraordinariamente, nunca las había hecho objeto de confesión.

Hemos penetrado inadvertidamente en el cuadro sintomático de los años posteriores de la neurosis obsesiva y, por tanto, informaremos ya a nuestros lectores sobre su desenlace, salvando toda la plenitud de cosas incluidas en el intervalo. Sabemos ya que, aparte de su estado permanente, experimentaba, temporalmente, agravaciones, una de ellas circunstancia que aún no puede sernos transparente, con ocasión de haber muerto en su misma calle un niño con el cual

---

[1349] Presuponiendo, claro está, la realidad de la escena primaria.

podía identificarse. Al cumplir los diez años, fue confiado a un preceptor alemán, que no tardó en adquirir sobre él extraordinaria influencia. Resulta muy instructivo averiguar que toda su piedad desapareció, para no volver nunca ya, cuando en sus conversaciones con el preceptor se dio cuenta de que aquel sustitutivo del padre no concedía valor alguno a la devoción ni creía en la verdad de las doctrinas religiosas. Su fervor religioso desapareció con su adhesión al padre, sustituto ahora por un nuevo padre más asequible. De todos modos, tal desaparición no tuvo efecto sin una última intensificación de la neurosis obsesiva, de la cual recuerda especialmente el sujeto la obsesión de pensar en la Santísima Trinidad cada vez que veía en el arroyo tres montones de estiércol o de basura. Sabemos que el paciente no cedía jamás a ningún estímulo nuevo sin llevar antes a cabo una última tentativa de retener aquellos que había perdido su valor. Cuando su preceptor le invitó a renunciar a sus crueldades contra los animales, cesó efectivamente en ella; pero no sin antes llevar a cabo, concienzudamente, una última matanza cruenta de orugas. Todavía en el tratamiento psicoanalítico se conducía así, desarrollando siempre una «reacción negativa» pasajera. Después de cada solución intentaba por algún tiempo negar su efecto con una agravación del síntoma correspondiente. Sabido es que los niños se conducen generalmente en esta forma ante toda prohibición. Cuando se los regaña, a causa, por ejemplo, de un ruido insoportable que están haciendo, lo repiten todavía una vez más antes de cesar en él, aparentando así haber cesado por su voluntad después de haberse rebelado contra la prohibición.

Bajo la influencia del preceptor alemán se desarrolló una nueva y mejor sublimación de su sadismo, el cual había llegado por entonces a predominar sobre el masoquismo, como correspondía a la proximidad de la pubertad. El sujeto comenzó a apasionarse por la carrera militar, por los uniformes, las armas y los caballos, y alimentaba con tales ideas continuos sueños diurnos. De este modo llegó a libertarse, por la influencia de aquel hombre, de sus actitudes pasivas y a emprender caminos casi normales. Como eco de su adhesión a su preceptor, que no tardó en separarse de él, le quedó una preferencia por todo lo alemán (médicos, establecimientos y mujeres) sobre lo de su patria (representación del padre), circunstancia que facilitó considerablemente la transferencia en la cura.

A la época anterior a su liberación por el preceptor alemán pertenece un sueño que citaremos por haber permanecido olvidado hasta su aparición en el curso del tratamiento. Se había visto en él a caballo y perseguido por una gigantesca oruga. En este sueño reconoció el sujeto una alusión a otro perteneciente a una época muy anterior a la llegada del profesor alemán y que ya habíamos interpretado mucho tiempo antes. En este otro sueño anterior había visto al demonio, vestido de negro, en aquella misma actitud que tiempo atrás le había asustado tanto en el lobo y en el león, y señalándole con el dedo extendido un gigantesco caracol. No tardó en adivinar que aquel demonio pertenecía a un conocido poema y que el sueño mismo era una elaboración de un cuadro muy conocido que representa al demonio en una escena de amor con una muchacha. El caracol sustituía a la mujer como símbolo exquisitamente femenino. Guiándonos por el ademán indicador del demonio, nos fue fácil descubrir el sentido del sueño: el sujeto añoraba a alguien que le proporcionase las últimas enseñanzas que aún le faltaban sobre el enigma del comercio sexual, como antes en la escena primordial le había procurado su padre las primeras.

El otro sueño ulterior, en el que el símbolo femenino había sido sustituido por el masculino, le recordaba un determinado suceso acaecido poco antes del mismo. Una tarde que paseaba a caballo por la finca pasó al lado de un campesino dormido en el suelo y acompañado por un niño que debía de ser su hijo. Este último despertó a su padre y le dijo algo que le hizo levantarse y ponerse a insultar y a perseguir a nuestro sujeto, el cual tuvo que picar espuelas para librarse de él. Además de este recuerdo, asoció al sueño el de que en la misma finca había árboles completamente blancos por estar plagados de nidos de orugas. De lo que el sujeto huyó realmente fue de la realización de la fantasía de que el hijo dormía con su padre, y el recuerdo de los árboles blancos fue evocado para restablecer un enlace con el sueño de angustia de los lobos blancos encaramados en el nogal. Se trataba, pues, de una explosión directa de angustia ante aquella actitud femenina con respecto al hombre, contra la cual se había protegido primero con la sublimación religiosa y había pronto de protegerse, mucho más eficazmente aún, con la sublimación militar.

Pero constituiría un grave error suponer que después de la cesación de los síntomas obsesivos no quedó ya efecto alguno permanente de la neurosis obsesiva. El proceso había conducido a una victoria de la fe religiosa sobre la rebelión crítica e investigadora y había tenido como premisa la represión de la actitud homosexual. De ambos factores resultaron daños duraderos. La actividad intelectual quedó gravemente dañada después de esta primera importante derrota. El sujeto no mostró ya deseo alguno de aprender, ni tampoco aquella penetración con la que antes, en la temprana edad de cinco años, había analizado las doctrinas religiosas. La represión de la homosexualidad predominante, acaecida durante el sueño de angustia, reservó para lo inconsciente aquel importantísimo impulso, conservándole así su primitiva orientación final, y le sustrajo a todas las sublimaciones a las que de ordinario se presta. Faltaban, pues, al paciente todos los intereses sociales que dan un contenido a la vida. Sólo cuando la cura psicoanalítica consiguió la supresión de tal encadenamiento de la homosexualidad pudo mejorar la situación, y fue muy interesante experimentar con el sujeto —sin advertencia alguna directa del médico— cómo cada fragmento libertado de la libido homosexual buscaba un empleo en la vida y una adhesión a las grandes tareas colectivas de la Humanidad.

VII.   El erotismo anal y el complejo de la castración.

He de rogar a mis lectores que recuerden el hecho de que esta historia de una neurosis infantil constituye, por decirlo así, un producto secundario obtenido en el curso del análisis de una enfermedad padecida por el sujeto en su edad adulta. Hubimos, pues, de reconstruir con fragmentos aún más pequeños de los que, por lo general, se ofrecen a la síntesis. Esta labor, no excesivamente difícil por lo demás, encuentra un límite natural al tratarse de concentrar en el plano de la descripción un producto multidimensional. He de contentarme, por tanto, con presentar fragmentos inconexos que luego el lector podrá ajustar, formando con ellos un todo unitario y armónico. La neurosis obsesiva descrita nació, como ya hemos hecho constar varias veces, en el terreno de una constitución sádico-anal. Hasta ahora, no hemos tratado más que de uno de sus factores principales, el sadismo, y de sus transformaciones, dejando a un lado todo lo referente al erotismo anal, con la intención, que ahora cumplimos, de reunirlo en una exposición de conjunto.

Los analistas comparten unánimemente, y hace ya mucho tiempo, la opinión de que los múltiples impulsos instintivos reunidos bajo el nombre de erotismo anal integran extremada importancia para la conformación de la vida sexual y de la actividad anímica en general. También se hallan igualmente de acuerdo en que una de las manifestaciones más importantes del erotismo transformado procedente de esta fuente se nos ofrece en la valoración personal del dinero, valiosa materia que en el curso de la vida ha atraído a sí el interés psíquico primitivamente orientado hacia el excremento, o sea hacia el producto de la zona anal. Nos hemos habituado a referir al placer excremental el interés por el dinero en cuanto dicho interés es de naturaleza libidinosa y no racional, y a exigir del hombre normal que mantenga libre de influencias libidinosas su relación con el dinero y se atenga en ella a normas deducidas de la realidad.

Tal relación hubo de mostrar graves trastornos en nuestro paciente durante el período de su enfermedad en la edad adulta, constituyendo una de las causas más importantes de su incapacidad. Las herencias sucesivas, su padre y su tío, le habían procurado un capital considerable; concedía gran valor a que se le supiera rico y le ofendía que se dudase de su fortuna. Pero no sabía a cuánto ascendía ésta ni lo que de ella gastaba o ahorraba. Era muy difícil decidirse a calificarle de avaro o de pródigo, pues tan pronto se conducía de un modo como de otro y nunca en forma que pudiera indicar un propósito consecuente. Por ciertos rasgos singulares, que más adelante expondremos, se le hubiera podido tomar por un ricachón vanidoso que veía en su riqueza el mayor merecimiento de su personalidad y anteponía siempre el dinero al sentimiento. Pero, en cambio, no estimaba a los demás en proporción a su riqueza, y en muchas ocasiones se mostraba más bien modesto, generoso y compasivo. Era, pues, evidente que el dinero había sido sustraído a su disposición consciente y significaba para él algo distinto.

Ya hicimos constar en otra ocasión que nos parecía muy extraña la forma en que se había consolado de la pérdida de su hermana, que en los últimos años había llegado a ser su mejor camarada, pensando en que su muerte le evitaba tener que partir con ella la herencia de sus padres. Más singular era quizá la serenidad con la que así lo reconocía, como si no se diese cuenta de la mezquindad que tal confesión revelaba. El análisis le rehabilitó, mostrando que el dolor por la muerte de su hermana había sufrido un desplazamiento; pero ello hacía más incomprensible aún que hubiese querido hallar en el incremento de su fortuna una compensación.

A él mismo le parecía enigmática su conducta en otro caso. A la muerte del padre, la fortuna familiar quedó repartida entre su madre y él. La madre le administraba, y el propio sujeto reconocía que complacía sus peticiones económicas con irreprochable generosidad. Sin embargo, toda conversación entre ellos sobre cuestiones de dinero terminaban por parte de él con violentos reproches, en los que acusaba a su madre de no quererle, de proponerse ahorrar a costa suya y de desearle la muerte para disponer independientemente de todo el dinero. En estas ocasiones, la madre proclamaba llorosa su desinterés hasta que su hijo se avergonzaba, y afirmaba con toda razón no haber pensado jamás realmente tales cosas de ella, pero con la seguridad de repetir la misma escena en la ocasión siguiente.

El hecho de que el excremento hubo de tener para él mucho tiempo antes del análisis la significación de dinero, se desprende de toda una serie de incidentes, dos de los cuales expondremos aquí. En un período en que su intestino permanecía aún totalmente ajeno a sus padecimientos, visitó un día en una gran ciudad a un primo suyo, que vivía estrechamente. Después de su visita se reprochó no haberse ocupado hasta entonces de procurar algún dinero a aquel pariente suyo, e inmediatamente sufrió «el apretón más grande de su vida». Dos años después comenzó realmente a pasar una renta a aquel primo suyo. Otra vez, teniendo dieciocho años, y en ocasión de hallarse preparando el examen de madurez, fue a visitar a uno de sus compañeros de estudio para tomar, de acuerdo con él, aquellas precauciones que su miedo a fallar ('Durchfall') [1350] les aconsejaba. Decidieron, pues, sobornar al bedel encargado de la vigilancia de los candidatos, y la parte con que nuestro paciente contribuyó a la suma necesaria fue, naturalmente, la mayor. De vuelta a su casa pensó que daría con gusto aún más dinero con tal de que en el examen no se le escapara ningún disparate, y, efectivamente, antes de llegar a la puerta de su casa se le escapó algo distinto [1351].

No habrá de sorprendernos descubrir que en su enfermedad posterior padeció trastornos intestinales muy tenaces, aunque sujetos a oscilaciones, dependientes de variadas circunstancias. Cuando acudió a mi consulta, se había habituado a las irrigaciones, que le eran practicadas por uno de sus criados, y pasaba meses enteros sin defecar espontáneamente ni una sola vez, salvo cuando experimentaba una determinada excitación, que tenía la virtud de restablecer por algunos días la normalidad de su actividad intestinal. Se quejaba principalmente de que el mundo se le mostraba envuelto en un velo o de hallarse separado del mundo por un velo. Y este velo se rasgaba tan sólo en el momento en que la irrigación le hacía descargar el intestino, después de lo cual se sentía de nuevo bueno y sano [1352].

El especialista al cual envié al paciente para que dictaminara sobre el estado de su intestino tuvo la suficiente penetración para declarar que sus trastornos obedecían a causas funcionales o quizá psíquicas, y abstenerse de toda medicación enérgica. Pero ninguna medicación ni régimen alguno provocaron el menor alivio. Durante los años del tratamiento analítico, el sujeto no logró hacer una sola deposición espontánea (dejando a un lado las provocadas por aquellas repentinas influencias antes mencionadas), pero afortunadamente se dejó convencer de que toda medicación intensa de aquel órgano empeoraría su estado, y se contentó con lograr una evacuación o dos semanales por medio de irrigaciones o laxantes.

En esta discusión de los trastornos intestinales de nuestro paciente he concedido a su estado patológico en la edad adulta un lugar más amplio del que hasta ahora he venido otorgándole en la exposición de su neurosis infantil. Y lo he hecho así por dos razones: en primer lugar, porque los síntomas intestinales correspondientes a la neurosis infantil continuaron, con escasas modificaciones, en la enfermedad ulterior, y en segundo, porque tales síntomas intestinales desempeñaron un papel capital al término del tratamiento.

Sabemos ya la importancia que integra la duda para el médico que analiza

---

[1350]   El paciente me dijo que en su idioma nativo no existía una expresión similar a la alemana 'Durchfall' que significara tanto fallar en un examen como también 'diarrea'.

[1351]   Esta expresión tiene el mismo significado en su lengua nativa como en alemán.

[1352]   El efecto era idéntico cuando se ponía él mismo la irrigación en lugar de hacérsela poner por otro.

una neurosis obsesiva. Constituye el arma más fuerte del enfermo y el medio preferido por su resistencia. Merced a esta duda pudo conseguir nuestro paciente, atrincherado en una respetuosa indiferencia, que todos los esfuerzos terapéuticos resbalaran durante años enteros sobre él. No experimentaba el menor alivio ni había medio alguno de convencerle. Por último, descubrí la importancia que para mis propósitos entrañaban los trastornos intestinales. Representaban, en efecto, aquella parte de histeria que hallamos regularmente en el fondo de toda neurosis obsesiva. Prometí al sujeto el total restablecimiento de su actividad intestinal; hice surgir a plena luz con tal promesa su incredulidad, y tuve luego la satisfacción de ver desvanecerse sus dudas cuando el intestino comenzó a «intervenir» en nuestra labor, y acabó por recobrar en el curso de unas cuantas semanas su función normal, durante tanto tiempo perdida.

Volveremos ahora a la infancia del paciente, y dentro de ella, a un período en el que el excremento no podía tener aún para él la significación de dinero.

El sujeto había comenzado a padecer en edad muy temprana trastornos intestinales, y especialmente el más frecuente y más normal en el niño: la incontinencia. Pero estamos indudablemente en lo cierto rechazando para estos sucesos más tempranos toda explicación patológica, y viendo tan sólo en ellos una demostración del propósito de no dejar que le estorbaran o impidiesen la consecución del placer, enlazado a la función excremental. Hasta mucho después de los comienzos de su enfermedad posterior conservó el paciente aquella intensa complacencia en los chistes y las imágenes anales, que corresponden en general a la rudeza natural de algunas clases sociales.

En la época en que estuvo confiado a los cuidados de la institutriz inglesa sucedió varias veces que la *chacha* y él tuvieron que compartir la alcoba de aquella odiada mujer. La *chacha* observó entonces con clara comprensión que precisamente aquellas noches ensuciaba el niño su cama, accidente que no solía ya sucederle. Y es que en tales ocasiones el niño no lo consideraba vergonzoso, sino como una manifestación de rebeldía contra la institutriz.

Un año después (teniendo cuatro años y medio), o sea durante el período de miedo, se ensució un día en los pantalones, y esta vez sí se avergonzó intensamente, hasta el punto de que mientras se le limpiaba exclamó, con dolorido acento, que le era imposible vivir así. Hemos, pues, de deducir que en el intervalo había tenido efecto en él un cambio, sobre cuya pista nos pone su dolorida lamentación. Resultó que aquella triste frase la había oído antes a otra persona. En una ocasión, su madre le había llevado consigo a la estación del ferrocarril, acompañando al médico que había venido a reconocerla [1353]. Durante el camino se había quejado de sus dolores y sus hemorragias, y había pronunciado aquellas mismas palabras —«Así me es imposible vivir»—, sin la menor sospecha de que el niño, al que llevaba de la mano, había de conservarlas en su memoria. Por tanto, aquel lamento, que el sujeto hubo de repetir luego innumerables veces en su enfermedad posterior, significaba una identificación con su madre.

No tardó el paciente en recordar un elemento intermedio, cuya falta se advertía entre los dos sucesos relatados, tanto cronológicamente como en cuanto al contenido. Al principio de su período de miedo, su madre había advertido repetidamente a todos los de la casa la necesidad de observar las precauciones debidas para que los niños no enfermaran de disentería, enfermedad de la que existían

---

[1353] Aunque no fue posible fijar la fecha de este suceso, hemos de suponerlo anterior al sueño de angustia cuando él tenía cuatro años y probablemente antes de que sus padres se ausentaran del hogar.

muchos casos en las cercanías de la finca. El niño preguntó qué enfermedad era aquélla, y cuando le dijeron que en la disentería salía sangre con el excremento, se asustó mucho y afirmó que así le estaba pasando a él. Tuvo miedo de morir de disentería; pero el examen cuidadoso de sus excrementos le convenció de que se había equivocado y no tenía nada que temer. En tal temor quiso imponerse la identificación con la madre, de cuyas hemorragias había sabido el niño por su conversación con el médico. En su posterior tentativa de identificación (a los cuatro años y medio) faltó el detalle de la sangre, y de este modo, el sujeto no comprendió ya su intensa reacción al incidente y la atribuyó a la vergüenza, sin saber que su motivación verdadera era el miedo a la muerte, el cual se exteriorizó, sin embargo, claramente en su lamento.

La madre, enferma, temía en aquel tiempo tanto por sí misma como por sus hijos, y es muy probable que el temor del niño se apoyase no sólo en sus motivos propios, sino también en la identificación con su madre.

Ahora bien: ¿qué podía significar tal identificación?

Entre el atrevido empleo de la incontinencia, a los tres años y medio, y el espanto que a los cuatro años y medio le produjo, se desarrolló el sueño, con el que comenzó su período de miedo, y que le procuró una comprensión *a posteriori* de la escena vivida al año y medio, y la explicación del papel correspondiente a la mujer en el acto sexual. No es nada aventurado relacionar con esta magna transformación la de su conducta en cuanto al acto de defecar. La disentería era seguramente para él la enfermedad de la que había oído quejarse a su madre y con la que era imposible vivir. Así, pues, para él, su madre padecía una dolencia intestinal y no genital. Bajo la influencia de la escena primordial dedujo que la madre había enfermado por aquello que el padre había hecho con ella [1354], y su miedo a echar sangre al defecar, o sea a estar tan enfermo como su madre, era la repulsa de su identificación con su madre en aquella escena sexual; la misma repulsa con la que había despertado de su sueño. Pero la angustia era también la prueba de que en la elaboración ulterior de la escena primordial se había sustituido él a su madre, envidiándole aquella relación con el padre.

El órgano en el cual podía manifestarse la identificación con la mujer y, por tanto, la actitud pasiva homosexual con respecto al hombre era la zona anal. Los trastornos funcionales de esta zona habían adquirido así la significación de impulsos eróticos femeninos, y la conservaron durante la enfermedad posterior.

En este punto debemos atender a una objeción, cuya discusión puede contribuir considerablemente a explicarnos la situación, aparentemente confusa. Se nos ha impuesto la hipótesis de que durante su sueño comprendió el sujeto que la mujer estaba castrada, teniendo en lugar de miembro viril una herida, que servía para el comercio sexual, y siendo así la castración condición indispensable de la feminidad, y hemos supuesto también que esta amenaza de perder el pene le había llevado a reprimir su actitud femenina con respecto al hombre, despertando entonces con miedo de sus ensoñaciones homosexuales. ¿Cómo se compadece esta interpretación del comercio sexual, este reconocimiento de la existencia de la vagina, con la elección del intestino para la identificación con la mujer? ¿No reposarán acaso los síntomas intestinales sobre la concepción, probablemente anterior y opuesta por completo al miedo a la castración, de que el final del intestino era el lugar del comercio sexual?

[1354] Deducción probablemente acertada.

Existe desde luego la contradicción señalada, y las dos teorías opuestas son inconciliables. Pero la cuestión está tan sólo en si realmente es necesario que sean compatibles. Nuestra extrañeza procede de que siempre nos inclinamos a tratar los procesos anímicos inconscientes en la misma forma que los conscientes, olvidando la profunda diversidad de ambos sistemas psíquicos.

Cuando la agitada expectación del sueño de Nochebuena le surgió la imagen observada (o construida) de un coito entre sus padres, surgió seguramente en primer término la antigua interpretación del comercio sexual, según la cual el lugar que acogía el pene era el final del intestino. ¿Qué otra cosa podía haber creído cuando a la edad de año y medio fue espectador de aquella escena? [1355]. Pero luego vinieron los nuevos sucesos, acaecidos a los cuatro años. Las vivencias correspondientes al intervalo y a los indicios sobre la posibilidad de la castración despertaron y arrojaron una duda sobre la «teoría de la cloaca», aproximándole al descubrimiento de la diferencia de los sexos y del papel sexual de la mujer. Pero el sujeto se condujo en esto como todos los niños cuando se les procura una explicación indeseada, sexual o no. Rechazó lo nuevo en nuestro caso por motivos dependientes del miedo a la castración y conservó lo antiguo. Se decidió por el intestino y contra la vagina del mismo modo y por análogos motivos a como después hubo de tomar partido en contra de Dios y a favor de su padre. La nueva explicación fue rechazada y mantenida la antigua teoría, la cual suministró entonces el material de aquella identificación con la mujer, surgida luego en forma de miedo a morir de una enfermedad intestinal y de las primeras preocupaciones religiosas sobre si Cristo había tenido un trasero, etc. Por otra parte, sería equivocado creer que el nuevo descubrimiento permaneció ineficaz; por el contrario, desarrolló un efecto extraordinariamente intenso, convirtiéndose en un motivo de mantener reprimido el proceso onírico y excluido de toda ulterior elaboración consciente. Pero con ello se agotó su eficacia y no ejerció ya influencia alguna en la decisión del problema sexual. Constituyó desde luego una contradicción que después de aquel momento subsistiera aún el miedo a la castración, al lado de la identificación con la mujer por medio del intestino; pero se trata sólo de una contradicción lógica, que no supone gran cosa en este terreno. Todo el proceso resulta más bien característico de la forma de laborar de lo inconsciente. Una represión es algo muy distinto de un juicio condenatorio.

Cuando estudiamos la génesis de la fobia al lobo, investigamos los efectos de la nueva concepción del acto sexual. Ahora que investigamos los trastornos de la actividad intestinal nos hallamos en el terreno de la antigua teoría de la cloaca. Los dos puntos de vista permanecen separados por un estadio de la represión. La actitud femenina con respecto al hombre, rechazada por la represión, se refugia en el cuadro de síntomas intestinales y se manifiesta en los frecuentes estreñimientos, diarreas y dolores de vientre de los años infantiles. Las fantasías sexuales ulteriores, basadas ya en conocimientos sexuales exactos, pueden así manifestarse ya de un modo regresivo como trastornos intestinales. Pero no las comprendemos hasta que descubrimos el cambio de significación experimentado por el excremento después de los primeros tiempos infantiles [1356].

En un pasaje anterior silencié un fragmento del contenido de la escena pri-

---

[1355]   O en tanto no llegó a comprender el coito de los perros.

[1356]   Cf. 'Sobre las transmutaciones de los instintos y el erotismo anal', 1917.

maria, que ahora voy a exponer. El niño interrumpió por fin el coito de sus padres con una deposición, que podía justificar su llanto. En apoyo de esta adición pueden alegarse los mismos argumentos que antes expusimos en la discusión del contenido restante de la escena. El paciente aceptó este acto final por mí construido y pareció confirmarlo con «síntomas pasajeros». En cambio, hube de retirar otra adición, consistente en suponer que el padre, molesto por la interrupción, había dado libre expresión a su enfado, pues el material del análisis no mostró reacción alguna a ella.

Aquel detalle últimamente agregado no puede situarse ·naturalmente en el mismo plano que el contenido restante de la escena. No se trata en él de una impresión externa, cuyo retorno ha de esperarse en multitud de signos ulteriores, sino de una reacción personal del niño. Su ausencia o su inclusión ulterior en el proceso de la escena no traerían consigo modificación alguna del conjunto. Y su interpretación no ofrece lugar alguno a dudas; significa una excitación de la zona anal (en el más amplio sentido). En otros casos análogos una tal observación del comercio sexual hubo de terminar con el acto de la micción, y un adulto experimentaría en igual circunstancia una erección. El hecho de que nuestro infantil sujeto produjera como signo de su excitación sexual una deposición debe ser considerado como un carácter de su constitución sexual congénita. Toma en el acto una actitud pasiva, mostrándose más inclinado a una posterior identificación con la mujer que con el hombre.

En estas circunstancias emplea el sujeto el contenido intestinal como siempre los niños en una de sus primeras y más primitivas significaciones. El excremento es el primer *regalo*, la primera prueba del cariño del niño, una parte del propio cuerpo, de la cual se separa en favor de una persona querida [1357]. Su empleo en calidad de signo de rebeldía, como en el caso de nuestro sujeto a los tres años y medio y contra la institutriz inglesa, es tan sólo la transformación negativa de aquella anterior significación de regalo. El *grumus merdae,* que los ladrones dejan a veces en el lugar del delito, parece reunir ambas significaciones: la burla y la indemnización, expresada en forma regresiva. Siempre que es alcanzado un estadio superior, el inferior puede continuar siendo utilizado en sentido negativo y rebajado. La represión encuentra su expresión en la antítesis [1358].

En un estadio ulterior de la evolución sexual, el excremento adquiere la significación del «niño». El niño es parido por el ano, como el excremento. La significación de regalo del excremento permite fácilmente esta transformación. En el lenguaje corriente, los hijos son considerados también como un regalo, y las mujeres dicen frecuentemente «haber regalado un niño a su marido»; pero los usos en lo inconsciente tienen igualmente en cuenta el otro aspecto de esta relación, según el cual la mujer ha «recibido» del hombre un hijo como regalo.

La significación de dinero del excremento parte también, en otra dirección, de su significación de regalo.

[1357] No es difícil comprobar que los niños de pecho sólo ensucian con sus excrementos a las personas que les son conocidas y queridas, no honrando jamás con tal distinción a un extraño. En mis *Tres ensayos para una teoría sexual* hube de mencionar el primer aprovechamiento del excremento para la excitación autoerótica de la mucosa intestinal. Los progresos de la investigación nos revelan luego que la defecación se halla regida por la relación a un objeto, al cual quiere el niño mostrar con ella su obediencia y su afecto. Esta relación se prolonga luego en el hecho de que el infantil sujeto sólo se deja sentar en el orinal o poner a orinar por ciertas personas que le son queridas, elección en la que intervienen ya otros propósitos de satisfacción.

[1358] En lo inconsciente no existe el «no». Las antítesis coexisten fundidas. La negación es únicamente introducida por el proceso de la represión.

Aquel temprano recuerdo, encubridor de nuestro enfermo, según el cual había producido un primer acceso de cólera por no haber recibido en Nochebuena regalos suficientes, nos descubre ahora su más profundo sentido. Lo que echaba de menos era la satisfacción sexual, que aún interpretaba en sentido anal. Su investigación sexual se hallaba orientada en este sentido antes del sueño, y había comprendido durante el proceso del mismo que el acto sexual resolvía el enigma de la procedencia de los niños. Ya antes de su sueño le disgustaban los niños pequeños. Una vez había encontrado en su camino a un pajarillo, implume aún, caído del nido, y había huido, asqueado y temeroso, creyéndole una criatura humana. El análisis demostró que todos los animales pequeños, orugas o insectos, a los que hacía encarnizada guerra, tenían para él la significación de niños pequeños [1359]. Su relación con su hermana mayor le había dado ocasión de reflexionar largamente sobre las relaciones de los niños mayores con los pequeños, y la afirmación de la *chacha* de que su madre le quería tanto porque era el más pequeño le había procurado un motivo perfectamente comprensible para desear no ser sucedido por otro niño menor. Bajo la influencia del sueño que le presentó el coito de los padres experimentó una reviviscencia su miedo a semejante posibilidad.

Así, pues, habremos de añadir a las corrientes sexuales que ya conocemos otra nueva, emanada, como las demás, de la escena primordial, reproducida en el sueño. En la identificación con la mujer (con la madre) se halla dispuesto a regalar a su padre un niño, y siente celos de su madre, que ya lo ha hecho, y volverá quizá a hacerlo. Por un rodeo, que atraviesa el punto de partida común de la significación de regalo, puede ahora el dinero incorporarse la significación del niño y llegar así a constituirse en expresión de la satisfacción femenina (homosexual). Este proceso se desarrolló en nuestro paciente en ocasión de hallarse con su hermana en un sanatorio alemán, y ver que el padre le entregaba dos billetes de Banco. Este hecho despertó los celos del sujeto, que en su fantasía había sospechado siempre de las relaciones de su padre con su hermana, y en cuanto se quedó a solas con ella le exigió que le entregase su parte de aquel dinero, y ello con tal violencia y tales reproches, que la hermana se echó a llorar y le entregó la totalidad. Pero no había sido únicamente el dinero real lo que le había excitado, sino más aún el niño que significaba, o sea la satisfacción sexual anal, recibida del padre. En consecuencia, sus mezquinos pensamientos a la muerte de su hermana sólo significaban en realidad lo siguiente: Ahora soy el único hijo, y mi padre no puede querer a nadie más que a mí. Pero el fondo homosexual de esta reflexión, absolutamente capaz de conciencia, era tan intolerable, que hubo de ser disfrazada de codicia para gran alivio del sujeto.

Lo mismo sucedía cuando después de muerto su padre dirigía el sujeto a su madre aquellos injustos reproches de que prefería el dinero a su propio hijo, y le engañaba por él. Sus antiguos celos de que quisiera a otro niño más que a él y la posibilidad de que tuviera otro hijo, le obligaban a dirigirle acusaciones, cuya injusticia reconocía él mismo.

Este análisis de la significación del excremento nos explica que las ideas obsesivas, que enlazaban a Dios con las heces, significaban algo más que la ofensa blasfema que él veía en ellas. Eran más bien resultados auténticos de un proceso de transacción, en los que participaba, por un lado, una corriente ca-

---

[1359] De igual manera 'gusano' viene a representar recién nacidos en sueños y fobias.

riñosa y respetuosa, y por otro, una corriente hostil e insultante. En la asociación obsesiva «Dios-heces» se fundía la antigua significación de regalo, negativamente rebajada, con la significación de niño, posteriormente desarrollada en ella. En la última queda expresada una ternura femenina, una disposición a renunciar a su virilidad, a cambio de poder ser amado como una mujer. Esto es precisamente aquel impulso hostil a Dios, expresado con palabras inequívocas en el sistema delirante del paranoico Schreber.

Cuando más adelante expongamos las últimas soluciones de los síntomas de nuestro paciente, quedará demostrado nuevamente cómo sus trastornos intestinales se habían puesto al servicio de la corriente homosexual y habían expresado su actitud femenina con respecto al padre. Una nueva significación del excremento nos abrirá ahora camino hacia la investigación del complejo de la castración.

Al excitar la mucosa intestinal erógena, la masa fecal desempeña el papel de un órgano activo, conduciéndose como el pene con respecto a la mucosa vaginal, y constituye como un antecedente del mismo en la época de la cloaca. Por su parte, la excreción del contenido intestinal en favor de otra persona (por cariño a ella) constituye el prototipo de la castración, siendo el primer caso de renuncia a una parte del propio cuerpo [1360] con el fin de conquistar el favor de una persona querida. El amor narcisista al propio pene no carece, pues, de una aportación del erotismo anal. El excremento, el niño y el pene forman así una unidad, un concepto inconsciente —*sit venia verbo*—: el del 'pequeño' separable del cuerpo. Por estos caminos de enlace pueden desarrollarse desplazamientos e intensificaciones de la carga de libido, muy importantes para la Patología, y que el análisis descubre.

La posición inicial de nuestro paciente ante el problema de la castración nos es ya conocida. La rechazó y permaneció en el punto de vista del comercio por el ano. Al decir que la rechazó nos referimos a que no quiso saber nada de ella en el sentido de la represión. Tal actitud no suponía juicio alguno sobre su existencia, pero equivalía a hacerla inexistente. Ahora bien: esta posición no pudo ser la definitiva, ni siquiera durante los años de su neurosis infantil. Más tarde hallamos, en efecto, pruebas de que el sujeto llegó a reconocer la castración como un hecho. También en este punto hubo de conducirse conforme a aquel rasgo, característico de su personalidad, que tan difícil nos hace la exposición de su caso. Se había resistido al principio y había cedido luego; pero ninguna de estas reacciones había suprimido la otra, y al final coexistían en él dos corrientes antitéticas, una de las cuales rechazaba la castración, en tanto que la otra estaba dispuesta a admitirla, consolándose con la feminidad como compensación.

Y también la tercera, la más antigua y profunda, que se había limitado a rechazar la castración sin emitir juicio alguno sobre su realidad, podía ser activada todavía. De este mismo paciente he relatado en otro lugar [1361] una alucinación que tuvo a los cinco años, y a la que añadiré aquí un breve comentario:

«Teniendo cinco años jugaba en el jardín, al lado de mi niñera, tallando una navajita en la corteza de uno de aquellos nogales, que desempeñaban también un papel en mi sueño [1362]. De pronto observé, con terrible sobresalto, que me

---

[1360] Así es como invariablemente son consideradas las heces por los niños.

[1361] 'Fausse Reconnaissance (Déjà Raconté), en el Psicoanálisis'.

[1362] Cf. 'El material de cuentos infantiles en los sueños'. Rectificación en un relato posterior: «No; no tallaba con la navajita en el árbol. Este detalle pertenece a otro recuerdo, falseado también por una alucinación, y según la cual, una vez que hice un corte con el cortaplumas en un árbol, brotó sangre de la hendidura.»

había cortado el dedo meñique de la mano (¿derecha o izquierda?) de tal manera, que sólo permanecía sujeto por la piel. No sentía dolor ninguno, pero sí un miedo terrible. No me atreví a decir nada a la niñera, que estaba a pocos pasos de mí; me desplomé en el banco más próximo y permanecí sentado, incapaz de mirarme el dedo. Por último, me tranquilicé, me miré el dedo y vi que no tenía en él herida alguna.»

Sabemos que a los cuatro años y medio, y después de trabar conocimiento con la Historia Sagrada, se inició en él aquella intensa labor mental, que culminó en su devoción obsesiva.

Podemos, pues, suponer que la alucinación expuesta se desarrolló en el período en que el sujeto se decidió a reconocer la realidad de la castración, constituyendo quizá la exteriorización de aquel paso decisivo. También la pequeña rectificación del paciente tiene cierto interés. El hecho de que alucinase el mismo suceso temeroso que el Tasso hace vivir a su héroe Tancredo en *La Jerusalén libertada* justifica la interpretación de que también para el pequeño paciente era el árbol una mujer. Desempeñaba, pues, el papel del padre, y relacionaba las hemorragias de su madre con la castración de las mujeres, con la «herida» por él comprobada.

El estímulo de esta alucinación partió de un relato, según el cual un pariente suyo había nacido con seis dedos en los pies, y sus padres le habían cortado en el acto los dedos sobrantes con un hacha. Así, pues, las mujeres no tenían pene porque se lo cortaban al nacer. Por este camino aceptó el sujeto en la época de la neurosis obsesiva lo que ya había averiguado durante el proceso del sueño, y rechazado entonces por medio de la represión. Tampoco la circuncisión, ritual de Cristo, como en general de todos los judíos, podía serle desconocida después de la lectura de la Historia Sagrada y de sus conversaciones sobre ella.

Es indudable que el padre se convirtió para él en esta época en aquella persona temida, que amenaza llevar a cabo la castración. El Dios cruel, con el que por entonces luchaba el niño, que hacía caer en pecado a los hombres para castigarlos luego, y sacrificaba a su hijo y a los hijos de los hombres, proyectaba su carácter sobre el padre, a quien, por otra parte, intentaba el sujeto defender contra aquel Dios. El niño tenía que llenar aquí un esquema filogénico, y lo consiguió, aunque sus vivencias personales no parezcan demostrarlo. Las amenazas de castración por él experimentadas habían partido más bien de personas femeninas [1363], pero esta circunstancia no pudo demorar por mucho tiempo el resultado final. Al fin y al cabo fue el padre de quien temió la castración, venciendo así en este punto la herencia filogénica a la vivencia accidental. En la prehistoria de la Humanidad hubo de ser seguramente el padre el que aplicó la castración como castigo, mitigándola después, hasta dejarla reducida a la circuncisión.

Cuanto más amplia se hacía en el curso del proceso de la neurosis obsesiva la represión de su sexualidad, tanto más natural había de serle atribuir al padre, el verdadero representante de la actividad sexual, tales propósitos malignos. La identificación del padre con el castrador [1364] adquirió considerable impor-

---

[1363] De la *chacha*, como ya sabemos, y de otra criada, según veremos más adelante.

[1364] Entre los síntomas más atormentadores y al mismo tiempo más grotescos, de entre aquellos de su enfermedad ulterior, era su relación con cada sastre al que le encargara la confección de vestimenta: su deferencia y timidez delante tan alto funcionario, sus desesperados esfuerzos por ganar su favor dando importantes propinas, y su desesperación por los resultados del trabajo, sea lo que fuese que resultara. (Strachey comenta que en alemán sastre es 'Schneider', cortador, y circuncidar se dice 'beschneiden', no olvidando que fue un sastre quien le cortó la cola al lobo. *Nota de J. N.*)

tancia como fuente de una hostilidad inconsciente, llevada hasta el deseo de
su muerte, y de los sentimientos de culpabilidad, surgidos como reacción a la
misma. En todo esto, su conducta era normal; esto es, idéntica a la de todo
neurótico poseído por un complejo de Edipo positivo. Lo singular fue luego la
coexistencia de una corriente antitética, en la cual era más bien el padre el castrado, y le inspiraba como tal profunda compasión.

En el análisis del ceremonial respiratorio, que se le imponía a la vista de personas inválidas o miserables, hemos podido demostrar que también este síntoma
se refería al padre, el cual le había inspirado lástima cuando fue a visitarle al
sanatorio. El análisis permitió perseguir aún más atrás este proceso. En época
muy temprana, probablemente anterior a la seducción, había en la finca un pobre
jornalero, encargado de subir el agua a la casa. Este individuo no podía hablar,
y se decía que era porque le habían cortado la lengua, aunque lo probable es que
se tratase de un sordomudo. El pequeño le quería mucho y le compadecía de todo
corazón, y cuando aquel pobre jornalero murió, le buscaba en el cielo [1365].

Este fue, pues, el primer inválido que le inspiró lástima; pero, además, según el contexto en el que apareció incluido y el momento de su aparición en el
análisis, hubo de ser también una sustitución del padre.

El análisis enlazó a él el recuerdo de otros criados que le habían sido simpá-
ticos, y de los que recordaba que estaban enfermos o eran judíos (circuncisión).
También el criado que ayudó a limpiarle cuando a los cuatro años y medio se
ensució en los pantalones era un judío, que estaba tísico, y por el que sentía gran
compasión.

Todos estos individuos pertenecen al período anterior a su visita al padre en
el sanatorio; esto es, anterior a la producción de síntomas, o sea al ceremonial
respiratorio, destinado más bien a evitar una identificación con las personas
compadecidas. El análisis se orientó luego de repente, con motivo de un sueño,
hacia la época prehistórica, haciéndole sentar la afirmación de que en el coito
de la escena primordial había observado la desaparición del pene, compadecién-
dose por ello del padre, y alegrándose al verlo reaparecer. Así, pues, un nuevo
impulso afectivo, nacido de esta escena. El origen narcisista de la compasión
se nos muestra aquí con toda evidencia.

VIII. Complementos de la época primordial y solución.

Sucede en muchos análisis que al acercarnos a su término surge de pronto
nuevo material mnémico cuidadosamente ocultado hasta entonces. O también
que el sujeto lanza con acento indiferente una observación aparentemente nimia
a la que luego se agrega algo que despierta ya la atención del médico hasta hacerle
reconocer en aquel insignificante fragmento de recuerdo la clave de los enigmas
más importantes integrados en la neurosis del enfermo.

En los comienzos del análisis había relatado mi paciente un recuerdo procedente de la época en que sus accesos de cólera terminaban en ataques de angustia. Dicho recuerdo era el de haber perseguido un día a una mariposa de grandes

---

[1365] Posteriormente al sueño de angustia, pero hallándose aún en la primera finca tuvo el sujeto varios
sueños relacionados con estos sucesos y en los que la
escena del coito se le aparecía como un proceso entre
cuerpos celestes.

alas con rayas amarillas y terminadas en unos salientes puntiagudos, hasta que, de repente, al verla posada en una flor, le había invadido un miedo terrible a aquel animalito y había huido de él llorando y gritando.

Este recuerdo volvió a surgir repetidamente en el análisis, demandando una explicación que en mucho tiempo no obtuvo. Habíamos de suponer de antemano que un tal detalle no había sido conservado por sí mismo en la memoria, sino que representaba, en calidad de recuerdo encubridor, algo más importante con lo cual se hallaba enlazado en algún modo. El paciente explicó un día que en su idioma la palabra mariposa —babuschka— quería decir también «madrecita», y que, en general, había visto siempre en las mariposas mujeres y muchachas y en los insectos y las orugas muchachos. Así, pues, en aquella escena de miedo debía de haber despertado el recuerdo de una mujer. Por mi parte, propuse la posibilidad de que las rayas amarillas de las alas de la mariposa le hubieran recordado el traje de una mujer determinada, solución totalmente errónea, como luego se verá; pero que no quiero silenciar, para demostrar con un ejemplo cuán poco contribuye en general la iniciativa del médico a la solución de los problemas planteados, siendo así totalmente injusto hacer responsable a su fantasía y a la sugestión por él ejercida sobre el paciente de los resultados del análisis.

A propósito de algo absolutamente distinto y muchos meses después, observó el paciente que lo que le había inspirado miedo había sido el movimiento de la mariposa abriendo y cerrando las alas cuando estaba posada en la flor. Tal movimiento habría sido como el de una mujer al abrirse de piernas formando con ellas la figura de una V, o sea la de un cinco en números romanos, alusión a la hora en que desde sus años infantiles y todavía en la actualidad solía acometerle un acceso de depresión.

Era ésta una ocurrencia en la que jamás hubiera yo caído y tanto más valiosa cuanto que el proceso de asociación en ella integrado presentaba un carácter absolutamente infantil. He observado, en efecto, con frecuencia, que la atención de los niños es más fácilmente captada por el movimiento que por las formas en reposo, y que los sujetos infantiles basan con gran frecuencia en tales movimientos asociaciones que nosotros los adultos no establecemos.

Durante algún tiempo no volvió a surgir alusión ninguna a este pequeño problema. Haremos constar tan sólo la hipótesis de que los salientes puntiagudos de las alas de la mariposa pudieran haber tenido la significación de símbolos genitales.

Al cabo de algún tiempo surgió en el sujeto una especie de recuerdo, tímido e impreciso, de que antes de la chacha debía de haber habido en la casa otra niñera, que le quería mucho y cuyo nombre coincidía con el de su madre. Seguramente, el niño correspondió a su cariño, tratándose así de un primer amor perdido. No tardamos en sospechar de consuno que a la persona de aquella primera niñera debía de enlazarse algo que más tarde había adquirido considerable importancia.

Posteriormente rectificó el sujeto este recuerdo. Aquella niñera no podía haberse llamado como su madre, pero el hecho de haberlo creído así erróneamente probaba que en su memoria la había fundido con ella. Su verdadero nombre había surgido ahora en su memoria por un camino indirecto. Había recordado de pronto una habitación del piso alto de la primera finca, en la cual se almacenaba la fruta recogida, y entre ella una cierta clase de peras de excelente sabor, muy grandes y con rayas amarillas en la cáscara. En su idioma, la palabra correspondiente a «pera» es *gruscha,* y Gruscha era también el nombre de aquella niñera.

Quedaba así claramente demostrado que detrás del recuerdo encubridor de la mariposa perseguida se escondía el de la niñera. Pero las rayas amarillas no pertenecían a su vestido, sino a la cáscara de la pera que llevaba su mismo nombre. Ahora bien: ¿de dónde podía proceder el miedo aparecido al ser activado su recuerdo? La hipótesis más próxima habría sido la de que el niño habría observado en ella por vez primera el movimiento de las piernas que había descrito refiriéndolo a la V, signo del número cinco en la escritura romana, movimiento que hace accesibles los genitales. Mas, por nuestra parte, preferimos ahorrarnos esta hipótesis y esperar la aparición de nuevo material.

No tardó, efectivamente, en surgir el recuerdo de una escena, harto incompleto, pero muy preciso. Gruscha estaba arrodillada en el suelo, teniendo a su lado un cubo lleno de agua y una escobilla de sarmientos, y se burlaba del niño o le reprendía.

Los datos obtenidos en el curso del análisis nos permitieron cegar las lagunas que este recuerdo presentaba. Al principio del tratamiento, el sujeto me había hablado de uno de sus enamoramientos obsesivos, cuyo objeto había sido aquella misma muchacha campesina que a sus dieciocho años le había contagiado la enfermedad * en la cual habríamos de ver la causa incidental de su neurosis posterior. En este primer período del análisis se había resistido singularmente a comunicar el nombre de aquella mujer, resistencia tanto más de extrañar cuanto que se presentaba aislada, pues el sujeto se mostraba generalmente dócil a los preceptos analíticos fundamentales. Pero en cuanto a este detalle, se limitaba a afirmar que le avergonzaba comunicar dicho nombre, por ser tan exclusivamente propio de las clases bajas, que ninguna muchacha distinguida se llamaba así. Tal nombre, que acabé por averiguar, era el de Matrona. Tenía, pues, un sentido maternal. La vergüenza que su evocación causaba al sujeto estaba claramente fuera de lugar. El hecho mismo de que sus enamoramientos tuviesen siempre como objetivo muchachas de las clases más bajas no le avergonzaba, y sí tan sólo aquel nombre. Si la aventura con Matrona integraba algún elemento común con la escena en la que Gruscha aparecía fregando, la vergüenza del sujeto podía referirse a este otro suceso anterior.

En otra ocasión había dicho el paciente que la historia de Juan Huss le había impresionado mucho, quedando fija especialmente su atención en los haces de sarmientos que el pueblo añadía a la pira en la que había de ser quemado. Ahora bien: la simpatía hacia Huss despierta en nosotros una determinada sospecha, pues la hemos hallado con frecuencia en pacientes juveniles y siempre hemos descubierto para ella idéntica explicación. Uno de tales pacientes había incluso compuesto un drama, cuyo argumento era la vida y muerte de Juan Huss, habiéndolo empezado a escribir el mismo día que le había arrebatado la mujer a la que amaba en secreto. La muerte en la hoguera hace de Huss, como de otros que sufrieron igual suplicio, un héroe preferido de aquellos sujetos que padecieron de neurosis en su infancia. Nuestro paciente enlazaba los haces de sarmiento de la hoguera de Huss con la escobilla que utilizaba la niñera para fregar.

Todo este material permitió cegar fácilmente las lagunas que presentaba el recuerdo de la escena con Gruscha. Al ver a la muchacha fregando el suelo, el

---

* Una gonorrea.

sujeto se había puesto a orinar ante ella, que le dirigió entonces, seguramente en broma, una amenaza de castración [1366].

No sé si los lectores habrán adivinado ya el motivo que me ha impulsado a exponer tan detalladamente este episodio infantil [1367]. Establece, en efecto, un enlace importantísimo entre la escena primaria y la posterior obsesión erótica que tan decisiva llegó a ser para los destinos del sujeto, introduciendo, además, una condición erótica que explica dicha obsesión.

Al ver a la muchacha fregando en el suelo arrodillada y en una posición que hacía resaltar sus nalgas volvió a encontrar en ella la postura adoptada por su madre en la escena del coito. De este modo, la muchacha pasó a ser su madre, y la activación de aquella imagen pretérita [1368] despertó en él una excitación sexual que le llevó a conducirse con la criada como en la escena primaria el padre, cuya actividad no podía el niño haber comprendido por entonces más que como una micción. Su acto de orinar en el suelo fue, pues, realmente una tentativa de seducción, y la muchacha respondió a él con una amenaza de castración, como si lo hubiera comprendido así.

La obsesión emanada de la escena primaria se transfirió a esta escena con Gruscha y siguió actuando merced al nuevo impulso en ella recibido. Pero la condición erótica experimentó una modificación que testimonia la influencia de la segunda escena, pues quedó transferida desde la postura de la mujer a su actividad en la misma. Esta modificación se nos hace evidente, por ejemplo, en el incidente con Matrona. El sujeto paseaba por el pueblo perteneciente a la finca (a la segunda) y vio a la orilla de un estanque una muchacha campesina que lavaba arrodillada en una piedra, enamorándose inmediatamente de ella con violencia incoercible, aunque ni siquiera había podido verle aún la cara. Su postura y su actividad la habían hecho ocupar el lugar de Gruscha. Comprendemos ahora cómo la vergüenza, concomitante al contenido de la escena con Gruscha, pudo luego enlazarse al nombre de Matrona.

Otro acceso de enamoramiento, sufrido por el sujeto en años anteriores, muestra con mayor claridad aún la influencia coercitiva de la escena con Gruscha. Una joven campesina que servía en la casa había despertado su agrado desde tiempo atrás; pero el sujeto había logrado siempre dominarse, hasta que un día se sintió profundamente enamorado al verla fregando el suelo, con el cubo de agua y la escoba a su lado, como aquella otra muchacha de su infancia.

Hasta su misma definitiva elección de objeto, tan importante para su vida ulterior, se demuestra, por ciertas circunstancias íntimas que nos es imposible detallar aquí, dependiente de la misma condición erótica; esto es, como una ramificación de la obsesión que dominaba su elección amorosa, partiendo de la escena primaria y a través de la escena con Gruscha. Ya hemos observado en otro lugar la tendencia de nuestro paciente a rebajar a sus objetos amorosos y hemos visto en ella una reacción contra el agobio de la superioridad de su hermana. Pero también prometimos por entonces demostrar que tal motivo no había sido

---

[1366] Es singular que la reacción de la vergüenza aparezca tan íntimamente enlazada a la micción involuntaria (nocturna o diurna) y no igualmente, como era de esperar, a la incontinencia fecal. Pero la experiencia no deja en este punto lugar ninguno a dudas. También la relación regular de la incontinencia de orina con el fuego da qué pensar. Es posible que estas reacciones y relaciones constituyan precipitados de la historia de la civilización humana y más profundos que todos los residuos llegados hasta nosotros en el mito y en el folklore.

[1367] A los dos años y medio, o sea entre la supuesta observación del coito y la seducción.

[1368] Antes del sueño.

el único determinante, sino que encubría una determinación más profunda por motivos puramente eróticos. El recuerdo de la niñera fregando el suelo, y rebajada así, por lo menos en cuanto a la postura, nos descubrió tal motivación. Todos los objetos eróticos posteriores fueron sustituciones de éste, del cual la casualidad había hecho a su vez una primera sustitución de la madre. La primera ocurrencia del paciente ante el problema del miedo a la mariposa se nos revela *a posteriori* como una lejana alusión a la escena primordial (la hora de las cinco). La relación de la escena de Gruscha con la amenaza de castración quedó confirmada por un sueño singularmente significativo, cuya interpretación halló el mismo paciente. Dijo, en efecto: «He soñado que un hombre arrancaba las alas a una 'Espe'. «¿A una 'Espe'? —le pregunté—. ¿Qué quiere decir usted con esto?» «Sí; a ese insecto que tiene el cuerpo a rayas amarillas, y cuyos aguijonazos son muy dolorosos.» Tiene que ser una alusión a Gruscha, a la 'wespe' (avispa) con rayas amarillas. «A una 'wespe' (avispa) querrá usted decir.» «¡Ah! ¿Se llama 'wespe' (avispa)? Creía que el nombre era simplemente 'Espe'.» (El sujeto aprovechaba, como otros muchos, su desconocimiento de mi idioma para encubrir sus actos sintomáticos.) Pero entonces ese 'Espe' soy yo: S. P. * (sus iniciales). La 'Espe' es naturalmente una avispa mutilada, y el sueño manifiesta así claramente que el sujeto se venga de Gruscha por su amenaza de castración.

El acto realizado por el niño de dos años y medio en la escena con Gruscha es el primer efecto visible de la escena primordial; nos presenta al sujeto como una reproducción de su padre y nos descubre una tendencia evolutiva, orientada en aquella dirección, que más adelante habrá de merecer la calificación de masculina. Pero la seducción le reduce a una pasividad, preparada ya de todos modos por su conducta como espectador del comercio sexual entre sus padres.

En este período del tratamiento experimentamos la impresión de que la solución de la escena con Gruscha, esto es, de la primera vivencia que el sujeto podía recordar y había recordado sin que yo lo esperase ni le ayudara a ello, marcaba el término favorable de la cura, pues a partir de tal momento desapareció toda resistencia, y nuestra tarea quedó reducida a reunir datos y ajustarlos. La antigua teoría traumática, basada en impresiones de la terapia psicoanalítica, volvía de pronto a demostrarse valedera.

Por puro interés crítico intenté todavía imponer al paciente una vez más una interpretación distinta y más admisible de su historia. Según ella, no se podía dudar de la realidad de la escena con Gruscha; pero tal escena no supondría nada por sí misma y habría sido identificada *ex post facto* por regresión por los sucesos de su elección de objeto, la cual se habría transferido desde su hermana a las criadas por el influjo de su tendencia a rebajar al objeto erótico. En cambio, la observación del coito habría sido tan sólo una fantasía construida en años ulteriores y cuyo nódulo histórico había sido el hecho de haber presenciado como una irrigación o incluso el de haber sido él mismo objeto de ella. Algunos de mis lectores opinarán probablemente que sólo con esta hipótesis llegué a aproximarme en realidad a la comprensión del caso. Pero el paciente me miró atónito y con cierto desprecio al exponerle yo tal interpretación y no volvió a reaccionar a ella. Por mi parte, ya he expuesto en páginas anteriores mis propios argumentos contra una tal racionalización.

_____

* En Austria 'Espe' y S. P. se pronuncian igual.

Ahora bien: la escena con Gruscha no contiene tan sólo las condiciones decisivas de la elección de objeto del paciente, preservándonos así del error de conceder un valor excesivo a la significación de la tendencia a rebajar a la mujer. Integra también una justificación de mi conducta anterior al resistirme a ver la única solución posible en una referencia de la escena primordial a la observación de un coito animal realizado por el sujeto poco antes de su sueño. La escena con Gruscha había emergido espontáneamente en la memoria del paciente, sin intervención alguna por mi parte. El miedo ante la mariposa amarilla, que a ella hemos referido, demostró que había tenido un importante contenido o, por lo menos, que había sido posible adscribir *a posteriori* a su contenido una tal importancia. Tal contenido importante faltaba en la reminiscencia del sujeto; pero pudo ser descubierto e integrado en ella, completándola mediante las asociaciones que a ella enlazó el paciente y las conclusiones que de las mismas dedujimos. Resultó entonces que el miedo a la mariposa era totalmente análogo al miedo al lobo, tratándose en ambos casos de miedo a la castración, referido primero a la persona que había sido la primera en proferir la amenaza correspondiente y transferido luego a aquella otra a la cual había de enlazarse conforme al prototipo filogénico. La escena con Gruscha se había desarrollado teniendo el sujeto dos años y medio, y, en cambio, aquella otra en la que había sentido miedo de la mariposa amarilla era seguramente posterior al sueño de angustia. No era difícil comprender que el reconocimiento posterior de la posibilidad de la castración había desarrollado *a posteriori* la angustia, tomándola de la escena con Gruscha; pero esta escena misma no contenía nada repulsivo ni inverosímil, sino tan sólo detalles triviales de los que no había por qué dudar. Nada nos invitaba, pues, a reducirla a una fantasía del niño, ni tampoco parece posible hacerlo.

Surge ahora la cuestión de si en el acto de orinar llevado a cabo por el niño ante la muchacha que fregaba el suelo arrodillada podemos ver una prueba de excitación sexual. Tal excitación testimoniaría entonces de la influencia de una impresión anterior que podía ser tanto la realidad de la escena primordial como una observación de un coito animal realizado antes de los dos años y medio. ¿O acaso la situación descrita era absolutamente inocente y por completo casual la micción del niño, habiendo sido ulteriormente sexualizada la escena en su memoria después de haber reconocido como muy importantes otras situaciones análogas?

Sobre este punto no me atrevo a sentar conclusión ninguna. He de hacer constar que considero ya un alto merecimiento del psicoanálisis haber podido llegar a plantear semejantes interrogaciones. Pero no puedo negar que la escena con Gruscha, el papel que a la misma correspondió en el análisis y los efectos que de ella emanaron sobre la vida del sujeto sólo quedan satisfactoriamente explicados admitiendo la realidad de la escena primordial, que, a otros efectos, no importan tanto considerar como una fantasía.

Además tal escena no integra en el fondo nada imposible, y la hipótesis de su realidad es perfectamente conciliable con la influencia estimulante de las observaciones hechas en los animales, a los cuales aluden los perros de ganado aparentes en el sueño.

De esta conclusión poco satisfactoria pasaremos a otra cuestión que ya examinamos en nuestras *Lecciones introductorias al psicoanálisis.* Quisiéramos saber si la escena primaria fue una fantasía o una vivencia real; pero el ejemplo de otros casos análogos nos muestra que, en último término, no es nada importante tal decisión. Las escenas de observación del coito entre los padres, de seducción en la infancia y de amenazas de castración son, indudablemente, un patrimonio heredado, una herencia filogénica, pero pueden constituir también una propiedad adquirida por vivencia personal. En nuestro caso, la seducción del paciente por su hermana mayor era una realidad indiscutible. ¿Por qué no había de serlo también la observación del coito entre sus padres?

Vemos, pues, en la historia primordial de la neurosis que el niño recurre a esta vivencia filogénica cuando su propia vivencia personal no resulta suficiente. Llena las lagunas de la verdad individual con la verdad prehistórica y sustituye su propia experiencia por la de sus antepasados. En el reconocimiento de esta herencia filogénica estoy de perfecto acuerdo con Jung (*Psicología de los procesos inconscientes*, 1917; obra que no pudo ya influir en absoluto sobre mis *Lecciones introductorias al psicoanálisis*); pero creo erróneo, desde el punto de vista del método, recurrir a la filogenia antes de haber agotado las posibilidades de la ontogenia. No veo por qué se quiere negar a la prehistoria infantil una significación que se concede gustosamente a la ascendencia del sujeto. Es indudable que los motivos y los productos filogénicos precisan por sí mismos de una explicación que la infancia individual puede suministrarlos en toda una serie de casos. Por último, no me asombra que la conversación de las mismas condiciones haga renacer orgánicamente en el individuo lo que dichas condiciones crearon en épocas anteriores y se ha transmitido luego hereditariamente como disposición a su nueva adquisición.

En el intervalo entre la escena primaria y la seducción (entre el año y medio y los tres años y tres meses) hemos de interpolar aún al jornalero mudo que fue para el sujeto una sustitución del padre, como Gruscha una sustitución de la madre. Creo injustificado hablar aquí de una tendencia al rebajamiento, aunque hallamos representados a los dos elementos de la pareja parental por personas sirvientes. El niño se sobrepone a las diferencias sociales, que aún significan muy poco para él, y sitúa en el mismo plano que a sus padres a aquellas personas de inferior condición que también le demuestran cariño. Tampoco interviene para nada esta tendencia en lo que se refiere a la sustitución de los padres por animales, pues el niño no tiene aún por qué sentir la inferioridad de los mismos.

A la misma época pertenece también un oscuro indicio de una fase en la que el sujeto no quería comer más que golosinas, hasta el punto que se llegó a temer por su salud. Le contaron entonces la historia de un tío suyo que se había negado asimismo a comer y había muerto muy joven de pura debilidad, y le revelaron igualmente que a los tres meses de edad había estado él tan enfermo (¿de una pulmonía?), que ya le habían hecho una mortaja. De este modo consiguieron asustarle hasta que volvió a consentir en comer; y en años posteriores a su infancia llegó incluso a exagerar la ingestión de alimentos para protegerse contra la muerte. El miedo a la muerte, que por entonces le habían hecho sentir para su bien, apareció luego nuevamente cuando la madre trató de preservarle de la disentería y provocó más tarde aún un acceso de neurosis obsesiva. Vamos a tratar de descubrir sus orígenes y su significación en épocas posteriores.

A nuestro juicio, la negativa a comer integra la significación de un primer acceso de neurosis, de manera que tal perturbación, la fobia al lobo y la devoción obsesiva, formarían la serie completa de las enfermedades infantiles que produjeron la disposición al derrumbamiento neurótico en los años posteriores a la pubertad. Se me objetará que son muy pocos los niños que no pasan alguna vez por un período de falta de apetito o de zoofobia. Pero este argumento no es muy útil. Estoy dispuesto a afirmar que toda neurosis de un adulto se basa en una neurosis infantil que no ha sido suficientemente intensa para llamar la atención de sus familiares y ser reconocida como tal. La importancia teórica de las neurosis infantiles para la concepción de las enfermedades que tratamos como neurosis y queremos derivar exclusivamente de las influencias de la vida posterior queda robustecida por tal objeción. Si nuestro paciente no hubiera mostrado, además de su falta de apetito y su zoofobia, su devoción obsesiva, su historia no se diferenciaría mucho de la de los demás humanos, y nosotros careceríamos aún de materiales valiosísimos que nos pueden evitar en adelante errores tan fáciles como graves.

El análisis sería insatisfactorio si no nos procurara la comprensión de aquel lamento en que el paciente sintetizaba sus padecimientos. Era el de que el mundo se le aparecía envuelto en un velo, y nuestra experiencia psicoanalítica rechaza la posibilidad de que tales palabras carezcan de significación, habiendo sido casualmente elegidas. Tal velo no se desgarraba más que en una situación; esto es, cuando el contenido intestinal salía a través del ano con ayuda de una irrigación. El sujeto se sentía entonces de nuevo bueno y sano y volvía a ver claramente el mundo durante un breve espacio de tiempo. La interpretación de este «velo» fue tan ardua como la del miedo a la mariposa, tanto más cuanto que el sujeto no mantenía fijamente tal representación, sino que la sustituía por un sentimiento indefinido de oscuridad o de tinieblas y por otras cosas igualmente inaprehensibles.

Sólo poco antes del término de la cura recordó haber oído que había nacido «cubierto» *. Se tenía, pues, por un ser especialmente afortunado, al que nada malo podía pasar, confianza que sólo le abandonó cuando contrajo la blenorragia y hubo de reconocerse vulnerable. Aquella grave ofensa inferida a su narcisismo provocó su derrumbamiento y su caída en la neurosis. Con ello repitió un mecanismo que ya se había desarrollado en él una vez. También su fobia al lobo había surgido al enfrentarse con la posibilidad de una castración, a la cual equiparó luego la blenorragia.

La «cofia de buena suerte» con la que había nacido era, pues, el velo que le ocultaba el mundo y le ocultaba a él para el mundo. Su lamento es, en realidad, el cumplimiento de una fantasía optativa que le muestra devuelto nuevamente al claustro materno, o sea la fantasía optativa de la huida del mundo. Su traducción sería la siguiente: «Soy tan desdichado en la vida, que tengo que refugiarme de nuevo en el claustro materno.»

Pero ¿qué pueden significar los hechos de que este velo simbólico, que había sido real en una ocasión, se desgarrase en el momento de la deposición, conseguida con ayuda de una irrigación, y que su enfermedad cesara bajo tal condición? El análisis nos permite responder lo siguiente: Cuando el velo de su nacimiento se desgarra, vuelve el sujeto a ver el mundo y nace así de nuevo. El excremento es el niño en el cual nace el sujeto, por segunda vez, a una vida

---

* «... dass es in einer Glückshaube zur Welt gekomme sei.» Literalmente: «... que había venido al mundo con una cofia de buena suerte.» El hecho de que un niño nazca así «cubierto», o sea con la placenta sobre la cabeza y parte del rostro, se considera como un feliz augurio en cuanto a sus destinos. La significación de esta circunstancia en el análisis de la lamentación del sujeto de que el mundo se le mostraba envuelto en un velo ha hecho imposible emplear la expresión castellana equivalente «nacer de pie». *(N. del T.)*

mejor. Tal sería, pues, la fantasía del nuevo nacimiento sobre la cual ha llamado Jung la atención y a la que atribuye importancia predominante en la vida optativa de los neuróticos.

Todo esto estaría muy bien si bastara con ello. Pero ciertos detalles de la situación y la necesidad de un enlace con el historial particular del paciente nos obligan a continuar la interpretación. El nuevo nacimiento tiene por condición que la irrigación le sea administrada por otro hombre (al cual le obligó luego la necesidad a sustituirse), y esta condición sólo puede significar que el sujeto se ha identificado con su madre, que el auxiliar desempeña el papel del padre y que la irrigación repite la cópula cuyo fruto es la deposición, el niño excremental, o sea el paciente mismo. La fantasía del nuevo nacimiento aparece, pues, íntimamente enlazada con la condición de la satisfacción sexual por el hombre. La traducción sería ahora la siguiente: Sólo cuando le es dado sustituir a la mujer, o sea a su madre, para hacerse satisfacer por el padre y darle un hijo es cuando desaparece su enfermedad. En consecuencia, la fantasía del nuevo matrimonio era tan sólo, en este caso, una reproducción mutilada y censurada de la fantasía optativa homosexual.

Examinando más detenidamente la situación, observamos que el enfermo no hace sino repetir en esta condición de su curación la situación de la escena primordial: Por entonces quiso sustituirse a la madre, y como ya supusimos antes, produjo, en la misma escena, el niño excremental, hallándose todavía fijado a aquella escena, decisiva para su vida sexual, y cuyo retorno en el sueño de los lobos marcó el comienzo de su enfermedad. El desgarramiento del velo es análogo al hecho de abrir los ojos y al de abrirse la ventana. La escena primordial ha quedado transformada en una condición de su curación.

Aquello que su lamento representa y aquello que es representado por la excepción del mismo puede ser fundido en una unidad que nos revela entonces todo su sentido. El sujeto desea volver al claustro materno; pero no tan sólo para volver luego a nacer, sino para ser alcanzado en él, ocasión del coito, por su padre, recibir de él la satisfacción y darle un hijo.

Ser parido por el padre, como al principio supuso; ser sexualmente satisfecho por él y darle un hijo, a costa de esto último, de su virilidad y expresado en el lenguaje del erotismo anal: con estos deseos queda cerrado el círculo de la fijación al padre y encuentra la homosexualidad su expresión suprema y más íntima [1369].

Creo que el presente ejemplo arroja también luz sobre el sentido y el origen de las fantasías de volver al claustro materno y ser parido de nuevo. La primera nace frecuentemente, como en nuestro caso, de la adhesión al padre. El sujeto desea hallarse en el claustro materno para sustituir a la madre en el coito y ocupar su lugar en cuanto al padre. La fantasía del nuevo nacimiento es, probablemente, siempre una atenuación, un eufemismo, por decirlo así, de la fantasía del coito incestuoso con la madre o, para emplear el término propuesto por H. Silberer, una abreviatura *anagógica* de la misma. El sujeto desea volver a la situación durante la cual se hallaba en los genitales de la madre, deseo en el cual se identifica el hombre con su propio pene y se deja representar por él. En este punto se nos revelan ambas fantasías como antítesis en las cuales se expresará, según la actitud masculina o femenina del sujeto correspondiente, el deseo del coito con

---

[1369] La posible interpretación secundaria de que el velo represente el himen que se desgarra en la cópula con el hombre no coincide con la condición de la cura-ción ni presenta relación alguna con la vida del sujeto, para el cual no significa nada la virginidad.

el padre o con la madre. No puede rechazarse la posibilidad de que en el lamento y en la condición de curación de nuestro paciente aparezcan unidas ambas fantasías y, por tanto, ambos deseos incestuosos.

Quiero intentar, una vez más, interpretar los últimos resultados del análisis conforme a las teorías de nuestros contradictores: El paciente llora su huida del mundo en una fantasía típica de retorno al claustro materno y ve tan sólo una posibilidad de curación en un nuevo nacimiento, expresando éste en síntomas anales, correlativamente a su disposición predominante. Conforme al prototipo de la fantasía anal del nuevo nacimiento ha construido una escena infantil que repite sus deseos con medios expresivos simbólicos arcaicos. Sus síntomas se encadenan entonces como si emanaran de una tal escena primordial. Tuvo que decidirse a todo este retroceso porque la vida le planteó una labor para cuya solución era demasiado indolente o porque tenía razones suficientes para desconfiar de su inferioridad y creía hallar máxima protección por medio de tales manejos.

Todo esto estaría muy bien si el infeliz no hubiera tenido ya a los cuatro años un sueño con el que empezó su neurosis, que fue estimulado por el cuento del sastre y el lobo y cuya interpretación hace necesaria la hipótesis de una tal escena primaria. Ante estos hechos, pequeños pero inatacables, se estrellan, desgraciadamente, las facilidades que intentan proporcionarnos las teorías de Jung y de Adler. En la situación dada, la fantasía del nuevo nacimiento me parece constituir una derivación de la escena primaria, en lugar de ser, inversamente, tal escena un reflejo de aquella fantasía. Quizá podamos también suponer que el paciente era por entonces, cuatro años después de su llegada al mundo, demasiado joven para desearse ya un nuevo nacimiento. Pero creo más prudente retirar este último argumento, pues mis propias observaciones demuestran que hasta ahora se ha estimado muy por debajo a los niños y que no sabemos aún de lo que son capaces [1370].

IX.   Síntesis y problemas.

No sé si mis lectores habrán conseguido formarse, con la exposición hasta aquí desarrollada del análisis de este caso, una idea clara de la génesis y la evolución de la enfermedad de mi paciente. Temo que no haya sido así. Pero, aunque en general no suelo defender mi parte expositiva, en este caso he de alegar circunstancias atenuantes. La descripción de fases tan tempranas y tan profundas de la vida anímica constituye una tarea jamás emprendida hasta ahora, y a mi

---

[1370]   Reconozco que es ésta la más ardua cuestión de la teoría analítica. No he necesitado de las comunicaciones de Adler o de Jung para ocuparme críticamente de la posibilidad de que las vivencias infantiles olvidadas que el psicoanálisis descubre —inverosímilmente tempranas— reposen más bien en fantasías creadas en ocasiones posteriores, debiendo verse, por lo tanto, una manifestación de un factor constitucional o de una disposición filogénicamente conservada allí donde creemos hallar en los análisis el efecto *a posteriori* de una de tales impresiones infantiles. Por el contrario, ninguna duda me ha preocupado tanto ni me ha hecho renunciar tan decididamente a muchas publicaciones. Por otro lado, he sido el primero en dar a conocer tanto el papel de las fantasías en la producción de síntomas como el fantasear retrospectivo sobre la infancia de fantasías nacidas de estímulos posteriores y sexualizados después del suceso, hecho que ninguno de mis adversarios se ha dignado mencionar. (Cf. mi *Interpretación de los sueños* y las *Observaciones a un caso de neurosis obsesiva.*) Si, a pesar de todo, he seguido propugnando mi teoría, más inverosímil y más ardua, ha sido siempre con argumentos como los que el caso aquí descrito, o cualquier otro de neurosis infantil, impone al investigador, y que de nuevo someto a la consideración de mis lectores.

juicio es mejor llevarla a cabo imperfectamente que no huir ante ella, huida que habría de traer consigo, además, determinados peligros. Vale más, por tanto, demostrar valientemente que la conciencia de nuestras inferioridades no ha bastado para apartarnos de tan ardua labor.

Por otra parte, el caso no era especialmente favorable. La posibilidad de estudiar al niño por medio del adulto, a la cual debimos la riqueza de datos sobre la infancia, hubo de ser apagada con una ingrata fragmentación del análisis y las consiguientes imperfecciones de la exposición. La idiosincrasia del paciente y los rasgos de carácter que debía a su nacionalidad, distinta de la nuestra, hicieron muy trabajosa la empatía, y el contraste entre su personalidad, afable y dócil, de aguda inteligencia y pensamiento elevado, y su vida instintiva, totalmente indomada, nos impuso una prolongada labor preparatoria y educativa que dificultó la visión de conjunto. Pero de aquel carácter del caso que más arduos problemas hubo de plantear a su exposición es totalmente irresponsable el paciente. Hemos conseguido diferenciar en la psicología del adulto los procesos anímicos en conscientes e inconscientes y describir claramente ambas especies. En cambio, tratándose del niño, es dificilísima tal distinción, siéndonos casi imposible diferenciar lo consciente de lo inconsciente. Procesos que han llegado a predominar y que por su conducta posterior han de ser considerados equivalentes a los conscientes no lo han sido, sin embargo, nunca en el niño. No es difícil comprender por qué: lo consciente no ha adquirido todavía en el niño todos sus caracteres, se halla en pleno desarrollo y no posee aún la capacidad de concretarse en representaciones verbales. La confusión de que regularmente nos hacemos culpables entre el fenómeno de aparecer en la conciencia como percepción y la pertenencia a un sistema psíquico supuesto que podríamos determinar en una forma cualquiera convencional, pero al que nos hemos decidido a llamar también conciencia (el sistema Cc), es absolutamente inocente en la descripción psicológica del adulto, pero puede inducirnos a graves errores cuando se trata de la psicología infantil. Tampoco la introducción del sistema «preconsciente» nos presta aquí ningún auxilio, pues el sistema preconsciente del niño no coincide obligadamente con el del adulto. Habremos, pues, de satisfacernos con darnos clara cuenta de la oscuridad reinante en este terreno.

Es indudable que un caso como el que aquí describimos podría dar pretexto a discutir todos los resultados y problemas del psicoanálisis, pero ello constituiría una labor interminable y absolutamente injustificada. Hemos de decirnos que un solo caso no puede proporcionarnos todos los conocimientos y soluciones deseados y habremos de contentarnos con utilizarlo en aquellos aspectos que más claramente nos muestre. En general, la labor explicativa del psicoanálisis es harto limitada. Lo único que ha de explicar son los síntomas, descubriendo su génesis, pues en cuanto a los mecanismos psíquicos y los procesos instintivos, a los que así somos conducidos no se tratará de explicarlos, sino de describirlos. Para extraer de las conclusiones sobre estos dos últimos puntos nuevas generalidades son necesarios muchos casos como el presente, correcta y profundamente analizados. Y no es fácil encontrarlos, pues cada uno de ellos representa el trabajo de muchos años. En este terreno sólo muy lentamente puede progresarse. No será, pues, imposible la tentación del contentarse con «rascar» ligeramente la superficie psíquica de un cierto número de sujetos y sustituir la labor restante por la especulación situada bajo el signo de una cualquiera doctrina filosófica. En favor de este procedimiento pueden alegarse necesidades prácticas, pero las necesidades científicas no quedan satisfechas con ningún subrogado.

Voy a intentar una revisión sintética de la evolución sexual de mi paciente, partiendo de los más tempranos indicios. Lo primero que de él averiguamos es la perturbación de su apetito, la cual interpretamos, apoyándonos en otros casos, pero con máximas reservas, como el resultado de un proceso de carácter sexual. La primera organización sexual aprehensible es, para nosotros, aquella a la que hemos calificado de «oral» o «caníbal» y en la que la excitación sexual se apoya aún en el instinto de alimentación. No esperamos hallar manifestaciones directas de esta clase, pero sí indicios de ellas en las perturbaciones eventualmente surgidas. La perturbación del instinto de alimentación, que naturalmente puede tener también otras causas, nos demuestra entonces que el organismo no ha podido llegar a dominar la excitación sexual. El fin sexual de esta fase no podía ser más que el canibalismo, la ingestión de alimentos; en nuestro paciente tal fin exterioriza, por regresión desde una fase superior, el miedo a ser devorado por el lobo. Este miedo hubimos de traducirlo por el de servir de objeto sexual a su padre. Sabido es que años posteriores —tratándose de muchachas, en la época de la pubertad o poco después— existe una neurosis que expresa la repulsa sexual por medio de la anorexia, debiendo ser relacionada, por tanto, con esta fase oral de la vida sexual. En el punto culminante del paroxismo amoroso («¡Te comería!») y en el trato cariñoso con los niños pequeños, en el cual el adulto se comporta también como un niño, surge de nuevo el fin erótico de la organización oral. Ya hemos expuesto en otra ocasión la hipótesis de que el padre de nuestro paciente acostumbraba dirigir a su hijo tales amenazas humorísticas, jugando con él a ser el lobo o un perro que iba a devorarle. El paciente confirmó la sospecha con su singular conducta durante la transferencia. Cuantas veces retrocedía ante las dificultades de la cura, refugiándose en la transferencia, amenazaba con la devoración, y luego con toda serie de malos tratos, lo que constituía tan sólo una expresión de cariño.

Los usos del lenguaje han tomado de esta fase oral la sexualidad de determinados gritos y califican así de «apetitoso» a un objeto erótico o de «dulce» a la persona amada. Recordaremos aquí que nuestro pequeño paciente no quería comer más que cosas dulces. Las golosinas y los bombones representan habitualmente en el sueño caricias conducentes a la satisfacción sexual.

Parece ser que a esta fase corresponde también (naturalmente en caso de perturbación) una angustia que aparece como miedo a la muerte y puede adherirse a todo aquello que es mostrado al niño como adecuado. En nuestro paciente fue utilizada para la superación de su anorexia e incluso para la supercompensación de la misma. El hecho de que la observación de la cópula de sus padres, de la que tantos efectos posteriores hubieron de emanar, fuera anterior al período de anorexia, nos descubre su posible fuente. Podemos quizá suponer que apresuró los procesos de la maduración sexual y desarrolló así efectos directos, aunque inaparentes.

Sé también, naturalmente, que es posible explicar de otro modo más sencillo el cuadro sintomático de este período —el miedo al lobo y la anorexia— sin recurrir a la sexualidad ni a un estadio de organización pregenital. Quien no vea inconveniente alguno en prescindir de los signos de la neurosis y de la continuidad de los fenómenos preferiría sin duda tal explicación, y nada podemos hacer para evitarlo. Es muy difícil llegar a conclusión alguna convincente sobre estos comienzos de la vida sexual por caminos distintos de los indirectos por nosotros utilizados.

La escena de Gruscha (a los dos años y medio) nos muestra a nuestro infantil paciente al principio de una evolución que puede ser calificada de normal, con la sola salvedad de su precocidad: identificación con el padre y erotismo uretral en representación de la masculinidad. Se halla por completo bajo la influencia de la escena primaria. Hasta ahora hemos atribuido a la identificación con el padre un carácter narcisista; pero teniendo en cuenta el contenido de la escena primaria, hemos de reconocer que corresponde ya al estadio de la organización genital. El genital masculino ha empezado a desempeñar su papel y lo continúa bajo la influencia de la seducción por la hermana.

Pero experimentamos la impresión de que la seducción no sólo propulsa la evolución, sino que también la perturba y la desorienta, dándole un fin sexual pasivo, inconciliable en el fondo con la acción del genital masculino. Ante el primer obstáculo exterior, o sea la amenaza de castración de la *chacha* (a los tres años y medio), se derrumba la organización genital, insegura todavía, y vuelve, por regresión, al estadio anterior de la organización sádico-anal, que en otro caso hubiera quizá transcurrido con indicios tan leves como en otros niños.

La organización sádico-anal es fácil de reconocer como una continuación de la oral. La violenta actividad muscular en cuanto al objeto que la caracteriza tiene su razón de ser como acto preparatorio de la ingestión, la cual desaparece luego como fin sexual. El acto preparatorio se convierte en un fin independiente. La novedad con respecto al estadio anterior consiste esencialmente en que el órgano pasivo, separado de la zona bucal, se desarrolla en la zona anal. De aquí a ciertos paralelos biológicos o a la teoría de las organizaciones humanas pregenitales como residuos de dispositivos que en algunas especies zoológicas se conservan aún, no hay ya más que un paso. La constitución del instinto de investigación por la síntesis de sus componentes es también de este estadio. El erotismo anal no se hace notar aquí claramente. Bajo la influencia del sadismo, el excremento ha trocado su significación cariñosa por una significación ofensiva. En la transformación del sadismo en masoquismo interviene un sentimiento de culpabilidad que indica procesos evolutivos desarrollados en esferas distintas de la sexual.

La seducción prolonga su influencia manteniendo la pasividad del fin sexual. Transforma ahora una gran parte del sadismo en masoquismo, su antítesis pasiva. Es dudoso que pueda atribuirse por entero a ella la pasividad, pues la reacción del niño de año y medio a la observación del coito fue ya pasiva. La coexistencia sexual se manifestó en una disposición en la que también hemos de distinguir, de todos modos, un elemento activo. Al lado del masoquismo, que domina su corriente sexual y se manifiesta en fantasía, sigue subsistente el sadismo, el cual se descarga en las crueldades de que el sujeto hace víctima a los animales. Su investigación sexual comenzó a partir de la seducción y se ocupó esencialmente de dos problemas: el de la procedencia de los niños y el de la posibilidad de la castración, entretejiéndose con las manifestaciones de sus instintos y dirigiendo sus tendencias sádicas hacia los animales pequeños, como representantes de los niños pequeños.

Hemos llevado la descripción hasta las proximidades del cuarto cumpleaños del sujeto, fecha en la cual el sueño de los lobos activa la observación del coito parental realizado al año y medio y hace que desarrolle *a posteriori* sus efectos. Los procesos que a partir de este momento se desarrollan escapan en parte a nuestra aprehensión, y tampoco nos es posible describirlo satisfactoriamente. La activación de la imagen que ahora, en un estadio más avanzado de la evolución intelectual, puede ya ser comprendida, actúa como un suceso reciente, pero también como nuevo trauma, como una intervención ajena análoga a la seducción. La organización genital interrumpida es continuada de nuevo, pero el progreso realizado en el sueño no puede ser conservado. Sucede más bien que un proceso comparable tan sólo a una represión determina la repulsa de los nuevos descubrimientos y su sustitución por una fobia.

La organización sádico-anal subsiste, pues, también en la fase ahora iniciada de la zoofobia, mezclándose a ella fenómenos de angustia. El niño continúa su actividad sádica al mismo tiempo que su actividad masoquista, pero reacciona con angustia a una parte de las mismas. La transformación del sadismo en su antítesis realiza probablemente en este período nuevos progresos.

Del análisis del sueño de angustia deducimos que la represión se enlaza al descubrimiento de la castración. Lo nuevo es rechazado porque su admisión supondría la pérdida del pene. Una reflexión más detenida nos hace descubrir lo siguiente: Lo reprimido es la actitud homosexual en el sentido genital, que se había formado bajo la influencia del descubrimiento. Pero tal actitud permanece conservada para lo inconsciente, constituyendo un estrato aislado y más profundo. El móvil de esta represión parece ser la virilidad narcisista de los genitales, la cual promueve un conflicto preparado desde mucho tiempo atrás, con la pasividad del fin sexual homosexual. La represión, es, por tanto, un resultado de la masculinidad.

Nos inclinaríamos quizá a modificar desde este punto de partida toda una parte de la teoría psicoanalítica. Parece, en efecto, evidente que es el conflicto entre las tendencias masculinas y las femeninas, o sea la bisexualidad, lo que engendra la represión y la producción de la neurosis. Pero esta deducción es incompleta. Una de las dos tendencias sexuales en conflicto se halla de acuerdo con el *yo*, pero la otra contraría el interés narcisista y sucumbe por ello a la represión. Así, pues, también es en este caso el *yo* la instancia que desencadena la represión en favor de una de las tendencias sexuales. En otros casos no existe un tal conflicto entre la masculinidad y la femineidad, habiendo tan sólo una tendencia sexual, que quiere ser admitida, pero que tropieza con determinados poderes del *yo*, y es, por tanto, rechazada. Más frecuentes que los conflictos nacidos dentro de la sexualidad misma son los que surgen entre la sexualidad y las tendencias morales del *yo*. En nuestro caso falta un tal conflicto moral. La acentuación de la bisexualidad como motivo de la represión sería, por tanto, insuficiente, y, en cambio, la del conflicto entre el *yo* y la libido explica todos los procesos.

A la teoría de la «protesta masculina», tal y como la ha desarrollado Adler, se puede objetar que la represión no toma siempre el partido de la masculinidad en contra de la femineidad. Pues en toda una serie de casos es la masculinidad la que queda sometida a la represión por el mandamiento del *yo*.

Además, una detenida investigación del proceso de la represión en nuestro caso negaría que la masculinidad narcisista fuera el único motivo. La actitud homosexual nacida durante el sueño es tan intensa, que el *yo* del pequeño sujeto no consigue dominarla y se defiende de ella por medio de la represión, auxiliado tan sólo por la masculinidad narcisista del genital. Sólo para evitar interpretaciones erróneas haremos constar que todas las tendencias narcisistas parten del *yo* y permanecen en él, y que las represiones son dirigidas sobre cargas de objeto libidinosas. Pasaremos ahora desde el proceso de la represión, cuya exposición exhaustiva no hemos quizá logrado, al estado resultante del sueño. Si hubiera sido realmente la masculinidad la que hubiese vencido a la homosexualidad (femineidad) durante el proceso del sueño, tendríamos que hallar como dominante una tendencia sexual activa de franco carácter masculino, pero no hallamos el menor indicio de ella. Lo esencial de la organización sexual no ha sufrido cambio alguno, y la fase sádico-anal subsiste y continúa siendo la dominante. La victoria de la masculinidad se muestra tan sólo en que el sujeto reacciona con angustia a los fines sexuales pasivos de la organización predominante (masoquistas, pero no femeninos). No existe ninguna tendencia sexual masculina victoriosa, sino tan sólo una tendencia pasiva y una resistencia contra la misma.

Imagino las dificultades que plantea al lector la precisa distinción inhabitual, pero imprescindible, de activo-masculina y pasivo-femenina, y no ahorraré, por tanto, repeticiones. El estado posterior al sueño puede, pues, ser descrito de la siguiente forma: Las tendencias sexuales han quedado disociadas; en lo inconsciente ha sido alcanzado el estadio de la organización genital y se ha constituido una homosexualidad muy intensa. Sobre ella subsiste (virtualmente en lo consciente) la anterior tendencia sexual sádica y predominantemente masoquista, y el *yo* ha cambiado por completo de actitud en cuanto a la sexualidad se halla en plena repulsa sexual y rechaza con angustia los fines masoquistas predominantes, como quien reaccionó a los más profundos homosexuales en la génesis de una fobia. Así, pues, el resultado del sueño no fue tanto la victoria de una corriente masculina como la reacción contra una corriente femenina y otra pasiva. Sería harto forzado adscribir a esta reacción el carácter de la masculinidad, pues el *yo* no integra corrientes sexuales, sino tan sólo el interés de su propia conservación y del mantenimiento de su narcisismo.

Examinemos ahora la fobia. Ha nacido en el nivel de la organización genital y muestra el mecanismo, relativamente sencillo, de una histeria de angustia. El *yo* se protege, por medio del desarrollo de angustia, de aquello en lo que ve un peligro poderoso, o sea de la satisfacción homosexual. Pero el proceso de una represión deja tras de sí una huella evidente. El objeto al que se ha enlazado el fin sexual temido tiene que hacerse representar por otro ante la conciencia, y de este modo lo que llega a hacerse consciente no es el miedo al *padre*, sino el miedo al *lobo*. Pero la producción de la fobia no se satisface con este solo contenido, pues el lobo queda sustituido tiempo después por el león. Con las tendencias sádicas contra los animales pequeños concurre una fobia a ellos, como representantes de los competidores del sujeto; esto es, de los hermanitos que su madre puede darle.

La génesis de la fobia a la mariposa es especialmente interesante, constituyendo como una repetición del mecanismo que engendró en el sueño la fobia del lobo. Un estímulo casual activa una vivencia pretérita: la escena con Gruscha, cuya amenaza de castración se demuestra eficaz *a posteriori*, en tanto que al suceder realmente no causó impresión alguna al sujeto [1371].

[1371] La escena con Gruscha fue, como ya hemos hecho constar, un rendimiento mnémico, espontáneo del sujeto, sin intervención alguna por parte del médico. La laguna que presentaba fue cegada por el aná-

Puede decirse que la angustia que entra en la formación de estas fobias es miedo a la castración. Esta afirmación no contradice la teoría de que la angustia surgió de la represión de la libido homosexual. En ambas afirmaciones aludimos al mismo proceso, en el que el *yo* retrae de las tendencias optativas homosexuales un montante de libido, que queda convertido en angustia flotante y es enlazado luego a las fobias. Sólo que en la primera afirmación figura también el motivo que impulsa al *yo*.

Una reflexión más detenida nos descubre que esta primera enfermedad de nuestro paciente (dejando aparte la anorexia) no se limita a la fobia, sino que ha de ser considerada como una verdadera histeria, a la que, además de los síntomas de angustia, corresponden fenómenos de conversión. Una parte de la tendencia homosexual es conservada en el órgano correspondiente, y el intestino se conduce a partir de este momento, e igualmente en la época ulterior, como un órgano histérico. La homosexualidad, inconsciente y reprimida, se ha refugiado en el intestino. Precisamente esta parte de histeria nos presta luego, en la solución de la enfermedad ulterior, los mejores servicios.

No ha de faltarnos tampoco decisión para atacar las circunstancias, más complicadas aún, de la neurosis obsesiva. Revisemos una vez más la situación: Tenemos una corriente sexual masoquista predominante, otra reprimida homosexual y un *yo,* dominado por la repulsa histérica. ¿Cuáles son los procesos que transforman este estado en el de la neurosis obsesiva?

La transformación no sucede espontáneamente, por evolución interna, sino que es provocada por una influencia externa. Su resultado visible es que la relación con el padre, la cual había hallado hasta entonces una exteriorización en la fobia al lobo, se manifiesta ahora en una devoción obsesiva. No podemos dejar de consignar que el proceso que se desarrolla en este paciente nos procura una inequívoca confirmación de una de las hipótesis incluidas en el *Totem y tabú* sobre la relación del animal totémico con la divinidad [1372]. Afirmamos entonces que la representación de la divinidad no constituía un desarrollo del totem, sino que surgía independientemente de él y para sustituirlo de la raíz común a ambos. El totem sería la primera sustitución del padre, y el dios, a su vez, una sustitución posterior, en la que el padre volvía a encontrar su figura humana. Así lo hallamos también en nuestro paciente. Atraviesa en la fobia al lobo el estadio de la sustitución totémica del padre, que luego se interrumpe, y es sustituido, a consecuencia de nuevas relaciones entre el sujeto y el padre, por una fase de fervor religioso.

La influencia que provoca este cambio es la iniciación del sujeto en las doc-

lisis en forma que podemos calificar de irreprochable si, en general, damos algún valor a la técnica psicoanalítica. Una explicación racionalista de esta fobia habría de limitarse a lo siguiente: No tiene nada de extraño que un niño predispuesto a la angustia sufra una vez, ante una mariposa amarilla, un acceso de miedo, probablemente a causa de una inclinación heredada al miedo. (Cf. Stanley Hall: *A synthetic genetic of fear,* en *Amer J. of Psychology,* XXV, 1914.) Ignorante de esta causa, el sujeto buscaría un enlace de su miedo con algún suceso de su infancia y aprovecharía la identidad casual de los nombres y el retorno de las rayas amarillas para constituir la fantasía de una aventura con aquella niñera cuyo recuerdo conservaba aún. Pero el hecho de que las circunstancias accesorias del suceso, inocente en sí, esto es, el acto de fregar y la presencia del cubo y la escobilla muestran luego, en la vida ulterior del sujeto, el poder de determinar prolongada y objetivamente su elección de objeto, otorga a la fobia a la mariposa una importancia incomprensible. La situación resulta así tan singular, por lo menos, como aquella a la que nosotros llegamos, y en consecuencia, la interpretación racionalista de la escena no nos procura ventaja ninguna. Así, pues, la escena con Gruscha se nos hace más valiosa, porque podemos preparar en ella nuestro juicio sobre la escena primaria, menos segura.

[1372]   *Totem y tabú.* [Volumen V de estas *Obras completas.*]

trinas de la religión y en la Historia Sagrada, iniciación que alcanza los resultados educativos deseados. La organización sexual sádico-masoquista es llevada paulatinamente a un fin; la fobia al lobo desaparece rápidamente, y en lugar de la repulsa temerosa de la sexualidad surge una forma más elevada del sojuzgamiento de la misma. El fervor religioso llega a ser el poder dominante en la vida del niño. Pero estas superaciones no son conseguidas sin lucha, la cual se exterioriza en las ideas blasfemas y provoca una exageración obsesiva del ceremonial religioso.

Prescindiendo de estos fenómenos patológicos, podemos decir que la religión ha cumplido en este caso cuanto le corresponde en la educación del individuo. Ha domado las tendencias sexuales del sujeto, procurándoles una sublimación y una localización firmísima; ha desvalorizado sus relaciones familiares, y ha puesto fin con ello a un aislamiento peligroso, abriéndole el camino hacia la gran colectividad humana. El niño, salvaje antes y atemorizado, se hizo así sociable, educable y moral.

El motor principal de la influencia religiosa fue la identificación con la figura de Cristo, facilitada por el azar de su nacimiento en el día de Nochebuena. El amor a su padre, cuya exageración había hecho necesaria la represión, encontró aquí, por fin, una salida en una sublimación ideal. Siendo Cristo, podía el sujeto amar a su padre, que era, por tanto, Dios, con un fervor que, tratándose del padre terrenal, no hubiera encontrado descargo posible. Los caminos por los cuales el sujeto podía testimoniar dicho amor le eran indicados por la religión y no se adhería a ellos la conciencia de culpabilidad, inseparables de las tendencias eróticas individuales. Si la corriente sexual más profunda, precipitada ya como homosexualidad inconsciente, podía aún ser depurada, la tendencia masoquista, más superficial, encontró sin grandes renunciamientos una sublimación, incomparable en la historia de la pasión de Cristo, que para honrar y obedecer a su divino Padre se había dejado martirizar y sacrificar. La religión cumplió así su obra en el pequeño descarriado mediante una mezcla de satisfacción, sublimación y apartamiento de lo sexual por medio de procesos puramente espirituales y facilitándole, como a todo creyente, una relación con la colectividad social.

La resistencia inicial del sujeto contra la religión tuvo tres distintos puntos de partida. En primer lugar, conocemos ya por otros ejemplos su característica resistencia a toda novedad. Defendía siempre toda la posición de su libido, impulsado por el miedo de la pérdida que había de traer consigo su abandono, y desconfiando de la posibilidad de hallar una compensación en la nueva. Es ésta una importante peculiaridad psicológica fundamental, de la que he tratado en mis *Tres ensayos para una teoría sexual,* calificándola de capacidad de *fijación.* Jung ha querido hacer de ella, bajo el nombre de «inercia» psíquica, la causa principal de todos los fracasos de los neuróticos. Equivocadamente, a mi juicio, pues va mucho más allá, y desempeña también un papel principalísimo en la vida de los sujetos no neuróticos. La movilidad o la adhesividad de las cargas de energía, libidinosas o de otro género, son caracteres propios de muchos normales y ni siquiera de todos los neuróticos. Hasta ahora no han sido relacionados con otros, siendo así como números primos, sólo por sí mismos divisibles. Sabemos tan sólo que la movilidad de las cargas psíquicas disminuye singularmente con la edad del sujeto, procurándonos así una indicación sobre los límites de la influencia psicoanalítica. Pero hay personas en las cuales esta plasticidad psíquica traspasa los límites de edad, y en cambio otras que la pierden en edad muy temprana. Tratándose de neuróticos, hacemos el ingrato descubrimiento de que, dadas las condiciones aparentemente iguales, no es posible lograr en unos modificaciones que en otros hemos conseguido fácilmente. De modo tal que al considerar la conversión de energía psíquica debemos hacer uso del concepto de 'entropía' con no menor razón que con la energía física, lo que se opone a la pérdida de lo que ya ha ocurrido.

Un segundo punto de ataque le fue procurado por el hecho de que las mismas doctrinas religiosas no tienen como base una relación unívoca con respecto a Dios Padre, sino que se desarrollan bajo el signo de la ambivalencia que presidió su génesis. El sujeto advirtió pronto esta ambivalencia, descubriendo en el que le ayudó mucho la suya propia, tan desarrollada, y enlazó a ella aquellas penetrantes críticas, que tanto nos maravilló hallar en un niño de cinco años. Pero el factor más importante fue desde luego un tercero, a cuya acción hubimos de atribuir los resultados patológicos de su pugna contra la religión. La corriente que le impulsaba hacia el hombre, y que había de ser sublimada por la religión, no estaba ya libre, sino acaparada en parte por la represión, y con ello sustraída a la sublimación y ligada a su primitivo fin sexual. Merced a esta conexión la parte reprimida tendía a abrirse camino hacia la parte sublimada o a relajarla hasta sí. Las primeras cavilaciones, relativas a la personalidad de Cristo, contenían ya la pregunta de si aquel hijo sublime podía también satisfacer la relación sexual con el padre tal y como la misma se conservaba en lo inconsciente del sujeto. La repulsa de esta tendencia no tuvo otro resultado que el de hacer surgir ideas obsesivas, aparentemente blasfemas, en las cuales se imponía el amor físico a Dios bajo la forma de una tendencia o rebajar su personalidad divina. Una violenta pugna defensiva contra estos productos de transacción hubo de llevar luego al sujeto a una exageración obsesiva de todas aquellas actividades, en las cuales había de encontrar la devoción, el amor puro a Dios: un exutorio trazado de antemano. Por último, triunfó la religión; pero su base instintiva se demostró incomparablemente más fuerte que la adhesividad de sus sublimaciones, pues en cuanto la vida procuró al sujeto una nueva sustitución del padre, cuya influencia se orientó en contra de la religión, fue ésta abandonada y sustituida por otra cosa. Recordemos aún la interesantísima circunstancia de que el fervor religioso surgiera bajo la influencia de las mujeres (la madre y la niñera) y fuera, en cambio, una influencia masculina la que liberase de él al sujeto.

La génesis de la neurosis obsesiva, sobre la base de la organización sexual sádico-anal confirma por completo lo que en otro lugar hemos expuesto (sobre la disposición a la neurosis obsesiva). Pero la preexistencia de una intensa histeria hace menos transparente en este aspecto nuestro caso. Cerraremos la revisión de la evolución sexual de nuestro paciente arrojando alguna luz sobre las transformaciones ulteriores de la misma. Con la pubertad surgió en él la corriente normal masculina, intensamente sexual y con el fin sexual correspondiente a la organización genital; corriente cuyos destinos hubieron de regir ya su vida hasta su posterior enfermedad. Esta corriente se enlazó directamente a la escena con Gruscha, tomó de ella el carácter de un enamoramiento obsesivo y tuvo que luchar con las inhibiciones, emanadas de los residuos de las neurosis infantiles. El sujeto conquistó, por fin, la plena masculinidad con una violenta irrupción hacia la mujer. En adelante conservó este objeto sexual; pero su posesión no le regocijaba, pues una intensa inclinación hacia el hombre, absolutamente inconsciente ahora, y que reunía en sí todas las energías de las fases anteriores, le apartaba de continuo del objeto femenino y le obligaba a exagerar en los intervalos su dependencia de la mujer. Durante el tratamiento se lamentó de que no podía resistir a las mujeres, y toda nuestra labor tendió a descubrir su relación inconsciente con el hombre. Su infancia se había caracterizado por la oscilación entre la actividad y la pasividad; su pubertad, por la dura conquista de la masculinidad, y el período de su enfermedad, por la conquista del objeto de la corriente masculina. La causa precipitante de su enfermedad no cuenta entre los «tipos de enfermedad neurótica» que hemos podido reunir como casos especiales de la «frustración» [1373], y nos advierte así la existencia de una laguna en dicha serie. El sujeto enfermó cuando una afección orgánica genital activó su miedo a la castración, hirió su narcisismo y le obligó a perder su confianza en una predilección personal del Destino. Enfermó, pues, a causa de una «frustración» narcisista. Esta prepotencia de su narcisismo armonizaba perfectamente con los demás signos de una evolución sexual inhibida, con el hecho que su elección erótica heterosexual no concentrase en sí, a pesar de toda su energía, más que muy pocas corrientes psíquicas, y con el de que la actitud homosexual, mucho más cercana al narcisismo, se afirmase en él con tal tenacidad como poder inconsciente. Naturalmente, en semejantes perturbaciones la cura psicoanalítica no puede conseguir una transformación instantánea equivalente al resultado de una evolución normal, sino tan sólo suprimir obstáculos y hacer accesibles los caminos para que las influencias de la vida puedan conseguir una evolución mejor orientada.

Como particularidades de su psiquismo, descubiertas por la cura psicoanalítica, pero no del todo aclaradas y que, por tanto, no pudieron ser directamente influidas, señalaremos las siguientes: la tenacidad ya mencionada de la fijación, el extraordinario desarrollo de la inclinación a la ambivalencia y, como tercer rasgo de una constitución que hemos de calificar de arcaica, la capacidad de mantener yuxtapuestas y capaces de función las cargas libidinosas más heterogéneas y contradictorias. Una constante oscilación entre las mismas, que durante mucho tiempo pareció excluir toda solución y todo progreso, domina el cuadro patológico de su enfermedad posterior, del cual sólo podemos dar aquí breves detalles. Era éste, sin duda alguna, un rasgo característico de su sistema inconsciente, que se había extendido en él hasta los procesos conscientes; pero el sujeto lo mostraba tan sólo en los resultados de los movimientos afectivos, pues en el terreno puramente lógico revelaba más bien una especial habilidad para el descubrimiento de las contradicciones y las antítesis. De este modo, su vida anímica nos hacía una impresión semejante a la que nos produce la antigua religión egipcia, la cual nos resulta incomprensible porque conserva los estadios evolutivos junto a los productos finales.

Terminamos aquí lo que nos proponíamos comunicar sobre este caso patológico. Sólo dos de los numerosos problemas que sugiere me parecen dignos de especial mención. El primero se refiere a los elementos filogénicos congénitos, los cuales cuidan, como «categorías» filosóficas, de la distribución de las impresiones de la vida y son, a mi juicio, residuos de la historia de la civilización humana. El complejo de Edipo, que comprende la relación del niño con sus padres, es el más conocido de estos esquemas. Allí donde las vivencias no se adaptan al esquema hereditario, se inicia una elaboración de las mismas por la fantasía, labor

---

[1373] 'Sobre los tipos de adquisición de las neurosis', 1912.

que sería muy interesante perseguir individualmente. Precisamente estos casos son muy apropiados para demostrarnos la existencia independiente del esquema. Podemos observar con frecuencia que el esquema logra la victoria sobre la vivencia individual, como sucede en nuestro caso cuando el padre llega a ser el castrador y el peligro que amenaza a la sexualidad infantil, a pesar de la existencia de un complejo de Edipo totalmente inverso. Las contradicciones entre la vivencia y el esquema parecen procurar rico material a los conflictos infantiles.

El segundo problema se halla próximo a éste, pero es mucho más importante. Considerando la conducta del niño de cuatro años ante la escena primaria reactivada [1374] y recordando las reacciones mucho más simples del niño de año y medio, al presenciar dicha escena, no podemos rechazar la hipótesis de la actuación de una especie de conocimiento previo, difícilmente determinable, semejante a una preparación a la comprensión [1375]. Es totalmente imposible imaginar en qué puede consistir este factor, y lo único que podemos hacer es compararlo al más amplio conocimiento instintivo de los animales.

Si en el hombre existiera también un tal patrimonio instintivo, no tendríamos por qué asombrarnos de que se refiera especialmente a los procesos de la vida sexual, aunque claro está que no habría de limitarse a ellos. Este elemento instintivo sería el nódulo de lo inconsciente, una actividad mental primitiva destronada y sustituida por la razón humana posteriormente adquirida; pero que conservaría muchas veces, y quizá en todos los casos, el poder de rebajar hasta su nivel procesos anímicos más elevados. La represión sería el retorno a este estadio instintivo; el hombre pagaría con su capacidad para la neurosis aquella magna adquisición y testimoniaría con la posibilidad de las neurosis, de la existencia del grado primitivo anterior instintivo. La importancia de los tempranos sueños infantiles reposaría en que procurarían a este inconsciente una materia que le protegería de ser suprimido por la evolución posterior.

Sé que estas hipótesis que acentúan el factor hereditario, filogénicamente adquirido, de la vida anímica han sido ya repetidamente propuestas e incluso que existiera cierta tendencia a concederles un lugar en la investigación psicoanalítica. Por mi parte, sólo me parecen admisibles en el momento en que el psicoanálisis llega a las huellas de lo hereditario después de haber penetrado a través de los estratos de lo individualmente adquirido.

Adición de 1923: «Reuniremos aquí la cronología de los sucesos mencionados en este historial:

—El sujeto nace el día de Nochebuena.

—Al año y medio: Malaria. Observación del coito de los padres o de aquella escena inocente en la que se hallaban juntos, y en la que el sujeto integró más tarde la fantasía del coito.

—Poco antes de los dos años y medio: Escena con Gruscha.

—A los dos años y medio: Recuerdo encubridor de la partida de los padres con la hermana. Le muestra sólo con la *chacha* y niega así a Gruscha y a la hermana.

—Antes de los tres años y tres meses: Lamentación de la madre ante el médico.

[1374] Podemos prescindir de que tal conducta sólo veinte años después pudiera ser concretada en palabra, pues todos los efectos que derivamos de la escena hubieron de exteriorizarse ya en la infancia y mucho tiempo antes del análisis en forma de síntomas, obsesiones, etc. En cuanto a este punto es indiferente considerar la escena como una escena primaria o tan sólo como una fantasía primaria.

[1375] Debo acentuar de nuevo que estas reflexiones serían totalmente ociosas si el sueño y la neurosis no pertenecieran por sí mismos a la infancia.

—A los tres años y tres meses: Comienzo de la seducción por su hermana y, poco después, amenaza de castración por parte de la *chacha*.

—A los tres años y medio: La institutriz inglesa. Comienzo de la alteración del carácter.

—A los cuatro años: Sueño de los lobos. Génesis de la fobia.

—A los cuatro años y medio: Influencia de la Historia Sagrada. Aparición de los síntomas obsesivos.

—Poco antes de los cinco años: Alucinación de la mutilación del dedo.

—A los cinco años: Partida de la primera finca.

—Después de los seis años: Visita al padre enfermo.

—A los ocho y a los diez años: Ultimas explosiones de la neurosis obsesiva.

—[A los diecisiete años: Crisis precipitada por la gonorrea.]

—[A los veintitrés años: Comienzo del tratamiento (Febrero 1910).]

—[Término del tratamiento, Julio 1914.]

—[Segundo tratamiento, Noviembre 1919 a Febrero 1920.]

—[Tercer tratamiento con la Doctora Ruth Mack Brunswick, Octubre 1926 a Febrero 1927.] *

Mi exposición habrá revelado al lector que el paciente era de nacionalidad rusa. Le di de alta, completamente curado, a mi juicio, pocas semanas antes de la inesperada explosión de la guerra mundial, y no volví a verle hasta que azares de la guerra abrieron a las potencias centrales el acceso a la Rusia meridional. Vino entonces a Viena y me informó de que inmediatamente después del término de la cura había surgido en él un impulso a libertarse de la influencia del médico. En unos cuantos meses de labor conseguimos luego dominar un último fragmento de la transferencia, no superado aún. Desde entonces, el paciente, que había perdido en la guerra su patria, su fortuna y toda relación con sus familiares, se ha sentido normal y se ha conducido irreprochablemente.

Es muy posible que su misma desgracia haya contribuido a afirmar su restablecimiento, satisfaciendo su sentimiento de culpabilidad.» **

---

* Según lo consigna Strachey en la edición inglesa. En paréntesis cuadrados lo que no corresponde a la edición de Freud. *(Nota de J. N.)*

** El informe de la Dra. Brunswick acerca este tercer tratamiento del 'Hombre de los lobos' se imprimió en 'The Psychoanalytic Reader', editado por R. Fliess (1950), donde se incluye un breve esquema de la historia del paciente hasta 1940. Una segunda publicación acerca las dificultades surgidas por la Segunda Guerra Mundial y de sus reacciones a ellas se encuentra en una comunicación de Muriel Gardiner (1952). Una relación completa del caso puede hallarse en el segundo volumen de la biografía de Freud escrita por E. Jones (1955). Estos datos los anota James Strachey. *(Nota de J. N.)*

UN CASO DE PARANOIA CONTRARIO A LA TEORIA PSICOANALITICA *

1915

HACE algunos años un conocido abogado solicitó mi dictamen sobre un caso que le ofrecía algunas dudas. Una señorita había acudido a él en demanda de protección contra las persecuciones de que era objeto por parte de un hombre con el que había mantenido relaciones amorosas. Afirmaba que dicho individuo había abusado de su confianza en él para hacer tomar por un espectador oculto fotografías mientras se hacían el amor, pudiendo ahora exhibir tales fotografías y desconceptuarla, a fin de obligarla a dejar su colocación. El abogado poseía experiencia suficiente para vislumbrar el carácter morboso de tal acusación; pero opinaba que en la vida ocurren muchas cosas que juzgamos increíbles y estimaba que el dictamen de su psiquíatra podía ayudarle a desentrañar la verdad. Después de ponerme en antecedentes del caso quedó en volver a visitarme acompañado de la demandante.

(Antes de continuar mi relato quiero hacer constar que he alterado en él, hasta hacerlo irreconocible, el *milieu* en el que se desarrolló el suceso cuya investigación nos proponemos, pero limitando estrictamente a ello la obligada deformación del caso. Me parece, en efecto, una mala costumbre deformar, aunque sea por los mejores motivos, los rasgos de un historial patológico, pues no es posible saber de antemano cuál de los aspectos del caso será el que atraiga preferentemente la atención del lector de juicio independiente y se corre el peligro de inducir a este último a graves errores.)

La paciente, a la que conocí poco después, era una mujer de treinta años, dotada de una belleza y un atractivo nada vulgares. Parecía mucho más joven de lo que reconocía ser y se mostraba delicadamente femenina. Con respecto al médico, adoptaba una actitud defensiva, sin tomarse el menor trabajo por disimular su desconfianza. Obligada por la insistencia de su abogado a nuestra entrevista, me relató la siguiente historia, que me planteó un problema del que más adelante habré de ocuparme. Ni su expresión ni sus manifestaciones emotivas denotaban la violencia que hubiera sido de esperar en ella al verse forzada a exponer sus asuntos íntimos a personas extrañas. Se hallaba exclusivamente dominada por la preocupación que habían despertado en su ánimo aquellos sucesos.

Desde años atrás estaba empleada en una importante empresa, en la que desempeñaba un cargo de cierta responsabilidad a satisfacción completa de sus jefes. No se había sentido nunca atraída por amoríos o noviazgos y vivía tranquilamente con su anciana madre, cuyo único sostén era. Carecía de hermanos, y el padre había muerto hacía muchos años. En la última época se había acercado a ella otro empleado de la misma casa, hombre muy culto y atractivo, al que no pudo negar sus simpatías. Circunstancias de orden exterior hacían imposible un matrimonio; pero el hombre rechazaba la idea de renunciar por tal imposi-

* *Mitteilung Eines der Psychoanalytischen Theorie,*
Windersprechenden Faller von Paranoia, en alemán el
original, en *Int. Z. Psychoanal.*, 3 (6), 321-9, 1915.

bilidad a la unión sexual, alegando que sería insensato sacrificar a una mera convención social algo por ambos deseado, a lo cual tenía perfecto derecho, y que sólo podía hacer más elevada y dichosa su vida. Ante su promesa de evitarle todo peligro, accedió, por fin, nuestra sujeto a visitar a su enamorado en su pisito de soltero. Después de mutuos besos y abrazos, se hallaba ella en actitud abandonada, que permitía admirar parte de sus bellezas, cuando un ruidito seco vino a sobresaltarla. Dicho ruido parecía haber partido del lugar ocupado por la mesa del despacho, colocada oblicuamente ante la ventana. El espacio libre entre ésta y la mesa se hallaba velado en parte por una pesada cortina. La sujeto contaba haber preguntado en el acto a su amigo la significación de aquel ruido, que el interrogado atribuyó a un reloj colocado encima de la mesa. Por mi parte, me permitiré enlazar más adelante con esta parte del relato una determinada observación.

Al salir la sujeto de casa de su amigo encontró en la escalera a dos individuos que murmuraron algo a su paso. Uno de estos desconocidos llevaba un paquete de la forma de una cajita. Este encuentro la impresionó, y ya en el camino hacia su casa elaboró la combinación de que aquella cajita podía muy bien haber sido un aparato fotografico: el individuo, un fotógrafo, que durante su estancia en la habitación de su amigo había permanecido oculto detrás de la cortina, y el ruidito por ella advertido, el del obturador de la máquina al ser sacada la fotografía una vez que su enamorado hubo establecido la situación comprometedora que quería fijar en la placa. A partir de aquí no hubo ya medio de desvanecer sus sospechas contra su amigo, al que persiguió de palabra y por escrito con la demanda de una explicación que tranquilizara sus temores, oponiendo ella, por su parte, la más absoluta incredulidad a sus afirmaciones sobre la sinceridad de sus sentimientos y la falta de fundamento de aquellas sospechas. Por último, acudió al abogado, le relató su aventura y le entregó las cartas que con tal motivo había recibido del querellado. Posteriormente pude leer alguna de estas cartas, que me produjeron la mejor impresión; su contenido principal era el sentimiento de que un acuerdo amoroso tan bello hubiese quedado destruido por aquella «desdichada idea enfermiza».

No creo necesario justificar mi opinión, favorable al acusado. Pero el caso presentaba para mí un interés distinto del puro diagnóstico. En los estudios psicoanalíticos se había afirmado que el paranoico luchaba contra una intensificación de sus tendencias homosexuales, lo cual indicaba en el fondo una elección narcisista de objeto, afirmándose, además, que el perseguidor era, en último término, la persona amada o antiguamente amada. De la reunión de ambos asertos resulta que el perseguidor habrá de pertenecer al mismo sexo que el perseguido. Cierto es que no habíamos atribuido una validez general y sin excepciones a este principio de la homosexualidad como condición de la paranoia; pero lo que nos había retenido había sido tan sólo la consideración de no haber contado todavía con un número suficiente de observaciones. Por lo demás, tal principio pertenecía a aquellos que a causa de ciertas relaciones sólo adquieren plena significación cuando pueden aspirar a una validez general. En la literatura psiquiátrica no faltan, ciertamente, casos en los cuales el enfermo se creía perseguido por personas de otro sexo; pero la lectura de tales casos no producía, desde luego, la misma impresión que el verse directamente ante uno de ellos. Todo aquello que mis amigos y yo habíamos podido observar y analizar había confirmado sin dificultades la relación de la paranoia con la homosexualidad.

En cambio, el caso que nos ocupa contradecía abiertamente tal hipótesis. La joven parecía rechazar el amor hacia un hombre, convirtiéndole en su perseguidor, sin que existiera el menor indicio de una influencia femenina ni de una defensa contra un lazo homosexual.

Ante este estado de cosas, lo más sencillo era renunciar a derivar generalmente de la homosexualidad, el delirio persecutorio y abandonar todas las deducciones enlazadas con este principio. O de lo contrario, agregarse a la opinión del abogado y reconocer, como él, en el caso un suceso real, exactamente interpretado por la sujeto, y no una combinación paranoica. Por mi parte, vislumbré una tercera salida, que en un principio aplazó la decisión. Recordé cuántas veces se juzga erróneamente a los enfermos psíquicos por no haberse ocupado de ellos con el detenimiento necesario y no haber reunido así sobre su caso datos suficientes. Por tanto, declaré que me era imposible emitir aún un juicio y rogué a la sujeto que me visitase otra vez para relatarme de nuevo el suceso más ampliamente y con todos sus detalles accesorios, desatendidos quizá en su primera exposición. Por mediación del abogado conseguí la conformidad de la sujeto, poco inclinada a repetir su visita. El mismo abogado facilitó mi labor, manifestando que consideraba innecesaria su asistencia a la nueva entrevista.

El segundo relato de la paciente no contradijo al primero, pero lo completó de tal modo, que todas las dudas y todas las dificultades quedaron desvanecidas. Ante todo resultó que no había ido a casa de su amigo una sola vez, sino dos. En su segunda visita fue cuando advirtió el ruido que provocó sus sospechas. La primera había omitido mencionarla antes porque no le parecía ya nada importante. En ella no había ocurrido, efectivamente, nada singular, pero sí al otro día. La sección en que la sujeto prestaba sus servicios se hallaba a cargo de una señora de edad, a la que describió diciendo que tenía el pelo blanco, como su madre. La paciente se hallaba acostumbrada a ser tratada muy cariñosamente por esta anciana directora y se tenía por favorita suya. Al día siguiente de su primera visita al joven empleado entró éste en la sección para comunicar a la directora algún asunto del servicio, y mientras hablaba con ella en voz baja surgió de pronto en nuestra sujeto la convicción de que le estaba relatando su aventura de la víspera e incluso la de que mantenía con aquella señora desde mucho tiempo atrás unas relaciones amorosas, de las que ella ni se había dado cuenta hasta aquel día. Así, pues, su maternal directora lo sabía ya todo. Durante el resto del día, la actitud y las palabras de la anciana confirmaron sus sospechas, y en cuanto le fue posible acudió a su amigo para pedirle explicaciones de aquella delación. Su enamorado rechazó, naturalmente, con toda energía tales acusaciones, que calificó de insensatas, y esta vez consiguió desvanecer las ideas delirantes, hasta el punto de que algunas semanas después consintió ella en visitarle de nuevo en su casa. El resto nos es ya conocido por el primer relato de la paciente.

Los nuevos datos aportados desvanecen, en primer lugar, toda duda sobre la naturaleza patológica de la sospecha. Reconocemos sin dificultad que la anciana directora, de blancos cabellos, es una sustitución de la madre; que el hombre amado es situado, a pesar de su juventud, en lugar del padre, y que el poderío del complejo materno es el que obliga a la sujeto a suponer la existencia de un amorío entre dos protagonistas tan desiguales, no obstante la inverosimilitud de tal sospecha. Pero con ello desaparece también la aparente contradicción de las teorías psicoanalíticas, según las cuales el desarrollo de un delirio persecutorio presupone la existencia de una intensa ligazón homosexual. El perseguidor primitivo, la instancia a cuyo influjo quiere escapar la sujeto, no es tampoco en este caso el hombre, sino la mujer. La directora conoce las relaciones amorosas de la joven, las condena y le da a conocer este juicio adverso por medio de misteriosos signos. La ligazón al propio sexo se opone a los esfuerzos de adoptar como objeto amoroso un individuo del sexo contrario. El amor a la madre toma la representación de todas aquellas tendencias que en calidad de «conciencia moral» quieren detener a la joven sus primeros pasos por el camino, múltiplemente peligroso, hacia la satisfacción sexual normal, y consigue, en efecto, destruir su relación con el hombre.

Al estorbar o detener la actividad sexual de la hija cumple la madre una función normal, diseñada ya en las relaciones infantiles, fundada en enérgicas motivaciones inconscientes y sancionada por la sociedad. A la hija compete desligarse de esta influencia y decidirse, sobre la base de una amplia motivación racional, por una medida personal de permisión o privación del goce sexual. Si en esta tentativa de libertarse sucumbe a la enfermedad neurótica, es que integraba un complejo materno excesivamente intenso por lo regular y seguramente indominado, cuyo conflicto con la nueva corriente libidinosa se resolverá, según la disposición favorable, en una u otra forma de neurosis. En todos los casos, los fenómenos de la reacción neurótica serán determinados no por la relación presente con la madre actual, sino por las relaciones infantiles con la imagen materna primitiva.

De nuestra paciente sabemos que había perdido a su padre hacía muchos años, y podemos suponer que no habría permanecido alejada de los hombres hasta los treinta años si no hubiese encontrado un firme apoyo en una intensa adhesión sentimental a su madre. Pero este apoyo se convierte para ella en una pesada cadena en cuanto su libido comienza a tender hacia el hombre a consecuencia de una apremiante solicitación. La sujeto intenta entonces libertarse de su ligazón homosexual. Su disposición —de la que no necesitamos tratar aquí— permite que ello suceda en la forma de la producción de un delirio paranoico. La madre se convierte así en espía y perseguidora hostil. Como tal podría aún ser vencida si el complejo materno no conservase poder suficiente para lograr el propósito, en él integrado, de alejar del hombre a la sujeto. Al final de este conflicto resulta, pues, que la enferma se ha alejado de su madre y no se ha aproximado al hombre. Ambos conspiran ahora contra ella. En este punto, el enérgico esfuerzo del hombre consigue atraerla a sí decisivamente. La sujeto vence la oposición de la madre y accede a conceder al amado una nueva cita. La madre no interviene ya en los acontecimientos sucesivos. Habremos, pues, de retener el hecho de que en esta fase el hombre no se convierte en perseguidor directamente, sino a través de la madre y a causa de sus relaciones con la madre, a la cual correspondió en el primer delirio el papel principal.

Podría creerse que la resistencia había sido definitivamente dominada y que la joven, ligada hasta entonces a la madre, había conseguido ya amar a un hombre. Pero a la segunda cita sucede un nuevo delirio, que utiliza hábilmente algunos accidentes casuales para destruir aquel amor y llevar así adelante la intención del complejo materno. De todos modos, continuamos extrañando que la sujeto se defienda contra el amor de un hombre por medio de un delirio paranoico. Pero antes de entrar a esclarecer esta cuestión dedicaremos unos instantes a aquellos accidentes fortuitos en los que se apoya el segundo delirio, orientado exclusivamente contra el hombre.

Medio desnuda sobre el diván y tendida al lado del amado, oye de repente la sujeto un ruido semejante a un chasquido, una percusión o un latido, cuya causa no conoce, imaginándola luego, al encontrar en la escalera de la casa a dos hombres, uno de los cuales lleva algo como una cajita cuidadosamente empaquetada. Adquiere entonces la convicción de que su amigo la ha hecho espiar y fotografiar durante su amoroso *tête-à-tête*. Naturalmente, estamos muy lejos de pensar que si aquel desdichado ruido no se hubiera producido tampoco hubiera surgido el delirio paranoico. Por lo contrario, reconocemos en este accidente casual algo necesario que había de imponerse tan obsesivamente como la sospecha de una *liaison* entre el hombre amado y la anciana directora elevada a la categoría de subrogado materno. La sorpresa del comercio sexual entre el padre y la madre es un elemento que sólo muy raras veces falta en el acervo de las fantasías inconscientes, revelables por medio del análisis en todos los neuróticos y probablemente en todas las criaturas humanas. A estos productos de la fantasía referentes a sorprender el acto sexual de los padres, a la seducción, a la castración, etc., les damos el nombre de *fantasías primarias,* y dedicaremos en otro lugar a su origen y a su relación con la vida individual un detenido estudio. El ruido casual desempeña, pues, tan sólo el papel de un agente provocador que activa la fantasía típica de la sorpresa del coito entre los padres, integrada en el complejo parental. Es incluso dudoso que podamos calificarlo de «casual». Según hubo de advertirme O. Rank, constituye más bien un requisito necesario de la fantasía de la sorpresa del coito de los padres y repite el ruido en que se delata la actividad sexual de los mismos o aquel con el que teme descubrirse el infantil espía. Reconocemos ya ahora el terreno que pisamos. El amado continúa siendo un subrogado del padre, y el lugar de la madre ha sido ocupado por la propia sujeto. Siendo así, el papel de espía ha de ser adjudicado a una persona extraña. Se nos hace visible la forma en que nuestra heroína se ha liberado de su dependencia homosexual de su madre. Lo ha conseguido por medio de una pequeña regresión. En lugar de tomar a la madre como objeto amoroso, se ha identificado con ella, ocupando su lugar. La posibilidad de esta regresión descubre el origen narcisista de su elección homosexual de objeto y con ello su disposición a la paranoia. Podría trazarse un proceso mental conducente al mismo resultado que la siguiente identificación: si mi madre hace esto, también yo lo puedo hacer; tengo el mismo derecho que ella.

En el examen de los accidentes casuales del caso podemos avanzar aún algo más, aunque sin exigir que el lector nos acompañe, pues la falta de más profunda investigación analítica nos impide abandonar aquí el terreno de las probabilidades. La enferma había afirmado en nuestra primera entrevista que en el acto de advertir el ruido había inquirido sus causas y que su amigo lo había atribuido a un pequeño reloj colocado encima de la mesa. Por mi parte, me tomo la libertad de considerar esta parte del relato de la paciente como un error mnémico. Me parece mucho más probable que no manifestara reacción alguna a la percepción del ruido, el cual sólo adquirió para ella un sentido después de su encuentro con los dos desconocidos en la escalera. La tentativa de explicación referente al reloj debió de ser arriesgada más tarde por el amigo, que quizá no había advertido el tal ruidito, al ser atormentado por las sospechas de la joven. «No sé lo que puedes haber oído; quizá el reloj de la mesa, que hace a veces un ruido como el que me indicas.» Esta estimación ulterior de las impresiones y este desplazamiento de los recuerdos son, precisamente, muy frecuentes en la paranoia y característicos de ella. Pero como no he hablado nunca con el protagonista de esta historia ni pude tampoco proseguir el análisis de la joven, me es imposible probar mi hipótesis.

Todavía podía aventurarme a avanzar más en el análisis de la «casualidad» supuestamente real. Para mí no existió en absoluto ruido alguno. La situación en que la sujeto se encontraba justificaba una sensación de latido o percusión en el clítoris, y esta sensación fue proyectada luego por ella al exterior, como percepción procedente de un objeto. En el sueño se da una posibilidad análoga. Una de mis pacientes histéricas relataba un breve sueño al que no conseguía asociar nada. El sueño consistía tan sólo en que oía llamar a la puerta del cuarto, despertándola tal llamada. No había llamado nadie, pero en las noches anteriores la paciente había sido despertada por repetidas poluciones y le interesaba despertar al iniciarse los primeros signos de excitación genital. La llamada oída en el sueño correspondía, pues, a la sensación de latido del clítoris. Este mismo proceso de proyección es el que sustituimos en nuestra paranoia a la percepción de un ruido casual. Naturalmente, no puedo garantizar que la enferma, para quien yo no era sino un extraño, cuya intervención le era impuesta por su abogado, fuera completamente sincera en su relato de lo acaecido en sus dos citas amorosas, pero la unicidad de la contracción del clítoris coincide con su afirmación de que no llegó a entregarse por completo a su enamorado. En la repulsa final del hombre intervino así, seguramente, a más de la «conciencia», la falta de satisfacción.

Volvamos ahora al hecho singular de que la sujeto se defienda contra el amor a un hombre por medio de la producción de un delirio paranoico. La clave de esta singularidad nos es ofrecida por la misma trayectoria evolutiva del delirio. Este se dirigía originariamente, como era de esperar, contra una mujer; pero después se *efectuó sobre el terreno mismo de la paranoia el avance desde la mujer al hombre como objeto*. Este progreso no es corriente en la paranoia, en la cual hallamos generalmente que el perseguido permanece fijado a la misma persona y, por tanto, al mismo sexo a que se refería su elección amorosa, anterior a la transformación paranoica. Pero no es imposible en la enfermedad neurótica. El caso objeto del presente trabajo ha de constituir, pues, el prototipo de otros muchos. Fuera de la paranoia existen numerosos procesos análogos que no han sido reunidos aún desde este punto de vista, y entre ellos, algunos generalmente conocidos. El neurasténico, por ejemplo, queda imposibilitado, por su adhesión inconsciente a objetos eróticos incestuosos, para elegir como objeto de su amor a una mujer ajena a los mismos, viendo así limitada su actividad sexual a los productos de su fantasía. Pero en tales productos realiza el progreso vedado, pudiendo sustituir en ellos la madre o la hermana por objetos ajenos al circuito incestuoso, y como tales objetos no tropiezan ya con la oposición de la censura, su elección se hace consciente en las fantasías.

Al lado de los fenómenos del progreso, integrado desde el nuevo terreno conquistado generalmente por regresión, vienen a situarse los esfuerzos emprendidos en algunas neurosis por reconquistar una posición en la libido, ocupada en tiempos y perdida luego. Estas dos series de fenómenos no pueden apenas separarse conceptualmente. Nos inclinamos demasiado a suponer que el conflicto existente en el fondo de la neurosis queda terminado con la producción de síntomas. En realidad continúa aún después de ella, surgiendo en ambos campos nuevos elementos instintivos que prosiguen el combate. El mismo síntoma llega a constituirse en objeto de la lucha. Tendencias que quieren afir-

marlo se miden con otras que se esfuerzan por suprimirlo y por restablecer la
situación anterior. Muchas veces se buscan medios y caminos para desvalorizar
el síntoma, intentando conquistar en otros sectores lo perdido y prohibido
por el síntoma. Estas circunstancias arrojan cierta luz sobre la teoría de C. G. Jung,
según la cual la condición fundamental de la neurosis es una singular inercia
psíquica que se resiste a la transformación y al progreso. Esta inercia es realmente
harto singular. No es de carácter general, sino especialísimo, y no impera por
sí sola en su radio de acción, sino que lucha en él con tendencias al progreso y al
restablecimiento, que no reposan tampoco después de la producción de síntomas
de la neurosis. Al investigar el punto de partida de tal inercia especial se revela
ésta como manifestación de conexiones muy tempranamente constituidas y
difícilmente solubles de algunos instintos con las impresiones del sujeto y con los
objetos en ellas dados: conexiones que detuvieron la evolución de tales instintos.
O dicho de otro modo: esta «inercia psíquica» especializada no es sino una
distinta denominación, apenas mejor de aquello que en psicoanálisis conocemos
con el nombre de «fijación».

LXXXVII

INTRODUCCION AL NARCISISMO *

1914

I

EL término *narcisismo* procede de la descripción clínica, y fue elegido en 1899 por Paul Näcke ** para designar aquellos casos en los que el individuo toma como objeto sexual su propio cuerpo y lo contempla con agrado, lo acaricia y lo besa, hasta llegar a una completa satisfacción. Llevado a este punto, el narcisismo constituye una perversión que ha acaparado toda la vida sexual del sujeto, cumpliéndose en ella todas las condiciones que nos ha revelado el estudio general de las perversiones.

La investigación psicoanalítica nos ha descubierto luego rasgos de esta conducta narcisista en personas aquejadas de otras perturbaciones; por ejemplo, según Sadger, en los homosexuales, haciéndonos, por tanto, sospechar que también en la evolución sexual regular del individuo se dan ciertas localizaciones narcisistas de la libido[1376]. Determinadas dificultades del análisis de sujetos neuróticos nos habían impuesto ya esta sospecha, pues una de las condiciones que parecían limitar eventualmente la acción psicoanalítica era precisamente tal conducta narcisista del enfermo. En este sentido, el narcisismo no sería ya una perversión, sino el complemento libidinoso del egoísmo del instinto de conservación; egoísmo que atribuimos justificadamente, en cierta medida, a todo ser vivo.

La idea de un narcisismo primario normal acabó de imponérsenos en la tentativa de aplicar las hipótesis de la teoría de la libido a la explicación de la demencia precoz (Kraepelin) o esquizofrenia (Bleuler). Estos enfermos, a los que yo he propuesto calificar de *parafrénicos*, muestran dos características principales: el delirio de grandeza y la falta de todo interés por el mundo exterior (personas y cosas). Esta última circunstancia los sustrae totalmente al influjo del psicoanálisis, que nada puede hacer así en su auxilio. Pero el apartamiento del parafrénico ante el mundo exterior presenta caracteres peculiarísimos, que será necesario determinar. También el histérico o el neurótico obsesivo pierden su relación con la realidad, y, sin embargo, el análisis nos demuestra

* *La introducción al narcisismo* apareció en el *Jahrbuch für Psychoanalyse,* con el título de *Zur Einführung der Narzissmus,* 6, 1-24, 1914. Incluida luego en la cuarta serie de *Aportaciones a la teoría de las neurosis* (primera edición, 1918; segunda, 1922), figura actualmente en el tomo VI de las *Obras completas* editadas por *Internationaler Psychoanalytischer Verlag.* La versión española original ha sido totalmente revisada.

** En nota de 1920 al trabajo *Tres ensayos para una teoría sexual,* Freud comenta que en verdad el término narcisismo habría sido usado primero por Havelock Ellis en 1898. *(Nota de J. N.)*
[1376] Otto Rank (1911).

que no han roto su relación erótica con las personas y las cosas. La conservan en su fantasía; esto es, han sustituido los objetos reales por otros imaginarios, o los han mezclado con ellos, y, por otro lado, han renunciado a realizar los actos motores necesarios para la consecución de sus fines en tales objetos. Sólo a este estado podemos denominar con propiedad 'introversión' de la libido, concepto usado indiscriminadamente por Jung. El parafrénico se conduce muy diferentemente. Parece haber retirado realmente su libido de las personas y las cosas del mundo exterior, sin haberlas sustituido por otras en su fantasía. Cuando en algún caso hallamos tal sustitución, es siempre de carácter secundario y corresponde a una tentativa de curación, que quiere volver a llevar la libido al objeto [1377].

Surge aquí la interrogación siguiente: ¿Cuál es en la esquizofrenia el destino de la libido retraída de los objetos? La megalomanía, característica de estos estados, nos indica la respuesta, pues se ha constituido seguramente a costa de la libido objetal. La libido sustraída al mundo exterior ha sido aportada al *yo*, surgiendo así un estado al que podemos dar el nombre de *narcisismo*. Pero la misma megalomanía no es algo nuevo, sino como ya sabemos, es la intensificación y concreción de un estado que ya venía existiendo, circunstancia que nos lleva a considerar el narcisismo engendrado por el arrastrar a sí catexias objetales, como un narcisismo secundario, superimpuestas a un narcisismo primario encubierto por diversas influencias.

Hago constar de nuevo que no pretendo dar aquí una explicación del problema de la esquizofrenia, ni siquiera profundizar en él, limitándome a reproducir lo ya expuesto en otros lugares, para justificar una introducción del narcisismo.

Nuestras observaciones y nuestras teorías sobre la vida anímica de los niños y de los pueblos primitivos nos han suministrado también una importante aportación a este nuevo desarrollo de la teoría de la libido. La vida anímica infantil y primitiva muestra, en efecto, ciertos rasgos que si se presentaran aislados habrían de ser atribuidos a la megalomanía: una hiperestimación del poder de sus deseos y sus actos mentales, la «omnipotencia de las ideas», una fe en la fuerza mágica de las palabras y una técnica contra el mundo exterior, la «magia», que se nos muestra como una aplicación consecuente de tales premisas megalómanas [1378]. En el niño de nuestros días, cuya evolución nos es mucho menos transparente, suponemos una actitud análoga ante el mundo exterior. Nos formamos así la idea de una carga libidinosa primitiva del *yo*, de la cual parte de ella se destina a cargar los objetos; pero que en el fondo continúa subsistente como tal viniendo a ser con respecto a las cargas de los objetos lo que el cuerpo de un protozoo con relación a los seudópodos de él destacados. Esta parte de la localización de la libido tenía que permanecer oculta a nuestra investigación inicial, al tomar ésta su punto de partida en los síntomas neuróticos. Las emanaciones de esta libido, las cargas de objeto, susceptibles de ser destacadas sobre el objeto o retraídas de él, fueron lo único que advertimos, dándonos también cuenta, en conjunto, de la existencia de una oposición entre la libido del *yo* y la libido objetal. Cuando mayor es la primera, tanto más pobre es la segunda. La libido objetal nos parece alcanzar su máximo desarrollo en el amor, el cual se nos presenta como una disolución de la propia personalidad en favor de la

---

[1377] Véase el análisis del caso Schreber, mi discusión acerca 'el fin del mundo'. [Volumen IV de esta edición castellana.]

[1378] Cf. *Totem y tabú*. [Volumen V de esta edición castellana.]

carga de objeto, y tiene su antítesis en la fantasía paranoica (o auto percepción) del
«fin del mundo» [1379]. Por último, y con respecto a la diferenciación de las energías psíquicas, concluimos que en un principio se encuentran estrechamente
unidas, sin que nuestro análisis pueda aún diferenciarla, y que sólo la carga de
objetos hace posible distinguir una energía sexual, la libido, de una energía
de los instintos del *yo.*

Antes de seguir adelante he de resolver dos interrogaciones que nos conducen
al nódulo del mismo tema. Primera: ¿Qué relación puede existir entre el narcisismo, del que ahora tratamos, y el autoerotismo, que hemos descrito como un
estado primario de la libido? * Segunda: Si atribuimos al *yo* una carga primaria
de libido, ¿para qué precisamos diferenciar una libido sexual de una energía
no sexual de los instintos del *yo?* ¿La hipótesis básica de una energía psíquica
unitaria no nos ahorraría acaso todas las dificultades que presenta la diferenciación entre energía de los instintos del *yo* y libido del *yo,* libido del *yo* y libido
objetal? Con respecto a la primera pregunta, haremos ya observar que la hipótesis
de que en el individuo no existe, desde un principio, una unidad comparable al
yo, es absolutamente necesaria. El *yo* tiene que ser desarrollado. En cambio,
los instintos autoeróticos son primordiales. Para constituir el narcisismo ha de
venir a agregarse al autoerotismo algún otro elemento, un nuevo acto psíquico.

La invitación a responder de un modo decisivo a la segunda interrogación
ha de despertar cierto disgusto en todo analista. Repugnamos, en efecto, abandonar la observación por discusiones teóricas estériles; pero, de todos modos,
no debemos sustraernos a una tentativa de explicación. Desde luego, representaciones tales como la de una libido del *yo,* una energía de los instintos del *yo,* etc., no
son ni muy claras ni muy ricas en contenido, y una teoría especulativa de estas
cuestiones tendería, ante todo, a sentar como base un concepto claramente delimitado. Pero, a mi juicio, es precisamente ésta la diferencia que separa una
teoría especulativa de una ciencia basada en la interpretación de la empiria. Esta
última no envidiará a la especulación el privilegio de un fundamento lógicamente
inatacable, sino que se contentará con ideas iniciales nebulosas, apenas aprehensibles, que esperará aclarar o podrá cambiar por otras en el curso de su desarrollo.
Tales ideas no constituyen, en efecto, el fundamento sobre el cual reposa tal
ciencia, pues la verdadera base de la misma es únicamente la observación. No
forman la base del edificio, sino su coronamiento, y pueden ser sustituidas o
suprimidas sin daño alguno.

El valor de los conceptos de libido del *yo* y libido objetal reside principalmente en que proceden de la elaboración de los caracteres íntimos de los procesos
neuróticos y psicóticos. La división de la libido es una libido propia del *yo* y
otra que inviste los objetos es la prolongación inevitable de una primera hipótesis
que dividió los instintos en instintos del *yo* e instintos sexuales. Esta primera
división me fue impuesta por el análisis de las neurosis puras de transferencia
(histeria y neurosis obsesiva), y sólo sé que todas las demás tentativas de explicar
por otros medios estos fenómenos han fracasado rotundamente.

Ante la falta de toda teoría de los instintos, cualquiera que fuese su orientación,

---

[1379]   Esta fantasía tiene por base un doble mecanismo: o el flujo de toda la carga de libido al objeto
amado o su retracción total al *yo.*

    * Strachey recuerda una cita de E. Jones en el sen-
tido que Freud ya en 1909 (reunión del 10 de noviembre
de la Sociedad Psicoanalítica de Viena) planteó que el
narcisismo era una etapa necesaria intermedia entre el
autoerotismo y el amor objetal. *(Nota de J. N.)*

es lícito, e incluso obligado, llevar consecuentemente adelante cualquier hipótesis, hasta comprobar su acierto o su error. En favor de la hipótesis de una diferenciación primitiva de instintos sexuales e instintos del *yo* testimonian diversas circunstancias, además de su utilidad en el análisis de las neurosis de transferencia. Concedemos, desde luego, que este testimonio no podría considerarse definitivo por sí sólo, pues pudiera tratarse de una energía psíquica indiferente, que sólo se convirtiera en libido en el momento de investir el objeto. Pero nuestra diferenciación corresponde, en primer lugar, a la división corriente de los instintos en dos categorías fundamentales: hambre y amor. En segundo lugar, se apoya en determinadas circunstancias biológicas. El individuo vive realmente una doble existencia, como fin en sí mismo y como eslabón de un encadenamiento al cual sirve independientemente de su voluntad, si no contra ella. Considera la sexualidad como uno de sus fines propios, mientras que, desde otro punto de vista, se advierte claramente que él mismo no es sino un agregado a su plasma germinativo, a cuyo servicio pone sus fuerzas, a cambio de una prima de placer, que no es sino el substrato mortal de una sustancia inmortal quizá. La separación establecida entre los instintos sexuales y los instintos del *yo* no haría más que reflejar esta doble función del individuo. En tercer lugar, habremos de recordar que todas nuestras ideas provisorias psicológicas habrán de ser adscritas alguna vez a substratos orgánicos, y encontraremos entonces verosímil que sean materias y procesos químicos especiales los que ejerzan la acción de la sexualidad y faciliten la continuación de la vida individual en la de la especie. Por nuestra parte, atendemos también a esta probabilidad, aunque sustituyendo las materias químicas especiales por energías psíquicas especiales.

Precisamente porque siempre procuro mantener apartado de la Psicología todo pensamiento de otro orden, incluso el biológico, he de confesar ahora que la hipótesis de separar los instintos del *yo* de los instintos sexuales, o sea la teoría de la libido, no tiene sino una mínima base psicológica y se apoya más bien en fundamento biológico. Así, pues, para no pecar de inconsciente, habré de estar dispuesto a abandonar esta hipótesis en cuanto nuestra labor psicoanalítica nos suministre otra más aceptable sobre los instintos. Pero hasta ahora no lo ha hecho. Puede ser también que la energía sexual, la libido, no sea, allá en el fondo, más que un producto diferencial de la energía general de la psique. Pero tal afirmación no tiene tampoco gran alcance. Se refiere a cosas tan lejanas de los problemas de nuestra observación y tan desconocidas, que se hace tan ocioso discutirla como utilizarla. Seguramente esta identidad primordial es de tan poca utilidad para nuestros fines analíticos como el parentesco primordial de todas las razas humanas para la prueba de parentesco exigida por la autoridad judicial para adjudicar una herencia. Estas especulaciones no nos conducen a nada positivo; pero como no podemos esperar a que otra ciencia nos procure una teoría decisiva de los instintos, siempre será conveniente comprobar si una síntesis de los fenómenos psicológicos puede arrojar alguna luz sobre aquellos enigmas biológicos fundamentales. Sin olvidar la posibilidad de errar, habremos, pues, de llevar adelante la hipótesis, primeramente elegida, de una antítesis de instintos del *yo* e instintos sexuales, tal y como nos la impuso el análisis de las neurosis de transferencia, y ver si se desarrollan sin obstáculos y puede ser aplicada también a otras afecciones; por ejemplo, a la esquizofrenia.

Otra cosa sería, naturalmente, si se demostrara que la teoría de la libido ha fracasado ya en la explicación de aquella última enfermedad. C. G. Jung lo ha afirmado así [1380], obligándome con ello a exponer prematuramente observaciones que me hubiese gustado reservar aún algún tiempo. Hubiera preferido seguir hasta su fin el camino iniciado en el análisis del caso Schreber sin haber tenido que exponer antes sus premisas. Pero la afirmación de Jung es por lo menos prematura y muy escasas las pruebas en que la apoya. En primer lugar, aduce equivocadamente mi propio testimonio, afirmando que yo mismo he declarado haberme visto obligado a ampliar el concepto de la libido ante las dificultades del análisis del caso Schreber (esto es, a abandonar su contenido sexual), haciendo coincidir la libido con el interés psíquico en general. En una acertada crítica del trabajo de Jung ha demostrado ya Ferenczi [1381] lo erróneo de esta interpretación. Por mi parte sólo he de confirmar lo dicho por Ferenczi y repetir que jamás he expresado tal renuncia a la teoría de la libido. Otro de los argumentos de Jung, el de que la pérdida de la función normal de la realidad sólo puede ser causa de la retracción de la libido, no es un argumento, sino una afirmación gratuita; *it begs the question* (escamotea el problema) y ahorra su discusión, pues lo que precisamente habría que investigar es si tal retracción es posible y en qué forma sucede. En su inmediato trabajo importante [1382] se aproxima mucho Jung a la solución indicada por mí largo tiempo antes: «De todos modos, hay que tener en cuenta —como ya lo hace Freud en el caso Schreber— que la introversión de la *libido sexual* conduce a una carga libidinosa del *yo,* la cual produce probablemente la pérdida del contacto con la realidad. La posibilidad de explicar en esta forma el apartamiento de la realidad resulta harto tentadora.» Pero contra lo que era de esperar después de esta declaración, Jung no vuelve a ocuparse grandemente de tal posibilidad, y pocas páginas después la excluye, observando que de tal condición «surgirá quizá la psicología de un anacoreta ascético, pero no una demencia precoz». La inconsistencia de este argumento queda demostrada con indicar que tal anacoreta, «empeñado en extinguir toda huella de interés sexual» (pero «sexual» sólo en el sentido vulgar de la palabra), no tendría por qué presentar siquiera una localización anormal de la libido. Puede mantener totalmente apartado de los humanos su interés sexual y haberlo sublimado, convirtiéndolo en un intenso interés hacia lo divino, lo natural o lo animal, sin haber sucumbido a una introversión de la libido sobre sus fantasías o a una vuelta de la misma al propio *yo.* A nuestro juicio, Jung olvida por completo en esta comparación la posibilidad de distinguir un interés emanado de fuentes eróticas y otro de distinta procedencia. Por último, habremos de recordar que las investigaciones de la escuela Suiza, no obstante sus merecimientos, sólo han logrado arrojar alguna luz sobre dos puntos del cuadro de la demencia precoz: sobre la existencia de los complejos comunes a los hombres sanos y a los neuróticos y sobre la analogía de sus fantasías con los mitos de los pueblos, sin que hayan podido conseguir una explicación del mecanismo de la enfermedad. Así, pues, podremos rechazar la afirmación de Jung de que la teoría de la libido ha fracasado en su tentativa de explicar la demencia precoz, quedando, por tanto, excluida su aplicación a las neurosis.

[1380] *Wlandungen und Symbole der Libido,* en *Jahrbuch für Psych. Forschungen,* 1912.
[1381] *Intern. Zeitschr. f. Psychoan.,* I, 1913.

[1382] *Versuch einer Darstellung der Psychoan. Theorie,* en *Jahrbuch,* V, 1913.

II

EL estudio directo del narcisismo tropieza aún con dificultades insuperables. El mejor acceso indirecto continúa siendo el análisis de las parafrenias. Del mismo modo que las neurosis de transferencia nos han facilitado la observación de las tendencias instintivas libidinosas, la demencia precoz y la paranoia habrán de procurarnos una retrospección de la psicología del *yo*. Habremos, pues, de deducir nuevamente de las deformaciones e intensificaciones de lo patológico lo normal, aparentemente simple. De todos modos, aún se nos abren algunos otros caminos de aproximación al conocimiento del narcisismo. Tales caminos son la observación de la enfermedad orgánica, de la hipocondría y de la vida erótica de los sexos.

Al dedicar mi atención a la influencia de la enfermedad orgánica sobre la distribución de la libido sigo un estímulo de mi colega el doctor S. Ferenczi. Todos sabemos, y lo consideramos natural, que el individuo aquejado de un dolor o un malestar orgánico cesa de interesarse por el mundo exterior, en cuanto no tiene relación con su dolencia. Una observación más detenida nos muestra que también retira de sus objetos eróticos el interés libidinoso, cesando así de amar mientras sufre. La vulgaridad de este hecho no debe impedirnos darle una expresión en los términos de la teoría de la libido. Diremos, pues, que el enfermo retrae a su *yo* sus cargas de libido para destacarlas de nuevo hacia la curación. 'Concentrándose está su alma', dice Wilhelm Busch del poeta con dolor de muelas, 'en el estrecho hoyo de su molar'. La libido y el interés del *yo* tienen aquí un destino común y vuelven a hacerse indiferenciables. Semejante conducta del enfermo nos parece naturalísima, porque estamos seguros de que también ha de ser la nuestra en igual caso. Esta desaparición de toda disposición amorosa, por intensa que sea, ante un dolor físico, y su repentina sustitución por la más completa indiferencia, han sido también muy explotadas como fuentes de comicidad.

Análogamente a la enfermedad, el sueño significa también una retracción narcisista de las posiciones de la libido a la propia persona o, más exactamente, sobre el deseo único y exclusivo de dormir. El egoísmo de los sueños tiene quizá en esto su explicación. En ambos casos vemos ejemplos de modificaciones de la distribución de la libido consecutivas a una modificación del *yo*.

La hipocondría se manifiesta, como la enfermedad orgánica, en sensaciones somáticas penosas o dolorosas, y coincide también con ella en cuanto a la distribución de la libido. El hipocondriaco retrae su interés y su libido —con especial claridad esta última— de los objetos del mundo exterior y los concentra ambos sobre el órgano que le preocupa. Entre la hipocondría y la enfermedad orgánica observamos, sin embargo, una diferencia: en la enfermedad, las sensaciones dolorosas tienen su fundamento en alteraciones comprobables, y en la hipocondría, no. Pero, de acuerdo con nuestra apreciación general de los procesos neuróticos, podemos decidirnos a afirmar que tampoco en la hipocondría deben faltar tales alteraciones orgánicas. ¿En qué consistirán, pues?

Nos dejaremos orientar aquí por la experiencia de que tampoco en las demás neurosis faltan sensaciones somáticas displacientes comparables a las hipocondriacas. Ya en otro lugar hube de manifestarme inclinado a asignar a la hipocondría un tercer lugar entre las neurosis actuales, al lado de la neurastenia y la neurosis de angustia. No nos parecía exagerado afirmar que a todas las demás neurosis se mezcla también algo de hipocondría. Donde mejor se ve esta inmixtión es en la neurosis de angustia con su superestructura de histeria. Ahora bien: en el aparato genital externo en estado de excitación tenemos el prototipo de un órgano que se manifiesta dolorosamente sensible y presenta cierta alteración, sin que se halle enfermo, en el sentido corriente de la palabra. No está enfermo y, sin embargo, aparece hinchado, congestionado, húmedo, y constituye la sede de múltiples sensaciones. Si ahora damos el nombre de «erogeneidad» a la facultad de una parte del cuerpo de enviar a la vida anímica estímulos sexualmente excitantes, y recordamos que la teoría sexual nos ha acostumbrado hace ya mucho tiempo a la idea de que ciertas otras partes del cuerpo —las zonas *erógenas*— pueden representar a los genitales y comportarse como ellos, podremos ya aventurarnos a dar un paso más y decidirnos a considerar la erogeneidad como una cualidad general de todos los órganos, pudiendo hablar entonces de la intensificación o la disminución de la misma en una determinada parte del cuerpo. Paralelamente a cada una de estas alteraciones de la erogeneidad en los órganos, podría tener efecto una alteración de la carga de libido en el *yo*. Tales serían, pues, los factores básicos de la hipocondría, susceptibles de ejercer sobre la distribución de la libido la misma influencia que la enfermedad material de los órganos.

Esta línea del pensamiento nos llevaría a adentrarnos en el problema general de las neurosis actuales, la neurastenia y la neurosis de angustia, y no sólo en el de la hipocondría. Por tanto, haremos aquí alto, pues una investigación puramente psicológica no debe adentrarse tanto en los dominios de la investigación fisiológica. Nos limitaremos a hacer constar la sospecha de que la hipocondría se halla, con respecto a la parafrenia, en la misma relación que las otras neurosis actuales con la histeria y la neurosis obsesiva, dependiendo, por tanto, de la libido del *yo,* como las otras de la libido objetal. La angustia hipocondriaca sería la contrapartida, en la libido del *yo,* de la angustia neurótica. Además, una vez familiarizados con la idea de enlazar el mecanismo de la adquisición de la enfermedad y de la producción de síntomas en las neurosis de transferencia —el paso de la introversión a la regresión—, a un estancamiento de la libido objetal [1383], podemos aproximarnos también a la de un estancamiento de la libido del *yo* y relacionarlo con los fenómenos de la hipocondría y la parafrenia.

Naturalmente nuestro deseo de saber nos planteará la interrogación de por qué tal estancamiento de la libido en el *yo* ha de ser sentido como displacentero. De momento quisiera limitarme a indicar que el displacer es la expresión de un incremento de la tensión, siendo, por tanto, una cantidad del suceder material la que aquí, como en otros lados, se transforma en la cualidad psíquica del displacer. El desarrollo de displacer no dependerá, sin embargo, de la magnitud absoluta de aquel proceso material, sino más bien de cierta función específica de esa magnitud absoluta. Desde este punto, podemos ya aproximarnos a la cuestión de por qué la vida anímica se ve forzada a traspasar las fronteras del narcisismo e investir de libido objetos exteriores. La respuesta deducida de la ruta mental que venimos siguiendo sería la de que dicha necesidad surge cuando

---

[1383]   Cf. 'Sobre los tipos de iniciación de una neurosis', 1912.

la carga libidinosa del *yo* sobrepasa cierta medida. Un intenso egoísmo protege contra la enfermedad; pero, al fin y al cabo, hemos de comenzar a amar para no enfermar y enfermamos en cuanto una frustración nos impide amar. Esto sigue en algo a los versos de Heine acerca una descripción que hace de la psicogénesis de la Creación: (dice Dios) 'La enfermedad fue sin lugar a dudas la causa final de toda la urgencia por crear. Al crear yo me puedo mejorar, creando me pongo sano'.

A nuestro aparato psíquico lo hemos reconocido como una instancia a la que le está encomendado el vencimiento de aquellas excitaciones que habrían de engendrar displacer o actuar de un modo patógeno. La elaboración psíquica desarrolla extraordinarios rendimientos en cuanto a la derivación interna de excitaciones no susceptibles de una inmediata descarga exterior o cuya descarga exterior inmediata no resulta deseable. Mas para esta elaboración interna es indiferente, en un principio, actuar sobre objetos reales o imaginarios. La diferencia surge después, cuando la orientación de la libido hacia los objetos irreales (introversión) llega a provocar un estancamiento de la libido. La megalomanía permite en las parafrenias una análoga elaboración interna de la libido retraída al *yo*, y quizá sólo cuando esta elaboración fracasa es cuando se hace patógeno el estancamiento de la libido en el *yo* y provoca el proceso de curación que se nos impone como enfermedad.

Intentaré penetrar ahora algunos pasos en el mecanismo de la parafrenia, reuniendo aquellas observaciones que me parecen alcanzar ya alguna importancia. La diferencia entre estas afecciones y las neurosis de transferencia reside, para mí, en la circunstancia de que la libido, libertada por la frustración, no permanece ligada a objetos en la fantasía, sino que se retrae al *yo*. La megalomanía corresponde entonces al dominio psíquico de esta libido aumentada y es la contraparte a la introversión sobre las fantasías en las neurosis de transferencia. Correlativamente, al fracaso de esta función psíquica correspondería la hipocondría de la parafrenia, homóloga a la angustia de las neurosis de transferencia. Sabemos ya que esta angustia puede ser vencida por una prosecución de la elaboración psíquica, o sea: por conversión, por formaciones reactivas o por la constitución de un dispositivo protector (fobias). Esta es la posición que toma en las parafrenias la tentativa de restitución, proceso al que debemos los fenómenos patológicos manifiestos. Como la parafrenia trae consigo muchas veces —tal vez la mayoría— un desligamiento sólo parcial de la libido de sus objetos, podrían distinguirse en su cuadro tres grupos de fenómenos: 1.º Los que quedan en un estado de normalidad o de neurosis (fenómenos residuales); 2.º Los del proceso patológico (el desligamiento de la libido de sus objetos, la megalomanía, la perturbación afectiva, la hipocondría y todo tipo de regresión), y 3.º Los de la restitución, que ligan nuevamente la libido a los objetos, bien a la manera de una histeria (demencia precoz o parafrenia propiamente dicha), bien a la de una neurosis obsesiva (paranoia). Esta nueva carga de libido sucede desde un nivel diferente y bajo distintas condiciones que la primaria. La diferencia entre las neurosis de transferencia en ella creadas y los productos correspondientes del *yo* normal habrían de facilitarnos una profunda visión de la estructura de nuestro aparato anímico.

La vida erótica humana, con sus diversas variantes en el hombre y en la mujer, constituye el tercer acceso al estudio del narcisismo. Del mismo modo que la libido del objeto encubrió al principio a nuestra observación la libido del *yo,* tampoco hasta llegar a la elección del objeto del lactante (y del niño mayor), hemos advertido que el mismo toma sus objetos sexuales de sus experiencias de satisfacción. Las primeras satisfacciones sexuales autoeróticas son vividas en relación con funciones vitales destinadas a la conservación. Los instintos sexuales se apoyan al principio en la satisfacción de los instintos del *yo,* y sólo ulteriormente se hacen independientes de estos últimos. Pero esta relación se muestra también en el hecho de que las personas a las que ha estado encomendada la alimentación, el cuidado y la protección del niño son sus primeros objetos sexuales, o sea, en primer lugar, la madre o sus subrogados. Junto a este tipo de la elección de objeto, al que podemos dar el nombre de tipo de apoyo (o anaclítico *) *(Anlehnungstypus),* la investigación psicoanalítica nos ha descubierto un segundo tipo que ni siquiera sospechábamos. Hemos comprobado que muchas personas, y especialmente aquellas en las cuales el desarrollo de la libido ha sufrido alguna perturbación (por ejemplo, los perversos y los homosexuales), no eligen su ulterior objeto erótico conforme a la imagen de la madre, sino conforme a la de su propia persona. Demuestran buscarse a sí mismos como objeto erótico, realizando así su elección de objeto conforme a un tipo que podemos llamar 'narcisista'. En esta observación ha de verse el motivo principal que nos ha movido a adoptar la hipótesis del narcisismo.

Pero de este descubrimiento no hemos concluido que los hombres se dividan en dos grupos, según realicen su elección de objeto conforme al tipo de apoyo o al tipo narcisista, sino que hemos preferido suponer que el individuo encuentra abiertos ante sí dos caminos distintos para la elección de objeto, pudiendo preferir uno de los dos. Decimos, por tanto, que el individuo tiene dos objetos sexuales primitivos: él mismo y la mujer nutriz, y presuponemos así el narcisismo primario de todo ser humano, que eventualmente se manifestará luego, de manera destacada en su elección de objeto.

El estudio de la elección de objeto en el hombre y en la mujer nos descubre diferencias fundamentales, aunque, naturalmente, no regulares. El amor completo al objeto, conforme al tipo de apoyo, es característico del hombre. Muestra aquella singular hiperestimación sexual, cuyo origen está, quizá, en el narcisismo primitivo del niño, y que corresponde, por tanto, a una transferencia del mismo sobre el objeto sexual. Esta hiperestimación sexual permite la génesis del estado de enamoramiento, tan peculiar y que tanto recuerda la compulsión neurótica; estado que podremos referir, en consecuencia, a un empobrecimiento de la libido del *yo* en favor del objeto. La evolución muestra muy distinto curso en el tipo de mujer más corriente y probablemente más puro y auténtico. En este tipo de mujer parece surgir, con la pubertad y por el desarrollo de los órganos sexuales femeninos, latentes hasta entonces, una intensificación del narcisismo primitivo, que resulta desfavorable a la estructuración de un amor objetal regular y acompañado de hiperestimación sexual. Sobre todo en las mujeres bellas nace una complacencia de la sujeto por sí misma que la compensa de las restricciones impuestas por la sociedad a su elección de objeto. Tales mujeres sólo se aman, en realidad, a sí mismas y con la misma intensidad con que el hombre las ama. No necesitan amar, sino ser amadas, y aceptan al hombre que llena esta condición. La importancia de este tipo de mujeres para la vida erótica de los hombres es muy

---

* 'Anaclítico' en la traducción inglesa. 'Apoyo' se refiere a los instintos sexuales que se apoyan en los instintos del *yo. (Nota de J. N.)*

elevada, pues ejercen máximo atractivo sobre ellos, y no sólo por motivos estéticos, pues por lo general son las más bellas, sino también a consecuencia de interesantísimas constelaciones psicológicas. Resulta, en efecto, fácilmente visible que el narcisismo de una persona ejerce gran atractivo sobre aquellas otras que han renunciado plenamente al suyo y se encuentran pretendiendo el amor del objeto. El atractivo de los niños reposa en gran parte en su narcisismo, en su actitud de satisfacerse a sí mismos y de su inaccesibilidad, lo mismo que el de ciertos animales que parecen no ocuparse de nosotros en absoluto, por ejemplo, los gatos y las grandes fieras. Análogamente, en la literatura, el tipo de criminal célebre y el del humorista acaparan nuestro interés por la persistencia narcisista con la que saben mantener apartado de su *yo* todo lo que pudiera empequeñecerlo. Es como si los envidiásemos por saber conservar un dichoso estado psíquico, una inatacable posesión de la libido, a la cual hubiésemos tenido que renunciar por nuestra parte. Pero el extraordinario atractivo de la mujer narcisista tiene también su reverso; gran parte de la insatisfacción del hombre enamorado, sus dudas sobre el amor de la mujer y sus lamentaciones sobre los enigmas de su carácter tienen sus raíces en esa incongruencia de los tipos de elección de objeto.

Quizá no sea inútil asegurar que esta descripción de la vida erótica femenina no implica tendencia ninguna a disminuir a la mujer. Aparte de que acostumbro mantenerme rigurosamente alejado de toda opinión tendenciosa, sé muy bien que estas variantes corresponden a la diferenciación de funciones en un todo biológico extraordinariamente complicado. Pero, además, estoy dispuesto a reconocer que existen muchas mujeres que aman conforme al tipo masculino y desarrollan también la hiperestimación sexual correspondiente.

También para las mujeres narcisistas y que han permanecido frías para con el hombre existe un camino que las lleva al amor objetal con toda su plenitud. En el hijo al que dan la vida se les presenta una parte de su propio cuerpo como un objeto exterior, al que pueden consagrar un pleno amor objetal, sin abandonar por ello su narcisismo. Por último, hay todavía otras mujeres que no necesitan esperar a tener un hijo para pasar del narcisismo (secundario) al amor objetal. Se han sentido masculinas antes de la pubertad y han seguido, en su desarrollo, una parte de la trayectoria masculina, y cuando esta aspiración a la masculinidad queda rota por la madurez femenina, conservan la facultad de aspirar a un ideal masculino, que en realidad, no es más que la continuación de la criatura masculina que ellas mismas fueron.

Cerraremos estas observaciones con una breve revisión de los caminos de la elección de objeto. Se ama:

1.º   Conforme al tipo narcisista:
    a)   Lo que uno es (a sí mismo).
    b)   Lo que uno fue.
    c)   Lo que uno quisiera ser.
    d)   A la persona que fue una parte de uno mismo.

2.º   Conforme al tipo de apoyo (o anaclítico):
    a)   A la mujer nutriz.
    b)   Al hombre protector.

Y a las personas sustitutivas que de cada una de estas dos parten en largas series.

El caso *c)* del primer tipo habrá de ser aún justificado con observaciones ulteriores.

En otro lugar y en una relación diferente habremos de estudiar también la significación de la elección de objeto narcisista para la homosexualidad masculina.

El narcisismo primario del niño por nosotros supuesto, que contiene una de las premisas de nuestras teorías de la libido, es más difícil de aprehender por medio de la observación directa que de comprobar por deducción desde otros puntos. Considerando la actitud de los padres cariñosos con respecto a sus hijos, hemos de ver en ella una reviviscencia y una reproducción del propio narcisismo, abandonado mucho tiempo ha. La hiperestimación, que ya hemos estudiado como estigma narcisista en la elección de objeto, domina, como es sabido, esta relación afectiva. Se atribuyen al niño todas las perfecciones, cosa para la cual no hallaría quizá motivo alguno una observación más serena, y se niegan o se olvidan todos sus defectos. (Incidentemente se relaciona con esto la repulsa de la sexualidad infantil.) Pero existe también la tendencia a suspender para el niño todas las conquistas culturales, cuyo reconocimiento hemos tenido que imponer a nuestro narcisismo, y a renovar para él privilegios renunciados hace mucho tiempo. La vida ha de ser más fácil para el niño que para sus padres. No debe estar sujeto a las necesidades reconocidas por ellos como supremas de la vida.

La enfermedad, la muerte, la renuncia al placer y la limitación de la propia voluntad han de desaparecer para él, y las leyes de la naturaleza, así como las de la sociedad, deberán detenerse ante su persona. Habrá de ser de nuevo el centro y el nódulo de la creación: *His Majesty the Baby,* como un día lo estimamos ser nosotros. Deberá realizar los deseos incumplidos de sus progenitores y llegar a ser un grande hombre o un héroe en lugar de su padre, o, si es hembra, a casarse con un príncipe, para tardía compensación de su madre. El punto más espinoso del sistema narcisista, la inmortalidad del *yo,* tan duramente negada por la realidad, conquista su afirmación refugiándose en el niño. El amor parental, tan conmovedor y tan infantil en el fondo, no es más que una resurrección del narcisismo de los padres, que revela evidentemente su antigua naturaleza en esta su transformación en amor objetal.

III

L AS perturbaciones a las que está expuesto el narcisismo primitivo del niño, las reacciones con las cuales se defiende de ellas el infantil sujeto y los caminos por los que de este modo es impulsado, constituyen un tema importantísimo, aún no examinado, y que habremos de reservar para un estudio detenido y completo. Por ahora podemos desglosar de este conjunto uno de sus elementos más importantes, el «complejo de la castración» (miedo a la pérdida del pene en el niño y envidia del pene en la niña), y examinarlo en relación con la temprana intimidación sexual. La investigación psicoanalítica que nos permite, en general, perseguir los destinos de los instintos libidinosos cuando éstos, aislados de los instintos del *yo,* se encuentran en oposición a ellos, nos facilita en este sector ciertas deducciones sobre una época y una situación psíquica en las cuales ambas clases de instintos actúan en un mismo sentido e inseparablemente mezclados como intereses narcisistas. De esta totalidad ha extraído A. Adler su «protesta masculina», en la cual ve casi la única energía impulsora de la génesis del carácter y de las neurosis, pero que no la funda en una tendencia narcisista, y, por tanto, aún libidinosa, sino en una valoración social.

La investigación psicoanalítica ha reconocido la existencia y la significación de la «protesta masculina» desde un principio, pero sostiene, contra Adler, su naturaleza narcisista y su procedencia del complejo de castración. Constituye uno de los factores de la génesis del carácter y es totalmente inadecuada para la explicación de los problemas de las neurosis, en las cuales no quiere ver Adler más que la forma en la que sirven a los instintos del *yo*. Para mí resulta completamente imposible fundar la génesis de la neurosis sobre la estrecha base del complejo de castración, por muy poderosamente que el mismo se manifieste también en los hombres bajo la acción de las resistencias opuestas a la curación. Por úitimo, conozco casos de neurosis en los cuales la «protesta masculina» o, en nuestro sentido el complejo de castración, no desempeña papel patógeno alguno o no aparece en absoluto.

La observación del adulto normal nos muestra muy mitigada su antigua megalomanía y muy desvanecidos los caracteres infantiles de los cuales dedujimos su narcisismo infantil. ¿Qué ha sido de la libido del *yo*? ¿Habremos de suponer que todo su caudal se ha gastado en cargas de objeto? Esta posibilidad contradice todas nuestras deducciones. La psicología de la represión nos indica una solución distinta.

Hemos descubierto que las tendencias instintivas libidinosas sucumben a una represión patógena cuando entran en conflicto con las representaciones éticas y culturales del individuo. No queremos en ningún caso significar que el sujeto tenga un mero conocimiento intelectual de la existencia de tales ideas sino que reconoce en ellas una norma y se somete a sus exigencias. Hemos dicho que la represión parte del *yo,* pero aún podemos precisar más diciendo que parte de la propia autoestimación del *yo*. Aquellos mismos impulsos, sucesos, deseos e impresiones que un individuo determinado tolera en sí o, por lo menos, elabora conscientemente, son rechazados por otros con indignación o incluso ahogados antes que puedan llegar a la conciencia. Pero la diferencia que contiene la condición de la expresión puede ser fácilmente expresada en términos que faciliten su consideración desde el punto de vista de la teoría de la libido. Podemos decir que uno de estos sujetos ha construido en sí un ideal, con el cual compara su *yo* actual, mientras que el otro carece de semejante ideal. La formación de un ideal sería, por parte del *yo*, la condición de la represión.

A este *yo* ideal se consagra el amor ególatra de que en la niñez era objeto el *yo* verdadero. El narcisismo aparece desplazado sobre este nuevo *yo* ideal, adornado, como el infantil, con todas las perfecciones. Como siempre en el terreno de la libido, el hombre se demuestra aquí, una vez más, incapaz de renunciar a una satisfacción ya gozada alguna vez. No quiere renunciar a la perfección de su niñez, y ya que no pudo mantenerla ante las enseñanzas recibidas durante su desarrollo y ante el despertar de su propio juicio, intenta conquistarla de nuevo bajo la forma del *yo* ideal. Aquello que proyecta ante sí como su ideal es la sustitución del perdido narcisismo de su niñez, en el cual era él mismo su propio ideal.

Examinemos ahora las relaciones de esta formación de un ideal con la sublimación. La sublimación es un proceso que se relaciona con la libido objetal y consiste en que el instinto se orienta sobre un fin diferente y muy alejado de la satisfacción sexual. Lo más importante de él es el apartamiento de lo sexual. La idealización es un proceso que tiene efecto en el objeto, engrandeciéndolo y elevándolo psíquicamente, sin transformar su naturaleza. La idealización puede producirse tanto en el terreno de la libido del *yo* como en el de la libido objetai. Así, la hiperestimación sexual del objeto es una idealización del mismo. Por consiguiente, en cuanto la sublimación describe algo que sucede con el instinto y la idealización algo que sucede con el objeto, se trata entonces de dos conceptos totalmente diferentes.

La formación de un *yo* ideal es confundida erróneamente, a veces, con la sublimación de los instintos. El que un individuo haya trocado su narcisismo por la veneración de un *yo* ideal no implica que haya conseguido la sublimación de sus instintos libidinosos. El *yo* ideal exige esta sublimación, pero no puede imponerla. La sublimación continúa siendo un proceso distinto, cuyo estímulo puede partir del ideal, pero cuya ejecución permanece totalmente independiente de tal estímulo. Precisamente en los neuróticos hallamos máximas diferencias de potencial entre el desarrollo del *yo* ideal y el grado de sublimación de sus primitivos instintos libidinosos, y, en general, resulta más difícil convencer a un idealista de la inadecuada localización de su libido que a un hombre sencillo y mesurado en sus aspiraciones. La relación existente entre la formación de un *yo* ideal y la causación de la neurosis es también muy distinta de la correspondiente a la sublimación. La producción de un ideal eleva, como ya hemos dicho, las exigencias del *yo* y favorece más que nada la represión. En cambio, la sublimación representa un medio de cumplir tales exigencias sin recurrir a la represión.

No sería de extrañar que encontrásemos una instancia psíquica especial encargada de velar por la satisfacción narcisista en el *yo* ideal y que, en cumplimiento de su función, vigile de continuo el *yo* actual y lo compare con el ideal. Si tal instancia existe *, no nos sorprenderá nada descubrirla, pues reconoceremos en el acto en ella aquello a lo que damos el nombre de *conciencia (moral)*. El reconocimiento de esta instancia nos facilita la comprensión del llamado delirio de autorreferencia o, más exactamente, de ser observado, tan manifiesto en la sintomatología de las enfermedades paranoicas y que quizá puede presentarse también como perturbación aislada o incluida en una neurosis de transferencia. Los enfermos se lamentan entonces de que todos sus pensamientos son descubiertos por los demás y observados y espiados sus actos todos. De la actuación de esta instancia les informan voces misteriosas, que les hablan característicamente en tercera persona. («Ahora vuelve él a pensar en ello; ahora se va.») Esta queja de los enfermos está perfectamente justificada y corresponde a la verdad. En todos nosotros, y dentro de la vida normal, existe realmente tal poder, que observa, advierte y critica todas nuestras intenciones. El delirio de ser observado representa a este poder en forma regresiva, descubriendo con ello su génesis y el motivo por el que el enfermo se rebela contra él.

El estímulo para la formación del *yo* ideal, cuya vigilancia está encomendada a la conciencia, tuvo su punto de partida en la influencia crítica ejercida, de viva

---

* De esta instancia psíquica unificada al ideal del *yo* concibió Freud posteriormente el Super Yo (1921), 1923). *(Nota de J. N.)*

voz, por los padres, a los cuales se agrega luego los educadores, los profesores y, por último, toda la multitud innumerable de las personas del medio social correspondiente (los compañeros, la opinión pública).

De este modo son atraídas a la formación del *yo* ideal narcisista grandes magnitudes de libido esencialmente homosexual y encuentran en la conservación del mismo una derivación y una satisfacción. La institución de la conciencia moral fue primero una encarnación de la crítica parental y luego de la crítica de la sociedad, un proceso como el que se repite en la génesis de una tendencia a la represión, provocada por una prohibición o un obstáculo exterior. Las voces, así como la multitud indeterminada, reaparecen luego en la enfermedad, y con ello, la historia evolutiva de las conciencias regresivamente reproducidas. La rebeldía contra la instancia censora proviene ajena al deseo del sujeto (correlativamente al carácter fundamental de la enfermedad) de desligarse de todas estas influencias, comenzando por la parental, y ajena al retiro de ellas de la libido homosexual. Su conciencia se le opone entonces en una manera regresiva, como una acción hostil orientada hacia él desde el exterior.

Las lamentaciones de los paranoicos demuestran también que la autocrítica de la conciencia coincide, en último término, con la autoobservación en la cual se basa. La misma actividad psíquica que ha tomado a su cargo la función de la conciencia se ha puesto también, por tanto, al servicio de la introspección, que suministra a la filosofía material para sus operaciones mentales. Esta circunstancia no es quizá indiferente en cuanto a la determinación del estímulo de la formación de sistemas especulativos que caracteriza a la paranoia [1384].

Será muy importante hallar también en otros sectores indicios de la actividad de esta instancia crítica observadora, elevada a la categoría de conciencia y de introspección filosófica. Recordaré, pues, aquello que H. Silberer ha descrito con el nombre de «fenómeno funcional» y que constituye uno de los escasos complementos de valor indiscutible aportados hasta hoy a nuestra teoría de los sueños. Silberer ha mostrado que, en estados intermedios entre la vigilia y el sueño, podemos observar directamente la transformación de ideas en imágenes visuales; pero que, en tales circunstancias, lo que surge ante nosotros no es, muchas veces, un contenido del pensamiento, sino del estado en el que se encuentra la persona que lucha con el sueño. Asimismo ha demostrado que algunas conclusiones de los sueños y ciertos detalles de los mismos corresponden exclusivamente a la autopercepción del estado de reposo o del despertar. Ha descubierto, pues, la participación de la autopercepción —en el sentido del delirio de observación paranoica— en la producción onírica. Esta participación es muy inconstante. Para mí hubo de pasar inadvertida, porque no desempeña papel alguno reconocido en mis sueños. En cambio, en personas de dotes filosóficas y habituadas a la introspección, se hace quizá muy perceptible.

Recordaremos haber hallado que la producción onírica nace bajo el dominio de una censura que impone a las ideas latentes del sueño una deformación. Pero no hubimos de representarnos esta censura como un poder especial, sino que denominamos así aquella parte de las tendencias represoras dominantes en el *yo* que aparecía orientada hacia las ideas del sueño. Penetrando más en la estructura del *yo*, podemos reconocer también en el *yo* ideal y en las manifesta-

---

[1384] Quisiera agregar a esto, solamente a manera de sugerencia, que el desarrollo y fortalecimiento de esta instancia observadora pudiera contener dentro de sí la génesis ulterior de la memoria (subjetiva) y del factor temporalidad, el último de los cuales no tiene empleo en los procesos inconscientes.

ciones dinámicas de la conciencia moral este censor del sueño. Si suponemos que durante el reposo mantiene aún alguna atención, comprenderemos que la premisa de su actividad, la autoobservación y la autocrítica, puedan suministrar una aportación al contenido del sueño, con advertencias tales como «ahora tiene demasiado sueño para pensar» o «ahora despierta»[1385].

Partiendo de aquí podemos intentar un estudio de la autoestimación en el individuo normal y en el neurótico.

En primer lugar, la autoestimación nos parece ser una expresión de la magnitud del *yo*, no siendo el caso conocer cuáles son los diversos elementos que van a determinar dicha magnitud. Todo lo que una persona posee o logra, cada residuo del sentimiento de la primitiva omnipotencia confirmado por su experiencia, ayuda a incrementar su autoestimación.

Al introducir nuestra diferenciación de instintos sexuales e instintos del *yo*, tenemos que reconocer en la autoestimación una íntima relación con la libido narcisista. Nos apoyamos para ello en dos hechos fundamentales: el de que la autoestimación aparece intensificada en las parafrenias y debilitada en las neurosis de transferencia, y el de que en la vida erótica el no ser amado disminuye la autoestimación, y el serlo, la incrementa. Ya hemos indicado que el ser amado constituye el fin y la satisfacción en la elección narcisista de objeto.

No es difícil, además, observar que la carga de libido de los objetos no intensifica la autoestimación. La dependencia al objeto amado es causa de disminución de este sentimiento: el enamorado es humilde. El que ama pierde, por decirlo así, una parte de su narcisismo, y sólo puede compensarla siendo amado. En todas estas relaciones parece permanecer enlazada la autoestimación con la participación narcisista en el amor.

La percepción de la impotencia, de la imposibilidad de amar, a causa de perturbaciones físicas o anímicas, disminuye extraordinariamente la autoestimación. A mi juicio, es ésta una de las causas del sentimiento de inferioridad del sujeto en las neurosis de transferencia. Pero la fuente principal de este sentimiento es el empobrecimiento del *yo,* resultante de las grandes cargas de libido que le son sustraídas, o sea el daño del *yo* por las tendencias sexuales no sometidas ya a control ninguno.

A. Adler ha indicado acertadamente que la percepción por un sujeto de vida psíquica activa de algunos defectos orgánicos, actúa como un estímulo capaz de rendimientos, y provoca, por el camino de la hipercompensación, un rendimiento más intenso. Pero sería muy exagerado querer referir todo buen rendimiento a esta condición de una inferioridad orgánica primitiva. No todos los pintores padecen algún defecto de la visión, ni todos los buenos oradores han comenzado por ser tartamudos. Existen también muchos rendimientos extraordinarios basados en dotes orgánicas excelentes. En la etiología de las neurosis, la inferioridad orgánica y un desarrollo imperfecto desempeña un papel insignificante, el mismo que el material de la percepción corriente actual en cuanto a la producción onírica. La neurosis se sirve de ella como de un pretexto, lo mismo que de todos los demás factores que pueden servirle para ello. Si una paciente nos hace creer que ha tenido que enfermar de neurosis porque es fea, contrahecha y sin ningún atractivo, siendo así imposible que nadie la ame, no tardará otra en

---

[1385] No puedo precisar aquí si la diferenciación de la instancia, censora del resto del *yo* es suficiente base para la distinción filosófica entre conciencia y auto-conciencia.

hacernos cambiar de opinión mostrándonos que permanece tenazmente refugiada en su neurosis y en su repulsa sexual, no obstante ser extraordinariamente deseable y deseada. Las mujeres histéricas suelen ser, en su mayoría, muy atractivas o incluso bellas, y, por otro lado, la acumulación de fealdad y defectos orgánicos en las clases inferiores de nuestra sociedad no contribuye perceptiblemente a aumentar la incidencia de las enfermedades neuróticas en este medio.

Las relaciones de la autoestimación con el erotismo (con las cargas libidinosas de objeto) pueden encerrarse en las siguientes fórmulas. Deben distinguirse dos casos, según que las cargas de libido sean ego-sintónicas o hayan sufrido, por lo contrario, una represión. En el primer caso (dado un empleo de la libido aceptado por el *yo*), el amor es estimado como otra cualquier actividad del *yo*. El amor en sí, como anhelo y como privación, disminuye la autoestimación, mientras que ser amado o correspondido, habiendo vuelto el amor a sí mismo, la posesión del objeto amado, la intensifica de nuevo. Dada una represión de la libido, la carga libidinosa es sentida como un grave vaciamiento del *yo*, la satisfacción del amor se hace imposible, y el nuevo enriquecimiento del *yo* sólo puede tener efecto retrayendo de los objetos la libido que los investía.

La vuelta de la libido objetal al *yo* y su transformación en narcisismo representa como si fuera de nuevo un amor dichoso, y por otro lado, es también efectivo que un amor dichoso real corresponde a la condición primaria donde la libido objetal y la libido del *yo* no pueden diferenciarse.

La importancia del tema y la imposibilidad de lograr de él una visión de conjunto justificarán la agregación de algunas otras observaciones, sin orden determinado.

La evolución del *yo* consiste en un alejamiento del narcisismo primario y crea una intensa tendencia a conquistarlo de nuevo. Este alejamiento sucede por medio del desplazamiento de la libido sobre un *yo* ideal impuesto desde el exterior, y la satisfacción es proporcionada por el cumplimiento de este ideal.

Simultáneamente ha destacado el *yo* las cargas libidinosas de objeto. Se ha empobrecido en favor de estas cargas, así como del *yo* ideal, y se enriquece de nuevo por las satisfacciones logradas en los objetos y por el cumplimiento del ideal.

Una parte de la autoestima es primaria: el residuo del narcisismo infantil; otra procede de la omnipotencia confirmada por la experiencia (del cumplimiento del ideal); y una tercera, de la satisfacción de la libido objetal.

El *yo* ideal ha conseguido la satisfacción de la libido en los objetos bajo condiciones muy difíciles, renunciando a una parte de la misma, considerada rechazable por su censor. En aquellos casos en los que no ha llegado a desarrollarse tal ideal, la tendencia sexual de que se trate entra a formar parte de la personalidad del sujeto en forma de perversión. El ser humano cifra su felicidad en volver a ser su propio ideal una vez más como lo era en su infancia, tanto con respecto a sus tendencias sexuales como a otras tendencias.

El enamoramiento consiste en una afluencia de la libido del *yo* al objeto. Tiene el poder de levantar represiones y volver a instituir perversiones. Exalta el objeto sexual a la categoría de ideal sexual. Dado que tiene afecto, según el tipo de elección de objeto por apoyo, y sobre la base de la realización de condiciones eróticas infantiles, podemos decir todo lo que cumple estas condiciones eróticas es idealizado.

El ideal sexual puede entrar en una interesante relación auxiliar con el *yo* ideal. Cuando la satisfacción narcisista tropieza con obstáculos reales, puede ser utilizado el ideal sexual como satisfacción sustitutiva. Se ama entonces, conforme al tipo de la elección de objeto narcisista. Se ama a aquello que hemos sido y hemos dejado de ser o aquello que posee perfecciones de que carecemos. La fórmula correspondiente sería: es amado aquello que posee la perfección que le falta al *yo* para llegar al ideal. Este caso complementario entraña una importancia especial para el neurótico, en el cual ha quedado empobrecido el *yo* por las excesivas cargas de objeto e incapacitado para alcanzar su ideal. El sujeto intentará entonces retornar al narcisismo, eligiendo, conforme al tipo narcisista, un ideal sexual que posea las perfecciones que él no puede alcanzar. Esta sería la curación por el amor, que el sujeto prefiere, en general, a la analítica. Llegará incluso a no creer en la posibilidad de otro medio de curación e iniciará el tratamiento con la esperanza de lograrlo en ella, orientando tal esperanza sobre la persona del médico. Pero a este plan curativo se opone, naturalmente, la incapacidad de amar del enfermo, provocada por sus extensas represiones. Cuando el tratamiento llega a desvanecer un tanto esta incapacidad surge a veces un desenlace indeseable; el enfermo se sustrae a la continuación del análisis para realizar una elección amorosa y encomendar y confiar a la vida en común con la persona amada el resto de la curación. Este desenlace podría parecernos satisfactorio si no trajese consigo, para el sujeto, una invalidante dependencia de la persona que le ha prestado su amoroso auxilio.

Del ideal del *yo* parte un importante cambio para la comprensión de la psicología colectiva. Este ideal tiene, además de su parte individual, su parte social: es también el ideal común de una familia, de una clase o de una nación. Además de la libido narcisista, atrae a sí gran magnitud de la libido homosexual, que ha retornado al *yo*. La insatisfacción provocada por el incumplimiento de este ideal deja eventualmente en libertad un acopio de la libido homosexual, que se convierte en conciencia de la culpa (angustia social). Este sentimiento de culpabilidad fue, originariamente, miedo al castigo de los padres o, más exactamente, a perder el amor de los mismos. Más tarde, los padres quedan sustituidos por un indefinido número de compañeros. La frecuente causación de la paranoia por una mortificación del *yo;* esto es, por la frustración de satisfacción en el campo del ideal de *yo*, se nos hace así comprensible, e igualmente la coincidencia de la idealización y la sublimación en el ideal del *yo* como la involución de las sublimaciones y la eventual transformación de los ideales en trastornos parafrénicos.

SOBRE LAS TRANSMUTACIONES DE LOS INSTINTOS Y ESPECIALMENTE DEL EROTISMO ANAL *

1915 [1917]

FUNDADO en mis observaciones psicoanalíticas, expuse hace años la sospecha de que la coincidencia de tres condiciones de carácter —*el orden, la tacañería* y *la obstinación*— en un mismo individuo indicaba una acentuación de los componentes erótico-anales, agotada luego al avanzar la evolución sexual en la constitución de tales reacciones predominantes del *yo* [1386].

Me interesaba entonces, ante todo, dar a conocer una relación comprobada en múltiples análisis y no me ocupé gran cosa de su desarrollo teórico. De entonces acá he comprobado casi generalmente mi opinión de que todas y cada una de las tres condiciones citadas, la avaricia, la minuciosidad y la obstinación, nacen de estas fuentes o, dicho de un modo más prudente y exacto, reciben de ellas importantísimas aportaciones. Aquellos casos a los cuales imponía la coincidencia de los tres rasgos mencionados un sello especial (carácter anal) eran sólo casos extremos, en los cuales la relación que venimos estudiando se revela incluso a la observación menos penetrante.

Algunos años después, guiado por la imperiosa coerción de una experiencia psicoanalítica que se imponía a toda duda, deduje, de la amplia serie de impresiones acumuladas, que en la evolución de la libido anterior a la fase de la primacía genital habíamos de suponer la existencia de una «organización pregenital», en la que el sadismo y el erotismo anal desempeñan los papeles directivos [1387].

La interrogación sobre los destinos ulteriores de los instintos eróticos anales se nos planteaba ya aquí de un modo ineludible. ¿Qué suerte corrían, una vez despojados de su significación en la vida sexual, para la constitución de la organización genital definitiva? ¿Continuaban existiendo sin modificación alguna, pero en estado de represión? ¿Sucumbían a la sublimación o se asimilaban transformándose en rasgos de carácter? ¿O eran acogidos en la nueva estructura de la sexualidad determinada por la primacía genital? O, mejor, no siendo probable uno solo de estos destinos el único abierto al erotismo anal, ¿en qué forma y medida participan estas diversas posibilidades en la suerte del erotismo anal?, cuyas fuentes orgánicas por supuesto que no quedaron sepultadas por la constitución de la organización genital.

Parecía que no habríamos de carecer de material para dar respuesta a estas interrogaciones, puesto que los procesos de evolución y transformación correspondientes tenían que haberse desarrollado en todas las personas objeto de la investigación psicoanalítica. Pero este material es tan poco transparente y la multiplicidad de sus aspectos produce tal confusión, que aun hoy en día me es imposible ofrecer una solución completa del problema, pudiendo sólo aportar algunos elementos para la misma. Al hacerlo así no habré de eludir las ocasiones que buenamente se me ofrezcan de mencionar otras transmutaciones de ins-

---

* *Über triebunsetzungen, Insbesondere der Analerotik*, en alemán el original, en *Int. Z. Psychoanal.*, 4 (3), 125-130, 1917. (Escrito probablemente en 1915 y no publicado en ese entonces por las condiciones bé-

licas. La versión española original ha sido totalmente revisada. *Nota de J. N.*)
[1386] *El carácter y el erotismo anal*, 1908.
[1387] 'La disposición a la neurosis obsesiva', 1913.

tintos ajenos al erotismo anal. Por último, haremos constar, aunque casi nos parece innecesario, que los procesos evolutivos que pasamos a describir han sido deducidos —como siempre, en el psicoanálisis— de las regresiones a ellos impuestas por los procesos neuróticos.

Como punto de partida, podemos elegir la impresión general de que los conceptos de *excremento, dinero, regalo, niño* y *pene* no son exactamente discriminados y sí fácilmente confundidos en los productos de lo inconsciente. Al expresarnos así sabemos, desde luego, que transferimos indebidamente a lo inconsciente términos aplicados a otros sectores de la vida anímica, dejándonos seducir por las comodidades que las comparaciones nos procuran. Repetiremos, pues, en términos más libres de objeción, que tales elementos son frecuentemente tratados en lo inconsciente como equivalentes o intercambiables.

La relación entre «niño» y «pene» es la más fácil de observar. No puede ser indiferente que ambos conceptos puedan ser sustituidos en el lenguaje simbólico del sueño y en el de la vida cotidiana por un símbolo común. El niño es, como el pene, «el pequeño» *(das Kleine)*. Sabido es que el lenguaje simbólico se sobrepone muchas veces a la diferencia de sexos. El «pequeño», que originariamente se refería al miembro viril, ha podido, pues, pasar secundariamente a designar los genitales femeninos.

Si investigamos hasta una profundidad suficiente la neurosis de una mujer, tropezamos frecuentemente con el deseo reprimido de poseer, como el hombre, un pene. A este deseo lo denominamos 'envidia del pene' y se le incluye en el complejo de castración. Un fracaso accidental de su vida, consecuencia muchas veces de esta misma disposición masculina, ha vuelto a activar este deseo infantil, y lo ha convertido por medio de un flujo retrógrado de la libido, en sustentáculo principal de los síntomas neuróticos. En otras mujeres no llegamos a descubrir huella alguna de este deseo de un pene, apareciendo, en cambio, el de tener un hijo, deseo este último cuyo incumplimiento puede luego desencadenar la neurosis. Es como si estas mujeres hubieran comprendido —cosa imposible en la realidad— que la naturaleza ha dado a la mujer los hijos como compensación de todo lo demás que hubo de negarle. Por último, en una tercera clase de mujeres averiguamos que abrigaron sucesivamente ambos deseos. Primero quisieron poseer un pene como el hombre, y en una época ulterior, pero todavía infantil, se sustituyó en ellas a ese deseo el de tener un hijo. No podemos rechazar la impresión de que tales diferencias dependen de factores accidentales de la vida infantil —la falta de hermanos o su existencia, el nacimiento de un hermanito en época determinada, etc.—, de manera que el deseo de poseer un pene sería idéntico, en el fondo, al de tener un hijo.

No nos es difícil indicar el destino que sigue el deseo infantil de poseer un pene cuando la sujeto permanece exenta de toda perturbación neurótica en su vida ulterior. Se transforma entonces en el de encontrar marido, aceptando así al hombre como un elemento accesorio inseparable del pene. Esta transformación inclina a favor de la función sexual femenina un impulso originariamente hostil a ella, haciéndose así posible a estas mujeres una vida erótica adaptada a las normas del tipo masculino del amor a un objeto, la cual puede coexistir con la de tipo femenino propiamente, derivada del narcisismo. Pero ya hemos visto que en otros casos es el deseo de un hijo el que trae consigo la transición desde el amor a sí mismo narcisista al amor a un objeto. Así, pues, también en este punto puede quedar el niño representado por el pene.

He tenido varias ocasiones de conocer sueños femeninos subsiguientes a un primer contacto sexual. Estos sueños descubrían siempre el deseo de conservar en el propio cuerpo el miembro masculino, correspondiendo, por tanto, aparte de su base libidinosa, a una pasajera regresión desde el hombre al pene como objeto deseado. Nos inclinaremos seguramente a referir de un modo puramente racional el deseo orientado hacia el hombre al deseo de tener un hijo, ya que alguna vez ha de comprender la sujeto que sin la colaboración del hombre no puede alcanzar tal deseo. Pero lo que al parecer sucede es que el deseo cuyo objeto es el hombre nace independientemente del de tener un hijo, y que cuando emerge, obedeciendo a motivos comprensibles pertenecientes por completo a la psicología del *yo*, se asocia a él como refuerzo libidinoso inconsciente el antiguo deseo de un pene.

La importancia del proceso descrito reside en que transmuta en femineidad una parte de la masculinidad narcisista de la joven mujer, haciéndola inofensiva para la función sexual femenina.

Por otro camino se hace también utilizable en la fase de la primacía genital una parte del erotismo de la fase pregenital. El niño es considerado aún como un «mojón» (cf. el análisis de Juanito), como algo expulsado del cuerpo por el intestino. Cierta cantidad de catexis libidinosa ligada originalmente al contenido intestinal puede por extensión de esto aplicarse al recién nacido. El lenguaje corriente nos ofrece un testimonio de esta identidad en la expresión «*regalar un niño*» *(ein Kind schenken)*. El excremento es, en efecto, el primer *regalo* infantil. Constituye una parte del propio cuerpo, de la cual el niño de pecho sólo se separa a ruegos de la persona amada o espontáneamente para demostrarle su cariño, pues, por lo general, no ensucia a las personas extrañas. (Análogas reacciones, aunque menos intensas, se dan con respecto a la orina.) En la defecación se plantea al niño una primera decisión entre la disposición narcisista y el amor a un objeto. Expulsará dócilmente los excrementos como «sacrificio» al amor o los retendrá para la satisfacción autoerótica y más tarde para la afirmación de su voluntad personal. Con la adopción de esta segunda conducta quedará constituida la *obstinación* (el desafío), que, por tanto, tiene su origen en una persistencia narcisista en el erotismo anal.

La significación más inmediata que adquiere el interés por el excremento no es probablemente la de *oro-dinero*, sino la de *regalo*. El niño no conoce más dinero que el que le es regalado; no conoce dinero propio, ni ganado ni heredado. Como el excremento es su primer regalo, transfiere fácilmente su interés desde esta materia a aquella nueva que le sale al paso en la vida como el regalo más importante. Aquellos que duden de la exactitud de esta derivación del regalo pueden consultar la experiencia adquirida en sus tratamientos psicoanalíticos, estudiando los regalos que hayan recibido de sus enfermos y las tempestuosas transferencias que pueden provocar al hacer algún regalo al paciente.

Así, pues, el interés por los excrementos persiste, en parte, transformado en interés por el dinero y es derivado, en su otra parte, hacia el deseo de un niño. En este último deseo coinciden un impulso erótico anal y un impulso genital (envidia del pene). Pero el pene tiene también una significación erótico-anal independiente del deseo de un niño. La relación entre el pene y la cavidad mucosa por él ocupada y estimulada preexiste ya en la fase pregenital sádico-anal. La masa fecal —o «barra» fecal, según expresión de uno de mis pacientes— es, por decirlo así, el primer pene, y la mucosa por él excitada, la del intestino ciego, representa la mucosa vaginal. Hay sujetos cuyo erotismo anal ha persistido invariado e intenso hasta los años inmediatos a la pubertad (hasta los diez o los doce años). Por ellos averiguamos que ya durante esta fase pregenital habían desarrollado en fantasías y juegos perversos una organización análoga a la genital, en la cual el pene y la vagina aparecen representados por la masa fecal y el intestino. En otros individuos —neuróticos obsesivos— puede comprobarse el resultado de una degradación regresiva de la organización genital, consistente en transferir a lo anal todas las fantasías primitivamente genitales, sustituyendo el pene por la masa fecal, y la vagina, por el intestino.

Cuando la evolución sigue su curso normal y desaparece el interés por los excrementos, la analogía orgánica expuesta actúa, transfiriendo al pene tal interés. Al llegar luego el sujeto, en su investigación sexual infantil, a la teoría de que los niños son paridos por el intestino, queda constituido el niño en heredero principal del erotismo anal, pero su predecesor fue siempre el pene, tanto en este sentido como en otro distinto.

Seguramente no les ha sido posible a mis lectores retener todas las múltiples relaciones expuestas entre los elementos de la serie excremento-pene-niño. Por tanto, y para reunir tales relaciones en una visión de conjunto, intentaremos una representación gráfica en cuya explicación podamos examinar de nuevo, pero en distinto orden de sucesión, el material estudiado.

Desgraciadamente, este medio técnico auxiliar no es lo bastante flexible para nuestros propósitos o no sabemos nosotros servirnos bien de él. Así, pues, he de rogar que no se planteen al esquema anterior demasiadas exigencias.

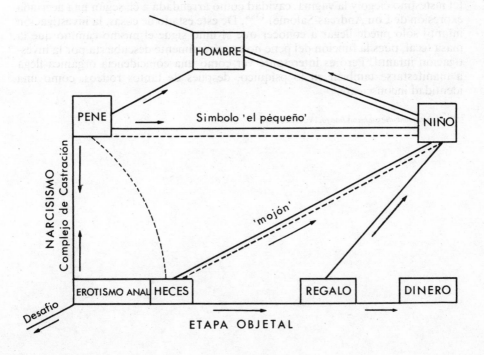

Del erotismo anal surge para fines narcisistas el desafío como importante reacción del *yo* contra las exigencias de los demás. El interés dedicado al excremento se transforma en interés hacia el regalo y, más tarde, hacia el dinero. Con el descubrimiento del pene nace en las niñas la envidia del mismo, la cual se transforma luego en deseo del hombre, como poseedor de un pene. Pero antes el deseo de poseer un pene se ha transformado en deseo de tener un niño, o ha surgido este deseo en lugar de aquél. La posesión de un símbolo común («el pequeño») señala una analogía orgánica entre el pene y el niño (línea de trazos). Del deseo de un niño parte luego un camino racional (línea doble), que conduce al deseo del hombre. Ya hemos examinado la significación de esta transmutación del instinto.

En el hombre se hace mucho más perceptible otro fragmento del proceso, que surge cuando la investigación sexual del niño le lleva a comprobar la falta del pene en la mujer. El pene queda así reconocido como algo separable del cuerpo y relacionado, por analogía, con el excremento, primer trozo de nuestro cuerpo al que tuvimos que renunciar. El antiguo desafío anal entra de este modo en la constitución del complejo de la castración. La analogía orgánica, a consecuencia de la cual el contenido intestinal se constituyó en precursor del pene durante la fase pregenital, no puede entrar en cuenta como motivo. Pero la investigación sexual del niño le procura una sustitución psíquica. Al parecer, el niño es reconocido por la investigación sexual como un 'mojón' y es revestido de un poderoso interés erótico-anal. Esta misma fuente aporta al deseo de un niño un segundo incremento cuando la experiencia social enseña que el niño puede ser interpretado como prueba de amor y como un regalo. Los tres elementos —masa fecal, pene y niño— son cuerpos sólidos que excitan al entrar o salir por una cavidad mucosa (el instestino ciego y la vagina, cavidad como arrendada a él, según una acertada expresión de Lou Andreas-Salomé) [1388]. De este estado de cosas, la investigación infantil sólo puede llegar a conocer que el niño sigue el mismo camino que la masa fecal, pues la función del pene no es generalmente descubierta por la investigación infantil. Pero es interesante ver cómo una coincidencia orgánica llega a manifestarse también en lo psíquico, después de tantos rodeos, como una identidad inconsciente.

[1388]   «*Anat*» *und* «*Sexual*», en *Imago*, IV, 5, año 1916.

LXXXIX

LOS INSTINTOS Y SUS DESTINOS *

1915

HEMOS oído expresar más de una vez la opinión de que una ciencia debe hallarse edificada sobre conceptos fundamentales, claros y precisamente definidos. En realidad, ninguna ciencia, ni aun la más exacta, comienza por tales definiciones. El verdadero principio de la actividad científica consiste más bien en la descripción de fenómenos, que luego son agrupados, ordenados y relacionados entre sí.

Ya en esta descripción se hace inevitable aplicar al material determinadas ideas abstractas extraídas de diversos sectores y, desde luego, no únicamente de la observación del nuevo conjunto de fenómenos descritos. Más imprescindibles aún resultan tales ideas —los ulteriores principios fundamentales de la ciencia— en la subsiguiente elaboración de la materia. Al principio han de presentar cierto grado de indeterminación, y es imposible hablar de una clara delimitación de su contenido. Mientras permanecen en este estado, nos concertamos sobre su significación por medio de repetidas referencias al material del que parecen derivadas, pero que en realidad les es subordinado. Presentan, pues, estrictamente consideradas, el carácter de convenciones, circunstancia en la que todo depende de que no sean elegidas arbitrariamente, sino que se hallen determinadas por importantes relaciones con la materia empírica, relaciones que creemos adivinar antes de hacérsenos asequibles su conocimiento y demostración. Sólo después de una más profunda investigación del campo de fenómenos de que se trate resulta posible precisar más sus conceptos fundamentales científicos y modificarlos progresivamente, de manera a extender en gran medida su esfera de aplicación, haciéndolos así irrebatibles. Este podrá ser el momento de concretarlos en definiciones. Pero el progreso del conocimiento no tolera tampoco la inalterabilidad de las definiciones. Como nos lo evidencia el ejemplo de la Física, también los «conceptos fundamentales» fijados en definiciones experimentan una perpetua modificación del contenido.

Un semejante principio básico convencional, todavía algo oscuro, pero del

---

* *Triebe und Triebschicksale*, en alemán el original, en *Int. Z. Psychoanal.*, 3 (2), 84-100, 1915. Forma parte de un conjunto planeado originalmente por Freud para presentar los fundamentos firmes teóricos del psicoanálisis, a publicarse en un libro por título *Zur Vorbereitung einer Metapsychologie* que no llegó a concretarse. Según E. Jones cinco de estos ensayos fueron escritos en 1915 (marzo a mayo), terminando Freud otros siete trabajos a continuación (hasta agosto, 1915). El grupo de los cinco primeros comprendía: (1) *Los instintos y sus destinos*; (2) *La Represión*; (3) *El incons-* ciente; (4) *Adición metapsicológica a la teoría de los sueños*; (5) *Duelo y Melancolía* (todos éstos incluidos en este volumen). De los siete escritos restantes, sólo ha llegado a conocerse el tema de los cinco primeros, ya que parece ser que Freud los destruyó (*Conscienciación, Angustia, Histeria de Conversión, Neurosis Obsesiva, Neurosis de transferencia en general*). Para J. Strachey los otros dos temas debieron ser *Sublimación* y *Proyección*. La versión española original ha sido totalmente revisada. (*Nota de J. N.*)

que no podemos prescindir en Psicología, es el del *instinto ('Trieb')*. Intentaremos establecer su significación, aportándole contenido desde diversos sectores.

En primer lugar, desde el campo de la *Fisiología*. Esta ciencia nos ha dado el concepto del estímulo y el esquema del arco reflejo, concepto según el cual un estímulo aportado *desde* el exterior al tejido vivo (de la sustancia nerviosa) es derivado *hacia* el exterior por medio de la acción. Esta acción logra su fin sustrayendo la sustancia estimulada a la influencia del estímulo, alejándola de la esfera de actuación del mismo.

¿Cuál es ahora la relación del «instinto» con el «estímulo»? Nada nos impide subordinar el concepto de instinto al de estímulo. El instinto sería entonces un estímulo para lo psíquico. Mas en seguida advertimos la improcedencia de equiparar el instinto al estímulo psíquico. Para lo psíquico existen, evidentemente, otros estímulos distintos de los instintivos y que se comportan más bien de un modo análogo a los fisiológicos. Así, cuando la retina es herida por una intensa luz, no nos hallamos ante un estímulo instintivo. Sí, en cambio, cuando se hace perceptible la sequedad de las mucosas bucales o la irritación de las del estómago [1389].

Tenemos ya material bastante para distinguir los estímulos instintivos de otros (fisiológicos) que actúan sobre lo anímico. En primer lugar, los estímulos instintivos no proceden del mundo exterior, sino del interior del organismo. Por esta razón actúan diferentemente sobre lo anímico y exigen, para su supresión, distintos actos. Pero, además, para dejar fijadas las características esenciales del estímulo, basta con admitir que actúa como un impulso único, pudiendo ser, por tanto, suprimido mediante un único acto adecuado, cuyo tipo será la fuga motora ante la fuente de la cual emana. Naturalmente, pueden tales impulsos repetirse y sumarse; pero esto no modifica en nada la interpretación del proceso ni las condiciones de la supresión del estímulo. El instinto, en cambio, no actúa nunca como una fuerza de impacto *momentánea,* sino siempre como una fuerza *constante*. No procediendo del mundo exterior, sino del interior del cuerpo, la fuga es ineficaz contra él. Al estímulo instintivo lo denominaremos mejor *necesidad,* y lo que suprime esta necesidad es la *satisfacción*. Esta puede ser alcanzada únicamente por una transformación adecuada de la fuente de estímulo interna.

Coloquémonos ahora en la situación de un ser viviente, desprovisto casi en absoluto de medios de defensa y no orientado aún en el mundo, que recibe estímulos en su sustancia nerviosa. Este ser llegará muy pronto a realizar una primera diferenciación y a adquirir una primera orientación. Por un lado, percibirá estímulos a los que le es posible sustraerse mediante una acción muscular (fuga), y atribuirá estos estímulos al mundo exterior. Pero también percibirá otros, contra los cuales resulta ineficaz tal acción y que conservan, a pesar de la misma, su carácter constantemente apremiante. Estos últimos constituirán un signo característico del mundo interior y una demostración de la existencia de necesidades instintivas. La sustancia perceptora del ser viviente hallará así, en la eficacia de su actividad muscular, un punto de apoyo para distinguir un «exterior» de un «interior».

Encontramos, pues, la esencia del instinto primeramente en sus caracteres

---

[1389] Suponiendo siempre que estos procesos internos son los fundamentos orgánicos de las necesidades sed y hambre.

principales, su origen de fuentes de estímulo situadas en el interior del organismo y su aparición como fuerza constante, y derivamos de ella otra de sus cualidades: la ineficacia de la fuga para su supresión. Pero durante estas reflexiones hubimos de descubrir algo que nos fuerza a una nueva confesión. No sólo aplicamos a nuestro material determinadas convenciones como conceptos fundamentales, sino que nos servimos, además, de algunos complicados *postulados* para guiarnos en la elaboración del mundo de los fenómenos psicológicos. Ya hemos delineado antes en términos generales lo más importante de este postulado; quédanos tan sólo hacerlo resaltar expresamente. Es de naturaleza *biológico,* labora con el concepto de la intención (eventualmente con el de la conveniencia) y su contenido es como sigue: el sistema nervioso es un aparato al que compete la función de suprimir los estímulos que hasta él llegan, a reducirlos a su mínimo nivel, y que, si ello fuera posible, quisiera mantenerse libre de todo estímulo. Admitiendo interinamente esta idea, sin parar mientes en su determinación, atribuiremos, en general, al sistema nervioso la labor del *control de los estímulos*. Vemos entonces cuánto complica el sencillo esquema fisiológico de reflejos la introducción de los instintos. Los estímulos exteriores no plantean más problemas que el de sustraerse a ellos, cosa que sucede por medio de movimientos musculares, uno de los cuales acaba por alcanzar tal fin y se convierte entonces, como el más adecuado, en disposición hereditaria. En cambio, los estímulos instintivos nacidos en el interior del cuerpo no pueden ser suprimidos por medio de este mecanismo. Plantean, pues, exigencias mucho más elevadas al sistema nerviosos, le inducen a complicadísimas actividades, íntimamente relacionadas entre sí, que modifican ampliamente el mundo exterior hasta hacerle ofrecer la satisfacción de la fuente de estímulo interna, y manteniendo una inevitable aportación continua de estímulos, le fuerzan a renunciar a su propósito ideal de conservarse alejado de ellos. Podemos, pues, concluir que los instintos y no los estímulos externos son los verdaderos motores de los progresos que han llevado a su actual desarrollo al sistema nervioso, tan inagotablemente capaz de rendimiento. Nada se opone a la suposición de que los instintos mismos son, por lo menos en parte, residuos de efectos por estímulos externos que en el curso de la filogénesis actuaron modificativamente sobre la sustancia viva.

Cuando después hallamos que toda actividad, incluso la del aparato anímico más desarrollado, se encuentra sometida al principio del *placer,* o sea que es regulada automáticamente por sensaciones de la serie «placer-displacer», nos resulta ya difícil rechazar la hipótesis inmediata de que estas sensaciones reproducen la forma en la que se desarrolla el control de los estímulos, y seguramente en el sentido de que la sensación de displacer se halla relacionada con un incremento del estímulo y la de placer con una disminución del mismo. Mantendremos la amplia indeterminación de esta hipótesis hasta que consigamos adivinar la naturaleza de la relación entre la serie «placer-displacer» y las oscilaciones de las magnitudes de estímulo que actúan sobre la vida anímica. Desde luego, han de ser posibles muy diversas y complicadas relaciones de este género.

Si consideramos la vida anímica desde el punto de vista biológico, se nos muestra el «instinto» como un concepto límite entre lo anímico y lo somático, como un representante psíquico de los estímulos procedentes del interior del cuerpo, que arriban al alma, y como una magnitud de la exigencia de trabajo impuesta a lo anímico a consecuencia de su conexión con lo somático.

Podemos discutir ahora algunos términos empleados en relación con el concepto del instinto, tales como perentoriedad, fin, objeto y fuente del instinto.

Por *perentoriedad* (*'Drang'*) de un instinto se entiende su factor motor, esto es, la suma de fuerza o la cantidad de exigencia de trabajo que representa. Este carácter perentorio es una cualidad general de los instintos e incluso constituye la esencia de los mismos. Cada instinto es una magnitud de actividad, y al hablar negligentemente de instintos pasivos se alude tan sólo a instintos de fin pasivo.

El *fin* (*'Ziel'*) de un instinto es siempre la satisfacción, que sólo puede ser alcanzada por la supresión del estado de estimulación de la fuente del instinto. Pero aun cuando el fin último de todo instinto es invariable, puede haber diversos caminos que conduzcan a él, de manera que para cada instinto pueden existir diferentes fines próximos susceptibles de ser combinados o sustituidos entre sí. La experiencia nos permite hablar también de instintos *coartados en su fin*, esto es, de procesos a los que se permite avanzar cierto espacio hacia la satisfacción del instinto, pero que experimentan luego una inhibición o una desviación. Hemos de admitir que también con tales procesos se halla enlazada una satisfacción parcial.

El *objeto* (*'Objekt'*) del instinto es la cosa en la cual o por medio de la cual puede el instinto alcanzar su satisfacción. Es lo más variable del instinto; no se halla enlazado a él originariamente, sino subordinado a él a consecuencia de su adecuación al logro de la satisfacción. No es necesariamente algo exterior al sujeto, sino que puede ser una parte cualquiera de su propio cuerpo y es susceptible de ser sustituido indefinidamente por otro en el curso de los destinos de la vida del instinto. Este desplazamiento del instinto desempeña importantísimas funciones. Puede presentarse el caso de que el mismo objeto sirva simultáneamente a la satisfacción de varios instintos (el caso de la *confluencia de los instintos,* según Alfredo Adler). Cuando un instinto aparece ligado de un modo especialmente íntimo y estrecho al objeto, hablamos de una *fijación* de dicho instinto. Esta fijación tiene efecto con gran frecuencia en períodos muy tempranos del desarrollo de los instintos y pone fin a la movilidad del instinto de que se trate, oponiéndose intensamente a su separación del objeto.

Por *fuente* (*'Quelle'*) del instinto se entiende aquel proceso somático que se desarrolla en un órgano o una parte del cuerpo, y es representado en la vida anímica por el instinto. Se ignora si este proceso es regularmente de naturaleza química o puede corresponder también al desarrollo de otras fuerzas; por ejemplo, de fuerzas mecánicas. El estudio de las fuentes del instinto no corresponde ya a la Psicología. Aunque el hecho de nacer de fuentes somáticas sea en realidad lo decisivo para el instinto, éste no se nos da a conocer en la vida anímica sino por sus fines. Para la investigación psicológica no es absolutamente indispensable más preciso conocimiento de las fuentes del instinto, y muchas veces pueden ser deducidas éstas del examen de los fines del instinto.

¿Habremos de suponer que los diversos instintos procedentes de lo somático y que actúan sobre lo psíquico se hallan también caracterizados por *cualidades* diferentes y actúan por esta causa de un modo cualitativamente distinto de la vida anímica? A nuestro juicio, no. Bastará más bien admitir simplemente que todos los instintos son cualitativamente iguales y que su efecto no depende sino de las magnitudes de excitación que llevan consigo y quizá de ciertas funciones de esta cantidad. Las diferencias que presentan las funciones psíquicas de los diversos instintos pueden atribuirse a la diversidad de las fuentes de estos últimos. Más adelante, y en una distinta relación, llegaremos, de todos modos, a aclarar lo que el problema de la cualidad de los instintos significa.

¿Cuántos y cuáles instintos habremos de contar? Queda abierto aquí un amplio margen a la arbitrariedad, pues nada podemos objetar a aquellos que hacen uso de los conceptos de instinto de juego, de destrucción o de sociabilidad cuando la materia lo demanda y lo permite la limitación del análisis psicológico. Sin embargo, no deberá perderse de vista la posibilidad de que estas motivaciones instintivas, tan especializadas, sean susceptibles de una mayor descomposición en lo que a las fuentes del instinto se refiere, resultando así que sólo los instintos primitivos, aquellos no posibles de disecar más allá, podrían aspirar a una significación.

Por nuestra parte, hemos propuesto distinguir dos grupos de estos instintos primitivos: el de los *instintos del yo o instintos de conservación* y el de los *instintos sexuales*. Esta división no constituye una hipótesis necesaria, como la que antes hubimos de establecer sobre la intención biológica del aparato anímico. No es sino una construcción auxiliar, que sólo mantendremos mientras nos sea útil y cuya sustitución por otra no puede modificar sino muy poco los resultados de nuestra labor descriptiva y ordenadora. La ocasión de establecerla ha surgido en el curso evolutivo del psicoanálisis, cuyo primer objeto fueron las psiconeurosis o, más precisamente, aquel grupo de psiconeurosis a las que damos el nombre de «neurosis de transferencia» (la histeria y la neurosis obsesiva), estudio que nos llevó al conocimiento de que en la raíz de cada una de tales afecciones existía un conflicto entre las aspiraciones de la sexualidad y las del *yo*. Es muy posible que un más penetrante análisis de las restantes afecciones neuróticas (y ante todo de las psiconeurosis narcisistas, o sea de las esquizofrenias) nos impongan una modificación de esta fórmula y con ella una distinta agrupación de los instintos primitivos. Mas por ahora no conocemos tal nueva fórmula ni hemos hallado ningún argumento desfavorable a la oposición de instintos del *yo* e instintos sexuales.

Dudo mucho de que la elaboración del material psicológico pueda proporcionarnos datos decisivos para la diferenciación y clasificación de los instintos. A los fines de esta elaboración parece más bien necesario aplicar al material determinadas hipótesis sobre la vida instintiva, y sería deseable que tales hipótesis pudieran ser tomadas de un sector diferente y transferidas luego al de la Psicología. Aquello que en esta cuestión nos suministra la Biología no se opone, ciertamente, a la diferenciación de instintos del *yo* e instintos sexuales. La Biología enseña que la sexualidad no puede equipararse a las demás funciones del individuo, dado que sus propósitos van más allá del mismo y aspiran a la producción de nuevos individuos, o sea a la conservación de la especie.

Nos muestra además, como igualmente justificadas, dos distintas concepciones de la relación entre el *yo* y la sexualidad; una, para la cual es el individuo lo principal, la sexualidad una de sus actividades y la satisfacción sexual una de sus necesidades, y otra, que considera al individuo como un accesorio temporal y pasajero del plasma germinativo casi inmortal, que le fue confiado por el proceso de generación. La hipótesis de que la función sexual se distingue de las demás por un quimismo especial aparece también integrada, según creo, en la investigación biológica de Ehrlich.

Dado que el estudio de la vida instintiva desde la mira consciente presenta dificultades casi insuperables, continúa siendo la investigación psicoanalítica de las perturbaciones anímicas la fuente principal de nuestro conocimiento. Pero correlativamente al curso de su desarrollo, no nos ha suministrado hasta ahora el psicoanálisis datos satisfactorios más que sobre los instintos sexuales, por ser éste el único grupo de instintos que le ha sido posible aislar y considerar por separado en las psiconeurosis. Con la extensión del psicoanálisis a las demás afecciones neuróticas quedará también cimentado seguramente nuestro conocimiento de los instintos del *yo,* aunque parece imprudente esperar hallar en este campo de investigación condiciones análogamente favorables a la labor observadora.

De los instintos sexuales podemos decir, en general, lo siguiente: son muy numerosos, proceden de múltiples y diversas fuentes orgánicas, actúan al principio independientemente unos de otros y sólo ulteriormente quedan reunidos en una síntesis más o menos perfecta. El fin al que cada uno de ellos tiende es la consecución del *placer del órgano,* y sólo después de su síntesis entran al servicio de la *procreación,* con lo cual se evidencian entonces, generalmente, como instintos sexuales. En su primera aparición se apoyan ante todo en los instintos de conservación, de los cuales no se separan luego sino muy poco a poco, siguiendo también en la elección de objeto los caminos que los instintos del *yo* les marcan. Parte de ellos permanece asociada a través de toda la vida a los instintos del *yo,* aportándoles componentes libidinosos que pasan fácilmente inadvertidos durante la función normal y sólo se hacen claramente perceptibles en el comienzo de una enfermedad. Se caracterizan por la facilidad con la que se reemplazan unos a otros y por su capacidad de cambiar indefinidamente de objeto. Estas últimas cualidades les hacen aptos para funciones muy alejadas de sus primitivos actos finales (es decir, capaces de *sublimación).*

Siendo los instintos sexuales aquellos en cuyo conocimiento hemos avanzado más hasta el día, limitaremos a ellos nuestra investigación de los destinos por los cuales pasan los instintos en el curso del desarrollo y de la vida. De estos destinos nos ha dado a conocer la observación los siguientes:

La transformación en lo contrario.
La orientación hacia la propia persona.
La represión.
La sublimación.

No proponiéndonos tratar aquí de la sublimación, y exigiendo la represión capítulo aparte, quédannos tan sólo la descripción y discusión de los dos primeros puntos. Por fuerzas motivacionales que actúan en contra de llevar a buen término un instinto en forma no modificada, podemos representarnos también sus destinos como modalidades de la *defensa* contra los instintos.

La *transformación en lo contrario* se descompone, al someterla a un detenido examen, en dos distintos procesos, el cambio de un instinto *desde la actividad a la pasividad* y la *inversión de contenido.* Estos dos procesos, de esencia totalmente distinta, habrán de ser considerados separadamente.

Ejemplos del primer proceso son los pares antitéticos «sadismo-masoquismo» y «placer visual (escopofilia), exhibición». La transformación en lo contrario alcanza sólo a los *fines* del instinto. El fin activo —atormentar, ver— es sustituido por el pasivo —ser atormentado, ser visto—. La inversión de contenido se nos muestra en un solo ejemplo: la transformación del amor en odio.

La *orientación hacia la propia persona* queda aclarada en cuanto reflexionamos que el masoquismo no es sino un sadismo dirigido contra el propio *yo* y que la exhibición entraña la contemplación del propio cuerpo. La observación analítica demuestra de un modo indubitable que el masoquista comparte el goce activo de la agresión a su propia persona y el exhibicionista el resultante de la desnudez de su propio cuerpo. Así, pues, lo esencial del proceso es el cambio de *objeto*, con permanencia del mismo fin.

No puede ocultársenos que en estos ejemplos coinciden la orientación hacia la propia persona y la transformación desde la actividad a la pasividad. Por tanto, para hacer resaltar claramente las relaciones resulta precisa una más profunda investigación.

En el par antitético «sadismo-masoquismo» puede representarse el proceso en la forma siguiente:

a) El sadismo consiste en la violencia ejercida contra una persona distinta como objeto.

b) Este objeto es abandonado y sustituido por el propio sujeto. Con la orientación hacia la propia persona queda realizada también la transformación del fin activo del instinto en un fin pasivo.

c) Es buscada nuevamente como objeto una persona diferente, que a consecuencia de la transformación del fin tiene que encargarse del papel de 'sujeto'.

El caso *c)* es el de lo que vulgarmente se conoce con el nombre de masoquismo. También en él es alcanzada la satisfacción por el camino del sadismo primitivo, transfiriéndose en fantasía el pasivo *yo* a su lugar anterior, abandonado ahora al sujeto extraño. Es muy dudoso que exista una satisfacción masoquista más directa. No parece existir un masoquismo primitivo no nacido del sadismo en la forma descrita [1390]. La conducta del instinto sádico en la neurosis obsesiva demuestra que la hipótesis de la fase *b)* no es nada superflua. En la neurosis obsesiva hallamos la orientación hacia la propia persona sin la pasividad con respecto a otra. La transformación no llega más que hasta la fase *b)*. El deseo de atormentar se convierte en autotormento y autocastigo, no en masoquismo. El verbo activo no se convierte en pasivo, sino en un verbo reflexivo intermedio.

Para la concepción del sadismo hemos de tener en cuenta que este instinto parece perseguir, a más de su fin general (o quizá mejor, dentro del mismo), un especialísimo acto final. Además de la humillación y el dominio, el causar dolor. Ahora bien, el psicoanálisis parece demostrar que el causar dolor no se halla integrado entre los actos finales primitivos del instinto. El niño sádico no tiende a causar dolor ni se lo propone expresamente. Pero una vez llevada a efecto la transformación en masoquismo, resulta el dolor muy apropiado para suministrar un fin pasivo masoquista, pues todo nos lleva a admitir que también las sensaciones dolorosas, como en general todas las displacientes, se extienden a la excitación sexual y originan un estado placiente que lleva al sujeto a aceptar de buen grado el displacer del dolor. Una vez que el experimentar dolor ha llegado

---

[1390] Nota de 1924.—En trabajos posteriores relacionados con la vida instintiva he manifestado un punto de vista opuesto. (Cf. 'El problema económico del masoquismo', 1924.)

a ser un fin masoquista, puede surgir también regresivamente el fin sádico de causar dolor, y de este dolor goza también aquel que lo inflige a otros, identificándose, de un modo masoquista, con el objeto que sufre el dolor. Naturalmente, aquello que se goza en ambos casos no es el dolor mismo, sino la excitación sexual concomitante, cosa especialmente cómoda para el sádico. El goce del dolor sería, pues, un fin originariamente masoquista; pero que sólo se convierte en fin instintivo en alguien primitivamente sádico.

Para completar nuestra exposición añadiremos que la *compasión* no puede ser descrita como un resultado de la transformación de los instintos en el sadismo, sino que se requiere del concepto *formación reactiva contra el instinto*. Más adelante examinaremos esta distinción.

La investigación de otro par antitético de los instintos, cuyo fin es la contemplación y la exhibición (escopofilia y exhibicionismo en el lenguaje de las perversiones) nos proporciona resultados distintos y más sencillos. También aquí podemos establecer las mismas fases que en el caso anterior:

a)   La contemplación como actividad orientada hacia un objeto ajeno.

b)   El abandono del objeto, la orientación del instinto de contemplación hacia una parte del cuerpo de la propia persona, y con ello la transformación en pasividad y el establecimiento del nuevo fin: el de ser contemplado.

c)   El establecimiento de un nuevo sujeto al que la persona se muestra para ser por él contemplado.

Es casi indudable que el fin activo aparece antes que el pasivo, precediendo la contemplación a la exhibición. Pero surge aquí una importante diferencia con el caso del sadismo, diferencia consistente en que en el instinto de escopofilia hallamos aún una fase anterior a la señalada con la letra *a)*. El instinto de escopofilia es, en efecto, autoerótico al principio de su actividad; posee un objeto, pero lo encuentra en el propio cuerpo. Sólo más tarde es llevado (por el camino de la comparación) a cambiar este objeto por una parte análoga del cuerpo ajeno (fase *a)*. Esta fase preliminar es interesante por surgir de ella las dos situaciones del par antitético resultante, según el cambio tenga efecto en un lugar o en otro.

El esquema del instinto de escopofilia podría establecerse como sigue:

a)   Uno contempla un órgano sexual = Un órgano sexual es contemplado por uno mismo.

b)   Uno contempla un objeto ajeno (escopofilia activa).

c)   Un objeto que puede ser uno mismo o parte de uno es contemplado por una persona ajena (exhibicionismo).

Tal fase preliminar no se presenta en el sadismo, el cual se orienta desde un principio hacia un objeto ajeno. De todos modos no sería absurdo deducirla de los esfuerzos del niño que quiere tomar el control de sus propios miembros [1391].

A los dos ejemplos de instintos que aquí venimos considerando puede serles aplicada la observación de que la transformación de los instintos por cambio de actividad en pasividad y por orientación hacia la propia persona nunca se realiza en la totalidad del contingente instintivo. El primitivo sentido activo del instinto continúa subsistiendo en cierto grado junto al sentido pasivo ulterior, incluso en aquellos casos en los que el proceso de transformación del instinto ha

[1391]   Nota de 1924.—Cf. nota anterior.

sido muy amplio. La única afirmación exacta sobre el instinto de escopofilia sería la de que todas las fases evolutivas del instinto, tanto la fase preliminar auto-erótica como la estructura final activa o pasiva, continúan existiendo conjunta-mente, y esta afirmación se hace indiscutible cuando en lugar de los actos a que llevan los instintos tomamos como base de nuestro juicio el mecanismo de la satisfacción. Quizá resulte aún justificada otra distinta concepción y descripción. La vida de cada instinto puede considerarse dividida en diversas series de ondas, temporalmente separadas e iguales, dentro de la unidad de tiempo (arbitraria), semejantes a sucesivas erupciones de lava. Podemos así representarnos que la primera y primitiva erupción del instinto continúa sin experimentar transforma-ción ni desarrollo ningunos. El impulso siguiente experimentaría, en cambio, desde su principio una modificación, quizá la transición de actividad a la pasi-vidad, y se sumaría con este nuevo carácter a la onda anterior, y así sucesiva-mente. Si consideramos entonces los movimientos instintivos, desde su prin-cipio hasta un punto determinado, la descrita sucesión de las ondas tiene que ofrecernos el cuadro de un desarrollo determinado del instinto.

El hecho de que en tal época ulterior del desarrollo de un impulso instintivo se observa, junto a cada movimiento instintivo, su contrario (pasivo), merece ser expresamente acentuado con el nombre de *ambivalencia*, acertadamente in-troducido por Bleuler.

La subsistencia de las fases intermedias y la historia de la evolución del ins-tinto nos han aproximado a la inteligencia de esta evolución. La amplitud de la ambivalencia varía mucho, según hemos podido comprobar, en los distintos individuos, grupos humanos o razas. Los casos de amplia ambivalencia en indi-viduos contemporáneos pueden ser interpretados como casos de herencia ar-caica, pues todo nos lleva a suponer que la participación en la vida instintiva de impulsos activos en forma no modificada fue en épocas primitivas mucho mayor que hoy.

Nos hemos acostumbrado a denominar *narcisismo* la temprana fase del *yo,* durante la cual se satisfacen autoeróticamente los instintos sexuales del mismo, sin entrar de momento a discutir la relación entre autoerotismo y narcisismo. De este modo diremos que la fase preliminar del instinto de escopofilia, en la cual el placer visual tiene como objeto el propio cuerpo, pertenece al narcisismo y es una formación narcisista. De ella se desarrolla el instinto de escopofilia activo, abandonando el narcisismo; en cambio, el instinto de escopofilia pasivo conservaría el objeto narcisista. Igualmente, la transformación del sadismo en masoquismo significa un retorno al objeto narcisista, mientras que en ambos casos es sustituido el sujeto narcisista por identificación con otro *yo* ajeno. Te-niendo en cuenta la fase preliminar narcisista del sadismo antes establecida, nos acercamos así al conocimiento más general de que la orientación de los instintos hacia el propio *yo* y la inversión de la actividad a la pasividad dependen de la or-ganización narcisista del *yo* y llevan impreso el sello de esta fase. Corresponden quizá a las tentativas de defensa, realizadas con otros medios en fases superiores del desarrollo del *yo.*

Recordemos aquí que hasta ahora sólo hemos traído a discusión los dos pares antitéticos «sadismo-masoquismo» y «escopofilia-exhibición». Son éstos los instintos sexuales ambivalentes mejor conocidos. Los demás componentes de la función sexual ulterior no son aún suficientemente asequibles al análisis para que podamos discutirlos de un modo análogo. Podemos decir de ellos, en general, que actúan *autoeróticamente,* esto es, que su objeto es pasado por alto ante el órgano que constituye su fuente y coincide casi siempre con él. Aunque el objeto del instinto de escopofilia es también al principio una parte del propio cuerpo, no es, sin embargo, el ojo mismo; y en el sadismo, la fuente orgánica, probablemente la musculatura capaz de acción, señala inequívocamente otro objeto distinto, aunque también en el propio cuerpo. En los instintos autoeróticos es tan decisivo el papel de la fuente orgánica, que, según una hipótesis de P. Federn (1913) y L. Jekels (1913), la forma y la función del órgano deciden la actividad o pasividad del fin del instinto.

El cambio de contenido de un instinto en su contrario no se observa sino en un único caso; en la conversión del *amor en odio.* Estos dos sentimientos aparecen también muchas veces orientados conjuntamente hacia un solo y mismo objeto, ofreciéndonos así el más importante ejemplo de ambivalencia de sentimientos.

Este caso del amor y el odio adquiere un especial interés, por la circunstancia de no encajar en nuestro esquema de los instintos. No puede dudarse de la íntima relación entre estos dos contrarios sentimentales y la vida sexual, pero hemos de resistirnos a considerar el amor como un particular instinto parcial de la sexualidad, de la misma manera de los otros que hemos estado discutiendo. Preferiríamos ver en el amor la expresión de la tendencia sexual total, pero tampoco acaba esto de satisfacernos, y no sabemos cómo representarnos el contenido opuesto de esta tendencia.

El amor es susceptible de tres antítesis y no de una sola. Aparte de la antítesis «amar-odiar», existe la de «amar-ser amado», y, además el amor y el odio, tomados conjuntamente, se oponen a la indiferencia. De estas tres antítesis, la segunda —«amar-ser amado»— corresponde a la transformación de la actividad a la pasividad, y puede ser referida, como el instinto de escopofilia, a una situación fundamental, la de *amarse a sí mismo,* situación que es para nosotros la característica del narcisismo. Según que el objeto o el sujeto sean cambiados por otros ajenos, resulta la finalidad activa de amar o la pasiva de ser amado, próxima al narcisismo.

Quizá nos aproximemos más a la comprensión de las múltiples antítesis del amor reflexionando que la vida anímica es dominada en general por tres *polarizaciones;* esto es, por las tres antítesis siguientes:

Sujeto (yo) - Objeto (mundo exterior).
Placer-Displacer.
Actividad-Pasividad.

La antítesis *yo-no yo* (lo exterior) (sujeto-objeto) es impuesta al individuo muy tempranamente, como ya indicamos, por la experiencia de que puede hacer cesar, mediante una acción muscular, los estímulos exteriores, careciendo, en cambio, de toda defensa contra los estímulos instintivos. Ante todo esta antítesis conserva una absoluta soberanía en lo referente a la función intelectual y crea para la investigación la situación fundamental, que no puede ser ya modificada por ningún esfuerzo. La polarización «placer-displacer» acompaña a una serie de sensaciones, cuya insuperada importancia para la decisión de nuestros actos (voluntad) hemos acentuado ya. La antítesis «actividad-pasividad» no debe confundirse con la de «*yo*-sujeto—exterior-objeto». El *yo* se conduce pasivamente con respecto al mundo exterior en tanto en cuanto recibe de él estímulos, y activamente cuando a dichos estímulos reacciona. Sus instintos le imponen una especialísima actividad con respecto al mundo exterior, de manera que, acentuando lo esencial, podríamos decir lo siguiente: el *yo*-sujeto es pasivo con respecto a los estímulos exteriores, pero activo a través de sus propios instintos. La antítesis «activo-pasivo» se funde luego con la de «masculino-femenino», que antes de esta fusión carecía de significación psicológica. La unión de la actividad con la masculinidad y de la pasividad con la femineidad nos sale al encuentro como un hecho biológico, pero no es en ningún modo tan regularmente total y exclusiva como se está inclinado a suponer.

Las tres polarizaciones anímicas establecen entre sí importantes conexiones. Existe una situación primitiva psíquica en la cual coinciden dos de ellas. El *yo* se encuentra originariamente al principio de la vida anímica, revestido (catectizado) de instintos, y es en parte capaz de satisfacer sus instintos en sí mismo. A este estado le damos el nombre de «narcisismo», y calificamos de autoerótica a la posibilidad de satisfacción correspondiente [1392]. El mundo exterior no atrae a sí en esta época interés (catexias) ninguno (en términos generales) y es indiferente a la satisfacción. Así, pues, durante ella coincide el *yo*-sujeto con lo placiente y el mundo exterior con lo indiferente (o displaciente a veces, como fuente de estímulos). Si definimos, por lo pronto, el amor como la relación del *yo* con sus fuentes de placer, la situación en la que el *yo* se ama a sí mismo con exclusión de todo otro objeto y se muestra indiferente al mundo exterior, nos aclarará la primera de las relaciones antitéticas en las que hemos hallado al «amor».

El *yo* no precisa del mundo exterior en tanto en cuanto es autoerótico; pero recibe de él objetos a consecuencia de los procesos de los instintos de conservación y no puede por menos de sentir como displacientes, durante algún tiempo, los estímulos instintivos interiores. Bajo el dominio del principio del placer se realiza luego en él un desarrollo ulterior. Acoge en su *yo* los objetos que le son ofrecidos en tanto en cuanto constituyen fuentes de placer y se los introyecta (según la expresión de Ferenczi), alejando, por otra parte, de sí aquello que en su propio interior constituye motivo de displacer. (Véase más adelante el mecanismo de la proyección.)

Pasamos así desde el primitivo *yo* de realidad, que ha diferenciado el interior del exterior conforme a exactos signos objetivos, a un *yo* de placer, que antepone a todos los signos el carácter placiente. El mundo exterior se divide para él en una parte placiente, que se incorpora, y un resto, extraño a él. Ha separado del propio *yo* una parte que proyecta al mundo exterior y percibe como hostil a él. Después de esta nueva ordenación queda nuevamente establecida la coincidencia de las dos polarizaciones, o sea la del *yo*-sujeto con placer y la del mundo exterior con el displacer (antes indiferencia).

Con la entrada del objeto en la fase del narcisismo primario alcanza también su desarrollo la segunda antítesis del amor: el odio.

El objeto es aportado primeramente al *yo*, como ya hemos visto, por los instintos de conservación, que lo toman del mundo exterior, y no puede negarse

---

[1392] Una parte de los instintos sexuales es capaz, como ya sabemos, de esta satisfacción autoerótica, resultando, pues, apropiada para constituirse en vehículo del desarrollo que a continuación se describe, bajo el dominio del principio del placer. Aquellos instintos sexuales que desde un principio exigen un objeto, y las necesidades de los instintos del *yo*, jamás susceptibles de satisfacción autoerótica, perturban, como es natural, este estado y preparan los progresos. El estado narcisista primitivo no podría seguir el desarrollo si cada individuo no pasase por un período de *indefensión* y *cuidados*, durante el cual son satisfechas sus necesidades por un auxilio exterior, y contenido así su desarrollo.

que también el primitivo sentido del odio es el de la relación contra el mundo exterior, ajeno al *yo* y aportador de estímulos. La indiferencia le cede el lugar al odio o a la aversión, después de haber surgido primeramente como precursora del mismo. El mundo externo, el objeto y lo odiado habrían sido al principio idénticos. Cuando luego demuestra el objeto ser una fuente de placer es amado, pero también incorporado al *yo*, de manera que para el *yo* de placer purificado coincide de nuevo el objeto con lo ajeno y lo odiado.

Observamos también ahora que así como el par antitético «amor-indiferencia» refleja la polarización «*yo*-mundo exterior», la segunda antítesis «amor-odio» reproduce la polarización «placer-displacer» enlazada con la primera. Después de la sustitución de la etapa puramente narcisista por la objetal, el placer y el displacer significan relaciones del *yo* con el objeto. Cuando el objeto llega a ser fuente de sensaciones de placer, surge una tendencia motora que aspira a acercarlo e incorporarlo al *yo*. Hablamos entonces de la «atracción» ejercida por el objeto productor de placer y decimos que lo «amamos». Inversamente, cuando el objeto es fuente de displacer, nace una tendencia que aspira a aumentar su distancia del *yo*, repitiendo con él la primitiva tentativa de fuga ante el mundo exterior emisor de estímulos. Sentimos la «repulsa» del objeto y lo odiamos; odio que puede intensificarse hasta la tendencia a la agresión contra el objeto y el propósito de destruirlo.

En último término, podríamos decir que el instinto «ama» al objeto al que tiende para lograr su satisfacción. En cambio, nos parece extraño e impropio oír que un instinto «odia» a un objeto, y de este modo caemos en la cuenta de que los conceptos de «amor» y «odio» no son aplicables a las relaciones de los instintos con sus objetos, debiendo ser reservados para la relación del *yo* total con los objetos. Pero la observación de los usos del lenguaje, tan significativos siempre, nos muestra una nueva limitación de la significación del amor y el odio. De los objetos que sirven a la conservación del *yo* no decimos que los amamos, sino acentuamos que necesitamos de ellos, añadiendo quizá una relación distinta por medio de palabras expresivas de un amor muy disminuido, tales como las de 'agradar', 'gustar', 'interesar'.

Así, pues, la palabra «amar» se inscribe cada vez más en la esfera de la pura relación de placer del *yo* con el objeto y se fija, por último, a los objetos estrictamente sexuales y a aquellos otros que satisfacen las necesidades de los instintos sexuales sublimados. La separación entre instintos del *yo* e instintos sexuales que hemos impuesto a nuestra psicología demuestra así hallarse en armonía con el espíritu de nuestro idioma. El hecho de que no acostumbramos decir que un instinto sexual ama a su objeto y veamos el más adecuado empleo de la palabra «amar» en la relación del *yo* con un objeto sexual, nos enseña que su empleo en tal relación comienza únicamente con la síntesis de todos los instintos parciales de la sexualidad, bajo la primacía de los genitales y al servicio de la reproducción.

Es de observar que en el uso de la palabra «odiar» no aparece esa relación tan íntima con el placer sexual y la función sexual; por el contrario, la relación de displacer parece ser aquí la única decisiva. El *yo* odia, aborrece y persigue con propósitos destructores a todos los objetos que llega a suponerlos una fuente de sensaciones de displacer, constituyendo una privación de la satisfacción sexual o de la satisfacción de necesidades de conservación. Puede incluso afirmarse que el verdadero prototipo de la relación de odio no procede de la vida sexual, sino de la lucha del *yo* por su conservación y mantención.

La relación entre el odio y el amor, que se nos presentan como completas antítesis de contenidos, no es, pues, nada sencilla. El odio y el amor no han surgido de la disociación de un todo original, sino que tienen diverso origen y han pasado por un desarrollo distinto y particular cada uno, antes de constituirse en antítesis bajo la influencia de la relación «placer-displacer».

Se nos plantea aquí la labor de reunir todo lo que sobre la génesis del amor y el odio sabemos.

El amor procede de la capacidad del *yo* de satisfacer autoeróticamente, por la adquisición de placer orgánico, algunos de sus impulsos instintivos. Originariamente narcisista, pasa luego a los objetos que han sido incorporados al *yo* ampliado y expresa la tendencia motora del *yo* hacia estos objetos, considerados como fuentes de placer. Se enlaza íntimamente con la actividad de los instintos sexuales ulteriores y, una vez realizada la síntesis de estos instintos, coincide con la totalidad de la tendencia sexual. Mientras los instintos sexuales pasan por su complicado desarrollo, aparecen etapas preliminares del amor en calidad de fines sexuales provisorios. La primera de estas etapas es de *incorporación* o *devorar,* modalidad del amor que resulta compatible con la supresión de la existencia separada del objeto y puede, por tanto, ser calificada de ambivalente. En la fase superior de la organización pregenital sádicoanal surge la aspiración al objeto en la forma de impulso al dominio, impulso para el cual es indiferente el daño o la destrucción del objeto. Esta forma y fase preliminar del amor apenas se diferencia del odio en su conducta para con el objeto. Hasta el establecimiento de la organización genital no se constituye el amor en antítesis del odio.

El odio es, como relación con el objeto, más antiguo que el amor. Nace de la repulsa primitiva del mundo exterior emisor de estímulos por parte del *yo* narcisista primitivo. Como expresión de la reacción de displacer provocada por los objetos, permanece siempre en íntima relación con los instintos de conservación, en forma tal que los instintos del *yo* y los sexuales entran fácilmente en una antítesis que reproduce la del amor y el odio. Cuando los instintos del *yo* dominan la función sexual, como sucede en la fase de la organización sádicoanal, prestan al fin del instinto los caracteres del odio.

La historia de la génesis y de las relaciones del amor nos hace comprensible su frecuentísima ambivalencia, o sea la circunstancia de aparecer acompañado de sentimientos de odio orientados hacia el mismo objeto. El odio mezclado al amor procede en parte de las fases preliminares del amor, no superadas aún por completo, y en parte de reacciones de repulsa de los instintos del *yo*, los cuales pueden alegar motivos reales y actuales en los frecuentes conflictos entre los intereses del *yo* y los del amor. Así, pues, en ambos casos, el odio mezclado tiene su fuente en los instintos de conservación del *yo*. Cuando la relación amorosa con un objeto determinado queda rota, no es extraño ver surgir el odio en su lugar, circunstancia que nos da la impresión de una transformación del odio en amor. Más allá de esta descripción nos lleva ya la teoría de que en tal caso el odio realmente motivado es reforzado por la regresión del amor a la fase preliminar sádica, de manera que el odio recibe un carácter erótico, asegurándose la continuidad de una relación amorosa.

La tercera antítesis del amor, o sea la transformación de amar en ser amado, corresponde a la influencia de la polarización de actividad y pasividad y queda subordinada al mismo juicio que los casos del instinto de escopofilia y del sadismo.

Sintetizando, podemos decir que los destinos de los instintos consisten esencialmente en que *los impulsos instintivos son sometidos a la influencia de las tres grandes polarizaciones que dominan la vida anímica.* De estas tres polarizaciones podríamos decir que la de «actividad-pasividad» es la *biológica;* la de «*yo*-mundo exterior», la *de realidad,* y la de «placer-displacer», la polaridad *económica.*

Otro de los destinos de los instintos —la represión— forma parte de la investigación que sigue.

XC

LA REPRESION *

1915

O TRO de los destinos de un instinto puede ser el de tropezar con resistencias que intenten despojarlo de su eficacia. En circunstancias, cuya investigación nos proponemos emprender en seguida, pasa el instinto al estado de *represión*. Si se tratara del efecto de un estímulo exterior, el medio de defensa más adecuado contra él sería la fuga. Pero tratándose del instinto, la fuga resulta ineficaz, pues el *yo* no puede huir de sí mismo. Más tarde, el enjuiciamiento reflexivo del instinto (y su condena) constituyen para el individuo excelente medio de defensa contra él. La represión, concepto que no podía ser formulado antes de las investigaciones psicoanalíticas **, constituye una fase preliminar de la condena, una noción intermedia entre la condena y la fuga.

No es fácil deducir teóricamente la posibilidad de una situación tal como la represión. ¿Por qué ha de sucumbir a tal destino un impulso instintivo? Para ello habría de ser condición indispensable que la consecuencia del fin del instinto produjese displacer en lugar de placer, casi difícilmente imaginable, pues la satisfacción de un instinto produce siempre placer. Habremos, pues, de suponer que existe cierto proceso por el cual el placer, producto de la satisfacción, queda transformado en displacer.

Para mejor delimitar el contorno de la represión examinaremos previamente algunas otras situaciones de los instintos. Puede suceder que un estímulo exterior llegue a hacerse interior —por ejemplo, corroyendo y destruyendo un órgano— y pase así a constituirse una nueva fuente de perpetua excitación y aumento constante de la tensión. Tal estímulo adquirirá de este modo una amplia analogía con un instinto. Sabemos ya que en este caso experimentamos *dolor*. Pero el fin de este seudoinstinto es tan sólo la supresión de la modificación orgánica y del displacer a ella enlazado. La supresión del dolor no puede proporcionar otro placer de carácter directo. El dolor es imperativo. Sólo sucumbe a los efectos de una supresión tóxica o de la influencia ejercida por una distracción psíquica.

El caso del dolor no es lo bastante transparente para auxiliarnos en nuestros propósitos. Tomaremos, pues, el de un estímulo instintivo —por ejemplo, el hambre— que permanece insatisfecho. Tal estímulo se hace entonces imperativo, no es atenuable sino por medio del acto de la satisfacción y mantiene una constante tensión de la necesidad. No parece existir aquí nada semejante a una represión.

---

* *Die Verdrängung,* en alemán el original, en *Int. Z. Psychoanal.,* 3 (3), 129-138, 1915.

** Strachey comenta que el psicólogo Herbart, de comienzos del siglo XIX, usó ese término, pero que fue Freud quien acuñó el concepto. *(Nota de J. N.)*

Así, pues, tampoco hallamos el proceso de la represión en los casos de extrema tensión producida por la insatisfacción de un instinto. Los medios de defensa de que el organismo dispone contra esta situación habrán de ser examinados en un distinto contexto.

Ateniéndonos ahora a la experiencia clínica que la práctica psicoanalítica nos ofrece, vemos que la satisfacción del instinto reprimido sería posible y placiente en sí, pero inconciliable en otros principios y aspiraciones. Despertaría, pues, placer en un lugar y displacer en otro. Por tanto, será condición indispensable de la represión el que la fuerza motivacional de displacer adquiera un poder superior a la del placer producido por la satisfacción. El estudio psicoanalítico de las neurosis de transferencia nos lleva a concluir que la represión no es un mecanismo de defensa originariamente dado, sino que, por el contrario, no puede surgir hasta después de haberse establecido una precisa separación entre la actividad anímica consciente y la inconsciente. *La esencia de la represión consiste exclusivamente en rechazar y mantener alejados de lo consciente a determinados elementos.* Este concepto de la represión tendría su complemento en la hipótesis de que antes de esta fase de la organización anímica serían los restantes destinos de los instintos —la transformación en lo contrario y la orientación hacia el propio sujeto— lo que regiría la defensa contra los impulsos instintivos.

Suponemos también que vistas las relaciones extensas entre la represión y lo inconsciente nos vemos obligados a aplazar el adentrarnos en la esencia de la primera hasta haber ampliado nuestro conocimiento de la sucesión de instancias psíquicas y de la diferenciación entre lo consciente y lo inconsciente. Por ahora sólo podemos presentar en forma puramente descriptiva algunos caracteres clínicamente descubiertos de la represión, a riesgo de repetir, sin modificación alguna, mucho de lo ya expuesto en otros lugares.

Tenemos, pues, fundamentos para suponer una primera fase de la represión, una *represión primitiva*, consistente en que a la representación psíquica del instinto se le ve negado el acceso a la conciencia. Esta negativa produce una *fijación*, o sea que la representación de que se trate perdura inmutable a partir de este momento, quedando el instinto ligado a ella. Todo ello depende de cualidades, que más adelante examinaremos, de los procesos inconscientes.

La segunda fase de la represión, o sea la *represión propiamente dicha,* recae sobre ramificaciones psíquicas de la representación reprimida o sobre aquellas series de ideas procedentes de fuentes distintas, pero que han entrado en conexión asociativa con dicha representación. A causa de esta conexión sufren tales representaciones el mismo destino que lo primitivamente reprimido. Así, pues, la represión propiamente dicha es una fuerza opresiva (*'nachdrängen'*) posterior. Sería equivocado limitarse a hacer resaltar la repulsa que, partiendo de lo consciente, actúa sobre el material que ha de ser reprimido. Es indispensable tener también en cuenta la atracción que lo primitivamente reprimido ejerce sobre todo aquello con lo que le es dado entrar en contacto. La tendencia a la represión no alcanzaría jamás sus propósitos si estas dos fuerzas no actuasen de consuno y no existiera algo primitivamente reprimido que se halla dispuesto a acoger lo rechazado por lo consciente.

Bajo la influencia del estudio de las psiconeurosis, que nos descubre los efectos más importantes de la represión, nos inclinaríamos a exagerar su contenido psicológico y a olvidar que no impide a la representación del instinto perdurar en lo inconsciente, continuar organizándose, crear ramificaciones y establecer relaciones. La represión no estorba sino la relación con un sistema psíquico, con el de lo consciente.

El psicoanálisis nos revela todavía algo distinto y muy importante para la comprensión de los efectos de la represión en las psiconeurosis. Nos revela que la representación del instinto se desarrolla más libre y ampliamente cuando ha sido sustraída, por la represión, a la influencia consciente. Crece entonces, por decirlo así, en la oscuridad y encuentra formas extremas de expresión, que cuando las traducimos y comunicamos a los neuróticos, tienen que parecerles completamente ajenas a ellos y los atemorizan, reflejando una extraordinaria y peligrosa energía del instinto. Esta engañosa energía del instinto es consecuencia de un ilimitado desarrollo en la fantasía y del estancamiento consecutivo a la frustración de la satisfacción. Este último resultado de la represión nos indica dónde hemos de buscar su verdadero sentido.

Retornando ahora al aspecto opuesto de la represión afirmaremos que ni siquiera es cierto que la represión mantiene alejadas de la conciencia a todas las ramificaciones de lo primitivamente reprimido. Cuando tales ramificaciones se han distanciado suficientemente de la representación reprimida, bien por deformación, bien por el número de miembros interpolados, encuentran ya libre acceso a la conciencia. Sucede como si la resistencia de lo consciente contra dichas ramificaciones fuera una función de su distancia de lo primitivamente reprimido. En el ejercicio de la técnica psicoanalítica invitamos al paciente a producir aquellas ramificaciones de lo reprimido que por su distancia o deformación pueden eludir la censura de lo consciente. No otra cosa son las asociaciones que demandamos del paciente, con renuncia a todas las ideas de propósitos conscientes y a toda crítica, ocurrencias con las cuales reconstituimos una traducción consciente de la idea reprimida, asociaciones que no son otra cosa que ese tipo de ramificaciones lejanas o deformadas. Al obrar así observamos que el paciente puede tener tal serie de ocurrencias, hasta que en su discurso tropieza con una idea en la cual la relación con lo reprimido actúa ya tan intensamente, que el sujeto tiene que repetir su tentativa de represión. También los síntomas neuróticos tienen que haber cumplido la condición antes indicada, pues son ramificaciones de lo reprimido, que consiguen, por fin, con tales productos, el acceso a la conciencia negado previamente.

No es posible indicar, en general, la amplitud que han de alcanzar la deformación y el alejamiento de lo reprimido para lograr vencer la resistencia de lo consciente. Tiene aquí efecto una sutil valoración cuyo mecanismo se nos oculta; pero cuya forma de actuar nos deja adivinar que se trata de hacer alto ante determinada intensidad de la carga de lo inconsciente, traspasada la cual se llegaría a la satisfacción. La represión labora, pues, de un modo *altamente individual*. Cada una de las ramificaciones puede tener su destino particular, y un poco más o menos de deformación hace variar por completo el resultado. Observemos asimismo que los objetos preferidos de los hombres, sus ideales, proceden de las mismas percepciones y experiencias que los objetos más odiados y no se diferencian originariamente de ellos sino por pequeñas modificaciones. Puede incluso suceder, como ya lo hemos observado al examinar la génesis del fetiche *, que la primitiva representación del instinto quede dividida en dos partes, una de las

* 'Tres ensayos sobre una teoría sexual', 1905.

cuales sucumbe a la represión, mientras que la restante, a causa precisamente de su íntima conexión con la primera, pasa a ser idealizada.

Una modificación de las condiciones de la producción de placer y displacer da origen, en el otro extremo del aparato, al mismo resultado que antes atribuimos a la mayor o menor deformación. Existen diversas técnicas que aspiran a introducir en el funcionamiento de las fuerzas psíquicas determinadas modificaciones, a consecuencia de las cuales aquello mismo que en general produce displacer produzca también placer alguna vez, y siempre que entra en acción uno de tales medios técnicos queda removida la represión de una representación de instinto, a la que hallaba negado el acceso a lo consciente. Estas técnicas no han sido detenidamente analizadas hasta ahora más que en el *chiste* *. Por lo general, el levantamiento de la represión es sólo pasajero, volviendo a quedar establecido al poco tiempo.

De todos modos, estas observaciones bastan para llamarnos la atención sobre otros caracteres del proceso represivo. La represión no es tan sólo *individual*, sino también *móvil* en alto grado. No debemos representarnos su proceso como un acto único, de efecto duradero, semejante, por ejemplo, al de dar muerte a un ser vivo. Muy al contrario, la represión exige un esfuerzo continuado, cuya interrupción la llevaría al fracaso, haciendo preciso un nuevo acto represivo. Habremos, pues, de suponer que lo reprimido ejerce una presión continuada en dirección de lo consciente, siendo, por tanto, necesaria, para que el equilibrio se conserve, una constante presión contraria. El mantenimiento de una represión supone, pues, un continuo gasto de energía, y su levantamiento significa, económicamente, un ahorro. La movilidad de la represión encuentra, además, una expresión en los caracteres psíquicos del dormir (estado de reposo), único estado que permite la formación de sueños. Con el despertar son emitidas nuevamente las cargas de represión antes retiradas.

Por último, no debemos olvidar que el hecho de comprobar que un impulso instintivo se halla reprimido no arroja sino muy escasa luz sobre el mismo. Aparte de su represión, puede presentar otros muy diversos caracteres: ser inactivo; esto es, poseer muy escasa catexia de energía psíquica, o poseerla en diferentes grados, y hallarse así capacitado para la actividad. Su entrada en actividad no tendrá por consecuencia el levantamiento directo de la represión, pero estimulará todos aquellos procesos que terminan en el acceso del impulso a la conciencia por caminos indirectos. Tratándose de ramificaciones no reprimidas de lo inconsciente, la magnitud de la energía psíquica define el destino de cada representación. Sucede todos los días que tal ramificación permanece sin reprimir mientras integra alguna energía, aunque su contenido sea susceptible de originar un conflicto con lo conscientemente dominante. En cambio, el factor *cuantitativo* es decisivo para la aparición del conflicto: en cuanto la idea aborrecida traspasa cierto grado de energía surge el verdadero conflicto y la entrada en actividad de dicha idea lo que trae consigo la represión. Así, pues, el incremento de la carga de energía produce, en todo lo que a la represión se refiere, los mismos efectos que la aproximación a lo inconsciente. Paralelamente, la disminución de dicha carga equivale al alejamiento de lo inconsciente o de la deformación. Es perfectamente comprensible que las tendencias represoras encuentren en la atenuación de lo desagradable un sustitutivo de su represión.

---

* 'El chiste y su relación con lo inconsciente', 1905.

Hasta aquí hemos tratado de la represión de una representación del instinto, entendiendo como tal una idea o grupo de ideas a las que el instinto confiere cierto montante de energía psíquica (libido, interés). La observación clínica nos fuerza a descomponer lo que hasta ahora hemos concebido unitariamente, pues nos muestra que, a más de la idea, hay otro elemento diferente de ella que también representa al instinto, y que este otro elemento experimenta destinos de la represión que puedan ser muy diferentes de los que experimenta la idea. A este otro elemento de la representación psíquica le damos el nombre de *montante de afecto* y corresponde al instinto en tanto en cuanto se ha separado de la idea y encuentra una expresión adecuada a su cantidad en procesos que se hacen perceptibles a la sensación a título de afectos. De aquí en adelante, cuando describamos un caso de represión, tendremos que perseguir por separado lo que la represión ha hecho de la idea y lo que ha sido de la energía instintiva a ella ligada.

Pero antes quisiéramos decir algo, en general, sobre ambos destinos, labor que se nos hace posible en cuanto conseguimos orientarnos un poco. El destino general de la idea que representa al instinto no puede ser sino el de desaparecer de la conciencia, si era consciente, o verse negado el acceso a ella, si estaba en vías de llegar a serlo. La diferencia entre ambos casos carece de toda importancia. Es, en efecto, lo mismo que expulsemos de nuestro despacho o de nuestra antesala a un visitante indeseado, o que no le dejemos traspasar el umbral de nuestra casa [1393]. El destino del factor cuantitativo de la representación del instinto puede tener tres posibilidades, según las apreciamos desde una vista panorámica de las observaciones efectuadas por el psicoanálisis. (a) El instinto puede quedar totalmente reprimido y no dejar vestigio alguno observable; (b) puede aparecer bajo la forma de un afecto cualitativamente coloreado de una forma u otra, y (c) puede ser transformado en angustia. Estas dos últimas posibilidades nos fuerzan a considerar la *transformación* de las energías psíquicas de los instintos en *afectos*, y especialmente en *angustia*, como un nuevo destino de los instintos.

Recordamos que el motivo y la intención de la represión eran evitar el displacer. De ella se deduce que el destino del montante de afecto de la representación es mucho más importante que el de la idea, circunstancia decisiva para nuestra concepción del proceso represivo. Como una represión no consigue evitar el nacimiento de sensaciones de displacer o de angustia, podemos decir que ha fracasado, aunque haya alcanzado su fin en lo que respecta a la idea. Naturalmente, la represión fracasada ha de interesarnos más que la conseguida, la cual escapa casi siempre a nuestro examen.

Intentaremos ahora penetrar en el conocimiento del mecanismo del proceso de la represión y, sobre todo, averiguar si es único o múltiple y si cada una de las psiconeurosis no se halla quizá caracterizada por un peculiar mecanismo de represión. Pero ya desde el principio de esta investigación tropezamos con complicaciones. El único medio de que disponemos para llegar al conocimiento del mecanismo de la represión es deducirlo de los resultados de la misma. Si limitamos la investigación a los resultados observables en la parte ideológica de la representación, descubrimos que la represión crea regularmente *una formación sus-*

[1393] Esta comparación, aplicable al proceso de la represión, puede hacerse extensiva a uno de sus caracteres, ya indicado anteriormente. Bastará añadir que hacemos vigilar de continuo, por un centinela, la puerta prohibida al visitante, el cual acabaría, si no, por forzarla.

titutiva. Habremos, pues, de preguntarnos cuál es el mecanismo de esta producción de sustitutivos y si no deberemos distinguir también aquí diversos mecanismos. Sabemos ya que la represión deja *síntomas* detrás de sí. Se nos plantea, pues, el problema de si podemos hacer coincidir la formación de sustitutivos con la de síntomas, y en caso afirmativo, el mecanismo de esta última con el de la represión. Hasta ahora, todo nos lleva a suponer que ambos mecanismos difieren considerablemente y que no es la represión misma la que crea formaciones sustitutivas y síntomas. Estos últimos deberían su origen, como signos de un *retorno de lo reprimido* * a procesos totalmente distintos. Parece también conveniente someter a investigación los mecanismos de la formación de sustitutivos y de síntomas antes que los de la represión.

Es evidente que la especulación no tiene ya aquí aplicación ninguna y debe ser sustituida por el cuidadoso análisis de los resultados de la represión observables en las diversas neurosis. Sin embargo, me parece prudente aplazar también esta labor hasta habernos formado una idea satisfactoria de la relación de lo consciente con lo inconsciente. Ahora bien: para no abandonar la discusión que antecede sin concretarla en deducción alguna, haremos constar: 1.º Que el mecanismo de la represión no coincide, en efecto, con el o los mecanismos de la formación de sustitutivos; 2.º Que existen muy diversos mecanismos de formación de sustitutivos, y 3.º Que los mecanismos de la represión poseen, por lo menos, un carácter común: la *sustracción de la carga de energía* (o *libido,* cuando se trata de instintos sexuales).

Limitándonos a las tres psiconeurosis más conocidas, mostraremos en unos cuantos ejemplos cómo los conceptos por nosotros introducidos encuentran su aplicación al estudio de la represión.

Comenzando por la *histeria de angustia,* elegiremos un ejemplo, excelentemente analizado, de *zoofobia* **. El impulso instintivo que en este caso sucumbió a la represión fue una actitud libidinosa del sujeto con respecto a su padre, acoplada a miedo del mismo. Después de la represión desapareció este sentimiento de la conciencia, y el padre cesó de hallarse integrado en ella como objeto de la libido. En calidad de sustitutivo surgió en su lugar un animal más o menos apropiado para constituirse en objeto de angustia. El producto sustitutivo de la parte ideológica se constituyó por *desplazamiento* a lo largo de una cadena de conexiones determinado en cierta forma; y la parte cuantitativa no desapareció, sino que se transformó en angustia, resultando de todo esto un miedo al lobo como sustitución de la aspiración erótica relativa al padre. Naturalmente, las categorías aquí utilizadas no bastan para aclarar ningún caso de psiconeurosis por sencillo que sea, pues siempre han de tenerse en cuenta otros distintos puntos de vista.

Una represión como la que tuvo efecto en este caso de zoofobia ha de considerarse totalmente fracasada. Su obra aparece limitada al alejamiento y sustitución de la idea, faltando todo ahorro de displacer. Por esta causa, la labor de la neurosis no quedó interrumpida, sino que continuó en un segundo tiempo hasta alcanzar su fin más próximo e importante, culminando en la formación de una tentativa de fuga en la *fobia* propiamente dicha y en una serie de precauciones destinadas a prevenir el desarrollo de angustia. Una investigación especial nos descubrirá luego por qué mecanismos alcanza la fobia su fin.

---

* Concepto, que como bien señala Strachey, ya lo planteó Freud en 1896 en 'Las psiconeurosis de defensa'. *(Nota de J. N.)*

** Se refiere indudablemente al caso del 'hombre de los lobos' ('Historia de una neurosis infantil', 1918). *(Nota de J. N.)*

El cuadro de la verdadera *histeria de conversión* nos impone otra concepción distinta del proceso represivo. Su carácter más saliente es, en este caso, la posibilidad de hacer desaparecer por completo el montante de afecto. El enfermo observa entonces, con respecto a sus síntomas, aquella conducta que Charcot ha denominado *la belle indifférence des hystériques*. Otras veces no alcanza esta represión tan completo éxito, pues se enlazan al síntoma sensaciones penosas o resulta imposible evitar cierto desarrollo de angustia, la cual activa, por su parte, el mecanismo de la formación de la fobia. El contenido ideacional de la representación del instinto es sustraído por completo de la conciencia como formación sustitutiva —y al mismo tiempo como síntoma—. Hallamos una inervación de extraordinaria energía —(somática en los casos típicos)—, inervación de naturaleza sensorial unas veces y motora otras, que aparece como excitación o como inhibición. Un detenido examen nos demuestra que esta hiperinervación tiene efecto en una parte de la misma representación reprimida del instinto, la cual ha atraído a sí, como por una *condensación*, toda la carga. Estas observaciones no entrañan, claro está, todo el mecanismo de una histeria de conversión. Principalmente habremos de tener, además, en cuenta el factor de la regresión, del cual trataremos en otro lugar. La represión que tiene efecto en la histeria puede considerarse por completo fracasada si nos atenemos exclusivamente a la circunstancia de que sólo es alcanzada por medio de amplias formaciones de sustitutivos. Pero, en cambio, la verdadera labor de la represión o sea la supresión del montante de afecto, queda casi siempre perfectamente conseguida. El proceso represivo de la histeria de conversión termina con la formación de síntomas y no necesita continuar en un segundo tiempo —o en realidad ilimitadamente—, como en la histeria de angustia.

Otro aspecto completamente distinto presenta la represión en la *neurosis obsesiva*, tercera de las afecciones que aquí comparamos. En esta psiconeurosis no sabemos al principio si la representación que sucumbe a la represión es una tendencia libidinosa o una tendencia hostil. Tal inseguridad proviene de que la neurosis obsesiva tiene como premisa una regresión que sustituye la tendencia erótica por una tendencia sádica. Este impulso hostil contra una persona amada es lo que sucumbe a la represión, cuyos efectos varían mucho de su primera fase a su desarrollo ulterior. Al principio logra la represión un éxito completo; el contenido ideológico es rechazado, y el afecto, obligado a desaparecer. Como producto sustitutivo surge una modificación del *yo*, consistente en el incremento de la conciencia moral, modificación que no podemos considerar como un síntoma. La formación de sustitutivos y la de síntomas se muestran aquí separadas y se nos revela una parte del mecanismo de la represión. Esta ha realizado, como siempre, una sustracción de libido; pero se ha servido, para este fin, de la *formación reactiva* por medio de la intensificación de lo opuesto. La formación de sustitutivos tiene, pues, aquí el mismo mecanismo que la represión y coincide en el fondo con ella; pero se separa cronológica y conceptualmente, como es comprensible, de la formación de síntomas.

Es muy probable que la relación de ambivalencia, en la que está incluido el impulso sádico que ha de ser reprimido, sea la que haga posible todo el proceso. Pero esta represión, conseguida al principio, no logra mantenerse, y en su curso ulterior va aproximándose cada vez más al fracaso. La ambivalencia, que hubo de facilitar la represión por medio de la formación reactiva facilita también luego el retorno de lo reprimido. El afecto desaparecido retorna transformado en angustia social, angustia moral, escrúpulos y reproches sin fin, y la representación rechazada es sustituida por un *sustituto por desplazamiento* que recae con frecuencia sobre elementos nimios e indiferentes. La mayor parte de las veces no se descubre tendencia ninguna a la reconstitución exacta de la representación reprimida. El fracaso de la represión del factor cuantitativo afectivo, hace entrar en actividad aquel mecanismo de la fuga por medio de evitaciones y prohibiciones que ya descubrimos en la formación de las fobias histéricas. Pero la idea continúa, viéndose negado el acceso a la conciencia, pues de este modo se consigue evitar la acción, paralizando el impulso. Por tanto, la labor de la represión en la neurosis obsesiva termina en una vana e inacabable lucha.

De la corta serie de comparaciones que antecede extraemos la convicción de que para llegar al conocimiento de los procesos relacionados con la represión y la formación de síntomas neuróticos son precisas más amplias investigaciones. La extraordinaria complejidad de los múltiples factores a los que ha de atenderse impone a nuestra exposición una determinada pauta. Habremos, pues, de hacer resaltar sucesivamente los diversos puntos de vista y perseguirlos por separado a través de todo el material mientras su aplicación sea fructuosa.

Cada una de estas etapas de nuestra labor resultará incompleta, aisladamente considerada, y presentará algunos lugares oscuros correspondientes a sus puntos de contacto con las cuestiones aún inexploradas; pero hemos de esperar que la síntesis final de todas ellas arroje clara luz sobre los complicados problemas investigados.

LO INCONSCIENTE *

1915

EL psicoanálisis nos ha revelado que la esencia del proceso de la represión no consiste en suprimir y destruir una idea que representa al instinto, sino en impedirle hacerse consciente. Decimos entonces que dicha idea está en un estado de ser «inconsciente» y tenemos pruebas de que, aun siéndolo, puede producir determinados efectos, que acaban por llegar a la conciencia. Todo lo reprimido tiene que permanecer inconsciente; pero queremos dejar sentado desde un principio que no forma por sí solo todo el contenido de lo inconsciente. Lo inconsciente tiene un alcance más amplio, lo reprimido es, por tanto, una parte de lo inconsciente.

¿Cómo llegar al conocimiento de lo inconsciente? Sólo lo conocemos como consciente; esto es, después que ha experimentado una transformación o traducción a lo consciente. La labor psicoanalítica nos muestra cotidianamente la posibilidad de tal traducción. Para llevarla a cabo es necesario que el analizado venza determinadas resistencias, las mismas que, a su tiempo, reprimieron el material de que se trate, rechazándolo de lo consciente.

I. Justificación del concepto de lo inconsciente.

DESDE muy diversos sectores se nos ha discutido el derecho a aceptar la existencia de un psiquismo inconsciente y a laborar científicamente con esta hipótesis. Contra esta opinión podemos argüir que la hipótesis de la existencia de lo *inconsciente es necesaria y legítima*, y, además, que poseemos múitiples *pruebas* de su exactitud. Es *necesaria*, porque los datos de la conciencia son altamente incompletos. Tanto en los sanos como en los enfermos surgen con frecuencia actos psíquicos cuya explicación presupone otros de los que la conciencia no nos ofrece testimonio alguno. Actos de este género son no sólo los actos fallidos y los sueños de los individuos sanos, sino también todos aquellos que calificamos de un síntoma psíquico o de una obsesión en los enfermos. Nuestra cotidiana experiencia personal nos muestra ocurrencias cuyo origen desconocemos y conclusiones intelectuales cuya elaboración ignoramos. Todos estos actos conscientes resultarán faltos de sentido y coherencia si mantenemos la teoría de que la totalidad de nuestros actos psíquicos ha de sernos dada a conocer por nuestra conciencia y, en cambio, quedarán ordenados dentro de un

* *Das Unbewusste*, en alemán el original, en *Int. Z. Psychoana.*, 3 (4), 189-203 y (5), 257-269, 1915.

conjunto coherente e inteligible si interpolamos entre ellos los actos inconscientes que hemos inferido. Esta ganancia de sentido constituye, de por sí, motivo justificado para traspasar los límites de la experiencia directa. Y si luego comprobamos que tomando como base la existencia de un psiquismo inconsciente podemos estructurar un procedimiento eficacísimo, por medio del cual influir adecuadamente sobre el curso de los procesos conscientes, este éxito nos dará una prueba irrebatible de la exactitud de nuestra hipótesis. Habremos de situarnos entonces en el punto de vista de que no es sino una pretensión insostenible el exigir que todo lo que sucede en lo psíquico haya de ser conocido por la conciencia.

También podemos aducir, en apoyo de la existencia de un estado psíquico inconsciente, el hecho de que la conciencia sólo integra en un momento dado un limitado contenido, de manera que la mayor parte de aquello que denominamos conocimiento consciente tiene que hallarse de todos modos, durante largos períodos de tiempo, en estado de latencia; esto es, en un estado de inconsciencia psíquica. La negación de lo inconsciente resulta incomprensible en cuanto volvemos la vista a todos nuestros recuerdos latentes. Se nos opondrá aquí la objeción de que estos recuerdos latentes no pueden ser considerados como psíquicos, sino que corresponden a restos de procesos somáticos, de los cuales puede volver a surgir lo psíquico. No es difícil argüir a esta objeción que el recuerdo latente es, por lo contrario, un indudable residuo de un proceso *psíquico*. Pero es aún más importante darse cuenta de que la objeción discutida reposa en verdad no dicho explícitamente sino tomado como axioma, de asimilar lo consciente a lo psíquico. Y esta asimilación es o una *petitio principii* que escamotea la cuestión de si todo lo psíquico tiene también que ser consciente, o es una pura convención o asunto de nomenclatura. En este último caso, resulta, como toda convención irrebatible, y sólo nos preguntaremos si resulta en realidad tan útil y adecuada que hayamos de agregarnos a ella. Pero podemos afirmar que la equiparación de lo psíquico con lo consciente es por completo inadecuada. Destruye las continuidades psíquicas, nos sume en las insolubles dificultades del paralelismo psicofísico, sucumbe al reproche de exagerar sin fundamento alguno la misión de la conciencia y nos obliga a abandonar prematuramente el terreno de la investigación psicológica, sin ofrecernos compensación alguna en otros sectores.

Por otra parte, es evidente que la discusión de si hemos de considerar como estados anímicos conscientes o como estados físicos los estados latentes de la vida anímica, amenaza convertirse en una mera cuestión de palabras. Así, pues, es aconsejable enfocar nuestra atención en primer término a aquello que de la naturaleza de tales estados nos es seguramente conocido. Ahora bien, los caracteres físicos de estos estados nos son totalmente inaccesibles: ningún concepto fisiológico ni ningún proceso químico puede darnos una idea de su esencia. En cambio, es indudable que presentan amplio contacto con los procesos anímicos conscientes. Cierta elaboración permite incluso transformarlos en tales procesos o sustituirlos por ellos y pueden ser descritos por medio de todas las categorías que aplicamos a los actos psíquicos conscientes, tales como ideas, tendencias, decisiones, etc. De muchos de estos estados latentes estamos obligados a decir que sólo la ausencia de la conciencia los distingue de los conscientes. No vacilaremos, pues, en considerarlos como objetos de la investigación psicológica, íntimamente relacionados con los actos psíquicos conscientes.

La tenaz negativa a admitir el carácter psíquico de los actos anímicos latentes se explica por el hecho de que la mayoría de los fenómenos de referencia no han sido objeto de estudio fuera del psicoanálisis. Aquellos que, desconociendo los hechos patológicos, consideran como casualidades los actos fallidos en sujetos normales y se agregan a la antigua opinión de que «los sueños son vana espuma», no necesitan ya sino pasar por alto algunos enigmas de la psicología de la conciencia para poder ahorrarse el reconocimiento de una actividad psíquica inconsciente. Además, los experimentos hipnóticos, y especialmente la sugestión poshipnótica, demostraron ya, antes del nacimiento del psicoanálisis, la existencia y la actuación de lo anímico inconsciente.

La aceptación de lo inconsciente es, además, perfectamente *legítima*, es tanto en cuanto al establecerla no nos hemos separado un ápice de nuestra manera de pensar, que consideramos correcta. La conciencia no ofrece al individuo más que el conocimiento de sus propios estados anímicos. La afirmación de que también los demás hombres poseen una conciencia es una conclusión que deducimos *per analogiam*, basándonos en sus actos y manifestaciones perceptibles y con el fin de hacernos comprensibles su conducta. (Más exacto, psicológicamente, será decir que atribuimos a los demás, sin necesidad de una reflexión especial, nuestra propia constitución y, por tanto, también nuestra conciencia, y que esta identificación es un *sine qua non* de nuestra comprensión.) Esta conclusión (o esta identificación) hubo de extenderse antiguamente por el *yo* no sólo a los demás hombres, sino también a los animales, plantas, objetos inanimados y al mundo en general, y resultó utilizable mientras la analogía con el *yo* individual fue suficientemente amplia, dejando luego de ser adecuada conforme «los demás» fue aumentando su diferencia con el *yo*. Nuestro juicio crítico actual duda en lo que respecta a la conciencia de los animales, lo niega a las plantas y relega al misticismo la hipótesis de una conciencia de lo inanimado. Pero también allí donde la tendencia original a la identificación ha resistido el examen crítico; esto es, cuando 'los demás' son nuestros semejantes, la aceptación de una conciencia reposa en una deducción y no en una irrebatible experiencia directa como la que tenemos de nuestro propia conciencia.

El psicoanálisis no exige sino que apliquemos también este procedimiento deductivo a nuestra propia persona, labor en cuya realización no nos auxilia, ciertamente, tendencia constitucional alguna. Procediendo así hemos de convenir en que todos los actos y manifestaciones que en nosotros advertimos, sin que sepamos enlazarlos con el resto de nuestra vida mental han de ser considerados como si pertenecieran a otra persona y deben ser explicados por una vida anímica a ella atribuida. La experiencia muestra también que cuando se trata de otras personas sabemos interpretar muy bien; esto es, incluir en la coherencia anímica aquellos mismos actos a los que negamos el reconocimiento psíquico cuando se trata de nosotros mismos. La investigación es desviada, pues, de la propia persona por un obstáculo especial que impide su exacto conocimiento.

Este procedimiento deductivo, aplicado no sin cierta resistencia interna a nuestra propia persona, no nos lleva al descubrimiento de un psiquismo inconsciente, sino a la hipótesis de una segunda conciencia reunida en nosotros a la conciencia que nos es reconocida. Pero contra esta hipótesis hallamos en seguida justificadísimas objeciones. En primer lugar, una conciencia de la que nada sabe el propio sujeto es algo muy distinto de una conciencia ajena y ni siquiera parece indicado entrar a discutirla, ya que carece del principal carácter de tal. Aquellos que se han resistido a aceptar la existencia de un psiquismo inconsciente, menos podrán admitir la de una *conciencia inconsciente*. Pero, en segundo lugar, nos indica el análisis que los procesos anímicos latentes deducidos gozan entre sí de gran independencia, pareciendo no hallarse relacionados ni saber nada unos de otros. Así, pues, habríamos de aceptar no sólo una segunda conciencia, sino de una tercera, una cuarta y tal vez de toda una serie ilimitada de estados de conciencia ocultos a nuestra percatación e ignorados unos a otros. En tercer lugar, ha de tenerse en cuenta —y éste es el argumento de más peso— que, según nos revela la investigación psicoanalítica, una parte de tales procesos latentes posee caracteres y particularidades que nos parecen extraños, increíbles y totalmente opuestos a las cualidades por nosotros conocidas de la conciencia. Todo esto nos hace modificar la conclusión del procedimiento deductivo que hemos aplicado a nuestra propia persona, en el sentido de no admitir ya en nosotros la existencia de una segunda conciencia, sino la de actos psíquicos carentes de conciencia. Asimismo habremos de rechazar, por ser incorrecto y muy susceptible de inducir en error, el término «subconsciencia». Los casos conocidos de *double conscience* (disociación de la conciencia) no prueban nada contrario a nuestra teoría, pudiendo ser considerados como caso de disociación de las actividades psíquicas en dos grupos, hacia los cuales se orienta alternativamente la conciencia.

El psicoanálisis nos obliga, pues, a afirmar que los procesos psíquicos son inconscientes y a comparar su percepción por la conciencia con la que los órganos sensoriales hacen del mundo exterior. Esta comparación nos ayudará, además, a ampliar nuestros conocimientos. La hipótesis psicoanalítica de la actividad psíquica inconsciente constituye en un sentido una continuación del animismo primitivo que nos mostraba por doquier fieles imágenes de nuestra conciencia, y en otro, como una extensión de la rectificación, llevada a cabo por Kant, de la teoría de la percepción externa. Del mismo modo que Kant nos invitó a no desatender la condicionalidad subjetiva de nuestra percepción y a no considerar nuestra percepción idéntica a lo percibido incognoscible, nos invita el psicoanálisis a no confundir la percepción de la conciencia con los procesos psíquicos inconscientes objetos de la misma. Tampoco lo psíquico tal como lo físico necesita ser en realidad tal como lo percibimos. Pero hemos de esperar que la rectificación de la percepción interna no oponga tan grandes dificultades como la de la externa y que los objetos interiores sean menos incognoscibles que el mundo exterior.

II.   La multiplicidad de sentido de lo inconsciente y el punto de vista tópico.

Antes de continuar queremos dejar establecido el hecho, tan importante como inconveniente, de que la inconsciencia no es sino uno de los múltiples caracteres de lo psíquico, no bastando, pues, por sí solo para formar su característica. Existen actos psíquicos de muy diversa categoría que, sin embargo, coinciden en el hecho de ser inconscientes. Lo inconsciente comprende, por un lado, actos latentes y temporalmente inconscientes, que, fuera de esto, en nada se diferencian de los conscientes, y, por otro, procesos tales como los reprimidos, que si llegaran a ser conscientes presentarían notables diferencias con los demás de este género.

Si en la descripción de los diversos actos psíquicos pudiéramos prescindir por completo de su carácter consciente o inconsciente y clasificarlos atendiendo únicamente a su relación con los diversos instintos y fines, a su composición y a su pertenencia a los distintos sistemas psíquicos subordinados unos a otros, lograríamos evitar todo error de interpretación. Pero no siéndonos posible proceder en esta forma, por oponerse a ello varias e importantes razones, habremos de resignarnos al equívoco que ha de representar el emplear los términos «consciente» e «inconsciente» en sentido descriptivo unas veces, y otras en sentido sistemático cuando sean expresión de la pertenencia a determinados sistemas y de la posesión de ciertas cualidades. También podríamos intentar evitar la confusión designando los sistemas psíquicos reconocidos con nombres arbitrarios que no aludiesen para nada a la conciencia. Pero antes de hacerlo así habríamos de explicar en qué fundamos la diferenciación de los sistemas, y en esta explicación nos sería imposible eludir el atributo de ser consciente, que constituye el punto de partida de todas nuestras investigaciones. Nos limitaremos, pues, a emplear un sencillo medio auxiliar, consistente en sustituir, respectivamente, los términos «conciencia» e «inconsciente» por las fórmulas *Cc*. e *Inc.,* siempre que usemos estos términos en sentido sistemático.

Pasando ahora a los hallazgos positivos del psicoanálisis: Pudiéramos decir que en general un acto psíquico pasa por dos fases con relación a su estado entre las cuales se halla intercalada una especie de examen (censura). En la primera fase el acto psíquico es inconsciente y pertenece al sistema *Inc.* Si al ser examinado por la censura es rechazado, le será negado el paso a la segunda fase; lo calificaremos de «reprimido» y tendrá que permanecer inconsciente. Pero si sale triunfante del examen, pasará a la segunda fase y a pertenecer al segundo sistema, o sea al que hemos convenido en llamar sistema *Cc.* Sin embargo, su relación con la conciencia no quedará fijamente determinada por su pertenencia al sistema *Cc.* No es todavía consciente, pero *sí capaz de conciencia* (según la expresión de J. Breuer). Quiere esto decir que bajo determinadas condiciones puede llegar a ser, sin que a ello se oponga resistencia especial alguna, objeto de la conciencia. Atendiendo a esta capacidad de conciencia, damos también al sistema *Cc.* el nombre de «preconsciente». Si más adelante resulta que también el acceso de lo preconsciente a la conciencia se halla determinado por una cierta censura, diferenciaremos más precisamente entre sí los sistemas *Prec.* y *Cc.* Mas, por lo pronto, nos bastará retener que el sistema *Prec.* comparte las cualidades del sistema *Cc.* y que la severa censura ejerce sus funciones en el paso desde el *Inc.* al *Prec.* (o *Cc.)*

Con la aceptación de estos dos (o tres) sistemas psíquicos se ha separado el psicoanálisis un paso más de la psicología descriptiva de la conciencia, planteándose un nuevo acervo de problemas y adquiriendo un nuevo contenido. Hasta aquí se distinguía principalmente de la Psicología por su concepción *dinámica* de los procesos anímicos, a la cual viene a agregarse ahora su aspiración a atender también a la *tópica psíquica* y a indicar dentro de qué sistema o entre qué sistemas se desarrolla un acto psíquico cualquiera. Esta aspiración ha valido al psicoanálisis el calificativo de *psicología de las profundidades (Tiefenpsychologie).* Más adelante hemos de ver cómo todavía integra otro interesantísimo punto de vista.

Si queremos establecer seriamente una *tópica* de los actos anímicos, habremos de comenzar por resolver una duda que en seguida se nos plantea. Cuando un acto psíquico (limitándonos aquí a aquellos de la naturaleza de una idea) pasa del sistema *Inc.* al sistema *Cc.* (o *Prec.),* ¿hemos de suponer que con este paso se halla enlazado un nuevo registro, o como pudiéramos decir, una segunda inscripción de la representación de que se trate, inscripción que de este modo podrá resultar integrada en una nueva localidad psíquica, y junto a la cual continúa existiendo la primitiva inscripción inconsciente? ¿O será más exacto admitir que el paso de un sistema a otro consiste en un cambio de estado de la idea que tiene efecto en el mismo material y en la misma localidad? Esta pregunta puede parecer abstrusa, pero es obligado plantearla si queremos formarnos una idea determinada de la tópica psíquica; esto es, de las dimensiones de la profundidad psíquica. Resulta difícil de contestar, porque va más allá de lo puramente psicológico y entra en las relaciones del aparato anímico con la anatomía. En líneas muy generales sabemos que tales relaciones existen. La investigación científica ha mostrado que la actividad anímica se halla enlazada a la función del cerebro como a ningún otro órgano. Más allá todavía —y aún no sabemos cuánto— nos lleva al descubrimiento del valor desigual de las diversas partes del cerebro y sus particulares relaciones con partes del cuerpo y actividades espirituales determinadas. Pero todas las tentativas realizadas para fijar, partiendo del descubrimiento antes citado, una localización de los procesos anímicos, y todos los esfuerzos encaminados a imaginar almacenadas las ideas en células nerviosas y transmitidos los estímulos a lo largo de fibras nerviosas, han fracasado totalmente. Igual suerte correría una teoría que fijase el lugar anatómico del sistema *Cc.,* o sea de la actividad anímica consciente, en la corteza cerebral, y transfiriese a las partes subcorticales del cerebro los procesos inconscientes. Existe aquí una solución de continuidad, cuya supresión no es posible llevar a cabo, por ahora, ni entra tampoco en los dominios de la Psicología. Nuestra tópica psíquica no tiene, *de momento*, nada que ver con la Anatomía, refiriéndose a regiones del aparato anímico, cualquiera que sea el lugar que ocupen en el cuerpo, y no a localidades anatómicas.

Nuestra labor, en este aspecto, es de completa libertad y puede proceder conforme vayan marcándoselo sus necesidades. De todos modos, no deberemos olvidar que nuestra hipótesis no tiene, en un principio, otro valor que el de simples esquemas aclaratorios. La primera de las dos posibilidades que antes expusimos, o sea la de que la fase *Cc.* de una idea significa una nueva inscripción de la misma en un lugar diferente, es, desde luego, la más grosera, pero también la más ventajosa. La segunda hipótesis, o sea la de un cambio de estado meramente funcional, es *a priori* más verosímil, pero menos plástica y manejable. Con la primera hipótesis —tópica— aparecen enlazadas la de una separación tópica de los sistemas *Inc.* y *Cc.,* y la posibilidad de que una idea exista simultáneamente en dos lugares del aparato psíquico, y que en realidad si no es inhibida por la censura incluso pase regularmente del uno al otro, sin perder eventualmente su primera residencia o inscripción.

Esto parece extraño, pero podemos alegar en su apoyo determinadas impresiones que recibimos durante la práctica psicoanalítica. Cuando comunicamos a un paciente una idea por él reprimida en su vida y descubierta por nosotros, esta revelación no modifica en nada, al principio, su estado psíquico. Sobre todo, no levanta la represión ni anula sus efectos, como pudiera esperarse, dado que la idea antes inconsciente ha devenido consciente. Por el contrario, sólo se consigue al principio una nueva repulsa de la idea reprimida. Pero el paciente posee ya, efectivamente, en dos distintos lugares de su aparato anímico y bajo dos formas diferentes, la misma idea. Primeramente posee el recuerdo consciente de la huella auditiva de la idea tal y como se la hemos comunicado, y en segundo lugar, además tenemos la seguridad de que lleva en sí, bajo su forma primitiva, el recuerdo inconsciente del suceso de que se trate. El levantamiento de la represión no tiene efecto, en realidad, hasta que la idea consciente entre en contacto con la huella mnémica inconsciente después de haber vencido las resistencias. Sólo el acceso a la conciencia de dicha huella mnémica inconsciente puede acabar con la represión. A primera vista parece esto demostrar que la idea consciente y la inconsciente son diversas inscripciones, tópicamente separadas, del mismo contenido. Pero una reflexión más detenida nos prueba que la identidad de la comunicación con el recuerdo reprimido del sujeto es tan sólo aparente. El haber oído algo y el haberlo vivido son dos cosas de naturaleza psicológica totalmente distinta, aunque posean igual contenido.

No nos es factible, de momento, decidir entre las dos posibilidades indicadas. Quizá más adelante hallemos factores que nos permitan tal decisión o descubramos que nuestro planteamiento de la cuestión ha sido insuficiente y que la diferenciación de las ideas conscientes e inconscientes ha de ser determinada en una forma completamente distinta.

III. Emociones inconscientes.

HABIENDO limitado nuestra discusión a las ideas, podemos plantear ahora una nueva interrogación, cuya respuesta ha de contribuir al esclarecimiento de nuestras opiniones teóricas. Dijimos que había ideas conscientes e inconscientes. ¿Existirán también impulsos instintivos, sentimientos y emociones inconscientes, o carecerá de todo sentido aplicar a tales elementos dichos calificativos?

A mi juicio la antítesis de «consciente» e «inconsciente» carece de aplicación al instinto. Un instinto no puede devenir nunca objeto de la conciencia. Unicamente puede serlo la idea que lo representa. Pero tampoco en lo inconsciente puede hallarse representado más que por una idea. Si el instinto no se enlazara a una idea ni se manifestase como un estado afectivo, nada podríamos saber de él. Así, pues, cuando empleando una expresión inexacta hablamos de impulsos instintivos, inconscientes o reprimidos, no nos referimos sino a impulsos instintivos, cuya representación ideológica es inconsciente.

Pudiera creerse igualmente fácil dar respuesta a la pregunta de si, en efecto, existen emociones, sentimientos y afectos inconscientes. En la propia naturaleza de una emoción está el ser percibida, o ser conocida por la conciencia. Así, pues, los sentimientos, emociones y afectos carecerían de toda posibilidad de inconsciencia. Sin embargo, en la práctica psicoanalítica acostumbramos hablar de amor, odio y cólera inconsciente, e incluso empleamos la extraña expresión de «conciencia inconsciente de la culpa», o la paradójica de angustia inconsciente». Habremos, pues, de preguntarnos si con estas expresiones no cometemos una inexactitud mucho más importante que la de hablar de «instintos inconscientes».

Pero la situación es aquí completamente distinta. Puede suceder en primer lugar que un impulso afectivo o emocional sea percibido, pero erróneamente interpretado: la represión de su verdadera representación se ha visto obligada a enlazarse a otra idea y es considerada entonces por la conciencia como una manifestación de esta última idea. Cuando reconstituimos el verdadero enlace calificamos de «inconsciente» el impulso afectivo primitivo, aunque su afecto no fue nunca inconsciente y sólo su idea sucumbió al proceso represivo. El uso de las expresiones «afecto inconsciente» y «emoción inconsciente» se refiere, en general, a los destinos que la represión impone al factor cuantitativo del impulso instintivo. (Véase nuestro estudio de la represión.) Sabemos que tales destinos son en número de tres: el afecto puede perdurar total o fragmentariamente como tal; puede experimentar una transformación en otro montante de afecto, cualitativamente distinto, sobre todo en angustia; o puede ser suprimido, esto es, coartado en su desarrollo. (Estas posibilidades pueden estudiarse más fácilmente quizá en la elaboración onírica que en las neurosis.) Sabemos también que la coerción del desarrollo de afecto es el verdadero fin de la represión y que su labor queda incompleta cuando dicho fin no es alcanzado. Siempre que la represión consigue inhibir el desarrollo de afecto, llamamos *inconscientes* a todos aquellos afectos que reintegramos a su lugar al deshacer la labor represiva. Así, pues, no puede acusársenos de inconsecuentes en nuestro modo de expresarnos. De todas maneras, al establecer un paralelo con las ideas inconscientes surge la importante diferencia de que dichas ideas perduran después de la represión en calidad de producto real en el sistema *Inc.,* mientras que todo aquello que corresponde en este sistema *(Inc.)* a afectos inconscientes es un comienzo potencial cuyo desarrollo está impedido. Así, pues, aunque nuestra forma de expresión sea irreprochable, no hay, estrictamente hablando, afectos inconscientes, como hay ideas inconscientes. En cambio, puede haber muy bien en el sistema *Inc.* productos afectivos que, como otros, llegan a ser conscientes. La diferencia procede en su totalidad de que las ideas son cargas psíquicas y en el fondo cargas de huellas mnémicas, mientras que los efectos y las emociones corresponden a procesos de descarga cuyas últimas manifestaciones son percibidas como sentimientos. En el estado actual de nuestro conocimiento de los afectos y emociones no podemos expresar más claramente esta diferencia.

La comprobación de que la represión puede llegar a coartar la transformación del impulso instintivo en una manifestación afectiva, presenta para nosotros un particular interés. Nos revela, en efecto, que el sistema *Cc.* regula normalmente la afectividad y el acceso a la motilidad y eleva el valor de la represión, mostrándonos que no sólo excluye cosas de la conciencia, sino que impide también provocar el desarrollo de afecto y el poner en acción la actividad muscular. Invirtiendo nuestra exposición podemos decir que, mientras el sistema *Cc.* regula la afectividad y la motilidad, calificamos de normal el estado psíquico de un individuo. Sin embargo, no puede ocultársenos cierta diferencia entre las relaciones del sistema dominante con cada uno de los dos actos afines de descarga [1394]. En efecto, el dominio de la motilidad voluntaria por el sistema *Cc.* se halla firmemente enraizada, resiste los embates de la neurosis y sólo sucumbe ante la psicosis. En cambio, el dominio que dicho sistema ejerce sobre el desarrollo de afecto es mucho menos firme. Incluso en la vida normal puede observarse una constante lucha de los sistemas *Cc.* e *Inc.* por el dominio de la afectividad, delimitándose determinadas esferas de influencia y mezclándose las energías actuantes.

La significación del sistema *Cc. (Prec.)* con respecto al desarrollo de afecto y a la acción nos permite comprender el rol jugado por las ideas sustitutivas en la formación de la enfermedad. El desarrollo de afecto puede emanar directamente

---

[1394] La afectividad se manifiesta, esencialmente, en la descarga motora (secretora y vasomotora) encaminada a la modificación (interna) del propio cuerpo sin relación al mundo externo; y la motilidad, en actos destinados a la modificación del mundo exterior.

del sistema *Inc.*, y en este caso tendrá siempre el carácter de angustia, la cual es la sustitución regular de los afectos reprimidos. Pero con frecuencia el impulso instintivo tiene que esperar a hallar en el sistema *Cc.* una idea sustitutiva, y entonces se hace posible el desarrollo de afecto, partiendo de dicha sustitución consciente, cuya naturaleza marcará al afecto su carácter cualitativo.

Hemos afirmado que en la represión queda separado el afecto de su idea, después de lo cual sigue cada uno de estos elementos su destino particular. Esto es indiscutible desde el punto de vista descriptivo, pero, en realidad, el afecto no surge nunca hasta después de conseguida excitosamente una nueva representación en el sistema *Cc.*

IV.   Tópica y dinámica de la represión.

HEMOS llegado a la conclusión de que la represión es un proceso que recae sobre ideas y se desarrolla en la frontera entre los sistemas *Inc.* y *(Prec.) Cc.* Vamos ahora a intentar describirlo más minuciosamente. Tiene que efectuarse en él una *sustracción* de carga psíquica, pero hemos de preguntarnos en qué sistema se lleva a cabo esta sustracción y a qué sistema pertenece la carga sustraída. La idea reprimida conserva en el sistema *Inc.* su capacidad de acción; debe, pues, conservar también su carga. Por tanto, lo sustraído habrá de ser algo distinto. Tomemos el caso de la represión propiamente dicha, tal y como se desarrolla en una idea preconsciente o incluso consciente. En este caso la represión no puede consistir sino en sustraer de la idea la carga (pre)consciente perteneciente al sistema *Prec.* Esta idea queda entonces descargada, recibe una carga emanada del sistema *Inc.*, o conserva la carga *Inc.* que antes poseía. Así, pues, hallamos aquí una sustracción de la carga preconsciente, una conservación de la carga inconsciente o una sustitución de la preconsciente por una inconsciente. Vemos, además, que hemos basado, sin intención aparente, esta observación en la hipótesis de que el paso desde el sistema *Inc.* a otro inmediato no sucede por una nueva inscripción, sino por un cambio de estado, o sea, en este caso, por una transformación de la carga. La hipótesis funcional ha derrotado aquí sin esfuerzo a la tópica.

Este proceso de la sustracción de la libido no es, sin embargo, suficiente para explicarnos otro de los caracteres de la represión. No comprendemos por qué la idea, que conserva su carga o recibe otra nueva, emanada del sistema *Inc.*, no habría de renovar la tentativa de penetrar en el sistema *Prec.*, valiéndose de su carga. Habría, pues, de repetirse en ella la sustracción de la libido, y este juego continuaría indefinidamente, pero sin que su resultado fuese el de la represión. Este mecanismo de la sustracción de la carga preconsciente fallaría también si se tratase de la represión primaria, pues en ella nos encontramos ante una idea inconsciente, que no ha recibido aún carga ninguna del sistema *Prec.*, y a la que, por tanto, no puede serle sustraída tal carga.

Necesitaríamos, pues, aquí de otro proceso que en el primer caso mantuviese la represión, y en el segundo, cuidase de constituirla y conservarla; proceso que no podemos hallar sino admitiendo una *contracarga*, por medio de la cual se protege el sistema *Prec.*, contra la presión de la idea inconsciente. En diversos ejemplos clínicos veremos cómo se manifiesta esta contracarga, que se desarrolla en el sistema *Prec.*, y constituye no sólo la representación del continuado esfuerzo de una represión primaria, sino también la garantía de su duración. La contracarga es el único mecanismo de la represión primaria. En la represión propiamente dicha se agrega a él la sustracción de la carga *Prec.* Es muy posible que precisamente la carga sustraída a la idea sea la empleada para la contracarga.

Poco a poco hemos llegado a introducir en la exposición de los fenómenos psíquicos un tercer punto de vista, agregando así al *dinámico* y al *tópico*, el *económico*, el cual aspira a perseguir los destinos de las magnitudes de excitación y a establecer una estimación, por lo menos relativa, de los mismos. Consideramos conveniente distinguir con un nombre especial este último sector de la investigación psicoanalítica, denominaremos *metapsicológica* * a aquella exposición en la que consigamos describir un proceso psíquico conforme a sus aspectos *dinámicos, tópicos* y *económicos*. Anticiparemos que, dado el estado actual de nuestros conocimientos, sólo en algunos lugares aislados conseguiremos desarrollar tal exposición.

Comenzaremos por una tímida tentativa de llevar a cabo una descripción metapsicológica del proceso de la represión en las tres neurosis de transferencia conocidas. En ella podemos sustituir el término «carga psíquica» por el de «libido», pues sabemos ya que dichas neurosis dependen de los destinos de los instintos sexuales.

En la histeria de angustia se desatiende con frecuencia una primera fase del proceso, perfectamente visible, sin embargo, en una observación cuidadosa. Consiste esta fase en que la angustia surge sin que el sujeto sepa qué es lo que le causa miedo. Hemos de suponer, pues, que en el sistema *Inc.* existía un impulso erótico que aspiraba a pasar al sistema *Prec.;* pero la carga lanzada por este sistema en contra de tal impulso lo rechaza (como en una tentativa de fuga) y la carga inconsciente de libido de la idea rechazada deriva en forma de angustia.

Al repetirse, eventualmente, el proceso, se da un primer paso hacia el vencimiento del penoso desarrollo de angustia. La carga en fuga se adhiere a una idea sustitutiva, asociativamente enlazada a la idea rechazada, pero que por su alejamiento de ella, se sustrae a la represión. Esta sustitución por desplazamiento permite una racionalización del desarrollo de angustia, aun incoercible. La idea sustitutiva desempeña entonces, para el sistema *Cc. (Prec.)*, el papel de una contracarga, asegurándolo contra la emergencia de la idea reprimida, en el sistema *Cc.,* constituye, por otro lado, el punto de partida de un desarrollo de afecto angustia, incoercible ya. La observación clínica nos muestra, por ejemplo, que el niño enfermo de zoofobia siente angustia en dos dintintas condiciones: primeramente, cuando el impulso erótico reprimido experimenta una intensificación; y en segundo lugar, cuando es percibido el animal productor de angustia. La idea sustitutiva se conduce en el primer caso como un lugar de transición desde el sistema *Inc.* al sistema *Cc.,* y en el otro, como una fuente independiente de la génesis de angustia. El poder del dominio del sistema *Cc.* suele manifestarse en que la primera forma de excitación de la idea sustitutiva deja su lugar, cada vez más ampliamente, a la segunda. El niño acaba, a veces, por conducirse como si no entrañara inclinación ninguna hacia su padre, se hubiese libertado de él en absoluto y tuviera realmente miedo al animal. Pero este miedo,

---

* Strachey señala que Freud usó en 1896 ese término en una carta a Fliess (del 13 de febrero) y que posteriormente sólo volvió a emplearlo una vez en 'Psicopatología de la vida cotidiana'. *(Nota de J. N.)*

alimentado por la fuente instintiva inconsciente, se muestra superior a todas las influencias emanadas del sistema *Cc.* y delata, de este modo, tener su origen en el sistema *Inc.*

La contracarga emanada del sistema *Cc.* lleva, pues, en la segunda fase de la histeria de angustia, a la formación de un sustitutivo.

Este mismo mecanismo encuentra poco después una distinta aplicación. Como ya sabemos, el proceso represivo no termina aquí, y encuentra un segundo fin en la coerción del desarrollo de angustia emanado de la sustitución. Esto sucede en la siguiente forma: todos los elementos que rodean a la idea sustitutiva y se hallan asociados con ella reciben una carga psíquica de extraordinaria intensidad, que les confiere una especial sensibilidad a la excitación. De este modo la excitación de cualquier punto de la muralla defensiva formada en torno de la idea sustitutiva por tales elementos, provoca, por el enlace asociativo de los mismos con dicha idea, un pequeño desarrollo de angustia, que da la señal para coartar, por medio de una nueva fuga por parte de la carga (del *Prec.)* la continuación de dicho desarrollo. Cuanto más lejos de la sustitución temida se hallan situadas las contracargas sensitivas y vigilantes, más precisamente puede funcionar el mecanismo que ha de aislar a la idea sustitutiva y protegerla contra nuevas excitaciones. Estas precauciones no protegen, naturalmente, más que contra aquellas excitaciones que llegan desde el exterior y por el conducto de la percepción a la idea sustitutiva, pero no contra la excitación instintiva, que partiendo de la conexión con la idea reprimida llega a la idea sustitutiva. Comienzan, pues, a actuar las precauciones cuando la sustitución se ha arrogado por completo la representación de lo reprimido, sin constituir nunca una plena garantía. A cada intensificación de la excitación instintiva tiene que avanzar un tanto la muralla protectora que rodea a la idea sustitutiva. Esa construcción queda establecida también, de un modo análogo, en las demás neurosis, y la designamos con el nombre de *fobia.* Las evitaciones, prohibiciones y privaciones características de la histeria de angustia son la expresión de la fuga ante la carga consciente de la idea sustitutiva.

Considerando el proceso en su totalidad, podemos decir que la tercera fase repite con mayor amplitud la labor de la segunda. El sistema *Cc.* se protege ahora, contra la actividad de la idea sustitutiva, por medio de la contracarga de los elementos que le rodean, como antes se protegía, por medio de la carga de la idea sustitutiva, contra la emergencia de la idea reprimida. La formación de sustitutivos por desplazamiento queda continuada en esta forma. Al principio, el sistema *Cc.* no ofrecía sino un único punto por donde pudiera abrirse paso el impulso instintivo reprimido: la idea sustitutiva; en cambio, luego, toda la construcción exterior fóbica constituye un campo abierto de 'enclave' a las influencias inconscientes. Por último, hemos de hacer resaltar el interesantísimo punto de vista de que por medio de todo el mecanismo de defensa puesto en actividad queda proyectado al exterior el peligro instintivo. El *yo* se conduce como si la amenaza del desarrollo de angustia no procediese de un impulso instintivo, sino de una percepción, y puede, por tanto, reaccionar contra esta amenaza exterior por medio de las tentativas de fuga que suponen las evitaciones de la fobia. En este proceso represivo se consigue poner un dique a la génesis de angustia, pero sólo a costa de graves sacrificios de la libertad personal. Ahora bien, el intento de fuga ante una aspiración instintiva es, en general, inútil, y el resultado de la fuga fóbica es siempre insatisfactorio.

Gran parte de las circunstancias observadas en la histeria de angustia se repite en las otras dos neurosis. Podemos, pues, limitarnos a señalar las diferencias y a examinar la misión de la contracarga. En la histeria de conversión es transformada la carga instintiva de la idea reprimida en una inervación del síntoma. Hasta qué punto y bajo qué condiciones queda vaciada la idea inconsciente por esta descarga, siéndole ya posible cesar en su presión hacia el sistema *Cc.*, son cuestiones que habremos de reservar para una investigación especial de la histeria. La función de la contracarga que parte del sistema *Cc. (Prec.)* resalta claramente en la histeria de conversión y se nos revela en la formación de síntomas. La contracarga es la que elige el elemento de la representación del instinto, en el que ha de ser concentrada toda la carga del mismo. Este fragmento elegido para síntoma cumple la condición de dar expresión tanto al fin deseado del impulso instintivo como al esfuerzo defensivo o punitivo del sistema *Cc.* Por tanto, es hipercatectizado y mantenido hacia ambas direcciones como en la idea sustitutiva de la histeria de angustia. De esta circunstancia podemos deducir que el esfuerzo represivo del sistema *Cc.* no necesita ser tan grande como la energía de carga del síntoma, pues la intensidad de la represión se mide por la contracarga empleada, y el síntoma no se apoya solamente en la contracarga, sino también en la carga instintiva condensada en él y emanada del sistema *Inc.*

Con respecto a la neurosis obsesiva, bastará añadir una sola observación a las ya expuestas en el trabajo anterior. En ella se nos muestra más visiblemente que en las otras neurosis la contracarga del sistema *Cc.* Esta contracarga, organizada como una formación reactiva, es la que lleva a cabo la primera represión y en la que tiene efecto después la emergencia de la idea reprimida. Del predominio de la contracarga y de la falta de derivación depende, a nuestro juicio, que la obra de la represión aparezca menos conseguida en la histeria de angustia y en la neurosis obsesiva que en la histeria de conversión.

V.   Cualidades especiales del sistema *Inc.*

L A diferenciación de los dos sistemas psíquicos adquiere una nueva significación cuando nos damos cuenta de que los procesos del sistema *Inc.* muestran cualidades que no volvemos a hallar en el sistema superior inmediato.

El nódulo del sistema *Inc.* está constituido por representaciones de instintos que aspiran a derivar su carga, o sea por impulsos de deseos. Estos impulsos instintivos se hallan coordinados entre sí y coexisten sin influir unos sobre otros ni tampoco contradecirse. Cuando dos impulsos de deseos cuyos fines nos parecen inconciliables son activados al mismo tiempo, no se anulan recíprocamente, sino que se unen para formar un fin intermedio, o sea una transacción.

En este sistema no hay negación ni duda alguna, ni tampoco grado ninguno de seguridad. Todo esto es aportado luego por la labor de la censura que actúa entre los sistemas *Inc.* y *Prec.* La negación es una sustitución a un nivel más elevado de la represión. En el sistema *Inc.* no hay sino contenidos más o menos enérgicamente catectizados.

Reina en él una mayor movilidad de las intensidades de carga. Por medio del proceso del *desplazamiento* puede una idea transmitir a otra todo el montante de su carga, y por el de la *condensación*, acoger en sí toda la carga de varias otras ideas. A mi juicio, deben considerarse estos dos procesos como caracteres del llamado *proceso psíquico primario*. En el sistema *Prec.* domina el *proceso secundario* [1395]. Cuanto tal proceso primario recae sobre elementos del sistema *Prec.*, lo juzgamos «cómico» y despierta la risa.

Los procesos del sistema *Inc.* se hallan *fuera del tiempo;* esto es, no aparecen ordenados cronológicamente, no sufren modificación ninguna por el transcurso del tiempo y carecen de toda relación con él. También la relación temporal se halla ligada a la labor del sistema *Cc.*

Los procesos del sistema *Inc.* carecen también de toda relación con la *realidad.* Se hallan sometidos al principio del placer y su destino depende exclusivamente de su fuerza y de la medida en que satisfacen las aspiraciones comenzadas por el placer y el displacer.

Resumiendo, diremos que los caracteres que esperamos encontrar en los procesos pertenecientes al sistema *Inc.* son la *falta de contradicción,* el *proceso primario* (movilidad de las cargas), la *independencia del tiempo* y la *sustitución de la realidad exterior por la psíquica* [1396].

Los procesos inconscientes no se nos muestran sino bajo las condiciones del fenómeno onírico y de las neurosis, o sea cuando los procesos del sistema *Prec.*, superior al *Inc.*, son retrocedidos por una regresión a una fase anterior. De por sí son incognoscibles e incapaces de existencia, pues el sistema *Inc.* es cubierto en cada momento por el *Prec.*, que se apodera del acceso a la conciencia y a la motilidad. La descarga del sistema *Inc.* tiene lugar por medio de la inervación somática que lleva al desarrollo de afecto, pero también estos medios de descarga le son disputados, como ya sabemos, por el sistema *Prec.* Por sí sólo no podría el sistema *Inc.* provocar en condiciones normales ninguna acción muscular adecuada, con excepción de aquellas organizadas ya como reflejos.

La completa significación de los caracteres antes descritos del sistema *Inc.* la podríamos apreciar sólo en cuanto los comparásemos con las cualidades del sistema *Prec.;* pero esto nos llevaría tan lejos, que preferimos aplazar dicha comparación hasta ocuparnos del sistema superior *. Así, pues, sólo expondremos ahora lo más indispensable.

Los procesos del sistema *Prec.* muestran, ya sean conscientes o sólo capaces de conciencia, una inhibición de la tendencia a la descarga de las ideas catectizadas. Cuando el proceso pasa de una idea a otra, conserva la primera una parte de su carga, y sólo queda desplazado un pequeño montante de la misma. Los desplazamientos y condensaciones propias del proceso primario quedan excluidos o muy limitados. Esta circunstancia ha impulsado a J. Breuer a admitir dos diversos estados de la energía de carga en la vida anímica. Un estado tensamente 'ligado' y otro libremente móvil que presiona por la descarga. A mi juicio, representa esta diferenciación nuestro más profundo conocimiento hasta el momento de la esencia de la energía nerviosa, y no veo cómo podría prescindir de él. Sería una urgente necesidad la exposición metapsicológica, aunque quizá sea aún una empresa demasiado atrevida proseguir la discusión partiendo de este punto.

Al sistema *Prec.* le corresponde, además, la constitución de una capacidad de comunicación entre los contenidos de las ideas, de manera que puedan influir-

---

[1395] Cf. el análisis sobre esto en el capítulo VII de *La interpretación de los sueños,* basado en ideas desarrolladas con Breuer en 'Estudios sobre la histeria'.

[1396] Más adelante indicaremos aún otra prerroga-

tiva más del sistema *Inc.* [que no fue aclarada. *Nota de J. N.*]

* Para Strachey aquí Freud se refería al trabajo sobre la consciencia que no llegó a conocerse. *(Nota de J. N.)*

se entre sí, logrando ordenación temporal de dichos contenidos, e introducir una o varias censuras; el examen de la realidad y el principio de la realidad pertenecen a su territorio. También la memoria consciente parece depender por completo del sistema *Prec.*, y debe distinguirse de las huellas mnémicas en las que se fijan los sucesos del sistema *Inc.*, pues corresponde verosímilmente a una inscripción especial, semejante a la que admitimos al principio y rechazamos después, respecto la relación de las ideas conscientes con las inconscientes. Encontraremos también aquí el medio de poner fin a nuestra vacilación en la calificación del sistema superior, al cual llamamos hasta ahora tan pronto sistema *Prec.* como sistema *Cc.*

No debemos apresurarnos, sin embargo, a generalizar lo que hasta aquí hemos descubierto sobre la distribución de las funciones anímicas entre los dos sistemas. Describimos las circunstancias tal y como se nos muestran en el ser humano adulto, en el cual el sistema *Inc.* no funciona, estrictamente considerado, sino como una fase preliminar de la organización superior. El contenido y las relaciones de este sistema durante el desarrollo individual y su significación en los animales no pueden ser deducidos de nuestra descripción, sino de una investigación especial.

Asimismo debemos hallarnos preparados a encontrar en el hombre condiciones patológicas en las cuales los dos sistemas modifican o aún intercambian tanto su contenido como sus características.

VI.   Comunicaciones entre ambos sistemas.

SERÍA erróneo representarse que el sistema *Inc.* permanece inactivo y que toda la labor psíquica es efectuada por el sistema *Prec.*, dejando al sistema *Inc.* como algo muerto, órgano rudimentario, residuo del proceso del desarrollo. Igualmente sería equivocado suponer que la comunicación de ambos sistemas se limite al acto de la represión, en el cual el sistema *Prec.* arrojaría a los abismos del sistema *Inc.* todo aquello que le pareciese perturbador. Por el contrario, el sistema *Inc.* posee una gran vitalidad, es susceptible de un amplio desarrollo y mantiene una serie de otras relaciones con el *Prec.*; entre ellas la de cooperación. Podemos, pues, decir, sintetizando, que el sistema *Inc.* continúa en ramificaciones (o derivados), siendo accesible a las impresiones de la vida, influyendo constantemente sobre el *Prec.* y hallándose, por su parte, sometido a las influencias de éste.

El estudio de las ramificaciones del sistema *Inc.* defraudará nuestra esperanza de una separación esquemáticamente precisa entre los dos sistemas psíquicos. Esta decepción hará considerar insatisfactorios nuestros resultados y será probablemente utilizada para poner en duda el valor de nuestra diferenciación de los procesos psíquicos. Pero hemos de alegar que nuestra labor no es sino la de transformar en una teoría los resultados de la observación y que nunca nos hemos obligado a construir, de buenas a primeras, una teoría completa, absolutamente clara y sencilla. Así, pues, defenderemos sus complicaciones mientras demuestren corresponder a la observación, y continuaremos esperando llegar con ella a un conocimiento final de la cuestión, que, siendo sencillo en sí, refleje, sin embargo, las complicaciones de la realidad.

Entre las ramificaciones de los impulsos inconscientes, cuyos caracteres hemos descrito, existen algunas que reúnen en sí las determinaciones más opuestas. Por un lado presentan un alto grado de organización, se hallan exentas de contradicciones, han utilizado todas las adquisiciones del sistema *Cc.* y apenas se diferencian de los productos de este sistema; pero, en cambio, son inconscientes e incapaces de conciencia. Pertenecen, pues, *cualitativamente*, al sistema *Prec.;* pero, *efectivamente,* al *Inc.* Su destino depende totalmente de su origen. Podemos compararlas con personas mestizas, semejantes en general a los individuos de la raza blanca, pero que delatan su origen mixto por diversos rasgos visibles, y por la cual son así excluidos de la sociedad y del goce de las prerrogativas de los blancos. De esta naturaleza son las fantasías de los normales y de los neuróticos, que reconocimos como fases preliminares de la formación de sueños y de síntomas; productos que, a pesar de su alto grado de organización, permanecen reprimidos y no pueden, por tanto, llegar a la conciencia. Se aproximan a la conciencia y permanecen cercanos a ella, sin que nada se lo estorbe mientras su carga es poco intensa; pero en cuanto ésta alcanza cierta intensidad, quedan rechazados. Ramificaciones de lo inconsciente, igual y altamente organizadas, son también las formaciones sustitutivas; pero éstas consiguen el acceso a la conciencia merced a circunstancias favorables: por ejemplo, si sucede que unan sus fuerzas con una contracarga del sistema *Prec.*

Investigando más detenidamente en otro lugar * las condiciones del acceso a la conciencia, lograremos resolver muchas de las dificultades que aquí se nos oponen. Para ello creemos conveniente invertir el sentido de nuestro examen, y si hasta ahora hemos seguido una dirección ascendente, partiendo del sistema *Inc.* y elevándonos hacia el sistema *Cc.,* tomaremos ahora a este último como punto de partida. Frente a la conciencia hallamos la suma total de los procesos psíquicos, que constituyen el reino de lo preconsciente. Una gran parte de lo preconsciente procede de lo inconsciente, constituye una ramificación de tal sistema y sucumbe a una censura antes de poder hacerse consciente. En cambio, otra parte de dicho sistema *Prec.* es capaz de conciencia sin previo examen por la censura. Queda aquí contradicha una de nuestras hipótesis anteriores. En nuestro estudio de la represión nos vimos forzados a situar entre los sistemas *Inc.* y *Prec.* la censura, que decide el acceso a la conciencia, y ahora encontramos una censura entre el sistema *Prec.* y el *Cc.* Pero no deberemos ver en esta complicación una dificultad, sino aceptar que a todo paso desde un sistema al inmediatamente superior, esto es, a todo progreso hacia una fase más elevada de la organización psíquica, corresponde una nueva censura. La hipótesis de una continua renovación de las inscripciones queda en este modo anulada.

La causa de todas estas dificultades es que el atributo de ser consciente, único carácter de los procesos psíquicos que nos es directamente dado, no se presta, en absoluto como criterio para la distinción de sistemas. La observación nos ha mostrado que lo consciente no es siempre consciente, sino latente también durante largos períodos de tiempo, y, además, que muchos de los elementos que comparten las cualidades del sistema *Prec.* no llegan a ser conscientes. Más adelante hemos de ver asimismo que el acceso a la conciencia queda limitado por determinadas orientaciones de la atención del *Prec.* La conciencia presenta de este modo, con los sistemas y con la represión, relaciones nada sencillas.

En realidad, sucede que no sólo permanece ajeno a la conciencia lo psíquico

---

* Otra referencia al trabajo sobre la consciencia nunca conocido. *(Nota de J. N.)*

reprimido, sino también una parte de los impulsos que dominan a nuestro *yo*, o sea la más enérgica antítesis funcional de lo reprimido. Por tanto, si queremos llegar a una consideración metapsicológica de la vida psíquica, habremos de aprender a emanciparnos de la significación del síntoma 'ser consciente'.

Mientras no lleguemos a emanciparnos de esta creencia quedará interrumpida permanentemente nuestra generalización por continuas excepciones. Vemos, en efecto, que ciertas ramificaciones del sistema *Inc.* *, devienen conscientes, como formaciones sustitutivas y como síntomas, generalmente después de grandes deformaciones, pero muchas veces conservando gran cantidad de los caracteres que provocan la represión. Además encontramos que muchas formaciones preconscientes permanecen inconscientes, a pesar de que, por su naturaleza, podrían devenir conscientes. Habremos, pues, de admitir que vence en ellas la atracción del sistema *Inc.*, resultando así que la diferencia más importante no debe buscarse entre lo consciente y lo preconsciente, sino entre lo preconsciente y lo inconsciente. Lo inconsciente es rechazado por la censura al llegar a los límites de lo preconsciente, pero sus ramificaciones pueden eludir esta censura, organizarse en alto grado y llegar en lo preconsciente hasta cierta intensidad de la carga, traspasada la cual intentan imponerse a la conciencia, siendo reconocidas como ramificaciones del sistema *Inc.* son rechazadas hasta la nueva frontera de la censura, entre el sistema *Prec.* y el *Cc.* La primera censura funciona, así, contra el sistema *Inc.*, y la última, contra las ramificaciones preconscientes del mismo. Parece como si la censura hubiera avanzado cierto estadio en el curso del desarrollo individual.

En el tratamiento psicoanalítico se nos ofrece la prueba irrebatible de la existencia de la segunda censura, o sea de la situada entre los sistemas *Prec.* y *Cc.* Invitamos al enfermo a formar numerosas ramificaciones del sistema *Inc.*, le obligamos a dominar las objeciones de la censura contra el acceso a la conciencia de estas formaciones preconscientes y por medio del vencimiento de *esta* censura nos abrimos el camino que ha de conducirnos al levantamiento de la represión, obra de la censura *anterior*. Añadiremos aún la observación de que la existencia de la censura entre el sistema *Prec.* y el *Cc.* nos advierte que el acceso a la conciencia no es un simple acto de percepción, sino probablemente, también una *sobrecarga* (hipercatexis) o sea un nuevo progreso de la organización psíquica.

Volviéndonos hacia la relación del sistema *Inc.* con los demás sistemas, y menos para establecer nuevas afirmaciones que para no dejar de consignar determinadas circunstancias prominentes. Vemos que en las raíces de la actividad instintiva comunican ampliamente los sistemas. Una parte de los procesos estimulados pasa por el sistema *Inc.* como por una fase preparatoria y alcanza en el sistema *Cc.* el más alto desarrollo psíquico, mientras que la otra queda retenida como *Inc.* Lo *Inc.* es también afectado por los estímulos procedentes de la percepción externa. Todos los caminos que van desde la percepción al sistema *Inc.* permanecen regularmente libres, y sólo los que parten del sistema *Inc.* y conducen más allá del mismo son los que quedan cerrados por la represión.

Es muy singular y digno de atención el hecho de que el sistema *Inc.* de un individuo pueda reaccionar al de otro, eludiendo absolutamente el sistema *Cc.* Este hecho merece ser objeto de una penetrante investigación, encaminada

---

* Strachey corrige un error de la edición alemana que consigna 'Prec.' en vez de *Inc. (Nota de J. N.)*

precisamente a comprobar si la actividad preconsciente queda excluida en tal proceso; pero de todos modos, descriptivamente el hecho es irrebatible.

El contenido del sistema *Prec.* (o *Cc.*) procede, en parte, de la vida instintiva (por mediación del sistema *Inc.*), y, en parte, de la percepción. No puede determinarse hasta qué punto los procesos de este sistema son capaces de ejercer sobre el sistema *Inc.* una influencia directa. La investigación de casos patológicos muestra con frecuencia una independencia casi increíble y una imposibilidad de influenciar al sistema *Inc.* La condición de la enfermedad es, en general, una completa divergencia de las tendencias y una separación absoluta de ambos sistemas. Ahora bien: el tratamiento psicoanalítico se halla fundado en influenciar al sistema *Inc.* desde el sistema *Cc.* y muestra, de todos modos, que tal influencia no es imposible, aunque sí una tarea difícil. Las ramificaciones del sistema *Inc.*, que establecen una medición entre ambos sistemas, abren, como ya hemos indicado, el camino que conduce a este resultado. Podemos, sin embargo, admitir que la modificación espontánea del sistema *Inc.*, desde el sistema *Cc.*, es un proceso penoso y lento.

La cooperación entre un impulso preconsciente y otro inconsciente, aunque este último esté intensamente reprimido, puede surgir cuando el impulso inconsciente es capaz de actuar en el mismo sentido que una de las tendencias dominantes. En este caso, queda levantada la represión y permitida la actividad reprimida, a título de intensificación de la que el *yo* se propone. Lo inconsciente se hace ego-sintónico únicamente en esta constelación, pero sin que su represión sufra modificación alguna. La obra que el sistema *Inc.* lleva a cabo en esta cooperación resulta claramente visible: Las tendencias reforzadas se conducen, en efecto, de un modo diferente al de las normales; capacitadas para funciones especialmente perfectas y muestran ante la contradicción una resistencia análoga a la de los síntomas obsesivos.

El contenido del sistema *Inc.* puede ser comparado a una población aborigen psíquica. Si en el hombre existe un acervo de formaciones psíquicas heredadas, o sea algo análogo al instinto animal, ello será lo que constituya el nódulo del sistema *Inc.* A esto se añaden después los elementos rechazados por inútiles durante el desarrollo infantil, elementos que pueden ser de naturaleza idéntica a la heredada. Hasta la pubertad no se establece una precisa y definitiva separación del contenido de ambos sistemas.

VII.   El reconocimiento de lo inconsciente.

L o que hasta aquí hemos expuesto sobre el sistema *Inc.*, es probablemente todo lo que podemos decir ya que solamente se ha extraído el conocimiento de la vida onírica y de las neurosis de transferencia. No es, ciertamente, mucho; nos parece, en ocasiones, oscuro y confuso, y no nos ofrece la posibilidad de incluir o subordinar el sistema *Inc.* en un contexto conocido. Pero el análisis de una de aquellas afecciones, a las que damos el nombre de psiconeurosis narcisistas, nos promete proporcionarnos datos, por medio de los cuales podremos aproximarnos al misterioso sistema *Inc.* y llegar a su inteligencia.

Desde un trabajo de Abraham (1908), que este concienzudo autor llevó a cabo por indicación mía, intentamos caracterizar la *dementia praecox* de Kraepelin (la esquizofrenia de Bleuler) por su conducta con respecto a la antítesis del *yo* y el objeto. En las neurosis de transferencia (histerias de angustia y de conversión y neurosis obsesiva) no había nada que situase en primer término esta antítesis. Comprobamos que la frustración con respecto al objeto traía consigo la eclosión de la neurosis; que ésta integraba la renuncia al objeto real, y que la libido sustraída al objeto real retrocedía hasta un objeto fantaseado, y desde él, hasta un objeto reprimido (introversión). Pero la carga de objeto queda tenazmente conservada en estas neurosis, y una sutil investigación del proceso represivo nos ha forzado a admitir que dicha carga perdura en el sistema *Inc.*, a pesar de la represión, o más bien, a consecuencia de la misma. La capacidad de transferencia que utilizamos terapéuticamente en estas afecciones presupone una carga de objeto no estorbada.

A su vez, el estudio de la esquizofrenia nos ha impuesto la hipótesis de que, después del proceso represivo, no busca la libido sustraída ningún nuevo objeto, sino que se retrae al *yo,* quedando así suprimida la carga de objeto y reconstituido un primitivo estado narcisista, carente de objeto. La incapacidad de transferencia de estos pacientes, en la medida que se extiende el proceso patológico, su consiguiente inaccesibilidad terapéutica, su singular repulsa del mundo exterior, la aparición de indicios de una sobrecarga del propio *yo* y como final, la más completa apatía, todos estos caracteres clínicos parecen corresponder a maravilla a nuestra hipótesis de la cesación de la carga de objeto. Por lo que respecta a la relación con los dos sistemas psíquicos han comprobado todos los investigadores que muchos de aquellos elementos que en las neurosis de transferencia nos vemos obligados a buscar en lo inconsciente por medio del psicoanálisis, son conscientemente exteriorizados en la esquizofrenia. Pero al principio no fue posible establecer una conexión inteligible entre la relación del *yo* con el objeto y las relaciones de la conciencia.

Esta conexión se nos reveló después, de un modo inesperado. Se observa en los esquizofrénicos, sobre todo durante los interesantísimos estadios iniciales, una serie de modificaciones del *lenguaje*, muchas de las cuales merecen ser consideradas desde un determinado punto de vista. La expresión verbal es objeto de un especial cuidado, resultando 'pomposa' y 'altiva'. Las frases experimentan una particular desorganización de su estructura, que nos las hace ininteligibles, llevándonos a creer faltas de todo sentido las manifestaciones del enfermo. En éstas aparece con frecuencia, en primer término, una alusión a órganos somáticos o a sus inervaciones. Observamos, además, que en estos síntomas de la esquizofrenia, semejantes a las formaciones sustitutivas histéricas o de la neurosis obsesiva, muestra, sin embargo, la relación entre la sustitución y lo reprimido, peculiaridades que en las dos neurosis mencionadas nos desorientarían.

El doctor V. Tausk (Viena) ha puesto a mi disposición algunas de sus observaciones de una paciente con esquizofrenia en su estadio inicial, observaciones que presentan la ventaja de que la enferma misma proporcionaba aún la explicación de sus palabras. Exponiendo dos de estos ejemplos, indicaremos cuál es nuestra opinión sobre este punto concreto, para cuyo esclarecimiento puede cualquier observador acoplar, sin dificultad alguna, material suficiente.

Uno de los enfermos de Tausk, una muchacha, que acudió a su consulta poco después de haber regañado con su novio, se queja:

«*Los ojos no están bien, están torcidos*», y explica luego, por sí misma, esta frase, añadiendo en lenguaje ordenado una serie de reproches contra el novio: «Nunca he podido comprenderle. Cada vez se le muestra distinto. Es un hipócrita, un 'ojo torcido', le ha torcido sus ojos, ahora ella tiene sus ojos torcidos, ya no son sus ojos nunca más, ahora ella ve al mundo con ojos diferentes.»

Estas manifestaciones, añadidas por la enferma a su primera frase ininteligible, tienen todo el valor de un análisis, pues contienen una equivalencia de la misma en lenguaje perfectamente comprensible y proporcionan, además, el esclarecimiento de la génesis y la significación de la formación verbal esquizofrénica. Coincidiendo con Tausk, haremos resaltar en este ejemplo el hecho de que la relación del contenido con un órgano del soma (en este caso con el ojo) llega a arrogarse la representación de dicho contenido en su totalidad. La frase esquizofrénica presenta así un carácter hipocondríaco, constituyéndose en *lenguaje de órgano*.

Otra expresión de la misma enferma: «Está de pie en la iglesia. De repente siente, de pronto, un impulso *a cambiar de posición, como si alguien la colocara en una posición, como si ella fuese puesta en cierta posición.*»

A continuación de esta frase desarrolla la paciente un análisis por medio de una serie de reproches contra el novio: «Es muy ordinario y la ha hecho ordinaria a ella, que es de familia fina. La ha hecho igual a él, haciéndole creer que él le era superior; y ahora ha llegado a ser ella como él, porque creía que llegaría a ser mejor si conseguía igualarse a él. *El se ha colocado en una posición que no le correspondía*, y ella es ahora como él (por identificación), pues *él la ha colocado en una posición que no le corresponde.*»

El movimiento de «posición», observa Tausk, es una representación de la palabra «fingir» *(sich stellen* = colocarse; *verstellen* = fingir) y de la identificación con el novio. Hemos de hacer resaltar aquí nuevamente que la serie entera de pensamientos está dominada por aquel elemento del proceso mental, cuyo contenido es una inervación somática (o, más bien, su sensación). Además, una histérica hubiera torcido *en realidad* convulsivamente los ojos en el primer caso, y en el segundo habría realizado el movimiento indicado, en lugar de sentir el *impulso* a realizarlo o la *sensación* de llevarlo a cabo, y sin poseer, en ninguno de los dos casos, pensamiento consciente alguno enlazado con el movimiento ejecutado ni de ser capaz de exteriorizar después ninguno de tales pensamientos.

Estas dos observaciones testimonian de aquello que hemos denominado lenguaje hipocondríaco o 'de órgano'. Pero además, atraen nuestra atención sobre un hecho que puede ser comprobado por los numerosos ejemplos que tenemos; por ejemplo, en los casos reunidos en la monografía de Bleuler y concretado en una fórmula. En la esquizofrenia quedan sometidas las *palabras* al mismo proceso que forman las imágenes oníricas partiendo de las ideas latentes del sueño, o sea al *proceso psíquico primario*. Las palabras quedan condensadas y trasfieren sus cargas unas a otras por medio del desplazamiento. Este proceso puede llegar hasta conferir a una palabra, apropiada para ello por sus múltiples relaciones, la representación de toda la serie de ideas. Los trabajos de Bleuler, Jung y sus discípulos ofrecen material más que suficiente para comprobar esta afirmación [1397].

[1397] En ocasiones maneja la elaboración onírica las palabras como si fuesen objetos, y crea entonces frases o neologismos muy análogos a los de la esquizofrenia.

Antes de deducir una conclusión de estas impresiones, examinaremos la extraña y sutil diferencia existente entre las formaciones sustitutivas de la esquizofrenia por un lado y las de la histeria y la neurosis obsesiva por el otro. Un enfermo, al que actualmente tengo en tratamiento, se ha retirado de todos los intereses de la vida, absorbido por la preocupación que le ocasiona el mal estado de la piel de su cara, pues afirma tener en el rostro multitud de profundos agujeros, producidos por granitos o «espinillas» que todos perciben. El análisis demuestra que hace desarrollarse en la piel de su rostro un complejo de castración. Al principio no le preocupaban nada tales espinillas y se las quitaba apretándolas entre las uñas, operación en la que, según sus propias palabras, le proporcionaba gran contento «ver cómo brotaba algo» de ellos. Pero después empezó a creer que en el punto en que había tenido una de estas «espinillas» le quedaba un profundo agujero, y se reprochaba duramente haberse estropeado la piel para siempre con su manía de «andarse siempre tocando con su mano». Es evidente que el acto de reventarse las espinillas de la cara, haciendo surgir al exterior su contenido, es en este caso una sustitución del onanismo. El agujero resultante de este manejo corresponde al órgano genital femenino; o sea, al cumplimiento de la amenaza de castración provocada por el onanismo (o la fantasía correspondiente). Esta formación sustitutiva presenta, a pesar de su carácter hipocondríaco, grandes analogías con una conversión histérica, y, sin embargo, experimentamos la sensación de que en este caso debe desarrollarse algo distinto aun antes de poder decir en qué consiste la diferencia, y que una histeria de conversión no podría presentar jamás tales productos sustitutos. Un histérico no convertirá nunca un agujero tan pequeño como el dejado por la extracción de una «espinilla» en símbolo de la vagina, a la que comparará, en cambio, con cualquier objeto que circunscriba una cavidad. Creemos también que la multiplicidad de los agujeros le impediría igualmente tomarlos como símbolo del genital femenino. Lo mismo podríamos decir de un joven paciente cuyo historial clínico relató el doctor Tausk hace ya años ante la Sociedad Psicoanalítica de Viena. Este paciente se conducía en general como un neurótico obsesivo, necesitaba largas horas para lavarse y vestirse, etc. Pero presentaba el singularísimo rasgo de explicar espontáneamente, sin resistencia alguna, la significación de sus inhibiciones. Así, al ponerse los calcetines, le perturbaba la idea de tener que estirar las mallas del tejido, produciendo en él pequeños orificios, cada uno de los cuales constituía para él el símbolo del genital femenino. Tampoco este símbolo es propio de un neurótico obsesivo. Uno de estos neuróticos observado por Reitler que padecía de igual lentitud al ponerse los calcetines, halló, una vez vencidas sus resistencias, la explicación de que el pie era un símbolo del pene, y el acto de ponerse sobre él el calcetín, una representación del onanismo, viéndose obligado a ponerse y quitarse una y otra vez el calcetín, en parte para completar la imagen de la masturbación y en parte para anularla.

Extrañeza lo que da el carácter de la formación sustitutiva y al síntoma en la esquizofrenia, nos llevan a afirmar finalmente es el predominio de lo que debe hacerse con las palabras sobre lo que debe hacerse con las cosas. Entre el hecho de extraerse una «espinilla» de la piel y una eyaculación existe muy escasa analogía, y menos aún entre los infinitos poros de la piel y la vagina. Pero en el primer caso «brota» en ambos actos algo, y al segundo puede aplicarse la cínica frase de que «un agujero es siempre un agujero». La semejanza de la expresión verbal, y no la analogía de las cosas expresadas, es lo que ha decidido la sustitución. Así, pues, cuando ambos elementos —la palabra y el objeto— no coinciden, se nos muestra la formación sustitutiva esquizofrénica distinta de la que surge en las neurosis de transferencia.

Esta conclusión nos obliga a modificar nuestra hipótesis de que la carga de objetos queda interrumpida en la esquizofrenia y a reconocer que continúa siendo mantenida la carga de las imágenes *verbales* de los objetos. La imagen consciente del objeto queda así descompuesta en dos elementos: *la imagen verbal* y *la de la cosa,* consistente esta última en la carga, si no ya de huellas mnémicas directas de la cosa al menos de huellas mnémicas más lejanas, derivadas de las primeras. Creemos descubrir aquí cuál es la diferencia existente entre una presentación consciente y una presentación inconsciente. No son, como supusimos, distintas inscripciones del mismo contenido en diferentes lugares psíquicos, ni tampoco diversos estados funcionales de la carga, en el mismo lugar. Lo que sucede es que la presentación consciente integra la imagen de la cosa más la correspondiente presentación verbal; mientras que la imagen inconsciente es la presentación de la cosa sola. El sistema *Inc.* contiene las cargas de cosa de los objetos, o sea las primeras y verdaderas cargas de objeto. El sistema *Prec.* nace a consecuencia de la sobrecarga de la imagen de cosa por su conexión con las presentaciones verbales a ella correspondientes. Habremos de suponer que estas sobrecargas son las que traen consigo una más elevada organización psíquica y hacen posible la sustitución del proceso primario por el proceso secundario, dominante en el sistema *Prec.* Podemos ahora expresar más precisamente qué es lo que la represión niega a las presentaciones rechazadas en la neurosis de transferencia. Les niega la traducción en palabras, las cuales permanecen enlazadas al objeto. Una presentación no concretada en palabras o en un acto psíquico no sobrecargado, permanece entonces en estado de represión en el sistema *Inc.*

He de hacer resaltar que este conocimiento, que hoy nos hace inteligible uno de los más singulares caracteres de la esquizofrenia, lo poseíamos hace ya mucho tiempo. En las últimas páginas de nuestra *Interpretación de los sueños,* publicada en 1900 *, exponíamos ya que los procesos de pensamiento, esto es, actos de carga más alejados de las percepciones, carecen en sí de cualidad y de inconciencia, y sólo por la conexión con los restos de las percepciones *verbales* alcanzan su capacidad de devenir conscientes. Las presentaciones verbales nacen, por su parte, de la percepción sensorial en la misma forma que las imágenes de cosa, de manera que podemos preguntarnos por qué las presentaciones de objetos no pueden devenir conscientes por medio de *sus* propios restos de percepción. Pero probablemente el pensamiento se desarrolla en sistemas tan alejados de los restos de percepción primitivos, que no han retenido ninguna de las cualidades de estos residuos y precisan para devenir conscientes de una intensificación por medio de nuevas cualidades. Asimismo las cargas pueden ser provistas de cualidades por su conexión con palabras, aun cuando ellas representen simplemente a *relaciones* entre las presentaciones de objetos y no sean capaces de derivar cualidad alguna de las percepciones. Estas relaciones, comprensibles únicamente a través de las palabras, constituyen un elemento principalísimo de nuestros procesos del pensamiento. Comprendemos que la conexión con presentaciones verbales no coincide aún con el acceso a la conciencia, sino que se limita a hacerlo posible, no caracterizando, por tanto, más que al sistema *Prec.*

---

* Véase el volumen II de estas *Obras completas.*

Pero observamos que con estas especulaciones hemos abandonado nuestro verdadero tema, entrando de lleno en los problemas de lo preconsciente y lo consciente, que será más adecuado reservar para una investigación especial *.

En la esquizofrenia, que solamente rozamos aquí que nos parece indispensable para el conocimiento de lo inconsciente, surge la duda de si el proceso que aquí denominamos represión tiene realmente algún punto de contacto con la represión que tiene lugar en la neurosis de transferencia. La fórmula de que la represión es un proceso que se desarrolla entre los sistemas *Inc.* y *Prec.* (o *Cc.*) y cuyo resultado es la distanciación de la conciencia, precisa ser modificada si ha de comprender también los casos de demencia precoz y otras afecciones narcisísticas. Pero la tentativa de fuga del *yo*, que se exterioriza en la sustracción de la carga consciente, sigue siendo un elemento común [a ambos tipos de neurosis]. La observación más superficial nos enseña, por otro lado, que esta fuga del *yo* es aún más completa y profunda en las neurosis narcisistas.

Si en la esquizofrenia consiste esta fuga en la sustracción de la carga instintiva de aquellos elementos que representan a la presentación *inconsciente* del objeto, puede parecernos extraño que la parte de dicha presentación correspondiente al sistema *Prec.* —las presentaciones verbales a ella correspondientes— haya de experimentar una carga más intensa. Sería más bien de esperar que la presentación verbal hubiera de experimentar, por constituir la parte preconsciente, el primer impacto de la represión, resultando incapaz de carga una vez llegada la represión de las presentaciones de cosa inconscientes. Esto parece difícilmente comprensible, pero se explica en cuanto reflexionamos que la carga de la presentación verbal no pertenece a la labor represiva, sino que constituye la primera de aquellas tentativas de restablecimiento o de curación que dominan tan singularmente el cuadro clínico de la esquizofrenia. Estos esfuerzos aspiran a recobrar el objeto perdido y es muy probable que con este propósito tomen el camino hacia el objeto, *pasando* por la parte verbal del mismo. Pero al obrar así tienen que contentarse con las palabras en lugar de las cosas. Nuestra actividad anímica se mueve generalmente en dos direcciones opuestas: partiendo de los instintos a través del sistema *Inc.*, hasta la actividad del pensamiento consciente; o por un estímulo externo, a través de los sistemas *Cc.* y *Prec.*, hasta las cargas *Inc.* del *yo* y de los objetos. Este segundo camino tiene que permanecer transitable, a pesar de la represión, y se halla abierto, hasta cierto punto, a los esfuerzos de la neurosis por recobrar sus objetos. Cuando pensamos abstractamente, corremos el peligro de desatender las relaciones de las palabras con las presentaciones de cosa inconscientes, y no puede negarse que nuestro filosofar alcanza entonces una indeseada analogía de expresión y de contenido con la labor mental de los esquizofrénicos. Por otro lado, podemos decir que la manera de pensar de los esquizofrénicos se caracteriza por el hecho de manejar las cosas concretas como abstractas.

Si con las consideraciones que preceden hemos llegado a una exacta tasación del sistema *Inc.* y a determinar concretamente la diferencia entre las presentaciones conscientes y las inconscientes, nuestras sucesivas investigaciones habrán de conducirnos de nuevo, y por muchas otras razones a este pequeño trozo de conocimiento.

---

* Otra referencia al citado trabajo ignoto de Freud sobre la conciencia. (*Nota de J. N.*)

ADICION METAPSICOLOGICA A LA TEORIA DE LOS SUEÑOS [1399] *

1915 [1917]

EMOS de comprobar repetidamente cuán ventajoso es para nuestra investigación comparar entre sí determinados estados y fenómenos, que podemos considerar como prototipos normales de ciertas afecciones patológicas. A este género pertenecen ciertos estados afectivos, como la aflicción y el enamoramiento, y otros de diferente naturaleza, entre los cuales citaremos el estado de reposo (dormir) y el fenómeno onírico.

Al acostarse, con el propósito de dormir, se despoja el hombre de todas aquellas envolturas que encubren su cuerpo y de aquellos objetos que constituyen un complemento de sus órganos somáticos o una sustitución de parte de su cuerpo; esto es, de los lentes, la peluca, la dentadura postiza, etc., y obra igualmente con su psiquismo desvistiéndolo y renunciando a la mayoría de sus adquisiciones psíquicas; reconstituyendo de este modo, en ambos casos, la situación que hubo de ser el punto de partida de su vida. El dormir es, somáticamente, una reactivación de la existencia intrauterina, con todas sus características de quietud, calor y ausencia de estímulo. Muchos hombres llegan incluso a tomar durante su sueño la posición fetal. El estado psíquico del durmiente se caracteriza por un retraimiento casi absoluto del mundo circunambiente y la cesación de todo interés hacia él.

Cuando investigamos los estados psiconeuróticos nos vemos impulsados a acentuar en cada uno de ellos las llamadas *regresiones temporales,* o sea el montante del retroceso, que les es particular hacia las más tempranas fases del desarrollo. Distinguimos dos de estas regresiones: una que compromete el desarrollo del *yo* y otra la del desarrollo de la libido. Esta última llega, en el dormir, hasta la reconstitución del *narcisismo primitivo,* y la primera, hasta la fase de la *satisfacción alucinatoria de deseos.*

Todo lo que sabemos de los caracteres psíquicos del dormir lo hemos averiguado en el estudio de los sueños. Estos no nos muestran al hombre durmiente, pero no pueden menos de delatarnos algunos de los caracteres de ese estado. La observación nos ha descubierto algunas peculiaridades del fenómeno onírico que al principio nos parecían ininteligibles, pero que luego hemos llegado a comprender perfectamente. Así, sabemos que el sueño es absolutamente egoísta y que la persona que en sus escenas desempeña el principal papel es siempre la del durmiente. Esta circunstancia se deriva naturalmente del narcisismo del estado de reposo. El narcisismo y el egoísmo son la misma cosa. La única diferencia está en que con el término de «narcisismo» acentuamos que el egoísmo es también un fenómeno libidinoso. O dicho de otro modo: el narcisismo puede

---

[1399] Este ensayo y el siguiente forman parte de un conjunto que originalmente yo intenté publicar en un libro con el título *Zur Vorbereitung einer Metapsychologie.* Le siguen algunos trabajos que fueron impresos en el volumen III de la *Internationale Zeitschrift für ärztliche Psychoanalyse (Los instintos y sus destinos, La represión* y *El inconsciente).* El propósito de la serie es clarificar y llevar a mayor profundidad las hipótesis teóricas en las que pudiera basarse un sistema psicoanalítico.

* *Metapsychologische Ergänzung zur Traumlenre,* en alemán el original, en *Int. Z. Psychoanal.,* 4 (6), 277-287, 1917.

ser considerado como el complemento libidinoso del egoísmo. También se nos hace comprensible la capacidad diagnóstica del sueño, fenómeno que es reconocido por una generalidad aunque enigmático y que nos descubre más claramente durante el reposo los síntomas de una enfermedad en sus comienzos; síntomas que pasaban inadvertidos durante la vigilia. El fenómeno onírico amplifica, en efecto, hasta lo gigantesco todas las sensaciones somáticas. Esta amplificación es de naturaleza hipocondríaca; presupone que toda la carga psíquica ha sido retraída del mundo exterior y acumulada en el *yo*, y permite descubrir en el sueño modificaciones somáticas que durante la vigilia hubieran *permanecido* aún inadvertidas por algún tiempo.

Un sueño constituye la señal de que ha surgido algo que tendía a perturbar el reposo, y nos da a conocer la forma en que esta perturbación puede ser rechazada. El durmiente sueña, en lugar de despertar, bajo los efectos de la perturbación, resultando así el sueño un guardián del reposo. En lugar del estímulo interior, que aspiraba a atraer la atención del sujeto, ha surgido un suceso exterior —el fenómeno onírico—, cuyas aspiraciones han quedado satisfechas. Un sueño es, pues, entre otras cosas, una *proyección:* una externalización de un proceso interior. Recordamos haber hallado ya en otro lugar la proyección entre los medios de defensa. También el mecanismo de la fobia histérica culminaba en el hecho de que el individuo podía protegerse por medio de tentativas de fuga contra un peligro exterior, surgido en lugar de un estímulo instintivo interno. Pero hemos de aplazar el estudio detenido de la proyección hasta llegar al análisis de aquella afección narcisista, en la que este mecanismo desempeña un principalísimo papel *.

Veamos cómo puede quedar perturbada la intención de dormir. La perturbación puede proceder de una excitación interior o de un estímulo exterior. Atenderemos, en primer lugar, al caso menos transparente y más interesante de la perturbación emanada del interior. La experiencia nos muestra que los estímulos del sueño son restos diurnos, cargas de pensamiento que no se han prestado a la general sustracción de las cargas y han conservado, a pesar de ella, cierta medida de interés libidinoso o de otro género cualquiera. Así, pues, hallamos aquí una primera excepción del narcisismo del estado de reposo; excepción que da lugar a la elaboración onírica. Los restos diurnos se nos dan a conocer en el análisis como ideas oníricas latentes, y tenemos que considerarlos, por su naturaleza y su situación, como ideas preconscientes, pertenecientes al sistema *Prec.*

El subsiguiente esclarecimiento de la formación de los sueños no deja de oponernos determinadas dificultades. El narcisismo del estado de reposo significa la sustracción de la carga de todas las ideas de objetos, tanto de la parte inconsciente de las mismas como de su parte preconsciente. Así, pues, cuando comprobamos que determinados restos diurnos han permanecido cargados, no podemos inclinarnos a admitir que han adquirido durante la noche energía suficiente para atraer la atención de la conciencia. Más bien supondremos que la carga que conservan es mucho más débil que la que poseían durante el día. El análisis nos evita aquí más amplias especulaciones, demostrándonos que estos restos diurnos tienen que recibir un refuerzo, emanado de impulsos instintivos inconscientes para poder surgir como formadores de sueños. Esta hipótesis no ofrece al principio dificultad ninguna, pues hemos de suponer que la censura, situada entre el sistema *Prec.* y el *Inc.*, se halla muy disminuida durante el reposo, quedando, por tanto, muy facilitada la relación entre ambos sistemas.

Sin embargo, surge aquí una objeción que no podemos silenciar. Si el narcisista estado del dormir ha tenido por consecuencia el retraimiento de todas las cargas de los sistemas *Inc.* y *Prec.*, faltará, pues, la posibilidad de que los restos diurnos preconscientes sean intensificados por los impulsos instintivos inconscientes, los cuales han cedido también sus cargas al *yo.* La teoría de la formación de los sueños muestra aquí una evidente contradicción, que sólo podemos salvar modificando nuestra hipótesis sobre el narcisismo del dormir.

Una restringida modificación de este tipo es, como veremos más adelante, también necesaria en la teoría de la demencia precoz. Su contenido no puede ser sino el de que la parte reprimida del sistema *Inc.* no obedece a los deseos de dormir, emanados del *yo;* conserva su carga total o fragmentariamente, y conquista, a consecuencia de la represión, cierta independencia del *yo.* Correlativamente habría de ser mantenido durante la noche un cierto montante del gasto de represión (de la *contracarga)* para eludir el peligro instintivo, aunque la oclusión de todos los caminos que conducen al desarrollo del afecto y a la motilidad tiene que disminuir considerablemente el nivel de la contracarga necesaria. Así, pues, describiríamos en la forma siguiente la situación que conduce a la formación de sueños. El deseo de dormir intenta retraer todas las cargas emanadas del *yo* y constituir un narcisismo absoluto. Este propósito no puede ser conseguido sino a medias, pues lo reprimido del sistema *Inc.* no obedece al deseo de dormir. Por tanto, tiene que ser mantenida también una parte de la contracarga, y la censura entre el sistema *Inc.* y el *Prec.* ha de permanecer vigilante, aunque no a todo su poder. En la medida que se extiende el dominio del *yo* quedan despojados de sus cargas todos los sistemas.

Cuanto más fuertes son las cargas instintivas inconscientes, más inestable será el dormir. Existe también un caso extremo, en el cual el *yo* abandona su deseo de dormir por sentirse incapaz de coartar los impulsos reprimidos libertados durante el sueño; o dicho de otro modo: renuncia a dormir por miedo a los sueños.

Más adelante estimaremos en toda su amplia importancia la hipótesis de la desobediencia de los impulsos reprimidos. Por ahora nos limitaremos a proseguir nuestro examen de la formación de los sueños.

Como segunda excepción del narcisismo, consignaremos la posibilidad, antes citada, de que también algunas de las ideas diurnas preconscientes opongan resistencias y conserven una parte de su carga. Ambos casos pueden ser en el fondo idénticos. La resistencia de los restos diurnos puede depender de su conexión, existente ya en la vigilia, con impulsos inconscientes. Pero también puede suceder algo menos sencillo, o sea que los restos diurnos, no despojados totalmente de su carga, se pongan en relación con lo reprimido solamente después de la conciliación del reposo, merced a la mayor facilidad de comunicación entre los sistemas *Prec.* e *Inc.* En ambos casos tiene efecto el mismo progreso decisivo de la formación onírica; esto es, queda constituido el deseo onírico preconsciente, que *da expresión, con el material de los restos diurnos preconscientes, al impulso inconsciente.* Este deseo onírico debe ser distinguido de los restos diurnos. No existía en la vigilia, y puede mostrar ya el carácter irracional que todo lo inconsciente manifiesta cuando lo traducimos a lo consciente. El deseo onírico no debe tampoco ser confundido con los impulsos de deseo, que pueden existir, aunque no necesariamente, entre las ideas preconscientes (latentes) del sueño. Pero cuando tales deseos preconscientes existen, el deseo onírico se asocia a ellos, intensificándolos.

Examinemos ahora los destinos subsiguientes de este impulso de deseo, representante de una tendencia instintiva inconsciente y que se ha formado como deseo onírico (fantasía realizadora de deseos) en el sistema *Prec*. Este impulso podría hallar su salida por tres distintos caminos. Podría seguir el que consideramos normal durante la vigilia, o sea pasar desde el sistema *Prec*. a la conciencia, o crearse una descarga motora directa, eludiendo el sistema *Cc*. Pero la observación nos muestra que sigue un tercer camino, totalmente inesperado. En el primer caso se convertiría en una *idea delirante*, cuyo contenido sería la realización del deseo, pero esto no sucede nunca durante el estado de reposo. Aunque nos hallamos todavía muy poco familiarizados con las condiciones metapsicológicas de los procesos anímicos, podemos quizá deducir de este hecho que la descarga total de un sistema lo hace poco sensible a los estímulos. El segundo caso, o sea el de la descarga motora directa, debería quedar excluido por el mismo principio; pues el acceso a la motilidad se halla normalmente más allá de la censura de la conciencia; pero puede presentarse excepcionalmente, constituyendo el *somnambulismo*. Ignoramos en qué condiciones surge esta posibilidad y a qué obedece su poca frecuencia. Pero lo que realmente sucede en los sueños es algo tan singular como imprevisto. El proceso nacido en el sistema *Prec*., e intensificado por el sistema *Inc*., toma un camino retrógrado a través del sistema *Inc*., en dirección a la percepción, que presiona a la conciencia. Esta regresión es la tercera fase de la formación onírica. Procurando mayor claridad, repetiremos que las dos primeras fases son: el refuerzo de los restos diurnos *Prec*. por el *Inc*. y la puesta en marcha del deseo onírico. A esta regresión la calificamos de *tópica* para diferenciarla de la *temporal* o regresión del desarrollo antes mencionada. Ambas regresiones no coinciden necesariamente siempre, pero sí en el caso presente. La inversión de curso de la excitación, desde el sistema *Prec*. hasta la percepción, a través del sistema *Inc*., es al mismo tiempo un retorno a la fase de la realización alucinatoria de deseos.

Por la interpretación de los sueños conocemos de qué modo se desarrolla la regresión de los restos diurnos preconscientes en la elaboración onírica. Los pensamientos quedan transformados en imágenes predominantemente visuales, o sea reducidas las presentaciones verbales a las de cosa correspondientes como si todo el proceso se hallase dominado por la tendencia a la representabilidad. Una vez realizada la regresión, queda en el sistema *Inc*. una serie de cargas de recuerdos de cosas sobre las cuales actúa el proceso psíquico primario hasta formar, por medio de su condensación y desplazamiento de sus cargas respectivas el contenido manifiesto del sueño. Las presentaciones verbales existentes entre los restos diurnos son tratadas como presentaciones de cosa y sometidas a los efectos de la condensación y el desplazamiento solamente cuando constituyen residuos actuales y recientes de *percepciones* y no una exteriorización de *pensamientos*. De aquí la afirmación desarrollada en nuestra *Interpretación de los sueños* y demostrada luego hasta la evidencia de que las palabras y frases integradas en el contenido del sueño no son de nueva formación, sino que constituyen una imitación de las palabras pronunciadas el día inmediatamente anterior o correspondientes a impresiones recibidas durante el mismo en la lectura, conversación, etc. Es harto singular la poca firmeza con que la elaboración onírica retiene las presentaciones verbales, hallándose siempre dispuesta a cambiar unas palabras por otras, hasta encontrar aquella expresión que ofrece mayores facilidades para la representación plástica [1400].

Se nos revela aquí la diferencia decisiva entre la elaboración onírica y la esquizofrenia. En ésta, son elaboradas por el proceso primario las palabras mismas, en las que aparece expresada la idea preconsciente; mientras que la elaboración onírica no recae sobre las palabras, sino sobre las presentaciones de cosa a que las mismas son previamente retroconducidas. El sueño conoce una regresión tópica. En cambio, la esquizofrenia, no. En el sueño no se opone obstáculo ninguno a la relación entre las cargas *(Prec.)* de las palabras y las cargas *(Inc.)* de las cosas; relación absolutamente coartada en la esquizofrenia. La interpretación onírica que llevamos a cabo en nuestra práctica psicoanalítica disminuye, sin embargo, el alcance de esta diferencia. Al revelarnos en su labor interpretadora el curso de la elaboración de los sueños, explorando los caminos que conducen desde las ideas latentes a los elementos del sueño, descubriendo el aprovechamiento de los equívocos verbales e indicando los puentes de palabras tendidos entre diversos sectores del material, hace la interpretación onírica una impresión tan pronto chistosa como esquizofrénica, y nos impulsa a olvidar que todas las operaciones verbales no son para el sueño sino una preparación de la regresión a las cosas.

El final del proceso onírico consiste en que el contenido del pensamiento regresivamente transformado y convertido en una fantasía de deseo se hace consciente bajo la forma de una percepción sensorial; transformación, durante la cual, recibe la elaboración secundaria a la que es sometida toda percepción. Decimos entonces que el deseo onírico es *alucinado*, y su cumplimiento encuentra como toda alucinación, completo crédito. Esta parte final de la formación de los sueños presenta ciertos puntos oscuros, para cuyo esclarecimiento vamos a comparar el sueño con los estados patológicos afines.

La formación de la fantasía de deseo y su regresión a la alucinación constituyen los elementos más importantes de la elaboración onírica, pero no le son exclusivamente peculiares. Por el contrario, los hallamos igualmente en dos estados patológicos: en la demencia aguda alucinatoria (la «amencia» de Meynert) y en la fase alucinatoria de la esquizofrenia. El delirio alucinatorio de la amencia es una fantasía de deseo claramente visible, y a veces tan completamente ordenada como un bello sueño diurno. Pudiera hablarse en general de una *psicosis de deseo alucinatorio*, y reconocerla tanto en el sueño como en la amencia. Existen también sueños que no consisten sino en fantasías de deseo de amplio contenido y nada deformadas. La fase alucinatoria de la esquizofrenia no ha sido tan detenidamente estudiada. Parece ser, generalmente, de naturaleza mixta; pero podría corresponder a una nueva tentativa de restitución, que tendería a devolver a las

---

[1400] A la tendencia a la representabilidad atribuimos también el hecho, acentuado por Silberer y quizá exagerado por él, de que algunos sueños permitan dos distintas interpretaciones igualmente exactas, o sea, según Silberer, la *analítica* y la *anagógica*. Trátase siempre, en estos casos, de pensamientos muy abstractos, cuya representación en el sueño habría de tropezar con grandes dificultades. Imaginémonos, por ejemplo, situados ante la labor de sustituir por imágenes plásticas, en una especie de jeroglífico, el artículo de fondo de un diario político. La elaboración onírica tiene entonces que sustituir, primeramente, el texto abstracto por uno más concreto, enlazado, sin embargo, con el primero por medio de comparaciones, símbolos y alusiones alegóricas, o mejor aún, genéticamente enlazado. El texto más concreto pasa a ser el material de la elaboración onírica, en lugar del abstracto. Los pensamientos abstractos constituyen la interpretación llamada *anagógica*, más fácilmente conseguible que la propiamente analítica. Según una exacta observación de O. Rank, ciertos sueños sobre su tratamiento soñados por pacientes sometidos al tratamiento psicoanalítico, son los mejores modelos de tales sueños de interpretación múltiple.

ideas de objetos la carga libidinosa [1401]. Los demás estados alucinatorios que observamos en diversas afecciones patológicas no pueden ser integrados en este paralelo por carecer nosotros de experiencia propia sobre ellos y sernos imposible utilizar la de otros.

La psicosis de deseo alucinatorio —en el sueño o en otro estado cualquiera— realiza dos funciones nada coincidentes. No sólo lleva a la conciencia deseos ocultos o reprimidos, sino que los representa como satisfechos encontrado completo crédito en el sujeto. La ocurrencia de estos dos resultados requiere una explicación. No puede afirmarse que los deseos inconscientes hayan de ser tenidos por realidades una vez que han logrado hacerse conscientes, pues nuestro juicio es muy capaz de distinguir las realidades de deseos e ideas, por muy intensos que éstos sean. En cambio, parece justificado admitir que la creencia en la realidad se halla ligada a la percepción a través de los sentidos. Cuando una idea ha encontrado el camino regresivo, que conduce hasta las huellas mnémicas inconscientes de los objetos, y desde ellas hasta la percepción, reconocemos su percepción como real. Así es como la alucinación trae consigo una creencia en la realidad. Ahora nos preguntamos qué es lo que determina la existencia de una alucinación. La primera respuesta sería la regresión. Esto reemplazaría el problema del origen de la alucinación por aquel del mecanismo de la regresión. Con respecto a los sueños, no necesita este último problema quedar sin respuesta. La regresión de las ideas preconscientes del sueño hasta las imágenes mnémicas de las cosas se nos revela, en efecto, como una consecuencia de la atracción de estas representaciones instintivas inconscientes —por ejemplo, los recuerdos reprimidos de sucesos vividos— ejercen sobre los pensamientos concretados en palabras. Pero observamos en seguida que seguimos aquí una falsa pista. Si el misterio de la alucinación no fuera otro que el de la regresión, toda regresión suficientemente intensa habría de producir una alucinación con una creencia en su realidad. Pero, conocemos casos en los que una reflexión regresiva lleva a la conciencia imágenes mnémicas visuales muy precisas, que, sin embargo, no consideramos ni un solo instante como percepciones reales. Podríamos también representarnos que la elaboración onírica avanza hasta tales imágenes mnémicas, haciendo conscientes las que eran inconscientes, y presentándose una fantasía de deseo, que despierta nuestro deseo, pero en la que no reconocemos la satisfacción real del deseo. La alucinación tiene, pues, que ser algo más que la animación regresiva de las imágenes mnémicas, *Inc.* en sí.

Es de una gran importancia práctica distinguir las percepciones de las ideas, aunque éstas sean intensamente recordadas. Toda nuestra relación con el mundo exterior, o sea con la realidad, depende de nuestra habilidad para hacerlo así. Hemos admitido la ficción de que no siempre la poseíamos, y de que al principio de nuestra vida anímica provocábamos la alucinación del objeto anhelado cuando sentíamos su necesidad. Pero la imposibilidad de conseguir por este medio la satisfacción, hubo de movernos muy pronto a crear un dispositivo, con cuyo auxilio conseguimos diferenciar tales percepciones de deseos de una satisfacción real y aprender evitarlas en el futuro. O dicho de otro modo: abandonamos en una etapa muy temprana la satisfacción alucinatoria de deseos y establecimos una especie de *examen de la realidad.*

[1401] Reconocimos en el ensayo sobre el inconsciente que la sobrecarga de las presentaciones verbales son una primera tentativa de este tipo.

Nos preguntaremos ahora en qué consiste este examen de la realidad y cómo la psicosis de deseo alucinatorio del sueño, de la amencia y de estados similares consiguen suprimirlo y reconstituir la antigua forma de la satisfacción.

La respuesta a esta interrogación se nos revela en cuanto emprendemos la labor de determinar más minuciosamente el tercero de nuestros sistemas psíquicos, el sistema *Cc.*, que hasta ahora no hemos diferenciado con gran precisión del sistema *Prec.* Ya en *'La interpretación de los sueños'* hemos tenido que considerar la percepción consciente como la función de un sistema especial, al que atribuimos singulares cualidades, y al que añadiremos ahora justificadamente otros distintos caracteres. Este sistema, al que dimos el nombre de sistema *P.*, lo haremos coincidir ahora con el sistema *Cc.*, de cuya labor depende el llegar a ser consciente. Pero ni aun así coincide por completo el hecho de que una cosa se haga consciente con la pertenencia a un sistema, pues ya hemos visto que pueden ser percatadas imágenes sensoriales mnémicas a las que nos es imposible reconocerlas un lugar psíquico en el sistema *Cc.* o en el *P.*

Aplazaremos la resolución de esta dificultad hasta entrar en la investigación del sistema *Cc.* Nos limitaremos a anticipar la hipótesis de que la alucinación consiste en una carga del sistema *Cc (P)*: carga que no es efectuada como normalmente desde el exterior, sino desde el interior, y que tiene por condición el avance de la regresión hasta este sistema, pasando por alto, así, el examen de la realidad [1402].

En páginas anteriores [1403] admitimos que un organismo aún inerme pudo crearse por medio de sus percepciones una primera orientación en el mundo, distinguiendo un «exterior» y un «interior» por la diversa relación de estos elementos con su acción muscular. Aquellas percepciones que le era posible suprimir por medio de un acto muscular eran reconocidas como exteriores, como realidad. En cambio, cuando tales actos se demostraban ineficaces, es que se trataba de una percepción interior, a la que se negaba la realidad. La posesión de este medio de reconocer la realidad es valiosísima para el individuo, que encuentra en él un arma de defensa contra ella, y quisiera disponer de un poder análogo contra las exigencias perentorias de sus instintos. Por esta razón se esfuerza tanto en *proyectar* al exterior aquello doloroso que en su interior le es motivo de perturbación.

Esta función de la orientación en el mundo por medio de la distinción de un «exterior» y un «interior», después de una detallada disección del aparato mental hemos de adscribirla exclusivamente al sistema *Cc. (P.).* Este sistema tiene que disponer de una inervación motora, por medio de la cual comprueba si la percepción puede o no ser suprimida. El *examen de la realidad* no necesita ser cosa distinta de este dispositivo [1404]. Por ahora nada más podemos decir, pues la naturaleza y la función del sistema *Cc.* nos son insuficientemente conocidas. El examen de la realidad forma parte, como las *censuras,* que ya conocemos, de las *grandes instituciones del yo.* Dejándolo así establecido, esperaremos que el análisis de las afecciones narcisistas nos ayude a descubrir otras de estas instituciones.

En cambio, la Patología nos revela ya de qué modo puede ser interrumpido o anulado el examen de la realidad; circunstancia que se nos muestra en la psicosis

---

[1402] Debo agregar a título de complemento que todo intento de explicar la alucinación debiera partir de la alucinación *negativa* más que de la positiva.

[1403] 'Los instintos y sus destinos'.

[1404] Cf. un pasaje posterior acerca la distinción entre examen de la realidad y examen del momento. [*Realitätsprüfung* y *Aktualitätsprüfung.*]

desiderativa de la amencia más claramente que en el sueño. La amencia es la reacción a una pérdida afirmada por la realidad; pero que ha de ser negada por el *yo*, que no podría soportarla. En este caso, el *yo* interrumpe su relación con la realidad y sustrae al sistema de las percepciones *Cc.* su carga, o, mejor dicho, una carga cuya especial naturaleza habrá aún de ser objeto de investigación. Con este apartamiento de la realidad queda interrumpido su examen, y las fantasías desiderativas no reprimidas y completamente conscientes, pueden presionar en el sistema y son reconocidas como una realidad más satisfactoria. Este apartamiento puede ser colocado a la par con el proceso de represión.

La amencia nos ofrece el interesante espectáculo de una disociación entre el *yo* y uno de sus órganos; precisamente aquel que con más fidelidad le servía y se hallaba más íntimamente ligado a él [1405].

Aquello que en la amencia lleva a cabo la represión es realizado en el sueño por la renuncia voluntaria. El estado de reposo no quiere saber nada del mundo exterior, no se interesa en la realidad más que cuando se trata de abandonar el dormir para despertar. Retrae las cargas de los sistemas *Cc.*, *Prec.* e *Inc.* en tanto en cuanto los elementos en ellos integrados obedecen al deseo de dormir. Con la falta de carga del sistema *Cc.* cesa la posibilidad de un examen de la realidad, y las excitaciones, independientes del estado de reposo, que toman el camino de la regresión, lo encontrarán libre hasta el sistema *Cc.*, en el cual pasarán por realidades indiscutibles [1406].

La psicosis alucinatoria de la demencia precoz no puede, pues, pertenecer a los síntomas iniciales de la misma, y sólo surgirá cuando el *yo* del enfermo llegue a tal desintegración, que el examen de la realidad no evite ya el proceso alucinatorio.

Por lo que respecta a la psicología de los procesos oníricos, concluimos que todos los caracteres esenciales del sueño son determinados por la condición del estado de reposo. Aristóteles tuvo razón al decir que el fenómeno onírico constituía la actividad anímica del durmiente. Ampliando esta afirmación, diremos nosotros que el fenómeno onírico es un residuo de la actividad anímica del durmiente, permitido por el hecho de no haber logrado totalmente el establecimiento del estado narcisista de reposo. Esto no parece muy distinto de lo que los psicólogos y filósofos vienen desde siempre afirmando, pero se funda en opiniones muy diferentes sobre la estructura y la función del aparato anímico; opiniones que presentan sobre las anteriores la ventaja de conducirnos a la inteligencia del fenómeno onírico en todas sus particularidades.

Consideraremos, por último, la significación que una *tópica* del proceso de la represión puede tener para nuestro conocimiento del mecanismo de los trastornos mentales. En el sueño, la sustracción de la carga psíquica (libido o interés) alcanza por igual a todos los sistemas; en las neurosis de transferencia es retraída la carga *Prec.*; en la esquizofrenia, la del sistema *Inc.*, y en la amencia, la del sistema *Cc.*

[1405] Me atrevo a sugerir en conexión con esto que las alucinosis tóxicas, por ejemplo, el delirium alcohólico, deben ser interpretadas de manera ˉsemejante. Aquí la insoportable pérdida impuesta por la realidad sería precisamente la pérdida del alcohol. Cuando se administra este último cesa la alucinación.

[1406] Aquí el principio de la insensibilidad a la excitación de los sistemas no catectizados parece invalidarse en el caso del sistema *Cc (P.).* Pero, solamente,

parece ser un problema de una sustracción *parcial* de las cargas. En cuanto al sistema perceptivo se refiere, debiéramos aceptar varias condiciones de excitación del todo divergentes de aquellas de los otros sistemas. No intentamos, por supuesto, disfrazar o eludir el carácter provisorio y discutible de estos alcances metapsicológicos. Solamente una investigación más profunda puede llegar a un resultado con cierto grado de probabilidad.

XCIII

DUELO Y MELANCOLIA *

1915 [1917]

DESPUÉS de habernos servido del sueño como modelo normal de las perturbaciones mentales narcisistas, vamos a intentar *esclarecer la esencia de la melancolía,* comparándola con el duelo, afecto normal paralelo a ella. Pero esta vez hemos de anticipar una confesión, que ha de evitarnos conceder un valor exagerado a nuestros resultados. La melancolía, cuyo concepto no ha sido aún fijamente determinado, ni siquiera en la Psiquiatría descriptiva, muestra diversas formas clínicas, a las que no se ha logrado reducir todavía a una unidad, y entre las cuales hay algunas que recuerdan más las afecciones somáticas que las psicógenas. Abstracción hecha de algunas impresiones, asequibles a todo observador, se limita nuestro material a un pequeño número de casos sobre cuya naturaleza psicógena no cabía duda. Así, pues, nuestros resultados no aspiran a una validez general; pero nos consolaremos pensando que con nuestros actuales medios de investigación no podemos hallar nada que no sea *típico,* sino de toda una clase de afecciones, por lo menos de un grupo más limitado.

Las múltiples analogías del cuadro general de la melancolía con el del duelo, justifican un estudio paralelo de ambos estados [1407]. En aquellos casos en los que nos es posible llegar al descubrimiento de las causas por influencias ambientales que los han motivado, las hallamos también coincidentes. El duelo es, por lo general, la reacción a la pérdida de un ser amado o de una abstracción equivalente: la patria, la libertad, el ideal, etc. Bajo estas mismas influencias surge en algunas personas, a las que por lo mismo atribuimos una predisposición morbosa, la melancolía en lugar del duelo. Es también muy notable que jamás se nos ocurra considerar el duelo como un estado patológico y someter al sujeto a un tratamiento médico, aunque se trata de un estado que le impone considerables desviaciones de su conducta normal. Confiamos, efectivamente, en que al cabo de algún tiempo desaparecerá por sí solo y juzgaremos inadecuado e incluso perjudicial perturbarlo.

La melancolía se caracteriza psíquicamente por un estado de ánimo profundamente doloroso, una cesación del interés por el mundo exterior, la pérdida de la capacidad de amar, la inhibición de todas las funciones y la disminución de amor propio. Esta última se traduce en reproches y acusaciones, de que el paciente se hace objeto a sí mismo, y puede llegar incluso a una delirante espera de castigo. Este cuadro se nos hace más inteligible cuando reflexionamos que el duelo muestra también estos caracteres, a excepción de uno solo; la perturbación

* *Traner und Melancholie,* en alemán el original, en *Int. Z. Psychoanal.,* 4 (6), 288-301, 1917.

[1407] También Abraham, a quien debemos el estudio analítico más importante de los pocos que ha habido sobre la materia, parte de esta comparación. (*Zentralblatt f. Psychoan.,* II, 6, 1912.)

del amor propio. El duelo intenso, reacción a la pérdida de un ser amado, integra el mismo doloroso estado de ánimo, la cesación del interés por el mundo exterior —en cuanto no recuerda a la persona fallecida—, la pérdida de la capacidad de elegir un nuevo objeto amoroso —lo que equivaldría a sustituir al desaparecido— y al apartamiento de toda actividad no conectada con la memoria del ser querido. Comprendemos que esta inhibición y restricción del *yo* es la expresión de su entrega total al duelo que no deja nada para otros propósitos e intereses. En realidad, si este estado no nos parece patológico es tan sólo porque nos lo explicamos perfectamente.

Aceptamos también el paralelo, a consecuencia del cual calificamos de «doloroso» el estado de ánimo del duelo. Su justificación se nos evidenciará cuando lleguemos a caracterizar económicamente el dolor.

Mas, ¿en qué consiste la labor que el duelo lleva a cabo? A mi juicio, podemos describirla en la forma siguiente: el examen de la realidad ha mostrado que el objeto amado no existe ya y demanda que la libido abandone todas sus ligaduras con el mismo. Contra esta demanda surge una oposición naturalísima, pues sabemos que el hombre no abandona gustoso ninguna de las posiciones de su libido, aun cuando les haya encontrado ya una sustitución. Esta oposición puede ser tan intensa que surjan el apartamiento de la realidad y la conservación del objeto por medio de una psicosis desiderativa alucinatoria. (Cf. el estudio que precede.) Lo normal es que el respeto a la realidad obtenga la victoria. Pero su mandato no puede ser llevado a cabo inmediatamente, y sólo es realizado de un modo paulatino, con gran gasto de tiempo y de energía de carga, continuando mientras tanto la existencia psíquica del objeto perdido. Cada uno de los recuerdos y esperanzas que constituyen un punto de enlace de la libido con el objeto es sucesivamente despertado y sobrecargado, realizándose en él la sustracción de la libido. No nos es fácil indicar en términos de la economía por qué la transacción que supone esta lenta y paulatina realización del mandato de la realidad ha de ser tan dolorosa. Tampoco deja de ser singular que el doloroso displacer que trae consigo nos parezca natural y lógico. Al final de la labor del duelo vuelve a quedar el *yo* libre y exento de toda inhibición.

Apliquemos ahora a la melancolía lo que del duelo hemos averiguado. En una serie de casos constituye también evidentemente una reacción a la pérdida de un objeto amado. Otras veces, cuando las causas estimulantes son diferentes, observamos que la pérdida es de naturaleza más ideal. El sujeto no ha muerto, pero ha quedado perdido como objeto erótico (el caso de la novia abandonada). Por último, en otras ocasiones creemos deber mantener la hipótesis de tal pérdida; pero no conseguimos distinguir claramente qué es lo que el sujeto ha perdido, y hemos de admitir que tampoco a éste le es posible percibirlo conscientemente. A este caso podría reducir también aquel en el que la pérdida, causa de la melancolía, es conocida al enfermo, el cual sabe a *quién* ha perdido, pero no lo *que* con él ha perdido. De este modo nos veríamos impulsados a relacionar la melancolía con una pérdida de objeto sustraída a la conciencia, diferenciándose así del duelo, en el cual nada de lo que respecta a la pérdida es inconsciente.

En el duelo nos explicamos la inhibición y la falta de interés por la labor de duelo, que absorbe el *yo*. La pérdida desconocida, causa de la melancolía, tendría también como consecuencia una labor interna análoga, a la cual habríamos de atribuir la inhibición que tiene efecto en este estado. Pero la inhibición melancólica nos produce una impresión enigmática, pues no podemos averiguar qué es lo que absorbe tan por completo al enfermo. El melancólico muestra, además, otro carácter que no hallamos en el duelo: una extraordinaria disminución de su amor propio, o sea un considerable empobrecimiento de su *yo*. En el duelo, el mundo aparece desierto y empobrecido ante los ojos del sujeto. En la melancolía es el *yo* lo que ofrece estos rasgos a la consideración del paciente. Este nos describe su *yo* como indigno de toda estimación, incapaz de rendimiento valioso alguno y moralmente condenable. Se dirige amargos reproches, se insulta y espera la repulsa y el castigo. Se humilla ante todos los demás y compadece a los suyos por hallarse ligados a una persona tan despreciable. No abriga idea ninguna de que haya tenido efecto en él una modificación, sino que extiende su crítica al pasado y afirma no haber sido nunca mejor. El cuadro de este delirio de empequeñecimiento (principalmente moral) se completa con insomnios, rechazo a alimentarse y un sojuzgamiento, muy singular desde el punto de vista psicológico, del instinto, que fuerza a todo lo animado a mantenerse en vida.

Tanto científica como terapéuticamente sería infructuoso contradecir al enfermo cuando expresa tales acusaciones contra su *yo*. Debe de tener cierta razón y describirnos algo que es en realidad como a él le parece. Así, muchos de sus datos tenemos que confirmarlos inmediatamente sin restricción alguna. Es realmente tan incapaz de amor, de interés y de rendimiento como dice; pero todo esto es secundario y constituye, según sabemos, un resultado de la ignorada labor que devora a su *yo*, y que podemos comparar a la labor del duelo. En otras de sus acusaciones nos parece también tener razón, comprobando tan sólo que percibe la verdad más claramente que otros sujetos no melancólicos. Cuando en su autocrítica se describe como un hombre pequeño, egoísta, deshonesto y carente de ideas propias, preocupado siempre en ocultar sus debilidades, puede en realidad aproximarse considerablemente al conocimiento de sí mismo, y en este caso nos preguntamos por qué ha tenido que enfermar para descubrir tales verdades, pues es indudable que quien llega a tal valoración de sí propio —análoga a la que el príncipe Hamlet se aplicaba y aplicaba a todos los demás [1408]—; es indudable, repetimos, que quien llega a tal valoración de sí propio y la manifiesta públicamente está enfermo, ya diga la verdad, ya se calumnie más o menos. No es tampoco difícil observar que entre la intensidad de la autocrítica del sujeto y su justificación real, según nuestra estimación del mismo, no existe correlación alguna. Una mujer que antes de enfermar de melancolía ha sido siempre honrada, hacendosa y fiel, no hablará luego mejor de sí misma que otra paciente a la que nunca pudimos atribuir tales cualidades; e incluso la primera tiene más probabilidades de enfermar de melancolía, que la última, de la cual tampoco nosotros tendríamos nada bueno que decir. Por último, comprobamos el hecho singular de que el enfermo melancólico no se conduce tampoco como un individuo normal, agobiado por los remordimientos. Carece, en efecto, de todo pudor frente a los demás, sentimiento que caracteriza el remordimiento normal. En el melancólico observamos el carácter contrario, o sea el deseo de comunicar a todo el mundo sus propios defectos, como si en este rebajamiento hallara una satisfacción.

Así, pues, carece de importancia que el paciente tenga o no razón en su autocrítica, y que ésta coincida más o menos con nuestra propia opinión de su perso-

---

[1408] *Use every man after his desert, and who shall scape whipping?* (*Hamlet*, II, 2.)

nalidad. Lo esencial es que describe exactamente su situación psicológica. Ha perdido la propia estimación y debe de tener razones para ello. Pero, admitiéndolo así, nos hallamos ante una contradicción, que nos plantea un complicado enigma. Conforme a la analogía de esta enfermedad con el duelo, habríamos de deducir que el paciente ha sufrido la pérdida de un objeto; pero de sus manifestaciones inferimos que la pérdida ha tenido efecto en su propio *yo*.

Antes de ocuparnos de esta contradicción consideraremos la perspectiva que la afección del melancólico nos abre en la constitución del *yo* humano. Vemos, en efecto, cómo una parte del *yo* se sitúa enfrente de la otra y la valora críticamente, como si la tomara por objeto. Subsiguientes investigaciones nos confirman que la instancia crítica, disociada aquí del *yo*, puede demostrar igualmente en otras distintas circunstancias su independencia. Proporcionándonos base suficiente para distinguirla del *yo*. Es ésta la instancia a la que damos corrientemente el nombre de *conciencia (moral)*. Pertenece, con la censura de la conciencia y el examen de la realidad, a las grandes instituciones del *yo* y puede enfermar por sí sola, como más adelante veremos. En el cuadro de la melancolía resalta el descontento con el propio *yo*, desde el punto de vista moral, sobre todas las demás críticas posibles. La deformidad, la fealdad, la debilidad y la inferioridad social no son tan frecuentemente objeto de la autovaloración del paciente. Sólo la pobreza o la ruina ocupan, entre las afirmaciones o temores del enfermo, un lugar preferente.

Una observación nada difícil nos lleva luego al esclarecimiento de la contradicción antes indicada. Si oímos pacientemente las múltiples autoacusaciones del melancólico, acabamos por experimentar la impresión de que las más violentas resultan con frecuencia muy poco adecuadas a la personalidad del sujeto y, en cambio, pueden adaptarse, con pequeñas modificaciones, a otra persona, a la que el enfermo ama, ha amado o debía amar. Siempre que investigamos estos casos queda confirmada tal hipótesis, que nos da la *clave* del cuadro patológico, haciéndonos reconocer que los reproches con los que el enfermo se abruma corresponden en realidad a otra persona, a un objeto erótico, y han sido vueltos contra el propio *yo*.

La mujer que compadece a su marido por hallarse ligado a un ser tan inútil como ella, reprocha en realidad al *marido* su inutilidad, cualquiera que sea el sentido que dé a estas palabras. No podemos extrañar que entre estos reproches, correspondientes a otra persona y vueltos hacia el *yo*, existan algunos referentes realmente al *yo;* reproches cuya misión es encubrir los restantes y dificultar el conocimiento de la verdadera situación. Estos reproches proceden del pro y el contra del combate amoroso, que ha conducido a la pérdida erótica. También la conducta de los enfermos se nos hace ahora más comprensible. Sus lamentos son quejas; no se avergüenzan ni se ocultan, porque todo lo malo que dicen de sí mismos se refiere en realidad a otras personas, y se hallan muy lejos de testimoniar, con respecto a los que los rodean, la humildad y sometimiento que correspondería a tan indignas personas como afirman ser, mostrándose, por el contrario, sumamente irritables y susceptibles y como si estuvieran siendo objeto de una gran injusticia. Todo esto sólo es posible porque las reacciones de su conducta parten aún de la constelación anímica de la rebelión, convertida por cierto proceso en el opresivo estado de la melancolía.

Fácilmente podemos reconstruir este proceso. Al principio existía una elección de objeto, o sea enlace de la libido a una persona determinada. Por la influencia de una *ofensa real* o de un *desengaño,* inferido por la persona amada, surgió una conmoción de esta relación objetal, cuyo resultado no fue el normal, o sea la sustracción de la libido de este objeto y su desplazamiento hacia uno nuevo, sino otro muy distinto, que parece exigir, para su génesis, varias condiciones. La carga del objeto demostró tener poca energía de resistencia y quedó abandonada; pero la libido libre no fue desplazada sobre otro objeto, sino retraída al *yo,* y encontró en éste una aplicación determinada, sirviendo para establecer una *identificación* del *yo* con el objeto abandonado. La sombra del objeto cayó así sobre el *yo;* este último, a partir de este momento, pudo ser juzgado por una instancia especial, como un objeto, y en realidad como el objeto abandonado. De este modo se transformó la pérdida del objeto en una pérdida del *yo,* y el conflicto entre el *yo* y la persona amada, en una disociación entre la actividad crítica del *yo* y el *yo* modificado por la identificación.

Una o dos cosas se deducen directamente de los resultados y condiciones de este proceso. Por un lado, tiene que haber existido una enérgica fijación al objeto erótico; y por otro, en contradicción con la misma, una escasa energía de resistencia de la carga de objeto. Esta contradicción parece exigir, según una acertadísima observación de Rank, que la elección de objeto haya tenido efecto sobre una base narcisista; de manera que en el momento en que surja alguna contrariedad pueda la carga de objeto retroceder al narcisismo. La identificación narcisista con el objeto se convierte entonces en un sustitutivo de la carga erótica, a consecuencia de la cual no puede ser abandonada la relación erótica, a pesar del conflicto con la persona amada. Esta sustitución del amor al objeto por una identificación es un importante mecanismo en las afecciones narcisistas. Karl Landauer (1914) lo ha descubierto recientemente en el proceso curativo de una esquizofrenia. Corresponde, naturalmente, a la *regresión* de un tipo de la elección de objeto al narcisismo primitivo. En otro lugar hemos expuesto ya que la identificación es la fase preliminar de la elección de objeto, y la primera forma, ambivalente en su expresión, utilizada por el *yo* para escoger un objeto. Quisiera incorporárselo, y correlativamente a la fase oral o canibalística del desarrollo de la libido, ingiriéndolo, o sea devorándolo. A esta relación refiere acertadamente Abraham el rechazo a alimentarse que surge en los graves estados de melancolía.

La conclusión a que nos lleva esta teoría, o sea la de que la predisposición a la melancolía, o una parte de ella, depende del predominio del tipo narcisista de la elección de objeto, no ha sido aún confirmada por la investigación. Al iniciar el presente estudio reconocimos ya la insuficiencia del material empírico en el que podíamos basarlo. Si nos fuera lícito suponer que nuestras deducciones coincidan con los resultados de observaciones, no vacilaríamos en integrar entre las características de la melancolía la regresión de la carga de objeto a la fase oral de la libido, perteneciente aún al narcisismo. Las identificaciones con el objeto no son tampoco raras en las neurosis de transferencia, constituyendo, por el contrario, un conocido mecanismo de la formación de síntomas, sobre todo en la histeria. Pero entre la identificación narcisista y la histérica existe la diferencia de que en la primera es abandonada la carga del objeto, mantenida, en cambio, en la segunda, en la cual produce efectos generalmente limitados a determinadas acciones e inervaciones. De todos modos, también en las neurosis de transferencia es la identificación expresión de una comunidad, que puede significar amor. La identificación narcisista es la más primitiva, y nos conduce a la inteligencia de la identificación histérica, menos estudiada.

Así, pues, la melancolía toma una parte de sus caracteres del duelo y otra, del proceso de la regresión de la elección de objeto narcisista al narcisismo. Por un lado es, como el duelo, una reacción a la pérdida real del objeto erótico; pero, además, se halla ligada a una condición, que falta en el duelo normal, o la convierte en duelo patológico cuando se agrega a ella. La pérdida de objeto erótico constituye una excelente ocasión para hacer surgir la ambivalencia de las relaciones amorosas. Dada una predisposición a la neurosis obsesiva, la ambivalencia presta al duelo una estructura patológica, y la obliga a exteriorizarse en el reproche de haber deseado la pérdida del objeto amado o incluso ser culpable de ella. En tales depresiones obsesivas, consecutivas a la muerte de personas amadas, se nos muestra la obra que puede llevar a cabo por sí solo el conflicto de la ambivalencia cuando no existe simultáneamente la retracción regresiva de la libido. Las situaciones que dan lugar a la enfermedad en la melancolía van más allá del caso transparente de la pérdida por muerte del objeto amado, y comprenden todas aquellas situaciones de ofensa, postergación y desengaño, que pueden introducir, en la relación con el objeto, sentimientos opuestos de amor y odio o intensificar una ambivalencia preexistente. Este conflicto por ambivalencia, que se origina a veces más por experiencias reales y a veces más por factores constitucionales, ha de tenerse muy en cuenta entre las premisas de la melancolía. Cuando el amor al objeto, amor que ha de ser conservado, no obstante el abandono del objeto, llega a refugiarse en la identificación narcisista, recae el odio sobre este objeto sustitutivo, calumniándolo, humillándolo, haciéndole sufrir y encontrando en este sufrimiento una satisfacción sádica. El tormento, indudablemente placentero que el melancólico se inflige a sí mismo significa, análogamente a los fenómenos correlativos de la neurosis obsesiva, la satisfacción de tendencias sádicas y de odio [1409], orientadas hacia un objeto, pero retrotraídas al *yo* del propio sujeto en la forma como hemos venido tratando. En ambas afecciones suele el enfermo conseguir por el camino indirecto del autocastigo su venganza de los objetos primitivos y atormentar a los que ama, por medio de la enfermedad, después de haberse refugiado en ésta para no tener que mostrarle directamente su hostilidad. La persona que ha provocado la perturbación sentimental del enfermo, y hacia la cual se halla orientada su enfermedad, suele ser una de las más íntimamente ligadas a ella. De este modo, la carga erótica del melancólico hacia su objeto experimenta un doble destino. Una parte de ella retrocede hasta la identificación, y la otra, bajo el influjo del conflicto de ambivalencia, hasta la fase sádica, cercana a este conflicto.

Este sadismo nos aclara el enigma de la tendencia al suicidio, que tan interesante y tan peligrosa hace a la melancolía. Hemos reconocido como estado primitivo y punto de partida de la vida instintiva un tan extraordinario amor a sí mismo del *yo;* y comprobamos, en el miedo provocado por una amenaza de muerte, la liberación de tan enorme montante de libido narcisista, que no comprendemos cómo el *yo* puede consentir en su propia destrucción. Sabíamos, ciertamente, que ningún neurótico experimenta impulsos al suicidio que no sean impulsos homicidas, orientados primero hacia otras personas y vueltos luego contra el *yo;* pero continuábamos sin comprender por medio de qué juego de fuerzas

---

[1409]   Véase mi trabajo 'Los instintos y sus destinos' para diferenciarlos.

podían convertirse tales impulsos en actos. El análisis de la melancolía nos muestra ahora que el *yo* no puede darse muerte sino cuando el retorno de la carga de objeto le hace posible tratarse a sí mismo como un objeto; esto es, cuando puede dirigir contra sí mismo la hostilidad que tiene hacia un objeto; hostilidad que representa la reacción primitiva del *yo* contra los objetos del mundo exterior. (Cf. *Los instintos y sus destinos.*) Así, pues, en la regresión de la elección narcisista de objeto queda el objeto abandonado; mas, a pesar de ello, ha demostrado ser más poderoso que el *yo*. En el suicidio y en el enamoramiento extremo —situaciones opuestas— queda el *yo* igualmente dominado por el objeto, si bien en forma muy distinta.

Parece también justificado derivar uno de los caracteres más singulares de la melancolía —el miedo a la ruina y al empobrecimiento— del erotismo anal, desligado de sus relaciones y transformado regresivamente.

La melancolía nos plantea aún otras interrogaciones, cuya solución nos es imposible alcanzar por ahora. Comparte con el duelo el carácter de desaparecer al cabo de cierto tiempo, sin dejar tras sí grandes modificaciones. En el duelo explicamos este carácter, admitiendo que era necesario un cierto lapso para la realización detallada del mandato de la realidad; labor que devolvía al *yo* la libertad de su libido, desligándola del objeto perdido. En la melancolía podemos suponer al *yo* entregado a una labor análoga; pero ni en este caso ni en el del duelo, logramos llegar a una comprensión económica del proceso. El insomnio de la melancolía testimonia, quizá, de la rigidez de este estado, o sea de la imposibilidad de que se lleve a cabo la retracción general de las cargas, necesaria para el establecimiento del estado de reposo. El complejo melancólico se conduce como una herida abierta. Atrae a sí de todos lados energías de carga (a las cuales hemos dado en las neurosis de transferencia el nombre de «contracargas»), y alcanza un total empobrecimiento del *yo,* resistiéndose al deseo de dormir del *yo*. En el cotidiano alivio del estado melancólico, durante las horas de la noche, debe de intervenir un factor, probablemente somático, inexplicable desde el punto de vista psicógeno. A estas reflexiones viene a agregarse la pregunta de si la pérdida del *yo* no bastaría por sí sola, sin intervención ninguna de la pérdida del objeto, para engendrar la melancolía. Igualmente habremos de plantearnos el problema de si un empobrecimiento tóxico directo de la libido del *yo* podría ser suficiente para provocar determinadas formas de la afección melancólica.

La peculiaridad más singular de la melancolía es su tendencia a transformarse en manía, o sea en un estado sintomáticamente opuesto. Sin embargo, no toda melancolía sufre esta transformación. Algunos casos no pasan de recidivas periódicas, cuyos intervalos muestran cuanto más un ligerísimo matiz de manía. Otros presentan aquella alternativa regular de fases melancólicas y maniacas, que constituye la locura cíclica. Excluiríamos estos casos de la concepción psicógena si, precisamente para muchos de ellos, no hubiera hallado el psicoanálisis una solución y una terapéutica. Estamos, pues, obligados a extender a la manía nuestra explicación analítica de la melancolía.

No podemos comprometernos a alcanzar en esta tentativa un resultado completamente satisfactorio. Probablemente no lograremos sino una primera orientación. Disponemos para ella de dos puntos de apoyo, consistentes: el primero, en una impresión derivada de la práctica psicoanalítica; y el segundo, en una experiencia general de orden económico. La impresión, comunicada ya por diversos observadores psicoanalíticos, es la de que el contenido de la manía es idéntico al de la melancolía. Ambas afecciones lucharían con el mismo «complejo», el cual sojuzgaría al *yo* en la melancolía, y quedaría sometido o apartado por el *yo* en la manía. El otro punto de apoyo es la experiencia de que todos los estados de alegría, exaltación y triunfo, que nos muestran el modelo normal de la manía, presentan la misma condicionalidad económica. Trátase en ellos de una influencia, que hace de repente superfluo un gasto de energía psíquica, sostenido durante largo tiempo o constituido un hábito, quedando entonces tal gasto de energía disponible para las más diversas aplicaciones y posibilidades de descarga. Este caso se da, por ejemplo, cuando un pobre diablo es obsequiado por la Fortuna con una herencia, que habrá de libertarle de su crónica lucha por el pan cotidiano; cuando una larga y penosa lucha se ve coronada por el éxito; cuando logramos desembarazarnos de una coerción que venía pesando sobre nosotros hace largo tiempo, etc. Todas estas situaciones se caracterizan por un alegre estado de ánimo, por los signos de descarga de la alegría y por una intensa disposición a la actividad, caracteres que son igualmente los de la manía, pero que constituyen la antítesis de la depresión e inhibición, propias de la melancolía. Podemos, pues, atrevernos a decir que la manía no es sino tal triunfo, salvo que el *yo* ignora nuevamente qué y sobre qué ha conseguido.

La intoxicación alcohólica, que pertenece a la misma clase de estados, en tanto es uno de elación, puede explicarse de la misma forma. Aquí, probablemente por toxinas, hay una suspensión del gasto en energía de represión. La opinión popular gusta afirmar que una persona en un estado maniaco de este tipo encuentra tal placer del movimiento y la acción porque está muy 'alegre'. Esta relación falsa debe ser corregida. La verdad es que la condición económica en la mente del sujeto, como ya hemos visto más arriba, ha sido cumplida, y esta es la razón por la que, por un lado, está de tan buen ánimo, y por el otro, tan desinhibido en la actividad.

Si estos dos puntos de apoyo los colocamos juntos, veremos lo que sigue.

En la manía, tiene que haber dominado el *yo* la pérdida del objeto (o el duelo producido por dicha pérdida o quizá al objeto mismo), quedando así disponible todo el montante de contracarga que el doloroso sufrimiento de la melancolía había atraído del *yo* y ligado. El maniaco nos evidencia su emancipación del objeto que le hizo sufrir, emprendiendo con hambre voraz nuevas cargas de objeto.

Esta explicación parece plausible; pero, en primer lugar, no es aún suficientemente precisa, y en segundo, hace surgir más problemas y dudas de los que por ahora nos es posible resolver. De todos modos, no queremos eludir su discusión, aunque no esperemos llegar mediante ella a un completo esclarecimiento.

En primer lugar, el duelo normal supera también la pérdida del objeto, y absorbe, mientras dure, igualmente todas las energías del *yo*. Mas, ¿por qué no surge en ella ni el más leve indicio de la condición económica, necesaria para la emergencia de una fase de triunfo consecutiva a su término? No nos es posible dejar respuesta a esta objeción, que refleja nuestra impotencia para indicar por qué medios económicos lleva a cabo el duelo su labor. Quizá pueda auxiliarnos aquí una nueva sospecha. La realidad impone a cada uno de los recuerdos y esperanzas, que constituyen puntos de enlace de la libido con el objeto, su veredicto de que dicho objeto no existe ya, y el *yo*, situado ante la interrogación de si quiere compartir tal destino, se decide, bajo la influencia de las satisfacciones narcisistas de la vida, a cortar su ligamen con el objeto abolido. Podemos, pues, suponer que esta separación se realiza tan lenta y paulatinamente, que al llegar a término ha agotado el gasto de energía necesario para tal labor [1410].

Al emprender una tentativa de desarrollar una descripción de la labor de la melancolía, partiendo de nuestra hipótesis sobre la labor del duelo, tropezamos en seguida con una dificultad. Hasta ahora no hemos atendido apenas en la melancolía al punto de vista tópico, ni nos hemos preguntado en qué y entre cuáles sistemas psíquicos se desarrolla la labor de la melancolía. Habremos, pues, de investigar cuál es la parte de los procesos mentales de esta afección que se desarrolla en las cargas de objeto inconscientes que han sido descartadas, y cuál en la sustitución de las mismas por identificación en el *yo*.

Es fácil decir que la presentación (de cosa) inconsciente del objeto es abandonada por la libido. Pero en realidad esta presentación se halla representada por innumerables impresiones (huellas inconscientes de las mismas), y la realización de la sustracción de la libido no puede ser un proceso momentáneo, sino, como en el duelo, un proceso lento y paulatino. No podemos determinar si comienza simultáneamente en varios lugares o sigue cierto orden progresivo. En los análisis se observa que tan pronto queda activado un recuerdo como otro, y que las lamentaciones del enfermo, fatigosas por su monotonía, proceden, sin embargo, cada vez de una distinta fuente inconsciente. Cuando el objeto no posee para el *yo* una importancia tan grande, intensificada por mil conexiones distintas, no llega su pérdida a ocasionar un estado de duelo o de melancolía. La realización paulatina del desligamiento de la libido es, por tanto, un carácter común del duelo y la melancolía; se basa probablemente en las mismas circunstancias económicas, y obedece a los mismos propósitos.

Pero la melancolía posee, como ya hemos visto, un contenido más amplio que el duelo normal. En ella, la relación con el objeto queda complicada por el conflicto de ambivalencia. Esta puede ser constitucional, o sea depender de cada una de las relaciones eróticas de este especial *yo,* o proceder de los sucesos, que traen consigo la amenaza de la pérdida del objeto. Así, pues, las causas estimulantes de la melancolía son más numerosas que las del duelo, el cual sólo es provocado en realidad por la muerte del objeto. Trábanse así en la melancolía infinitos combates aislados en derredor del objeto, combates en los que el odio y el amor luchan entre sí; el primero, para desligar a la libido del objeto, y el segundo, para evitarlo. Estos combates aislados se desarrollan en el sistema *Inc.*, o sea en el reino de las huellas mnémicas de cosas (en oposición a las cargas verbales). En este mismo sistema se desarrollan también las tentativas de desligamiento del duelo; pero en este caso no hay nada que se oponga al acceso de tales procesos a la conciencia por el camino normal a través del sistema *Prec.* Este camino queda cerrado para la labor melancólica, quizá a causa de numerosos motivos o aislados o de acción conjunta. La ambivalencia constitucional pertenece de por sí a lo reprimido. Los sucesos traumáticos, en los que ha intervenido el objeto, pueden haber activado otros elementos reprimidos. Así, pues, la totalidad de estos combates, provocados por la ambivalencia, queda sustraída a la conciencia hasta que acaece el desenlace característico de la melancolía. Este desenlace consiste, como sabemos, en que la carga de libido amenazada abandona por fin el objeto; pero sólo para retraerse a aquel punto del *yo* del que había ema-

---

[1410]   El punto de vista económico ha recibido poca atención hasta ahora en los escritos psicoanalíticos. Mencionaría como una excepción el trabajo de Víctor Tausk (1913) acerca causas de una represión desvalorizada por recompensas.

nado. El amor elude de este modo la extinción, refugiándose en el *yo*. Después de esta represión de la libido puede hacerse consciente el proceso, y se representa a la conciencia como un conflicto entre una parte del *yo* y la instancia crítica.

Así, pues, lo que la conciencia averigua de la labor melancólica no es la parte esencial de la misma, ni tampoco aquella a la que podemos atribuir una influencia sobre la solución de la enfermedad. Vemos que el *yo* se humilla y se encoleriza contra sí mismo; pero sabemos tan poco como el propio paciente de cuáles pueden ser las consecuencias de esto ni de cómo modificarlo. Por analogía con el duelo podemos atribuir a la parte *inconsciente* de la labor melancólica tal influencia modificadora. Del mismo modo que el duelo mueve al *yo* a renunciar al objeto, comunicándole su muerte y ofreciéndole como premio la vida para decidirle; así disminuye, cada uno de los combates provocados por la ambivalencia, la fijación de la libido al objeto, desvalorizándolo, denigrándolo y, en definitiva, asesinándolo. Es muy posible que el proceso llegue a su término en el sistema *Inc.,* una vez apaciguada la cólera del *yo* o abandonado el objeto por considerarlo carente ya de todo valor. Ignoramos cuál de estas dos posibilidades pone fin regularmente o con mayor frecuencia a la melancolía, y cómo este final influye sobre el curso subsiguiente del caso. El *yo* puede gozar quizá de la satisfacción de reconocerse como el mejor de los dos, como superior al objeto.

Sin embargo, ni aun aceptando esta concepción de la labor melancólica conseguimos llegar al completo esclarecimiento deseado. Nuestra esperanza de derivar de la ambivalencia la condición económica del nacimiento de la manía, al término de la melancolía, podía fundarse en analogías comprobadas en otros sectores; pero, tropezamos con un hecho que nos obliga a abandonarla. De las tres premisas de la melancolía, la pérdida del objeto, la ambivalencia y la regresión de la libido al *yo*, volvemos a hallar las dos primeras en los reproches obsesivos consecutivos al fallecimiento de una persona. En este caso, la ambivalencia constituye incuestionablemente el motor del conflicto, y comprobamos que, acabado el mismo, no surge el menor indicio de triunfo como en el estado de manía. De este modo hemos de reconocer que el tercer factor es el único eficaz. Aquella acumulación de carga, ligada al principio, que se libera al término de la melancolía y hace posible la manía, tiene que hallarse relacionada con la regresión de la libido al narcisismo. El conflicto que surge en el *yo,* y que la melancolía suele sustituir por la lucha en derredor del objeto, tiene que actuar como una herida dolorosa, que exige una contracarga, extraordinariamente elevada. Pero creemos conveniente hacer aquí alto y aplazar la explicación de la manía hasta haber llegado al conocimiento de la naturaleza económica del *dolor físico,* y después, la del *dolor psíquico*, análogo a él. Sabemos ya, en efecto, que la interdependencia de los complicados problemas anímicos nos obliga a abandonar sin terminarla cada una de nuestras investigaciones parciales hasta tanto que los resultados de otra nos auxilien en su continuación [1411].

[1411]   Nota de 1925.—Cf. una continuación de esta discusión sobre la manía en 'Psicoanálisis de las masas y análisis del Yo' (1921).

XCIV

CONSIDERACIONES DE ACTUALIDAD SOBRE LA GUERRA Y LA MUERTE *

1915

I. Nuestra decepción ante la guerra.

ARRASTRADOS por el torbellino de esta época de guerra, sólo unilateralmente informados, a distancia insuficiente de las grandes transformaciones que se han cumplido ya o empiezan a cumplirse y sin atisbo alguno del futuro que se está estructurando, andamos descaminados en la significación que atribuimos a las impresiones que nos agobian y en la valoración de los juicios que formamos. Quiere parecernos como si jamás acontecimiento alguno hubiera destruido tantos preciados bienes comunes a la Humanidad, trastornado tantas inteligencias, entre las más claras, y rebajado tan fundamentalmente las cosas más elevadas. ¡Hasta la ciencia misma ha perdido su imparcialidad desapasionada! Sus servidores, profundamente irritados, procuran extraer de ella armas con que contribuir a combatir al enemigo. El antropólogo declara inferior y degenerado al adversario, y el psiquíatra proclama el diagnóstico de su perturbación psíquica o mental. Pero, probablemente, sentimos con desmesurada intensidad la maldad de esta época y no tenemos derecho a compararla con la de otras que no hemos vivido.

El individuo que no ha pasado a ser combatiente, convirtiéndose con ello en una partícula de la gigantesca maquinaria guerrera, se siente desorientado y confuso. Habrá, pues, de serle grata toda indicación que le haga más fácil orientarse de nuevo, por lo menos en su interior. Entre los factores responsables de la miseria anímica que aqueja a los no combatientes, y cuya superación les plantea tan arduos problemas, quisiéramos hacer resaltar dos, a los que dedicaremos el presente ensayo: la decepción que esta guerra ha provocado y el cambio de actitud espiritual ante la muerte al que —como todas las guerras— nos ha forzado.

Cuando hablamos de una decepción ya sabe todo el mundo a la que nos referimos. No es preciso ser un fanático de la compasión; puede muy bien reconocerse la necesidad biológica y psicológica del sufrimiento para la economía de la vida humana y condenar, sin embargo, la guerra, sus medios y sus fines y anhelar su término. Nos decíamos, desde luego, que las guerras no podrían terminar mientras los pueblos vivieran en tan distintas condiciones de existencia, en tanto que la valoración de la vida individual difiera tanto de unos a otros y

---

* *Zeitgemässes über Krieg und Tod*, en alemán el original, en *Imago*, 4 (1), 1-21, 1915.

los odios que los separan representaran fuerzas instintivas anímicas tan podero-
sas. Estábamos, pues, preparados a que la Humanidad se viera aún, por mucho
tiempo, envuelta en guerras entre los pueblos primitivos y los civilizados, entre
las razas diferenciadas por el color de la piel e incluso entre los pueblos menos
evolucionados o involucionados de Europa. Pero de las grandes naciones de
raza blanca, señoras del mundo, a las que ha correspondido la dirección de la
Humanidad, a las que se sabía al cuidado de los intereses mundiales y a las
cuales se deben los progresos técnicos realizados en el dominio de la Naturaleza,
tanto como los más altos valores culturales, artísticos y científicos; de estos
pueblos se esperaba que sabrían resolver de otro modo sus diferencias y sus
conflictos de intereses. Dentro de cada una de estas naciones se habían prescrito
al individuo elevadas normas morales, a las cuales debía ajustar su conducta
si quería participar en la comunidad cultural. Tales preceptos, rigurosísimos
a veces, le planteaban cumplidas exigencias, una amplia autolimitación y una
acentuada renuncia a la satisfacción de sus instintos. Ante todo, le estaba prohibido servirse de las extraordinarias ventajas que la mentira y el engaño procuran
en la competencia con los demás. El Estado civilizado consideraba estas normas
morales como el fundamento de su existencia, salía abiertamente en su defensa
apenas alguien intentaba infringirlas e incluso declaraba ilícito someterlas siquiera al examen de la razón crítica. Era, pues, de suponer que él mismo quería
respetarlas y que no pensaba intentar contra ellas nada que constituyera una
negación de los fundamentos de su misma experiencia. Por último, pudo observarse cómo dentro de estas naciones civilizadas había insertos ciertos restos
de pueblos que eran, en general, poco gratos y a los que, por lo mismo, sólo
a disgusto y con limitaciones se los admitía a participar en la obra de cultura
común, para la cual se habían demostrado, sin embargo, suficientemente aptos.
Pero podía creerse que los grandes pueblos mismos habían adquirido comprensión suficiente de sus elementos comunes y tolerancia bastante de sus diferencias para no fundir ya en uno solo, como sucedía en la antigüedad clásica,
los conceptos de «extranjero» y «enemigo».

Confiando en este acuerdo de los pueblos civilizados, innumerables hombres
se expatriaron para domiciliarse en el extranjero y enlazaron su existencia a las
relaciones comerciales entre los pueblos amigos. Y aquellos a quienes las necesidades de la vida no encadenaban constantemente al mismo lugar podían
formarse, con todas las ventajas y todos los atractivos de los países civilizados,
una nueva patria mayor, que recorrían sin trabas ni sospechas. Gozaban así
de los mares grises y los azules, de la belleza de las montañas nevadas y las verdes
praderas, del encanto de los bosques norteños y de la magnificencia de la vege-
tación meridional, del ambiente de los paisajes sobre los que se ciernen grandes
recuerdos históricos y de la serenidad de la Naturaleza intacta. Esta nueva patria
era también para ellos un museo colmado de todos los tesoros que los artistas
de la Humanidad civilizada habían creado y legado al mundo desde muchos
años atrás. Al peregrinar de una en otra sala de este magno museo podían comprobar imparcialmente cuán diversos tipos de perfección habían creado la mezcla
de sangres, la Historia y la peculiaridad de la madre Tierra entre sus compatriotas de la patria mundial. Aquí se había desarrollado, en grado máximo, una
serena energía indomable; allá, el arte de embellecer la vida; más allá, el sentido
del orden y de la ley o alguna otra de las cualidades que han hecho del hombre
el dueño de la Tierra.

No olvidemos tampoco que todo ciudadano del mundo civilizado se había creado un 'Parnaso' especial y una especial 'Escuela de Atenas'. Entre los grandes pensadores, los grandes poetas y los grandes artistas de todas las naciones habían elegido aquellos a los que creía deber más y había unido en igual veneración a los maestros de su mismo pueblo y su mismo idioma y a los genios inmortales de la Antigüedad. Ninguno de estos grandes hombres le había parecido extraño a él porque hubiera hablado otra lengua: ni el incomparable investigador de las pasiones humanas, ni el apasionado adorador de la belleza, ni el profeta amenazador, ni el ingenioso satírico, y jamás se reprochaba por ello haber renegado de su propia nación ni de su amada lengua materna.

El disfrute de la comunidad civilizada quedaba perturbado en ocasiones por voces premonitorias que recordaban cómo, a consecuencia de antiguas diferencias tradicionales, también entre los miembros de la misma eran inevitables las guerras. Voces a las que nos resistíamos a prestar oídos. Pero aun suponiendo que tal guerra llegara, ¿cómo se le representaba uno? Como una ocasión de mostrar los progresos alcanzados por la solidaridad humana desde aquella época en que los griegos prohibieron asolar las ciudades pertenecientes a la Confederación, talar sus olivares o cortarles el agua. Como un encuentro caballeresco que quisiera limitarse a demostrar la superioridad de una de las partes, evitando en lo posible graves daños que no hubieran de contribuir a tal decisión y respetando totalmente al herido que abandona la lucha y al médico y al enfermero dedicado a su curación. Y, desde luego, con toda consideración a la población no beligerante, a las mujeres, alejadas del oficio de la guerra, y a los niños, que habrían de ser más adelante, por ambas partes, amigos y colaboradores. E igualmente, con pleno respeto a todas las empresas e instituciones internacionales en las que habían encarnado la comunidad cultural de los tiempos pacíficos.

Tal guerra habría ya integrado horrores suficientes y difíciles de soportar, pero no habría interrumpido el desarrollo de las relaciones éticas entre los elementos individuales de la Humanidad, los pueblos y los Estados.

La guerra, en la que no queríamos creer, estalló y trajo consigo una terrible decepción. No es tan sólo más sangrienta y más mortífera que ninguna de las pasadas, a causa del perfeccionamiento de las armas de ataque y defensa, sino también tan cruel, tan enconada y tan sin cuartel, por lo menos, como cualquiera de ellas. Infringe todas las limitaciones a las que los pueblos se obligaron en tiempos de paz —el llamado Derecho Internacional— y no reconoce ni los privilegios del herido y del médico, ni la diferencia entre los núcleos combatientes y pacíficos de la población, ni la propiedad privada. Derriba, con ciega cólera, cuanto le sale al paso, como si después de ella no hubiera ya de existir futuro alguno ni paz entre los hombres. Desgarra todos los lazos de solidaridad entre los pueblos combatientes y amenaza dejar tras de sí un encono que hará imposible, durante mucho tiempo, su reanudación.

Ha hecho, además, patente el fenómeno, apenas concebible, de que los pueblos civilizados se conocen y comprenden tan poco, que pueden revolverse, llenos de odio y de aborrecimiento, unos contra otros. Y el de que una de las grandes naciones civilizadas se ha hecho universalmente tan poco grata, que ha podido arriesgarse la tentativa de excluirla, como «bárbara», de la comunidad civilizada, no obstante tener demostrada, hace ya mucho tiempo, con las más espléndidas aportaciones, su íntima pertenencia a tal comunidad. Abrigamos la esperanza de que una Historia imparcial aportará la prueba de que precisamente esta nación, en cuyo idioma escribimos y por cuya victoria combaten nuestros seres queridos, es la que menos ha transgredido las leyes de la civilización. Pero ¿quién puede, en tiempos como éstos, erigirse en juez de su propia causa?

Los pueblos son representados hasta cierto punto por los Estados que constituyen, y estos Estados, a su vez, por los Gobiernos que los rigen. El ciudadano individual comprueba con espanto en esta guerra algo que ya vislumbró en la paz; comprueba que el Estado ha prohibido al individuo la injusticia, no porque quisiera abolirla, sino porque pretendía monopolizarla, como el tabaco y la sal. El Estado combatiente se permite todas las injusticias y todas las violencias, que deshonrarían al individuo. No utiliza tan sólo contra el enemigo la astucia permisible *(ruses de guerre)*, sino también la mentira a sabiendas y el engaño consciente, y ello es una medida que parece superar la acostumbrada en guerras anteriores. El Estado exige a sus ciudadanos un máximo de obediencia y de abnegación, pero los incapacita con un exceso de ocultación de la verdad y una censura de la intercomunicación y de la libre expresión de sus opiniones, que dejan indefenso el ánimo de los individuos así sometidos intelectualmente, frente a toda situación desfavorable y todo rumor desastroso. Se desliga de todas las garantías y todos los convenios que habían concertado con otros Estados y confiesa abiertamente su codicia y su ansia de poderío, a las que el individuo tiene que dar, por patriotismo, su visto bueno.

No es admisible la objeción de que el Estado no puede renunciar al empleo de la injusticia, porque tal renuncia le colocaría en situación desventajosa. También para el individuo supone una desventaja la sumisión a las normas morales y la renuncia al empleo brutal del poderío, y el Estado sólo muy raras veces se muestra capaz de compensar al individuo todos los sacrificios que de él ha exigido. No debe tampoco asombrarnos que el relajamiento de las relaciones morales entre los pueblos haya repercutido en la moralidad del individuo, pues nuestra conciencia no es el juez incorruptible que los moralistas suponen; es tan sólo, en su origen, «angustia social», y no otra cosa. Allí donde la comunidad se abstiene de todo reproche, cesa también la yugulación de los malos impulsos, y los hombres cometen actos de crueldad, malicia, traición y brutalidad, cuya posibilidad se hubiera creído incompatible con su nivel cultural.

De este modo, aquel ciudadano del mundo civilizado al que antes aludimos se halla hoy perplejo en un mundo que se le ha hecho ajeno, viendo arruinada su patria mundial, asoladas las posesiones comunes y divididos y rebajados a sus conciudadanos.

Podemos, sin embargo, someter a una consideración crítica tal decepción y hallaremos que no está, en rigor, justificada, pues proviene del derrumbamiento de una ilusión. Las ilusiones nos son gratas porque nos ahorran sentimientos displacientes y nos dejan, en cambio, gozar de satisfacciones. Pero entonces habremos de aceptar sin lamentarnos que alguna vez choquen con un trozo de realidad y se hagan pedazos.

Dos cosas han provocado nuestra decepción en esta guerra: la escasa moralidad exterior de los Estados, que interiormente adoptan el continente de guardianes de las normas morales, y la brutalidad en la conducta de los individuos, de los que no se había esperado tal cosa como copartícipes de la más elevada civilización humana.

Empecemos por el segundo punto e intentemos concretar en una sola frase, lo más breve posible, la idea que queremos criticar. ¿Cómo nos representamos en realidad el proceso por el cual un individuo se eleva a un grado superior de moralidad? La primera respuesta será, quizá, la de que el hombre es bueno y noble desde la cuna. Por nuestra parte, no hemos de entrar a discutirla. Pero una segunda solución afirmará la necesidad de un proceso evolutivo y supondrá que tal evolución consiste en que las malas inclinaciones del hombre son desarraigadas en él y sustituidas, bajo el influjo de la educación y de la cultura circundante, por inclinaciones al bien. Y entonces podemos ya extrañar sin reservas que en el hombre así educado vuelva a manifestarse tan eficientemente el mal.

Ahora bien: esta segunda respuesta integra un principio que hemos de rebatir. En realidad, no hay un *exterminio del mal.* La investigación psicológica —o, más rigurosamente, la psicoanalítica— muestra que la esencia más profunda del hombre consiste en impulsos instintivos de naturaleza elemental, iguales en todos y tendentes a la satisfacción de ciertas necesidades primitivas. Estos impulsos instintivos no son en sí ni buenos ni malos. Los clasificamos, y clasificamos así sus manifestaciones, según su relación con las necesidades y las exigencias de la comunidad humana. Debe concederse, desde luego, que todos los impulsos que la sociedad prohíbe como malos —tomemos como representación de los mismos los impulsos egoístas y los crueles— se encuentran entre tales impulsos primitivos.

Estos impulsos primitivos recorren un largo camino evolutivo hasta mostrarse eficientes en el adulto. Son inhibidos, dirigidos hacia otros fines y sectores, se amalgaman entre sí, cambian de objeto y se vuelven en parte contra la propia persona. Ciertos productos de la reacción contra algunos de estos instintos fingen una transformación intrínseca de los mismos, como si el egoísmo se hubiera hecho compasión y la crueldad altruismo. La aparición de estos productos de la reacción es favorecida por la circunstancia de que algunos impulsos instintivos surgen casi desde el principio, formando parejas de elementos antitéticos, circunstancia singularísima y poco conocida, a la que se ha dado el nombre de *ambivalencia de los sentimientos.* El hecho de este género más fácilmente observable y comprensible es la frecuente coexistencia de un intenso amor y un odio intenso en la misma persona. A lo cual agrega el psicoanálisis que ambos impulsos sentimentales contrapuestos toman muchas veces también a la misma persona como objeto.

Sólo una vez superados todos estos *destinos del instinto* surge aquello que llamamos el carácter de un hombre, el cual, como es sabido, sólo muy insuficientemente puede ser clasificado con el criterio de *bueno o malo.* El hombre es raras veces completamente bueno o malo; por lo general, es *bueno* en unas circunstancias y *malo* en otras, o *bueno* en unas condiciones exteriores y decididamente *malo* en otras. Resulta muy interesante observar que la preexistencia infantil de intensos impulsos *malos* es precisamente la condición de un clarísimo viraje del adulto hacia el *bien.* Los mayores egoístas infantiles pueden llegar a ser los ciudadanos más altruistas y abnegados; en cambio, la mayor parte de los hombres compasivos, filántropos y protectores de los animales fueron en su infancia pequeños sádicos y torturadores de cualquier animalito que se ponía a su alcance.

La transformación de los instintos *malos* es obra de dos factores que actúan en igual sentido, uno interior y otro exterior. El factor interior es el influjo ejercido sobre los instintos malos —egoístas— por el erotismo; esto es, por la necesidad humana de amor en su más amplio sentido. La unión de los componentes eróticos transforma los instintos egoístas en instintos sociales. El sujeto aprende a estimar el sentirse amado como una ventaja por la cual puede renunciar a otras. El factor exterior es la coerción de la educación, que representa las exigencias de la civilización circundante, y es luego continuada por la acción directa del medio civilizado. La civilización ha sido conquistada por obra de la renuncia a la satisfacción de los instintos y exige de todo nuevo individuo la repetición de tal renuncia. Durante la vida individual se produce una transformación constante de la coerción exterior en coerción interior. Las influencias de la civilización hacen que las tendencias egoístas sean convertidas, cada vez en mayor medida, por agregados eróticos en tendencias altruistas sociales. Puede, por último, admitirse que toda coerción interna que se hace sentir en la evolución del hombre fue tan sólo originalmente, esto es, en la historia de la Humanidad, coerción exterior. Los hombres que nacen hoy traen ya consigo cierta disposición a la transformación de los instintos egoístas en instintos sociales como organización heredada, la cual, obediente a leves estímulos, lleva a cabo tal transformación. Otra parte de esta transformación de los instintos tiene que ser llevada a cabo en la vida misma. De este modo, el individuo no se halla tan sólo bajo la influencia de su medio civilizado presente, sino que está sometido también a la influencia de la historia cultural de sus antepasados.

Si a la aptitud que un hombre entraña para transformar los instintos egoístas, bajo la acción del erotismo, la denominamos 'disposición a la cultura', podremos afirmar que tal disposición se compone de dos partes: una innata y otra adquirida en la vida, y que la relación de ambas entre sí y con la parte no transformada de la vida instintiva es muy variable.

En general, nos inclinamos a sobreestimar la parte innata y corremos, además, el peligro de sobreestimar también la total 'disposición a la cultura' en relación con la vida instintiva que ha permanecido primitiva: esto es, somos inducidos a juzgar a los hombres «mejores» de lo que en realidad son. Existe aún, en efecto, otro factor que enturbia nuestro juicio y falsea, en un sentido favorable, el resultado.

Los impulsos instintivos de otros hombres se hallan, naturalmente, sustraídos a nuestra percepción. Los deducimos de sus actos y de su conducta, los cuales referimos a *motivaciones* procedentes de su vida instintiva. Tal deducción yerra necesariamente en un gran número de casos. Los mismos actos «buenos», desde el punto de vista cultural, pueden proceder unas veces de motivos «nobles» y otras no. Los moralistas teóricos llaman «buenos» únicamente a aquellos actos que son manifestaciones de impulsos instintivos buenos y niegan tal condición a los demás. En cambio, la sociedad, guiada por fines prácticos, no se preocupa de tal distinción: se contenta con que un hombre oriente sus actos y su conducta conforme a los preceptos culturales y no pregunta por sus motivos.

Hemos visto que la *coerción exterior* que la educación y el mundo circundante ejercen sobre el hombre provoca una nueva transformación de su vida instintiva, en el sentido del bien, un viraje del egoísmo al altruismo. Pero no es ésta la acción necesaria o regular de la coerción exterior. La educación y el ambiente no se limitan a ofrecer primas de amor, sino también recompensas y castigos. Pueden hacer, por tanto, que el individuo sometido a su influjo se resuelva a obrar bien, en el sentido cultural, sin que se haya cumplido en él un ennoblecimiento de los instintos, una mutación de las tendencias egoístas en tendencias sociales. El resultado será, en conjunto, el mismo; sólo en circunstancias especiales se hará patente que el uno obra siempre bien porque sus inclinaciones instintivas se lo imponen, mientras que el otro sólo es bueno porque tal conducta cultural provoca ventajas a sus propósitos egoístas, y sólo en tanto se las procura y en la medida en que se las procura. Pero nosotros, con nuestro conocimiento superficial del individuo, no poseeremos medio alguno de distinguir entre ambos casos, y nuestro optimismo nos inducirá seguramente a exagerar sin medida el número de los hombres transformados en un sentido cultural.

La sociedad civilizada, que exige el bien obrar, sin preocuparse del fundamento instintivo del mismo, ha ganado, pues, para la obediencia o la civilización a un gran número de hombres que no siguen en ello a su naturaleza. Animada por este éxito se ha dejado inducir a intensificar en grado máximo las exigencias morales, obligando así a sus participantes a distanciarse aún más de su disposición instintiva. Estos hombres se ven impuesta una yugulación continuada de los instintos, cuya tensión se manifiesta en singularísimos fenómenos de reacción y compensación. En el terreno de la sexualidad, que es donde menos puede llevarse a cabo tal yugulación, se llega así a los fenómenos de reacción de las enfermedades neuróticas. La presión de la civilización en otros sectores no acarrea consecuencias patológicas, pero se manifiesta en deformaciones del carácter y en la disposición constante de los instintos inhibidos a abrirse paso, en ocasión oportuna, hasta la satisfacción. El sujeto así forzado a reaccionar permanentemente en el sentido de preceptos que no son manifestación de sus tendencias instintivas vive, psicológicamente hablando, muy por encima de sus medios y puede ser calificado, objetivamente, de hipócrita, se dé o no clara cuenta de esta diferencia, y es innegable que nuestra civilización actual favorece con extraordinaria amplitud este género de hipocresía. Podemos arriesgar la afirmación de que se basa en ella y tendría que someterse a hondas transformaciones si los hombres resolvieran vivir con arreglo a la verdad psicológica. Hay, pues, muchos más hipócritas de la cultura que hombres verdaderamente civilizados, e incluso puede plantearse la cuestión de si una cierta medida de hipocresía cultural no ha de ser indispensable para la conservación de la cultura, puesto que la capacidad de cultura de los hombres del presente no bastaría quizá para llenar tal función. Por otro lado, la conservación de la civilización sobre tan equívoco fundamento ofrece la perspectiva de iniciar, con cada nueva generación, una más amplia transformación de los instintos, como substrato de una civilización mejor.

Las disquisiciones que preceden nos procuran ya el consuelo de comprobar que nuestra indignación y nuestra dolorosa decepción ante la conducta incivilizada de nuestros conciudadanos mundiales son injustificadas en esta guerra. Se basan en una ilusión a lo que nos habíamos entregado. En realidad, tales hombres no han caído tan bajo como temíamos, porque tampoco se habían elevado tanto como nos figurábamos. El hecho de que los pueblos y los Estados infringieran, unos para con otros, las limitaciones morales, ha sido para los hombres un estímulo comprensible a sustraerse por algún tiempo al agobio de la civilización y permitir una satisfacción pasajera a sus instintos retenidos. Y con ello no perdieron, probablemente, su moralidad relativa dentro de su colectividad nacional.

Pero aún podemos penetrar más profundamente en la comprensión de la mudanza que la guerra ha provocado en nuestros antiguos compatriotas y al intentarlo así hallamos algo que nos aconseja no hacernos reos de injusticia para con ellos. En efecto, las evoluciones anímicas integran una peculiaridad que no presenta ningún otro proceso evolutivo. Cuando una aldea se hace ciudad o un niño se hace hombre, la aldea y el niño desaparecen absorbidos por la ciudad y por el hombre. Sólo el recuerdo puede volver a trazar los antiguos rasgos en la nueva imagen; en realidad, los materiales o las formas anteriores han sido desechados y sustituidos por otros nuevos. En una evolución anímica sucede muy otra cosa. A falta de términos de comparación, nos limitaremos a afirmar que todo estadio evolutivo anterior persiste al lado del posterior surgido de él; la sucesión condiciona una coexistencia, no obstante ser los mismos los materiales en los que se ha desarrollado toda la serie de mutaciones. El estado anímico anterior pudo no haberse manifestado en muchos años; a pesar de ello, subsiste, ya que en cualquier momento puede llegar a ser de nuevo forma expresiva de las fuerzas anímicas, y precisamente la única, como si todas las evoluciones ulteriores hubieran quedado anuladas o deshechas. Esta plasticidad extraordinaria de las evoluciones anímicas no es, sin embargo, ilimitada; podemos considerarla como una facultad especial de involución —de regresión—, pues sucede, a veces, que un estadio evolutivo ulterior y superior que fue abandonado no puede ya ser alcanzado de nuevo. Pero los estados primitivos pueden siempre ser reconstituidos; lo anímico primitivo es absolutamente imperecedero.

Las llamadas enfermedades mentales tienen que despertar en el profano la impresión de que la vida mental e intelectual ha quedado destruida. En realidad, la destrucción atañe tan sólo a adquisiciones y evoluciones ulteriores. La esencia de la enfermedad mental consiste en el retorno a estados anteriores de la vida afectiva y de la función. El estado de reposo al que aspiramos todas las noches nos ofrece un excelente ejemplo de plasticidad de la vida anímica. Desde que hemos aprendido a traducir incluso los sueños más absurdos y confusos, sabemos que al dormirnos nos despojamos de nuestra moralidad, tan trabajosamente adquirida, como de un vestido, y sólo al despertar volvemos a envolvernos en ella. Este desnudamiento es, naturalmente, innocuo, ya que el dormir nos paraliza y nos condena a la inactividad. Sólo los sueños pueden darnos noticia de la regresión de nuestra vida afectiva a uno de los primeros estadios evolutivos. Así, por ejemplo, resulta singular que todos nuestros sueños sean regidos por motivos puramente egoístas. Uno de mis amigos ingleses * sostenía una vez esta afirmación en una reunión científica en América, y una de las señoras presentes le objetó que tal cosa sucedería quizá en Austria, pero que de sí misma y de sus conocidos podía afirmar que también en los sueños *ellos* eran altruistas. Mi amigo, aun cuando pertenecía también a la raza inglesa, rechazó enérgicamente la objeción, fundado en su experiencia personal en el análisis de los sueños. En éstos, las damas de elevados pensamientos americanas son tan egoístas como las austríacas.

Así, pues, la transformación de los instintos, sobre la cual reposa nuestra capacidad de civilización, puede quedar anulada de un modo temporal o permanente. Desde luego, las influencias emanadas de la guerra cuentan entre aquellos poderes que pueden provocar una tal involución, por lo cual no nos es lícito negar a todos aquellos que hoy se conducen como seres incivilizados la disposición

---

* Ernest Jones.

a la cultura, y podemos esperar que sus instintos volverán a ennoblecerse en tiempos más serenos.

Pero hemos descubierto también en nuestros conciudadanos mundiales otro síntoma que no nos ha sorprendido y asustado menos que su descenso, tan dolorosamente sentido, de la altura ética que habían alcanzado. Nos referimos a la falta de penetración que se revela en los mejores cerebros, a su cerrazón y su impermeabilidad a los más vigorosos argumentos y a su credulidad, exenta de crítica, para las afirmaciones más discutibles. Todo esto compone, desde luego, un cuadro tristísimo, y queremos hacer constar que no vemos —como lo haría un ciego partidario— todos los defectos intelectuales en uno solo de los dos lados. Pero este fenómeno es aún más fácil de explicar y menos alarmante que el anteriormente discutido. Los psicólogos y los filósofos nos han enseñado, hace ya mucho tiempo, que hacemos mal en considerar nuestra inteligencia como una potencia independiente y prescindir de su dependencia de la vida sentimental. Nuestro intelecto sólo puede laborar correctamente cuando se halla sustraído a la acción de intensos impulsos emocionales; en el caso contrario, se conduce simplemente como un instrumento en manos de una voluntad y produce el resultado que esta última le encarga. Así, pues, los argumentos lógicos serían impotentes contra los intereses afectivos, y por eso controversias apoyadas en razones —las cuales, según Falstaff *, son tan comunes como las zarzamoras— es tan estéril en el mundo de los intereses. La experiencia psicoanalítica ha subrayado enérgicamente esta afirmación. Puede mostrar, a cada paso, que los hombres más inteligentes se conducen de pronto ilógicamente, como deficientes mentales, en cuanto el conocimiento exigido tropieza en ellos con una resistencia sentimental, si bien recobran luego todo su entendimiento una vez superada tal resistencia. La ceguera lógica que esta guerra ha provocado en los mejores de nuestros conciudadanos del mundo es, pues, un fenómeno secundario, una consecuencia de la excitación sentimental, y es de esperar que esté destinado a desaparecer con ella.

Si de este modo volvemos de nuevo a comprender a nuestros conciudadanos mundiales, cuya conducta hubo de parecernos en un principio tan inexplicable, soportaremos más fácilmente la decepción que las naciones, colectivas individualidades de la Humanidad, nos han procurado, pues a las naciones sólo podemos plantearles exigencias mucho mas modestas. Reproducen quizá, la evolución de los individuos y se nos muestran en el presente en estadios muy primitivos de la organización, en formación de unidades superiores. Correlativamente, el factor educativo de la coerción moral exterior, que tan eficiente hallamos en el individuo, es en ellas apenas perceptible todavía. Habíamos esperado que de la magna comunidad de intereses creada por el comercio y la producción resultaría el principio de tal coerción; mas parece ser que, por ahora, los pueblos obedecen mucho más a sus pasiones que a sus intereses. Cuando más, se sirven de sus intereses para *racionalizar* sus pasiones; anteponen sus intereses a fin de poder dar razones para la satisfacción de sus pasiones. Por qué las colectivas individualidades, las naciones, se desprecian, se odian y se aborrecen unas a otras, incluso también en tiempos de paz, es, desde luego, enigmático. Por lo menos, para mí. En este caso sucede precisamente como si todas las conquistas morales de los individuos se perdieran al diluirse en una mayoría de los hombres

* 'Enrique IV.'

o incluso tan sólo en unos cuantos millones, y sólo perdurasen las actitudes anímicas más primitivas, las más antiguas y más rudas. Estas lamentables circunstancias serán, quizá, modificadas por evoluciones posteriores. Pero un poco más de veracidad y de sinceridad en las relaciones de los hombres entre sí y con quienes los gobiernan deberían allanar el camino hacia tal transformación.

II.   Nuestra actitud ante la muerte.

E<small>L</small> segundo factor del cual deduzco que hoy nos sentimos desorientados en este mundo, antes tan bello y familiar, es la perturbación de la actitud que hasta ahora veníamos observando ante la muerte.

Esta actitud no era sincera. Nos pretendíamos dispuestos a sostener que la muerte era el desenlace natural de toda vida, que cada uno de nosotros era deudor de una muerte a la Naturaleza y debía hallarse preparado a pagar tal deuda, y que la muerte era cosa natural, indiscutible e inevitable. Pero, en realidad, solíamos conducirnos como si fuera de otro modo. Mostramos una patente inclinación a prescindir de la muerte, a eliminarla de la vida. Hemos intentado silenciarla e incluso decimos, con frase proverbial, que pensamos tan poco en una cosa como en la muerte. Como en nuestra muerte, naturalmente. La muerte propia es, desde luego, inimaginable, y cuantas veces lo intentamos podemos observar que continuamos siendo en ello meros espectadores. Así, la escuela psicoanalítica ha podido arriesgar el aserto de que, en el fondo, nadie cree en su propia muerte, o, lo que es lo mismo, que en lo inconsciente todos nosotros estamos convencidos de nuestra inmortalidad.

En cuanto a la muerte de los demás, el hombre civilizado evitará cuidadosamente hablar de semejante posibilidad cuando el destinado a morir puede oírle. Sólo los niños infringen esta restricción y se amenazan sin reparo unos a otros con las probabilidades de morir, e incluso llegan a enfrentar con la muerte a una persona amada, diciéndole por ejemplo: «Querida mamá, cuando te mueras, yo haré esto o lo otro.» El adulto civilizado no acogerá gustoso entre sus pensamientos el de la muerte de otra persona, sin tacharse de insensibilidad o de maldad, a menos que su profesión de médico o abogado, etc., le obligue a tenerla en cuenta. Y mucho menos se permitirá pensar en la muerte de otro cuando tal suceso comporte para él una ventaja en libertad, fortuna o posición social. Naturalmente, esta delicadeza nuestra no evita las muertes, pero cuando éstas llegan nos sentimos siempre hondamente conmovidos y como defraudados en nuestras esperanzas. Acentuamos siempre la motivación casual de la muerte, el accidente, la enfermedad, la infección, la ancianidad, y delatamos así nuestra tendencia a rebajar a la muerte de la categoría de una necesidad a la de un simple azar. Una acumulación de muerte nos parece siempre algo sobremanera espantoso. Ante el muerto mismo adoptamos una actitud singular, como de admiración a alguien que ha llevado a cabo algo muy difícil. Le eximimos de toda crítica; le perdonamos, eventualmente, todas sus faltas; disponemos que de *mortuis nil nisi bonum,* y hallamos justificado que en la oración fúnebre y en la inscripción sepulcral se le honre y ensalce. La consideración al muerto —que para nada la necesita— está para nosotros por encima de la verdad, y para la mayoría de nosotros, seguramente también por encima de la consideración a los vivos.

Esta actitud convencional del hombre civilizado ante la muerte queda complementada por nuestro derrumbamiento espiritual cuando la muerte ha herido a una persona amada, el padre o la madre, el esposo o la esposa, un hijo, un hermano o un amigo querido. Enterramos con ella nuestras esperanzas, nuestras aspiraciones y nuestros goces; no queremos consolarnos y nos negamos a toda sustitución del ser perdido. Nos conducimos entonces como los 'asras', que mueren cuando mueren aquellos a quienes aman.

Esta actitud nuestra ante la muerte ejerce, empero, una poderosa influencia sobre nuestra vida. La vida se empobrece, pierde interés, cuando la puesta máxima en el juego de la vida, esto es, la vida misma, no debe ser arriesgada. Se hace entonces tan sosa y vacía como un *flirt* americano, del cual se sabe desde un principio que a nada habrá de conducir, a diferencia de una intriga amorosa continental de la cual los dos protagonistas han de tener siempre presente la posibilidad de graves consecuencias. Nuestros lazos sentimentales, la intolerable intensidad de nuestra pena, nos inclinan a rehuir nosotros y a evitar a los nuestros todo peligro. Excluimos así de la vida toda una serie de empresas, peligrosas desde luego, pero inevitables, tales como las incursiones aéreas, las expediciones a tierras lejanas y los experimentos con sustancias explosivas. Nos paraliza la preocupación de quién sustituirá al hijo al lado de la madre, al esposo junto a la esposa y al padre para con los hijos, si sucediere una desgracia. La tendencia a excluir la muerte de la cuenta de la vida trae consigo otras muchas renuncias y exclusiones. Y, sin embargo, el lema de la Confederación hanseática reza: *Navigare necesse est, vivere non necesse!* (Navegar es necesario; no es necesario vivir.)

Entonces habrá de suceder que buscaremos en la ficción, en la literatura y en el teatro una sustitución de tales renuncias. En estos campos encontramos aún hombres que saben morir e incluso matar a otros. Sólo en ellos se nos cumple también la condición bajo la cual podríamos reconciliarnos con la muerte; esto es, la de que detrás de todas las vicisitudes de la vida conservásemos todavía otra vida intangible. Es demasiado triste que en la vida pueda pasar como en el ajedrez, en el cual una mala jugada puede forzarnos a dar por perdida la partida, con la diferencia de que en la vida no podemos empezar luego una segunda partida de desquite. En el campo de la ficción hallamos aquella pluralidad de vidas que nos es precisa. Morimos en nuestra identificación con el protagonista, pero le sobrevivimos y estamos dispuestos a morir otra vez, igualmente indemnes, con otro protagonista.

Es evidente que la guerra tiene que aventar esta consideración convencional de la muerte. La muerte no se deja ya negar; tenemos que creer en ella. Los hombres mueren de verdad, y no ya aisladamente sino muchos, decenas de millares, y a veces, en un día. Y no es ya tampoco una casualidad. Desde luego, parece todavía casual que una bala hiera al uno o al otro; pero la acumulación pone un término a la impresión de casualidad. La vida se ha hecho de nuevo interesante; ha recibido de nuevo su pleno contenido.

En este punto habríamos de establecer una división en dos grupos, separando a aquellos que dan su vida en el combate de aquellos otros que han permanecido en casa y sólo sufren el temor de perder a algún ser querido, por herida, enfermedad o infección. Sería, ciertamente, muy interesante estudiar las transformaciones que se cumplen en la psicología de los combatientes, pero los datos que sobre ello poseo son muy escasos. Habré, pues, de limitarme al segundo grupo, al que yo mismo pertenezco. Ya he dicho que a mi juicio nuestra desorientación actual y la parálisis de nuestra capacidad funcional tiene su origen en la imposibilidad de mantener la actitud que veníamos observando ante la muerte, sin que hasta ahora hayamos encontrado otra nueva. Quizá podamos lograrlo orientando nuestra investigación psicológica hacia otras dos actitudes ante la muerte: hacia aquella que podemos atribuir al hombre primordial, al hombre de la Prehistoria, y hacia aquella otra que se ha conservado en todos nosotros, pero escondida e invisible para nuestra conciencia, en estratos profundos de nuestra vida anímica.

Desde luego, nuestro conocimiento de la actitud del hombre prehistórico ante la muerte se deriva tan sólo de inducciones e hipótesis; pero, a mi juicio, tales medios nos procuran datos suficientemente seguros.

Tal actitud fue harto singular. Nada unitaria, más bien plagada de contradicciones. Por un lado, el hombre primordial tomó en serio la muerte, la reconoció como supresión de la vida y se sirvió de ella en este sentido; mas, por otro, hubo de negarla y la redujo a la nada. Esta contradicción se hizo posible por cuanto el hombre primordial adoptó ante la muerte de los demás, el extraño o el enemigo, una actitud radicalmente distinta de la que adoptó ante la suya propia. La muerte de los demás le era grata; suponía el aniquilamiento de algo odiado, y el hombre primordial no tenía reparo alguno en provocarla. Era, de cierto, un ser extraordinariamente apasionado, más cruel y más perverso que otros animales. Se complacía en matar, considerándolo como cosa natural. No tenemos por qué atribuirle el instinto que impide a otros animales matar a seres de su misma especie y devorarlos.

En la historia primordial de la Humanidad domina, en efecto, la muerte violenta. Todavía hoy, la Historia Universal que nuestros hijos estudian no es, en lo esencial, más que una serie de asesinatos de pueblos. El oscuro sentimiento de culpabilidad que pesa sobre la Humanidad desde los tiempos primitivos, y que en algunas religiones se ha condensado en la hipótesis de una culpa primaria, de un pecado original, no es probablemente más que la manifestación de una culpa de sangre que el hombre primordial echó sobre sí. En mi libro *Totem y tabú* *, siguiendo las indicaciones de W. Robertson Smith, Atkinson y Darwin, he intentado inferir la naturaleza de esta culpa primaria y opino que todavía la doctrina cristiana actual nos hace posible inducirla. Si el Hijo de Dios tuvo que sacrificar su vida para redimir a la Humanidad del pecado original, este pecado tuvo que ser, según la ley del Talión, una muerte, un asesinato. Sólo esto podía exigir como penitencia el sacrificio de una vida. Y si el pecado original fue una culpa contra Dios Padre, el crimen más antiguo de la Humanidad tuvo que ser un parricidio, la muerte del padre primordial de la primitiva horda humana, cuya imagen mnémica fue transfigurada en divinidad [1412].

La muerte propia era, seguramente, para el hombre primordial, tan inimaginable e inverosímil como todavía hoy para cualquiera de nosotros. Pero a él se le planteaba un caso en el que convergían y chocaban las dos actitudes contradictorias ante la muerte, y este caso adquirió gran importancia y fue muy rico en lejanas consecuencias. Sucedió cuando el hombre primordial vio morir a alguno de sus familiares, su mujer, su hijo o su amigo, a los que amaba, seguramente como nosotros a los nuestros, pues el amor no puede ser mucho más

---

* Volumen V de estas *Obras completas*.
[1412] Cf. *Totem y tabú:* «4) El retorno infantil al totemismo».

joven que el impulso asesino. Hizo entonces, en su dolor, la experiencia de que también él mismo podía morir, y todo su ser se rebeló contra ello; cada uno de aquellos seres amados era, en efecto, un trozo de su propio y amado *yo*. Mas, por otro lado, tal muerte le era, sin embargo, grata, pues cada una de las personas amadas integraban también algo ajeno y extraño a él. La ley de la ambivalencia de los sentimientos, que aún domina hoy en día nuestras relaciones sentimentales con las personas que nos son amadas, regía más ampliamente en los tiempos primitivos. Y así, aquellos muertos amados eran, sin embargo, también extraños y enemigos que habían despertado en él sentimientos enemigos [1413].

Los filósofos han afirmado que el enigma intelectual que la imagen de la muerte planteaba al hombre primordial hubo de forzarle a reflexionar, y fue así el punto de partida de toda reflexión. A mi juicio, los filósofos piensan en este punto demasiado filosóficamente, no toman suficientemente en consideración los motivos primariamente eficientes. Habremos, pues, de limitar y corregir tal afirmación. Ante el cadáver del enemigo vencido, el hombre primordial debió de saborear su triunfo, sin encontrar estímulo alguno a meditar sobre el enigma de la vida y la muerte. Lo que dio su primer impulso a la investigación humana no fue el enigma intelectual, ni tampoco cualquier muerte, sino el conflicto sentimental emergente a la muerte de seres amados, y, sin embargo, también extraños y odiados. De este conflicto sentimental fue del qué nació la Psicología. El hombre no podía ya mantener alejada de sí la muerte, puesto que la había experimentado en el dolor por sus muertos; pero no quería tampoco reconocerla, ya que le era imposible imaginarse muerto. Llegó, pues, a una transacción: admitió la muerte también para sí, pero le negó la significación de su aniquilamiento de la vida, cosa para la cual le habían faltado motivos a la muerte del enemigo. Ante el cadáver de la persona amada, el hombre primordial inventó los espíritus, y su sentimiento de culpabilidad por la satisfacción que se mezclaba a su duelo hizo que estos espíritus primigenios fueran perversos demonios, a los cuales había que temer. Las transformaciones que la muerte acarrea le sugirieron la disociación del individuo en un cuerpo y una o varias almas, y de este modo su ruta mental siguió una trayectoria paralela al proceso de desintegración que la muerte inicia. El recuerdo perdurable de los muertos fue la base de la suposición de otras existencias y dio al hombre la idea de una supervivencia después de la aparente muerte.

Estas existencias posteriores fueron sólo al principio pálidos apéndices de aquella que la muerte cerraba; fueron existencias espectrales, vacías y escasamente estimadas hasta épocas muy posteriores. Recordemos lo que el alma de Aquiles responde a Ulises:

«Preferiría labrar la tierra como jornalero, ser un hombre necesitado, sin patrimonio ni bienestar propio, a reinar sobre la muchedumbre desesperanzada de los muertos.» *(Odisea,* XI, 484-491.)

O en la vigorosa versión, amargamente parodística, de Enrique Heine:

«El más insignificante filisteo vivo —de Stuckert junto al Neckar— es mucho más feliz que yo, el pelida, el héroe muerto, el príncipe de las sombras del Averno.»

Sólo más tarde consiguieron las religiones presentar esta existencia póstuma como la más valiosa y completa, y rebajar la vida terrenal a la categoría de una

---

[1413] *Totem y tabú:* «2) El tabú y la ambivalencia de los sentimientos».

mera preparación. Y, consecuentemente, se prolongó también la vida en el pretérito, inventándose las existencias anteriores, la transmigración de las almas y la reencarnación, todo ello con la intención de despojar a la muerte de su significación de término de la existencia. Tan tempranamente empezó ya la negación de la muerte, negación a la cual hemos calificado de actitud convencional y cultural.

Ante el cadáver de la persona amada nacieron no sólo la teoría del alma, la creencia en la inmortalidad y una poderosa raíz del sentimiento de culpabilidad de los hombres, sino también los primeros mandamientos éticos. El mandamiento primero y principal de la conciencia alboreante fue: «No matarás.» El cual surgió como reacción contra la satisfacción del odio, oculta detrás de la pena por la muerte de las personas amadas, y se extendió paulatinamente al extraño no amado, y, por último, también al enemigo.

En este último caso, el «no matarás» no es ya percibido por el hombre civilizado. Cuando la cruenta lucha actual haya llegado a decisión, cada uno de los combatientes victoriosos retornará alegremente a su hogar, al lado de su mujer y de sus hijos, sin que conturbe su ánimo el pensamiento de los enemigos que ha matado peleando cuerpo a cuerpo o con las armas de largo alcance. Es de observar que los pueblos primitivos aún subsistentes, los cuales se hallan desde luego más cerca que nosotros del hombre primitivo, se conducen en este punto muy de otro modo o se han conducido en tanto que no experimentaron la influencia de nuestra civilización. El salvaje —australiano, bosquimano o habitante de la Tierra del Fuego— no es en modo alguno un asesino sin remordimientos. Cuando regresa vencedor de la lucha no le es lícito pisar su poblado, ni acercarse a su mujer, hasta haber rescatado sus homicidios guerreros con penitencias a veces muy largas y penosas. Las razones de esta superstición no son difíciles de puntualizar: el salvaje teme aún la venganza del espíritu del muerto. Pero los espíritus de los enemigos muertos no son más que la expresión de los remordimientos del matador; detrás de esta superstición se oculta una sensibilidad ética que nosotros, los hombres civilizados, hemos perdido [1414].

Aquellas almas piadosas que quisieran sabernos apartados de todo contacto con lo malo y lo grosero deducirán, seguramente, de la temprana aparición y la energía de la prohibición de matar, conclusiones satisfactorias sobre la fuerza de los impulsos éticos innatos en nosotros. Desgraciadamente, este argumento constituye una prueba aún más decisiva en contrario. Una prohibición tan terminante sólo contra un impulso igualmente poderoso puede alzarse. Lo que ningún alma humana desea no hace falta prohibirlo [1415]; se excluye automáticamente. Precisamente la acentuación del mandamiento «No matarás» nos ofrece la seguridad de que descendemos de una larguísima serie de generaciones de asesinos, que llevaban el placer de matar, como quizá aún nosotros mismos, en la masa de la sangre. Las aspiraciones éticas de los hombres, de cuya fuerza e importancia no hay por qué dudar, son una adquisición de la historia humana y han llegado a ser luego, aunque por desgracia en medida muy variable, propiedad heredada de la Humanidad actual.

Dejemos ahora al hombre primitivo y volvámonos hacia lo inconsciente de nuestra propia vida anímica. Con ello entramos de lleno en el terreno de la

---

[1414] Cf. *Totem y tabú* (1912-3).
[1415] Cf. la brillante argumentación de Frazer (Freud, *Totem y tabú*).

investigación psicoanalítica, único método que alcanza tales profundidades. Preguntamos: ¿Cómo se conduce nuestro inconsciente ante el problema de la muerte? La respuesta ha de ser: Casi exactamente lo mismo que el hombre primitivo. En este aspecto, como en muchos otros, el hombre prehistórico pervive inmutable en nuestro inconsciente. Así, pues, nuestro inconsciente no cree en la propia muerte, se conduce como si fuera inmortal. Lo que llamamos nuestro inconsciente —los estratos más profundos de nuestra alma, constituidos por impulsos instintivos— no conoce, en general, nada negativo, ninguna negación —las contradicciones se funden en él—, y, por tanto, no conoce tampoco la muerte propia, a la que sólo podemos dar un contenido negativo. En consecuencia, nada instintivo favorece en nosotros la creencia en la muerte. Quizá sea éste el secreto del heroísmo. El fundamento racional del heroísmo reposa en el juicio de que la vida propia no puede ser tan valiosa como ciertos bienes abstractos y generales. Pero, a mi entender, lo que más frecuentemente sucede es que el heroísmo instintivo e impulsivo prescinde de tal motivación y menosprecia el peligro diciéndose sencillamente: «No puede pasarme nada.» como en la comedia de Anzengruber 'Steinklopferhans'. O en todo caso, la motivación indicada sirve tan sólo para desvanecer las preocupaciones que podrían inhibir la reacción heroica correspondiente a lo inconsciente. El miedo a la muerte, que nos domina más frecuentemente de lo que advertimos, es, en cambio, algo secundario, procedente casi siempre del sentimiento de culpabilidad.

Por otro lado, aceptamos la muerte cuando se trata de un extraño o un enemigo, y los destinamos a ella tan gustosos y tan sin escrúpulos como el hombre primordial. En este punto aparece, sin embargo, una diferencia que habremos de considerar decisiva en la realidad. Nuestro inconsciente no lleva al asesinato, se limita a pensarlo y desearlo. Pero sería equivocado rebajar con exceso esta realidad psíquica, por comparación con la realidad del hecho. Es, en efecto, harto importante y trae consigo graves consecuencias. Nuestros impulsos instintivos suprimen constantemente a todos aquellos que estorban nuestro camino, nos han ofendido o nos han perjudicado. La exclamación «¡Así se lo lleve el diablo!», que tantas veces acude a nuestros labios como una broma con la que encubrimos nuestro mal humor, y que, en realidad, quiere decir «¡Así se lo lleve la muerte!», es, en nuestro inconsciente, un serio y violento deseo de muerte. Nuestro inconsciente asesina, en efecto, incluso por pequeñeces. Como la antigua ley draconiana de Atenas, no conoce, para toda clase de delitos, más pena que la de muerte, y ello con una cierta lógica, ya que todo daño inferido a nuestro omnipotente y despótico *yo* es, en el fondo, un *crimen lèse-majesté*.

Así, pues, también nosotros mismos juzgados por nuestros impulsos instintivos, somos, como los hombres primitivos, una horda de asesinos. Por fortuna, tales deseos no poseen la fuerza que los hombres de los tiempos primitivos les atribuían aún [1416], de otro modo la Humanidad, los hombres más excelsos y sabios y las mujeres más amorosas y bellas juntos al resto habría perecido hace ya mucho tiempo, víctima de las maldiciones recíprocas.

Estas tesis que el psicoanálisis formula atrae sobre ella la incredulidad de los profanos, que la rechazan como una simple calumnia insostenible ante los asertos de la conciencia, y se las arreglan hábilmente para dejar pasar inadvertidos los pequeños indicios con los que también lo inconsciente suele delatarse

[1416] Cf. *Totem y tabú*, ensayo IV.

a la conciencia. No estará, por tanto, fuera de lugar hacer constar que muchos pensadores, en cuyas opiniones no pudo haber influido el psicoanálisis, han denunciado claramente la disposición de nuestros pensamientos secretos a suprimir cuanto supone un obstáculo en nuestro camino, con un absoluto desprecio a la prohibición de matar. Un solo ejemplo, que se ha hecho famoso bastará:

En *Le père Goriot* alude Balzac a un pasaje de Juan Jacobo Rousseau, en el cual se pregunta al lector qué haría si, con sólo un acto de su voluntad, sin abandonar París ni, desde luego, ser descubierto, pudiera hacer morir en Pekín a un viejo mandarín, cuya muerte habría de aportarle grandes ventajas. Y deja adivinar que no considera nada segura la vida del anciano dignatario. La frase *tuer son mandarin* ha llegado a ser proverbial como designación de tal disposición secreta, latente aún en los hombres de hoy.

Hay también toda una serie de anécdotas e historietas cínicas que testimonian en igual sentido. Así, la del marido que dice a su mujer: «Cuando uno de nosotros muera, yo me iré a vivir a París.» Estos chistes cínicos no serían posibles si no tuvieran que comunicar una verdad negada y que no nos es lícito reconocer como tal cuando es expuesta en serio y sin velos. Sabido es que en broma se puede decir todo, hasta la verdad.

Como al hombre primitivo, también a nuestro inconsciente se le presenta un caso en el que las dos actitudes opuestas ante la muerte, chocan y entran en conflicto, la que la reconoce como aniquilamiento de la vida y la que la niega como irreal. Y este caso es el mismo que en la época primitiva: la muerte o el peligro de muerte de una persona amada, el padre o la madre, el esposo o la esposa, un hermano, un hijo o un amigo querido. Estas personas son para nosotros, por un lado, un patrimonio íntimo, partes de nuestro propio *yo;* pero también son, por otro lado, parcialmente, extraños o incluso enemigos. Todos nuestros cariños, hasta los más íntimos y tiernos, entrañan, salvo en contadísimas situaciones, un adarme de hostilidad que puede estimular al deseo inconsciente de muerte. Pero de esta ambivalencia no nacen ya, como en tiempos remotos, el animismo y la ética, sino la neurosis, la cual nos permite también adentrarnos muy hondamente en la vida psíquica normal. Los médicos que practicamos el tratamiento psicoanalítico nos hemos, así, enfrentado muy frecuentemente con el síntoma de una preocupación exacerbada por el bien de los familiares del sujeto, o con autorreproches totalmente infundados, consecutivos a la muerte de una persona amada. El estudio de estos casos no nos ha dejado lugar a dudas en cuanto a la difusión y la importancia de los deseos inconscientes de muerte.

Al profano le horroriza la posibilidad de tales sentimientos, y da a esta repugnancia el valor de un motivo legítimo para acoger con incredulidad las afirmaciones del psicoanálisis. A mi juicio, sin fundamento alguno. Nuestra tesis no apunta a rebajar la vida afectiva ni tiene, en modo alguno, consecuencia tal. Tanto nuestra inteligencia como nuestro sentimiento se resisten, desde luego, a acoplar de esta suerte el amor y el odio; pero la Naturaleza, laborando con este par de elementos antitéticos, logra conservar siempre despierto y lozano el amor para asegurarlo contra el odio, al acecho siempre detrás de él. Puede decirse que las más bellas floraciones de nuestra vida amorosa las debemos a la reacción contra los impulsos hostiles que percibimos en nuestro fuero interno.

En resumen: nuestro inconsciente es tan inaccesible a la idea de la muerte propia, tan sanguinario contra los extraños y tan ambivalente en cuanto a las personas queridas, como lo fue el hombre primordial. ¡Pero cuánto nos hemos alejado de este estado primitivo en nuestra actitud cultural y convencional ante la muerte!

No es difícil determinar la actuación de la guerra sobre esta dicotomía. Nos despoja de las superposiciones posteriores de la civilización y deja de nuevo al descubierto al hombre primitivo que en nosotros alienta. Nos obliga de nuevo a ser héroes que no pueden creer en su propia muerte; presenta a los extraños como enemigos a los que debemos dar o desear la muerte, y nos aconseja sobreponernos a la muerte de las personas queridas. Pero acabar con la guerra es imposible; mientras las condiciones de existencia de los pueblos sean tan distintas, y tan violentas las repulsiones entre ellos, tendrá que haber guerras. Y entonces surge la interrogación. ¿No deberemos acaso ser nosotros los que cedamos y nos adaptemos a ella? ¿No habremos de confesar que con nuestra actitud civilizada ante la muerte nos hemos elevado una vez más muy por encima de nuestra condición y deberemos, por tanto, renunciar a la mentira y declarar la verdad? ¿No sería mejor dar a la muerte, en la realidad y en nuestros pensamientos, el lugar que le corresponde y dejar volver a la superficie nuestra actitud inconsciente ante la muerte, que hasta ahora hemos reprimido tan cuidadosamente?

Esto no parece constituir un progreso, sino más bien, en algunos aspectos, una regresión; pero ofrece la ventaja de tener más en cuenta la verdad y hacer de nuevo más soportable la vida. Soportar la vida es, y será siempre, el deber primero de todos los vivientes. La ilusión pierde todo valor cuando nos lo estorba.

Recordamos la antigua sentencia *Si vis pacem, para bellum*. Si quieres conservar la paz, prepárate para la guerra.

Sería de actualidad modificarlo así: *Si vis vitam, para morten*. Si quieres soportar la vida, prepárate para la muerte.

LO PERECEDERO *

1915 [1916]

HACE algún tiempo me paseaba yo por una florida campiña estival **, en compañía de un amigo taciturno y de un joven pero ya célebre poeta que admiraba la belleza de la naturaleza circundante, mas sin poder solazarse con ella, pues le preocupaba la idea de que todo ese esplendor estaba condenado a perecer, de que ya en el invierno venidero habría desaparecido, como toda belleza humana y como todo lo bello y noble que el hombre haya creado y pudiera crear. Cuanto habría amado y admirado, de no mediar esta circunstancia, parecíale carente de valor por el destino de perecer a que estaba condenado.

Sabemos que esta preocupación por el carácter perecedero de lo bello y perfecto puede originar dos tendencias psíquicas distintas. Una conduce al amargado hastío del mundo que sentía el joven poeta; la otra, a la rebeldía contra esa pretendida fatalidad. ¡No! ¡Es imposible que todo ese esplendor de la Naturaleza y del arte, de nuestro mundo sentimental y del mundo exterior, realmente esté condenado a desaparecer en la nada! Creerlo sería demasiado insensato y sacrílego. Todo eso ha de poder subsistir en alguna forma, sustraído a cuanto influjo amenace aniquilarlo.

Mas esta pretensión de eternidad traiciona demasiado claramente su filiación de nuestros deseos como para que pueda pretender se le conceda valía de realidad. También lo que resulta doloroso puede ser cierto; por eso no pude decidirme a refutar la generalidad de lo perecedero ni a imponer una excepción para lo bello y lo perfecto. En cambio, le negué al poeta pesimista que el carácter perecedero de lo bello involucrase su desvalorización.

Por el contrario, ¡es un incremento de su valor! La cualidad de perecedero comporta un valor de rareza en el tiempo. Las limitadas posibilidades de gozarlo lo tornan tanto más precioso. Manifesté, pues, mi incomprensión de que la caducidad de la belleza hubiera de enturbiar el goce que nos proporciona. En cuanto a lo bello de la Naturaleza, renace luego de cada destrucción invernal, y este renacimiento bien puede considerarse eterno en comparación con el plazo de nuestra propia vida. En el curso de nuestra existencia vemos agostarse para siempre la belleza del humano rostro y cuerpo, mas esta fugacidad agrega a sus encantos uno nuevo. Una flor no nos parece menos espléndida porque sus pétalos sólo estén lozanos durante una noche. Tampoco logré comprender por qué la limitación en el tiempo habría de menoscabar la perfección y belleza de la obra artística o de la producción intelectual. Llegue una época en la cual queden

---

* Este ensayo —titulado *Vergänglichkeit* en lengua original— fue redactado en noviembre de 1915 a invitación del Goethebund, de Berlín, con el objeto de ser insertado en el volumen conmemorativo *Das Land Goethes* («El país de Goethe, 1914-1916»), que esa institución hizo editar por la Deutsche Verlagsanstalt, de Stuttgart, bajo la firma de Zabel y Landau, destinándose el producto de su venta a la habilitación de bibliotecas populares en Prusia oriental. La versión original de *Lo perecedero* también se encuentra en el decimoprimer tomo de *Gesammelte Schriften (Obras comple-*

tas, edición vienesa) y en el décimo de *Gesammelte Werke (Obras completas,* nueva edición londinense). Una traducción de James Strachey *(On transience)* apareció en el *International Journal of Psycho-Analysis,* vol. 23, pág. 84, 1942, y fue reimpresa en *Collected Papers,* tomo V, Hogarth Press, Londres, 1950. Su idea medular fue explayada al año siguiente en *Duelo y melancolía* (en este volumen). *(Nota del T.)*

** Según Strachey, Freud se refiere a una temporada en las Dolomitas (agosto de 1913).

reducidos a polvo los cuadros y las estatuas que hoy admiramos: sucédanos una generación de seres que ya no comprendan las obras de nuestros poetas y pensadores; ocurra aun una era geológica que vea enmudecida toda vida en la tierra..., no importa; el valor de cuanto bello y perfecto existe sólo reside en su importancia para nuestra percepción; no es menester que la sobreviva y, en consecuencia, es independiente de su perduración en el tiempo.

Aunque estos argumentos me parecían inobjetables, pude advertir que no hacían mella en el poeta ni en mi amïgo. Semejante fracaso me llevó a presumir que éstos debían estar embargados por un poderoso factor afectivo que enturbiaba la claridad de su juicio, factor que más tarde creí haber hallado. Sin duda, la rebelión psíquica contra la aflicción, contra el duelo por algo perdido, debe haberles malogrado el goce de lo bello. La idea de que toda esta belleza sería perecedera produjo a ambos, tan sensibles, una sensación anticipada de la aflicción que les habría de ocasionar su aniquilamiento, y ya que el alma se aparta instintivamente de todo lo doloroso, estas personas sintieron inhibido su goce de lo bello por la idea de su índole perecedera.

Al profano le parece tan natural el duelo por la pérdida de algo amado o admirado, que no vacila en calificarlo de obvio y evidente. Para el psicólogo, en cambio, esta aflicción representa un gran problema, uno de aquellos fenómenos que, si bien incógnitos ellos mismos, sirven para reducir a ellos otras incertidumbres. Así, imaginamos poseer cierta cuantía de capacidad amorosa —llamada «libido»— que al comienzo de la evolución se orientó hacia el propio *yo,* para más tarde —aunque en realidad muy precozmente— dirigirse a los objetos, que de tal suerte quedan en cierto modo incluidos en nuestro *yo.* Si los objetos son destruidos o si los perdemos, nuestra capacidad amorosa (libido) vuelve a quedar en libertad, y puede tomar otros objetos como sustitutos, o bien retornar transitoriamente al *yo.* Sin embargo, no logramos explicarnos —ni podemos deducir todavía ninguna hipótesis al respecto— por qué este desprendimiento de la libido de sus objetos debe ser, necesariamente, un proceso tan doloroso. Sólo comprobamos que la libido se aferra a sus objetos y que ni siquiera cuando ya dispone de nuevos sucedáneos se resigna a desprenderse de los objetos que ha perdido. He aquí, pues, el duelo.

La plática con el poeta tuvo lugar durante el verano que precedió a la guerra. Un año después se desencadenó ésta y robó al mundo todas sus bellezas. No sólo aniquiló el primor de los paisajes que recorrió y las obras de arte que rozó en su camino, sino que también quebró nuestro orgullo por los progresos logrados en la cultura, nuestro respeto ante tantos pensadores y artistas, las esperanzas que habíamos puesto en una superación definitiva de las diferencias que separan a pueblos y razas entre sí. La guerra enlodó nuestra excelsa ecuanimidad científica, mostró en cruda desnudez nuestra vida instintiva, desencadenó los espíritus malignos que moran en nosotros y que suponíamos domeñados definitivamente por nuestros impulsos más nobles, gracias a una educación multisecular. Cerró de nuevo el ámbito de nuestra patria y volvió a tornar lejano y vasto el mundo restante. Nos quitó tanto de lo que amábamos y nos mostró la caducidad de mucho que creíamos estable.

No es de extrañar que nuestra libido, tan empobrecida de objetos, haya ido a ocupar con intensidad tanto mayor aquellos que nos quedaron; no es curioso que de pronto haya aumentado nuestro amor por la patria, el cariño por los nuestros y el orgullo que nos inspira lo que poseemos en común. Pero esos otros bienes, ahora perdidos, ¿acaso quedaron realmente desvalorizados ante nuestros ojos sólo porque demostraran ser tan perecederos y frágiles? Muchos de nosotros lo creemos así; pero injustamente, según pienso una vez más. Me parece que quienes opinan de tal manera y parecen estar dispuestos a renunciar de una vez por todas a lo apreciable, simplemente porque no resultó ser estable, sólo se encuentran agobiados por el duelo que les causó su pérdida. Sabemos que el duelo, por más doloroso que sea, se consume espontáneamente. Una vez que haya renunciado a todo lo perdido se habrá agotado por sí mismo y nuestra libido quedará nuevamente en libertad de sustituir los objetos perdidos por otros nuevos, posiblemente tanto o más valiosos que aquéllos, siempre que aún seamos lo suficientemente jóvenes y que conservemos nuestra vitalidad. Cabe esperar que sucederá otro tanto con las pérdidas de esta guerra. Una vez superado el duelo, se advertirá que nuestra elevada estima de los bienes culturales no ha sufrido menoscabo por la experiencia de su fragilidad. Volveremos a construir todo lo que la guerra ha destruido, quizá en terreno más firme y con mayor perennidad.

XCVI

CARTA A LA DOCTORA HERMINE VON HUG-HELLMUTH *

1915 [1919]

ESTE diario íntimo es una pequeña joya. Realmente creo que jamás ha sido posible escrutar con tal claridad y verismo las conmociones psíquicas que caracterizan el desarrollo de la niña de nuestro nivel social y cultural en los años de la prepubertad. Cómo surgen del egoísmo infantil los sentimientos, hasta que llegan a su madurez social; cómo son al principio las relaciones con los padres y los hermanos, hasta ganar paulatinamente en gravedad e intimidad; cómo se inician y se quiebran las amistades; cómo el cariño busca tanteando sus primeros objetos y, ante todo, cómo surge el misterio de la vida sexual, primero nebulosamente esfumado, para apoderarse luego de toda el alma infantil; cómo sufre el ser joven bajo la consciencia de su secreto saber, para sobreponerse poco a poco; todo esto logra expresión tan encantadora, tan natural y tan seria en estas anotaciones espontáneas, que ha de inspirar el mayor interés a pedagogos y psicólogos.

... Creo que usted tiene el deber de entregar este diario al conocimiento público. Mis lectores le quedarán agradecidos por ello...

---

* Esta carta, fechada el 27 de abril de 1915, fue dirigida a la doctora Hermine von Hug-Hellmuth y reproducida por ésta en su introducción al *Tagebuch eines halbwüchsigen Mädchens* («Diario íntimo de una adolescente») *(Quellenschriften zur seelischen Entwicklung,* núm. 1), Internationaler Psychoanalytischer Verlag, Leipzig-Viena-Zurich, 1919 (2.ª ed., 1921; 3.ª ed., 1922). Se encuentra asimismo en ambas ediciones de las obras completas en alemán: *Gesammelte Schriften,* tomo XI, Internat. Psychoanal. Verlag, Leipzig-Viena-Zurich, 1928; *Gesammelte Werke,* tomo X, Imago Publishing Co., Londres, 1946. En inglés, la traducción de Eden y Cedar Paul fue editada por Allen & Unwin, Londres, 1921 (2.ª ed. en 1936), y por Thomas Seltzer, Nueva York, 1921, con el título *A Young Girl's Diary.* *(Nota del T.)*

XCVI

CARTA A LA DOCTORA HERMINE VON HUG-HELLMUTH

[1919]

XCVII

LECCIONES INTRODUCTORIAS AL PSICOANALISIS *

1915-1917 [1916-1917]

PROLOGO de 1917

L A obra presente que se dio a la publicidad con el título de *Vorlesungen zur einführung in die psychoanalyse* no está destinada a competir con las ya existentes exposiciones de conjunto de esta materia Hitschmann, *Freuds Neurosenlehre*, 2.ª edición, 1913; Pfister, *Die psychoanalitische Methode*. 1913; Leo Kaplan, *Grundzüge der Psychoanalyse*, 1914; Régis et Hesnard. *La Psychoanalyse des névroses et des psychoses*, París, 1914; Adolf F. Meijer, *De Behandeling van Zenuwzieken door Psycho-Analyse*, Amsterdam, 1915). Constituye una fiel reproducción de las conferencias que durante los cursos de 1915-16 y 1916-17 pronuncié ante un auditorio compuesto de médicos y profanos de uno y otro sexo.

Esta génesis de mi libro explicará a los lectores las peculiaridades que el mismo presenta, algunas de las cuales les han de parecer un tanto singulares. No era posible observar en la exposición de la materia sobre la que dichas conferencias versaban la serena frialdad de una exposición científica, pues se trataba, sobre todo, de mantener despierta la atención de mis oyentes durante las dos largas horas consagradas a cada lección. El cuidado de producir un efecto inmediato me obligó a tratar repetidamente algunos de los temas más importantes, estudiándolos, por ejemplo, primero, al hablar de la interpretación de los sueños, y luego otra vez en la exposición de los problemas de la neurosis. Análogamente, la ordenación de las materias hizo que algunos puntos de gran importancia, entre ellos el relativo a lo inconsciente, no pudiesen ser desarrollados sin solución de continuidad hasta agotarlos, sino que tuvieron que ser abandonados y vueltos a tratar varias veces conforme se nos iba presentando ocasión de agregar nuevos datos para su inteligencia.

Aquellos lectores familiarizados ya con la literatura psicoanalítica encontrarán en esta «Introducción» escasas novedades, pues la mayor parte de lo que aquí exponemos ha de serles conocido por la lectura de otras de nuestras obras, más ampliamente detalladas. No obstante, la necesidad de completar y reunir en un todo acabado y concreto la materia aquí tratada ha obligado

---

* La serie de lecciones que constituyen el presente trabajo apareció por vez primera en 1916 (1.ª y 2.ª partes) y 1917 (3.ª parte) en la Editorial H. Heller (Viena y Leipzig). Una de las obras de mayor difusión de Freud y la que ofrece el mayor número de traducciones a las distintas lenguas. De uso corriente en los círculos psicoanalíticos. *(Nota de J. N.)*

al autor a introducir en algunos capítulos de este libro (los referentes a la etiología de la angustia y a las fantasías histéricas) materiales inéditos hasta el momento.

Viena, Primavera de 1917.   F R E U D .

PROLOGO PARA LA EDICION HEBREA*

1930

Estas conferencias fueron pronunciadas en los años 1916 y 1917; reflejaban con regular fidelidad el estado en que a la sazón se encontraba la joven ciencia y contenían mucho más de lo que su título denotaba. En efecto, no sólo ofrecían una introducción al psicoanálisis, sino también la mayor parte de su contenido total. Es natural que hoy ya no ocurra lo mismo. En el ínterin, la teoría ha efectuado progresos, incorporando fundamentales capítulos, como la división de la personalidad en un *yo,* un *super-yo* y un *ello;* una fundamental modificación de la teoría de los instintos, nuevos conocimientos sobre el origen de la conciencia y del sentimiento de culpabilidad. Por tanto, las conferencias se han tornado incompletas en grado sumo, y sólo ahora han adquirido realmente el carácter de una mera «introducción». En otro sentido, sin embargo, tampoco hoy se hallan superadas o anticuadas, pues cuanto ellas exponen, salvo pocas modificaciones, se acepta y enséñase todavía en todas las escuelas psicoanalíticas.

Al público de habla hebrea, y en especial a la juventud ávida de saber, este libro le presenta el psicoanálisis vestido con el ropaje de aquella antiquísima lengua que por voluntad del pueblo judío ha sido despertada a nueva vida. El autor se imagina perfectamente la ardua labor que el traductor ha debido cumplir para lograrlo, y no necesita reprimir la duda de si Moisés y los profetas habrían encontrado comprensibles estas conferencias hebreas. A sus descendientes empero —entre los cuales él mismo se cuenta—, a quienes el presente libro está destinado, el autor les ruega que, después de las primeras sensaciones de crítica y desagrado, no se precipiten a una reacción de rechazo total. El psicoanálisis trae tantas cosas nuevas, entre ellas tantas que contradicen las convicciones tradicionales y que ofenden los sentimientos más profundamente arraigados, que inevitablemente ha de suscitar oposición. Mas si se contiene el juicio definitivo y se deja que actúe sobre uno la totalidad del psicoanálisis, quizá se alcance la convicción de que estas cosas nuevas, tan indeseables, son dignas de saberse y son imprescindibles para comprender el alma y la existencia del hombre.

Viena, Diciembre de 1930.

  * Edición Stybel, Jerusalén, 1930. El prólogo en alemán se halla en la edición londinense de las obras completas: *Gesammelte Werke*, tomo XVI, Imago   Publishing Co., Londres, 1950; siendo su primera publicación alemana en G. S., 12 (1934).

PARTE I

1915 [1916]

LECCION I.   INTRODUCCION

Señoras y señores:

IGNORO cuántos de mis oyentes conocerán —por sus lecturas o simplemente de oídas— las teorías psicoanalíticas. Mas el título dado a esta serie de conferencias, «Lecciones introductorias al psicoanálisis», me obliga a conducirme como si no poseyerais el menor conocimiento sobre esta materia y hubierais de ser iniciados, necesariamente, en sus primeros elementos.

Debo suponer, sin embargo, que sabéis que el psicoanálisis constituye un especial tratamiento de los enfermos de neurosis. Pero como en seguida os demostraré con un ejemplo sus caracteres esenciales son en un todo diferentes de los peculiares a las restantes ramas de la Medicina, y a veces resultan por completo opuestos a ellos. Generalmente, cuando sometemos a un enfermo a una técnica médica desconocida para él, procuramos disminuir a sus ojos los inconvenientes de la misma y darle la mayor cantidad posible de seguridades respecto al éxito del tratamiento. A mi juicio, obramos cuerdamente conduciéndonos así, pues este proceder aumenta las probabilidades de éxito. En cambio, al someter a un neurótico al tratamiento psicoanalítico procedemos de muy distinta forma, pues le enteramos de las dificultades que el método presenta, de su larga duración y de los esfuerzos y sacrificios que exige, y en lo que respecta al resultado le hacemos saber que no podemos prometerle nada con seguridad y que el éxito dependerá de su comportamiento, su inteligencia, su obediencia y su paciente sumisión a los consejos del médico. Claro es que esta conducta del médico psicoanalítico obedece a razones de gran peso, cuya importancia comprenderéis más adelante.

Os ruego que no me toméis a mal el que al principio de mis lecciones observe con vosotros esta misma norma de conducta, tratándoos como el médico trata al enfermo neurótico que acude a su consulta. Mis primeras palabras han de equivaler al consejo de que no vengáis a oírme por segunda vez, pues en ellas os señalaré la inevitable imperfección de una enseñanza del psicoanálisis y las dificultades que se oponen a la formación de un juicio personal en estas materias. Os mostraré también cómo la orientación de vuestra cultura personal y todos los hábitos de vuestro pensamiento os han de inclinar en contra del psicoanálisis, y cuántas cosas deberéis vencer en vosotros mismos para dominar tal hostilidad. Naturalmente, no puedo prediciros lo que estas conferencias os harán avanzar en la comprensión del psicoanálisis; pero sí puedo, en cambio, aseguraros que vuestra asistencia a las mismas no ha de capacitaros para emprender una investigación o un tratamiento psicoanalítico. Por otro lado, si entre vosotros hubiera alguien que no se considerase satisfecho con adquirir un superficial conocimiento del psicoanálisis y deseara entrar en contacto permanente con él, trataría yo de disuadirle de tal propósito, advirtiéndole de los sinsabores que la realización del mismo habría de acarrearle. En las actuales circunstancias, la elección de esta rama científica supone la renuncia a toda posibilidad de éxito universitario, y aquel que a ella se dedique, prácticamente se hallará en medio de una sociedad que no comprenderá sus aspiraciones y que, considerándole con desconfianza y hostilidad, desencadenará contra él todos los malos espíritus que abriga en su seno. Del número de estos malos espíritus podéis formaros una idea sólo con observar los hechos a que ha dado lugar la guerra que hoy devasta a Europa.

Sin embargo, hay siempre personas para las cuales todo nuevo conocimiento posee un invencible atractivo, a pesar de los inconvenientes que el estudio del mismo pueda traer consigo. Así, pues, veré con gusto retornar a estas aulas a aquellos de vosotros en quienes tal curiosidad científica venza toda otra consideración; mas, de todos modos, era un deber mío haceros las advertencias que anteceden sobre las dificultades inherentes al estudio del psicoanálisis.

La primera de tales dificultades surge en lo relativo a la enseñanza, al entrenamiento en psicoanálisis. En la enseñanza médica estais acostumbrados a *ver* directamente aquello de que el profesor os habla en sus lecciones. Veis la preparación anatómica, el precipitado resultante de una reacción química o la contracción de un músculo por el efecto de la excitación de sus nervios. Más tarde se os pone en presencia del enfermo mismo y podéis observar directamente los síntomas de su dolencia, los productos del proceso morboso y, en muchos casos, incluso el germen provocador de la enfermedad. En las especialidades quirúrgicas asistís a las intervenciones curativas e incluso tenéis que ensayaros personalmente en su práctica. Hasta en la misma Psiquiatría, la observación directa de la conducta del enfermo y de sus gestos, palabras y ademanes os proporciona un numeroso acervo de datos que se grabarán profundamente en vuestra memoria. De este modo, el profesor de Medicina es constantemente un guía y un intérprete que os acompaña como a través de un museo, mientras vosotros entráis en contacto directo con los objetos y creéis adquirir por la propia percepción personal la convicción de la existencia de nuevos hechos.

Por desgracia, en el psicoanálisis no hallamos ninguna de tales facilidades de estudio. El tratamiento psicoanalítico aparece como un intercambio de palabras entre el paciente y el analista. El paciente habla, relata los acontecimientos de su vida pasada y sus impresiones presentes, se queja y confiesa sus deseos y sus emociones. El médico escucha, intenta dirigir los procesos mentales del enfermo, le moviliza, da a su atención determinadas direcciones, le proporciona esclarecimientos y observa las reacciones de comprensión o rechazo que de esta manera provoca en él. Las personas que rodean a tales enfermos, y a las cuales sólo lo groseramente visible y tangible logra convencer de la bondad de un tratamiento, al que considerarán inmejorables si trae consigo efectos teatrales semejantes a los que tanto éxito logran al desarrollarse en la pantalla cinematográfica, no prescinden nunca de expresar sus dudas de que 'por medio de una simple conversación entre el médico y el enfermo pueda conseguirse algún resultado'. Naturalmente, es este juicio tan ininteligible como falto de lógica, y los que así piensan son los mismos que aseguran que los síntomas del enfermo son simples «imaginaciones». Las palabras, primitivamente, formaban parte de la magia y conservan todavía en la actualidad algo de su antiguo poder. Por medio de palabras puede un hombre hacer feliz a un semejante o llevarle a la desesperación; por medio de palabras transmite el profesor sus conocimientos a los discípulos y arrastra tras de sí el orador a sus oyentes, determinando sus juicios y decisiones. Las palabras provocan afectos emotivos y constituyen el medio general para la influenciación recíproca de los hombres. No podremos, pues, despreciar el valor que el empleo de las mismas pueda tener en la psicoterapia, y asistiríamos con interés, en calidad de oyentes, a las palabras que transcurren entre el analista y su paciente.

Pero tampoco esto nos está permitido. La conversación que constituye el tratamiento psicoanalítico es absolutamente secreta y no tolera la presencia de una tercera persona. Puede, naturalmente, presentarse a los alumnos, en el curso de una lección de Psiquiatría, un sujeto neurasténico o histérico; el mismo se limitará a comunicar aquellos síntomas en los que su dolencia se manifiesta pero nada más. Las informaciones imprescindibles para el análisis no las dará más que al médico, y esto únicamente en el caso de que sienta por él una particular ligazón emocional. El paciente enmudecerá en el momento en que al lado del médico surja una tercera persona indiferente. Lo que motiva esta conducta es que aquellas informaciones se refieren a lo más íntimo de su vida anímica, a todo aquello que como persona social independiente tiene que ocultar a los ojos de los demás, y aparte de esto, a todo aquello que ni siquiera querría confesarse a sí mismo.

Así, pues, no podréis asistir como oyentes a un tratamiento psicoanalítico, y de este modo nunca os será posible conocer el psicoanálisis sino de oídas, en el sentido estricto de esta locución. Una tal carencia de informaciones directas ha de colocaros en situación poco corriente para formar un juicio sobre nuestra disciplina; juicio que, dadas las circunstancias señaladas, habrá de depender del grado de confianza que os merezca aquel que os informa.

Suponed por un momento que habéis acudido no a una conferencia sobre Psiquiatría, sino a una lección de Historia, y que el conferenciante os habla de la vida y de los hechos guerreros de Alejandro Magno. ¿Qué razones tendréis en este caso para creer en la veracidad de su relato? A primera vista, la situación parece aún más desfavorable que en la enseñanza del psicoanálisis, pues el profesor de Historia no tomó tampoco parte en las expediciones militares de Alejandro, mientras que el psicoanalista os habla, por lo menos, de cosas en las que él mismo ha desempeñado un papel. Pero en las lecciones de Historia se da una circunstancia que os permite dar fe, sin grandes reservas, a las palabras del conferenciante. Este puede citaros los relatos de antiguos escritores contemporáneos a los hechos objeto de su lección, o, por lo menos, bastante próximos a ellos; esto es, referirse a los libros de Diodoro, Plutarco, Arriano, etcétera, y puede presentaros asimismo reproducciones de las medallas y estatuas de Alejandro y haceros ver una fotografía del mosaico pompeyano que representa la batalla de Issos. Claro es que todos estos documentos no demuestran, estrictamente considerados, sino que ya generaciones anteriores creyeron en la existencia de Alejandro y en la realidad de sus hechos heroicos, y en esta circunstancia podríais fundar de nuevo una crítica escéptica, alegando que no todo lo que sobre Alejandro se ha relatado es verosímil ni puede demostrarse detalladamente. Sin embargo, no puedo admitir que tras de una lección de este género saliéseis del aula dudando todavía de la realidad de Alejandro Magno. Vuestra aceptación de los hechos expuestos en la conferencia obedecerá en este caso a dos principales reflexiones: la primera será la de que el conferenciante no tiene motivo alguno para haceros admitir como real algo que él mismo no considera así, y en segundo lugar, todos los libros de Historia a los que podáis ir en busca de una confirmación os relatarán los hechos, aproximadamente, en la misma forma. Si a continuación emprendéis el examen de las fuentes históricas más antiguas, deberéis tener en cuenta idénticos factores; esto es, los móviles que han podido guiar a los autores en su exposición y la concordancia de sus testimonios. En el caso de Alejandro, el resultado de este examen será seguramente tranquilizable. No así cuando se trate de personalidades tales como Moisés o Nimrod. Volviendo ahora a las dudas que puedan surgir en vosotros con respecto al grado de confianza merecido por el informante psicoanalítico, os indicaré que más adelante tendréis ocasión de apreciarlas en su justo valor.

Me preguntaréis ahora —y muy justificadamente por cierto— cómo no existiendo verificación objetiva del psicoanálisis ni posibilidad alguna de demostración, puede hacerse el aprendizaje de nuestra disciplina y llegar a la convicción de la verdad de sus afirmaciones. Este aprendizaje no es, en efecto, fácil, y son muy pocos los que han podido aprenderlo correctamente; pero, naturalmente, existen un camino y un método posibles. El psicoanálisis se aprende, en primer lugar, por el estudio de la propia personalidad, estudio que, aunque no es rigurosamente lo que acostumbramos calificar de autoobservación, se aproxima bastante a este concepto. Existe toda una serie de fenómenos anímicos muy frecuentes y generalmente conocidos, que, una vez iniciados en los principios de la técnica analítica, podemos convertir en objetos de interesantes autoanálisis, los cuales nos proporcionarán la deseada convicción de la realidad de los procesos descritos por el psicoanálisis y de la verdad de sus afirmaciones. Mas los progresos que por este camino pueden realizarse son harto limitados, y aquellos que quieran avanzar más rápidamente en el estudio de nuestra disciplina lo conseguirán, mejor que por ningún otro medio, dejándose analizar por un psicoanalista competente. De este modo, al mismo tiempo que experimentan en su propio *ser* los efectos del psicoanálisis, tendrán ocasión de iniciarse en todas las sutilezas de su técnica. Claro es que este medio de máxima excelencia no puede ser utilizado sino por una sola persona y nunca por una sala completa de alumnos.

Aún existe para vuestro acceso al psicoanálisis una segunda dificultad, pero ésta no es ya inherente a la esencia de nuestra disciplina, sino que depende exclusivamente de los hábitos mentales que habéis adquirido en el estudio de la Medicina. Vuestra preparación médica ha dado a vuestra actividad mental una determinada orientación, que la aleja en gran manera del psicoanálisis. Se os ha habituado a fundar en causas anatómicas las funciones orgánicas y sus perturbaciones y a explicarlas desde los puntos de vista químico y físico, concibiéndolas biológicamente; pero nunca ha sido dirigido vuestro interés a la vida psíquica, en la que, sin embargo, culmina el funcionamiento de este nuestro organismo, tan maravillosamente complicado. Resultado de esta preparación es que desconocéis en absoluto la disciplina mental psicológica y os habéis acostumbrado a mirarla con desconfianza, negándole todo carácter científico y abandonándola a los profanos, poetas, filósofos y místicos. Mas con tal conducta establecéis una desventajosa limitación de vuestra actividad médica, pues el enfermo os presentará, en primer lugar, como sucede en todas las relaciones humanas, su *façade* psíquica, y temo que para vuestro castigo os veáis obligados a dejarles a aquellos que con tanto desprecio calificáis de profanos, naturalistas y místicos, una gran parte del influjo terapéutico que desearíais ejercer.

No desconozco la disculpa que puede alegarse para excusar esta laguna de vuestra preparación. Fáltanos aún aquella ciencia filosófica auxiliar que podía ser una importante ayuda para vuestros propósitos médicos. Ni la Filosofía especulativa, ni la Psicología descriptiva, ni la llamada Psicología experimental, ligada a la Fisiología de los sentidos, se hallan, tal y como son enseñadas en las universidades, en estado de proporcionarnos dato ninguno útil sobre las relaciones entre lo somático y lo anímico y ofrecernos la clave necesaria para la comprensión de una perturbación cualquiera de las funciones anímicas. Dentro de la Medicina, la Psiquiatría se ocupa, ciertamente, de describir las perturbaciones psíquicas por ella observadas y de reunirlas formando cuadros clínicos; mas en sus momentos de sinceridad los mismos psiquíatras dudan de si sus exposiciones puramente descriptivas merecen realmente el nombre de ciencia. Los síntomas que integran estos cuadros clínicos nos son desconocidos en lo que respecta a su origen, su mecanismo y su recíproca conexión y no corresponden a ellos ningunas modificaciones visibles del órgano anatómico del alma, o corresponden modificaciones que no nos proporcionan el menor esclarecimiento. Tales perturbaciones anímicas no podrán ser accesibles a una influencia terapéutica más que cuando constituyan efectos secundarios de una cualquiera afección orgánica.

Es ésta la laguna que el psicoanálisis se esfuerza en hacer desaparecer, intentando dar a la Psiquiatría la base psicológica de que carece y esperando descubrir el terreno común que hará inteligible la reunión de una perturbación somática con una perturbación anímica. Con este objeto tiene que mantenerse libre de toda hipótesis de orden anatómico, químico o fisiológico extraño a su peculiar esencia y no laborar más que con conceptos auxiliares puramente psicológicos, cosa que temo contribuya no poco a hacer que os parezca aún más extraño de lo que esperabais.

Encontramos, por último, una tercera dificultad, de la que no haré responsable a vuestra posición personal ni tampoco a vuestra preparación científica. Dos afirmaciones del psicoanálisis son principalmente las que causan mayor extrañeza y atraen sobre él la desaprobación general. Tropieza una de ellas con un prejuicio intelectual y la otra con un prejuicio estético y moral. No conviene, ciertamente, despreciar tales prejuicios, pues son residuos de pasadas fases, muy útiles, y hasta necesarias, de la evolución humana, y poseen un considerable poder, hallándose sostenidos por fuerzas afectivas que hacen en extremo difícil el luchar contra ellos.

La primera de tales extrañas afirmaciones del psicoanálisis es la de que los procesos psíquicos son en sí mismos inconscientes, y que los procesos conscientes no son sino actos aislados o fracciones de la vida anímica total. Recordad con relación a esto que nos hallamos, por el contrario, acostumbrados a identificar lo psíquico con lo consciente, considerando precisamente la conciencia como la característica *definicional* de lo psíquico y Psicología como la ciencia de los contenidos de la conciencia. Esta ecuación nos parece tan natural, que creemos hallar un absurdo manifiesto en todo aquello que la contradiga. Sin embargo, el psicoanálisis se ve obligado a oponerse en absoluto a esta identidad de lo psíquico y lo consciente. Para él lo psíquico son procesos de la naturaleza de los sentimientos, del pensamiento y de la voluntad, y afirma que existen un pensamiento inconsciente y una voluntad inconsciente.

Ya con esta definición y esta afirmación se enajena el psicoanálisis, por adelantado, la simpatía de todos los partidarios del tímido cientificismo y atrae sobre sí la sospecha de no ser sino una fantástica ciencia esotérica ansiosa por construir misterios y pescar en las aguas turbias. Naturalmente, vosotros no podéis comprender aún con qué derecho califico de prejuicio un principio de una naturaleza tan abstracta como el de que «lo anímico es lo consciente», y no podéis adivinar por qué caminos se ha podido llegar a la negación de lo inconsciente —suponiendo que exista —y qué ventajas puede proporcionar una tal negación. A primera vista parece por completo ociosa la discusión de si se ha de hacer coincidir lo psíquico con lo consciente, o, por el contrario, extender los dominios de lo primero más allá de los límites de la conciencia; no obstante, puedo aseguraros que la aceptación de los procesos psíquicos inconscientes inicia en la ciencia una nueva orientación decisiva.

Esta primera afirmación —un tanto osada— del psicoanálisis posee un íntimo enlace, que ni siquiera sospecháis, con el segundo de los principios esenciales que el mismo ha deducido de sus investigaciones. Contiene este segundo principio la afirmación de que determinados impulsos instintivos, que únicamente pueden ser calificados de sexuales, tanto en el amplio sentido de esta palabra como en su sentido estricto, desempeñan un papel, cuya importancia no ha sido hasta el momento suficientemente reconocida, en la causación de las enfermedades nerviosas y psíquicas y, además, coadyuvan con aportaciones nada despreciables a la génesis de las más altas creaciones culturales, artísticas y sociales del espíritu humano.

Mi experiencia me ha demostrado que la aversión suscitada por este resultado de la investigación psicoanalítica constituye la fuente más importante de las resistencias con las que la misma ha tropezado. ¿Queréis saber qué explicación damos a este hecho? Creemos que la cultura ha sido creada obedeciendo al impulso de las necesidades vitales y a costa de la satisfacción de los instintos, y que es de continuo creada de nuevo, en gran parte, del mismo modo, pues cada individuo que entra en la sociedad humana repite, en provecho de la colectividad, el sacrificio de la satisfacción de sus instintos. Entre las fuerzas instintivas así sacrificadas desempeñan un importantísimo papel los impulsos sexuales, los cuales son aquí objeto de una sublimación; esto es, son desviados de sus fines sexuales y dirigidos a fines socialmente más elevados, faltos ya de todo carácter sexual. Pero esta organización resulta harto inestable; los instintos sexuales quedan insuficientemente domados y en cada uno de aquellos individuos que han de coadyuvar a la obra civilizadora perdura el peligro de que los instintos sexuales resistan tal trato. Por su parte, la sociedad cree que el mayor peligro para su labor civilizadora sería la liberación de los instintos sexuales y el retorno de los mismos a sus fines primitivos y, por tanto, no gusta de que se le recuerde esta parte, un tanto escabrosa, de los fundamentos en los que se basa, ni muestra interés ninguno en que la energía de los instintos sexuales sea reconocida en toda su importancia y se revele, a cada uno de los individuos que constituyen la colectividad social, la magnitud de la influencia que sobre sus actos pueda ejercer la vida sexual. Por el contrario, adopta un método de educación que tiende, en general, a desviar la atención de lo referente a la vida sexual. Todo esto nos explica por qué la sociedad se niega a aceptar el resultado antes expuesto de las investigaciones psicoanalíticas y quisiera inutilizarlo, declarándolo repulsivo desde el punto de vista estético, condenable desde el punto de vista moral y peligroso por todos conceptos. Mas no es con reproches de este género como se puede destruir un resultado objetivo de un trabajo científico. Para que una controversia tenga algún valor habrá de desarrollarse dentro de los dominios intelectuales. Ahora bien: dentro de la naturaleza humana se halla el que nos inclinamos a considerar equivocado lo que nos causaría displacer aceptar como cierto, y esta tendencia encuentra fácilmente argumento para rechazar, en nombre del intelecto, aquello sobre lo que recae. De esta forma convierte la sociedad lo desagradable en equivocado; discute las verdades del psicoanálisis con argumentos lógicos y objetivos, pero que proceden de fuentes emocionales; y opone estas objeciones, en calidad de prejuicios contra toda tentativa de refutación.

Por nuestra parte, podemos afirmar que al formular el principio de que tratamos no hemos tenido en vista finalidad tendenciosa alguna. Nuestro único fin era el de exponer un hecho que creemos haber establecido con toda seguridad al cabo de una cuidadosa labor. Creemos, pues, deber protestar contra la mezcla de tales consideraciones prácticas en la labor científica, y lo haremos, desde luego, aun antes de investigar si los temores que estas consideraciones tratan de imponernos son o no justificados.

Tales son algunas de las dificultades con las que tropezaréis si queréis dedicaros al estudio del psicoanálisis, dificultades que ya son harto considerables para el principio de una labor científica. Si su perspectiva no os asusta, podremos continuar estas lecciones.

LECCION II.   LOS ACTOS FALLIDOS

Señoras y señores:

COMENZAREMOS esta segunda lección no con la exposición de nuevas hipótesis, sino con una investigación, eligiendo como objeto de la misma determinados fenómenos muy frecuentes y conocidos, pero insuficientemente apreciados, que no pueden considerarse como producto de un estado patológico, puesto que son observados en toda persona normal. Son estos fenómenos aquellos a los que nosotros damos el nombre de *funciones fallidas (Fehlleistungen)* o *actos fallidos (Fehlhandlungen),* y que se producen cuando una persona dice una palabra por otra *(Versprechen=*equivocación oral), escribe cosa distinta de lo que tenía intención de escribir *(Verschreiben=*equivocación en la escritura), lee en un texto impreso o manuscrito algo distinto de lo que en el mismo aparece *(Verlesen=* =equivocación en la lectura o falsa lectura), u oye cosa diferente de lo que se dice *(Verhören=*falsa audición), claro es que sin que en este último caso exista una perturbación orgánica de sus facultades auditivas. Otra serie de estos fenómenos se basa en el *olvido;* pero no en un olvido duradero, sino temporal; por ejemplo, cuando no podemos dar con un *nombre* que nos es, sin embargo, conocido, y que reconocemos en cuanto otra persona lo pronuncia o logramos hallar por nosotros mismos al cabo de más o menos tiempo, o cuando olvidamos llevar a cabo un *propósito* que luego recordamos y que, por tanto, sólo hemos olvidado durante determinado intervalo. En un tercer grupo de estos fenómenos falta este carácter temporal; por ejemplo, cuando no logramos recordar el lugar en que hemos guardado o colocado un objeto o *perdemos* algo definitivamente. Trátase aquí de olvidos muy distintos de los que generalmente sufrimos en nuestra vida cotidiana y que nos asombran e irritan en vez de parecernos perfectamente comprensibles.

A estos casos se suma una gran cantidad de pequeños fenómenos conocidos bajo diversos nombres, y entre ellos determinados *errores* en los que vuelve a aparecer el carácter temporal, como, por ejemplo, cuando durante algún tiempo nos representamos determinadas cosas de una manera distinta a como antes sabíamos que eran y como tiempo después confirmaremos que en realidad son.

Todos estos pequeños accidentes, que poseen un íntimo parentesco, como se nos muestra ya en el hecho de que los nombres con que (en alemán) los califica- mos tienen común el prefijo *ver*, son, en su mayoría, insignificantes, de corta dura- ción y escasa importancia en la vida cotidiana. Sólo en muy raros casos llega alguno de ellos (por ejemplo, la pérdida de objetos) a alcanzar alguna trascendencia práctica. Esta falta de trascendencia hace que no despierten nuestra atención ni den lugar más que a efectos de muy escasa intensidad.

Sobre estos fenómenos versarán varias de las conferencias que ante vosotros me propongo pronunciar aunque estoy seguro de que el solo enunciado de este propósito ha de despertar en vosotros un sentimiento de decepción. «Existen —pensaréis—, así en el extenso mundo exterior como en el más restringido de la vida psíquica, tantos oscuros problemas y tantas cosas extraordinarias y necesi- dades de un esclarecimiento en el campo de las perturbaciones psíquicas, que parece realmente frívolo y caprichoso prodigar el esfuerzo y el interés en tales ni- miedades. Si pudierais explicarnos por qué un hombre cuyos órganos visuales y auditivos aparecen totalmente normales llega a ver en pleno día cosas inexisten- tes, o por qué otros se creen de repente perseguidos por aquellas mismas personas que hasta el momento le inspiraban mayor cariño, o construyen en su pensa- miento, con sorprendente ingeniosidad, absurdos delirios que un niño hallaría desatinados, entonces diríamos que el psicoanálisis merecía todo nuestro respeto y atención. Pero si el psicoanálisis no puede hacer otra cosa que investigar por qué un orador de banquete comete un *lapsus linguae*, por qué una buena ama de casa no consigue encontrar sus llaves, o tantas otras futilidades del mismo gé- nero, entonces, realmente, nos parece que hay problemas más interesantes a los que podríamos dedicar nuestro tiempo y nuestro interés.»

Mas a esto os respondería yo: Tened paciencia; vuestra crítica es totalmente equivocada. Cierto es que el psicoanálisis no puede vanagloriarse de no haber dedicado jamás su atención a nimiedades, pues, por el contrario, los materiales que somete a observación son, en general, aquellos sucesos inaparentes que las demás ciencias desprecian, considerándolos en absoluto insignificantes. Pero ¿no confundiréis en vuestra crítica la importancia de los problemas con la apa- riencia exterior de los signos en que se manifiestan? ¿No hay acaso cosas impor- tantísimas que en determinadas condiciones y momentos sólo se delatan por signos exteriores debilísimos? Sin dificultad ninguna podría citaros numerosas situaciones de este género. ¿De qué mínimos signos deducís los jóvenes haber conquistado la inclinación de una muchacha? ¿Esperaréis acaso una declaración amorosa o un apasionado abrazo, u os bastará desde luego con una simple mirada apenas perceptible para una tercera persona, un fugitivo ademán o la prolongación momentánea de un amistoso apretón de manos? Y cuando el magistrado emprende una investigación criminal, ¿necesita acaso para fijar la personalidad del delincuente encontrar en el lugar del crimen la fotografía y las señas del mismo, dejadas por él amablemente para evitar trabajo a la justicia, o se contenta con sutiles e imprecisas huellas que sirvan de base a su labor investigadora? Vemos, pues, que no tenemos derecho alguno a despreciar los pequeños signos, y que tomándolos en consideración pueden servirnos de guía para realizar importantes descubrimientos. También yo, como vosotros, soy de la opinión de que los grandes problemas del mundo y de la ciencia son los que tienen preferente derecho a nuestra atención; pero resulta, en general, de escasísima utilidad formular el decidido propósito de dedicarnos por entero a la investigación de alguno de estos grandes problemas, pues en cuanto queremos poner en práctica tal decisión hallamos que no sabemos cómo orientar los primeros pasos de nuestra labor investigadora. En toda labor científica es mucho más racional someter a observación aquello que primeramente encuentra uno bajo sus miradas, esto es, aquellos objetos cuya investigación nos resulta fácil. Si esta primera investigación se lleva a cabo seriamente, sin prejuicio alguno, pero también sin esperanzas exageradas, y si, además, nos acompaña la suerte, puede suceder que merced a la conexión que enlaza todas las cosas entre sí, y claro es que también lo pequeño con lo grande, la labor emprendida con tan modestas pretensiones nos abra un excelente acceso al estudio de los grandes problemas.

Con estos argumentos creo haber contestado a vuestras objeciones y conseguido, al mismo tiempo, que no me neguéis vuestra atención durante las lecciones que dedique a tratar de los actos fallidos del hombre normal, fenómenos tan insignificantes al parecer.

Como primera providencia, nos dirigiremos a alguien totalmente extraño al psicoanálisis, y le preguntaremos cuál es la explicación que da a la producción de estos hechos. Seguramente comenzará por respondernos que tales fenómenos no merecen esclarecimiento alguno, pues se trata únicamente de pequeños accidentes casuales. Mas ¿qué es lo que con esta frase quiere significar? ¿Querrá acaso afirmar que existen sucesos tan insignificantes que se encuentran fuera del encadenamiento de la fenomenología universal y que lo mismo hubieran podido no producirse? Pero el romper de este modo el determinismo natural, aunque sea en un solo punto, trastornaría toda la concepción científica del mundo *(Weltanschauung)*. Debemos, pues, hacer ver a quien así nos contesta todo el alcance de su afirmación y mostrarle que la concepción religiosa del mundo se conduce más consecuentemente cuando sostiene que un gorrión no cae de un tejado sin una intervención particular de la voluntad divina. Supongo que ante este argumento no intentará ya nuestro amigo deducir la consecuencia lógica de su primera respuesta, sino que se rectificará, diciendo que si él se dedicara a la investigación de estos pequeños fenómenos, acabaría por encontrarles una explicación, pues se trata, sin duda, de pequeñas desviaciones de la función anímica o inexactitudes del mecanismo psíquico, cuyas condiciones habrían de ser fácilmente determinables. Un sujeto que, en general, hable correctamente, puede muy bien cometer equivocaciones orales en los casos siguientes: 1.º, cuando se halle ligeramente indispuesto o fatigado; 2.º, cuando se halle sobreexcitado; 3.º, cuando se halle excesivamente absorbido por cuestiones diferentes a aquellas a las que sus palabras se refieren. Estas afirmaciones pueden ser fácilmente confirmadas. Las equivocaciones orales se producen con particular frecuencia cuando nos hallamos fatigados, cuando padecemos un dolor de cabeza o en las horas que preceden a una jaqueca. En estas mismas circunstancias se produce también fácilmente el olvido de nombres propios, hasta el punto de que muchas personas reconocen en tal olvido la inminencia de una jaqueca *. Del mismo modo, cuando nos hallamos sobreexcitados, confundimos fácilmente ya no sólo las palabras, sino también las *cosas,* haciéndonos reos de actos de aprehensión errónea, y los olvidos de proyectos y otra gran cantidad de actos no intencionados se hacen particularmente frecuentes cuando nos hallamos distraídos, esto es, cuando nuestra atención se halla concentrada sobre otra cosa. Un conocido ejemplo de tal distracción nos es ofrecido por aquel profesor del *Fliegende Blatter* ** que olvida su paraguas y se lleva un sombrero que no es suyo, porque su pensamiento se halla absorto en los problemas que se propone tratar en un próximo libro. Por propia experiencia conocemos todos los casos de olvido de propósitos o promesas, motivados por haberse producido, después de concebir los primeros o formular las segundas, sucesos que han orientado violentamente nuestra atención hacia otro lado.

Todo esto lo encontramos perfectamente comprensible y nos parece hallarse protegido contra cualquier objeción; mas, por otro lado, no presenta a primera vista todo el interés que quizá esperábamos. Sin embargo, examinando más penetrantemente estas explicaciones de los actos fallidos, hallaremos que las condiciones que se indican como determinantes de tales fenómenos no son todas de una misma naturaleza. La indisposición y los trastornos circulatorios proporcionan un fundamento fisiológico para la alteración de las funciones normales; pero, en cambio, la excitación, la fatiga y la distracción son factores de naturaleza distinta y a los que podríamos calificar de psicofisiológicos. Fácilmente podemos construir una teoría de su actuación. La fatiga, la distracción y quizá también la excitación general producen una dispersión de la atención que puede muy bien aminorar, hasta hacerla por completo insuficiente, la cantidad de la misma dirigida sobre la función de referencia, la cual puede entonces quedar fácilmente perturbada o ser realizada inexactamente. Una ligera indisposición o modificaciones circulatorias del órgano nervioso central pueden ejercer idéntico efecto, influyendo del mismo modo sobre el factor regulador, o sea sobre la distribución de la atención. Trataríase, pues, en todos los casos de efectos consecutivos a perturbaciones de la atención producidas por causas orgánicas o psíquicas.

Mas todo esto no parece aportar gran cosa a nuestro interés psicoanalítico. Podríamos, pues, sentirnos inclinados de nuevo a renunciar a nuestra labor; pero examinando más penetrantemente tales observaciones, nos daremos cuenta de que no todos los caracteres de los actos fallidos pueden explicarse por medio de esta teoría de la atención. Observaremos, sobre todo, que tales actos y tales olvidos se producen también en personas que, lejos de hallarse fatigadas, distraídas o sobreexcitadas, se encuentran en estado normal, y que solamente *a posteriori,* esto es, precisamente después del acto fallido, es cuando se atribuye a tales personas una sobreexcitación que las mismas niegan en absoluto. La afirmación que pretende que el aumento de atención asegura la ejecución adecuada de una función, y, en cambio, cuando dicha atención queda disminuida, aparece el peligro de perturbaciones e inexactitudes de todo género, nos parece un tanto simplista. Existe un gran número de actos que ejecutamos automáticamente o con escasísima atención, circunstancias que en nada perjudican a la más precisa

---

* Caso del propio Freud, relatado por él en *Psico-patología de la vida cotidiana. (Nota de J. N.)*

** Popular semanario humorístico alemán. *(Nota del T.)*

ejecución de los mismos. El paseante que apenas se da cuenta de la dirección en que marcha, no por ello deja de seguir el camino acertado, y llega al fin propuesto sin haberse perdido. El pianista ejercitado deja, sin pensar en ello, que sus dedos recorran precisamente las teclas debidas. Claro es que puede equivocarse; mas si su actividad automática hubiera de aumentar las probabilidades de error, sería natural que fuera el virtuoso, cuyo juego ha llegado a ser, a consecuencia de un largo ejercicio, puramente automático, el más expuesto a incurrir en errores. Mas, por el contrario, vemos que muchos actos resultan particularmente acertados cuando no son objeto de una atención especial, y que el error se produce, en cambio, cuando precisamente nos interesa de una manera particular lograr una perfecta ejecución, esto es, cuando no existe desviación alguna de la atención. En estos casos podría decirse que el error es efecto de la «excitación»; pero no comprendemos por qué esta última no habría más bien de intensificar nuestra atención sobre un acto al cual ligamos tanto interés. Cuando en un discurso importante o en una negociación verbal comete alguien un *lapsus* y dice lo contrario de lo que quería decir, cae en un error que no puede explicarse fácilmente por la teoría psicofisiológica ni tampoco por la de la atención.

Los actos fallidos se muestran además acompañados por un sinnúmero de pequeños fenómenos secundarios que nos parecen incomprensibles y a los que las explicaciones intentadas hasta el momento no han conseguido aún aproximar a nuestra inteligencia. Cuando, por ejemplo, hemos olvidado temporalmente una palabra, nos impacientamos e intentamos recordarla, sin darnos punto de reposo hasta hallarla. ¿Por qué el sujeto a quien tanto contraría este olvido logra tan raramente, a pesar de su intenso deseo, dirigir su atención sobre la palabra, que, como suele decirse, «tiene en la punta de la lengua» y que reconoce en el acto que otra persona la pronuncia ante él? Hay también casos en los que los actos fallidos se multiplican, se encadenan unos con otros y se reemplazan recíprocamente. Olvidamos por primera vez una cita y formamos el decidido propósito de no olvidarla en la ocasión siguiente; pero, llegada ésta, nos equivocamos al anotar la hora convenida. Mientras que por toda clase de rodeos intentamos recordar una palabra olvidada, huye de nuestra memoria una segunda palabra que nos hubiera podido ayudar a encontrar la primera, y mientras nos dedicamos a buscar esta segunda palabra, se nos olvida una tercera, y así sucesivamente. Análogos fenómenos suelen producirse en las erratas tipográficas, las cuales pueden considerarse como actos fallidos del cajista. En una ocasión apareció una de tales erratas persistentes en un periódico socialdemócrata. En la crónica de cierta solemnidad oficial podía leerse: «Entre los asistentes se encontraba S. A. el *Kornprinz*» (en lugar de *Kronprinz*). Al día siguiente rectificó el periódico, confesando su error anterior y diciendo: «Nosotros queríamos decir, naturalmente, el *Knorprinz*.» En estos casos se echa la culpa, generalmente, a un diablo juguetón que presidiría los errores tipográficos o al duende de la caja, expresiones todas que van más allá del alcance de una simple teoría psicofisiológica de la errata de imprenta.

Ignoro si os es también conocido el hecho de que la equivocación oral puede ser provocada por algo que pudiéramos calificar de sugestión. A este propósito existe la siguiente anécdota: Un actor inexperimentado se encargó, en una representación de *La doncella de Orleáns*, del importantísimo papel de anunciar al rey que el condestable (Connétable) le devolvía su espada (Schwert). Mas durante el ensayo general un bromista se entretuvo en intimidar al novicio actor apuntándole, en lugar de la frase que tenía que decir, la siguiente: «El confortable

(Komfortable) devuelve su caballo (Pferd).» Naturalmente, el pesado bromista consiguió un maligno propósito, y en la representación el novel actor pronunció, en efecto, la frase, modificada, que le había sido apuntada en lugar de la que debía decir, a pesar de que varias veces se le había advertido la posibilidad de tal equivocación, o quizá precisamente por ello mismo.

Todos estos pequeños rasgos de los actos fallidos no quedan ciertamente explicados por la teoría antes expuesta de la desviación de la atención; pero esto no quiere decir que tal teoría sea falsa. Para satisfacernos por completo le falta quizá algún complemento. Pero también muchos de los actos fallidos pueden ser considerados desde otros diferentes puntos de vista.

De todos los actos fallidos, los que más fácilmente se prestan a nuestros propósitos explicativos son las *equivocaciones orales* y las que cometemos en la escritura o la lectura. Comenzaremos, pues, por examinar las primeras, y recordaremos, ante todo, que la única interrogación que hasta ahora hemos planteado y resuelto a su respecto era la de saber cuándo y en qué condiciones se cometían. Una vez resuelta esta cuestión, habremos de consagrarnos a investigar lo referente a la forma y efectos de la equivocación oral, pues en tanto que no hayamos dilucidado estos problemas y explicado el efecto producido por las equivocaciones orales, seguiremos teniendo que considerarla, desde el punto de vista psicológico, como fenómenos casuales, aunque les hayamos encontrado una explicación fisiológica. Es evidente que cuando cometemos un *lapsus* puede éste revestir muy diversas formas, pues en lugar de la palabra justa podemos pronunciar mil otras inapropiadas o imprimir a dicha palabra innumerables deformaciones. De este modo, cuando en un caso particular elegimos entre todos estos *lapsus* posibles uno determinado, tenemos que preguntarnos si habrá razones decisivas que nos impongan tal elección o si, por el contrario, se tratará únicamente de un hecho accidental y arbitrario.

Dos autores, Meringer y Mayer, filólogo el primero y psiquíatra el segundo, intentaron en 1895 atacar por este lado el problema de las equivocaciones orales, y han reunido un gran número de ejemplos, exponiéndolos, en un principio, desde puntos de vista puramente descriptivos. Claro es que, obrando de este modo, no han aportado explicación ninguna de dicho problema, pero sí nos han indicado el camino que puede conducirnos a tal esclarecimiento. Estos autores ordenan las deformaciones que los *lapsus* imprimen al discurso intencional en las categorías siguientes: interversiones, anticipaciones, ecos, fusiones (contaminaciones) y sustituciones. Expondré aquí algunos ejemplos de estos grupos. Existe interversión cuando alguien dice «la *Milo de Venus*» en lugar de «la *Venus de Milo*», y anticipación en la frase «Sentí un *pech*..., digo, un *peso* en el *pecho*.» Un caso de eco sería el conocido brindis: «Ich fordere sie auf, auf das Wohl unseres Chefs *aufzustossen*» («Os invito a *hundir (aufstossen)* la prosperidad de nuestro jefe», en lugar de «Os invito a *brindar (stossen)* por la prosperidad de nuestro jefe»). Estas tres formas de la equivocación oral no son muy frecuentes, siendo mucho más numerosos aquellos otros casos en los que la misma surge por una fusión o contracción. Un ejemplo de esta clase es el de aquel joven que abordó a una muchacha en la calle con las palabras: «Si usted me lo permite, señorita, desearía acompañarla *(begleiten)*», pero en vez de este verbo *begleiten (acompañar)* formó uno nuevo *(begleitdigen)*, compuesto del primero y *beleidigen (ofender)*. En la palabra mixta resultante aparece claramente, a más de la idea de *acompañar*, la de *ofender,* y creemos, desde luego, que el galante joven no obtendría con su desafortunada frase un gran éxito. Como caso de sustitución citan Meringer y Mayer la siguiente frase: «Metiendo los preparados en el *buzón (briefkasten)...»*, en lugar de «en el horno de incubación» *(brütkasten).*

El intento de explicación que los dos autores antes citados creyeron poder deducir de su colección de ejemplos me parece por completo insuficiente. A su juicio, los sonidos y las sílabas de una palabra poseen valores diferentes, y la inervación de un elemento poseedor de un valor elevado puede ejercer una influencia perturbadora sobre las de los elementos de un menor valor. Esto no sería estrictamente cierto más que para aquellos casos, muy poco frecuentes, de anticipaciones y ecos, pues en las equivocaciones restantes no interviene para nada este hipotético predominio de unos sonidos sobre otros. Los *lapsus* más corrientes son aquellos en los que se reemplaza una palabra por otra que presentan cierta semejanza con ella, y esta semejanza parece suficiente a muchas personas para explicar la equivocación. Así la cometida por un catedrático que al querer decir en su discurso de presentación: «No soy el llamado (Ich bien nicht *geeignet)* a hacer el elogio de mi predecesor en esta cátedra», se equivocó y dijo: «No estoy, *inclinado* (Ich bin nicht *geneigt)*, etc.» O la de otro profesor que dijo: «En lo que respecta al aparato genital femenino, no hemos logrado, a pesar de muchas *tentaciones...*, perdón, tentativas...»

Pero la equivocación oral más frecuente y la que mayor impresión produce es aquella que consiste en decir exactamente lo contrario de lo que queríamos. Las relaciones tonales y los efectos de semejanza quedan ya aquí muy alejados de toda posible intervención, y en su lugar aparece, en el mecanismo de la equivocación, la estrecha afinidad existente entre los conceptos opuestos y la proximidad de los mismos en la asociación psicológica. De este género de equivocaciones poseemos ejemplos históricos. Así aquel presidente de la Cámara austro-húngara que abrió un día la sesión con las palabras siguientes: «Señores diputados: Hecho el recuento de los presentes y habiendo suficiente número, se *levanta* la sesión.»

Cualquier otra fácil asociación, susceptible de surgir inoportunamente en determinadas circunstancias, puede producir efectos análogos a los de la relación de los contrarios. Cuéntase, por ejemplo, que en una fiesta celebrada con ocasión de la boda de una hija de Helmholz con el hijo del conocido inventor y gran industrial W. Siemens, el famoso fisiólogo Dubois-Reymond terminó su brillante brindis con un viva a la nueva firma industrial «Siemens y *Halske*», título de la sociedad industrial ya existente. La equivocación se explica por la costumbre de referirse a la citada firma industrial, popular en Berlín.

Así, pues, a las relaciones tonales y a la semejanza de las palabras habremos de añadir la influencia de la asociación de estas últimas. Pero tampoco esto es suficiente. Existe toda una serie de casos en los que la explicación del *lapsus* observado no puede conseguirse sino teniendo en cuenta la frase que ha sido enunciada o incluso tan sólo pensada anteriormente. Nos hallaremos, por tanto, ante un nuevo caso de eco, semejante a los citados por Meringer; pero la acción perturbadora sería ejercida aquí desde una distancia mucho mayor. Mas debo confesaros que con todo lo que antecede me parece habernos alejado más que nunca de la comprensión del acto fallido de la equivocación oral.

No creo, sin embargo, incurrir en error diciendo que los ejemplos de equivocación oral citados en el curso de la investigación que precede dejan una nueva impresión merecedora de que nos detengamos a examinarlos. Hemos investigado, en primer lugar, las condiciones en las cuales se produce de un modo general la equivocación oral, y después las influencias que determinan tales deformaciones de la palabra, pero no hemos examinado aún el efecto del *lapsus* en sí mismo e independientemente de las circunstancias en que se produce. Si, por fin, nos decidimos a hacerlo así, deberemos tener el valor de afirmar que en algunos de los ejemplos citados la deformación en la que el *lapsus* consiste presenta un sentido propio. Esta afirmación implica que el efecto de la equivocación oral tiene, quizá, un derecho a ser considerado como un acto psíquico completo, con su fin propio, y como una manifestación de contenido y significación peculiares. Hasta aquí hemos hablado siempre de actos *fallidos;* pero ahora nos parece ver que tales actos se presentan algunas veces como totalmente *correctos,* sólo que sustituyendo a los que esperábamos o nos proponíamos.

Este sentido propio del acto fallido aparece en determinados casos en una manera evidente e irrecusable. Si las primeras palabras del presidente de la Cámara son para levantar la sesión en lugar de para declararla abierta, nuestro conocimiento de las circunstancias en las que esta equivocación se produjo nos inclinará a atribuir un pleno sentido a este acto fallido. El presidente no espera nada bueno de la sesión, y le encantaría poder levantarla inmediatamente. No hallamos, pues, dificultad ninguna para descubrir el sentido de esta equivocación. Análogamente sencilla resulta la interpretación de los dos ejemplos que siguen: Una señora quiso alabar el sombrero de otra, y le preguntó en tono admirativo: «¿Y ha sido usted misma quien ha adornado ese sombrero?» Mas al pronunciar la palabra *adornado (aufgeputzt)* cambió la *u* de la última sílaba en *a,* formando un verbo relacionado íntimamente con la palabra *Patzerei* (facha). Toda la ciencia del mundo no podrá impedirnos ver en este *lapsus* una revelación del oculto pensamiento de la amable señora: «Ese sombrero es una facha.» Una casada joven, de la que se sabía que ordenaba y mandaba en su casa como jefe supremo, me relataba un día que su marido, sintiéndose enfermo, había consultado al médico sobre el régimen alimenticio más conveniente para su curación, y que el médico le había dicho que no necesitaba observar régimen especial ninguno. «Asi, pues —añadió—, puede comer y beber lo que *yo quiera.*» Esta equivocación muestra claramente todo un enérgico programa conyugal.

Si conseguimos demostrar que las equivocaciones orales que presentan *un sentido*, lejos de constituir una excepción, son, por el contrario, muy frecuentes, este sentido, del que hasta ahora no habíamos tratado en nuestra investigación de los actos fallidos, vendrá a constituir el punto más importante de la misma y acaparará todo nuestro interés, retrayéndolo de otros extremos. Podremos, pues, dar de lado todos los factores fisiológicos y psicofisiológicos y consagrarnos a investigaciones puramente psicológicas sobre el sentido de los actos fallidos; esto es, sobre su significación y sus intenciones. Con este objeto someteremos a observación desde este punto de vista el mayor acervo posible de material investigable.

Mas antes de iniciar esta labor quiero invitaros a acompañarme en una corta digresión. Más de una vez se han servido diversos poetas de la equivocación oral y de otros actos fallidos como medios de representación poética. Este solo hecho basta para probarnos que el poeta considera el acto fallido (por ejemplo, la equivocación oral) como algo pleno de sentido, pues lo hace producirse intencionadamente, dado que no podemos pensar que se ha equivocado al escribir su obra y deja luego que su equivocación en la escritura subsista, convirtiéndose en una equivocación oral de su personaje. Por medio de tales errores quiere el poeta indicarnos alguna cosa que podremos fácilmente averiguar, pues veremos en seguida si la equivocación se encamina a hacernos ver que el personaje que la comete se halla distraído, fatigado o amenazado de un ataque de jaqueca. Claro es que no deberemos dar un valor exagerado al hecho de que los poetas empleen la equivocación oral como un acto pleno de sentido, pues, en realidad, podía la misma no tenerlo sino en rarísimas excepciones o ser, en general, una pura casualidad psíquica, y deber en estos casos su significación a la exclusiva voluntad del poeta, que, haciendo uso de un perfecto derecho, la espiritualizaría, dándole un sentido determinado para ponerla al servicio de sus fines artísticos. Mas, sin embargo, no nos extrañaría tampoco que, inversamente, nos proporcionaran los poetas, sobre la equivocación oral, un mayor esclarecimiento que el que pudiéramos hallar en los estudios de los filólogos y psiquíatras.

Un ejemplo de equivocación oral lo encontramos en el *Wallenstein,* de Schiller («Los Piccolomini», acto primero, escena tercera). En la escena precedente Max Piccolomini, lleno de entusiasmo, se ha declarado decidido partidario del duque, anhelando la llegada de la bendita paz, cuyos encantos le fueron descubiertos en un viaje en que acompañó al campamento a la hija de Wallenstein. A continuación comienza la escena quinta:

«QUESTENBERG.—¡Ay de nosotros! ¿A esto hemos llegado? ¿Vamos, amigo mío, a dejarle marchar en ese error sin llamarle de nuevo y abrirle los ojos en el acto?

OCTAVIO.—*(Saliendo de profunda meditación.)* Ahora acaba él de abrírmelos a mí y veo más de lo que quisiera ver.

QUESTENBERG.—¿Qué es ello, amigo mío?

OCTAVIO.—¡Maldito sea el tal viaje!

QUESTENBERG.—¿Por qué? ¿Qué sucede?

OCTAVIO.—Venid. Tengo que perseguir inmediatamente la desdichada pista. Tengo que observarla con mis propios ojos. Venid. *(Quiere hacerle salir.)*

QUESTENBERG.—¿Por qué? ¿Dónde?

OCTAVIO.—*(Apresurado.)* Hacia ella.

QUESTENBERG.—Hacia...

OCTAVIO.—*(Corrigiéndose.)* Hacia el duque, vamos.»

Octavio quería decir: «Hacia él, hacia el duque.» Pero comete un *lapsus* y revela a los espectadores, con las palabras «hacia ella», que ha adivinado cuál es la influencia que hace ansiar la paz al joven guerrero.

O. Rank ha descubierto en Shakespeare un ejemplo, aún más impresionante, de este mismo género. Hállase este ejemplo en *El mercader de Venecia* y en la célebra escena en la que el feliz amante debe escoger entre tres cofrecillos que Porcia le presenta. Lo mejor será copiar la breve exposición que Rank hace de este pasaje:

«Otro ejemplo de equivocación oral delicadamente motivado, utilizado con gran maestría técnica por un poeta y similar al señalado por Freud en el *Wallenstein,* de Schiller, nos enseña que los poetas conocen muy bien la significación y el mecanismo de esta función fallida, y suponen que también los conoce o los comprenderá el público. Este ejemplo lo hallamos en *El mercader de Venecia* (acto tercero, escena segunda), de Shakespeare. Porcia, obligada por la voluntad de su padre a tomar por marido a aquel de sus pretendientes que acierte a escoger una de las tres cajas que le son presentadas, ha tenido hasta el momento la fortuna de que ninguno de aquellos amadores que no le eran gratos acertase en su elección. Por fin, encuentra en Bassanio el hombre a quien entregaría gustosa su amor, y entonces teme que salga también vencido en la prueba. Quisiera decirle que, aun sucediendo así, puede estar seguro de que ella le seguirá amando, pero su juramento se lo impide. En este conflicto interior le hace decir el poeta a su afortunado pretendiente:

«Quisiera reteneros aquí un mes o dos antes de que aventurarais la elección de que dependo. Podría indicaros cómo escoger con acierto. Pero si así lo hiciera, sería perjura, y no lo seré jamás. Por otra parte, podéis no obtenerme, y si esto sucede, haríais arrepentirme, lo cual sería un pecado, de no haber faltado a mi juramento. ¡Mal hayan vuestros ojos! Se han hecho dueños de mi ser y *lo han dividido en dos partes, de las cuales la una es vuestra y la otra es vuestra, digo mía; mas siendo mía, es vuestra, y así soy toda vuestra.*»

Así, pues, aquello que Porcia quería tan sólo indicar ligeramente a Bassanio, por ser algo que en realidad debía callar en absoluto, esto es, que ya antes de la prueba le amaba y era toda suya, deja el poeta, con admirable sensibilidad psicológica, que aparezca claramente en la equivocación, y por medio de este artificio consigue calmar tanto la insoportable incertidumbre del amante como la similar tensión del público sobre el resultado de la elección.

Observamos también con qué sutileza acaba Porcia por conciliar las dos manifestaciones contenidas en su equivocación y por suprimir la contradicción que existe entre ellas, dando, sin embargo, libre curso a la expresión de su promesa: «Mas siendo mía, es vuestra, y así soy toda vuestra.» Con una sutil observación ha descubierto también, ocasionalmente, un pensador muy alejado de los estudios médicos el sentido de una función fallida, ahorrándonos el trabajo de buscarlo por nuestra cuenta. Todos conocéis al ingenioso satírico Lichtenberg (1732-1799), del que Goethe decía que cada uno de sus chistes escondía un problema. Precisamente en un chiste de este autor aparece la solución del problema que nos ocupa, pues refiriéndose a un erudito en una de sus chistosas y satíricas ocurrencias, dice que a fuerza de haber leído a Homero había acabado por leer *Agamenón* siempre que encontraba escrita ante sus ojos la palabra *angenommen* (admitido). Y ésta es precisamente toda la teoría de la equivocación en la lectura.

En la próxima lección examinaremos la cuestión de saber si podemos ir de acuerdo con los poetas en esta concepción de las funciones fallidas.

LECCION III. LOS ACTOS FALLIDOS *(Cont.)*

Señoras y señores:

En la lección que antecede hubimos de considerar la función fallida en sí e independientemente de su relación con la función intencional por ella perturbada. Obrando así, recibimos la impresión de que tales funciones fallidas parecían delatar, en determinados casos, un sentido propio, y nos dijimos que si esto pudiera demostrarse en gran escala, habría de resultar para nosotros mucho más interesante la investigación de dicho sentido que la de las circunstancias en las que las funciones fallidas se producen.

Pongámonos de acuerdo una vez más sobre lo que entendemos por el «sentido» de un proceso psíquico. Con esta palabra nos referimos exclusivamente a la intención a que dicho proceso sirve y a su posición dentro de una serie psíquica. En la mayoría de nuestras investigaciones podemos, por tanto, sustituir el término «sentido» por los de «intención» o «tendencia». Así, pues, la primera interrogación que al llegar a este punto de nuestra labor se nos plantea es la de si esta intención que hemos creído hallar en las funciones fallidas no es, quizá, sino una engañosa apariencia de las mismas o una pura imaginación nuestra.

Para comprobarlo, continuaremos nuestra investigación de los casos de equivocación oral, sometiendo a detenido examen un mayor número de ejemplos de este género. En esta parte de nuestra labor hemos de encontrar categorías enteras de casos en los que la intención o sentido de la equivocación se muestra con evidente claridad. Entre ellos tenemos, ante todo, aquellos en los que el sujeto expresa todo lo contrario de lo que se proponía. Así, aquel presidente de la Cámara austríaca que queriendo abrir la sesión la declaró levantada. No hay aquí equívoco posible. El sentido y la intención de este error oral son, desde luego, que lo que el sujeto deseaba realmente era levantar la sesión, pues incluso pudiéramos alegar que es él mismo quien con sus palabras nos revela su intención. Os ruego que no perturbéis por ahora mi conferencia presentándome la objeción de que sabemos, desde luego, que no quería cerrar la sesión, sino, por el contrario, abrirla, y que el mismo sujeto a quien en esta cuestión tenemos que reconocer como la última y más elevada instancia nos confirmaría, si le interrogáramos, que su intención era la contraria de la que sus palabras revelaron. Además, presentando esta objeción, olvidaríais que hemos convenido a examinar ante todo la función fallida en sí e independientemente de su relación con el propósito perturbado, relación que ya investigaremos más adelante, y os haríais reos de una falta de lógica con la que escamotearíais el problema que precisamente hemos puesto sobre el tapete.

En otros casos en los que la equivocación oral no consiste en decir todo lo contrario de lo que se pensaba, puede, sin embargo, surgir del *lapsus* un sentido antitético. Así, en el ejemplo antes citado del catedrático que en su discurso de toma de posesión dijo: «No estoy inclinado *(geneigt)* a hacer el elogio de mi estimado predecesor», queriendo decir: «No soy el llamado» *(geeignet);* «inclinado»; pero, sin embargo, la equivocación da a la frase un sentido totalmente contrario al que el orador quería manifestar.

Podremos hallar también numerosos ejemplos en los que el *lapsus* añade al sentido intencional un segundo sentido, haciendo que la frase se nos muestre como una contracción, una abreviación o una condensación de varias otras. Tal es el caso de aquella señora de enérgico carácter que al ser interrogada por el dictamen que el médico había expuesto después de reconocer a su marido, dijo que este último podría, sin inconveniente alguno, comer y beber lo que ella quisiera, *lapsus* que equivale a la confesión siguiente: «Mi marido podrá comer y beber lo que él quiera; pero él no quiere nunca más que lo que yo le mando.»

Las equivocaciones orales se nos muestran con mucha frecuencia como abreviaciones de este mismo género. Así, un profesor de Anatomía que después de su lección sobre la cavidad nasal pregunta a sus oyentes si le han comprendido, y tras de recibir una general respuesta afirmativa, prosigue diciendo: «No lo creo, pues las personas que comprenden verdaderamente estas cuestiones relacionadas con la anatomía de la cavidad nasal pueden contarse, aun en una gran ciudad de más de un millón de habitantes, con un solo dedo... perdón con los dedos de una sola mano.» La frase abreviada tiene aquí también su sentido: quiere decir lo que piensa realmente el profesor, esto es, que allí no hay más que una sola persona que comprenda aquellas cuestiones.

Enfrente de estos grupos de casos en los que la función fallida muestra patentemente su propio sentido, aparecen otros en los que la equivocación no presenta ningún sentido aparente y que, por tanto, contradicen nuestras esperanzas. Cuando alguien destroza, equivocándose, un nombre propio o yuxtapone una serie de sonidos desacostumbrados, cosa, por cierto, muy frecuente, parece quedar rechazada decisivamente nuestra hipótesis de que todos los actos fallidos poseen un sentido propio. Mas un detenido examen de estos ejemplos acaba por demostrarnos que también es posible llegar a la comprensión de tales deformaciones y que la diferencia existente entre estos oscuros casos y los que anteriormente hemos expuesto no es, ni con mucho, tan grande como a primera vista parece.

En una ocasión pregunté a un amigo mío por el estado de su caballo, que se hallaba enfermo, y obtuve la siguiente respuesta: «Sí, esto *drurará (draut)* quizá todavía un mes.» La *r* sobrante de *dauert* (durará) me pareció incomprensible, y llamé la atención de mi amigo sobre su *lapsus*, respondiéndome que al oír mi pregunta había pensado que aquello era una *triste (traurige)* historia. Así, pues, el encuentro de las dos palabras *durará* y *triste* había motivado el equivocado *drurará* [1418].

Otra persona relataba un día ciertos hechos que calificaba de *cochinerías (schweinerein)*; mas no queriendo pronunciar esta palabra, dijo: «Entonces se descubrieron determinados hechos...» Pero al pronunciar la palabra *Vorschein*, que aparece en esta frase, se equivocó y pronunció *Vorschwein*, palabra nacida de la unión de la que intentaba pronunciar con la que quedaba latente en su pensamiento [1419].

Recordad ahora el caso de aquel joven, queriendo pedir a una señora permiso para acompañarla, formó una palabra mixta compuesta de los verbos *acompañar* y *ofender (begleiten* y *beleidigen)*. De estos ejemplos podéis deducir que también tales casos más oscuros de la equivocación oral pueden explicarse por el encuentro o *interferencia* de dos distintos propósitos. La diferencia que entre ambos géneros de ejemplos hallamos obedecería exclusivamente al hecho de que la intención latente sustituye unas veces por completo a la manifiesta, como en aquellos *lapsus* en los que el sujeto dice todo lo contrario de lo que se proponía, mientras que otras tiene que contentarse con deformar o modificar dicha intención manifiesta, dando origen a creaciones mixtas que pueden resultar más o menos plenas de sentido.

Creemos haber penetrado ahora en el secreto de un gran número de equivocaciones, y manteniéndonos dentro de este punto de vista, nos será posible comprender otros grupos de actos fallidos que hasta el momento nos parecían enigmáticos. En la deformación de nombres no podemos, por ejemplo, admitir que se trate siempre de una concurrencia de dos nombres a la vez semejantes y diferentes. Pero tampoco en estos casos resulta difícil descubrir la segunda

1418   Meringer y Mayer.
1419   Meringer y Mayer.

intención. Con gran frecuencia realizamos la deformación de un nombre expresamente, sin que la misma sea debida a equivocación ninguna, y lo que obrado así nos proponemos es dar a dicho nombre una expresión malsonante o que nos recuerde un objeto bajo y vulgar. Es éste un género de insulto muy difundido y al que el hombre educado aprende pronto a renunciar, aunque a disgusto, pues con frecuencia lo utiliza aún para la formación de «chistes», claro es que del más bajo ingenio. Podremos, pues, admitir que en las equivocaciones de esta clase existe también tal intención injuriosa que se manifiesta en la deformación del nombre. Análoga explicación habremos de dar más adelante a determinados casos de la equivocación oral de efecto cómico o absurdo. Recordemos aquí el conocido brindis: «Invito a usted a *hundir* la prosperidad de nuestro jefe» (en lugar de «a brindar por»: «Inch fordere sie auf, auf das Wohl unseres Chefs aufzustossen»), ejemplo en el que una solemne situación queda perturbada por la irrupción de una palabra que despierta una representación desagradable.

Recordando la forma de ciertas frases expresamente injuriosas, tenemos que admitir que en la equivocación del orador pugna por manifestarse una tendencia contraria al sentimiento de respeto y afecto que el mismo se proponía expresar, tendencia que pudiéramos traducir, aproximadamente, como sigue: «No creáis que todo esto que estoy diciendo es en serio. La prosperidad de nuestro jefe me tiene absolutamente sin cuidado.» Idéntica explicación es aplicable a aquellas equivocaciones orales que convierten en obscenas frases o palabras por completo inocentes; así, en los ejemplos de Meringer y Mayer, decir *'Apopo'* en vez de *'à propos'* ['popo', designación dada al trasero de los niños], y *'Eischeissweibchen'* en vez de *'Eiweissecheibchen'* ['mujer-caga-huevos', en vez de 'tajaditas de clara de huevo'].

Esta tendencia a transformar intencionadamente en obscenidades palabras inocentes se observa en muchas personas que obran así por el placer de producir un efecto chistoso, y, por tanto, cada vez que oímos una de estas deformaciones deberemos averiguar si su autor ha querido hacer un chiste o la ha dejado escapar por equivocación.

Así, pues, habríamos resuelto con relativa facilidad el problema de los actos fallidos. No son casualidades, sino importantes actos psíquicos que tienen su sentido y deben su génesis a la acción conjunta o quizá, mejor dicho, a la oposición de dos intenciones diferentes. Mas como tengo la seguridad de que en vosotros habrá surgido un cúmulo de interrogaciones y dudas que deberé contestar y desvanecer, respectivamente, antes que podamos dejar establecido de un modo definitivo este primer resultado de nuestra labor, estoy dispuesto a discutir por orden y sucesivamente todas las objeciones que me presentéis, pues no es mi intención impulsaros a una decisión poco madurada.

De antemano conozco las interrogaciones que estáis pensando plantearme: la explicación dada a la equivocación oral, ¿se aplica a todos los casos de este género o sólo a determinado número de ellos? Y esta misma teoría, ¿podría también ampliarse a los numerosos géneros restantes de funciones fallidas, tales como las equivocaciones en la lectura y en la escritura, los olvidos, los actos de aprehensión errónea, la pérdida de objetos, etcétera? ¿Cuál puede ser el papel que desempeñan en presencia de la naturaleza psíquica de las funciones fallidas la fatiga, la excitación, las distracciones o las perturbaciones de la atención? Además, teniendo en cuenta que de las dos tendencias concurrentes de la función fallida una es simple patente y la otra no, ¿qué camino habrá de seguir para adivinar esta última? Y una vez que creamos haberla adivinado, ¿cómo demostrar que no sólo es lo más probable, sino la única verdadera?

¿Os queda aún algo que preguntar? Si no, continuaré yo por mi cuenta esta serie de interrogaciones.

Os recordaré que, realmente, las funciones fallidas nos interesan poco de por sí, y que si las investigamos es con la esperanza de que su estudio nos proporcione datos para el conocimiento del psicoanálisis. Por tanto, la interrogación que realmente debemos plantearnos es la de cuáles son estos propósitos o tendencias que pueden estorbar a otros de tal manera, y cuáles las relaciones que existen entre las tendencias perturbadoras y las perturbadas. Vemos, pues, que cuando hemos llegado a resolver el problema que primero nos planteábamos nos hallamos aún por completo al principio de nuestra labor.

Examinaremos la primera pregunta, esto es, la de si la explicación que hemos dado es aplicable a todos los casos de equivocación oral. A mi juicio, sí, pues para todo ejemplo de este género que sometamos al análisis hallaremos igual solución. Sin embargo, no es posible demostrar tampoco que la equivocación no pueda producirse sin que en ella intervenga este mecanismo. Mas desde el punto de vista teórico, esto nos importa bien poco, pues las conclusiones que nos proponemos formular, concernientes a la introducción al psicoanálisis, permanecen intactas, aunque —cosa desde luego inverosímil— escapara una minoría de casos de equivocación oral a nuestra teoría explicativa. A la segunda interrogación que nos planteamos, o sea la de si debemos extender a otras variedades de las funciones fallidas los resultados que hemos obtenido al examinar la equivocación oral, contestaremos desde luego en sentido afirmativo. Por vosotros mismos os convenceréis de mi perfecto derecho a hacerlo así cuando lleguemos al examen de los ejemplos de equivocación en la escritura, actos de aprehensión errónea, etc. Mas, por razones técnicas, os propongo que dilatemos esta labor hasta que hayamos profundizado algo más en el problema de las equivocaciones orales.

Una vez admitido el mecanismo psíquico de las equivocaciones orales que acabamos de describir, la cuestión del papel que desempeñan aquellos factores a los cuales han concedido los que en la investigación de estas materias hubieron de precedernos una primordial importancia, o sea las perturbaciones circulatorias, la fatiga, la excitación, la distracción y los trastornos de la atención, merece un penetrante examen. Habréis de observar que no rechazamos en absoluto la actuación de estos factores. Además, no es muy frecuente que el psicoanálisis rechace lo que otros investigadores afirman, pues, generalmente, no hace más que agregar nuevas deducciones; pero resulta a veces que aquello que antes había pasado inadvertido y que el psicoanálisis añade es precisamente lo más esencial de la cuestión investigada. La influencia de las disposiciones fisiológicas resultantes de la indisposición, de los trastornos circulatorios y de los estados de agotamiento, sobre la producción de las equivocaciones orales, debe ser reconocida sin reservas. Nuestra experiencia personal y cotidiana basta desde luego para hacer evidente tal influencia. Mas todo esto no aporta esclarecimiento alguno, pues tales estados no constituyen condición necesaria de la función fallida.

La equivocación oral se produce asimismo en plena salud y completa normalidad. Estos factores somáticos no tendrán, pues, otra significación que la de facilitar y favorecer el mecanismo particular de *lapsus* oral. En una obra anterior me he servido para ilustrar estas relaciones de una comparación que reproduciré aquí, pues no encuentro otra más acertada. Supongamos que atravesando en una noche oscura un paraje desierto soy atacado por un ladrón que me despoja de mi reloj y mi dinero, y supongamos que después de haber sido robado de esta manera por un malhechor cuyo rostro no he podido ver, vaya yo a presentar una denuncia a la comisaría más próxima, diciendo: «La soledad y la oscuridad acaban de robarme mis alhajas.» El comisario podría entonces responderme: «Me parece que hace usted mal en explicar el hecho de esa manera tan ultramecanista; mejor será representarnos la situación de la manera siguiente: Protegido por la oscuridad y favorecido por la soledad, un ladrón desconocido le ha despojado a usted de los objetos de valor que llevaba encima. Lo que, a mi juicio, importa más, en su caso, es volver a encontrar al ladrón, y solamente entonces tendremos algunas probabilidades de recuperar los objetos robados.»

Los factores psicofisiológicos, tales como la excitación, la distracción y los trastornos de la atención, nos prestan muy escasa ayuda para el esclarecimiento de las funciones fallidas, pues el problema que éstas nos plantean es precisamente el de averiguar qué es lo que en cada caso ha dado origen a la excitación y a la particular desviación de la atención. Por otra parte, hemos de reconocer que las influencias tonales, las semejanzas verbales y las asociaciones corrientes de las palabras no dejan de poseer cierta importancia. Todos estos factores facilitan la equivocación, indicándole el camino que debe seguir. Pero el que hallemos ante nosotros un camino, ¿quiere acaso decir que hayamos de seguirlo? Nada de eso, pues será necesario todavía un móvil que nos decida a emprenderlo y una fuerza que nos impulse. Tales relaciones tonales y tales semejanzas verbales se limitan, pues, del mismo modo que las disposiciones físicas, a favorecer la equivocación oral, pero no constituyen desde luego una explicación de la misma. Pensad que en la enorme mayoría de los casos nuestro discurso oral no se halla perturbado en ningún modo por el hecho de que las palabras que empleamos recuerden otras por asonancia, se hallen íntimamente ligadas a sus contrarios o, por último, provoquen asociaciones habituales. En rigor, podríamos decir, con el filósofo Wundt, que la equivocación oral se produce cuando, a consecuencia de un agotamiento corporal, la tendencia a la asociación vence todas las demás intenciones del discurso. Esta explicación sería perfecta si no se hallara contradicha por la experiencia misma, que muestra, en una serie de casos, la ausencia de factores corporales, y en otros, la de asociaciones susceptibles de favorecer la equivocación oral.

Entre vuestras interrogaciones encuentro particularmente interesante la que se refiere a cómo es posible fijar las dos tendencias interferentes. No sospecháis probablemente las graves consecuencias que esta pregunta puede tener según sea la respuesta que a ella se dé. Una de estas tendencias, la perturbada, es indudablemente conocida por el sujeto de la función fallida. Las dudas o vacilaciones no pueden, pues, nacer más que en lo que se refiere a la otra, o sea a la tendencia perturbadora. Ahora bien: hemos dicho ya, y seguramente no lo habéis olvidado, que existe toda una serie de casos en los que esta última tendencia es igualmente manifiesta y nos es revelada por el efecto de la equivocación, siempre que nos atrevamos a considerar este efecto independientemente de toda otra circunstancia. Recordemos la equivocación en la que el presidente de la

Cámara dice todo lo contrario de lo que debía decir; es evidente que quiere abrir la sesión, pero no lo es menos que le agradaría levantarla. Es esto hasta tal punto inequívoco, que toda otra interpretación resultaría superflua. Mas en otros casos, en los que la tendencia perturbadora no hace sino deformar la tendencia primitiva, sin manifestarse ella por su cuenta, ¿cómo podremos deducirla de la deformación producida?

En una primera serie de casos podemos realizarlo con gran sencillez y seguridad, obrando en la misma forma que para establecer la tendencia perturbada, la cual nos es revelada por la misma persona que ha sufrido la equivocación, al rectificar ésta y restablecer el sentido verdadero. Así, en el ejemplo antes citado: «Esto *drurará*..., digo, *durará* quizá todavía un mes.» Del mismo modo podremos, en este caso, hacernos *comunicar* la tendencia perturbadora interrogando al sujeto por el motivo de su equivocación. Recordaréis, sin duda, que su respuesta fue la de que había pensado simultáneamente que «aquello era una *triste* historia», quedando así explicada su equivocación por la interferencia de las palabras «durará» y «triste». En otro ejemplo, el del *lapsus* «Vorschwein», nos manifestó el sujeto haber querido decir «Schweinereien» (cochinerías), pero que no queriendo emplear una palabra tan malsonante, dirigió su discurso en distinto sentido. También en este caso hemos conseguido determinar la tendencia perturbadora con igual seguridad que la perturbada. Vemos, pues, que en estos ejemplos, escogidos intencionadamente por mí entre aquellos cuya comunicación y solución se deben a personas extrañas por completo al psicoanálisis, ha sido necesaria cierta intervención para hallar su esclarecimiento. Ha habido necesidad de interrogar al sujeto sobre el motivo de la equivocación y sobre lo que de la misma pensaba, pues si no, hubiera continuado hablando sin fijarse en su equivocación, ni tomarse el trabajo de explicarla. Pero, interrogados, hemos visto que la explicaban, y precisamente con la primera idea que a su mente acudía. Esta pequeña intervención y sus resultados es ya psicoanálisis, pues constituye el modelo, en pequeño, de la investigación psicoanalítica que más adelante expondremos.

Será quizá una extrema desconfianza mía sospechar que en el momento mismo en que el psicoanálisis surge ante vosotros, se afirma simultáneamente vuestra resistencia contra ella; mas me figuro ver en vosotros el deseo de objetarme que la explicación dada al *lapsus* oral por la misma persona que lo ha cometido carece de fuerza probatoria, que pensáis que, hallándose la misma naturalmente dispuesta a obedecer a la invitación que le hacemos de explicar su equivocación, nos comunicará la primera cosa que acuda a su imaginación y que le parezca apropiada para proporcionar el esclarecimiento pedido. De este modo, nada nos asegura que esta explicación sea la verdadera, dado que a la imaginación de la persona interrogada hubiera podido acudir igualmente otra idea distinta, tan apropiada, si no más, para explicar la equivocación cometida.

¡Es curioso el escaso respeto que manifestáis ante los hechos psíquicos! Imaginad que alguno de vosotros, habiendo emprendido el análisis químico de una sustancia, llegara al resultado de que en la composición de la misma entraba cierto número de miligramos de uno de sus elementos constitutivos y dedujera de este resultado determinadas conclusiones. ¿Creéis que habrá algún químico al que se le ocurra rechazar estas conclusiones bajo el pretexto de que la sustancia aislada hubiera podido tener igualmente otro peso distinto? Lo que sucederá es que todos y cada uno se inclinarán ante el hecho de que el peso encontrado es el efectivo y tomarán sin vacilación alguna este hecho como base y punto de partida de ulteriores investigaciones. ¡En cambio, cuando nos hallamos en presencia del hecho psíquico constituido por una idea determinada surgida en el espíritu de una persona a la que hemos interrogado, ya no aplicamos esta regla y decimos que dicha persona hubiera podido tener lo mismo otra idea distinta! Poseéis la ilusión de la existencia de una libertad psíquica y no queréis renunciar a ella. Por mi parte siento mucho ser, en esta ocasión, totalmente contrario a vuestras opiniones.

Es posible que cedáis a mis razones en este punto concreto, pero sólo para renovar vuestra resistencia a la aceptación de otros de los que acabo de exponer. De este modo, continuaríais vuestra crítica, diciendo: «Comprendemos que la técnica especial del psicoanálisis consiste en obtener de las propias palabras del sujeto analizado la solución de los problemas de que se ocupa. Examinemos, pues, aquel otro ejemplo en el que el orador de un banquete invita a su auditorio a *hundir* la prosperidad de su jefe. En este caso, decís que la intención perturbadora que se opone a la expresión del afectuoso respeto que el orador quería manifestar es de carácter injurioso. Pero esto no pasa de ser una interpretación puramente personal vuestra, fundada en observaciones *exteriores* a la equivocación. Interrogad ahora al sujeto y veréis cómo no confesará nunca haber tenido tal intención injuriosa, sino que la negará con toda energía. ¿Por qué no abandonar en este caso vuestra indemostrable interpretación ante la irrefutable negativa del interesado?»

Esta vez sí habéis hallado un argumento consistente. Me imagino al orador desconocido como un joven estudioso de brillante porvenir, discípulo preferido y auxiliar de aquel jefe en cuyo honor se da el banquete. Mi insistente interrogatorio sobre si no ha sentido alguna resistencia interior cuando se disponía a invitar a los circunstantes a mostrar su afecto y respeto al festejado le impacienta e irrita hasta hacerle exclamar con indignado acento: «Le ruego que cese en sus impertinentes preguntas. Sus infundadas sospechas pueden causar un grave perjuicio en mi carrera. Si he dicho hundir *(aufstossen)* en lugar de brindar *(stossen)*, es porque ya dos veces en la misma frase había repetido la preposición *auf*. Mi equivocación obedece a lo que Meringer llama un eco y no necesita de otra interpretación. ¿Me entiende usted? Pues basta.» Mas esta reacción del sujeto nos parece en extremo violenta y su negativa excesivamente enérgica. Vemos que no podemos extraer revelación ninguna del sujeto, pero también que se manifiesta harto interesado personalmente en que no se halle sentido alguno a su función fallida. También vosotros pensaréis quizá, que hace mal en mostrarse tan grosero a propósito de una investigación puramente teórica; pero al fin y al cabo —añadiréis— el interesado tiene que saber mejor que nadie lo que ha querido y lo que no ha querido decir.

¿Lo creéis así? Pues bien: para nosotros esto constituye aún un problema.

Esta vez sí que creéis poder confundirme fácilmente: «He aquí vuestra técnica —os oigo decir—. Cuando una persona que ha sufrido una equivocación, dice, explicándola, algo que os conviene, declaráis que su testimonio es el supremo y decisivo. Mas si lo que dice la persona interrogada no se adapta a vuestros propósitos, entonces pretendéis que su explicación no tiene valor ninguno y que no es digna de fe.»

En realidad, es esto lo que parece deducirse de mis palabras, pero puedo presentaros un caso análogo en el que sucede algo igualmente extraordinario.

Cuando un acusado confiesa su delito, el juez acepta su confesión, no dando, en cambio, fe ninguna a sus negativas, sistema que, a pesar de posibles errores, hemos de aceptar obligadamente si no queremos hacer imposible toda administración de justicia.

Pero ¿podemos acaso considerarnos como jueces y ver un reo en la persona que ha sufrido la equivocación? ¿Es que ésta constituye un delito?

Quizá no debamos rechazar por completo esta comparación. Mas ved las profundas diferencias que se revelan en cuanto profundizamos, por poco que sea, en los problemas, tan inocentes a primera vista, que surgen de la investigación de las funciones fallidas, diferencias que no sabemos todavía suprimir. Os propondré una transacción provisional fundada precisamente en esta comparación con el juez y con el acusado. Tenéis que concederme que el sentido de un acto fallido no admite la menor duda cuando es el analizado mismo quien lo admite. En cambio, yo os concederé que la prueba directa del sentido sospechado resulta imposible de obtener cuando el analizado rehúsa toda información o cuando no nos es posible someterle a un interrogatorio. En estos casos quedamos reducidos, como en los sumarios judiciales, a contentarnos con indicios que harán nuestra decisión más o menos verosímil, según las circunstancias. Por razones prácticas, el tribunal debe declarar culpable a un acusado, aunque no posea como prueba sino simples presunciones. Esta necesidad no existe para nosotros, pero tampoco debemos renunciar a la utilización de indicios parecidos. Sería un error creer que una ciencia no se compone sino de tesis rigurosamente demostradas y sería una injusticia exigir que así fuera. Tal exigencia es signo de temperamentos que tienen necesidad de autoridad y buscan reemplazar el catecismo religioso por otro de orden científico. El catecismo de la ciencia no entraña sino muy pocas proposiciones apodícticas. La mayor parte de sus afirmaciones presenta solamente ciertos grados de probabilidad, y lo propio del espíritu científico es precisamente saber contentarse con estas aproximaciones a la certidumbre y poder continuar el trabajo constructor, a pesar de la falta de últimas pruebas.

Mas en los casos en que el analizado mismo no puede suministrarnos información alguna sobre el sentido de la función fallida, ¿dónde encontraremos los puntos de apoyo necesarios para nuestra interpretación y los indicios que nos permitan demostrarla? Varias son las fuentes que pueden suministrárnoslo. En primer lugar, podemos deducirlos por analogía con otros fenómenos distintos de la función fallida, procedimiento que hemos utilizado ya antes de afirmar que la deformación de un nombre por equivocación involuntaria posee el mismo sentido injurioso que el que tendría una deformación intencional. Igualmente podemos hallar los puntos de apoyo y los indicios que precisamos en el conocimiento de la situación psíquica en la que se produce el acto fallido y en el del carácter de la persona que lo lleva a cabo y de las impresiones que la misma pudo recibir antes de realizarlo, pues dicho acto pudiera muy bien constituir la reacción del sujeto a tales impresiones. En la mayoría de los casos establecemos, desde luego, nuestra interpretación de la función fallida guiándonos por principios generales, y buscamos después la confirmación de tal hipótesis interpretativa por medio de la investigación de la situación psíquica. Algunas veces tenemos también que esperar para obtener la confirmación buscada a que se realicen determinados sucesos que el acto fallido parece anunciarnos.

No me será fácil aportar muchas pruebas de estas últimas afirmaciones mientras permanezca limitado a los dominios de la equivocación oral, aunque en ellos podamos encontrar también algunos buenos ejemplos. El joven que deseando acompañar a una dama se ofreció a efectuar algo entre acompañarla y *ofenderla* es ciertamente un tímido, y de la señora cuyo marido podía comer y beber lo que *ella* quisiera, me consta que es una de aquellas mujeres enérgicas que saben mandar en su casa. Podemos citar también el caso siguiente: En una junta general de la asociación «Concordia», un joven socio pronunció un violento discurso de oposición, en el curso del cual interpeló a los *miembros de la Comisión de gobierno interior (Ausschussmitglieder)* con el nombre de *miembros del Comité de préstamos (Vorschussmitglieder)*. Hemos de presumir que su oposición tropezó en él con una tendencia perturbadora, relacionada probablemente con una cuestión de préstamo. Y, en efecto, supimos poco después que nuestro orador tenía constantes apuros monetarios y acababa de hacer a la sociedad una nueva demanda de este género. La intención perturbadora se hallaría, pues, fundada en la idea siguiente: «Harías bien en mostrarte moderado en tu discurso de oposición, pues te diriges a personas que pueden concederte o rehusarte el préstamo que has solicitado.»

Más adelante, cuando lleguemos a abordar el vasto dominio de las restantes funciones fallidas, podré presentaros una numerosa selección de estas pruebas indiciarias.

Cuando alguien olvida o, a pesar de todos sus esfuerzos, no retiene sino muy difícilmente un nombre que, sin embargo, le es familiar, tenemos derecho a suponer que abriga algún resentimiento con el sujeto a que dicho nombre corresponde, y que, por tanto, no gusta de pensar en él. Ved, si no, en el ejemplo que sigue la situación psíquica en la que el acto fallido se produjo.

«Cierto señor Y se enamoró, sin ser correspondido, de una muchacha que poco tiempo después contrajo matrimonio con el señor X. Aunque Y conoce a X hace ya mucho tiempo, y hasta tiene con él relaciones comerciales, olvida de continuo su nombre, y cuando quiere escribirle tiene que acudir a alguien que se lo recuerde.» Es evidente que Y no quiere saber nada de su feliz rival. «Nich gedacht soll seiner werden.» [1420]

Otro caso: Una señora pide a su médico noticias de una amiga común, pero al hacerlo la designa con su nombre de soltera, pues ha olvidado por completo el apellido de su marido. Interrogada sobre este olvido, declara que ve con disgusto el matrimonio de su amiga, pues el marido le es profundamente antipático [1421].

Como más adelante hemos de tratar con todo detalle de los numerosos problemas que suscita el olvido de nombres, nos consagraremos ahora a examinar lo que por el momento nos interesa más especialmente, esto es, la situación psíquica en la que el olvido, en general, se produce.

El olvido de intenciones o propósitos puede atribuirse de una manera general a la acción de una corriente contraria que se opone a la realización de los mismos, opinión que no es privativa de los partidarios del psicoanálisis, sino que es la que profesa todo el mundo en la vida corriente, aunque luego, en teoría, se niegue a admitirla. Así, el personaje que para excusarse ante un demandante alega haber olvidado su pretensión y la promesa que dio de complacerle, hallará una completa incredulidad por parte del peticionario, el cual pensará siempre

---

[1420]   Jung (1907).
[1421]   Brill (1912).

que no quieren cumplirle la promesa dada. A esta concepción del olvido obedece también que el mismo no nos sea tolerado en determinadas circunstancias de la vida, en las que la diferencia entre la concepción popular y la psicoanalítica de las funciones fallidas desaparece por completo. Imaginad una señora que recibiera a sus invitados con estas palabras: «¡Cómo! ¿Era hoy cuando usted debía venir? ¿Creerá usted que había olvidado haberle invitado para hoy?» O figuraos también el caso de un joven que tiene que dar explicaciones a su amada por haber olvidado acudir a una cita. Antes que confesar tal olvido inventará los obstáculos más inverosímiles, que después de haberle hecho imposible acudir exactamente a la hora convenida le han impedido hasta el momento excusarse o dar alguna explicación de su ausencia. Tampoco en la vida militar exime del castigo la excusa de olvido, cosa que todos encontramos plenamente justificada. Vemos, pues, que en determinados casos se admite por todo el mundo que las funciones fallidas tienen un sentido y se sabe muy bien cuál es éste. Mas siendo así, ¿por qué no somos suficientemente lógicos para ampliar esta manera de ver a las restantes funciones fallidas, sin restricción alguna? Naturalmente, también esto tiene su explicación.

Si el sentido que presenta el olvido de propósitos no es dudoso ni aun para los profanos, no constituirá sorpresa ninguna para vosotros el observar que los poetas utilizan este acto fallido con la misma intención. Los que hayáis visto representar o hayáis leído la obra de B. Shaw titulada *César y Cleopatra*, recordaréis, sin duda, la última escena, en la que César, a punto de partir, se manifiesta preocupado por la idea de un propósito que había concebido, pero del que no puede acordarse. Por último, vemos que tal propósito era el de despedirse de Cleopatra. Por medio de este pequeño artificio, quiere el poeta atribuir al gran César una superioridad que no poseía y a la que él mismo no aspiró jamás, pues por las fuentes históricas sabemos muy bien que César había hecho venir a Cleopatra a Roma y que la bella reina habitó en esta ciudad con su hijo Cesarión hasta el asesinato de César, consumado el cual huyó a otros lugares.

Los casos de olvido de proyectos son, en general, tan claros que no podemos utilizarlos para el fin que perseguimos, o sea el de deducir de la situación psíquica indicios que nos revelen el sentido de la función fallida. Así, pues, dirigiremos nuestra atención a un acto fallido, particularmente oscuro y harto equívoco: la pérdida de objetos y la imposibilidad de encontrar aquellos que estamos seguros de haber colocado en algún lugar. Os parecerá inverosímil que nuestra intención desempeñe cierto papel en la pérdida de objetos, accidente que a menudo nos causa gran disgusto; mas existen numerosas observaciones como la siguiente: Un joven perdió un lápiz al que tenía gran cariño. La víspera había recibido de su cuñado una carta que terminaba con las siguientes palabras: «Además, no tengo ni ganas ni tiempo de favorecer tu ligereza y tu haraganería.» El lápiz era precisamente un regalo de tal cuñado, coincidencia que nos permite afirmar que la intención de desembarazarse del objeto perdido hubo de desempeñar un papel en la pérdida del mismo [1422]. Los casos de este género son muy frecuentes. Perdemos algo cuando regañamos con aquellos que nos lo han dado y no queremos ya que nada nos lo recuerde. O también cuando se desvanece el afecto que teníamos a tales objetos y queremos reemplazarlos por otros más nuevos o mejores. A esta misma actitud con respecto al objeto responde también

[1422] Dattner.

el hecho de dejarlo caer, romperlo o estropearlo. De este modo, no podemos considerar como una simple casualidad el que un escolar pierda, rompa o destroce sus objetos de uso corriente, tales como su reloj o su cartera, la víspera precisamente del día de su cumpleaños.

Todo aquel que se haya encontrado con frecuencia en la penosa situación de no poder encontrar un objeto que sabe haber colocado en un lugar del que no logra acordarse, se resistirá a atribuir a una intención cualquiera tan molesto accidente, y, sin embargo, no son raros los casos en que las circunstancias concomitantes de una pérdida de este género revelan una tendencia a alejar provisionalmente o de un modo durable el objeto de que se trata. Citaré uno de estos casos, que es, quizá, el más acabado de todos los conocidos o publicados hasta el día. Un joven me contaba, recientemente: «Hace varios años tuve algún disgusto con mi mujer, a la que encontraba demasiado indiferente, y aunque reconocía sus otras excelentes cualidades, vivíamos sin recíproca ternura. Un día, al volver de paseo, me trajo un libro que había comprado por creer que debía interesarme. Le di las gracias por esta muestra de atención y lo guardé, siéndome después imposible encontrarlo. Así pasaron varios meses, durante los cuales recordé de cuando en cuando el libro perdido y lo busqué inútilmente. Cerca de seis meses después enfermó mi madre, a la que yo quería muchísimo y que vivía en una casa aparte de la nuestra. Mi mujer fue a su domicilio a cuidarla. El estado de la enferma se agravó y dio ocasión a que mi mujer demostrase lo mejor de sí misma. Agradecido y entusiasmado por su conducta, regresé una noche a mi casa y sin intención determinada, pero con seguridad de sonámbulo, fui a mi mesa de trabajo y abrí uno de sus cajones, encontrando encima de todo lo que contenía el extraviado y tan buscado libro.»

Desaparecido el motivo de la pérdida, se hace posible hallar el objeto temporalmente extraviado.

Pudiera multiplicar hasta lo infinito los ejemplos de este género, pero debo imponerme un límite. En mi obra titulada *Psicopatología de la vida cotidiana* encontraréis una abundante casuística [1423] puesta al servicio del estudio de las funciones fallidas. Mas de todos los análisis de estos ejemplos se deduce idéntica conclusión. Todos ellos demuestran que las funciones fallidas tienen un sentido e indican los medios de llegar al conocimiento del mismo por el examen de las circunstancias que acompañan su aparición. Dado que nuestro propósito no es, por ahora, sino el de extraer del estudio de estos fenómenos los elementos de una preparación al psicoanálisis, he tratado de ser lo más sintético posible y sólo me resta hablaros de las observaciones referentes a los actos fallidos acumulados y combinados y de aquellas otras relativas a la confirmación de nuestras hipótesis interpretativas por sucesos posteriores.

Los actos fallidos acumulados y combinados constituyen ciertamente la más bella floración de su especie. Si se hubiera tratado solamente de mostrar que los actos fallidos pueden tener un sentido, habríamos limitado desde un principio a éstos nuestro estudio, pues su sentido es tan evidente que se impone a la vez a la inteligencia más obtusa y al espíritu más crítico. La acumulación de las manifestaciones revela una tenacidad muy difícil de atribuir al azar, pero que

---

[1423]   Ver también colecciones similares de Maeder
(1906-7), Brill (1912), Jones (1911) y J. Stärcke (1916),
etcétera.

cuadra muy bien con la hipótesis de un designio. Por último, la sustitución de determinados actos fallidos por otros nos muestra que lo importante y lo esencial de los mismos no debe buscarse en su forma ni en los medios de que se sirve, sino en la intención a cuyo servicio están, intención que puede ser alcanzada por los más diversos caminos. Voy a citaros un caso de olvido repetido: E. Jones cuenta que por razones que ignora, dejó una vez, durante varios días, sobre su mesa de despacho una carta que había escrito. Por fin se decidió a expedirla, pero le fue devuelta por las oficinas de Correos, pues había olvidado escribir las señas. Habiendo reparado este olvido, volvió a echar la carta al correo, pero esta vez olvidó poner el sello. Tal repetición del acto fallido le obligó a confesarse que en el fondo no quería expedir la carta de referencia.

En el caso que a continuación exponemos hallamos combinado un acto de aprehensión errónea de un objeto con un extravío temporal del mismo. Una señora hizo un viaje a Roma con su cuñado, un célebre pintor. Este fue muy festejado por los alemanes residentes en dicha ciudad, y, entre otros regalos, recibió una antigua medalla de oro. La señora observó con disgusto que su cuñado no sabía apreciar el valor de aquel artístico presente. Días después llegó a Roma su hermana para reemplazarla al lado de su marido y ella volvió a su casa. Al deshacer la maleta vio con sorpresa que, sin darse cuenta, había introducido en ella la preciada medalla, e inmediatamente escribió a su cuñado comunicándoselo y anunciándole que al día siguiente se la restituiría, enviándosela a Roma. Pero cuando quiso hacerlo halló que la había guardado tan bien, que por más que hizo no le fue posible encontrarla, dándose entonces cuenta de lo que significaba su «distracción», o sea del deseo de guardar para sí la bella medalla [1424].

Ya expuse anteriormente un ejemplo de combinación de un olvido con un error, ejemplo en el que el sujeto olvidaba primero una cita, y hallándose decidido a no olvidarla otra vez, acudía a ella, en efecto, pero a hora distinta de la señalada. Un caso totalmente análogo me ha sido relatado por el propio sujeto del mismo, un buen amigo mío que se interesa a la vez por las cuestiones científicas y las literarias: «Hace algunos años —me dijo— me presté a ser elegido miembro de cierta sociedad literaria creyendo que ésta me ayudaría a lograr fuese representado un drama del que yo era autor, y aunque no me interesaban gran cosa, asistía con regularidad a las sesiones que dicha sociedad celebraba todos los viernes. Hace algunos meses quedó asegurada la representación de uno de mis dramas en el teatro F., y desde entonces olvidé siempre acudir a las referidas sesiones. Cuando leí el libro de usted sobre estas cuestiones, me avergoncé de mi olvido, reprochándome haber abandonado a mis consocios ahora que ya no necesitaba de ellos, y resolví no dejar de asistir a la reunión del viernes siguiente. Recordé de continuo este propósito hasta que llegó el momento de realizarlo y me dirigí hacia el domicilio social. Al llegar ante la puerta del salón de actos me sorprendió verla cerrada. La reunión se había celebrado ya, y nada menos que dos días antes. Me había equivocado de día y había ido en domingo.»

Sería harto atractivo reunir aquí otras varias observaciones de este género; mas prefiero limitarme, por ahora, a las ya expuestas y presentaros otros casos de distinta naturaleza, o sea aquellos en que nuestra interpretación debe esperar a ser confirmada por sucesos posteriores.

La condición principal de estos casos es, naturalmente, la de que la situación

---

[1424] Relatado por R. Reitler.

psíquica actual nos sea desconocida o se muestre inaccesible a nuestra investigación. Nuestra interpretación no poseerá entonces más valor que el de una simple hipótesis a la que ni aun nosotros mismos podemos conceder gran importancia. Pero posteriormente sucede algo que nos muestra cuán acertada fue desde un principio nuestra interpretación hipotética. Una vez me hallaba yo en casa de un matrimonio recién casado, y la mujer me contó riendo que al día siguiente de su regreso del viaje de novios había ido a buscar a su hermana soltera para, mientras su marido se hallaba ocupado en sus negocios, salir con ella de compras como antes de casada acostumbraba hacerlo. De repente había visto venir a un señor por la acera opuesta, y llamando la atención de su hermana, le había dicho: «Mira, ahí va el señor L.», olvidando que el tal era su marido desde hacía algunas semanas. Al oír esto sentí un escalofrío, pero por entonces no sospeché que pudiera constituir un dato sobre el porvenir de los cónyuges. Años después recordé esta pequeña historia cuando supe que el tal matrimonio había tenido un desdichadísimo fin.

A. Maeder cuenta que una señora que la víspera de su boda olvidó ir a probarse el traje nupcial y sólo se acordó de que tenía que hacerlo a las ocho de la noche, cuando ya la modista desesperaba de poder tener el traje por la mañana siguiente. Maeder ve una relación entre este hecho y el divorcio de dicha señora al poco tiempo. Por mi parte conozco a una señora, actualmente separada de su marido, que aun antes de su divorcio acostumbraba equivocarse y firmar con su nombre de soltera los documentos referentes a la administración de sus bienes. Sé también de otras muchas mujeres casadas que en el viaje de novios perdieron su anillo de boda, accidente al que sucesos posteriores han dado luego una inequívoca significación. Expondré, por último, un clarísimo ejemplo más. Cuéntase que un célebre químico alemán olvidó el día y la hora en que debía celebrarse su matrimonio y se encerró en su laboratorio en lugar de acudir a la iglesia. En este caso, el interesado obedeció esta advertencia interior, y contentándose con una única tentativa, continuó soltero hasta su muerte en edad muy avanzada.

Sin duda se os habrá ocurrido pensar que en todos estos ejemplos el acto fallido equivale a las *ominao*, presagios a que los antiguos daban tan gran importancia. Y, realmente, una gran parte de estos presagios no eran más que actos fallidos; por ejemplo, cuando alguien tropezaba o caía. Otros, sin embargo, tenían el carácter de suceso objetivo y no el de acto subjetivo; pero no os podéis figurar hasta qué punto se hace difícil determinar si un suceso pertenece a la primera o a la segunda de estas categorías. La acción sabe disfrazarse muchas veces de suceso pasivo.

Cualquiera de nosotros que tenga tras de sí una experiencia algo larga ya de la vida, puede decir que, sin duda, se hubiera ahorrado muchas desilusiones y muchas dolorosas sorpresas si hubiera tenido el valor y la decisión de interpretar los pequeños actos fallidos que se producen en las relaciones entre los hombres como signos premonitorios de intenciones que no le son reveladas. Mas la mayor parte de las veces no nos atrevemos a llevar a cabo tal interpretación, pues tememos caer en la superstición pasando por encima de la ciencia. Además, no todos los presagios se realizan, y cuando comprendáis mejor nuestras teorías, veréis que tampoco es necesaria una tan completa realización.

LECCION IV.   LOS ACTOS FALLIDOS (Cont.)

Señoras y señores:

D E la labor hasta aquí realizada podemos deducir que los actos fallidos tienen un sentido, conclusión que tomaremos como base de nuestras subsiguientes investigaciones. Haremos resaltar una vez más que no afirmamos, ni para los fines que perseguimos nos es necesario afirmar, que todo acto fallido sea significativo, aunque consideraríamos muy probable esta hipótesis. Pero nos basta con hallar que tal sentido aparece con relativa frecuencia en las diferentes clases de actos fallidos. Además, estas diversas clases ofrecen, por lo que respecta a este punto de vista, grandes diferencias. En las equivocaciones orales, escritas, etc., pueden aparecer casos de motivación puramente fisiológica, cosa, en cambio, poco probable en aquellas otras variantes de la función fallida que se basan en el olvido (olvido de nombres y propósitos, imposibilidad de encontrar objetos que uno mismo ha guardado, etc.). Sin embargo, existe un caso de pérdida en el que parece no intervenir intención alguna. Los errores que cometemos en nuestra vida cotidiana no pueden ser juzgados conforme a estos puntos de vista más que hasta cierto límite. Os ruego conservéis en vuestra memoria estas limitaciones para recordarlas cuando más adelante expliquemos cómo los actos fallidos son actos psíquicos resultantes de la interferencia de dos intenciones.

Es éste el primer resultado del psicoanálisis. La Psicología no ha sospechado jamás, hasta el momento, tales interferencias ni la posibilidad de que las mismas produjeran fenómenos de este género. Así, pues, el psicoanálisis ha extendido considerablemente la amplitud del mundo de los fenómenos psíquicos y ha conquistado para la Psicología dominios que anteriormente no formaban parte de ella.

Detengámonos todavía unos instantes en la afirmación de que los actos fallidos son «actos psíquicos» y veamos si la misma expresa algo más de lo que ya anteriormente dijimos, o sea que dichos actos poseen un sentido.

A mi juicio, no tenemos necesidad ninguna de ampliar el alcance de tal afirmación, pues ya nos parece de por sí harto indeterminada y susceptible de equivocadas interpretaciones. Todo lo que puede observarse en la vida anímica habrá de designarse eventualmente con el nombre de fenómeno psíquico. Mas para fijar de un modo definitivo esta calificación habremos de investigar si la manifestación psíquica dada es un efecto directo de influencias somáticas orgánicas y materiales, caso en el cual caerá fuera de la investigación psicológica, o si, por el contrario, se deriva directamente de otros procesos anímicos, más allá de los cuales comienza la serie de las influencias orgánicas. A esta última circunstancia es a la que nos atenemos para calificar a un fenómeno de proceso psíquico y, por tanto, es más apropiado dar a nuestro principio la forma siguiente: el fenómeno es significativo y posee un 'sentido', entendiendo por 'sentido', un 'significado', una 'intención', una 'tendencia' y una 'localización en un contexto psíquico continuo'.

Hay otros muchos fenómenos que se aproximan a los actos fallidos, pero a los que no conviene ya esta denominación, y son los que llamamos *actos casuales y sintomáticos (Zuffalls-und Symptomhandlungen)*. También estos actos se muestran, como los fallidos, inmotivados y faltos de trascendencia, apareciendo, además, claramente superfluos. Pero lo que en rigor los distingue de los actos fallidos propiamente dichos es la ausencia de otra intención distinta a aquella con la que tropiezan y que por ellos queda perturbada.

Se confunden, por último, con los gestos y movimientos encaminados a la expresión de las emociones. A estos actos casuales pertenecen todos aquellos pequeños actos, en apariencia carentes de objeto, que solemos realizar, tales como andar en nuestros propios vestidos o en determinadas partes del cuerpo, juguetear con los objetos que se hallan al alcance de nuestras manos, tararear o silbar automáticamente una melodía, etc. El psicoanálisis afirma que todos estos actos poseen un sentido y pueden interpretarse del mismo modo que los actos fallidos, esto es, como pequeños indicios reveladores de otros procesos psíquicos más importantes. Habremos, pues, de concederles la categoría de actos psíquicos completos.

A pesar del interés que el examen de esta nueva ampliación del campo de los fenómenos psíquicos no dejaría de presentar, prefiero no detenerme en él y reanudar el análisis de los actos fallidos, los cuales nos plantean con mucha mayor precisión los problemas más importantes del psicoanálisis.

Entre las interrogaciones que hemos formulado a propósito de las funciones fallidas, las más interesantes —que, por cierto, no hemos resuelto aún— son las siguientes: hemos dicho que los actos fallidos resultan de la interferencia de dos intenciones diferentes, una de las cuales puede calificarse de perturbada y la otra de perturbadora. Las intenciones perturbadas no plantean ningún problema. En cambio, por lo que respecta a las perturbadoras, quisiéramos saber de qué género son tales intenciones capaces de perturbar otras y cuál es la relación que con estas últimas las enlaza.

Permitid que escoja de nuevo la equivocación oral como representativa de toda la especie de los actos fallidos y que responda en primer lugar a la segunda de las interrogaciones planteadas.

En la equivocación oral puede haber, entre la intención perturbadora y la perturbada, una relación de contenido, y en tal caso la primera contendrá una contradicción, una rectificación o un complemento de la segunda; pero puede también suceder que no exista relación alguna entre los contenidos de ambas tendencias, y entonces el problema se hace más oscuro e interesante.

Los casos que ya conocemos y otros análogos nos permiten comprender sin dificultad la primera de estas relaciones.

En casi todos los casos en los que la equivocación nos hace decir lo contrario de lo que queríamos, la intención perturbadora es, en efecto, opuesta a la perturbada, y el acto fallido representa el conflicto entre las dos tendencias inconciliables. Así, el sentido de la equivocación del presidente de la Cámara puede traducirse en la frase siguiente: «Declaro abierta la sesión, aunque preferiría suspenderla.» Un diario, acusado de haberse vendido a una fracción política, se defendió en un artículo que terminaba con las palabras que siguen:

«Nuestros lectores son testigos de que hemos defendido siempre el bien general de la manera más *desinteresada*.» Pero el redactor a quien se confió esta defensa escribió: «de la manera más *interesada*», equivocación que, a mi juicio, revela su verdadero pensamiento: «No tengo más remedio que escribir lo que me han encargado, pero sé que la verdad es muy distinta.» Un diputado que se proponía declarar la necesidad de decir al emperador toda la verdad, *sin consideraciones (rückhaltlos)*, advirtió en su interior una voz que le aconsejaba no llevar tan lejos su audacia y cometió una equivocación en la que el «*sin consideraciones*» *(rückhaltlos)* quedó transformado en «*sin columna vertebral*» *(rückgratlos)*, o sea «*doblando el espinazo*» [1425].

En los casos que ya conocéis y que nos producen la impresión de contracciones y abreviaciones, se trata de rectificaciones, agregaciones o continuaciones con las que una segunda tendencia logra manifestarse al lado de la primera. «Se han *producido* hechos *(zum Vorschein gekommen)* que yo calificaría de cochinerías *(Schweinereien)*; resultado: «zum *Vorschwein* gekommen». «Las personas que comprenden estas cuestiones pueden contarse por los *dedos de una mano;* pero no, no existe, a decir verdad, más que una sola persona que las comprenda»; resultado: «Las personas que las comprenden pueden ser contadas con *un solo dedo*.» O también: «Mi marido puede comer y beber lo que él quiera; pero como en él mando yo..., podrá comer y beber lo que yo quiera.» Como se ve, en todos estos casos la equivocación se deriva directamente del contenido mismo de la intención perturbada o se halla en conexión con ella.

Otro género de relación que descubrimos entre las dos intenciones interferentes nos parece un tanto extraño. Si la intención perturbadora no tiene nada que ver con el contenido de la perturbada, ¿qué origen habremos de atribuirle y cómo nos explicaremos que surja como perturbación de otra intención determinada? La observación —único medio de hallar respuesta a estas interrogaciones— nos permite darnos cuenta de que la perturbación proviene de una serie de ideas que había preocupado al sujeto poco tiempo antes y que interviene en el discurso de esta manera particular, independientemente de que haya hallado o no expresión en el mismo. Trátese, pues, de un verdadero eco, pero que no es producido siempre o necesariamente por las palabras anteriormente pronunciadas. Tampoco falta aquí un enlace asociativo entre el elemento perturbado y el perturbador, pero en lugar de residir en el contenido es puramente artificial y su constitución resulta a veces muy forzada.

Expondré un ejemplo de este género, muy sencillo y observado por mí directamente. Durante una excursión por los Dolomitas encontré a dos señoras que vestían trajes de turismo. Fui acompañándolas un trozo de camino y conversamos de los placeres y molestias de las excursiones a pie. Una de las señoras confesó que este ejercicio tenía su lado incómodo. «Es cierto —dijo— que no resulta nada agradable sentir sobre el cuerpo, después de haber estado andando el día entero, la blusa y la camisa empapadas en sudor.» En medio de esta frase tuvo una pequeña vacilación, que venció en el acto. Luego continuó y quiso decir: «Pero cuando se llega a casa y puede uno cambiarse de ropa...»; mas en vez de la palabra «*Hause*» *(casa)* se equivocó y pronunció la palabra *Hose (calzones)*. La señora había tenido claramente el propósito de hacer una más completa enumeración de las prendas interiores, diciendo blusa, camisa y pantalones, y por razones de conveniencia social había retenido el último nombre. Pero en la frase de contenido independiente que a continuación pronunció se abrió paso, contra su voluntad, la palabra inhibida, surgiendo en forma de desfiguración de la palabra *Hause*.

Podemos ahora abordar la interrogación principal cuyo examen hemos

---

[1425]   Equivocación sufrida por el diputado alemán Lattmann en un discurso que pronunció ante el Reichstag en noviembre de 1908.

eludido por tanto tiempo, o sea la de cuáles son las intenciones que se manifiestan, de una manera tan extraordinaria, como perturbaciones de otras. Trátase evidentemente de intenciones muy distintas, pero en las que intentaremos descubrir algunos caracteres comunes. Si examinamos con este propósito una serie de ejemplos, veremos que los mismos pueden dividirse en tres grupos. En el primero reuniremos aquellos casos en los que la tendencia perturbadora es conocida por el sujeto de la equivocación y se le ha revelado además con anterioridad a la misma. Así, en el ejemplo «*Vorschwein*» confiesa el sujeto no sólo haber pensado que aquellos hechos merecían ser calificados de «cochinerías» *(Schweinereien)*, sino también haber tenido la intención —que después reprimió— de manifestar verbalmente tal juicio peyorativo.

El segundo grupo comprenderá aquellos casos en los que la persona que comete la equivocación reconoce en la tendencia perturbadora una tendencia personal, mas ignora que la misma se hallaba ya en actividad en ella antes de la equivocación. Acepta, pues, nuestra interpretación de esta última, pero no se muestra sorprendida por ella. En otros actos fallidos encontraremos ejemplos de esta actitud más fácilmente que en las equivocaciones orales. Por último, el tercer grupo entraña aquellos casos en los que el sujeto protesta con energía contra la interpretación que le sugerimos, y no contento con negar la existencia de la intención perturbadora antes de la equivocación, afirma que tal intención le es ajena en absoluto. Recordad el brindis del joven orador que propone hundir la prosperidad de su jefe y la respuesta un tanto grosera que hube de escuchar cuando revelé al equivocado orador su intención perturbadora. Sobre la manera de concebir este caso no hemos podido ponernos todavía de acuerdo. Por lo que a mí concierne, la protesta del sujeto de la equivocación no me inquieta en absoluto ni me impide mantener mi interpretación; pero vosotros, impresionados por la resistencia del interesado, os preguntáis, sin duda, si no haríamos mejor en renunciar a buscar la interpretación de los casos de este género y considerarlos actos puramente fisiológicos en el sentido prepsicoanalítico. Sospecho qué es lo que os lleva a pensar así. Mi interpretación representa la hipótesis de que la persona que habla puede manifestar intenciones que ella misma ignora, pero que yo puedo descubrir guiándome por determinados indicios, y vaciláis en aceptar esta suposición tan singular y tan preñada de consecuencias. Comprendo vuestras dudas; mas he de indicaros que si queréis permanecer consecuentes con vuestra concepción de los actos fallidos, fundada en tan numerosos ejemplos, no debéis vacilar en aceptar esta última hipótesis, por desconcertante que os parezca. Si esto es imposible, no os queda otro camino que renunciar también a la comprensión, tan penosamente adquirida, de dichos actos.

Detengámonos aún un instante en lo que enlaza a los tres grupos que acabamos de establecer; esto es, en aquello que es común a los tres mecanismos de la equivocación oral. Afortunadamente, nos hallamos en presencia de un hecho irrefutable. En los dos primeros grupos, la tendencia perturbadora es reconocida por el mismo sujeto, y, además, en el primero de ellos, dicha tendencia se revela inmediatamente antes de la equivocación. Pero lo mismo en el primer grupo que en el segundo, *la tendencia de que se trata se encuentra rechazada, y como la persona que habla se ha decidido a no dejarla surgir en su discurso, incurre en la equivocación; esto es, la tendencia rechazada se manifiesta a pesar del sujeto, sea modificando la expresión de la intención por él aceptada, sea confundiéndose con ella o tomando su puesto.* Tal es el mecanismo de la equivocación oral.

Mi punto de vista me permite explicar por el mismo mecanismo los casos del tercer grupo. Para ello no tendré más que admitir que los tres grupos que hemos establecido se diferencian entre sí por el distinto grado de repulsa de la intención perturbadora. En el primero, esta intención existe y es percibida por el sujeto antes de hablar, siendo entonces cuando se produce la repulsa, de la cual la intención se venga con el *lapsus*. En el segundo, la repulsa es más adecuada, y la intención resulta ya imperceptible antes de comenzar el discurso, siendo sorprendente que una tal represión, harto profunda, no impida, sin embargo, a la intención intervenir en la producción del *lapsus*. Pero esta circunstancia nos facilita, en cambio, singularmente, la explicación del proceso que se desarrolla en el tercer grupo y nos da valor para admitir que en el acto fallido pueda manifestarse una tendencia rechazada desde largo tiempo atrás, de manera que el sujeto la ignora totalmente y obra con absoluta sinceridad al negar su existencia. Pero, incluso dejando a un lado el problema relativo al tercer grupo, no podéis menos de aceptar la conclusión que se deduce de la observación de los casos anteriores, o sea la de que *la supresión de la intención de decir alguna cosa constituye la condición indispensable de la equivocación oral*.

Podemos afirmar ahora que hemos realizado nuevos progresos en la comprensión de las funciones fallidas. Sabemos no sólo que son actos psíquicos poseedores de un sentido y una intención y resultantes de la interferencia de dos intenciones diferentes, sino también que una de estas intenciones tiene que haber sufrido antes del discurso cierta repulsa para poder manifestarse por la perturbación de la otra. Antes de llegar a ser perturbadora, tiene que haber sido a su vez perturbada. Claro es que con esto no logramos todavía una explicación completa de los fenómenos que calificamos de funciones fallidas, pues vemos en el acto surgir otras interrogaciones y presentimos, en general, que cuanto más avanzamos en nuestra comprensión de tales fenómenos, más numerosos serán los problemas que ante nosotros se presentan. Podemos preguntar, por ejemplo, por qué ha de ser tan complicado el proceso de su génesis. Cuando alguien tiene la intención de rechazar determinada tendencia, en lugar de dejarla manifestarse libremente, debíamos encontrarnos en presencia de uno de los dos casos siguientes: o la repulsa queda conseguida, y entonces nada de la tendencia perturbadora podrá surgir al exterior, o, por el contrario, fracasa, y entonces la tendencia de que se trate logrará manifestarse franca y completamente. Pero las funciones fallidas son resultado de transacciones en las que cada una de las dos intenciones se impone en parte y en parte fracasa, resultando así que la intención amenazada no queda suprimida por completo, pero tampoco logra —salvo en casos aislados— manifestarse sin modificación alguna. Podemos, pues, suponer que la génesis de tales efectos de interferencia o transacción exige determinadas condiciones particulares, pero no tenemos la más pequeña idea de la naturaleza de las mismas, ni creo tampoco que un estudio más penetrante y detenido de los actos fallidos logre dárnosla a conocer. A mi juicio, ha de sernos de mayor utilidad explorar previamente otras oscuras regiones de la vida psíquica, pues en las analogías que esta exploración nos revele hallaremos valor para formular las hipótesis susceptibles de conducirnos a una explicación más completa de los actos fallidos. Pero aún hay otra cosa: el laborar guiándose por pequeños indicios, como aquí lo hacemos, trae consigo determinados peligros. Precisamente existe una enfermedad psíquica, llamada *paranoia combinatoria*, en la que los pequeños indicios son utilizados de una manera ilimitada, y claro es que no puede afirmarse que las conclusiones basadas en tales fundamentos presenten una garantía de exactitud. De estos peligros no podremos, por tanto, preservarnos, sino dando a nuestras observaciones la más amplia base posible, esto es, comprobando que las impresiones que hemos recibido en el estudio de los actos fallidos se repiten al investigar otros diversos dominios de la vida anímica.

Vamos, pues, a abandonar aquí el análisis de los actos fallidos. Mas quiero haceros previamente una advertencia. Conservad en vuestra memoria, a título de modelo, el método seguido en el estudio de estos fenómenos, método que habrá ya revelado a vuestros ojos cuáles son las intenciones de nuestra psicología. No queremos limitarnos a describir y clasificar los fenómenos; queremos también concebirlos como indicios de un mecanismo que funciona en nuestra alma y como la manifestación de tendencias que aspiran a un fin definido y laboran unas veces en la misma dirección y otras en direcciones opuestas. Intentamos, pues, formarnos una *concepción dinámica* de los fenómenos psíquicos, concepción en la cual los fenómenos observados pasan a segundo término, ocupando el primero las tendencias de las que se los supone indicios.

No avanzaremos más en el estudio de los actos fallidos; pero podemos emprender aún una rápida excursión por sus dominios, excursión en la cual encontraremos cosas que ya conocemos y descubriremos otras nuevas. Durante ella nos seguiremos ateniendo a la división en tres grupos que hemos establecido al principio de nuestras investigaciones, o sea: 1.º, la equivocación oral y sus subgrupos (equivocación en la escritura, en la lectura y falsa audición); 2.º, el olvido, con sus subdivisiones correspondientes al objeto olvidado (nombres propios, palabras extranjeras, propósitos e impresiones); 3.º, los actos de término erróneo, la imposibilidad de encontrar un objeto que sabemos haber colocado en un lugar determinado y los casos de pérdida definitiva. Los errores no nos interesan más que en tanto en cuanto tienen una conexión con el olvido o con los actos de término erróneo.

A pesar de haber tratado detenidamente de la *equivocación oral,* aún nos queda algo que añadir sobre ella. Con esta función fallida aparecen enlazados otros pequeños fenómenos afectivos, que no están por completo desprovistos de interés. No se suele reconocer gustosamente haber cometido una equivocación, y a veces sucede que no se da uno cuenta de los propios *lapsus,* mientras que raramente se nos escapan los de los demás. Obsérvese también que la equivocación oral es hasta cierto punto contagiosa, y que no es fácil hablar de equivocaciones sin comenzar a cometerlas por cuenta propia. Las equivocaciones más insignificantes, precisamente aquellas tras de las cuales no se oculta proceso psíquico ninguno, responden a razones nada difíciles de descubrir. Cuando a consecuencia de cualquier perturbación sobrevenida en el momento de pronunciar una palabra dada emite alguien brevemente una vocal larga, no deja nunca de alargar, en cambio, la vocal breve inmediata, cometiendo así un nuevo *lapsus* destinado a compensar el primero. Del mismo modo, cuando alguien pronuncia impropia o descuidadamente un diptongo, intentará corregirse pronunciando el siguiente como hubiera debido pronunciar el primero, cometiendo así una nueva equivocación compensadora. Diríase que el orador tiende a mostrar a su oyente que conoce a fondo su lengua materna y no quiere que se le tache de descuidar la pronunciación. La segunda deformación, compensadora, tiene precisamente por objeto atraer la atención del oyente sobre la primera y mostrarle que el sujeto se ha dado cuenta del error cometido. Las equivocaciones más simples, frecuentes e insignificantes, consisten en contracciones y anticipaciones que se manifiestan en partes poco aparentes del discurso. Así, en una frase poco larga suele cometerse la equivocación de pronunciar anticipadamente la última palabra de las que se pensaban decir, error que da la impresión de cierta impaciencia por acabar la frase y testimonia, en general, cierta repugnancia del sujeto a comunicar el contenido de su pensamiento o simplemente a hablar. Llegamos de este modo a los casos límites, en los que desaparecen las diferencias entre la concepción psicoanalítica de la equivocación oral y su concepción fisiológica ordinaria. En estos casos existe, a nuestro juicio, una tendencia que perturba la intención que ha de ser expuesta en el discurso, pero que se limita a dar fe de su existencia sin revelar sus particulares intenciones. La perturbación que provoca sigue entonces determinadas influencias tonales o afinidades asociativas y podemos suponerla encaminada a desviar la atención de aquello que realmente quiere el sujeto decir. Pero ni esta perturbación de la atención ni estas afinidades asociativas bastan para caracterizar la naturaleza del proceso, aunque sí testimonian de la existencia de una intención perturbadora. Lo que no podemos lograr en estos casos es formarnos una idea de la naturaleza de dicha intención observando sus efectos, como lo conseguimos en otras formas más acentuadas de la equivocación oral.

Los *errores en la escritura* que ahora abordamos presentan tal analogía con las equivocaciones orales, que no pueden proporcionarnos nuevos puntos de vista. Sin embargo, quizá nos sea provechoso espigar un poco en este campo. Las pequeñas equivocaciones, tan frecuentes en la escritura, las contracciones y anticipaciones testimonian manifiestamente nuestra poca gana de escribir y nuestra impaciencia por terminar. Otros efectos más pronunciados permiten ya reconocer la naturaleza y la intención de la tendencia perturbadora. En general, cuando en una carta hallamos un *lapsus calami* podemos deducir que la persona que la ha escrito no se hallaba por completo en su estado normal; pero no siempre nos es dado establecer qué es lo que le sucedía. Análogamente a las equivocaciones orales, las cometidas en la escritura son rara vez advertidas por el sujeto. A este respecto resulta muy interesante observar los siguientes hechos: hay personas que tienen la costumbre de releer antes de expedirlas las cartas que han escrito. Otras no tienen esta costumbre; pero cuando alguna vez lo hacen por casualidad, hallan siempre alguna grave equivocación que corregir. ¿Cómo explicar este hecho? Diríase que estas personas obran cómo si supieran que han cometido alguna equivocación al escribir. ¿Deberemos creerlo así realmente?

A la importancia práctica de las *equivocaciones en la escritura* aparece ligado un interesante problema. Recordáis, sin duda, el caso de aquel asesino que, haciéndose pasar por bacteriólogo, se procuraba en los Institutos científicos cultivos de microbios patógenos grandemente peligrosos y utilizaba tales cultivos para suprimir por este método ultramoderno a aquellas personas cuya desaparición le interesaba. Un día, este criminal envió a la Dirección de uno de dichos Institutos una carta, en la cual se quejaba de la ineficiencia de los cultivos que le habían sido enviados; pero cometió un *lapsus calami*, y en lugar de las palabras «en mis ensayos con ratones y conejos de Indias», escribió «en mis ensayos sobre personas humanas». Este error extrañó a los médicos del Instituto de referencia; pero no supieron deducir de él, que yo sepa, consecuencia alguna. Ahora bien: ¿no creéis que los médicos hubieran obrado acertadamente considerando este error como una confesión e iniciando una investigación que habría evitado a tiempo los criminales designios del asesino? ¿No encontráis que en este caso la ignorancia de nuestra concepción de las funciones fallidas ha motivado una omisión infinitamente lamentable? Por mi parte estoy seguro de que tal equivocación me hubiera parecido harto sospechosa; pero su aprovechamiento en calidad de confesión tropieza con obstáculos de extrema importancia. La cosa no es tan sencilla como parece. La equivocación en la escritura constituye un indicio incontestable, mas no basta por sí sola para justificar la iniciación de un proceso criminal. Cierto es que este *lapsus* testimonia de que el sujeto abrigaba la idea de infectar a sus semejantes, pero no nos permite decidir si se trata de un proyecto malvado o de una fantasía sin ningún alcance práctico. Es incluso posible que el hombre que ha cometido tal equivocación al escribir encuentre los mejores argumentos subjetivos para negar semejante fantasía y rechazarla como totalmente ajena a él. Más adelante comprenderéis mejor las posibilidades de este género, cuando tratemos de la diferencia que existe entre la realidad psíquica y la realidad material. Mas todo esto no obsta para que se trate, en este caso, de un acto fallido que ulteriormente adquirió insospechadamente importancia   .

En los *errores de lectura* nos encontramos en presencia de una situación psíquica totalmente diferente a la de las equivocaciones orales o escritas. Una de las dos tendencias concurrentes queda reemplazada en este caso por una excitación sensorial, circunstancia que la hace, quizá, menos resistente. Aquello que tenemos que leer no es una emanación de nuestra vida psíquica, como lo son las cosas que nos proponemos escribir. Por esta razón, los errores en la lectura consisten casi siempre en una sustitución completa. La palabra que habríamos de leer queda reemplazada por otra, sin que exista necesariamente una relación de contenido entre el texto y el efecto del error, pues la sustitución se verifica generalmente en virtud de una simple semejanza entre las dos palabras. El ejemplo de Lichtenberg de leer *Agamenón* en lugar de *engenommen (aceptado)* es el mejor de todo este grupo. Si se quiere descubrir la tendencia perturbadora causa del error, debe dejarse por completo a un lado el texto falsamente leído e iniciar el examen analítico con las dos interrogaciones siguientes: 1.ª ¿Cuál es la primera idea que acude al espíritu del sujeto y que se aproxima más al error cometido? 2.ª ¿En qué circunstancias ha sido cometido tal error? A veces, el conocimiento de la situación basta para explicar el error. Ejemplo: Un individuo que experimentó cierta necesidad natural hallándose paseando por las calles de una ciudad extranjera, vio en un primer piso de una casa una gran muestra con la inscripción *Closethaus (W. C.)* y tuvo tiempo de asombrarse de que la muestra estuviese en un primer piso, antes de observar que lo que en ella debía leerse no era lo que él había leído, sino *Corsethaus (Corsetería)*. En otros casos, la equivocación en la lectura, precisa, por ser independiente del contenido del texto, de un penetrante análisis, que no podrá llevarse a cabo acertadamente más que hallándose muy ejercitado en la técnica psicoanalítica y teniendo completa confianza en ella. Pero la mayoría de las veces es más fácil obtener la explicación de un error en la lectura. Como en el ejemplo antes citado de Lichtenberg, la palabra sustituida revela sin dificultad el círculo de ideas que constituye la fuente de la perturba-

ción. En estos tiempos de guerra, por ejemplo, solemos leer con frecuencia
aquellos nombres de ciudades y de generales o aquellas expresiones militares que
oímos constantemente cada vez que nos encontramos ante palabras que con éstas
tienen determinada semejanza. Lo que nos interesa y preocupa nuestro pensamiento sustituye así en la lectura a lo que nos es indiferente, y los reflejos de
nuestras ideas perturban nuestras nuevas percepciones.

Las equivocaciones en la lectura nos ofrecen también abundantes ejemplos,
en los que la tendencia perturbadora es despertada por el mismo texto de nuestra lectura, el cual queda entonces transformado, la mayor parte de las veces, por
dicha tendencia en su contrario. Trátase casi siempre en estos casos de textos cuyo
contenido nos causa displacer, y el análisis nos revela que debemos hacer responsable de nuestra equivocación en su lectura al intenso deseo de rechazar lo que en
ellos se afirma.

En las falsas lecturas que mencionamos en primer lugar, y que son las más
frecuentes, no desempeñan sino un papel muy secundario aquellos dos factores
a los que en el mecanismo de las funciones fallidas tuvimos que atribuir máxima
importancia. Nos referimos al conflicto entre dos tendencias y a la repulsa de
una de ellas, repulsa de la que la misma se resarce por el efecto del acto fallido.
No es que las equivocaciones en la lectura presenten caracteres opuestos a los
de estos factores; pero la influencia del contenido ideológico que conduce al
error de lectura es mucho más patente que la represión que dicho contenido hubo
de sufrir anteriormente.

En las diversas modalidades del acto fallido provocado por el olvido es donde
estos dos factores aparecen con mayor precisión. El *olvido de propósitos* es un
fenómeno cuya interpretación no presenta dificultad ninguna, hasta el punto de
que, como ya hemos visto, no es rechazada siquiera por los profanos. La tendencia
que perturba un propósito consiste siempre en una intención contraria al mismo;
esto es, en una volición opuesta, cuya única singularidad es la de escoger este
medio disimulado de manifestarse en lugar de surgir francamente. Pero la existencia de esta volición contraria es incontestable, y algunas veces conseguimos
también descubrir parte de las razones que la obligan a disimularse, medio por el
cual alcanza siempre, con el acto fallido, el fin hacia el que tendía, mientras que,
presentándose como una franca contradicción, hubiera sido seguramente rechazada. Cuando en el intervalo que separa la concepción de un propósito de su ejecución se produce un cambio importante de la situación psíquica, que hace imposible dicha ejecución, no podremos calificar ya de acto fallido el olvido del propósito de que se trate. Este olvido no nos admira ya, pues nos damos cuenta de que
hubiera sido superfluo recordar el propósito, dado que la nueva situación psíquica ha hecho imposible su realización. El olvido de un proyecto no puede ser considerado como un acto fallido más que en los casos en que no podemos creer en
un cambio de dicha situación.

Los casos de olvido de propósitos son, en general, tan uniformes y transparentes, que no presentan ningún interés para nuestra investigación. Sin embargo, el
estudio de este acto fallido puede enseñarnos algo nuevo con relación a dos importantes cuestiones. Hemos dicho que el olvido, y, por tanto, la no ejecución
de un propósito, testimonia de una volición contraria hostil al mismo. Esto es
cierto; pero, según nuestras investigaciones, tal volición contraria puede ser
directa o indirecta. Para mostrar qué es lo que entendemos al hablar de voluntad

contraria indirecta expondremos unos cuantos ejemplos. Cuando una persona olvida recomendar un protegido suyo a una tercera persona, su olvido puede depender de que su protegido le tiene en realidad sin cuidado y que, por tanto, no tiene deseo ninguno de hacer la recomendación que le ha de favorecer. Esta será, por lo menos, la interpretación que el demandante dará al olvido de su protector. Pero la situación puede ser más complicada. La repugnancia a realizar su propósito puede provenir en el protector de una causa distinta, relacionada no con el demandante, sino con aquella persona a la que se ha de hacer la recomendación. Vemos, pues, que también en estos casos tropieza con graves obstáculos el aprovechamiento práctico de nuestras interpretaciones. A pesar de acertar en su interpretación del olvido, corre el protegido el peligro de caer en una exagerada desconfianza y mostrarse injusto para con su protector. Análogamente, cuando alguien olvida una cita a la que prometió y se propuso acudir, el fundamento más frecuente de tal olvido debe buscarse en la escasa simpatía que el sujeto siente por la persona con la que ha quedado citado. Pero en estos casos puede también demostrar el análisis que la tendencia perturbadora no se refiere a dicha persona, sino al lugar en el que la cita debía realizarse, lugar que quisiéramos evitar a causa de un penoso recuerdo a él ligado. Otro ejemplo. Cuando olvidamos expedir una carta, la tendencia perturbadora puede tener su origen en el contenido de la misma; pero puede también suceder que dicho contenido sea por completo inocente y provenga el olvido de algo que en la carta recuerde a otra anterior que ofreció realmente motivos suficientes y directos para la aparición de la tendencia perturbadora. Podremos decir entonces que la volición contraria se ha transferido desde la carta anterior, en la cual se hallaba justificada, a la carta actual, en la que no tiene justificación alguna. Vemos así que debemos proceder con gran precaución y prudencia hasta en las interpretaciones aparentemente más exactas, pues aquello que desde el punto de vista psicológico presenta un solo significado, puede mostrarse susceptible de varias interpretaciones desde el punto de vista práctico.

Fenómenos como estos que acabamos de describir han de pareceros harto extraordinarios, y quizá os preguntéis si la voluntad contraria indirecta no imprime al proceso un carácter patológico. Por el contrario, puedo aseguraros que este proceso aparece igualmente en plena y normal salud. Mas entendámonos: no quisiera que, interpretando mal mis palabras, las creyerais una confesión de la insuficiencia de nuestras interpretaciones analíticas. La indicada posibilidad de múltiples interpretaciones del olvido de propósitos subsiste solamente en tanto que no hemos emprendido el análisis del caso y mientras nuestras interpretaciones no se basen sino en hipótesis de orden general. Una vez realizado el análisis con el auxilio del sujeto, vemos siempre, con certeza más que suficiente, si se trata de una voluntad contraria directa y cuál es la procedencia de la misma.

Abordemos ahora otra cuestión diferente: Cuando en un gran número de casos hemos comprobado que el olvido de un propósito obedece a una voluntad contraria, nos sentimos alentados para extender igual solución a otra serie de casos en los que la persona analizada, en lugar de confirmar la voluntad contraria por nosotros deducida, la niega rotundamente. Pensad en los numerosos casos en los que se olvida devolver los libros prestados y pagar facturas o préstamos. En estas circunstancias habremos de atrevernos a afirmar al olvidadizo que su intención latente es la de conservar tales libros o no satisfacer sus deudas. Claro es que lo negará indignado; pero seguramente no podrá darnos otra distinta explicación de su olvido. Diremos entonces que el sujeto tiene realmente las intenciones que le atribuimos, pero que no se da cuenta de ellas, siendo el olvido lo que a nosotros nos las ha revelado. Observaréis que llegamos aquí a una situación en la cual nos hemos encontrado ya una vez. Si queremos dar todo su desarrollo lógico a nuestras interpretaciones de los actos fallidos, cuya exactitud hemos comprobado en tantos casos, habremos de admitir obligadamente que existen en el hombre tendencias susceptibles de actuar sin que él se dé cuenta. Pero formulando este principio, nos situamos enfrente de todas las concepciones actualmente en vigor, tanto en la vida práctica como en la ciencia psicológica.

El *olvido de nombres propios y palabras extranjeras* puede explicarse igualmente por una intención contraria, orientada directa o indirectamente contra el nombre o la palabra de referencia. Ya en páginas anteriores os he citado varios ejemplos de repugnancia directa a ciertos nombres y palabras. Pero en este género de olvidos la causación indirecta es la más frecuente y no puede ser establecida, la mayor parte de las veces, sino después de un minucioso análisis. Así, en la actual época de guerra, durante la cual nos estamos viendo obligados a renunciar a tantas de nuestras inclinaciones afectivas, ha sufrido una gran disminución, a causa de las más singulares asociaciones, nuestra facultad de recordar nombres propios. Recientemente me ha sucedido no poder reproducir el nombre de la inofensiva ciudad morava de *Bisenz*, y el análisis me demostró que no se trataba en absoluto de una hostilidad mía contra dicha ciudad y que el olvido era motivado por la semejanza de su nombre con el del palacio *Bisenzi*, de Orvieto, en el que repetidas veces había yo pasado días agradabilísimos. Como motivo de esta tendencia opuesta al recuerdo de un nombre hallamos aquí, por vez primera, un principio que más tarde nos revelará toda su enorme importancia para la causación de síntomas neuróticos. Trátase de la repugnancia de la memoria a evocar recuerdos que se hallan asociados con sensaciones displacientes y cuya evocación habría de renovar tales sensaciones. En esta tendencia a evitar el displacer que pueden causar los recuerdos u otros actos psíquicos, en esta fuga psíquica ante el displacer, hemos de ver el último motivo eficaz, no solamente del olvido de nombres, sino también en muchas otras funciones fallidas, tales como las torpezas o actos de término erróneo, los errores, etc. El olvido de nombres parece quedar particularmente facilitado por factores psicofisiológicos y surge, por tanto, aun en aquellos casos en los que no interviene ningún motivo de displacer. En aquellos sujetos especialmente inclinados a olvidar los nombres, la investigación analítica nos revela siempre que si determinados nombres escapan a la memoria de los mismos, no es tan sólo porque les sean desagradables o les recuerden sucesos displacientes, sino también porque pertenecen, en su psiquismo, a otros ciclos de asociaciones con los cuales se hallan en relación más estrecha. Diríase que tales nombres son retenidos por estos ciclos y se niegan a obedecer a otras asociaciones circunstanciales. Recordando los artificios de que se sirve la mnemotecnia, observaréis, no sin alguna sorpresa, que ciertos nombres quedan olvidados a consecuencia de las mismas asociaciones que se establecen intencionadamente para preservarlos del olvido. El olvido de nombres propios, los cuales poseen, naturalmente, un distinto valor psíquico para cada sujeto, constituye el caso más típico de este género. Tomad, por ejemplo, el nombre de Teodoro. Para muchos de vosotros no presentará ningún significado particular. En cambio, para otros será el nombre de su padre, de un hermano, de un amigo o hasta el suyo propio. La experiencia analítica os demostrará que los primeros no corren riesgo alguno de olvidar que cierta persona extraña a ellos se llama así, mientras que los segundos mostrarán siempre una tendencia a rehusar a un extraño un nombre que les parece reservado a sus relaciones íntimas. Teniendo, además, en cuenta que a este obstáculo asociativo puede añadirse la acción del principio del displacer y la de un mecanismo indirecto, podréis haceros una idea exacta del grado de complicación que presenta la causación del olvido temporal de un nombre. Mas, sin embargo, un detenido análisis puede siempre desembrollar todos los hilos de esta complicada trama.

El *olvido de impresiones y de sucesos vividos* muestra con más claridad, y de una manera más exclusiva que el olvido de los nombres, la acción de la tendencia que intenta alejar del recuerdo todo aquello que puede sernos desagradable. Claro es que este olvido no puede ser incluido entre las funciones fallidas más que en aquellos casos en los que, observando a la luz de nuestra experiencia cotidiana, nos parece sorprendente e injustificado; por ejemplo, cuando recae sobre impresiones demasiado recientes o importantes o sobre aquellas otras cuya ausencia determinaría una laguna en un conjunto del cual guardamos un recuerdo perfecto. Las causas del olvido, en general, y especialmente del de aquellos sucesos que, como los que vivimos en nuestros primeros años infantiles, han tenido que dejar en nosotros una profundísima impresión, constituyen un problema de orden totalmente distinto, en el que la defensa contra las sensaciones de displacer desempeña, desde luego, cierto papel, pero no resulta suficiente para explicar el fenómeno en su totalidad. Lo que, desde luego, constituye un hecho incontestable es que las impresiones displacientes son olvidadas con facilidad. Este fenómeno, comprobado por numerosos psicólogos, causó al gran Darwin una impresión tan profunda, que se impuso la regla de anotar con particular cuidado las observaciones que parecían desfavorables a su teoría de que, como tuvo ocasión de confirmarlo repetidas veces, se resistían a imprimirse en su memoria.

Aquellos que oyen hablar por primera vez del olvido como medio de defensa contra los recuerdos displacientes, raramente dejan de formular la objeción de que, conforme a su propia experiencia, son más bien los recuerdos desagradables (por ejemplo, los de ofensas o humillaciones) los que más difícilmente se borran, tornando sin cesar contra el imperio de nuestra voluntad y torturándonos de continuo. El hecho es exacto, pero no así la objeción en él fundada. Debemos acostumbrarnos a tener siempre en cuenta, pues es algo de capital importancia, el hecho de que la vida psíquica es un campo de batalla en el que luchan tendencias opuestas, o para emplear un lenguaje menos dinámico, un compuesto de contradicciones y de pares antinómicos. De este modo, la existencia de una tendencia determinada no excluye la de su contraria. En nuestro psiquismo hay lugar para ambas, y de lo que se trata únicamente es de conocer las relaciones que se establecen entre tales tendencias opuestas y los efectos que emanan de cada una de ellas.

La *pérdida de objetos y la imposibilidad de encontrar aquellos* que sabemos haber colocado en algún lugar nos interesan particularmente a causa de las múltiples interpretaciones de que son susceptibles como funciones fallidas y de la variedad de tendencias a las cuales obedecen. Lo que es común a todos estos casos es la voluntad de perder, diferenciándose unos de otros en la razón y el objeto de la pérdida. Perdemos un objeto cuando el mismo se ha estropeado por el mucho uso, cuando pensamos reemplazarlo por otro mejor, cuando ha cesado de agradarnos, cuando procede de una persona con la cual nos hemos disgustado o cuando ha llegado a nuestras manos en circunstancias desagradables que no queremos recordar. Idénticos fines pueden atribuirse a los hechos de romper, deteriorar o dejar caer un objeto. Asimismo parece ser que en la vida social se ha demostrado que los hijos ilegítimos y aquellos que el padre se ve obligado a reconocer son mucho más delicados y sujetos a enfermedades que los legítimos, resultado que no hay necesidad de atribuir a la grosera táctica de los «fabricantes de ángeles», pues se explica perfectamente por cierta negligencia en su cuidado y custodia. La conservación de los *objetos* podría muy bien tener igual explicación que, en este caso, la de los hijos.

También en otras muchas ocasiones se pierden objetos que conservan todo su valor, con la sola intención de sacrificar algo a la suerte y evitar de esta manera otra pérdida que se teme. El análisis demuestra que esta manera de conjurar la suerte es aún muy común entre nosotros y que, por tanto, nuestras pérdidas constituyen a veces un sacrificio voluntario. En otros casos pueden asimismo ser expresión de un desafío o una penitencia. Vemos, pues, que la tendencia a desembarazarnos de un objeto, perdiéndolo, puede obedecer a numerosísimas y muy lejanas motivaciones.

Análogamente a los demás errores utilizamos también, a veces, los *actos de término erróneo* o *torpezas (Vergreifen)* para realizar deseos que debíamos rechazar. En estos casos se disfraza la intención bajo la forma de una feliz casualidad. Citaremos como ejemplo el caso de uno de nuestros amigos que, debiendo hacer una visita desagradable en los alrededores de la ciudad, se equivocó al cambiar de tren en una estación intermedia y subió en uno que le reintegró al punto de partida. Suele también ocurrir que cuando, durante el curso de un viaje, deseamos hacer una parada incompatible con nuestras obligaciones, en un punto intermedio, perdemos un tren como por casualidad o equivocamos un transbordo, error que nos impone la detención que deseábamos. Puedo relataros asimismo el caso de uno de mis enfermos al cual tenía yo prohibido que hablara a su querida por teléfono, y que cada vez que me telefoneaba pedía «por error» un número equivocado, y precisamente el de su querida. Otro caso interesante y que, revelándonos los preliminares del deterioro de un objeto, muestra palpablemente una importancia práctica, es la siguiente observación de un ingeniero:

«Hace algún tiempo trabajaba yo con varios colegas de la Escuela Superior en una serie de complicados experimentos sobre la elasticidad, labor de la que nos habíamos encargado voluntariamente, pero que empezaba a ocuparnos más tiempo de lo que hubiésemos deseado. Yendo un día hacia el laboratorio en compañía de mi colega F., expresó éste lo desagradable que era para él, aquel día, verse obligado a perder tanto tiempo, teniendo mucho trabajo en su casa. Yo asentía a sus palabras y añadí en broma, haciendo alusión a un accidente sucedido la semana anterior: 'Por fortuna es de esperar que la máquina falle otra vez y tengamos que interrumpir el experimento. Así podremos marcharnos pronto.' En la distribución del trabajo tocó a F. regular la válvula de la prensa; esto es, ir abriéndola con prudencia para dejar pasar poco a poco el líquido presionador desde los acumuladores al cilindro de la prensa hidráulica. El director del experimento se hallaba observando el manómetro, y cuando éste marcó la presión deseada, gritó: '¡Alto!' Al oír esta voz de mando, cogió F. la válvula y le dio vuelta con toda su fuerza hacia la izquierda (todas las válvulas, sin excepción, se cierran hacia la derecha). Esta falsa maniobra hizo que la presión del acumulador actuara de golpe sobre la prensa, cosa para lo cual no estaba preparada la tubería, e hiciera estallar una unión de ésta, accidente nada grave para la máquina, pero que nos obligó a abandonar el trabajo por aquel día y regresar a nuestras casas.

Resulta, además, muy característico el hecho de que algún tiempo después, hablando de este incidente, no pudo F. recordar las palabras que le dije al dirigirnos juntos al laboratorio, palabras que yo recordaba con toda seguridad.»

Casos como éste nos sugieren la sospecha de que si las manos de nuestros criados se transforman tantas veces en instrumentos destructores de los objetos que poseemos en nuestra casa, ello no obedece siempre a una inocente casualidad.

De igual manera podemos también preguntarnos si es por puro azar por lo que nos hacemos daño a nosotros mismos y ponemos en peligro nuestra personal integridad. El análisis de observaciones de este género habrá de darnos la solución de estas interrogaciones.

Con lo que hasta aquí hemos dicho sobre las funciones fallidas no queda, desde luego, agotado el tema, pues aún habríamos de investigar y discutir numerosos puntos. Mas me consideraría satisfecho si con lo expuesto hubiera conseguido haceros renunciar a vuestras antiguas ideas sobre esta materia y disponeros a aceptar las nuevas.

Por lo demás, no siento ningún escrúpulo en abandonar aquí el estudio de las funciones fallidas sin haber llegado a un completo esclarecimiento de las mismas, pues dicho estudio no habría de proporcionarnos la demostración de todos nuestros principios y nada hay que nos obligue a limitar nuestras investigaciones haciéndolas recaer únicamente sobre los materiales que las funciones fallidas nos proporcionan. El gran valor que los actos fallidos presentan para la consecución de nuestros fines consiste en que, siendo grandemente frecuentes y no teniendo por condición estado patológico ninguno, todos podemos observarlos con facilidad en nosotros mismos. Para terminar quiero únicamente recordaros una de vuestras interrogaciones, que he dejado hasta ahora sin respuesta: Dado que, como en numerosos ejemplos hemos podido comprobar, la concepción vulgar de las funciones fallidas se aproxima a veces considerablemente a la que en estas lecciones hemos expuesto, conduciéndose los hombres en muchas ocasiones como si adivinaran el sentido de las mismas, ¿por qué se considera tan generalmente a estos fenómenos como accidentales y faltos de todo sentido, rechazando con la mayor energía su concepción psicoanalítica?

Tenéis razón: es éste un hecho harto singular y necesitado de explicación. Mas en lugar de dárosla, desde luego, prefiero iros exponiendo aquellos datos cuyo encadenamiento os llevará a deducir dicha explicación por vosotros mismos y sin que precancéis para nada de mi ayuda.

PARTE II
LOS SUEÑOS
1915-6 [1916]

LECCION V.   1.   DIFICULTADES Y PRIMERAS APROXIMACIONES

Señoras y señores:

S E descubrió un día que los síntomas patológicos de determinados sujetos nerviosos poseían un sentido[1426], descubrimiento que constituyó la base y el punto de partida del tratamiento psicoanalítico. En este tratamiento se observó, después, que los enfermos incluían entre sus síntomas algunos de sus sueños, y esta inclusión fue lo que hizo suponer que dichos sueños debían poseer igualmente su sentido propio.

Mas, en lugar de seguir aquí este orden histórico, comenzaremos nuestra exposición por el extremo opuesto, considerando la demostración de tal sentido de los sueños como una labor preparatoria para el estudio de las neurosis. Esta inversión de orden expositivo está perfectamente justificada, pues no solamente constituye el estudio de los sueños la mejor preparación al de las neurosis, sino que el fenómeno onírico es por sí mismo un síntoma neurótico que presenta, además, la inapreciable ventaja de poder ser observado en todo el mundo, incluso en los individuos de salud normal. Aun cuando todos los hombres gozasen de perfecta salud, podríamos llegar por el examen de sus sueños a deducir casi todas las conclusiones a las que el análisis de las neurosis nos han conducido.

De este modo llegan a ser los sueños objeto de la investigación psicoanalítica, y nos hallamos de nuevo en estas lecciones ante un fenómeno vulgar, al que, como sucedía con las funciones fallidas, con las cuales tiene, además, el carácter común de manifestarse incluso en los individuos más normales, se considera generalmente desprovisto de todo sentido e importancia práctica. Pero los sueños se presentan a nuestro estudio en condiciones más desfavorables que las funciones fallidas. Se hallaban éstas descuidadas por la ciencia, que jamás se había dignado dirigir su atención sobre ellas; pero el consagrarse a su estudio no constituía nada vergonzoso, e incluso podía disculparse, alegando que si bien hay cosas más importantes, pudiera ser, sin embargo, que la investigación de los actos fallidos proporcionase algunos resultados de interés. En cambio, el dedicarse a investigar los sueños es considerado no sólo como una ocupación falta de todo valor práctico y absolutamente superfluo, sino como un pasatiempo censurable anticientífico y revelador de una tendencia al misticismo.

Parece, en general, inverosímil que un médico se consagre al estudio de los sueños cuando la Neuropatología y la Psiquiatría ofrecen tantos fenómenos infinitamente más serios: tumores, a veces del volumen de una manzana, que compriman el órgano de la vida psíquica, y hemorragias e inflamaciones crónicas, en el curso de las cuales pueden observarse, por medio del microscopio, las alteraciones de los tejidos. Junto a estos fenómenos, resultan los sueños algo

---

[1426]   José Breuer, en los años 1880 a 1882. Véanse sobre este punto inicial del psicoanálisis los trabajos titulados *Psicoanálisis, Cinco conferencias*, que en 1909 di en América, e *Historia del movimiento psicoanalítico*, contenidos en el volumen V de esta edición.

tan insignificante, que no merece el honor de llegar a constituirse en objeto de una investigación.

Trátase, además, de un objeto cuyo carácter desafía todas las exigencias de la ciencia exacta y sobre el cual el investigador no posee certeza alguna. Una idea fija, por ejemplo, se presenta a nuestros ojos con toda claridad y mostrando un contorno preciso y bien delimitado: «Yo soy el emperador de la China», proclama en voz alta el enfermo. En cambio, los sueños no son a veces ni siquiera susceptibles de ser fijados en una ordenada exposición. Cuando alguien nos refiere un sueño, no poseemos garantía ninguna de la exactitud de su relato, y nada nos prueba que no lo deforma al comunicarlo o añade a él detalles imaginarios procedentes de la imprecisión de su recuerdo. Además, la mayoría de los sueños escapa al recuerdo, y no quedan de ellos en la memoria del sujeto sino fragmentos insignificantes. Parece, pues, imposible que sobre la interpretación de estos materiales quiera fundarse una psicología científica o un método terapéutico.

Sin embargo, debemos desconfiar de aquellos juicios que muestran una clara exageración, y es evidente que las objeciones contra el sueño, como objeto de investigación, van demasiado lejos. Los sueños, se dice, tienen una importancia insignificante. Ya hemos respondido a una objeción de este mismo género a propósito de los actos fallidos. Dijimos entonces que cosas de gran importancia pueden no manifestarse sino por muy pequeños indicios. Por otra parte, la indeterminación que tanto se reprocha a los sueños constituye un carácter peculiar de los mismos, y habremos de aceptarla sin protesta, pues, como es natural, no podemos prescribir a las cosas el carácter que deban presentar. Además, hay también sueños claros y definidos, y fuera de esto, la investigación psiquiátrica recae con frecuencia sobre objetos que presentan igual indeterminación. Así sucede en numerosos casos de representaciones obsesivas, de las cuales se ocupan, sin embargo, los psiquíatras más respetables y eminentes. Recuerdo aún el último caso que de este género se me presentó en el ejercicio de mi actividad profesional. La enferma comenzó por declararme lo siguiente: «Siento como si hubiera causado un daño a un ser vivo. ¿A un niño? No. Más bien a un perro. Tengo la impresión de haberlo arrojado desde un puente o haberlo hecho sufrir de otra manera cualquiera.» Podemos evitar el inconveniente resultante de la incertidumbre de los recuerdos referentes al sueño establecido, que no debe ser considerado como tal, sino lo que el sujeto nos relata, haciendo abstracción de todo aquello que él mismo ha podido olvidar o deformar en su recuerdo. Por último, indicaremos que no es lícito afirmar de un modo general que el sueño es un fenómeno sin importancia. Todos sabemos por propia experiencia que la disposición psíquica en la que despertamos después de un sueño puede mantenerse durante todo un día. Los médicos conocen casos en los que una enfermedad psíquica ha comenzado por un sueño y en los que el enfermo ha retenido una idea fija procedente del mismo. Cuéntase también que varios personajes históricos hallaron en sus sueños estímulos para llevar a cabo determinados actos de gran trascendencia. Resulta, pues, un tanto extraño este desprecio que en los círculos científicos se profesa con respecto al sueño.

En este desprecio veo yo una reacción contra la importancia exagerada que a los fenómenos oníricos se dio en tiempos antiguos. La reconstrucción del pasado no es, desde luego, cosa fácil, pero podemos admitir sin vacilación que nuestros antepasados de hace tres mil años o más soñaban de la misma manera que nosotros. Sabemos asimismo que todos los pueblos antiguos han atribuido a los sueños un importante valor, y los han considerado como prácticamente utilizables, hallando en ellos indicaciones relativas al futuro y dándoles el significado de presagios. En Grecia y otros pueblos orientales resultaba tan imposible una campaña militar sin intérpretes oníricos como hoy resultaría sin los medios de observación que la aviación proporciona.

Cuando Alejandro Magno emprendió su expedición de conquista llevaba en su séquito a los más reputados onirocríticos. La ciudad de Tiro, que en aquella época se hallaba situada todavía en una isla, oponía al monarca una tan pertinaz resistencia, que Alejandro había decidido ya levantar el sitio, cuando una noche vio en sueños a un sátiro entregado a una danza triunfal. Habiendo dado parte de su sueño a un individuo, éste lo interpretó como el seguro anuncio de una victoria próxima, y Alejandro Magno ordenó, en consecuencia el asalto que rindió a la ciudad. Los etruscos y los romanos se servían de otros métodos de adivinar el porvenir; pero la interpretación de los sueños continuó siendo cultivada, y gozó de gran predicamento durante la época grecorromana. De la literatura que a esta cuestión se refiere ha llegado, por lo menos, hasta nosotros una obra capital: el libro de Artemidoro de Dalcis, escrito probablemente en la época del emperador Adriano. Lo que no puedo indicaros es cómo se produjo la decadencia del arte de interpretar los sueños y cómo éstos cayeron en un total descrédito. A mi juicio, no podemos atribuir tal decadencia y tal descrédito a los efectos del progreso intelectual, pues la sombría Edad Media conservó fielmente cosas harto más absurdas que la antigua interpretación de los sueños. El hecho es que el interés por los sueños degeneró poco a poco en superstición y halló su último refugio en el pueblo inculto. El último abuso que de la interpretación onírica ha llegado hasta nuestros días consiste en tratar de deducir de los sueños los números que saldrán premiados en las loterías. En compensación, la ciencia exacta actual se ha ocupado de los sueños repetidas veces, pero siempre con la intención de aplicar a ellos teorías fisiológicas. Los médicos veían, naturalmente, en los sueños no un acto psíquico, sino la manifestación, en la vida anímica, de excitaciones somáticas. Binz declara en 1879 que los sueños son un «proceso corporal, inútil siempre, patológico con frecuencia, y que con respecto al alma universal y a la inmortalidad es lo que una llanura arenosa y estéril al éter azul que la domina desde inmensa altura». Maury compara los sueños a las contracciones desordenadas del baile de San Vito, que contrastan con los movimientos coordinados del hombre normal, y una vieja comparación asimila los sueños a los sonidos «que produce un individuo profano en música recorriendo con sus diez dedos las teclas del piano».

Interpretar significa hallar un sentido oculto, y, naturalmente, no puede hablarse de nada semejante desde el momento en que se desprecia de este modo el valor de los sueños. Leed la descripción que de los mismos hace Wundt, Jordl y otros filósofos modernos. Todos ellos se limitan a enumerar los puntos en los que el fenómeno onírico se desvía del pensamiento despierto y a hacer resaltar la descomposición de las asociaciones, la supresión del sentido crítico, la eliminación de todo conocimiento y todos los demás signos en los que se puede fundar un juicio adverso a toda la importancia a que dicho fenómeno pudiera aspirar. La única contribución interesante que para el conocimiento de los sueños nos ha sido proporcionada por la ciencia exacta se refiere a la influencia que sobre su contenido ejercen las excitaciones corporales que se producen durante el reposo nocturno. Un autor noruego recientemente fallecido, J. Mourly Vold, nos ha dejado dos grandes volúmenes de investigaciones experimentales sobre los sueños y relativas casi exclusivamente a los efectos producidos por el desplazamiento de los miembros del durmiente. Estos trabajos son justamente apreciados como modelo de investigación exacta sobre los sueños. Mas, ¿qué diría la ciencia exacta al saber que queremos intentar descubrir el *sentido* de los sueños? Quizá se ha pronunciado ya la ciencia sobre esta cuestión, pero no hemos de dejarnos desalentar por su juicio. Puesto que los actos fallidos pueden tener un sentido que la investigación exacta ni siquiera sospechaba, nada se opone a que también lo tengan los sueños. Hagamos, pues, nuestro el prejuicio de los antiguos y del pueblo, y sigamos las huellas de los primitivos onirocríticos.

Pero ante todo debemos orientarnos en nuestra labor y pasar revista a los dominios del sueño. ¿Qué es un sueño? Resulta difícil responder a esta pregunta con una definición, y, por tanto, no intentaremos construirla, pues se trata, además, de algo que todo el mundo conoce. Sin embargo, deberíamos, por lo menos, hacer resaltar los caracteres esenciales de este fenómeno. Mas, ¿dónde encontrarlos? Existen tantas diferencias de toda clase dentro de los límites del objeto de nuestra labor, que tendremos que considerar como caracteres esenciales de los sueños aquellos que resulten comunes a todos ellos. Ahora bien: el primero de tales caracteres comunes a todos los sueños es el de que cuando soñamos nos hallamos dormidos. Es evidente, pues, que los sueños son una manifestación de la vida psíquica durante el reposo [1427], y que si esta vida ofrece determinadas semejanzas con la de la vigilia, también se separa de ella por considerables diferencias. Tal era ya la definición de Aristóteles. Es posible que entre el sueño y el estado de reposo existan relaciones aún más estrechas. Muchas veces es un sueño lo que nos hace despertar, y otras se inicia el mismo inmediatamente antes de un despertar espontáneo o cuando hay algo que viene a interrumpir violentamente nuestro reposo. De este modo, el fenómeno onírico se nos muestra como un estado intermedio entre el reposo y la vigilia, planteándonos, ante todo, el problema de la naturaleza del acto de dormir.

Es éste un problema fisiológico o biológico aún muy discutido y discutible. No podemos decidir todavía nada con respecto a él; pero, a mi juicio, podemos intentar caracterizar el reposo desde el punto de vista psicológico. El reposo es un estado en el que el durmiente no quiere saber nada del mundo exterior, habiendo desligado del mismo todo su interés. Retirándonos precisamente del mundo exterior, y protegiéndonos contra las excitaciones que de él proceden, es como nos sumimos en el reposo. Nos dormimos cuando nos hallamos fatigados del mundo exterior y de sus excitaciones, y durmiéndonos, le decimos: «Déjame en paz, pues quiero dormir.» Por el contrario, el niño suele decir: «No quiero irme a dormir todavía; no estoy fatigado; quiero jugar aún otro poco.» La tendencia biológica del reposo parece, pues, consistir en el descanso, y su carácter psicológico, en la extinción del interés por el mundo exterior. Uno de los caracteres de nuestra relación con este mundo, al cual hemos venido sin una expresa

---

[1427] En alemán existen términos diferentes para designar el sueño —fenómeno onírico— y el acto de dormir (*Traum* y *Schlaf*). Igualmente en francés y en inglés (*rêve* y *sommeil; dream* y *sleep*). Pero en castellano poseemos un mismo término —sueño— para ambos conceptos. Como esto pudiera originar confusiones, diremos tan sólo *sueño* refiriéndonos al *fenómeno onírico,* y emplearemos para designar el *acto de dormir* la palabra *reposo. (Nota del T.)*

voluntad por nuestra parte, es el de que no podemos soportarlo de una manera ininterrumpida, y, por tanto, tenemos que volvernos a sumir temporalmente en el estado en que nos hallábamos antes de nacer, en la época de nuestra existencia intrauterina. Por lo menos, nos creamos condiciones por completo análogas a la de esta existencia, o sean las de calor, oscuridad y ausencia de excitaciones. A más de esto, muchos de nosotros se envuelven estrechamente en las sábanas y dan a su cuerpo, durante el reposo, una actitud similar a la del feto en el seno materno. Diríase que aun en el estado adulto no pertenecemos al mundo sino en dos terceras partes de nuestra individualidad, y que en otra tercera parte es como si todavía no hubiéramos nacido. En estas condiciones, cada despertar matinal es para nosotros como un nuevo nacimiento, y cuando nuestro reposo ha sido tranquilo y reparador, decimos al despertar, que nos encontramos como si acabáramos de nacer. Claro es que al decir esto nos hacemos, sin duda, una idea muy falsa de la sensación general de recién nacido, pues es sospechable que éste se sienta muy a disgusto. Mas también llamamos, con igual impropiedad, al acto del nacimiento, «ver por primera vez la luz del día».

Si la naturaleza del reposo es la que acabamos de exponer, el fenómeno onírico, lejos de deber formar parte de él, se nos muestra más bien como un accesorio inoportuno. Tal es, en efecto, la opinión general, según la cual el reposo sin sueño es el más reparador y el único verdadero. Durante el descanso no debe subsistir actividad psíquica ninguna, y sólo cuando no hemos conseguido alcanzar por completo el estado de reposo fetal perdurarían en nosotros restos de dicha actividad, los cuales constituirían precisamente los sueños. Mas, siendo así, no necesitaríamos buscar en ellos sentido alguno. En las funciones fallidas, la situación era distinta, pues se trataba de actividades correspondientes a la vida despierta. Pero cuando dormimos después de haber conseguido suprimir nuestra actividad psíquica con excepción de algunos restos, no hay razón ninguna para que los mismos posean un sentido, el cual nos sería, además, imposible utilizar, dado que la mayor parte de nuestra vida psíquica se halla dormida. No podría, pues, tratarse sino de reacciones convulsiformes o de fenómenos psíquicos provocados directamente por un estímulo somático. Los sueños no serían, por tanto, sino restos de la actividad psíquica del estado de vigilia, susceptibles de perturbar el reposo, y tendríamos que abandonar esta cuestión, como extraña al alcance del psicoanálisis.

Pero, aun suponiendo que el sueño sea útil, no por eso deja de existir y podríamos, por lo menos, intentar explicarnos tal existencia. ¿Por qué la vida psíquica no duerme? Hay, sin duda, algo que se opone a su reposo. Sobre ella actúan estímulos a los que tiene que reaccionar. Así, pues, los sueños no serán otra cosa que la forma que el alma tiene de reaccionar durante el estado de reposo a las excitaciones que sobre ella actúan, deducción que abre un camino a nuestra comprensión del fenómeno onírico. Habremos, pues, de investigar en diferentes sueños cuáles son las excitaciones que tienden a perturbar el reposo y a las que el durmiente reacciona por medio del fenómeno onírico.

Las consideraciones que anteceden nos han llevado a descubrir el primer carácter común de los sueños. Pero éstos presentan todavía un segundo carácter de este género, que resulta harto más difícil de establecer y describir. Los procesos psicológicos del reposo difieren por completo de los de la vida despierta. En el estado de reposo asistimos a muchos sucesos en cuya realidad creemos mientras dormimos, aunque lo único real que en ellos hay es, quizá, la presencia de una excitación perturbadora. Dichos sucesos se nos presentan predominantemente en forma de imágenes visuales, acompañadas algunas veces de sentimientos, ideas e impresiones. Pueden, pues, intervenir en nuestros sueños sentidos diferentes del de la vista, pero siempre dominan en ellos las imágenes visuales. De este modo, parte de la dificultad con la que tropezamos para exponerlos en un relato verbal proviene de tener que traducir las imágenes en palabras. «Podría dibujaros mi sueño —dice, con frecuencia, el sujeto—, pero no sé cómo contároslo.» No se trata aquí, en realidad, de una actividad psíquica *reducida* como lo es la del débil mental comparada con la del hombre de genio, sino de algo *cualitativamente* diferente, sin que pueda decirse en qué consiste tal diferencia. Fechner formula en una de sus obras la hipótesis de que la escena en la que se desarrollan los sueños (en el alma) no es la misma de las representaciones de la vida despierta, hipótesis que nos desorienta y nos parece incomprensible; pero que expresa muy bien aquella impresión de extrañeza que nos deja la mayor parte de los sueños. Tampoco la comparación de la actividad onírica con los efectos obtenidos en un piano por una mano inexperta en música resulta ya aplicable, pues el instrumento musical producirá, siempre que una mano recorra al azar su teclado, los mismos sonidos, sin reunirlos nunca en una melodía. Para lo sucesivo habremos de tener siempre bien presente el segundo carácter común que aquí hemos establecido, aunque permanezca oscuro e incomprendido.

¿Tendrán todavía los sueños otros caracteres comunes? Por mi parte, no he podido hallar más y no encuentro ya entre ellos sino diferencias, tanto en lo que concierne a su duración aparente como a su precisión, a la intervención de las emociones, a la persistencia, etc. Todo esto se muestra muy diferente de lo que pudiéramos esperar si no se tratase más que de una defensa forzada, momentánea y espasmódica, contra una excitación. Por lo que respecta a lo que pudiéramos calificar de dimensiones de los sueños, existen algunos muy breves, que se componen de una sola o muy pocas imágenes y no contienen sino una idea o una palabra, y hay otros cuyo contenido es extraordinariamente amplio y que se desarrollan como verdaderas novelas, durando en apariencia largo tiempo. Hay sueños tan precisos como los sucesos de la vida real; tanto, que al despertar tenemos necesidad de cierto tiempo para darnos cuenta de que no se ha tratado sino de un sueño. En cambio, hay otros indeciblemente débiles y borrosos, e incluso en un solo y único sueño se encuentran a veces partes de una gran precisión al lado de otras inaprehensiblemente vagas. Existen sueños llenos de sentido, o por lo menos coherentes, y hasta ingeniosísimos y de una fantástica belleza. Otros, en cambio, son embrollados, estúpidos, absurdos y extravagantes. Algunos nos dejan por completo fríos, mientras que otros despiertan todas nuestras emociones y nos hacen experimentar dolor hasta el llanto, angustia que nos hace despertar, asombro, admiración, etc. La mayor parte de los sueños quedan olvidados inmediatamente después del despertar, o, si se mantienen vivos durante el día, palidecen cada vez más, y al llegar la noche presentan grandes lagunas. Por el contrario, ciertos sueños (por ejemplo, los de los niños) se conservan tan bien, que los recordamos, a veces al cabo de treinta años, como si de una impresión recentísima se tratase. Algunos se producen una sola y única vez, y otros surgen repetidamente en la misma persona sin sufrir modificación alguna o con ligeras variantes. Vemos, pues, que este mínimo fragmento de actividad psíquica dispone de un repertorio colosal y es apto para recrear todo lo que el alma crea en su actividad diurna; mas sus creaciones son siempre distintas de las de la vida despierta.

Podríamos intentar explicar todas estas variedades de los sueños suponiendo corresponden a los diversos estadios intermedios entre el reposo y la vigilia, o sea a diversos grados del reposo incompleto. Pero si así fuera, a medida que el rendimiento onírico nos mostrase un mayor valor, un contenido más rico y una precisión más grande, deberíamos darnos cuenta, cada vez con más claridad, de su carácter de sueño, pues en los de este género la vida psíquica nocturna se aproxima mucho a la del estado de vigilia, y sobre todo no deberían aparecer en ellos, al lado de fragmentos precisos y razonables, otros por completo nebulosos y absurdos, seguidos a su vez por nuevos fragmentos precisos. Admitir la explicación que acabamos de enunciar sería atribuir a nuestra alma la facultad de cambiar la profundidad de su reposo con una velocidad y una facilidad inadmisibles. Podemos, pues, rechazar tal explicación, demasiado fácil para problema tan complicado.

Renunciaremos por ahora, y hasta nueva orden, a investigar el *sentido* de los sueños, para intentar, partiendo de los caracteres comunes a todos ellos, llegar a una mejor comprensión de los mismos. De las relaciones que existen entre los sueños y el estado de reposo hemos deducido que el sueño es una reacción a un estímulo perturbador de dicho reposo. Como ya indicamos, es éste el único punto en el que la Psicología experimental puede prestarnos su concurso, proporcionándonos la prueba de que las excitaciones producidas durante el reposo aparecen en el fenómeno onírico. Conocemos gran número de investigaciones sobre esta cuestión, incluyendo las últimas de Mourly-Vold antes mencionadas, y todos nosotros hemos tenido ocasión de confirmar esta circunstancia por medio de observaciones personales. Citaré aquí algunas experiencias de este género, escogidas entre las más antiguas. Maury llevó a cabo varias de ellas en su propia persona. Haciéndole oler, mientras se hallaba durmiendo, agua de Colonia, soñó que se encontraba en El Cairo, en la tienda de Juan María Farina, hecho con el que se enlazó después de una serie de extravagantes aventuras. Otra vez, pellizcándole ligeramente en la nuca, soñó que se aplicaba una cataplasma y con un médico que le había cuidado en su infancia. Por último, en otro experimento se le vertió una gota de agua sobre la frente y soñó que se encontraba en Italia, sudaba mucho y bebía vino blanco de Orvieto.

Aquello que más nos impresiona en estos sueños provocados experimentalmente lo hallaremos, quizá, con una mayor precisión en otra serie de sueños obtenidos por medio de un estímulo artificial. Nos referimos a tres sueños comunicados por un sagaz observador, Hildebrandt, todos los cuales constituyen reacciones al ruido producido por el timbre de un despertador:

«En una mañana de primavera paseo a través de los verdes campos en dirección a un pueblo vecino, a cuyos habitantes veo dirigirse, vestidos de fiesta y formando numerosos grupos, hacia la iglesia, con el libro de misa en la mano. Es, en efecto, domingo, y la primera misa debe comenzar dentro de pocos minutos. Decido asistir a ella; pero como hace mucho calor, entro, para reposar, en el cementerio que rodea la iglesia. Mientras me dedico a leer las diversas inscripciones funerarias oigo al campanero subir al campanario y veo en lo alto del mismo la pequeña campana pueblerina que debe anunciar dentro de poco el comienzo del servicio divino. Durante algunos instantes la campana permanece inmóvil; pero luego comienza a moverse, y de repente sus sones llegan a hacerse tan claros y agudos, que ponen fin a mi sueño. Al despertar oigo a mi lado el timbre del despertador.»

«Otra combinación: Es un claro día de invierno, y las calles se hallan cubiertas por una espesa capa de nieve. Tengo que tomar parte en un paseo en trineo, pero me veo obligado a esperar largo tiempo antes que se me anuncie que el trineo ha llegado y espera a la puerta. Antes de subir a él hago mis preparativos, poniéndome el gabán de pieles e instalando en el fondo del coche un calentador. Por fin subo al trineo; pero el cochero no se decide a dar la señal de partida a los caballos. Sin embargo, éstos acaban por emprender la marcha, y los cascabeles de sus colleras, violentamente sacudidos, comienzan a sonar; pero con tal intensidad, que el cascabeleo rompe instantáneamente la telaraña de mi sueño. También esta vez se trataba simplemente del agudo timbre de mi despertador.»

«Tercer ejemplo: Veo a una criada pasar por un corredor hacia el comedor, llevando una pila de varias docenas de platos. La columna de porcelana me parece a punto de perder el equilibrio. 'Ten cuidado —advierto a la criada—; vas a tirar todos los platos.' La criada me responde, como de costumbre, que no me preocupe, pues ya sabe ella lo que se hace; pero su respuesta no me impide seguirla con una mirada inquieta. En efecto, al llegar a la puerta del comedor tropieza, y la frágil vajilla cae, rompiéndose en mil pedazos sobre el suelo y produciendo un gran estrépito, que se sostiene hasta hacerme advertir que se trata de un ruido persistente, distinto del que la porcelana ocasiona al romperse y parecido más bien al de un timbre. Al despertar compruebo que es el ruido del despertador.»

Estos tres interesantes sueños se nos muestran plenos de sentido y, al contrario de lo que generalmente sucede, en extremo coherentes. Por tanto, no les pondremos tacha alguna. Su rasgo común consiste en que la situación se resuelve siempre por un ruido que el durmiente reconoce, al despertar, ser el ocasionado por el timbre del despertador. Vemos, pues, cómo un sueño se produce, pero aún observamos algo más. El sujeto no reconoce en su sueño el repique del despertador —el cual para nada interviene, además, en el sueño—, sino que reemplaza dicho ruido por otro e interpreta de un modo diferente cada vez la excitación que interrumpe su reposo. ¿Por qué así? Es ésta una interrogación para la que no hallamos respuesta por ahora; diríase que se trata de algo arbitrario. Pero comprender el sueño sería precisamente poder explicar por qué el sujeto escoge precisamente tal ruido y no tal otro para explicar la excitación provocada por el despertador. Puédese igualmente objetar a los experimentos de Maury que, si bien vemos manifestarse la excitación en el sueño, no llegamos a explicarnos por qué se manifiesta en una forma determinada, que nada tiene que ver con la naturaleza de la excitación. Además, en los sueños de Maury aparecen enlazados con el efecto directo de la excitación numerosos efectos secundarios, tales como las extravagantes aventuras del sueño provocado por el agua de Colonia, aventuras que resultan imposibles de explicar.

Ahora bien: observad que es también en los sueños que acaban en el despertar del sujeto en los que más fácilmente logramos establecer la influencia de las excitaciones interruptoras del reposo. En la mayoría de los demás casos, nuestra misión será harto más difícil. No siempre nos despertamos después de un sueño, y cuando por la mañana recordamos el sueño de aquella noche, nos ha de ser imposible volver a encontrar la excitación que quizá había actuado durante el reposo. Por mi parte, sólo una vez, y merced a circunstancias particulares, he conseguido comprobar *a posteriori* una excitación sonora de este género. En un balneario del Tirol desperté una mañana con la convicción de haber soñado que el Papa había muerto. Mientras intentaba explicarme este sueño me preguntó mi mujer si había oído, al amanecer, un formidable repique de todas las iglesias y capillas de los alrededores. No había oído nada, pues mi reposo es harto profundo; pero estas palabras de mi mujer me permitieron comprender mi sueño. Mas, ¿cuál es la frecuencia de estas excitaciones que inducen al durmiente a soñar sin que más tarde le sea posible obtener la menor información con respecto a ellas? Nada podemos determinar a este respecto, pues cuando la excitación no puede ser comprobada al despertar, resulta generalmente imposible hallar indicio alguno que nos permita deducir su efectividad. Además, no tenemos por qué detenernos en la discusión del valor de las excitaciones exteriores desde el punto de vista de la perturbación que las mismas aportan al reposo, pues sabemos que no pueden explicarnos sino solamente un pequeño fragmento del sueño y no toda la reacción que lo constituye.

Sin embargo, no resulta esto razón suficiente para abandonar toda esta teoría, susceptible, además, de un importante desarrollo. Poco importa, en el fondo, la causa que perturba el reposo e incita al fenómeno onírico. Si esta causa no es siempre una excitación sensorial procedente del exterior, puede tratarse también de una excitación cenestésica procedente de los órganos internos. Esta última hipótesis parece muy probable y responde a la concepción popular sobre la génesis de los sueños. Así, habréis oído decir muchas veces que los sueños provienen del estómago. Pero también en este caso puede suceder, desgraciadamente, que una excitación cenestésica que ha actuado durante la noche no deje por la mañana huella alguna y quede, por tanto, oculta a toda investigación. No queremos, sin embargo, despreciar las excelentes y numerosas experiencias que testimonian en favor de la conexión de los sueños con las excitaciones internas. Constituye, en general, un hecho incontestable que el estado de los órganos internos es susceptible de influir sobre los sueños. Las reacciones que existen entre el contenido de determinados sueños y la acumulación de orina en la vejiga o la excitación de los órganos genitales no pueden dejar de reconocerse. Mas de estos casos evidentes se pasa a otros en los que el contenido del sueño no nos autoriza sino a formular la hipótesis, más o menos justificada, de que tales excitaciones cenestésicas hayan podido intervenir en su génesis, pues sólo hallamos en dicho contenido algunos elementos que podemos considerar como una elaboración, una representación o una interpretación de excitaciones de dicho género. Scherner, que se ha ocupado mucho de los sueños (1861), defendió particularmente esta motivación de los mismos por excitaciones procedentes de los órganos internos, y ha citado en apoyo de su tesis algunos bellos ejemplos. En uno de ellos ve «frente a frente, en actitud de lucha, dos filas de bellos muchachos de cabellos rubios y pálido rostro, que al poco tiempo se precipitan unos sobre otros, atacándose mutuamente, para separarse luego de nuevo, volver a su posición primitiva y recomenzar otra vez el combate. La primera interpretación que para este sueño hallamos es la de que las dos hileras de muchachos son una representación simbólica de las dos filas de dientes, interpretación que queda confirmada por el hecho de que el durmiente se ve poco después extrayéndose una larga muela de la mandíbula». No menos plausible se nos muestra la explicación que atribuye a una irritación intestinal un sueño en el que el autor vio «largos corredores sinuosos y estrechos». Podemos, pues, admitir con Scherner que el sueño busca, ante todo, representar el órgano que envía la excitación por objetos a él semejante.

Debemos, pues, hallarnos dispuestos a conceder que las excitaciones internas son susceptibles de desempeñar, con respecto a los sueños, la misma misión que las procedentes del exterior. Desgraciadamente, su valoración se encuentra sujeta a las mismas objeciones. En un gran número de casos, la interpretación de un sueño por una excitación interna es insegura o indemostrable, y sólo ciertos sueños permiten sospechar la participación en su génesis de excitaciones procedentes de un órgano interno. Por último, al igual de la excitación sensorial externa, la excitación de un órgano interno no explica del sueño más que aquello que corresponde a la reacción directa al estímulo, y nos deja en la incertidumbre en lo que respecta a la procedencia de los restantes elementos del sueño.

Observemos, sin embargo, una particularidad de la vida onírica que podemos deducir del estudio de estas excitaciones. El sueño no reproduce fielmente el estímulo, sino que lo elabora, lo designa por una alusión, lo incluye en un conjunto determinado o lo reemplaza por algo distinto. Esta parte de la elaboración del sueño tiene que atraer intensamente nuestro interés por ser la que más puede aproximarnos al conocimiento del fenómeno onírico. Aquello que realizamos estimulados por determinadas circunstancias puede muy bien rebasar los límites de las mismas. El *Macbeth*, de Shakespeare, es una obra de circunstancias, escrita con ocasión del advenimiento de un rey que fue el primero que reunió sobre su cabeza las coronas de los tres países británicos. Pero esta circunstancia histórica no agota, ni mucho menos, el contenido de la obra, ni explica su grandeza y sus enigmas. Análogamente, puede ser que las excitaciones exteriores e interiores que actúan sobre el durmiente no sirvan sino como instigadoras del sueño, sin revelarnos nada de su esencia.

El segundo carácter común a todos los sueños, o sea su singularidad psíquica, es, en primer lugar, harto difícil de comprender, y, además, no ofrece punto de apoyo alguno para ulteriores investigaciones. La mayor parte de las veces los sucesos de que el sueño se compone tienen forma visual, y las excitaciones no nos dan una explicación de este hecho. Lo que en el sueño experimentamos, ¿es realmente la excitación? Y de ser así, ¿por qué el sueño es predominantemente visual, cuando la excitación ocular no aparece como estímulo del sueño sino en rarísimos casos? Y cuando soñamos con una conversación o un discurso, ¿puede acaso probarse que durante el reposo ha llegado a nuestros oídos un diálogo o cualquier otro ruido semejante? He de permitirme rechazar enérgicamente esta hipótesis.

Puesto que los caracteres comunes a todos los sueños no nos son de utilidad ninguna para la explicación de los mismos, seremos quizá más afortunados llamando en nuestro auxilio a las diferencias que los separan. Los sueños son con frecuencia desatinados, embrollados y absurdos, pero también los hay llenos de sentido, precisos y razonables. Intentaremos ver si estos últimos permiten explicar los primeros. Con este objeto voy a comunicaros el último sueño razonable que me ha sido relatado y que fue soñado por un joven: «Paseando por la calle Kärntnerstrasse, me encuentro a F., al que acompaño algunos momentos. Luego entro en el restaurante. Dos señoras y un caballero vienen a sentarse a mi mesa. Al principio me contraría su presencia y no quiero mirarlos; mas, por último, levanto los ojos y veo que son muy elegantes.» El sujeto de este sueño manifiesta con relación al mismo que la tarde inmediatamente anterior había pasado en realidad por la calle Kärntnerstrasse y había encontrado a F. La otra parte del sueño no constituye ya una reminiscencia directa, pero presenta cierta analogía con un suceso del que el sujeto fue protagonista en una época anterior. He aquí otro sueño de este género soñado por una señora: «Su marido le pregunta si no hay que afinar el piano.» Ella responde: «Es inútil, pues de todas maneras habrá que cambiar la piel.» Este sueño reproduce sin grandes modificaciones una conversación que la señora ha tenido con su marido en el día que precedió al sueño. Veamos ahora qué es lo que estos dos sueños, un tanto sobrios, nos enseñan. Ante todo observamos que en ellos se nos muestran reproducciones de sucesos de la vida diurna o elementos con ella enlazados. Si pudiéramos decir otro tanto de todos los sueños, habríamos obtenido ya un resultado harto apreciable. Pero no es éste el caso, y la conclusión que acabamos de formular no se aplica sino a un pequeño número de sueños. En la mayor parte de éstos no encontramos nada que tenga conexión con el estado de vigilia y permanecemos siempre en la ignorancia de los factores determinantes de los sueños absurdos y desatinados. Sabemos tan sólo que nos hallamos en presencia de un nuevo problema. Queremos saber no solamente lo que un sueño significa, sino también cuándo, como en los casos que acabamos de citar, posee una precisa significación, por qué y con qué fin reproduce el sueño un suceso conocido y acaecido recientemente.

Os hallaréis, sin duda, como yo me hallo, fatigados de proseguir nuestra investigación por este camino. Vemos que todo el interés que consagramos a un problema será inútil mientras ignoremos en qué dirección habremos de buscar su solución, orientación de la que hasta ahora carecemos en nuestra labor investigadora. La Psicología experimental no nos aporta sino algunos, muy pocos, datos, aunque ciertamente preciosos, sobre el papel de las excitaciones en la iniciación de los sueños. De la Filosofía podemos solamente esperar que nos muestre de nuevo desdeñosamente la insignificancia intelectual de nuestro objeto, y tampoco podemos ni queremos tomar nada de las ciencias ocultas. La Historia y la sabiduría de los pueblos nos dicen, en cambio, que el sueño posee todo el sentido e importancia de una anticipación del porvenir, cosa difícil de aceptar y de imposible demostración. Así, pues, nuestros primeros esfuerzos han sido por completo baldíos y sólo han servido para colocarnos en una situación de penosa perplejidad.

Mas, contra todo lo que pudiéramos esperar, hallamos un auxilio en algo correspondiente a un sector que aún no habíamos examinado. El lenguaje, que no debe nada a la casualidad, sino que constituye, por decirlo así, la cristalización de los conocimientos acumulados; el lenguaje, decimos, que no debe, sin embargo, ser utilizado sin precauciones, nos habla de «sueños diurnos» (*Tagtraeume*), esto es, de aquellos productos de la imaginación —fenómenos muy generales— que se observan tanto en las personas sanas como en los enfermos y que cada uno puede fácilmente estudiar en sí mismo. Lo más singular de estas producciones imaginarias es el hecho de haber recibido el nombre de sueños diurnos, pues no presentan ninguno de los dos caracteres comunes a los sueños propiamente dichos. Como lo indica su nombre, no tiene relación alguna con el estado de reposo, y por lo que respecta al segundo de los caracteres comunes señalados, observamos que en estas producciones imaginativas no se trata de sucesos ni de alucinaciones, sino de representaciones, pues sabemos que fantaseamos y no vemos nada, sino que lo pensamos. Estos sueños diurnos aparecen en la edad que precede a la pubertad —muchas veces ya en la segunda infancia— y se conservan hasta la edad madura y en algunos casos hasta la más avanzada vejez. El contenido de estas fantasías obedece a una motivación harto transparente. Trátase de escenas y sucesos en los cuales el egoísmo, la ambición, la necesidad de potencia o los deseos eróticos del soñador hallan satisfacción. En los jóvenes dominan los sueños de ambición, y en las mujeres, que ponen toda la suya en los éxitos amorosos, ocupan el primer lugar los sueños eróticos. Pero, con la mayor frecuencia, se advierte también la necesidad erótica en el segundo término de los sueños masculinos. Todos los éxitos y hechos heroicos de estos soñadores no tienen por objeto sino conquistarles la admiración y los favores de las mujeres.

Aparte de esto, los sueños diurnos son muy variados y sufren diversas suertes. Muchos de ellos son abandonados y sustituidos al cabo de poco tiempo, mientras que otros se conservan y desarrollan formando largas historias que van adaptándose a las modificaciones de la vida del sujeto, marchando, por decirlo así, con el tiempo, y recibiendo de él la marca que testimonia la influencia de cada situación. Estos sueños diurnos son la materia bruta de la producción poética, pues sometiéndolos a determinadas transformaciones y abreviaciones, y revistiéndolos con determinados ropajes, es como el poeta crea las situaciones que incluye luego en sus novelas, sus cuentos o sus obras teatrales.

Pero es siempre el soñador en persona quien, directamente o por identificación manifiesta con otro, es el héroe de sus sueños diurnos, los cuales deben, quizá, su nombre al hecho de que, en lo que concierne a sus relaciones con la realidad, no deben ser considerados como más reales que los sueños propiamente dichos. Puede ser también que esta comunidad de nombre repose sobre un carácter psíquico que no conocemos todavía. Por último, es también posible que nos equivoquemos al atribuir tal importancia a esta comunidad de nombres. Problemas son éstos que quizá más adelante podamos dilucidar.

LECCION VI
2. CONDICIONES Y TECNICAS DE LA INTERPRETACION

Señoras y señores:

D E las condiciones expuestas en la lección anterior se deduce que si deseamos avanzar en nuestra investigación de los sueños, necesitamos ante todo hallar un nuevo camino y un nuevo método. Para conseguirlo voy a haceros una proposición harto sencilla: Admitamos como punto de partida de la labor que vamos a emprender ahora la hipótesis de que los sueños no son un fenómeno *somático*, sino *psíquico*. Ya sabéis lo que esto significa, pero preguntaréis, quizá, qué es lo que nos autoriza a aceptar tal hipótesis. En realidad, nada; pero tampoco tropezamos con razón alguna que nos lo prohíba.

La situación en que ante estos problemas nos hallamos es la siguiente: Si los sueños son un fenómeno somático, no presentarán para nosotros interés alguno. No pueden interesarnos más que admitiendo que se trata de un fenómeno psíquico. Laboremos, pues, partiendo de esta hipótesis, y por las conclusiones que obtengamos juzgaremos si debemos mantenerla y adoptarla, a su vez, como un resultado. Obrando así no nos proponemos fines distintos de aquellos a que en general aspira toda ciencia. Queremos llegar a la comprensión de los fenómenos, enlazarlos unos con otros y, como último resultado, ampliar lo más posible nuestro poder sobre ellos.

Continuaremos, pues, nuestro trabajo, admitiendo que el sueño es un fenómeno psíquico. Pero, desde este punto de vista, tenemos que considerarlo como una manifestación, para nosotros incomprensible, del durmiente. Ahora bien: ¿qué haríais vosotros ante una manifestación mía que juzgarais incomprensible? Sin duda, me interrogaríais. Y entonces, ¿por qué no hemos de hacer lo mismo con respecto al durmiente? ¿Por qué no *preguntarle a él mismo lo que su sueño significa?*

Recordad que ya nos hemos hallado anteriormente en una situación parecida, al investigar algunos casos de equivocación oral. Uno de éstos fue el de aquel sujeto que, al decir «Es sind da Dinge zum Vorscheim gekommen» (Aparecieron entonces ciertos hechos...), introdujo en su frase la palabra mixta *Vorschwein,* compuesta de *Vorscheim* y *Schweinereien* (cochinerías). Al oír tal equivocación, le preguntamos, o, mejor dicho, le preguntaron personas por completo ajenas al psicoanálisis, lo que con aquella expresión ininteligible quería manifestar, respondiendo el interesado que había tenido la intención de calificar aquellos hechos como *cochinerías (Schweinereien);* pero que pareciéndole poco correcta tal expresión, hubo de reprimirla, cosa que, como hemos visto, no consiguió sino a medias. Ya al exponer este caso os adelanté que su análisis, tal y como lo habíamos verificado, constituía el prototipo de toda investigación psicoanalítica; pero supongo que ahora comprenderéis más claramente cómo la técnica del psicoanálisis consiste, sobre todo, en hacer resolver, en lo posible, por el mismo sujeto del análisis, los problemas que se plantea. De este modo será el propio sujeto del sueño el que deberá decirnos lo que éste significa.

Mas al aplicar esta técnica a los sueños tropezamos con graves complicaciones. En las funciones fallidas hallamos, al principio, cierto número de casos que no presentaban a la aplicación de la misma obstáculo ninguno, seguidos luego de otros en los que el sujeto interrogado se negaba a hacer manifestación alguna, y llegaba hasta rechazar con indignación la respuesta que le sugeríamos. En cambio, en los sueños faltan totalmente los casos de la primera categoría. El sujeto nos dice siempre que no sabe nada de lo que le preguntamos, y no puede tampoco recusar nuestra interpretación, porque no tenemos ninguna que proponerle. ¿Deberemos, pues, renunciar a toda tentativa? No sabiendo nada el propio sujeto y no poseyendo nosotros elemento alguno de información, que tampoco puede sernos proporcionado por una tercera persona, parece que no nos queda esperanza alguna de éxito, mas no por ello hemos de renunciar a nuestro propósito. Yo os aseguro que es posible y hasta muy probable que el durmiente sepa, a pesar de todo, lo que significa su sueño; *pero no sabiendo que lo sabe, cree ignorarlo.*

Me diréis, sin duda, que introduzco aquí una nueva hipótesis, la segunda ya desde el comienzo de nuestras investigaciones sobre los sueños, y que obrando de este modo disminuyo considerablemente el valor de los resultados a que dichas investigaciones nos conduzcan. Primera hipótesis: el sueño es un fenómeno psíquico; segunda, se realizan en nosotros hechos psíquicos que conocemos sin saberlo, etc. Bastará —añadiréis— con tener en cuenta la inverosimilitud de estas dos hipótesis para desinteresarse por completo de las conclusiones que de ellas pueden deducirse.

Son éstas, efectivamente, dificultades con las que tropieza toda sincera exposición de nuestra disciplina y que yo prefiero no ocultaros. Al anunciar una serie de conferencias con el título de *Lecciones introductorias al psicoanálisis,* no he abrigado ni por un momento el propósito de presentaros una exposición *ad usum delphini,* esto es, una exposición de conjunto que disimulase las dificultades, llenase las lagunas existentes y corriera un velo sobre las dudas, para haceros creer concienzudamente que habíais aprendido algo nuevo. Nada de eso; precisamente porque sois novicios en estas materias, he querido presentaros nuestra ciencia tal y como es, con sus desigualdades y asperezas, sus aspiraciones y sus dudas. Sé muy bien que lo mismo sucede en toda otra ciencia, y sobre todo, que no puede suceder de otra manera en los principios de cualquier disciplina, y sé asimismo que la enseñanza trata casi siempre de disimular al principio a los estudiantes las dificultades y las imperfecciones de la materia enseñada. Mas esta conducta no puede seguirse en el psicoanálisis. Así, pues, he formulado realmente dos hipótesis, de las cuales una cae dentro de la otra, y si este hecho os parece inadmisible o estáis habituados a mayores certidumbres y a deducciones más elegantes, podéis dispensaros de seguirme, e incluso creo que haríais bien en abandonar por completo el estudio de los problemas psicológicos, pues es de temer que no encontréis en él aquellos caminos exactos y seguros, únicos que estáis dispuestos a seguir. Además, es inútil que una ciencia que tiene algo que enseñar busque oyentes y partidarios. Sus resultados habrán de ser siempre sus mejores defensores, y podrá, por tanto, esperar que los mismos hayan conseguido forzar la atención.

Pero a aquellos de entre vosotros que sigan dispuestos a acompañarme en esta ardua labor de investigación, he de advertirles que mis dos hipótesis no poseen igual valor. La primera, aquella según la cual el sueño sería un fenómeno psíquico, es la que nos proponemos demostrar con el resultado de nuestra labor, pues la segunda ha sido ya demostrada en otro sector científico diferente, y, por tanto, nos limitaremos a utilizarla aquí para la solución de los problemas de que ahora tratamos. Mas, ¿dónde se ha demostrado que existe un conocimiento del que, sin embargo, no tenemos la menor noticia, como es el de que del sueño atribuimos aquí al sujeto del mismo? Sería éste un hecho interesantísimo y susceptible de modificar por completo nuestra concepción de la vida psíquica, hecho cuya definición se nos muestra como una *contradicción in adjecto,* pero que no tendría por qué permanecer oculto, como parece estarlo, a juzgar por lo poco generalizado que se halla su conocimiento. Trátase, además, de algo patentísimo y que si no ha atraído hasta ahora el interés que merece, es tan sólo por la dificultad que los nuevos conocimientos tienen que vencer para imponerse a las opiniones corrientes sobre estos problemas psicológicos, opiniones fundadas, por lo general, en juicios formulados por personas ajenas a las observaciones y experiencias más decisivas sobre estas materias.

La demostración de que hablamos ha sido realizada en el campo de los fenómenos hipnóticos. Asistiendo en 1889 a los impresionantes estudios prácticos de Liébault y Bernheim, en Nancy, fui testigo del siguiente experimento. Sumido un individuo en estado de somnambulismo, se le hacía experimentar toda clase de alucinaciones. Luego, al despertar, parecía no saber nada de lo sucedido durante su sueño hipnótico, y a la petición directa de Bernheim de participarle dichos sucesos, comenzaba por responder que no se acordaba de nada. Pero Bernheim insistía, y le aseguraba que sabía lo que le preguntaba y que debía recordarlo. Comenzaba entonces el sujeto a vacilar en su negativa, reflexionaba, y acababa por recordar, como a través de un sueño, la primera sensación que le había sido sugerida, y luego sucesivamente las restantes, haciéndose cada vez más precisos y completos los recuerdos, hasta emerger sin la menor laguna. Ahora bien: no habiendo informado nadie al sujeto de aquellos sucesos acaecidos durante su sueño hipnótico y que al principio negaba reconocer, podemos deducir con absoluta justificación que en todo momento poseía un perfecto conocimiento de ellos. Lo que sucedía es que le eran inaccesibles, y no sabiendo que los conocía, creía ignorarlos por completo. Trátase, pues, de una situación totalmente análoga a la que atribuimos al sujeto del sueño.

Este hecho que acabamos de establecer os sorprenderá, sin duda, y os hará preguntarme por qué no he recurrido a la misma demostración cuando, al tratar de los actos fallidos, llegamos a atribuir al sujeto que había cometido la equivocación intenciones verbales que ignoraba y negaba haber tenido. Desde el momento en que alguien cree no saber nada de sucesos cuyo recuerdo lleva, sin embargo, en sí, no es inverosímil que ignore muchos otros de sus procesos psíquicos. «Este argumento —añadiríais— nos hubiera impresionado, ciertamente, y nos hubiera ayudado a comprender las funciones fallidas.» Es cierto que hubiera podido recurrir a él en las lecciones que preceden, pero he querido reservarlo para otra ocasión en la que me parecía más necesario. Las funciones fallidas nos han dado por sí mismas parte de su explicación, y además nos indicaron ya la necesidad de admitir, en nombre de la unidad fenoménica, la existencia de procesos psíquicos ignorados por el sujeto. Para los sueños nos íbamos a hallar, en cambio, obligados a buscar la explicación fuera de los mismos, y aparte de esto, me figuraba, justificadamente, que encontraríais mas admisible en este sector que en el de las funciones fallidas la aportación de un elemento procedente del estudio de los fenómenos hipnóticos. El estado en el que llevamos a cabo un acto fallido debe pareceros normal y sin semejanza alguna con el hipnótico, mientras que, por el contrario, existe una analogía muy precisa entre el estado hipnótico y el estado de reposo, condición indispensable de los sueños.

Solemos, en efecto, calificar la hipnosis de sueño artificial, y para sumir en estado hipnótico a una persona le ordenamos que duerma. Además, las sugestiones de que hacemos objeto al sujeto hipnotizado son perfectamente comparables a los sueños del estado de reposo natural, y la situación psíquica presenta en ambos casos una real analogía. En el reposo natural desviamos nuestra atención de todo el mundo exterior, cosa que también sucede en el sueño hipnótico, excepción hecha de la relación que continúa subsistiendo entre el sujeto y su hipnotizador. El llamado *sueño de nodriza*, durante el cual permanece ésta en conexión con el niño que tiene a su cuidado, y sólo por él puede ser despertado, constituye un perfecto paralelo, dentro de lo normal, con el sueño hipnótico. No hay, pues, atrevimiento ninguno en transferir al reposo normal una peculiaridad de la hipnosis. Vemos, de este modo, que no carece por completo de base, la hipótesis según la cual el sujeto del sueño posee un conocimiento del mismo, pero un conocimiento que le es, por el momento, inaccesible. Anotemos, por último, que se inicia aquí un tercer camino de acceso al estudio de los sueños; el primero nos fue marcado por las excitaciones interruptoras del reposo; el segundo, por los sueños diurnos, y ahora los sueños sugeridos del estado hipnótico nos indican el tercero.

Después de estas consideraciones podemos, quizá, volver a emprender nuestra labor con mayor confianza. Creyendo ya muy verosímil que el sujeto del sueño tenga un conocimiento del mismo, nuestra labor se limitará a hacerle hallar tal conocimiento y comunicárnoslo. No le pedimos que nos revele en seguida el sentido de su sueño, pero sí le suponemos capaz de encontrar tanto el origen del mismo como el círculo de ideas e intereses de que proviene. En los casos de actos fallidos, y particularmente en el ejemplo de equivocación oral *(Vorschwein)*, solicitamos del interesado que nos dijera cómo había llegado a dejar escapar aquella palabra, y la primera idea que acudió a su mente trajo consigo dicha explicación. Para el sueño seguiremos una técnica muy sencilla, calcada sobre este modelo. Pediremos al sujeto que nos explique cómo ha llegado a soñar tal o cual cosa, y consideraremos su primera respuesta como una explicación, sin tener en cuenta las diferencias que pueden existir entre los casos en los que el sujeto cree saber y aquellos otros en que manifiesta ignorarlo todo y tratando unos y otros como partes de una sola y única categoría.

Esta técnica es ciertamente muy sencilla, pero temo que provoque en vosotros una enérgica oposición. Observaréis, sin duda, que es ésta una nueva hipótesis, la tercera ya y la más inverosímil de todas. «¿Cómo es posible —me diréis— que, interrogado el sujeto por lo que a propósito de su sueño se le ocurre, sea precisamente la primera idea que a su imaginación acuda lo que constituya la explicación buscada? A lo mejor, puede no ocurrírsele nada, o algo que no tenga la menor conexión con lo que de investigar se trata. No vemos en qué podéis fundar tal esperanza, y nos parece que dais muestras de una excesiva credulidad en una cuestión en que un poco más de espíritu crítico sería harto indicado. Además, un sueño no puede ser comparado a una equivocación única, puesto que se compone de numerosos elementos. Y siendo así, ¿a cuál de las ocurrencias del sujeto habremos de atenernos?»

Tenéis razón en todo aquello que en vuestras objeciones resulte secundario. Un sueño se distingue, en efecto, de una equivocación por la multiplicidad de sus elementos, y la técnica debe tener en cuenta esta diferencia. Por tanto, os propondré descomponer el sueño en sus elementos y examinar aisladamente cada uno de ellos, restableciendo de este modo la analogía con la equivocación. Tenéis igualmente razón al decir que, interrogado a propósito de cada elemento de sus sueños, el sujeto puede responder que no recuerda nada. Sin embargo, hay casos, y más tarde los conoceréis, en los que podemos utilizar esta respuesta y observaréis la curiosa circunstancia de que estos casos son precisamente aquellos en los que, en lugar del sujeto, es el analizador el que a ellos asocia bien definidas ocurrencias. Pero, en general, cuando el sujeto del sueño nos comunica que no tiene idea ninguna sobre el mismo, le contradiremos con insistencia, y asegurándole que una tal falta de ideas es imposible, acabaremos por lograr un completo éxito, pues producirá una ocurrencia cualquiera y, sobre todo, nos comunicará con especial facilidad determinadas informaciones que podemos calificar de históricas. Nos participará, por ejemplo, algo que le sucedió el día anterior (como en los dos sueños sobrios que citamos en la lección precedente), o nos dirá que determinado elemento del sueño le recuerda un suceso reciente. Procediendo así, observaremos que el enlace de los sueños con las impresiones recibidas durante los últimos días anteriores a ellos es mucho más frecuente de lo que al principio creímos. Por último, conservando siempre el sueño como punto de partida, recordará el sujeto sucesos más lejanos y a veces pertenecientes a épocas muy pasadas.

En lo que no tenéis razón es en lo esencial de vuestras objeciones. Os equivocáis de medio a medio al pensar que obro arbitrariamente cuando admito que la primera idea del sujeto debe procurarme aquello que busco o ponerme sobre sus huellas, y también al decir que dicha idea puede ser una cualquiera, sin relación alguna con lo investigado, siendo un exceso de confianza el esperar que dicha relación exista. Ya antes me permití una vez reprocharos vuestra creencia, profundamente arraigada, en la libertad y la espontaneidad psicológicas, y os dije que semejante creencia es por completo anticientífica y debe desaparecer ante la reivindicación de un determinismo psíquico. Cuando el sujeto interrogado expresa una idea dada, nos encontramos en presencia de un hecho ante el cual debemos inclinarnos. Mas al hablar así no me limito a oponer una teoría a otra, pues es posible demostrar que la idea producida por el sujeto interrogado no presenta nada de arbitrario ni de indeterminado, y posee realmente una relación con lo que se trata de hallar. Puedo incluso aducir —aunque no constituye un hecho de gran trascendencia— que, según he oído hace poco, la Psicología experimental ha proporcionado igualmente pruebas de este género.

Os ruego ahora que, dada la importancia de lo que voy a exponeros, me concedáis toda vuestra atención. Cuando yo pido a alguien que me diga lo que se le ocurre con respecto a determinado elemento de su sueño, solicito de él que se abandone a la libre asociación, *conservando siempre una representación inicial.* Esto exige una orientación particular de la atención, muy diferente y hasta exclusiva de aquella que corresponde a la reflexión. Algunos sujetos hallan fácilmente esta orientación, y, en cambio, otros dan pruebas de una increíble torpeza. Ahora bien: la libertad de asociación presenta todavía un grado superior, que aparece cuando abandonamos incluso tal representación inicial y no fijamos sino el género y la especie de la idea, invitando, por ejemplo, al sujeto a pensar libremente un nombre propio o un número. En estos casos la ocurrencia espontánea del sujeto debería ser aún más arbitraria e imprevisible que la que en nuestra técnica utilizamos. Sin embargo, puede demostrarse que la misma se halla siempre rigurosamente determinada por importantes dispositivos internos, que en el momento en que actúan nos son tan desconocidos como las tendencias perturbadoras de los actos fallidos y las provocadoras de los actos casuales.

He realizado numerosos experimentos de este género sobre los nombres y los números pensados al azar, y otros han repetido tras de mí iguales análisis, muchos de los cuales han sido publicados. Para realizar tales experimentos se procede despertando a propósito del nombre pensado asociaciones continuadas, las cuales no son ya por completo libres, sino que poseen un enlace, como las ideas evocadas a propósito de los elementos del sueño. Prosiguiendo así hasta que el estímulo a formar tales asociaciones queda agotado, lograremos descubrir tanto la motivación como el significado de la libre evocación del nombre o número de que se trate. Estos análisis dan siempre los mismos resultados, recaen sobre casos muy numerosos y diferentes y necesitan amplios desarrollos. Las asociaciones a los números libremente pensados son, quizá, las más probatorias. Se desarrollan con una tal rapidez y tienden hacia un fin oculto con una certidumbre tan incomprensible, que nos producen verdadero asombro. No os comunicaré aquí más que un solo ejemplo de análisis de una evocación espontánea de un nombre, análisis que por su escaso desarrollo resulta de fácil exposición.

Hablando un día de esta cuestión a un joven cliente, formulé el principio de que, a pesar de todas las apariencias de arbitrariedad, cada nombre libremente pensado se halla determinado estrictamente por las circunstancias en que surge, la idiosincrasia del sujeto del experimento y su situación momentánea. Viendo que dudaba de ello, le propuse realizar en el acto un análisis de este género, y como sabía que era harto mujeriego, creí que, invitado a pensar libremente un nombre de mujer, la única dificultad que encontraría sería la de escoger entre muchos. Convino en ello; mas, para mi sorpresa, y sobre todo para la suya, en lugar de abrumarme con una avalancha de nombres femeninos permaneció mudo durante unos momentos y me confesó después que sólo un nombre acudía en aquel instante a su imaginación: el de *Alvina*. «Es sorprendente —le dije—; pero, ¿qué es lo que en la imaginación de usted se enlaza con este nombre? ¿Cuántas mujeres conoce usted que se llamen así?» Pues bien: no conocía a ninguna mujer que así se llamara ni veía nada que en su imaginación se hallase ligado a tal nombre. Pudiera, pues, creerse que el análisis había fracasado; mas lo cierto es que habíamos logrado con él un completo éxito y no necesitábamos ya de ningún dato más para hallar la motivación y el significado de la ocurrencia. Véamoslo. Mi joven cliente era excesivamente rubio, y en el curso del tratamiento le había dicho yo muchas veces, bromeando, que parecía *albino*. Además, nos habíamos ocupado, precisamente en los días anteriores a este experimento, en establecer lo que de femenino había en su propia constitución. Era, pues, él mismo aquella *Alvina* que en tales momentos resultaba ser la mujer para él más interesante.

Análogamente, las melodías que acuden a nuestra imaginación sin razón aparente se revelan en el análisis como determinadas por cierta serie de ideas de la cual forman parte y que tienen motivo justificado para ocupar nuestro pensamiento, aunque nada sepamos de la actividad que en el mismo desarrollan. Resulta fácilmente demostrable que la evocación, en apariencia involuntaria, de tales melodías se halla en conexión con el texto o la procedencia de las mismas. Claro es que esta afirmación no puede extenderse a los individuos entendidos en música, con los que no he tenido ocasión de realizar análisis ninguno y en los cuales el contenido musical de una melodía puede constituir razón suficiente para su evocación. Pero los casos de la primera categoría son, desde luego, más frecuentes. Conozco a un joven que durante algún tiempo se hallaba literalmente obsesionado por la melodía, por cierto encantadora, del aria de París en *La belle Hélène*, obsesión que perduró hasta el día en que el análisis le reveló la lucha que en su alma se verificaba entre una 'Ida' y una Elena.

Así, pues, si las ideas que surgen libremente se hallan de este modo condicionadas y forman parte de determinado conjunto, tendremos derecho a concluir que aquellas otras que tienen ya una conexión que las enlaza a una representación inicial pueden presentar idénticos caracteres. El análisis muestra, en efecto, que, además de poseer dicha conexión, se halla bajo la dependencia de determinados *complejos*, esto es, conjuntos de ideas e intereses saturados de afecto, cuya intervención permanece ignorada, o sea inconsciente, por el momento.

Las ocurrencias de este modo dependientes han sido y son objeto de investigaciones experimentales muy instructivas y que han desempeñado en la historia del psicoanálisis un papel harto considerable. La escuela de Wundt inició el experimento llamado de asociación, en el que el sujeto del mismo es invitado a responder lo más rápidamente posible, con una *reacción* cualquiera, a la palabra que se le dirige a título de *estímulo*. De este modo podemos estudiar el intervalo que transcurre entre el estímulo y la reacción, la naturaleza de la respuesta dada a título de reacción, los errores que pueden producirse en la repetición ulterior del mismo experimento, etc. Bajo la dirección de Bleuler y Jung ha obtenido la escuela de Zurich la explicación de las reacciones que se producen en el curso del experimento de asociación, pidiendo al sujeto del mismo que hiciera más explícitas sus reacciones, con ayuda de asociaciones suplementarias, cuando en aquéllas aparecía alguna singularidad. Por este medio se descubrió que dichas reacciones singulares se hallaban determinadas con absoluto rigor por los complejos del sujeto, descubrimiento con el que Bleuler y Jung tendieron por vez primera un puente desde la psicología experimental al psicoanálisis.

Ante estos argumentos podréis decirme: «Reconocemos ahora que las ocurrencias espontáneas son determinadas y no arbitrarias, como antes creíamos. Reconocemos igualmente la determinación de aquellas ideas que surgen enlazadas con los elementos de los sueños, pero no es esto lo que nos interesa. Pretendéis que la idea que nace a propósito del elemento del sueño es determinada por un segundo término psíquico, que nos es desconocido, de dicho elemento. Y esto es precisamente lo que no nos parece aún demostrado. Prevemos que la idea que surge en relación con un elemento de un sueño revelará hallarse determinada por uno de los complejos del durmiente. Pero, ¿cuál es la utilidad de esta observación? En lugar de ayudarnos a comprender el sueño nos proporciona únicamente, como el experimento de asociación, el conocimiento de tales complejos, mas no nos revela lo que los mismos tienen que ver con el sueño.»

Tenéis razón, pero hay una cosa en que no os habéis fijado, y que es precisamente el motivo que me ha impedido tomar el experimento de asociación como punto de partida de esta exposición. En este experimento somos, en efecto, nosotros los que escogemos arbitrariamente uno de los factores determinantes de la reacción, o sea la palabra-estímulo. La reacción aparece entonces como un enlace entre la palabra-estímulo y el complejo que la misma despierta en el sujeto del experimento. En cambio, en el sueño la palabra-estímulo queda reemplazada por algo que procede de la vida psíquica del durmiente, aunque de fuentes por él ignoradas, y este *algo* pudiera muy bien ser, a su vez, producto de un complejo. Así, pues, no es aventurado admitir que las ideas ulteriores que se enlazan a los elementos de un sueño se hallan también determinadas por el complejo correspondiente a dicho elemento y pueden, en consecuencia, ayudarnos a descubrir tal complejo.

Permitidme mostraros con un ejemplo que las cosas suceden realmente de este modo. El olvido de nombres propios implica operaciones que constituyen un excelente modelo de aquellas que hemos de realizar en el análisis de un sueño, con la única reserva de que en los casos de olvido se halla reunido en una sola y misma persona aquello que en la interpretación onírica aparece distribuido entre dos distintas. Cuando momentáneamente hemos olvidado un nombre, no por ello dejamos de poseer la certidumbre de que lo conocemos, certidumbre que el sujeto del sueño no poseerá sino después que le ha sido inspirada por un medio indirecto, esto es, por el experimento de Bernheim. Pero el nombre olvidado y sin embargo conocido no nos es accesible. Por muchos esfuerzos que hagamos para evocarlo no lograremos conseguirlo. Lo que sí podremos, en cambio, es evocar siempre en lugar del nombre olvidado aquel o aquellos nombres sustitutivos que acudan espontáneamente a nuestra imaginación, circunstancia que hace evidente la analogía de esta situación con la que se da en el análisis de un sueño. El elemento del sueño no es tampoco algo auténtico, sino tan sólo un sustitutivo de algo que no conocemos y que el análisis debe revelarnos. La única diferencia que existe entre las dos situaciones es la de que en el olvido de un nombre reconocemos inmediatamente, sin vacilar, que los nombres, evocados no son sino sustitutivos, mientras que en lo que concierne al elemento del sueño no llegamos a esta convicción sino después de largas y penosas investigaciones. También en los casos de olvido de nombres tenemos un medio de hallar el nombre verdadero olvidado y sumido en lo inconsciente. Cuando, concretando nuestra atención sobre los nombres sustitutivos, hacemos surgir con relación a ellos otras ideas, llegamos siempre, después de rodeos más o menos largos, hasta el nombre olvidado y observamos que tanto los nombres sustitutivos espontáneamente surgidos como aquellos que hemos provocado por asociación, se enlazan estrechamente al nombre olvidado y son determinados por el mismo.

He aquí un análisis de este género. Observo un día haber olvidado el nombre del pequeño país situado en la Riviera y cuya ciudad más conocida es Montecarlo. Decidido a recordarlo, paso revista a todo lo que de tal país conozco y pienso en el príncipe Alberto, de la casa de Lusignan, en sus matrimonios, en su pasión por la oceanografía y en otras muchas cosas relacionadas con el territorio cuyo nombre ha huido de mi memoria, pero todo en vano. Ceso, pues, de reflexión y dejo que en lugar del nombre olvidado surjan nombres sustitutivos. Estos nombres se suceden rápidamente. Primero, *Montecarlo,* y después, *Piamonte, Albania, Montevideo* y *Colico.* En esta serie de palabras, *Albania* se impone la primera a mi atención, pero es reemplazada en el acto por *Montenegro,* a causa, quizá, del contraste entre blanco y negro. Observo después que cuatro de estos nombres sustitutivos contienen la sílaba *mon,* y en el acto encuentro la palabra olvidada, o sea *Mónaco.* Los nombres sustitutivos fueron, pues, realmente, derivados del nombre olvidado, del cual reproducen los cuatro primeros la primera sílaba y el último la yuxtaposición de las sílabas y la última de ellas. Al mismo tiempo descubrí la razón que me había hecho olvidar momentáneamente el nombre de Mónaco. La palabra que había ejercido la acción inhibidora era *München,* que no es sino la versión alemana de *Mónaco.*

Presenta, desde luego, este ejemplo un extraordinario interés, pero resulta demasiado sencillo. En otros olvidos de nombres, en los que nos vemos obligados a hacer surgir, a propósito de los primeros nombres sustitutivos, una más amplia serie de ocurrencias, aparece con mucha mayor claridad la analogía de estos casos con los de interpretación onírica. Puedo también citaros algún ejemplo de tales olvidos más complicados. Un extranjero me invitó un día a beber con él un vino italiano que le había parecido excelente en ocasiones anteriores; mas cuando llegamos al café no consiguió recordar el nombre del vino que tenía intención de ofrecerme. Después de oír una larga serie de nombres sustitutivos que mi compañero produjo en lugar del nombre olvidado, creí poder deducir que el olvido era efecto de una inhibición ejercida por el recuerdo de una cierta

Eduvigis, y cuando así se lo comuniqué, me confirmó que, efectivamente, la primera vez que había bebido aquel vino fue en compañía de una mujer que llevaba dicho nombre. Una vez hecho el descubrimiento de la causa inhibitoria, halló en seguida el tan buscado nombre del vino que quería ofrecerme. Añadiré aquí que en la época en que esto sucedió mi amigo había contraído un feliz matrimonio y no recordaba con gusto aquella época anterior de su vida a la que pertenecían sus relaciones con la tal Eduvigis.

Lo que es posible cuando se trata del olvido de un nombre debe serlo igualmente cuando queremos interpretar un sueño. Sobre todo, debemos poder hacer accesibles los elementos ocultos e ignorados con ayuda de asociaciones enlazadas a la sustitución tomada como punto de partida. Conforme al ejemplo que el olvido de nombres nos proporciona, tenemos que admitir que las asociaciones enlazadas al elemento de un sueño son determinadas tanto por este elemento mismo como por su segundo término inconsciente. Si esta hipótesis demuestra ser exacta, nuestra técnica hallará en ella determinada justificación.

LECCION VII.   3.   CONTENIDO MANIFIESTO E IDEAS LATENTES DEL SUEÑO

Señoras y señores:

Habréis observado que nuestro estudio de las funciones fallidas nos ha sido muy provechoso. Partiendo de las hipótesis que conocéis, hemos obtenido en él dos resultados importantes: una concepción del elemento del sueño y una técnica de interpretación onírica. Con respecto al elemento del sueño hemos descubierto que carece de autenticidad y no es sino un sustitutivo de algo ignorado por el sujeto del mismo, o mejor dicho, de algo de que dicho sujeto posee conocimiento, pero un conocimiento inaccesible para él, como lo es el de las tendencias perturbadoras para los sujetos de las funciones fallidas. Avanzando ahora en nuestra labor, esperamos poder extender esta concepción a la totalidad del sueño, o sea al conjunto de elementos. Por otra parte, la técnica de interpretación que hemos llegado a establecer consiste en hacer surgir, por asociación con cada uno de dichos elementos, otros productos sustitutivos, de los cuales podemos deducir el oculto sentido buscado.

Os propongo ahora operar una modificación de nuestra terminología con el solo objeto de dar a nuestros movimientos un poco más de libertad. En lugar de decir oculto, inaccesible e inauténtico, diremos en adelante, con expresión mucho más exacta, inaccesible a la conciencia del durmiente, o *inconsciente*. Como en el caso de una palabra olvidada o de la tendencia perturbadora que provoca un acto fallido, no se trata aquí sino de cosas *momentáneamente inconscientes*. Cae, pues, de su peso que los elementos mismos del sueño y las representaciones sustitutivas obtenidas por asociación habrán de ser denominadas *conscientes*, por contraste con dicho inconsciente momentáneo. Esta terminología no implica aún ninguna construcción teórica. El empleo de la palabra *inconsciente*, a título de descripción exacta y fácilmente inteligible, resulta irreprochable.

Si extendemos nuestro punto de vista desde el elemento aislado al sueño total, hallaremos que este último constituye, como tal totalidad, una sustitución deformada de un suceso inconsciente cuyo descubrimiento es la misión que atañe a la interpretación onírica.

De este hecho se derivan inmediatamente tres reglas esenciales, a las que debemos ceñirnos en nuestra labor de interpretación:

1.ª El aspecto exterior que un sueño nos ofrece no tiene que preocuparnos para nada, puesto que, sea inteligible o absurdo, claro o embrollado, no constituye en ningún modo lo inconsciente buscado. Más tarde veremos que esta regla tiene, sin embargo, una limitación.

2.ª Nuestra labor debe reducirse a despertar representaciones sustitutivas en derredor de cada elemento, sin reflexionar sobre ellas o buscar si contienen algo exacto, ni tampoco preocuparnos de averiguar si nos alejan del elemento del sueño y hasta qué punto.

3.ª Debe esperarse hasta que lo inconsciente oculto y buscado surja espontáneamente, como sucedió con la palabra *Mónaco* en el ejemplo de olvido antes citado.

Comprendemos ahora cuán poco importa saber en qué medida, grande o pequeña, y con qué grado de seguridad o de incertidumbre nos acordamos de un sueño, pues el que recordamos no constituye aquello que buscamos, sino tan sólo su sustitución deformada, que debe permitirnos, con ayuda de las demás imágenes sustitutivas provocadas, descubrir la esencia misma del fenómeno onírico y convertir en consciente lo inconsciente. Si nuestros recuerdos han sido infieles, ello se debe a que la formación sustitutiva por ellos constituida ha sufrido una nueva deformación que a su vez puede ser motivada.

Objeto de esta labor de interpretación puede ser tanto los sueños propios como los ajenos, resultando quizá más instructivo el análisis de los primeros, pues en ellos se nos impone con mayor energía la certeza de los resultados obtenidos. Mas en cuanto emprendemos esta labor interpretativa, observamos los obstáculos que a ella se oponen. A nuestra imaginación acuden ocurrencias suficientes, pero no dejamos que surjan todas con absoluta libertad, como si algo nos impusiera una labor crítica y seleccionadora. De algunas de ellas pensamos que no tienen nada que ver con nuestro sueño, y otras las encontramos absurdas, secundarias o insignificantes, resultando que antes que nuestras ocurrencias hayan tenido tiempo de precisarse claramente, las ahogamos o eliminamos con tales objeciones. Vemos, pues, que, por un lado, nos atenemos demasiado a la representación inicial, y por otro, perturbamos el resultado de la libre asociación con una selección indebida. Cuando en lugar de interpretar nosotros mismos nuestros sueños los hacemos interpretar por otros, aparece un nuevo motivo que nos impulsa a realizar dicha perturbadora selección, pues algunas de las ideas que acuden a nuestra mente nos resultan difíciles o desagradables de comunicar a otra persona y resolvemos silenciarlas.

Es evidente que estas objeciones que a propósito de nuestras ocurrencias surgen en nosotros constituyen una amenaza para el buen éxito de nuestra labor. Debemos, pues, hacer todo lo posible para preservarnos contra ellas. Cuando se trata de nuestros propios sueños, lo lograremos tomando la firme decisión de no ceder a su influjo, y cuando hayamos de interpretar un sueño ajeno, impondremos al sujeto, como regla inviolable, la de no rehusar la comunicación de ninguna idea, aunque la encuentre insignificante, absurda, ajena al sueño o desagradable de comunicar. La persona cuyo sueño queremos interpretar prometerá obedecer a esta regla, pero habremos de alejar de nosotros toda molestia si vemos que no mantiene su promesa. Muchos creerán, en este caso, que a pesar de todas las insistentes seguridades que han dado al sujeto, no han logrado convencerle de la utilidad que para el fin buscado presenta la libre asociación y supondrán necesario comenzar por conquistar su adhesión teórica, haciéndole leer determinadas obras o asistir a determinadas conferencias susceptibles de convencerle de la verdad de nuestras ideas sobre la libre asociación. Pero haciendo esto se cometerá un grave error, y para no caer en él bastará pensar que, aunque nosotros nos hallamos seguros de nuestra convicción, no por ello dejamos de ver surgir en nosotros, contra determinadas ideas, las mismas objeciones críticas, las cuales no desaparecen sino ulteriormente, como en una segunda instancia.

En lugar de impacientarnos ante la desobediencia del sujeto del sueño, podemos utilizar estos casos para extraer de ellos nuevas enseñanzas, tanto más importantes cuanto que no nos hallábamos preparados a su aparición. Comprendemos ahora que la labor de interpretación se realiza contra determinada *resistencia,* que halla su expresión en las objeciones críticas de que hablábamos y es independiente de las convicciones teóricas del sujeto. Pero aún aprendemos algo más. Observamos que estas objeciones críticas no se hallan jamás justificadas y que, por el contrario, las ideas que el sujeto quisiera reprimir así revelan ser *siempre y sin excepción* las más importantes y decisivas desde el punto de vista del descubrimiento de lo inconsciente. Una objeción de este género constituye, por decirlo así, un distintivo de la idea a la que acompaña.

Esta resistencia es un fenómeno totalmente nuevo que hemos descubierto merced a nuestras hipótesis, pero que no se hallaba implícito en las mismas. La sorpresa que su descubrimiento nos produce no nos es, por cierto, nada agradable, pues sospechamos que no ha de facilitar precisamente nuestra labor y que incluso pudiera inducirnos a abandonar nuestra investigación de estos problemas, al ver que para esclarecer una cosa tan poco importante como los sueños tropezamos con tan inmensas dificultades técnicas. Mas, por otra parte, también puede ser que tales dificultades sirvan para estimularnos, haciéndonos sospechar que la labor emprendida ha de merecer el esfuerzo que de nosotros exige. Siempre que intentamos penetrar, desde la sustitución constituida por el elemento del sueño, en lo inconsciente que tras del mismo se esconde, tropezamos con tales dificultades, circunstancia que nos da derecho a pensar que detrás de tal sustitución se esconde algo importante, pues de otro modo no podríamos comprender la utilidad de aquellos obstáculos que tienden a mantener oculto lo que nuestra investigación trata de descubrir. Cuando un niño no quiere abrir su mano para mostrarnos lo que en ella encierra, es que seguramente esconde algo que no debiera haber cogido.

Al introducir en nuestra exposición la representación dinámica de una resistencia, hemos de advertir que se trata de un factor cuantitativamente variable. En el curso de nuestra labor interpretadora hallaremos, por tanto, resistencias de muy diferente intensidad, hecho con el que quizá podamos relacionar otra de las particularidades que en dicha labor se nos harán patentes. En efecto, hallaremos algunos casos en los que una sola idea o un pequeño número de ellas bastarán para conducirnos desde el elemento del sueño a su substrato inconsciente, mientras que en otros tendremos necesidad, para llegar a este resultado, de alinear largas cadenas de asociaciones y vencer numerosas objeciones críticas. Diremos, pues, y probablemente con razón, que tales diferencias corresponden a las intensidades variables de la resistencia. Cuando ésta es poco considerable, la distancia que separa al sustitutivo del substrato inconsciente es mínima; en cambio, una resistencia enérgica trae consigo deformaciones considerables de dicho substrato, circunstancia que necesariamente ha de aumentar su distancia de aquella que en el sueño lo sustituye.

Será, quizá, ya tiempo de realizar un ensayo práctico de nuestra técnica de interpretación para ver si confirma las esperanzas que en ella hemos cifrado. Mas, ¿qué sueño habremos de escoger para tal ensayo? No podéis figuraros hasta qué punto esta elección resulta difícil para mí, y no puedo tampoco haceros comprender, por ahora, en qué reside tal dificultad. Debe de haber, ciertamente, sueños que en conjunto no han sufrido una gran deformación, y lo mejor sería comenzar por ellos. Pero, ¿cuáles son los sueños menos deformados? ¿Acaso aquellos razonables y nada confusos de los cuales os he citado ya dos ejemplos? Nada de eso; el análisis demuestra, precisamente, que tales sueños han sufrido una deformación extraordinaria. Por otro lado, si renunciando a toda condición particular escogiera yo el primer sueño que a mi recuerdo acudiese, quedaríais, probablemente, defraudados. Pudiera ser que, habiendo de anotar y examinar a propósito de cada elemento de dicho sueño una considerable cantidad de ocurrencias, nos viésemos imposibilitados de adaptar nuestra labor a los límites dentro de los que hemos de mantenernos en estas lecciones. Transcribiendo el relato que de su sueño nos hace el interesado y registrando después todas las ideas que a propósito del mismo surgen en su imaginación, sucede, muchas veces, que esta última relación alcanza una longitud varias veces superior al texto del sueño. Será, pues, lo más indicado elegir, para analizarlos aquí, varios sueños breves, de los cuales pueda confirmar cada uno, por lo menos, alguna de nuestras afirmaciones. En espera de que una mayor experiencia en estas cuestiones nos muestre, más adelante, dónde podemos hallar sueños poco deformados, comenzaremos por seguir este procedimiento.

Pero aún se nos ofrece otro medio de hacer más sencilla nuestra labor. En lugar de intentar la interpretación de sueños enteros, nos contentaremos, por ahora, con analizar tan sólo elementos aislados de los mismos, con objeto de ver, en una serie de ejemplos bien escogidos, cómo la aplicación práctica de nuestra técnica nos consigue la interpretación deseada.

a)   Una señora cuenta que siendo niña soñó repetidamente que *Dios usaba un puntiagudo gorro de papel*. Este absurdo sueño, que nos parece imposible de comprender sin el auxilio de la sujeto, queda por completo explicado al relatarnos la señora que cuando era niña le ponían con frecuencia, al ir a comer, un gorro de este género para quitarle su fea costumbre de arrojar furtivas ojeadas a los platos de sus hermanos con el fin de asegurarse que no se les servía más comida que a ella. Así, pues, el gorro aquel tenía una misión parecida a las orejeras que se ponen a los caballos para limitar su campo de visión lateral. Esta información, que pudiéramos calificar de histórica, fue obtenida sin dificultad ninguna, y con ella y una sola ocurrencia de la sujeto quedó completada la interpretación de todo este breve sueño. En efecto, al preguntar a la señora qué era lo que de su sueño pensaba, obtuvimos la siguiente respuesta: «Como me habían dicho por entonces que Dios lo sabía y veía todo, mi sueño no podía significar sino que, como Dios mismo, yo lo sabía y lo veía todo, aun cuanto trataban de impedírmelo.» Pero este ejemplo es quizá excesivamente sencillo.

b)   Una paciente escéptica tiene un sueño un poco más largo que el anterior, en el curso del cual le hablan varias personas haciéndole grandes elogios de mi libro sobre el chiste. Después, en el mismo sueño, se hace mención de un *canal, quizá de otro libro en el que se habla de un canal o de algo que tiene alguna relación con un canal...; no puede decir más...; sus recuerdos del sueño son muy confusos.*

Esperaréis, quizá, que hallándose tan indeterminado el elemento *canal,* escapara a toda interpretación. Cierto es que la misma tropieza en este caso con algunas dificultades, pero éstas no son debidas a la impresión del elemento analizado, pues lo que sucede es que tanto esta imprecisión como aquellas dificultades provienen de una causa común. A la imaginación de la sujeto no acudió por el momento idea ninguna a propósito del concepto «canal», y, naturalmente, tampoco a mí se me ocurría nada sobre él. Pero más tarde, al siguiente día de este primer intento de interpretación, recordó algo que, a su juicio, poseía quizá una relación con dicho elemento de su sueño. Tratábase de un chiste que había oído contar. En un barco destinado al servicio entre Dover y Calais entabló un conocido escritor conversación con un inglés, citando éste, en el curso del diálogo, la conocida frase de que «de lo sublime a lo ridículo no hay sino un paso», a lo cual respondió el escritor: «Sí, el Paso de Calais», juego de palabras con el que da a entender que halla a Francia sublime y ridícula a Inglaterra. Pero el Paso de Calais es un *canal,* el canal de la Mancha.

Anticipándome a la interrogación que, sin duda, estáis pensando dirigirme sobre qué relación puedo hallar entre este recuerdo evocado por la sujeto y el sueño cuya interpretación buscamos, os diré que no sólo existe tal relación, sino que dicho recuerdo nos proporciona íntegramente la solución deseada. ¿O es que dudáis de que el mismo existiese antes del sueño como substrato inconsciente del elemento «canal» y creáis que ha sido aprovechado después para proporcionar una apariencia de interpretación? Nada de eso; la ocurrencia de la sujeto testimonia precisamente del escepticismo que, a pesar de una naciente e involuntaria convicción, abriga con respecto a nuestras teorías, y esta resistencia es con seguridad el motivo común del retraso con que surgió la ocurrencia y de la impresión del elemento correspondiente. Ahora vemos ya con toda claridad la relación que existe entre el elemento del sueño y su substrato inconsciente. El primero es como un fragmento del segundo o como una alusión al mismo, y lo que motiva su apariencia totalmente incomprensible es su aislamiento de dicho substrato.

c) Uno de mis pacientes tiene en una ocasión un sueño bastante largo: *Varios miembros de su familia se hallan sentados en derredor de una mesa, que tiene una forma particular,* etc. A propósito de esta mesa, recuerda el sujeto haber visto un mueble muy semejante en casa de una familia conocida. A esta primera ocurrencia se enlaza luego la de que en dicha familia no son precisamente muy cordiales las relaciones entre el padre y el hijo. Por último, confiesa el sujeto que algo análogo le ocurre también a él con su padre. Así, pues, la introducción de la mesa en el sueño servía para designar este paralelo.

La persona que tuvo este sueño se hallaba, desde tiempo atrás, familiarizada con las exigencias de la interpretación onírica. No siendo así, hubiera, quizá, extrañado que un detalle tan insignificante como la forma de una mesa se convirtiese en objeto de investigación. Pero no debe olvidarse que para nosotros no hay en el sueño nada accidental o indiferente, y que precisamente por la elucidación de tales detalles, en apariencia tan insignificantes y no motivados, es como llegamos a obtener las informaciones que nos interesan. Lo que quizá os asombre todavía es que la elaboración del sueño que nos ocupa haya elegido la mesa para expresar la idea del sujeto de que en su casa sucede lo mismo que en la de aquella otra familia. Mas también os explicaréis esta particularidad cuando sepáis que el apellido de dicha familia era el de *Tischler* (carpintero, palabra derivada de *Tisch*, mesa). Observaréis ahora cuán indiscretos nos vemos obligados a ser cuando queremos comunicar la interpretación de algún sueño, circunstancia que constituye una de las dificultades con las cuales tropezamos, como ya os anuncié anteriormente, para elegir ejemplos con que ilustrar nuestras explicaciones. Me hubiera sido fácil reemplazar este ejemplo por otro, pero es probable que no hubiera evitado la indiscreción cometida más que al precio de otra indiscreción diferente.

Creo indicado introducir ya en mi exposición dos términos de los que nos hubiéramos podido servir hace mucho tiempo. Llamaremos *contenido manifiesto* del sueño a aquello que el mismo desarrolla ante nosotros, e *ideas latentes del sueño* a aquello que permanece oculto y que intentamos descubrir por medio del análisis de las asociaciones que surgen en el sujeto a propósito de su sueño. Examinaremos, pues, ahora las relaciones que en los sueños antes analizados aparecen entre el contenido manifiesto y las ideas latentes, relaciones que pueden ser muy diversas. En los ejemplos *a)* y *b)*, el elemento manifiesto resulta ser un fragmento, aunque pequeñísimo, de las ideas latentes. Una parte del gran conjunto psíquico formado por las ideas inconscientes del sueño ha surgido en el sueño manifiesto, constituyendo un fragmento del mismo. En otros casos, dicha parte de las ideas latentes surge también en el sueño manifiesto como una alusión, un símbolo o una abreviación de estilo telegráfico. A la labor interpretadora incumbe completar este fragmento o desentrañar la alusión, cosa que hemos conseguido con particular éxito en el caso *b)*. La sustitución por un fragmento o una alusión constituye, pues, uno de los métodos de deformación empleados por la elaboración onírica. En el sueño hallamos aún otra distinta particularidad que los ejemplos que siguen nos mostrarán con mayor claridad y precisión.

d) El sujeto del sueño *hace salir de detrás de una cama a una señora a la que conoce.* La primera idea que en el análisis acude a su imaginación nos proporciona el sentido de este elemento del sueño, el cual quiere decir que el sujeto *da a esta señora la preferencia* (juego de palabras: *hacer salir-hervorziehen; preferencia-Vorzug).*

e) Otro individuo sueña que su *hermano se halla encerrado en un baúl.* La primera idea reemplaza el baúl por un armario *(Schrank),* y la siguiente nos da en seguida la interpretación del sueño: su hermano *restringe sus gastos (schränkt sich ein).*

f) El sujeto del sueño *sube a una montaña, desde la cual descubre un panorama extraordinariamente amplio.* Tan comprensible y natural resulta este sueño, que nos parece no necesitar de interpretación ninguna, debiendo limitarse nuestro análisis a averiguar a qué recuerdo del sujeto se halla enlazado y cuál es el motivo que lo ha hecho surgir. Mas esta primera impresión es totalmente errónea, pues a pesar de su aparente claridad se halla este sueño tan necesitado de interpretación como los más embrollados y confusos. En efecto, lo que en el análisis acude a la imaginación del sujeto no es el recuerdo de ascensiones realizadas por él anteriormente, sino el de uno de sus amigos, editor de una *revista (Rundschau)* que se ocupa de nuestras relaciones con los más lejanos países. El pensamiento latente del sueño consiste, pues, en este caso, en la identificación del sujeto del mismo con *aquel que pasa revista al espacio que le rodea (Rundschauer)*.

Hallamos aquí un nuevo género de relación entre el elemento manifiesto y el elemento latente del sueño. El primero, más que una deformación del segundo, es una representación del mismo, o sea su imagen plástica y concreta derivada de la forma de expresión verbal. Claro es que, en último término, también esto constituye una deformación, pues cuando pronunciamos una palabra hemos olvidado ya hace mucho tiempo la imagen concreta que la ha dado origen, siéndonos, por tanto, imposible reconocerla cuando en su lugar se nos presenta dicha imagen. Si tenéis en cuenta que el sueño manifiesto se compone principalmente de imágenes visuales y sólo rara vez de ideas y palabras, comprenderéis la particular importancia que esta relación posee en la formación de los sueños. Veréis también que de este modo resulta posible crear en el sueño manifiesto y para toda una serie de pensamientos abstractos imágenes sustitutivas nada incompatibles con la latencia en que dichos pensamientos deben ser conservados. Es esta misma técnica de los jeroglíficos que componemos por puro pasatiempo. Observamos además que estas representaciones plásticas poseen en el sueño, con gran frecuencia, un marcado carácter «chistoso». Pero la procedencia de este singular carácter constituye un problema cuya investigación no podemos abordar en estas lecciones.

También he de pasar, por ahora, en silencio un cuarto género de relación entre el elemento latente y el elemento manifiesto, relación de la que ya os hablaré cuando se nos revele por sí misma en la aplicación de nuestra técnica. Mi enumeración no será, pues, completa, pero de todos modos bastará para nuestras actuales necesidades.

¿Tendréis ahora valor para abordar la interpretación de un sueño completo? Ensayémoslo, con el fin de ver si nos hallamos suficientemente preparados para emprender esta labor. Escogeré un sueño que, sin ser de los más oscuros, presenta todas las características de esta clase de fenómenos con la mayor agudeza posible:

Una señora joven, casada hace varios años, tiene el sueño siguiente: *Se halla en el teatro con su marido. Una parte del patio de butacas está desocupada. Su marido le cuenta que. Elisa L. y su prometido hubieran querido venir también al teatro, pero no habían conseguido sino muy malas localidades —tres por un florín cincuenta céntimos— y no quisieron tomarlas. Ella piensa que el no haber podido ir aquella noche al teatro no es ninguna desgracia.*

Lo primero que la sujeto del sueño nos comunica a propósito del mismo nos demuestra que el estímulo que lo hizo surgir aparece claramente en el contenido manifiesto. Su marido le había contado, en efecto, que Elisa L., una amiga suya de su misma edad, acababa de desposarse. El sueño constituye, pues, una reacción a esta noticia. Sabemos ya que en muchos casos es fácil hallar el estímulo del sueño en los sucesos del día que le precedió y que los analizados indican sin dificultad alguna esta filiación. En este ejemplo el sujeto nos proporcionó informaciones del mismo género con respecto a otros elementos del contenido manifiesto. Así, el detalle de la ausencia de espectadores en una parte del patio de butacas constituye una alusión a un suceso real de la semana precedente. Habiéndose propuesto asistir a cierta representación, había comprado las localidades con tanta anticipación, que tuvo que pagar un sobreprecio. Mas luego, cuando llegó con su marido al teatro, advirtió que sus precauciones habían sido inútiles, *pues una parte del patio de butacas se hallaba casi vacío.* Por tanto, no hubiera perdido nada comprando los billetes el mismo día de la representación, y su marido la embromó por su exagerada impaciencia. Otro de los detalles del sueño, la suma de un florín cincuenta céntimos, tiene su origen en un suceso totalmente distinto y sin relación alguna con lo que acabamos de exponer, pero constituye también una alusión a una noticia que la señora recibió el día mismo del sueño. Su cuñada, habiendo recibido de su marido la suma de ciento cincuenta florines como regalo, no tuvo mejor ocurrencia (la muy estúpida) que correr a la joyería y comprarse una joya que le costó toda la suma recibida. Sobre el origen del número *tres* que aparece en el sueño (tres localidades) no acierta a decirnos nada la sujeto, a menos que veamos una explicación en el dato de que aquella amiga que acababa de desposarse es tan sólo *tres* meses más joven que ella, que, sin embargo, se halla casada ya hace diez años. Por último, al querer hallar la explicación del absurdo de tomar tres billetes para dos personas, la sujeto rehúsa ya todo nuevo esfuerzo de memoria y toda nueva información.

Pero lo poco que nos ha dicho basta para descubrirnos las ideas latentes de su sueño. Lo que primeramente debe atraer nuestra atención es que las informaciones que a propósito de su sueño nos han dado nos proporcionan repetidamente detalles del orden temporal que establecen una analogía entre dos diferentes partes del mismo. Había pensado en los billetes *demasiado pronto* y los había comprado *con excesiva anticipación,* de manera que tuvo que pagarlos más caros. Su cuñada se había *apresurado* igualmente a correr a la joyería para comprarse una joya, como si temiera *perderla.* Si a las nociones tan acentuadas de *demasiado pronto, con anticipación,* añadimos el hecho que ha servido de pretexto al sueño, la información de que su amiga, que tan sólo tiene tres meses *menos* de edad que ella, se halla prometida a un hombre honrado y distinguido, más por la crítica reprobatoria dirigida contra su cuñada, que había obrado absurdamente al *apresurarse* tanto, descubriremos que las ideas latentes del sueño, de las cuales el contenido manifiesto no es sino una mala sustitución deformada, son las que siguen:

«Fue un *desatino* apresurarme tanto en casarme. Por el ejemplo de Elisa veo que no hubiera perdido nada esperando.» (El apresuramiento queda representado por su conducta al adquirir las localidades y la de su cuñada en la compra de la joya. El concepto de matrimonio encuentra su sustitución en el hecho de haber ido con su marido al teatro.) Esta idea sería la principal. Aunque con menos seguridad, pues carecemos ya de indicaciones de la sujeto, podríamos añadir a esta idea principal la siguiente: «Por el mismo dinero hubiera podido encontrar uno cien veces mejor.» (Ciento cincuenta florines forman una suma cien veces superior a un florín cincuenta céntimos.) Si reemplazamos la palabra *dinero* por la palabra *dote,* el sentido de la última frase sería el de que con una buena dote se compra un marido. La joya y las malas localidades del teatro serían entonces las nociones que vendrían a sustituir a la de marido. Nos interesaría todavía más saber si el elemento «tres billetes» se refiere igualmente a un hombre, pero nada nos permite ir tan lejos. Hemos encontrado solamente que el sueño analizado expresa la escasa *estimación* de la mujer por su marido y su remordimiento por *haberse casado tan pronto*.

A mi juicio, el resultado de esta primera interpretación de un sueño, más que satisfacernos, ha de causarnos sorpresa y confusión, pues nos ofrece demasiadas cosas a la vez, circunstancia que dificulta enormemente nuestra orientación. No pudiendo, desde luego, agotar las enseñanzas que de este análisis se desprenden, nos apresuraremos a extraer de él aquellos datos que consideremos como nuevas e irrefutables aportaciones a nuestro conocimiento del fenómeno onírico.

Lo primero que atrae nuestra atención es que, siendo la noción de apresuramiento la más acentuada en las ideas latentes, no aparezca el menor rastro de ella en el sueño manifiesto. Sin el análisis no habríamos sospechado jamás que esta noción desempeñaba un papel en el sueño. Parece, pues, posible que precisamente el nódulo central de las ideas inconscientes no aparezca en el contenido manifiesto, circunstancia que ha de imprimir una modificación profunda a la impresión que deja el sueño en conjunto. Hallamos, además, en este sueño un detalle absurdo: «Tres por un florín cincuenta céntimos», y en las ideas del sueño descubrimos la proposición siguiente: «Fue un *absurdo* (casarse tan pronto).» ¿Puede negarse absolutamente que la idea *fue un absurdo* se halle representada por la introducción de un elemento absurdo en el sueño manifiesto? Por último, un examen comparativo nos revela que las relaciones entre los elementos manifiestos y los latentes se hallan muy lejos de ser sencillas. Es muy raro que cada elemento manifiesto corresponda a otro latente, y las relaciones entre uno y otro campo son más bien relaciones de conjunto, pudiendo un elemento manifiesto reemplazar a varios elementos latentes y un elemento latente ser reemplazado por varios elementos manifiestos.

Sobre el sentido de sueño y sobre la actitud de la sujeto con respecto al mismo podríamos decir también cosas sorprendentes. La sujeto confirma nuestra interpretación, pero se muestra asombrada por ella. Ignoraba que tuviera en tan poca estima a su marido y desconoce las razones por las cuales ha adoptado esta actitud. Quedan todavía aquí muchos puntos incomprensibles. Creo, pues, decididamente, que no nos hallamos todavía en circunstancias de poder emprender la interpretación de los sueños y que tenemos necesidad de una mayor preparación.

LECCION VIII.   4.   LOS SUEÑOS INFANTILES

Señoras y señores:

C REO advertir que he avanzado quizá con excesiva rapidez en mi exposición y que, por tanto, convendrá que retrocedamos un poco. Antes de emprender nuestro último intento de vencer por medio de la técnica de interpretación las dificultades producidas por la deformación onírica, nos dijimos que lo mejor sería eludir tales dificultades, no sometiendo por lo pronto a interpretación más que aquellos sueños en los cuales —suponiendo que existan— la deformación es muy pequeña o falta en absoluto. Claro es que obrando de este modo seguiremos una dirección opuesta a la del desarrollo de nuestros conocimientos en estas materias, pues, en realidad, sólo después de una consecuente aplicación de la técnica interpretativa a los sueños deformados y de un análisis completo de los mismos fue cuando llegamos a darnos cuenta de la existencia de sueños no deformados.

Este género de sueños podemos observarlo en los niños. Los sueños infantiles son breves, claros, coherentes, fácilmente inteligibles e inequívocos y, sin embargo, son sueños. Mas no creáis que todos ellos presentan estas características, pues la deformación onírica aparece muy pronto y conocemos sueños de niños de cinco a ocho años que presentan ya todos los caracteres de los más tardíos. Sin embargo, limitando nuestras observaciones a la edad comprendida entre los comienzos de la actividad psíquica y el cuarto y quinto año, hallamos toda una serie de sueños que presentan un carácter que pudiéramos llamar infantil. Estos sueños de tipo infantil siguen presentándose aisladamente en niños de mayor edad, y aun algunas veces y bajo determinadas circunstancias en personas adultas.

Del análisis de estos sueños infantiles podemos deducir fácilmente con gran seguridad conclusiones, a nuestro juicio, decisivas y de una validez general sobre la naturaleza del fenómeno onírico:

1.ª   Para comprender estos sueños no hay necesidad de análisis ni de técnica interpretativa. Por tanto, no someteremos a interrogatorio ninguno al infantil sujeto; pero, en cambio, habremos de añadir al relato que de su sueño nos hace algunos datos históricos, pues existe siempre algún suceso, acaecido en el día anterior al sueño, que nos proporciona la explicación del mismo, mostrándolo como una reacción del estado de reposo a dicho suceso de la vida despierta.

Citemos algunos ejemplos en los que apoyaremos luego nuestras ulteriores conclusiones:

a)   Un niño de veintidós meses es encargado de ofrecer a un tío suyo un cestillo de cerezas. Naturalmente, lo hace muy a disgusto, a pesar de las promesas de que podrá probar, en recompensa, la fruta ofrecida. Al día siguiente cuenta haber soñado que se *comía todas las cerezas.*

b)   Una niña de tres años y tres meses había hecho durante el día su primera travesía por el lago, que debió de parecerla corta, pues rompió en llanto cuando la hicieron desembarcar. A la mañana siguiente relató que por la noche había navegado sobre el lago, esto es, que había continuado su interrumpido paseo y —podemos añadir por nuestra cuenta— sin que esta vez viniese nadie a acortar la duración de su placer.

c)   Un niño de cinco años y tres meses tomó parte en una excursión a pie a Escherntal, cerca de Hallstatt. Había oído decir que Hallstatt se hallaba al pie de la *Dachstein,* y esta montaña parecía interesarle mucho. Desde su residencia, en Aussee, se veía muy bien la Dachstein y podía distinguirse, con ayuda del telescopio, la *Simonyhütte,* cabaña emplazada en su cima. El niño había mirado varias veces por el telescopio, pero no sabemos con qué resultado. La excursión comenzó alegremente, mostrando el niño gran entusiasmo y aguda curiosidad. Cada vez que aparecía a su vista una nueva montaña, preguntaba si era la Dachstein; pero a medida que fue recibiendo respuestas negativas, se fue desanimando y terminó por enmudecer y rehusar tomar parte en una pequeña ascensión que los demás hicieron para ver una cascada. Sus acompañantes le creyeron fatigado; pero al día siguiente contó, lleno de alegría, haber soñado *que subían a la Simonyhütte.* Así, pues, lo que de la excursión le ilusionaba era visitar dicho punto. Por todo detalle dio el de que había oído decir que para llegar a la cabaña conocida con el nombre indicado hay que subir escaleras durante seis horas.

Estos tres sueños bastan para proporcionarnos todas las informaciones que pudiéramos desear.

2.ª Observamos que estos sueños infantiles no se hallan desprovistos de sentido y que son *actos psíquicos inteligibles y completos*. Recordando ahora la opinión que los médicos sustentan sobre los sueños, y sobre todo su comparación con los sonidos que los dedos de un profano en música arrancan al piano al recorrer al azar su teclado, advertiréis la evidente contradicción que existe entre tales opiniones y los caracteres de los sueños infantiles. Pero sería también harto singular que el niño pudiese realizar, durante el estado de reposo, actos psíquicos completos y, en cambio, el adulto tuviese que limitarse, en iguales condiciones, a meras reacciones convulsiformes, tanto más cuanto que el reposo del niño es mucho más completo y profundo.

3.ª Estos sueños infantiles que no han sufrido deformación no precisan de labor interpretativa alguna, y en ellos coinciden el contenido manifiesto y el latente. *La deformación onírica no constituye, pues, un carácter natural del sueño*. Espero que esta circunstancia facilite vuestra comprensión del fenómeno onírico. Debo, sin embargo, advertiros que, reflexionando más penetrantemente sobre esta cuestión, nos veremos obligados a conceder incluso a estos sueños una pequeña deformación, o sea a reconocer cierta diferencia entre el contenido manifiesto y las ideas latentes.

4.ª El sueño infantil es una reacción a un suceso del día anterior que deja tras de sí un deseo insatisfecho, y *trae consigo la realización directa y no velada de dicho deseo*. Recordad ahora lo que antes dijimos sobre la misión de las excitaciones somáticas, externas e internas, consideradas como perturbadoras del reposo y productoras del fenómeno onírico. En relación con ellas hemos observado hechos totalmente ciertos, pero sólo un escaso número de sueños podía ser explicado por su actuación. En estos sueños infantiles, tan perfectamente inteligibles, podemos afirmar, sin temor ninguno a equivocarnos, que nada en absoluto indica una posible acción de tales excitaciones somáticas. Mas no por ello habremos de abandonar por completo la teoría que atribuye la génesis de los sueños a procesos excitativos. Lo que sí haremos será recordar que las excitaciones perturbadoras del reposo pueden ser no sólo somáticas, sino también psíquicas, y que precisamente estas últimas son las que con más frecuencia perturban el reposo del adulto, pues le impiden realizar la condición psíquica del mismo; esto es, la abstracción de todo interés por el mundo exterior. Cuando el adulto no concilia el sueño es porque vacila en interrumpir su vida activa y su labor mental sobre aquello que le ha ocupado en el estado de vigilia. En el niño, esta excitación psíquica perturbadora del reposo es proporcionada por el deseo insatisfecho, al cual reacciona con el sueño.

5.ª Partiendo de esta observación, llegamos, por el camino más corto, a determinadas conclusiones sobre la función del sueño. Como reacción a la excitación psíquica, debe el sueño tener la función de alejar tal excitación, con el fin de que el reposo pueda continuar. Ignoramos aún por qué medio dinámico realiza el sueño esta función; pero podemos decir, desde ahora, que lejos de ser, como suele considerársele, *un perturbador del reposo, es un fiel guardián del mismo*, defendiéndolo contra todo aquello que puede perturbarlo. Cuando creemos que sin el sueño hubiéramos dormido mejor, nos equivocamos profundamente, pues, en realidad, sin el auxilio del sueño no hubiéramos dormido en absoluto y es a él a quien debemos el reposo de que hemos gozado. Claro es que no ha podido evitar ocasionarnos determinadas perturbaciones, pero hemos de tener en cuenta que también el más fiel y discreto de los vigilantes nocturnos habrá de verse obligado a producir algún ruido al perseguir a aquellos que con sus escándalos hubieran perturbado nuestro descanso en un grado mucho mayor.

6.ª   La circunstancia de ser el deseo el estímulo del sueño y su realización el contenido del mismo, constituye uno de los caracteres fundamentales del fenómeno onírico. Otro carácter no menos constante consiste en que el sueño no expresa simplemente un pensamiento optativo, sino que muestra el deseo, realizándose en forma de un suceso psíquico alucinatorio. El deseo estimulador de uno de los sueños antes expuestos puede encerrarse en la frase *Yo quisiera navegar por el lago*, y en cambio, el contenido de dicho sueño podría traducirse en esta otra: *Yo navego por el lago*. Persiste, pues, hasta en estos sencillos sueños infantiles una diferencia entre el sueño latente y el manifiesto, o sea una deformación del pensamiento latente del sueño, constituida por la *transformación del pensamiento en suceso vivido*. En la interpretación del sueño precisa, ante todo, deshacer la labor de esta transformación. Si demostramos que es éste un carácter general del fenómeno onírico, el fragmento de sueño citado anteriormente: «Veo a mi hermano encerrado en un baúl», no deberá ya traducirse por «Mi hermano restringe sus gastos», sino por *Yo quisiera que mi hermano restringiese,* etc. De los dos caracteres generales del sueño que acabamos de hacer resaltar, el segundo tiene más probabilidades de ser aceptado sin oposición. En cambio, sólo después de investigaciones más amplias y minuciosas podremos demostrar que el estímulo del sueño habrá de ser siempre un deseo y no una preocupación, un proyecto o un reproche; pero esto no influye para nada en el otro de los caracteres fijados, o sea el de que el sueño, en lugar de reproducir pura y simplemente la excitación, la suprime, la aleja y la agota por una especie de asimilación vital.

7.ª   Partiendo de estos dos caracteres del sueño, podemos continuar la comparación del mismo con la función fallida. En esta última distinguimos una tendencia perturbadora y otra perturbada, siendo el acto fallido mismo una transacción entre tales dos tendencias. Idéntico esquema podemos establecer para el sueño. En éste, la tendencia perturbada no puede ser otra que la tendencia a dormir. En cambio, la perturbadora queda reemplazada por la excitación psíquica, o sea, puesto que hasta ahora no conocemos otra excitación de este género capaz de perturbar el reposo, por el deseo que exige ser satisfecho. Así, pues, también el sueño sería en estos casos el resultado de una transacción. Sin dejar de dormir satisfacemos un deseo, y satisfaciéndolo podemos continuar durmiento. Ambas instancias quedan, pues, en parte satisfechas y en parte contrariadas.

8.ª   Recordad ahora la esperanza que concebimos anteriormente de poder utilizar, como vía de acceso a la inteligencia de los problemas oníricos, el hecho de que ciertos productos muy transparentes de la imaginación han recibido el nombre de *sueños diurnos o despiertos (Tagträume)*. En efecto, estos sueños diurnos no son otra cosa que el cumplimiento de deseos ambiciosos y eróticos que nos son bien conocidos; pero estas realizaciones de deseos, aunque vivamente representadas en nuestra fantasía, no toman jamás la forma de sucesos alucinatorios.

Resulta, pues, que de los dos caracteres del fenómeno onírico antes indicados, sólo el que no habíamos llegado aún a demostrar evidentemente es el que aparece en estos «sueños diurnos», mientras que el otro desaparece en absoluto, mostrándosenos así dependiente por completo del estado de reposo e irrealizable en la vida despierta. De estas observaciones tenemos que deducir que el lenguaje corriente parece haber sospechado que el principal carácter de los sueños consiste en la realización de deseos. Digamos de pasada que si los sucesos vividos en el sueño no constituyen sino un género especial de ideación, hecho posible por las condiciones del estado de reposo, esto es, un «ensoñar o fantasear nocturno», comprenderemos que el proceso de la formación onírica tenga por efecto el de suprimir la excitación nocturna y satisfacer el deseo, pues también el «soñar despierto» implica la satisfacción de deseos y obedece exclusivamente a esta causa.

Otras locuciones usuales expresan también el mismo sentido. Todo el mundo conoce proverbios como los siguientes: «El cerdo sueña con bellotas y el ganso con el maíz», o la pregunta: «¿Con qué sueña la gallina? Con los granos de trigo.» De este modo, descendiendo aún más bajo que nosotros, esto es, desde el niño al animal, el proverbio ve también en el contenido del sueño la satisfacción de una necesidad. Muy numerosas son las expresiones que implican igual sentido, tales como «bello como un sueño», «yo no hubiera soñado jamás cosa semejante» o «es una cosa que ni siquiera se me podía haber ocurrido en sueños». Hay aquí por parte del lenguaje corriente una evidente parcialidad. Existen también sueños que aparecen acompañados de angustia y otros cuyo contenido es penoso o indiferente; pero estos sueños no han recibido hospitalidad alguna en el lenguaje. Hablamos, sin duda, de «malos sueños», pero el sueño por antonomasia no es, para el lenguaje, sino aquel que produce la dulce satisfacción de un deseo. No hay, en efecto, proverbio alguno en el cual se nos diga que el puerco o el ganso sueña con el matarife.

Hubiera sido, sin duda, incomprensible que los autores que se han ocupado del sueño no hubieran advertido que su principal función consistía en la realización de deseos, y claro es que han indicado con gran frecuencia este carácter, pero nadie tuvo jamás la idea de reconocerle un alcance general y considerarlo como la piedra angular de la explicación del sueño. Sospechamos, y más adelante volveremos sobre ello, qué es lo que les ha impedido obrar así.

Pensad en las preciosas informaciones que hemos podido obtener casi sin ningún trabajo mediante el examen de los sueños infantiles. Hemos visto que la función del sueño es guardar y proteger el reposo, que el mismo resulta del encuentro de dos tendencias opuestas, una de las cuales, la necesidad de dormir, permanece constante, mientras que la otra intenta satisfacer una excitación psíquica. Poseemos, pues, la prueba de que el sueño es un acto psíquico representativo y conocemos sus dos principales caracteres: realización de deseos y vida psíquica alucinatoria. Al adquirir todas estas nociones hemos podido olvidar que nos ocupábamos de psicoanálisis, pues fuera de su enlace con los actos fallidos no tenía nuestra labor nada de específica. Cualquier psicólogo, aun ignorando totalmente las premisas del psicoanálisis, hubiera podido dar esta explicación de los sueños infantiles. ¿Por qué, pues, ninguno lo ha hecho así?

Si no existieran más sueños que los infantiles, el problema quedaría resuelto y nuestra investigación terminada, sin que hubiéramos tenido necesidad de interrogar al soñador ni tampoco de hacer intervenir lo inconsciente y recurrir a la libre asociación. Mas nuestra labor ha de ser proseguida. Hemos comprobado ya repetidas veces que ciertos caracteres, a los cuales habíamos comenzado por atribuir un alcance general, no pertenecían en realidad más que a cierta categoría y a cierto número de sueños. Trátase, pues, de saber si los caracteres generales que nos ofrecen los sueños infantiles son más estables y si pertenecen igualmente a los sueños menos transparentes, cuyo contenido manifiesto no presenta relación ninguna con la supervivencia de un deseo diurno. Conforme a nuestro modo de ver, estos otros sueños han sufrido una deformación considerable, circunstancia que no nos permite resolver inmediatamente el problema que plantean. Entrevemos también que para explicar esta deformación no será necesario recurrir a la técnica psicoanalítica, de la cual hemos podido prescindir cuando se trataba del conocimiento de los sueños infantiles.

Existe, sin embargo, un grupo de sueños no deformados que, al igual de los infantiles, se nos muestran como realizaciones de deseos. Son éstos los sueños que durante toda la vida son provocados por imperiosas necesidades orgánicas, tales como el hambre, la sed y la necesidad sexual, y que, por tanto, constituyen realizaciones de deseos correspondientes a·reacciones o excitaciones internas. Un caso de este género es el de una niña de diecinueve meses que tuvo un sueño compuesto por una lista de platos a la cual añadió ella su nombre (Ana F... fresas, frambuesas, tortilla, papa). Este sueño es una reacción a la dieta a la que la niña había sido sometida durante el día, a consecuencia de una indigestión atribuida al abuso de las fresas y frambuesas. Del mismo modo, la abuela de esta niña, cuya edad, añadida a la de su nieta, daba un total de setenta años, habiéndose visto obligada, a consecuencia de perturbaciones orgánicas ocasionadas por un riñón flotante, a abstenerse de alimentación durante un día entero, soñó a la noche siguiente que se hallaba invitada a comer en casa de unos amigos y que le ofrecían un suculento almuerzo. Las observaciones efectuadas en prisioneros privados de alimento o en personas que en el curso de viaje o expediciones se han encontrado sometidas a duras privaciones muestran que en estas circunstancias todos los sueños tienen por objeto la satisfacción de necesidades que no pueden ser satisfechas en la realidad. En su libro *Antartic* (vol. I, pág. 336), Otto Nordenskjöld habla así de la tripulación que había invernado con él: «Nuestros sueños, que no habían sido nunca tan vivos y numerosos como entonces, eran muy significativos, pues indicaban claramente la dirección de nuestras ideas. Hasta aquellos de nuestros camaradas que en la vida normal no soñaban sino excepcionalmente nos relataban todas las mañanas largas historias cuando nos reuníamos para cambiar nuestras últimas experiencias extraídas del mundo imaginativo de los sueños. Todas ellas se referían al mundo de la relación social, del que tan alejados nos hallábamos, pero también con frecuencia a nuestra situación de momento. Comer y beber eran los centros en derredor de los cuales gravitaban casi siempre nuestros sueños. Uno de mis camaradas, que tenía la especialidad de soñar con grandes banquetes, se mostraba encantado cuando podía anunciarnos por la mañana que había saboreado una comida compuesta de tres platos. Otro soñaba con montañas de tabaco, y otro, por último, veía en sus sueños avanzar a nuestro barco con las velas hinchadas sobre el mar libre. Uno de estos sueños merece mención especial: El cartero trae el correo y explica largamente por qué ha tardado tanto en llegar hasta nosotros. Se equivocó en la distribución, y sólo con mucho trabajo logró volver a hallar las cartas erróneamente entregadas. Naturalmente, nos ocupábamos en nuestros sueños de cosas aún más imposibles; pero en todos los que yo he tenido y en aquellos que me han sido relatados por mis camaradas podía observarse una singular pobreza de imaginación. Si todos estos sueños hubiesen podido ser anotados, tendríamos una colección de documentos de un gran interés psicológico. Mas se comprenderá fácilmente lo encantadores que resultaban para nosotros tales sueños, que podían ofrecernos lo que más ardientemente deseábamos.» Citaré aquí también unas palabras de Du Prel: «Mungo Park, llegado en su viaje a través del Africa a un extremo estado de debilidad por la carencia de alimentos, soñaba todas las noches con los fructíferos valles de su país natal. Asimismo, el Barón Trenck, atormentado por el hambre, se veía sentado en una cervecería de Magdeburgo ante una mesa colmada de los más suculentos manjares, y Jorge Back, que tomó parte en la primera expedición de Franklin, soñaba siempre con grandes comidas durante los días en que estuvo próximo a la muerte por inanición.»

Aquellos que habiendo cenado manjares muy cargados de especies, sienten durante la noche una sensación de sed, sueñan, con gran facilidad, que beben copiosamente. Como es natural, el sueño no suprime las sensaciones más o menos intensas de hambre o de sed, y al despertar nos sentimos hambrientos o sedientos y nos vemos obligados a comer o beber. Así, pues, desde el punto de vista práctico, el servicio que rinden estos sueños es insignificante, pero no es menos manifiesto que su misión es la de mantener el reposo contra la excitación que impulsa al sujeto a despertar. Cuando se trata de necesidades de pequeña intensidad, los sueños de satisfacción ejercen, con frecuencia, una acción eficaz.

Igualmente, bajo la influencia de la excitación sexual procura el sueño satisfacciones que presentan particularidades dignas de ser anotadas. Dependiendo la necesidad sexual menos estrechamente de su objeto que el hambre y la sed de los suyos respectivos, puede recibir, merced a la emisión involuntaria del líquido espermático, una satisfacción real, y a consecuencia de determinadas dificultades en lo que respecta a las relaciones con el objeto, y de las que más tarde trataremos, sucede con frecuencia que el sueño que acompaña a la sensación real presenta un contenido vago o deformado. Esta particularidad de los sueños en que se producen emisiones involuntarias de esperma hace que los mismos se presten muy bien, según la observación de Rank, para el estudio de la deformación onírica. Todos los sueños de adultos que tienen por objeto necesidades encierran, además de la satisfacción, algo distinto que proviene de fuentes de excitación puramente psíquicas y tiene necesidad, para ser comprendido, de una interpretación.

No afirmamos, sin embargo, que los sueños de tipo infantil de los adultos, o sea aquellos que constituyen la satisfacción no deformada de un deseo, no se presenten sino como reacciones a las necesidades imperiosas que antes hemos enumerado. Conocemos también sueños de adultos que, a pesar de presentar aquellos caracteres de brevedad y precisión peculiares a estos sueños de tipo infantil, proceden de fuentes de excitación incontestablemente psíquicas. Tales son, por ejemplo, los sueños de impaciencia. Después de haber hecho los preparativos de un viaje o tomado todas las disposiciones para asistir a un espectáculo que particularmente nos interesa, a una conferencia o a una reunión, se suele soñar que el fin que nos proponíamos ha llegado y que asistimos al teatro o conversamos con la persona que proyectábamos ver. De este género son también los sueños justificadamente denominados «sueños de pereza» de aquellas personas que, gustando de prolongar su reposo, sueñan que se han levantado ya y se están vistiendo o que se hallan entregadas a sus ocupaciones, cuando en realidad continúan durmiendo y testimonian de este modo que prefieren haberse levantado en sueños que realmente. El deseo de dormir, que, como hemos visto, participa normalmente en la formación de los sueños, se manifiesta con extrema claridad en los de este género, de los cuales incluso constituye el factor esencial. Así, pues, la necesidad de dormir ocupa justificadamente un lugar al lado de las otras grandes necesidades orgánicas.

En un cuadro de Schwind que se encuentra en la galería Schack en Munich, nos muestra la poderosa intuición del pintor el origen de un sueño reducido a su situación dominante. Nos presenta este cuadro el sueño de un prisionero, sueño que, naturalmente, no puede tener otro contenido que el de la evasión. Pero lo que se halla perfectamente visto en esta composición pictórica es que la evasión debe efectuarse por la ventana, pues es por ella por la que penetra la excitación luminosa que pone término al sueño del prisionero. Los duendecillos, montados unos sobre otros, representan las actitudes sucesivas que el prisionero debería tomar para alcanzar la ventana, y a menos que no me engañe y atribuya al pintor intenciones que no tenía, me parece que el duende que forma el vértice de la pirámide y lima los barrotes de la reja, haciendo así aquello que el prisionero sería feliz de poder realizar, presenta una semejanza singular con este último.

En todos los demás sueños, salvo en los infantiles y en los de tipo infantil, la deformación constituye, como ya hemos dicho, un obstáculo a nuestra labor. No podemos ver, desde luego, si también ellos representan realizaciones de deseos, como nos hallamos inclinados a creer. Su contenido manifiesto no nos revela nada sobre la excitación psíquica a la que deben su origen, y nos es imposible probar que tienden igualmente a alejar o a anular tal excitación. Estos sueños deben ser interpretados, esto es, traducidos, y su deformación debe hacerse desaparecer reemplazando su contenido manifiesto por su contenido latente. Sólo entonces podremos juzgar si los datos aplicables a los sueños infantiles lo son igualmente a todos los sueños, sin excepción.

LECCION IX. 5. LA CENSURA DEL SUEÑO

Señoras y señores:

EL estudio de los sueños infantiles nos ha revelado la génesis, la esencia y la función del sueño. Es éste *un medio de supresión de las excitaciones psíquicas que acuden a perturbar el reposo, supresión que se efectúa por medio de la satisfacción alucinatoria*. Por lo que respecta a los sueños de los adultos, no hemos podido explicar hasta ahora más que un único grupo; esto es, el formado por aquellos que presentan lo que hemos calificado de «tipo infantil». Nada sabemos de los demás sueños de los adultos, y hasta pudiéramos decir que permanecen aún incomprensibles para nosotros. Sin embargo, hemos obtenido un resultado provisional cuyo valor no debemos despreciar, y que es el siguiente: siempre que un sueño nos resulta perfectamente inteligible, se nos revela como una satisfacción alucinatoria de un deseo. Es ésta una coincidencia que no puede ser ni accidental ni indiferente.

Cuando nos encontramos en presencia de un sueño de otro género admitimos, fundándonos en diversas reflexiones y por analogía con la concepción de las funciones fallidas, que constituye una sustitución deformada de un contenido que nos es desconocido y al cual habremos de reducirlo. Así, pues, la labor que se nos plantea inmediatamente será la de analizar o comprender tal *deformación* del sueño.

Esta deformación onírica es la que da al sueño su singular apariencia y nos lo hace ininteligible. Muchas cosas hemos de averiguar sobre ella. En primer lugar, su origen y su dinamismo, y luego su efecto y su mecanismo de actuación. Podemos decir también que la deformación del sueño es un producto de la elaboración onírica. Vamos, pues, a describir esta elaboración y a reducirla a las fuerzas que en ella actúan.

Voy a presentaros un sueño que ha sido consignado por una señora perteneciente a nuestro círculo psicoanalítico [1428] y cuyo sujeto es otra señora, ya de edad, muy estimada y culta. De este sueño no se ha hecho análisis ninguno, pues nuestra informadora pretende que para las personas peritas en psicoanálisis no era necesario. El sujeto mismo del sueño no lo ha interpretado, pero lo ha juzgado y condenado como si hubiera sabido hacerlo. He aquí la opinión que sobre el mismo hubo de expresar: «Parece mentira que una mujer de cincuenta años como yo, y que día y noche no tiene otra preocupación que la de su hijo, tenga un sueño tan horrible y estúpido.»

Oíd ahora el relato de este sueño, al que pudiéramos dar el título de «sueño de los servicios de amor»: La señora entra en el hospital militar N. y manifiesta al centinela que desea hablar al médico director (al que da un nombre desconocido) para ofrecerle sus servicios en el hospital. Diciendo esto, acentúa la palabra 'servicios' de tal manera, que el centinela comprende en seguida que se trata de 'servicios de amor'. Al ver que es una señora de edad, la dejan pasar después de alguna vacilación; pero en lugar de llegar hasta el despacho del médico director, entra en una gran habitación sombría, en la que se hallan varios oficiales y médicos militares, sentados o de pie en derredor de una larga mesa. La señora comunica su oferta a un médico, que la comprende desde las primeras palabras. He aquí el texto de las mismas, tal como la señora lo pronunció en su sueño: «Yo y muchas otras mujeres casadas y solteras de Viena estamos dispuestas, con todo militar, sea oficial o soldado.» Tras de estas palabras oye (siempre en sueños) un murmullo, pero la expresión, en parte confusa y en parte maliciosa, que se pinta en los rostros de los oficiales le prueba que los circunstantes comprenden muy bien lo que quiere decir. La señora continúa: «Sé que nuestra decisión puede parecer un tanto singular, pero es completamente seria. Al soldado no se le pregunta tampoco en tiempos de guerra si quiere o no morir.» A esta declaración sigue un penoso silencio. El médico mayor rodea con su brazo la cintura de la señora y le dice: «Mi querida señora, supongo que llegásemos realmente a este punto...» (Murmullos.) La señora se liberta del abrazo, aunque pensando que lo mismo da aquel que otro cualquiera, y responde: «Dios mío: yo soy una vieja y puede que jamás me encuentre ya en ese caso. Sin embargo, habrá que organizar las cosas con cierto cuidado y tener en cuenta la edad, evitando que una mujer ya vieja y un muchacho joven... (Murmullos); sería horrible.» El médico

---

[1428]   Frau Dr. v. Hug-Hellmuth.

mayor: «La comprendo a usted perfectamente.» Algunos oficiales, entre los cuales se encuentra uno que le había hecho la corte en su juventud, se echa a reír y la señora expresa su deseo de ser conducida ante el médico director, al que conoce, con el fin de poner en claro todo aquello; pero advierte, con gran sorpresa, que ignora el nombre de dicho médico. Sin embargo, aquel otro al que se ha dirigido anteriormente le muestra con gran cortesía y respeto una escalera de hierro, estrecha y en espiral, que conduce a los pisos superiores y le indica que suba hasta el segundo. Mientras sube oye decir a un oficial: «Es una decisión colosal. Sea joven o vieja la mujer de que se trate, a mí no puede menos de inspirarme respeto.» Con la conciencia de realizar un deber sube la señora por una escalera interminable.

El mismo sueño se reproduce luego dos veces más en el espacio de pocas semanas y con algunas modificaciones, que, según la apreciación de la señora, eran insignificantes y perfectamente absurdas.

Este sueño se desarrolla en la misma forma que una fantasía diurna, no presenta sino escasa discontinuidad, y algunos detalles de su contenido hubieran podido ser esclarecidos si se hubiera abierto una información, cosa que, como os he dicho antes, no se llevó a cabo. Pero lo más singular y de mayor interés para nosotros es que presenta varias lagunas, no en su recuerdo, sino en su propio contenido. Por tres veces parece éste extinguirse, siendo ahogadas cada una de ellas las palabras de la señora por un murmullo. No habiéndose efectuado análisis alguno, no tenemos, en realidad, derecho a pronunciarnos sobre su sentido. Mas, sin embargo, hay en este sueño alusiones, como la implícita en las palabras «servicios de amor», que autorizan a deducir determinadas conclusiones, y sobre todo los fragmentos del discurso que procede inmediatamente a los murmullos no pueden ser completados sino en un solo y determinado sentido. Haciéndolo así, vemos que el contenido manifiesto se nos muestra como una fantasía en la que el sujeto se halla decidido, en cumplimiento de un patriótico deber, a poner su persona a la disposición de los soldados y oficiales, para la satisfacción de las necesidades amorosas de los mismos, idea de las más atrevidas y modelo de invención audazmente libidinosa. Mas esta idea o fantasía no se exterioriza en el sueño, pues allí donde el contexto parece implicar una tal confesión queda ésta reemplazada, en el contenido manifiesto, por un murmullo indistinto que la borra o suprime.

Sospecháis, sin duda, que precisamente lo indecoroso de estos pasajes es lo que motiva su supresión. Pero, ¿dónde encontráis algo muy análogo? Hoy en día no tenéis que buscar mucho para hallarlo. Abrid cualquier diario político y encontraréis, en todas sus planas, interrupciones del texto, que dejan en blanco el papel. Todos sabemos que estos blancos corresponden a una supresión ordenada por la censura, pues en ellos debían figurar noticias o comentarios que, no habiendo sido aprobados por las autoridades superiores, han tenido que ser suprimidos, y siempre lamentamos tales supresiones, pues sospechamos que los pasajes suprimidos podían ser muy bien los más interesantes.

Esta censura es ejercida otras veces en el momento mismo de redactar la noticia o comentario. El periodista que los redacta, previendo que determinados pasajes habrían de tropezar con el veto de la censura, los atenúa previamente, modificándolos o rozando solamente con alusiones lo que, por decirlo así, acude a los puntos de su pluma. El diario aparece entonces sin blancos, pero determinadas perífrasis y oscuridades os revelarán fácilmente los esfuerzos que el autor ha hecho para escapar a la censura oficial, imponiéndose a sí mismo una propia censura previa.

Mantengamos esta analogía. Decimos que ciertos pasajes del discurso de la señora quedan omitidos o son ahogados por un murmullo y que, por tanto, han sido también víctimas de una censura. Hablamos, pues, directamente de una *censura del sueño,* a la cual debe atribuirse determinada misión en la deformación de los fenómenos oníricos. Siempre que el sueño manifiesto presenta lagunas, debemos atribuirlas a la intervención de esta censura onírica. Podemos, incluso, ir más lejos y decir que siempre que nos hallamos ante un elemento del sueño particularmente débil, indeterminado y dudoso, habiendo, en cambio, otros que han dejado un claro y preciso recuerdo, debemos admitir que el primero ha sufrido la acción de la censura. Pero ésta se manifiesta raras veces de un modo tan abierto, o como pudiéramos decir, tan ingenuo, como en el sueño de que nos ocupamos. Con mayor frecuencia se ejerce siguiendo la segunda de las modalidades indicadas, esto es, imponiendo atenuaciones, aproximaciones y alusiones al pensamiento verdadero.

La censura onírica se ejerce también conforme a una tercera modalidad, para la cual no encuentro analogía alguna en el campo de la censura periodística, pero que podemos observar claramente en el único sueño que hasta ahora hemos analizado. Recordáis, sin duda, el sueño en el que figuraban «tres malas localidades de un teatro por un florín cincuenta céntimos». En las ideas latentes de este sueño, el elemento «apresuradamente, demasiado pronto» ocupaba el primer plano. Fue un absurdo casarse *tan pronto;* fue igualmente absurdo procurarse billetes del teatro *con tanta anticipación,* y fue ridículo el *apresuramiento* de la cuñada en gastar su dinero para comprarse una alhaja. De este elemento central de las ideas del sueño no pasó nada al sueño manifiesto, en el cual todo gravitaba en torno del hecho de ir al teatro y sacar los billetes. Por este desplazamiento del centro de gravedad y esta arbitraria reunión de los elementos del contenido, el sueño manifiesto se hace tan dispar del sueño latente, que es imposible sospechar al primero a través del segundo. Este desplazamiento del centro de gravedad constituye uno de los principales medios por los cuales se efectúa la deformación de los sueños y es lo que imprime a los mismos aquel carácter singular que los presenta a los ojos del mismo sujeto como algo ajeno totalmente a su propia personalidad.

Así, pues, los efectos de la censura y los medios de que dispone la deformación de los sueños son la omisión, la modificación y la arbitraria agrupación de los materiales. La censura misma es la causa principal o una de las principales causas de la deformación onírica, cuyo examen nos ocupa ahora. En cuanto a la modificación y a la arbitraria agrupación de los materiales, las reunimos dentro del concepto de *desplazamiento.*

Después de estas indicaciones sobre los efectos de la censura de los sueños, pasaremos a ocuparnos de su dinamismo. Espero que no toméis esta expresión en un sentido excesivamente antropomórfico, representándoos al censor onírico bajo la forma de un hombrecillo severo o de un duende alojado en un departamento del cerebro, desde el cual ejerce sus funciones censoras. No debéis dar tampoco a la palabra «dinamismo» un sentido excesivamente localizante, figurándoos un centro cerebral del que manaría la influencia censuradora, la cual podría ser suprimida por una lesión o una ablación de dicho centro. Limitaos a ver en esta palabra un término que resulta cómodo para designar una relación dinámica y no nos impide investigar por qué tendencias y sobre qué tendencias se ejerce dicho influjo. No nos sorprendería averiguar que ya anteriormente nos ha sucedido hallarnos en presencia de la censura onírica sin quizá darnos cuenta de lo que se trataba.

Así es, en efecto. Recordad el sorprendente descubrimiento que efectuamos cuando comenzamos a aplicar nuestra técnica de la libre asociación. Sentimos entonces que una *resistencia* se oponía a nuestros esfuerzos de pasar del elemento del sueño al elemento inconsciente, del cual es aquél una sustitución. Esta resistencia, dijimos, puede variar de intensidad, siendo unas veces prodigiosamente elevada y otras insignificantes. En este último caso, nuestra labor de interpretación no tiene que franquear sino muy escasas etapas; pero cuando la resistencia se hace mayor, nos vemos obligados a seguir, partiendo del elemento del sueño, largas cadenas de asociaciones que nos alejan mucho de él y tenemos que vencer en este largo camino todas las dificultades que se nos presentan bajo la forma de objeciones críticas contra las ideas que surgen en el sujeto. Esto, que en nuestra labor de interpretación aparecía como una resistencia, debemos trasladarlo a la elaboración onírica, en la cual constituye aquello que hemos convenido en calificar de «censura», pues la resistencia y la interpretación no son otra cosa que la objetividad de la censura onírica. Vemos así que la censura no limita su función a determinar una deformación del sueño, sino que actúa de una manera permanente e ininterrumpida, con el fin de mantener y conservar la deformación producida. Además, del mismo modo que la resistencia con la cual tropezábamos en la interpretación variaba de intensidad de un elemento a otro, la deformación producida por la censura difiere también en los diversos elementos de un mismo sueño. Si comparamos el sueño manifiesto y el sueño latente, observaremos que determinados elementos latentes han sido completamente eliminados, que otros han sufrido modificaciones más o menos importantes, y otros, por último, han pasado al contenido manifiesto del sueño sin haber sufrido modificación alguna y ganado, quizá, en intensidad.

Pero queríamos saber por qué y contra qué tendencias se ejerce la censura. A esta interrogación, que es de una importancia fundamental para la inteligencia del sueño y quizá hasta para la de la vida humana en general, se obtiene fácil respuesta recorriendo la serie de sueños que han podido ser sometidos a interpretación. Las tendencias que ejerce la censura son aquellas que el sujeto reconoce como suyas en la vida despierta y con las cuales se encuentra de acuerdo. Podéis estar convencidos de que cuando rehusáis dar vuestra aquiescencia a una interpretación correcta de uno de vuestros sueños, las razones que os dictan tal negativa son las mismas que presiden a la censura y a la deformación oníricas, haciendo necesaria tal interpretación. Pensad solamente en el sueño de nuestra buena señora quincuagenaria. Sin haberlo interpretado lo halla ya horrible, pero aún se desolaría más si la señora v. Hug le hubiera comunicado alguno de los datos obtenidos por la interpretación que en este caso se imponía, y precisamente este juicio condenatorio es el que ha hecho que las partes más indecorosas del sueño se hallen reemplazadas en él por un murmullo.

Las tendencias contra las cuales se dirige la censura de los sueños deben ser descritas, en principio, colocándonos desde el punto de vista de la instancia representada por la censura. Podremos decir entonces que se trata de tendencias reprensibles e indecentes desde el punto de vista ético, estético y social, y que son cosas en las que no nos atrevemos a pensar o en las cuales no pensamos sino con horror. Estos deseos censurados y que reciben en el sueño una expresión deformada son, ante todo, manifestaciones de un egoísmo sin límites ni escrúpulos. No existe, además, sueño ninguno en el que el *yo* del sujeto no desempeñe el papel principal, aunque sepa disimularse muy bien en el contenido manifiesto. Este «sacro egoísmo» del sueño no carece ciertamente de relación con nuestra disposición al reposo, que consiste precisamente en el desligamiento de todo interés por el mundo exterior.

Desembarazado el *yo* de toda ligadura moral, cede asimismo a todas las exigencias del instinto sexual, a aquellas que nuestra educación estética ha condenado desde hace mucho tiempo y a aquellas otras que se hallan en oposición con todas las reglas de restricción moral. La busca del placer, o como nosotros decimos, la *libido*, escoge en los sueños sus objetos, sin tropezar con resistencia ninguna, y los escoge preferentemente entre los prohibidos. No elige solamente la mujer ajena, sino también los objetos a los cuales el acuerdo unánime de la humanidad ha revestido de un carácter sagrado: el hombre hace recaer su elección sobre su madre o su hermana y la mujer sobre su padre o su hermano. (Así, el sueño de los «servicios amorosos» resulta plenamente incestuoso, pues la libido de la sujeta se dirige en él, incontestablemente, hacia su propio hijo.) Estos deseos, que creemos ajenos a la naturaleza humana, se muestran, sin embargo, suficientemente intensos para provocar sueños. El odio se manifiesta en ellos francamente, y los deseos de venganza y de muerte contra aquellas personas a las que mayor afecto tenemos en nuestra vida —parientes, hermanos, hermanas, esposos e hijos— se hallan muy lejos de ser manifestaciones excepcionales en los sueños. Estos deseos censurados parecen surgir de un verdadero infierno, y al descubrirlos en nuestras interpretaciones, realizadas en la vida despierta, toda censura nos parece poco para conseguir mantenerlos encadenados.

Pero este perverso contenido no debe ser imputado al sueño mismo. No debéis olvidar que el sueño cumple con una función inofensiva y hasta útil, consistente en defender al reposo contra todas las causas de perturbación. Tal perversidad no es inherente a la naturaleza misma del sueño, pues no ignoráis que hay sueños en los cuales podemos reconocer la satisfacción de deseos legítimos y de necesidades orgánicas imperiosas. Estos últimos sueños no sufren además deformación alguna ni la necesitan para nada, pues pueden cumplir su función sin ofender en lo más mínimo a las tendencias morales y estéticas del *yo*. Sabed igualmente que la deformación del sueño se realiza en función de dos factores, siendo tanto más pronunciada cuanto más reprensible es el deseo que ha de sufrir la censura y más severas las exigencias de ésta en un momento dado. Por esta razón, una muchacha bien educada y de rígido pudor deformará, imponiéndolas una censura implacable, las tentaciones sentidas en el sueño, mientras que tales tentaciones nos parecerán a nosotros, médicos, deseos inocentemente libidinosos, opinión que la propia interesada compartirá algunos años después.

Además, no tenemos razones suficientes para indignarnos a propósito de este resultado de nuestra labor interpretativa. Creo que aún no hemos llegado a comprenderla bien, pero ya desde ahora tenemos el deber de preservarla contra determinados ataques. No es difícil hallar sus puntos débiles. Nuestras interpretaciones oníricas han sido realizadas bajo la reserva de un determinado número de hipótesis, pues hemos supuesto que el sueño, en general, tiene un sentido, que debemos atribuir al reposo normal, procesos psíquicos inconscientes análogos a aquellos que se manifiestan en el sueño hipnótico y que todas las ideas que surgen a propósito de los sueños son determinadas. Si partiendo de estas hipótesis hemos llegado, en nuestras interpretaciones de sueños, a resultados plausibles, tendremos derecho a asentar la conclusión de que tales hipótesis que nos han servido de punto de partida responden a la realidad de los hechos; pero ante los resultados que hemos obtenido efectivamente es muy posible que más de uno nos diga que siendo los mismos imposibles y absurdos, o por lo menos harto inverosímiles, anulan las hipótesis que les sirven de base. O el sueño no es un fenómeno psíquico o el estado normal no trae consigo ningún proceso inconsciente o, por último, la técnica psicoanalítica resulta equivocada en alguno de sus puntos. ¿No son acaso estas conclusiones mucho más sencillas y satisfactorias que todos los horrores que decimos haber descubierto partiendo de nuestras hipótesis? Concederemos, en efecto, que son más sencillas y satisfactorias, pero esto no quiere decir que sean más exactas.

Tengamos paciencia y esperemos, para entrar en su discusión, a haber completado nuestro estudio. De aquí a entonces dejaremos que la crítica que se eleva contra la interpretación onírica vaya intensificando su energía. Importa muy poco que los resultados de nuestras interpretaciones sean escasamente satisfactorios y agradables, mas existe un argumento crítico de mayor solidez, y es el de que los sujetos a los que ponemos al corriente de las tendencias optativas que de la interpretación de sus sueños extraemos, rechazan dichos deseos y tendencias con la mayor energía y apoyándose en razones de gran peso. «¿Cómo —dice uno— queréis demostrarme, deduciéndolo de mis sueños, que lamento las cantidades que he gastado para dotar a mis hermanas y educar a mi hermano? Pero, ¿no estáis viendo que trabajo con todo entusiasmo para sacar adelante a mi familia y no tengo otro interés en la vida que el cumplimiento de mi deber para con ella, como así lo prometí, en calidad de hermano mayor, a mi pobre madre?» O también: «¿Osáis pretender que deseo la muerte de mi marido? ¡Qué absurdo! Aunque no me creáis, os diré que no sólo constituimos un matrimonio de los más felices, sino que su muerte me privaría de todo lo que en el mundo poseo.» Por último, nos dirán otros: «Pero, ¿tenéis la audacia de decir que deseo sexualmente a mi hermana? ¡Qué ridícula pretensión! No sólo no vivimos juntos, sino que ni siquiera me intereso por ella como hermano, pues estamos reñidos y hace muchos años que no hemos cruzado palabra.» Si estos individuos se contentaran con no confirmar o negar las tendencias que les atribuimos, podríamos decir todavía que se trataba de cosas que ignoran, pero lo que llega a ser desconcertante es que pretenden sentir deseos totalmente opuestos a aquellos que les atribuimos al interpretar sus sueños y que les es posible demostrarnos el predominio de tales deseos opuestos en toda su conducta en la vida. ¿No sería, pues, tiempo ya de renunciar de una vez para siempre a nuestra labor de interpretación, cuyos resultados nos han llevado al absurdo?

Nada de eso. Tampoco este argumento logra, como no lo lograron los anteriores, resistir a nuestra crítica. Supuesto que en la vida psíquica existen tendencias inconscientes, ¿qué prueba puede deducirse contra ellas de la existencia de tendencias diametralmente opuestas en la vida consciente? Para todas ellas hay quizá lugar en nuestro psiquismo, en el cual pueden muy bien convivir las más radicales antinomias y hasta es muy posible que el predominio de una tendencia sea precisamente la condición de la represión en lo inconsciente de aquella que es contraria a ella. Queda, sin embargo, la objeción, según la cual los resultados de la interpretación de los sueños no serían ni sencillos ni alentadores. Desde luego; pero si sólo lo sencillo os atrae, no lograréis resolver ninguno de los problemas relativos a los sueños, pues cada uno de estos problemas nos sitúa desde el principio ante circunstancias complicadísimas. Mas, por lo que respecta al carácter poco alentador de nuestros resultados, debo deciros que os equivocáis dejándoos guiar por la simpatía o antipatía en vuestros juicios científicos. Los resultados de la interpretación de los sueños os parecen poco agradables y hasta vergonzosos y repulsivos. Pero, ¿qué importancia tiene esto? 'Ça n'empêche pas d'exister', oí decir en un caso análogo a mi maestro Charcot, cuando siendo yo un joven médico asistía a sus experimentos clínicos. Es preciso tener la humildad de reprimir nuestras simpatías y antipatías si queremos conocer la realidad de las cosas de este mundo. Si un físico os demostrara que la vida orgánica debe extinguirse sobre la Tierra en un plazo muy próximo, ¿le responderíais acaso que esta extinción no era posible por constituir una perspectiva excesivamente desalentadora? Creo más bien que guardaríais silencio hasta que otro físico consiguiese demostraros que la conclusión del primero reposaba sobre una falsa hipótesis y cálculos equivocados. Rechazando lo que os es desagradable, reproducís el mecanismo de la formación de los sueños en lugar de intentar comprenderlo y dominarlo.

Ante estos argumentos os decidiréis quizá a hacer abstracción del carácter repulsivo de los deseos censurados de los sueños y esgrimiréis, en cambio, el argumento de que resulta inverosímil que el mal ocupe tan amplio lugar en la constitución del hombre. Pero, ¿es que vuestra propia experiencia os autoriza a serviros de este argumento? No me refiero a la opinión que podáis tener de vosotros mismos; pero, ¿acaso vuestros superiores y vuestros competidores os han dado siempre pruebas de una gran benevolencia? ¿Habéis hallado siempre en vuestros enemigos una tan exquisita caballerosidad y un tal desinterés en los que os rodean, que creáis deber protestar contra la parte que asignamos al mal egoísta de la naturaleza humana? ¿No sabéis acaso hasta qué punto la mayoría de los humanos es incapaz de dominar sus pasiones en cuanto se trata de la vida sexual o ignoráis que todos los excesos y todas las inmoralidades que soñamos por las noches son diariamente cometidas y degeneran con frecuencia en crímenes reales? ¿Qué otra cosa hace el psicoanálisis sino confirmar la vieja máxima de Platón de que los buenos son aquellos que se contentan con soñar lo que los malos efectúan realmente?

Y ahora, apartándonos de lo individual, recordad la gran guerra que acaba de devastar a Europa y pensad en toda la bestialidad, toda la ferocidad y toda la mentira que la misma ha desencadenado sobre el mundo civilizado. ¿Creéis que un puñado de ambiciosos y de gobernantes sin escrúpulos hubiera bastado para desencadenar todos estos malos espíritus sin la complicidad de millones de dirigidos? Y ante estas circunstancias, ¿tendréis aún valor para romper una lanza en favor de la exclusión del mal de la constitución física del hombre? Me objetaréis que este juicio mío sobre la guerra es unilateral, pues la misma ha hecho surgir también lo más bello y noble de la naturaleza humana: el heroísmo, el espíritu de sacrificio y el sentimiento de solidaridad social. Sin duda; pero no debéis haceros culpables de la injusticia que con tanta frecuencia se ha cometido para con el psicoanálisis, reprochándole negar una cosa por la única razón de sostener ella una afirmación contraria. Nunca hemos abrigado la intención de negar las nobles tendencias de la naturaleza humana ni intentado rebajar su valor. Ya habéis visto que si os he hablado de los malos deseos censurados en el sueño, también lo he hecho de la censura que reprime estos deseos, haciéndolos irreconocibles. Si insistimos sobre lo que de malo hay en el hombre, es únicamente porque hay otros que lo niegan, conducta que, lejos de contribuir a mejorar la naturaleza humana, no logra sino hacérnosla ininteligible. Renunciando a la apreciación ética unilateral es como tendremos probabilidades de hallar la fórmula que exprese exactamente las relaciones que existen entre lo que hay de bueno y lo que hay de malo en nuestro humano ser.

Atengámonos, pues, a este punto de vista. Aun cuando hallemos harto singulares los resultados de nuestra labor de interpretación de los sueños, no deberemos abandonarlos. Quizá más tarde nos sea posible aproximarnos a su inteligencia por un distinto camino, mas por el momento tenemos que mantener la afirmación siguiente: la deformación onírica es una consecuencia de la censura de las tendencias confesadas del *yo* ejercida contra tendencias y deseos indecorosos que surgen en nosotros durante el reposo nocturno. Por qué estos deseos y tendencias nacen durante la noche y de dónde provienen son interrogaciones que dejaremos abiertas en espera de nuevas investigaciones.

Pero sería injusto por nuestra parte no hacer resaltar sin más dilación otro resultado de nuestra labor investigadora. Los deseos que surgiendo nocturnamente vienen a perturbar nuestro reposo nos son desconocidos. Ignoramos su existencia hasta después de verificar la interpretación de nuestros sueños. Puede, pues, calificárselos provisionalmente de inconscientes, en el sentido corriente de la palabra. Mas debemos deciros que son más interinamente inconscientes, pues como en muchos casos hemos observado, el sujeto los niega aun después que la interpretación los ha hecho manifiestos. Nos hallamos aquí en la misma situación que cuando interpretamos el lapsus «aufstossen», en el que el orador, indignado, nos afirmaba que ignoraba haber tenido jamás un sentimiento irrespetuoso hacia su jefe. Ya en esta ocasión pusimos en duda el valor de tal afirmación y admitimos tan sólo que el orador podía no tener conciencia de la realidad en él de un tal sentimiento. La misma situación se reproduce siempre que interpretamos un sueño muy deformado, circunstancia que tiene necesariamente que aumentar su importancia para nuestra concepción. Habremos, pues, de admitir que en la vida psíquica existen procesos y tendencias que generalmente ignoramos y de los que quizá nunca hemos tenido la menor noticia. De este modo adquiere a nuestros ojos lo inconsciente un distinto sentido. El factor actualidad o momentaneidad deja de ser uno de sus caracteres fundamentales y descubrimos que lo inconsciente puede serlo de una manera *permanente* y no significar tan sólo algo *momentáneamente latente*.

Claro es que tendremos que volver a estas consideraciones en páginas posteriores y reanudarlas con mayor detalle.

LECCION X.   6.   EL SIMBOLISMO EN EL SUEÑO

Señoras y señores:

Hemos hallado que la deformación que nos impide comprender el sueño es efecto de una censura que ejerce su actividad sobre los deseos inaceptables inconscientes. Pero, naturalmente, no hemos afirmado que la censura sea el único factor productor de tal deformación, y, en efecto, un más detenido estudio del fenómeno onírico nos permite comprobar la existencia de otros varios factores que coadyuvan al mismo fin. Equivale esto a afirmar que aunque la censura quedase eliminada de la elaboración onírica, no por ello resultarían los sueños más inteligibles ni coincidiría el sueño manifiesto con las ideas latentes.

Estos otros factores que contribuyen a oscurecer y deformar los sueños se nos revelan al examinar una laguna de nuestra técnica. Ya anteriormente os confesé que los sujetos analizados no logran a veces asociar idea ninguna a determinados elementos de su sueño, y aunque este hecho no se confirma en todos los casos en que el sujeto lo alega al comenzar el análisis, pues con gran frecuencia se acaba por lograr, a fuerza de perseverancia e insistencia, que surjan las asociaciones buscadas, lo cierto es que algunas veces falta toda asociación, o provocadas con gran trabajo, no rinden los resultados que esperábamos. Cuando este hecho se produce en el curso de un tratamiento psicoanalítico, adquiere una importancia particular, de la que no podemos ocuparnos aquí, pero suele también surgir en la interpretación de sueños de personas normales o en la de los nuestros propios, y en estos casos acabamos por observar que tal carencia de asociaciones se manifiesta siempre con relación a ciertos elementos del sueño y descubrimos que no se trata de una insuficiencia accidental o excepcional de la técnica, sino de un fenómeno regido por determinadas leyes.

En estos casos sentimos la tentación de interpretar por nosotros mismos tales elementos «mudos» del sueño, efectuando su traducción por nuestros propios medios, y siempre que llevamos a cabo una tal interpretación nos parece obtener un satisfactorio esclarecimiento de estos sueños que antes se nos mostraban incomprensibles e incoherentes. La repetición de este satisfactorio resultado en un gran número de casos análogos acaba por dar a este nuevo procedimiento de interpretación, que comenzó constituyendo una tímida tentativa, la necesaria seguridad.

Expongo esto de un modo algo esquemático, pero la enseñanza admite las exposiciones de este género cuando sin deformar la cuestión logran simplificarla.

Procediendo de este modo llegamos a obtener para toda una serie de elementos oníricos traducciones constantes, como aquellas que nuestros populares «libros de los sueños» dan para todas las cosas soñadas. Sucede, pues, aquí todo lo contrario de lo que antes comprobamos en la técnica de asociación, la cual no nos ofrece jamás tales traducciones constantes.

Vais a decirme que este procedimiento de interpretación os parece todavía más inseguro y objetable que aquel que se apoya en las libres ocurrencias del sujeto. Mas interviene aquí un segundo factor. Cuando después de repetidos análisis de este género conseguimos reunir un número bastante considerable de tales traducciones constantes, advertimos que desde un principio hubiéramos podido sostener la posibilidad de llevar a cabo esta parte de la labor de interpretación fundándonos en conocimientos propios y sin que, por tanto, nos fuera necesario recurrir a las asociaciones del sujeto para llegar a la comprensión de determinados elementos de su sueño.

Más adelante veremos en qué se basa tal posibilidad.

A esta relación constante entre el elemento del sueño y su traducción le damos el nombre de *relación simbólica*, puesto que el elemento mismo viene a constituir un *símbolo* de la idea onírica inconsciente que a él corresponde. Recordáis, sin duda, que investigando anteriormente la relación existente entre los elementos del sueño y sus substratos, establecimos que la misma podía ser de tres distintos géneros, pues el elemento podía constituir una parte de su substrato inconsciente, una alusión al mismo o, por último, su representación plástica. A continuación os anuncié que aún existía un cuarto género de relación, que por entonces no definí, y que es el que acabamos de establecer, o sea la relación simbólica. Con ella se enlazan varias interesantísimas cuestiones, de las que vamos a ocuparnos antes de entrar en la exposición de nuestras particulares observaciones sobre el simbolismo, materia que constituye quizá el capítulo más atractivo de la teoría de los sueños.

Haremos, ante todo, observar que siendo los símbolos traducciones permanentes, realizan hasta cierto punto el ideal de la antigua interpretación de los sueños —y también el de la moderna popular—; ideal de que nuestra técnica nos había alejado considerablemente. Por medio de estos símbolos se nos hace posible, en determinadas circunstancias, interpretar un sueño sin interrogar al sujeto, el cual, además, no sabría decirnos nada sobre ellos. Cuando llegamos a conocer los más usuales símbolos oníricos y, además, en cada caso, la personalidad del sujeto, las circunstancias en las que vive y las impresiones tras de las cuales ha aparecido su sueño, nos hallamos con frecuencia en situación de interpretar dicho sueño sin ninguna dificultad; esto es, de traducirlo, por decirlo así, a libro abierto. Un semejante virtuosismo es muy apropiado para halagar al intérprete e impresionar al sujeto y constituye un descanso bienhechor de los penosos interrogatorios necesarios en otros sueños. Mas no debéis dejaros seducir por esta facilidad. Nuestra misión no consiste en ejecutar brillantes habilidades. La interpretación basada en el conocimiento de los símbolos no constituye una técnica que pueda reemplazar a aquella que se funda en la asociación, ni siquiera compararse a ella, y no es sino un complemento de la misma, a la que proporciona rico acervo de datos. Además, muchas veces nos falta el conocimiento de la situación psíquica del sujeto y el de los sucesos diurnos que hayan podido provocar su sueño, pues los sueños cuya interpretación hemos de emprender no son siempre los de personas a las que tratamos íntimamente. En estos casos, sólo las ocurrencias y asociaciones del sujeto podrán proporcionarnos el necesario conocimiento de lo que hemos convenido en denominar «situación psíquica».

Un hecho por todos conceptos singular, y que no podemos por menos de señalar aquí, es la general y encarnizada resistencia con que ha tropezado esta concepción simbólica de las relaciones entre los sueños y lo inconsciente. Incluso personas reflexivas y de gran autoridad, que no formulaban contra el psicoanálisis ninguna objeción de principio, han rehusado seguirlo por este camino, actitud tanto más singular cuanto que el simbolismo no es una característica exclusiva de los sueños y que su descubrimiento no es obra del psicoanálisis, el cual ha realizado otros muchos más sorprendentes. Si a todo precio queremos situar en la época moderna el descubrimiento del simbolismo onírico, deberemos considerar como su autor al filósofo K. A. Scherner (1861). El psicoanálisis se ha limitado a proporcionar una confirmación de las teorías de este autor, aunque introduciendo en ellas profundas modificaciones.

Desearéis, sin duda, saber algo de la naturaleza del simbolismo onírico y examinar algunos ejemplos del mismo. Muy gustoso os comunicaré aquello que sé sobre estas cuestiones, pero he de preveniros que nuestra inteligencia de las mismas no se halla todo lo avanzada que fuera de desear.

La esencia de la relación simbólica es una comparación, pero no una comparación cualquiera. Sospechamos, en efecto, que ésta ha de requerir determinadas condiciones, aunque no podamos decir cuáles. No todo aquello con lo que podemos comparar un objeto o un proceso aparece en el sueño como un símbolo de los mismos. Por otro lado, el sueño, lejos de representar por este medio todo lo que a ello se presta, no lo hace sino con determinados elementos de las ideas latentes. Existe, pues, una doble limitación paralela. Aparte de esto, debemos también convenir en que la noción de símbolo no se halla todavía precisamente delimitada y se confunde con las de sustitución, representación, etc., llegando incluso a aproximarse a la de alusión. En ciertos símbolos, la comparación en que se fundan resulta evidente; pero hay otros a propósito de los cuales nos vemos obligados a preguntarnos dónde debemos buscar el «tertium comparationis» o factor común de la presunta comparación. A veces logramos hallarlo después de una detenida y penetrante reflexión, pero otras permanece inencontrable. Además, si el símbolo es una comparación, parece singular que la asociación no consiga descubrírnosla y que el mismo sujeto del sueño no la conozca, a pesar de servirse de ella. Más aún: es muy extraño que el sujeto no se muestre siquiera dispuesto a reconocer dicha comparación cuando la misma le es comunicada por el analizador.

Veis así que la relación simbólica es una comparación de un género harto particular, cuyo fundamento escapa todavía a nuestra comprensión. Quizá más adelante hallaremos algunos datos que nos proporcionen un mayor esclarecimiento.

Los objetos que hallan en el sueño una representación simbólica son poco numerosos. El cuerpo humano en su totalidad; los padres, hijos, hermanos y hermanas, y el nacimiento, la muerte, la desnudez y algunas cosas más. La *casa* es lo que constituye la única representación típica; esto es, regular, de la totalidad de la persona humana, hecho que fue ya reconocido por Scherner, que quiso atribuirle una importancia de primer orden, a nuestro juicio equivocada. Con frecuencia nos vemos, en sueños, resbalar a lo largo de fachadas de casas, y durante este descenso experimentamos unas veces sensaciones placenteras y otras angustiosas. Las casas de muros lisos representan hombres, y aquellas que muestran salientes y balcones a los cuales podemos agarrarnos, son mujeres. Los padres aparecen simbolizados en el sueño por el *emperador* y la *emperatriz* y el rey y la reina u otros personajes eminentes, desarrollándose de este modo los sueños en los que figuran los padres en una atmósfera de respeto y solemnidad. Menos tiernos son los sueños en los que figuran los hijos, hermanos o hermanas, los cuales tienen por símbolo *pequeños animales y parásitos*. El nacimiento es casi siempre representado por una acción en la que el *agua* es el factor principal: soñamos muchas veces que nos arrojamos al agua o que salimos de ella y que salvamos a una persona de morir ahogada o somos a nuestra vez salvados, acción significativa de la existencia de una relación maternal entre dicha persona y el sujeto. La muerte inminente es reemplazada en el sueño por la *partida* o *por un viaje en ferrocarril,* y estar ya muertos, por diversos indicios oscuros y siniestros. La desnudez es simbolizada por *trajes* y *uniformes.* Observaréis que en muchos de estos ejemplos se desvanecen los límites entre la representación simbólica y la alusiva.

Contrastando con la escasa amplitud de la enumeración que precede, ha de sorprendernos la extraordinaria riqueza de símbolos existente para representar los objetos y contenidos de otro distinto círculo. En éste, el círculo de la vida sexual, de los órganos genitales, de los procesos sexuales y del comercio sexual. La mayoría de los símbolos oníricos son símbolos sexuales. Pero hallamos aquí una desproporción considerable. Mientras que los contenidos que han de ser simbolizados son muy poco numerosos, los símbolos que los designan lo son extraordinariamente, de manera que cada objeto puede ser expresado por muchos símbolos, que tienen casi todos el mismo valor. Sin embargo, en el curso de la interpretación experimentamos una sorpresa desagradable. Contrariamente a las imágenes oníricas representativas, en extremo variadas, las interpretaciones de los símbolos son extraordinariamente monótonas. Es éste un hecho que decepciona a todos aquellos que tienen ocasión de advertirlo, pero no está en nuestras manos remediarlo.

Siendo hoy la primera vez que en estas lecciones os hablo de contenidos de la vida sexual, debo deciros cómo pienso tratar aquí estas materias. El psicoanálisis no tiene razón alguna para hablar encubiertamente o contentarse con alusiones; no se avergüenza en modo alguno de ocuparse de este importante tema y encuentra perfectamente correcto llamar a las cosas por su nombre, pues considera que es éste el mejor medio de preservarse contra posibles pensamientos perturbadores. El hecho de hallarme aquí ante un auditorio mixto no modifica en nada esta cuestión. Lo mismo que no existe una ciencia *ad usumdelphini,* no debe tampoco haberla para uso de las jóvenes ingenuas, y las señoras que observo entre los concurrentes han querido, sin duda, mostrar con su presencia que quieren ser tratadas, desde el punto de vista científico, de una manera igual que los hombres.

El sueño posee, pues, para los genitales masculinos, un gran número de representaciones que podemos considerar como simbólicas, y en las cuales el factor común de la comparación es casi siempre evidente. Para la totalidad del aparato genital masculino, el símbolo de mayor importancia es el sagrado número 3. La parte principal y la más interesante para los dos sexos del aparato genital del hombre, esto es, el pene, halla en primer lugar sus sustituciones simbólicas en objetos que se le asemejan por su forma, tales como *bastones, paraguas, postes, árboles,* etc., y después en objetos que tienen, como él, la facultad de poder penetrar en el interior de un cuerpo y causar heridas: *armas* puntiagudas de toda clase, *cuchillos, puñales, lanzas y sables,* o también *armas de fuego,* tales como *fusiles* o *pistolas,* y más particularmente aquella que por su forma se presta con especialidad a esta comparación, o sea el *revólver.* En las pesadillas de las muchachas, la persecución por un hombre armado con un cuchillo o un arma de fuego desempeña un principal papel. Es éste, quizá, el caso más frecuente del simbolismo de los sueños, y su interpretación no presenta dificultad ninguna.

No menos comprensible es la representación del miembro viril por objetos de los que mana agua : *grifos, jarros* y *surtidores,* o por otros que son susceptibles de alargarse, tales como *lámparas de suspensión, lápices mecánicos,* etc. El hecho de que los *lápices,* los *palilleros,* las *limas* para las uñas, los martillos y otros *instrumentos* sean incontestablemente representaciones simbólicas del órgano sexual masculino, depende también de una concepción fácilmente comprensible del mismo.

La singular propiedad que éste posee de poder erguirse en contra de la ley de gravedad, propiedad que forma una parte del fenómeno de la erección, ha creado su representación simbólica por *globos, aviones* y, recientemente, por los *dirigibles Zeppelin.* Pero el sueño conoce todavía un medio distinto, mucho más expresivo, de simbolizar la erección, pues convierte al órgano sexual en lo más esencial de la persona misma y la hace *volar* toda entera. No os asombraréis, por tanto, de oír de aquellos sueños, a veces tan bellos, que todos conocemos y en los cuales el vuelo desempeña un papel tan importante, deben ser interpretados como fundados en una excitación sexual general, o sea en el fenómeno de la erección. Entre los psicoanalistas, ha sido P. Federn el que ha establecido esta interpretación, basándose en pruebas irrefutables; pero, además, un hombre de ciencia tan imparcial y extraño al psicoanálisis —del que quizá no tenía la menor noticia— como Mourly-Vold ha llegado a las mismas conclusiones después de sus experimentos, que consistían en dar a los brazos y a las piernas, durante el sueño, posiciones artificiales. No me objetéis el hecho de que las mujeres pueden igualmente soñar que vuelan. Recordad más bien que nuestros sueños quieren ser realizaciones de deseos, y que el deseo, consciente o inconsciente, de ser un hombre no es nada raro en la mujer. Aquellos de entre vosotros que se hallen algo versados en Anatomía no hallarán nada asombroso que la mujer pueda realizar este deseo en sueños provocados por sensaciones de erección análogas a las del hombre. La mujer posee, en efecto, en su aparato genital, un pequeño miembro semejante al pene viril, y este pequeño miembro, el clítoris, desempeña en la infancia y en la edad que precede a las relaciones sexuales el mismo papel que su homólogo masculino.

Entre los símbolos masculinos menos comprensibles citaremos los *reptiles* y los *peces,* pero sobre todo el famoso símbolo de la *serpiente.* Ignoramos por qué el *sombrero* y el *abrigo* han llegado a recibir, como símbolos oníricos, igual aplicación. No resulta, en efecto, nada fácil de adivinar, pero tal significación simbólica ha sido incontestablemente comprobada. Podemos, por último, preguntarnos si la sustitución del órgano sexual masculino por otros miembros, tales como el *pie* o la *mano,* debe igualmente ser considerada como simbólica. Creo que examinando el conjunto del sueño y teniendo en cuenta los órganos correspondientes de la mujer, nos veremos casi siempre obligados a admitir esta significación.

El aparato genital de la mujer es representado simbólicamente por todos los objetos cuya característica consiste en circunscribir una cavidad en la cual puede alojarse algo : *minas, fosas, cavernas, vasos y botellas, cajas* de todas formas, *cofres, arcas, bolsillos,* etc. El *barco* forma igualmente parte de esta serie. Ciertos símbolos, tales como *armarios, estufas,* y sobre todo *habitaciones,* se refieren más bien al útero materno que al aparato sexual propiamente dicho. El símbolo *habitación* se aproxima aquí al de *casa,* y *puerta* y *portal* se convierten en símbolos que designan el acceso del orificio sexual. También tienen una significación simbólica de mujer materias, tales como la *madera* y el *papel,* y ciertos objetos construidos con las mismas, tales como la *mesa* y el *libro*. Entre los animales, los *caracoles* y las conchas bivalvas son incontestablemente símbolos femeninos. Citemos todavía entre los órganos del cuerpo, la *boca,* como símbolo del orificio genital, y entre los edificios, la *iglesia* y la *capilla*. Veis, pues, que todos estos símbolos no son igualmente inteligibles.

Los senos, que pueden considerarse como una parte del aparato genital femenino, y otros hemisferios más amplios del cuerpo de la mujer, hallan su representación simbólica en las *manzanas*, los *melocotones* y las frutas en general. El cabello que guarnece el aparato genital en los dos sexos es descrito en el sueño bajo el aspecto de un *bosque* o un *matorral*. La complicada topografía del aparato genital femenino hace que nos lo representemos frecuentemente con un *paisaje* con rocas, bosques y aguas, quedando, en cambio, simbolizado el imponente mecanismo del aparato genital del hombre por toda clase de *máquinas* difíciles de describir.

Otro interesante símbolo del aparato genital de la mujer es el de la *cajita de joyas*. *Joyas* y *tesoro* son cariñosos calificativos que incluso en el sueño dirigimos a la persona amada. Las *golosinas* sirven con frecuencia para simbolizar el goce sexual. La satisfacción sexual obtenida sin el concurso de una segunda persona es simbolizada por toda clase de *juegos* y por el acto de tocar el *piano*. El *resbalamiento*, el *descenso brusco* y el *arrancamiento* de *una rama* son representaciones claramente simbólicas del onanismo. Otra representación particularmente singular es la *caída* o *extracción de una muela*, representación indudable de la castración, considerada como un castigo de las prácticas solitarias. Los símbolos oníricos destinados a representar más particularmente las relaciones sexuales son menos numerosos de lo que hubiéramos creído, a juzgar por lo que hasta ahora sabemos. Como pertenecientes a esta categoría pueden citarse las actividаdes rítmicas, tales como el *baile,* la *equitación* y la *ascensión*, y también determinados accidentes violentos, como el de ser *atropellado por un vehículo*. Añadiremos todavía ciertas *actividades manuales* y, naturalmente, la *amenaza con un arma*.

La aplicación y la traducción de estos símbolos son menos sencillas de lo que quizá supongáis. Tanto en una como en otra surgen numerosas circunstancias inesperadas. Una de ellas —que nunca hubiéramos sospechado— es la de que las diferencias sexuales suelen aparecer apenas acentuadas en estas representaciones simbólicas. Muchos símbolos designan un órgano genital en general, sin distinguir si es masculino o femenino. A esta clase de símbolos pertenecen aquellos en los que figura un niño *pequeño*, el hijo pequeño o la hija pequeña del sujeto. Otras veces sirve un símbolo predominantemente masculino para designar una parte del aparato genital femenino, e inversamente. Todo esto resulta incomprensible mientras no nos hallamos al corriente del desarrollo de las representaciones sexuales de los hombres. Sin embargo, en ciertos casos, esta ambigüedad de los símbolos puede no ser sino aparente, y los símbolos más marcados, tales como *bolsillo*, *arma* y *caja*, carecen de tal aplicación bisexual.

Comenzando no por lo que los símbolos representan, sino por los símbolos en sí mismos, quiero pasar revista a los dominios de los cuales los tomamos, investigación tras de la cual os expondré algunas consideraciones relativas principalmente a aquellos cuyo factor común permanece ininteligible. Un símbolo oscuro de este género es el *sombrero*, y quizá todo otro cubrecabezas en general, símbolo que la mayor parte de las veces tiene significación masculina; pero algunas, en cambio, femenina; igualmente sirve el *abrigo* para designar a un hombre, aunque con frecuencia desde un punto de vista diferente del sexual y sin que sepamos por qué. La *corbata* de nudo, que no es una prenda propia de la mujer, es manifiestamente un símbolo masculino. La *ropa blanca* y el *lienzo*, en general, son símbolos femeninos. Los *trajes* y *uniformes* se hallan destinados, como ya sabemos, a expresar la desnudez y las formas del cuerpo. El *zapato* y la *zapatilla* designan simbólicamente los órganos genitales de la mujer. Ya hemos hablado de ciertos símbolos enigmáticos, pero seguramente femeninos, tales como la *mesa* y la *madera*. La *escalera*, la *rampa* y el acto de subir por ellas son, desde luego, símbolos de las relaciones sexuales. Reflexionando detenidamente, hallamos en ellos, como factor común, el ritmo de la ascensión, y quizá también el incremento de la excitación; esto es, la opresión que sentimos a medida que alcanzamos una mayor altura.

Ya antes mencionamos el *paisaje* como representación del aparato genital de la mujer. *Montaña* y *roca* son símbolos del miembro masculino, y *jardín*, en cambio, lo es con gran frecuencia de los órganos genitales de la mujer. El *fruto* designa no al niño, sino a los senos. Los *animales salvajes* sirven para representar, ante todo, a los hombres sexualmente excitados y después a los malos instintos y a las pasiones. Las *flores* designan los órganos genitales de la mujer, y más especialmente la virginidad. Recordad, a este propósito, que las flores son efectivamente los órganos genitales de las plantas.

Ya conocemos el símbolo *habitación*, que, desarrollándose, da a las ventanas y accesos de la misma la significación de los orificios del cuerpo humano. La habitación *abierta* y la habitación *cerrada* forman parte del mismo simbolismo, y la *llave* que abre es incontestablemente un símbolo masculino.

Tales son los materiales que entran en la composición del simbolismo de los sueños, aunque nuestra exposición no ha sido, ni mucho menos, completa y pudiera ampliarse tanto en extensión como en profundidad. Pero creo que mi enumeración ha de pareceros más que suficiente, y hasta es posible que os haga exclamar con indignación: «Oyéndoos parece que vivimos en un mundo de símbolos sexuales. Todos los objetos que nos rodean, todos los trajes con que nos cubrimos y todas las cosas que tomamos en nuestra mano no son, a vuestro juicio, sino símbolos sexuales.» Convengo en que se trata de cosas un tanto asombrosas y que nos plantean múltiples interrogaciones, entre ellas la de cómo podemos conocer la significación de los símbolos de los sueños cuando el sujeto de los mismos no nos proporciona sobre ellos información ninguna o sólo harto insuficiente.

A esta interrogación contestaré que dicho conocimiento lo extraemos de diversas fuentes, tales como las fábulas, los mitos, el folklore o estudio de las costumbres, usos, proverbios y cantos de los diferentes pueblos, y, por último, del lenguaje poético y del lenguaje común. En todos estos sectores encontramos el mismo simbolismo, que comprendemos a menudo sin la menor dificultad.

Examinando estas fuentes una tras otra, descubrimos en ellas un tal paralelismo con el simbolismo onírico, que nuestras interpretaciones adquieren en este examen comparativo una gran certidumbre.

El cuerpo humano, hemos dicho, se halla con frecuencia representado, según Scherner, por el símbolo de la casa, el cual, al desarrollarse, se extiende a las ventanas y puertas, convirtiéndolas en representaciones de los accesos a las cavidades del cuerpo, y a las fachadas, lisas o provistas de salientes y balcones que pueden servir de asidero. Este simbolismo aparece igualmente en el lenguaje vulgar, pues solemos saludar a nuestros antiguos amigos con el apelativo de «altes Haus» (vieja casa), o para indicar que alguien se halla un poco trastornado decimos que *tiene desalquilado el piso de arriba.*

A primera vista parece extraño que los padres aparezcan representados en los sueños bajo el aspecto de una pareja real o imperial. Pero en seguida hallamos un símbolo paralelo en los cuentos infantiles. ¿No creéis que, en efecto, en muchos cuentos que comienzan por la frase «Esto era una vez un *rey* y una *reina*» nos hallamos igualmente ante una sustitución simbólica de la frase «Esto era una vez un *padre* y una *madre*»? En la vida familiar se califica cariñosamente a los niños de príncipes, y al primogénito se le da el título de príncipe heredero. En cambio, a los niños pequeños los calificamos, en broma, de *gusanillos.* Por último, el rey mismo se hace llamar *padre de la nación.*

Pero volvamos al símbolo «casa» y a sus derivados. Cuando en un sueño utilizamos los salientes de las casas como asidero, tenemos que ver en esto una reminiscencia de la conocidísima reflexión que la gente del pueblo formula al encontrar una mujer de senos muy desarrollados: «Esa tiene donde *agarrarse.*» En la misma ocasión, la gente del pueblo suele decir también: «Es ésa una mujer que tiene mucha *madera* delante de su casa», como si quisiera confirmar nuestra interpretación que ve en la *madera* un símbolo femenino y materno.

Sólo invocando en nuestra ayuda a la Filología comparada podremos hallar la razón que ha convertido el concepto *madera* en símbolo femenino y materno. Nuestra palabra alemana Holz (madera) tendría la misma raíz que la palabra griega λγη, que significa materia o materia bruta. Pero sucede con frecuencia que una palabra genérica acabe por designar un objeto particular. Así, existe en el Atlántico una isla llamada *Madeira*, nombre debido a los extensos bosques que la poblaban al ser descubierta por los navegantes portugueses. Ahora bien: *madeira* significa, en portugués, madera, palabra derivada de la latina *materia,* que significa *materia en general,* y es, a su vez, un derivado de *mater* (madre). La materia de que una cosa está hecha es la parte que de sí misma debe a la aportación materna, antigua concepción que se perpetúa en el uso simbólico de *madera* por *mujer* y *madre.*

El nacimiento se halla regularmente expresado en el sueño por la intervención del agua; nos sumergimos en el agua o salimos de ella, lo cual quiere decir que parimos o somos paridos. Mas habéis de observar que este símbolo posee un doble enlace con la realidad biológica: en primer lugar —y esta es la relación más lejana y primitiva—, todos los mamíferos terrestres, incluso los ascendientes del hombre, descienden de animales acuáticos; pero, además, todo mamífero y todo ser humano pasa la primer fase de su existencia en el agua, pues su vida embrionaria transcurre en el líquido placentario del seno materno. De este modo, el nacimiento equivale a salir del agua. No afirmo que el durmiente sepa todo esto, pero sí que no tiene necesidad ninguna de saberlo. Incluso una infantil explicación del nacimiento, que a todos nos ha sido dada cuando niños, y en la que interviene también el agua, no influye, a mi juicio, para nada en la formación del símbolo que nos ocupa. Es esta explicación la de que los niños son traídos por una cigüeña que los encuentra en los estanques, los ríos o los pozos. Uno de mis pacientes me contó que, siendo niño, oyó relatar esta historia y desapareció de su casa durante toda una tarde, hasta que sus padres acabaron por encontrarle al borde de un estanque, inclinado sobre el agua e intentando ver en el fondo a los niños que de allí sacaba la cigüeña.

En los mitos relativos al nacimiento del héroe, que O. Rank ha sometido a un análisis comparado (el más antiguo es el referente al nacimiento del rey Sargón de Agades en el año 2800 antes de Jesucristo), la inmersión en el agua y el salvamento desempeñan un papel predominante, y Rank ha establecido que estas representaciones míticas del nacimiento son semejantes a las que el fenómeno onírico emplea generalmente. Cuando en nuestros sueños salvamos a una persona de las aguas, hacemos de nosotros su madre o simplemente una madre. Análogamente, en la persona que salva a un niño de igual peligro nos presenta el mito a la madre del salvado. Existe una anécdota bien conocida en la que un pequeño judío inteligente, preguntado sobre quién fue la madre de Moisés, contestó sin vacilar que la princesa, y al objetarle que ésta no había hecho más que salvarle de las aguas, respondió: «Eso es lo que ella dice», mostrando así que había encontrado la significación exacta del mito.

La partida simboliza en el sueño la muerte. Del mismo modo, cuando un niño pide noticias de una persona que no ha visto hace mucho tiempo, se le contesta habitualmente, si se trata de una persona fallecida, que la misma ha emprendido un *viaje*. Pero también en este caso he de afirmar que el símbolo onírico no tiene nada que ver con esta explicación infantil. El poeta se sirve de la misma relación simbólica cuando habla del más allá como de un país inexplorado del que ningún *viajero* retorna, y hasta en nuestras conversaciones cotidianas hablamos a veces del último viaje. Todos los conocedores de los antiguos ritos saben que la representación de un viaje al país de la muerte formaba parte de la religión del antiguo Egipto, y aun han llegado hasta nosotros numerosos ejemplares del «libro de los muertos» que, como un Baedecker, acompañaba a la momia en este viaje. Desde que los lugares de sepultura han sido separados de las habitaciones de los vivos, este último viaje del muerto ha llegado a ser una realidad.

Tampoco el simbolismo genital es exclusivo del sueño. A todos nosotros nos ha sucedido alguna vez en la vida llevar nuestra falta de cortesía hasta el extremo de calificar a una mujer de *vieja caja* ('alte Schachtel'), sin saber quizá que diciendo esto nos servíamos de un símbolo genital. En el Nuevo Testamento se dice que la mujer es un *vaso* débil, y los libros sagrados de los judíos se hallan en su poético estilo llenos de expresiones tomadas del simbolismo sexual, que no han sido siempre exactamente comprendidas y cuya interpretación (por ejemplo, la del *Cantar de los Cantares*) ha dado motivo a numerosos errores. En la literatura hebrea posterior se encuentra muy frecuentemente el símbolo que representa a la mujer como una casa cuya puerta corresponde al orificio genital. Así, en los casos de pérdida de la virginidad se lamenta el marido de haber hallado la *puerta abierta*. La representación de la mujer por el símbolo «mesa» es también frecuente en esta literatura. La mujer dice de su marido: «Le preparé la mesa, *pero él la volcó*.» Los niños deformes nacen por haber *volcado la mesa* su padre. Estas informaciones que aquí expongo las he tomado de una monografía de L. Levy, de Brünn, sobre el simbolismo sexual en la Biblia y en el Talmud.

Los etimologistas han hecho verosímil la hipótesis de que el *barco* constituye una representación simbólica de la mujer. La palabra *Schiff* (barco), que servía primitivamente para designar un vaso de arcilla, no sería, en realidad, sino una modificación de la palabra *Schaff* (escudilla). La leyenda griega de Periandro de Corinto y su mujer. Melisa, nos confirma que el *horno* es un símbolo de la mujer y del útero. Según nos cuenta Herodoto, el tirano Periandro asesinó a su mujer, a la que amaba ardientemente, en un arrebato de celos. Habiendo luego conjurado su sombra, se le apareció una vaga forma femenina, y para convencerle de que era el espíritu de su muerta esposa, le recordó que *había metido su pan en un horno frío,* velada expresión alusiva a un acto de Periandro que ninguna otra persona podía conocer. En la *Anthropophyteia*, publicada por F. S. Krauss, que constituye un inagotable manantial de informaciones sobre todo lo referente a la vida sexual de los pueblos, leemos que en determinadas regiones de Alemania se dice de las mujeres que acaban de parir que *se les ha derrumbado el horno.* La preparación del fuego, con todo lo que a la misma se enlaza, se halla profundamente penetrada del simbolismo sexual. La llama simboliza siempre el órgano genital del hombre, y el fogón, el genital femenino.

Si halláis sorprendente que los paisajes sirven con tanta frecuencia, en los sueños, para representar simbólicamente el aparato genital de la mujer, acudid a los mitologistas y veréis cuán importantísimo papel ha desempeñado siempre la *madre tierra* en las representaciones y los cultos de los pueblos antiguos y hasta qué punto la concepción de la agricultura ha sido determinada por ese simbolismo. Las razones que en los sueños hacen del concepto «habitación» la representación simbólica de la mujer pueden derivarse fácilmente del lenguaje vulgar, pues en alemán decimos muchas veces *Frauenzimmer (habitación de la mujer)* en sustitución de *Frau* (mujer), reemplazando de este modo a la persona humana por el lugar que le está destinado. Del mismo modo hablamos de la *Sublime Puerta,* designando con esta expresión al sultán de Turquía o a su Gobierno. También la palabra *Faraón,* que servía para designar a los soberanos del antiguo Egipto, significaba *patio grande.* (En el antiguo Oriente, los patios dispuestos entre las dobles puertas de la ciudad eran lugares de reunión análogamente a las plazas de mercado en el mundo clásico.) Creo, sin embargo, que esta filiación es un tanto superficial, y a mi juicio, si «habitación» ha llegado a constituir un símbolo femenino, es por el hecho de que la mujer misma constituye el espacio en que el ser humano habita durante su vida intrauterina. El símbolo «casa» nos es ya conocido desde este punto de vista, y la Mitología y el estilo poético nos autorizan a admitir como otras representaciones simbólicas de la mujer las de *castillo, fortaleza* y *ciudad.*

Así, pues, para admitir esta filiación del símbolo que nos ocupa, sólo nos faltará comprender si personas de idioma distinto del alemán utilizan en sus sueños el concepto habitación como símbolo femenino, y creo recordar que en un gran número de pacientes extranjeros tratados por mí en estos últimos años sucedía así en efecto, a pesar de que en sus idiomas respectivos la palabra «mujer» carecía de relación alguna con lo de «habitación», no existiendo tampoco locución alguna que aproximara ambos conceptos como en alemán sucede *(Frauenzimmer* por *Frau).* Todavía existen otros indicios de que la relación simbólica puede rebasar los límites lingüísticos, hecho que ha sido ya reconocido por el onirocrítico Schubert (1814). Debo decir, sin embargo, que ninguno de mis pacientes ignoraba totalmente la lengua alemana, de manera que habremos de aplazar toda conclusión definitiva sobre este punto concreto hasta que psicoanalistas extranjeros puedan darnos datos de observaciones efectuadas en sujetos ignorantes del alemán.

De las representaciones simbólicas del órgano sexual masculino no hay una sola que no se encuentre expresada en el lenguaje corriente o en el poético e incluso a veces en las obras de los poetas de la antigüedad clásica. Entre estas representaciones figuran no solamente los símbolos que se manifiestan en los sueños, sino también otros, como, por ejemplo, diversas herramientas, y principalmente el arado. Además, la representación simbólica del órgano sexual masculino se relaciona con un dominio muy extenso y discutido, del cual, por razones de economía, queremos mantenernos alejados. Unicamente haremos algunas observaciones a propósito de uno solo de estos símbolos extraordinarios: el constituido por el número 3. Dejando a un lado la cuestión de si es a tal relación simbólica a lo que este número debe su carácter sagrado, la verdad es que, si ciertos objetos compuestos de tres partes (por ejemplo, los tréboles de tres hojas) han pasado a la categoría de figuras heráldicas y de emblemas, ello ha sido únicamente a causa de su significación simbólica. Así, la flor de lis francesa, de tres ramas, y el *triquedro* (tres piernas semidobladas partiendo de un centro común), singular blasón de dos islas tan alejadas una de otra como Sicilia y la de Man, no son, a mi juicio, sino reproducciones simbólicas y estilizadas del aparato genital del hombre. Las reproducciones del órgano sexual masculino eran consideradas en la antigüedad como poderosos medios preservadores (Apotropaico) de los maleficios, y quizá constituye una supervivencia de esta superstición el hecho de que incluso en nuestros días todos los amuletos usuales no son otra cosa que símbolos genitales o sexuales. Examinad una colección de estos amuletos, que suelen llevarse como pequeños dijes o colgantes, y encontraréis, entre ellos, un trébol de cuatro hojas, un cerdo, una seta, una herradura, una escalera y un deshollinador. El trébol de cuatro hojas reemplaza al más propiamente simbólico de tres. El cerdo es un antiguo símbolo de la fecundidad. La seta lo es incontestablemente del pene e incluso existen algunas que, como el *Phallus impudicus,* deben su nombre a su gran semejanza con el órgano sexual del hombre. La herradura reproduce los contornos del orificio genital de la mujer y el deshollinador que lleva la escalera debe el haber entrado a formar parte de la colección al hecho de ejercer una de aquellas profesiones que comportan actos a los que el vulgo suele comparar las relaciones sexuales (véase *Anthropophyteia*). Por último, la escalera nos es ya conocida como elemento del simbolismo sexual de los sueños, circunstancia apoyada también por el lenguaje vulgar, pues (en alemán) solemos emplear el verbo subir en un sentido sexual, hablando de *subir detrás de las mujeres (Den Frauen nachsteigen)*, calificando de *viejo subidor* (altar Steiger) a los viejos vividores. En francés, idioma en el que la palabra alemana *Stufe (escalón)* se traduce por la palabra «marche», se llama a un viejo juerguista *vieux marcheur.* El hecho de que muchos animales verifiquen el coito *subiendo* o montándose sobre la hembra no es, sin duda, extraño a esta aproximación.

El arrancamiento de una rama como representación simbólica del onanismo no corresponde solamente a las locuciones vulgares con que (en alemán) se designa el acto de la masturbación, sino que posee también numerosas analogías mitológicas. Mas lo que resulta especialmente singular es la representación del onanismo, o más bien de la castración considerada como un castigo de este pecado, por la caída o la extracción de una muela, pues en la Antropología hallamos un paralelo a esta representación, paralelo que pocos de los que han tenido un tal sueño deben de conocer. No creo equivocarme viendo en la circuncisión practicada en tantos pueblos un equivalente o un sucedáneo de la castración. Sabemos, además, que ciertas tribus primitivas de Australia practican la circuncisión a título de rito de la pubertad (para celebrar la entrada del joven en la edad viril), mientras que otras tribus cercanas a éstas reemplazan la circuncisión por la extracción de un diente.

Con estos ejemplos daré por terminada mi exposición, pero he de advertiros que me he limitado a presentaros algunas muestras del simbolismo onírico, pues nuestro conocimiento del mismo es bastante más amplio, y si nosotros, que no podemos considerarnos sino como meros aficionados en las cuestiones relativas a la Mitología, la Lingüística, la Antropología y el folklore, hemos logrado, sin embargo, reunir una tan interesante colección de símbolos, podéis figuraros lo que sería la que formaran los especialistas en estas materias.

Pero, de todos modos, lo expuesto en esta lección basta para permitirnos deducir determinadas conclusiones, que, sin agotar el tema, nos dan hartos motivos de reflexión.

Observamos, en primer lugar, que el sujeto del sueño dispone de una forma de expresión simbólica de la que no sólo no tiene el menor conocimiento en la vida despierta, sino que tampoco le es posible reconocerla cuando le es comunicada por otra persona, hecho que nos produce igual asombro que si un día nos enterásemos que nuestra criada, de la que sabemos que ha nacido en una aldea de Bohemia y no ha hecho jamás ninguna clase de estudios, comprendía el sánscrito. Nuestras concepciones psicológicas no pueden proporcionarnos aquí luz ninguna. Lo único que podremos decir es que el conocimiento que del simbolismo posee el sujeto es inconsciente; esto es, forma parte de su vida psíquica inconsciente. Pero esta explicación no nos saca de dudas. Hasta ahora no nos habíamos visto obligados a admitir más que tendencias inconscientes, o sea tendencias que ignoramos durante un lapso de tiempo más o menos largo. Pero esta vez se trata de algo más, se trata de conocimientos inconscientes, de relaciones inconscientes entre ciertas ideas y de comparaciones inconscientes entre diversos objetos, a consecuencia de los cuales uno de dichos objetos pasa a instalarse de un modo permanente en el lugar correspondiente al otro. Resulta, además, que estas comparaciones no son para cada caso diferentes, sino que se hallan establecidas de un modo fijo y dispuestas para ser utilizadas. Prueba de ello es que son siempre idénticas en las personas más distintas y subsisten quizá, a pesar de las diferencias de lenguaje.

¿De dónde puede, pues, provenir nuestro conocimiento de tales relaciones simbólicas? El lenguaje corriente no nos proporciona sino una muy pequeña parte, y las numerosas analogías que podemos hallar en otros campos son casi siempre ignoradas por el sujeto del sueño, habiendo sido necesaria una paciente labor para reunir las que hasta aquí hemos expuesto.

En segundo lugar, estas relaciones simbólicas no son algo privativo del sujeto del sueño ni tampoco constituyen una característica de la elaboración onírica en la que hallan su expresión, pues sabemos que los mitos y las fábulas, el pueblo en sus proverbios y sus cantos, el lenguaje corriente y la fantasía poética utilizan igual simbolismo. De este modo, no constituyendo los símbolos oníricos sino una pequeña provincia del extenso reino del simbolismo, no ha de ser lo más indicado atacar el problema general partiendo de la investigación de los sueños. Muchos de los símbolos empleados en otros sectores no se manifiestan en los sueños o sólo muy raras veces. Por otro lado, los símbolos oníricos pertenecen muchas veces exclusivamente al sueño, y otras no se los encuentra sino muy rara vez en sectores distintos. Estas circunstancias hacen que experimentemos la impresión de hallarnos ante una primitiva forma de expresión, desaparecida, de la que sólo quedan algunos restos diseminados en diferentes sectores y conservados en formas ligeramente modificadas. Recuerdo, en este punto, la fantasía de un interesante alienado que llegó a imaginar la existencia de un «idioma fundamental», del cual todas estas relaciones simbólicas eran, a su juicio, supervivencias [véase el caso 'Schreber'].

En tercer lugar, ha de pareceros sorprendente que el simbolismo no sea en todos los demás sectores necesario y únicamente sexual, mientras que en los sueños sirven los símbolos casi exclusivamente para la expresión de objetos y relaciones sexuales. Tampoco esto resulta fácil de explicar. ¿Será quizá que símbolos primitivamente sexuales recibieron después una aplicación distinta que poco a poco fue despojándolos de su carácter simbólico hasta dejarlos adscritos a otro género de representación? Mas es evidente que mientras permanezcamos limitados a la investigación del simbolismo onírico, nos ha de ser imposible conseguir la solución de estos problemas. Nos contentaremos, por tanto, con mantener la hipótesis de que entre todos los símbolos propiamente dichos y lo sexual existe una íntima relación.

Sobre este punto concreto hemos de citar aquí una reciente e importantísima aportación. Un filólogo, H. Sperber, de Upsala, ajeno a nuestra labor psicoanalítica, ha formulado la teoría de que las necesidades sexuales han intervenido esencialmente en la génesis y la evolución de la expresión oral. Los primeros sonidos articulados sirvieron para comunicar las ideas y llamar al objeto sexual. El desarrollo ulterior de las raíces de la lengua acompañó la organización del trabajo en la humanidad primitiva. Los trabajos eran efectuados en común y con el acompañamiento de expresiones orales rítmicamente repetidas, resultando así un desplazamiento del interés sexual sobre el trabajo. Diríase que el hombre primitivo no se resignó al trabajo sino haciéndolo equivalente y sustitutivo de la actividad sexual. De este modo, la palabra lanzada durante el trabajo en común tenía dos sentidos, uno que expresaba el acto sexual y otro el trabajo activo que era asimilado a dicho acto. Poco a poco, la palabra se desligó de su significación sexual para enlazarse definitivamente al trabajo. Análogamente sucedió en generaciones ulteriores, las cuales, después de inventar nuevas palabras de significación sexual, las aplicaron a nuevos géneros de trabajo. En esta forma se habrían constituido numerosas raíces, que todas tuvieron un origen sexual, pero perdieron luego su significación primitiva. Si la teoría cuyo esquema acabamos de trazar es exacta, nos ofrecerá una posibilidad de llegar a la inteligencia del simbolismo de los sueños. Nos explicaremos, sobre todo, por qué el sueño, que conserva algo de estas primitivas condiciones, presenta tantos símbolos referentes a la vida sexual y por qué de un modo general las armas y herramientas son símbolos masculinos, mientras que las telas y los objetos elaborados lo son femeninos. La relación simbólica sería, pues, una supervivencia de la antigua identidad de las palabras. Objetos que antiguamente tuvieron el mismo nombre que aquellos otros referentes al sector y a la vida genitales, aparecerían ahora en los sueños a título de símbolos de dicha esfera y dicha vida.

Todas estas analogías evocadas a propósito del simbolismo de los sueños os permitirán formaros una idea de aquellas especialísimas características del psicoanálisis que la convierten en una disciplina de interés general, cosa que no sucede ni a la Psicología ni a la Psiquiatría. La labor psicoanalítica nos pone en relación con una gran cantidad de otras ciencias mentales, tales como la Mitología, la Lingüística, el folklore, la psicología de los pueblos y la ciencia de las religiones, ciencias todas cuyas investigaciones pueden proporcionarnos los más preciosos datos. Así, pues, no extrañaréis que el movimiento psicoanalítico haya creado un órgano consagrado exclusivamente al estudio de estas relaciones: la revista *Imago*, fundada en 1912 y dirigida por Hans Sachs y Otto Rank. En todas estas relaciones con las demás ciencias, el psicoanálisis da más que recibe. Los resultados, a veces harto extraños, anunciados por el psicoanálisis, se hacen más aceptables al ser confirmados por las investigaciones efectuadas en otros sectores, pero nuestra disciplina es la que proporciona los métodos técnicos y establece los puntos de vista, cuya aplicación a las otras ciencias produce tan fructíferos resultados. La investigación psicoanalítica descubre en la vida psíquica del individuo humano hechos que nos permiten resolver más de un enigma de la vida colectiva de los hombres o, por lo menos, fijar su verdadera naturaleza.

No os he dicho aún en qué circunstancias podemos obtener la visión más profunda de este presunto «idioma fundamental», ni cuál es el dominio que de él ha conservado los restos más numerosos. Hasta tanto lleguéis a conocer esta circunstancia, os será imposible daros cuenta de toda la importancia de nuestro estudio. Ahora bien: este dominio es el de las neurosis, y sus materiales se hallan constituidos por los síntomas y otras manifestaciones de los sujetos nerviosos, síntomas y manifestaciones cuya explicación y tratamiento constituye precisamente el objeto del psicoanálisis.

Mi cuarto punto de vista nos hace retornar, por tanto, a nuestro punto de partida y nos orienta en la dirección que nos ha sido trazada. Hemos dicho que, aun cuando no existiera la censura de los sueños, no nos resultarían éstos más inteligibles, pues tendríamos entonces que resolver el problema, consistente en traducir el lenguaje simbólico del sueño a aquel otro que corresponde a nuestro pensamiento despierto. El simbolismo es, pues, otro factor de deformación de los sueños, independiente de la censura; pero podemos suponer que esta última encuentra muy cómodo servirse de él, puesto que concurre al mismo fin que ella persigue, o sea el de convertir el sueño en algo extraño o incomprensible.

El estudio ulterior del sueño puede llevarnos a descubrir todavía otro factor de la deformación, pero no quiero abandonar aquí la cuestión del simbolismo sin recordaros una vez más la actitud enigmática que las personas cultas han creído deber adoptar ante ellas; actitud de absoluta resistencia, a pesar de que la realidad del simbolismo se ha demostrado con absoluta certidumbre en el mito, la religión, el arte y el idioma, factores todos que se hallan plenos de símbolos. ¿Deberemos acaso ver nuevamente la razón de esta actitud en las relaciones que hemos establecido entre el simbolismo de los sueños y la sexualidad?

LECCION XI. 7. LA ELABORACION ONIRICA

Señoras y señores:

S I habéis conseguido formaros una idea de la censura onírica y de la representación simbólica, estaréis en situación de comprender la mayor parte de los sueños, aunque, desde luego, sin conocer todavía a fondo el mecanismo de la deformación de los mismos. Para llegar a esta inteligencia del fenómeno onírico podéis ya serviros de dos técnicas que se completan mutuamente, pues provocaréis la aparición de recuerdos y ocurrencias en el sujeto hasta que podáis llegar desde la sustitución al substrato mismo del sueño y reemplazaréis los símbolos conforme a vuestro conocimiento personal de este género de representación por el significado que les corresponda. En el curso de esta labor tropezaréis con determinadas dificultades, que os harán vacilar; pero de ellas ya trataremos más adelante.

Podemos ahora retornar a una labor que ya antes intentamos llevar a cabo y tuvimos que abandonar por no disponer de los medios precisos: la de investigar las relaciones exteriores entre los elementos del sueño y sus substratos. En dicha primera tentativa logramos, sin embargo, establecer que tales relaciones se presentaban en número de cuatro: relación de una parte al todo, aproximación o alusión, relación simbólica y representación verbal plástica. Una vez en posesión de los medios necesarios, reanudaremos esta investigación en más amplia escala, comparando el contenido manifiesto del sueño en conjunto con el sueño latente tal y como la interpretación nos lo revela.

Espero que no confundiréis ya nunca el sueño manifiesto y el sueño latente. Observando siempre esta distinción habréis avanzado en la inteligencia de los sueños más que la mayor parte de los lectores de mi obra sobre los mismos. Permitidme, por último, recordaros que damos el nombre de *elaboración* del sueño *(Traumarbeit)* a la labor que transforma el sueño latente en sueño manifiesto, y labor de *interpretación,* a aquella otra que persigue el fin contrario, o sea el de llegar desde el contenido manifiesto a las ideas latentes, destejiendo la trama urdida por la elaboración. Los sueños de tipo infantil, en los cuales hemos reconocido sin esfuerzo realizaciones de deseos, no por ello han dejado de sufrir una cierta elaboración, consistente en la transformación del deseo en realidad, y casi siempre la de las ideas en imágenes visuales. En estos casos no es necesaria una interpretación, pues basta simplemente con llevar a cabo la transformación inversa. En otros sueños se añaden a estos efectos de la elaboración otros nuevos que constituyen lo que denominamos «deformación onírica», la cual es, a su vez, descifrable por medio de nuestra técnica de interpretación.

Habiendo tenido ocasión de comparar un gran número de interpretaciones oníricas, me hallo en situación de exponeros en forma sintética lo que la elaboración realiza con los materiales de las ideas latentes del sueño. Sin embargo, os ruego que no os precipitéis a deducir conclusiones de lo que voy a deciros, pues ello no es sino una descripción que demanda ser escuchada con una atención reflexiva.

El primer efecto de la elaboración onírica es la *condensación,* efecto que se nos muestra en el hecho de que el contenido manifiesto del sueño es más breve que el latente, constituyendo, por tanto, una especie de traducción abreviada del mismo. Esta condensación, que sólo falta en algunos, muy pocos, sueños, alcanza a veces una considerable intensidad. En cambio, no hallaremos nunca el caso contrario; esto es, el de que el sueño manifiesto sea más extenso que el latente y posea un más rico contenido. La condensación se realiza por uno de los tres procedimientos siguientes: 1.º Determinados elementos latentes quedan simplemente eliminados. 2.º El sueño manifiesto no recibe sino fragmentos de ciertos complejos del latente. 3.º Elementos latentes que poseen rasgos comunes aparecen fundidos en el sueño manifiesto.

Si os parece mejor, podemos reservar el término condensación exclusivamente para este último procedimiento. Sus efectos son muy fáciles de demostrar. Rememorando vuestros propios sueños, encontraréis en seguida casos de condensación de varias personas en una sola. Una persona compuesta de este género tiene el aspecto de A, se halla vestida como B, hace algo que nos recuerda a C, y con todo esto sabemos que se trata de D. En esta formación mixta se halla naturalmente, acentuando un carácter o tributo común a las cuatro personas. De igual manera podemos formar un compuesto de varios objetos o lugares, siempre que los mismos posean uno o varios rasgos comunes que el sueño latente acentuará de un modo particular. Fórmase aquí algo como una noción nueva y efímera que tiene, como nódulo, al elemento común. De la superposición de las unidades fundidas en un todo compuesto resulta, en general, una imagen de vagos contornos, análoga a la que obtenemos impresionando varias fotografías sobre la misma placa.

La elaboración onírica debe hallarse muy interesada en la producción de estas formaciones compuestas, que es fácil observar que los imprescindibles rasgos comunes son creados expresamente allí donde en realidad no existen, efectuándose esta creación muchas veces por medio de la elección de una determinada forma verbal para la expresión de una idea. Conocemos ya condensaciones y formaciones compuestas de este género, pues al tratar de la equivocación oral examinamos algunos casos en los que desempeñaban un importante papel. Recordad, por ejemplo, aquel joven que quiso *begleitdigen* (palabra compuesta de *begleiten-acompañar* y *beleidigen-ofender*) a una señorita. Existen, además, chistes cuya técnica se reduce a una condensación de este género. Pero haciendo abstracción de estos casos, podemos afirmar que el proceso que nos ocupa se nos muestra como algo en extremo singular. La formación de personas compuesta en los sueños halla ciertamente un paralelo en determinadas creaciones de nuestra fantasía, la cual funde a menudo en una unidad elementos heterogéneos; así, los centauros y los animales legendarios de la mitología antigua y de los cuadros de Böcklin; pero la fantasía «creadora» es incapaz de inventar nada y se contenta con reunir elementos de diversa naturaleza. Por otro lado, el proceso de la elaboración presenta la particularidad de que los materiales de que dispone son ideas, algunas de las cuales pueden ser repulsivas e inaceptables, pero que se hallan todas correctamente formadas y expresadas. La elaboración onírica da a estas ideas otra forma, y resulta singular e inexplicable que en esta especie de traducción o transcripción a una distinta lengua o escritura se sirva de la fusión y de la combinación. Una traducción procura, generalmente, respetar las particularidades del texto y no confundir las semejanzas. Por lo contrario, la elaboración se esfuerza en condensar dos ideas diferentes buscando, como en un retruécano, una palabra de varios sentidos, en la cual puedan encontrarse unidas las dos ideas. No os aconsejo que intentéis deducir por ahora una conclusión de esta particularidad. Contentaos interinamente con saber que existe y puede llegar a alcanzar una gran importancia para la concepción de la elaboración onírica.

Aunque la condensación contribuye a la oscuridad del sueño, no nos parece que sea un efecto de la censura, y más bien la referiremos a causas mecánicas y económicas. Pero, no obstante, es utilizada por la censura para sus fines particulares.

La condensación puede producir extraordinarios efectos, tales como el de reunir en un sueño manifiesto dos series de ideas latentes por completo hetero-

géneas, resultando así que podemos obtener una interpretación aparentemente
justa de un sueño sin advertir la posibilidad de lo que pudiéramos llamar una
interpretación en segundo grado.

Uno de los efectos de este proceso es también el de complicar las relaciones
entre los elementos del sueño latente y los del manifiesto, haciendo que un solo
elemento manifiesto pueda corresponder simultáneamente a varios elementos
latentes y que un elemento latente pueda participar en varios manifiestos, formando así una sólida trabazón. Al interpretar los sueños advertimos, además,
que las ideas que surgen a propósito en un elemento manifiesto no aparecen en
ordenada sucesión.

Vemos, pues, que la transcripción que de las ideas latentes realiza la elaboración onírica es de un género poco común. No es ni una traducción literal ni una selección conforme a determinadas reglas, como cuando sólo repro-
ducimos las consonantes de una palabra omitiendo las vocales, y tampoco
podemos decir que se trate de una representación de varios elementos por uno
escogido entre ellos. Nos hallamos ante algo muy diferente y mucho más complicado.

Un segundo efecto de la elaboración onírica consiste en el *desplazamiento,*
el cual, afortunadamente, nos es ya algo conocido, pues sabemos que es por
completo obra de la censura de los sueños. El desplazamiento se manifiesta de dos
maneras: haciendo que un elemento latente quede reemplazado no por uno de
sus propios elementos constitutivos, sino por algo más lejano a él; esto es, por una
alusión, o motivando que el acento psíquico quede transferido de un elemento
importante a otro que lo es menos, de manera que el sueño recibe un diferente
centro y adquiere un aspecto que nos desorienta.

La sustitución por una alusión existe igualmente en nuestro pensamiento
despierto, aunque con algunas diferencias. En el pensamiento despierto, la alusión ha de ser fácilmente inteligible y debe haber entre ella y la idea sustituida
una relación de contenido. También el chiste se sirve con frecuencia de la alusión,
sin atenerse ya a la condición asociativa entre los contenidos y reemplazando esta
asociación por una asociación externa inhabitual fundada en la semilicadencia,
en la multiplicidad de sentidos de algunas palabras, etc.; pero observa, sin embargo, rigurosamente la condición de inteligibilidad, pues no causaría efecto
«chistoso» ninguno si no pudiésemos llegar sin dificultad desde la alusión al objeto
de la misma. En cambio, la alusión del desplazamiento onírico se sustrae a estas
dos limitaciones. No presenta sino relaciones por completo exteriores y muy
lejanas con el elemento al que reemplaza, y resulta de este modo ininteligible,
mostrándosenos, en su interpretación, como un chiste fracasado y traído por los
cabellos. La censura de los sueños no alcanza su fin más que cuando consigue
hacer inaccesible el camino que conduce de la alusión a su substrato.

El desplazamiento del acento psíquico es un proceso nada habitual en la
expresión de nuestros pensamientos y del que sólo nos servimos alguna vez cuando queremos producir un efecto cómico. Para darnos idea de la desorientación
que ocasiona, os recordaré una conocida anécdota: Había en un pueblo un
herrero que se hizo reo de un sangriento crimen. El tribunal decidió que dicho
crimen debía ser castigado; pero como el herrero era el único del pueblo, y,
en cambio, había tres sastres, se ahorcó a uno de éstos en sustitución del
criminal.

El tercer efecto de la elaboración onírica es, desde el punto de vista psicológico, el más interesante. Consiste en la transformación de las ideas en imágenes visuales. Esto no quiere decir que todos los elementos del contenido latente sufran esta transformación, pues muchas de las ideas que integran dicho contenido conservan su forma y aparecen como tales ideas o como conocimientos en el sueño manifiesto. Por otro lado, no es la de imágenes visuales la única forma que las ideas pueden revestir. Mas, de todos modos, resulta que dichas imágenes constituyen lo esencial de la formación de los sueños. Esta parte de la elaboración es la más constante, y para elementos aislados del sueño conocemos ya la «representación verbal plástica».

Es evidente que este efecto no resulta fácil de obtener. Para haceros una idea de las dificultades que presenta, imaginaos que habéis emprendido la tarea de reemplazar el artículo de fondo de un diario político por una serie de ilustraciones; esto es, de sustituir los caracteres de imprenta por signos figurados. Os será fácil y hasta cómodo reemplazar por imágenes las personas y los objetos concretos de que dicho artículo trate; pero tropezaréis con grandes dificultades en cuanto abordéis la representación completa de palabras abstractas o de aquellas partes del discurso que expresan la relación entre las ideas, tales como las partículas, conjunciones, etc. Para las palabras abstractas podéis serviros de toda clase de artificios. Intentaréis, por ejemplo, transcribir el texto del artículo en una distinta forma verbal, quizá poco corriente, pero que contenga más elementos concretos y susceptibles de representación. Recordaréis entonces que la mayor parte de las palabras abstractas son palabras que fueron anteriormente concretas e intentaréis remontaros siempre que podáis a dicho sentido concreto primitivo. De este modo os encantará, por ejemplo, poder representar la posesión (besitzen) de un objeto por su significación concreta, que es la de hallarse sentado sobre él (daraufstizen). No de otro modo procede la elaboración onírica, y comprenderéis que en estas condiciones no ha de ser muy justo exigir a sus resultados una gran precisión. Así, pues, habréis de permitir sin protesta que dicha elaboración reemplace un objeto tan difícil de expresar por medio de imágenes concretas, como el adulterio (Ehebruch-ruptura de matrimonio) por una fractura de una pierna (Beinbruch) [1429]. Conociendo estos detalles, podréis corregir hasta cierto

---

[1429] En los días que me hallaba corrigiendo las pruebas de este capítulo, leí por casualidad un suceso que transcribiré aquí por aportar una confirmación inesperada a las consideraciones que preceden: «EL CASTIGO DE DIOS.—Fractura de un brazo (Armbruch) como expiación de un adulterio (Ehebruch), Ana M., mujer de un reservista, denunció por adulterio a Clementina K. En su denuncia declara que Clementina tuvo con M. relaciones culpables mientras su propio marido se hallaba en campaña. A pesar de que su marido le enviaba setenta coronas al mes, Clementina recibía también dinero del marido de la denunciante, el cual tenía, en cambio, a su legítima mujer y a su hijo en la mayor miseria. Varios compañeros de M. revelaron a la denunciante que su marido frecuentaba con Clementina las tabernas, en las cuales permanecía hasta hora muy avanzada de la noche. Una vez propuso Clementina ante varios soldados al marido de la denunciante que abandonase a «su vieja» para irse a vivir con ella. La patrona de la casa en que vivía Clementina ha visto también muchas veces a M. con las ropas en desorden

en el cuarto de su querida. Esta declaró ayer ante el juez de Leopolstadt no conocer siquiera a M. y, por tanto, no haber tenido jamás relaciones íntimas con él.

En cambio, la testigo Albertina M. declaró que había sorprendido más de una vez a Clementina besando al marido de la denunciante.

M., que ya había prestado declaración en una sesión anterior, negó también toda relación con Clementina; pero ayer escribió al juez una carta en la cual retira su testimonio anterior y confiesa haber sido amante de Clementina hasta el mes de junio último. Si antes lo negó fue porque su querida le había suplicado de rodillas que no la comprometiese en su declaración. «Pero hoy —escribe el testigo— me siento obligado a decir al tribunal toda la verdad, pues habiéndome fracturado el brazo izquierdo, considero este accidente como un castigo que Dios me inflige por mi pecado.»

Habiendo comprobado el juez que la acción punible se remonta a una fecha anterior en más de un año, la denunciante ha retirado su querella, habiéndose sobreseído la causa.

punto las torpezas de la escritura figurada cuando la misma haya de reemplazar a la escritura verbal.

Pero cuando se trata de partes del discurso que expresan relaciones entre las ideas, tales como «porque» o «a causa de», etc., carecemos de estos medios auxiliares y nos será, por tanto, imposible transformar en imágenes estos elementos del texto. Del mismo modo, queda reducido, por la elaboración onírica, el contenido de las ideas de los sueños a su primera materia, constituida por objetos y actividades. Habremos, pues, de contentarnos con hallar la posibilidad de traducir por medio de una mayor sutileza de las imágenes las relaciones que no son susceptibles de una representación concreta, procedimiento análogo al que utiliza la elaboración, la cual consigue expresar determinadas partes del contenido de las ideas latentes por medio de cualidades formales del sueño manifiesto, tales como su mayor o menor oscuridad, su división en varios fragmentos, etc. El número de sueños parciales en los que se descompone un sueño corresponde, en general, al número de temas principales o series de ideas del contenido latente. Un breve sueño preliminar desempeña, con relación al sueño principal subsiguiente, el papel de una introducción o una motivación, y una idea latente secundaria que viene a añadirse a las principales queda reemplazada, en el sueño manifiesto, por un cambio general. Vemos, pues, que la forma de escena intercalada en el conjunto particular de cada sueño posee especial importancia, y exige ya por sí sola una interpretación. Aquellos sueños que se producen en una misma noche presentan con frecuencia idéntico significado y testimonian de un esfuerzo encaminado a dominar en sus grados sucesivos una excitación de creciente intensidad. Por último, también en un solo sueño puede ser representado un elemento de difícil transcripción por símbolos múltiples.

Prosiguiendo esta comparación de las ideas latentes con los sueños manifiestos que las reemplazan, realizamos toda una serie de inesperados descubrimientos, entre ellos el singularísimo de que también el absurdo y el desatino de los sueños poseen su particular significación. Es éste el punto en el que la oposición entre la concepción médica y la psicoanalítica de los sueños alcanza su máxima intensidad.

Conforme a la primera, el sueño es absurdo por haber perdido la actividad psíquica que le da origen toda facultad crítica. Por lo contrario, según nuestra concepción, el sueño se hace absurdo cuando ha de expresar en su contenido manifiesto una crítica o juicio, que, formando parte del contenido latente, tachan algo de absurdo o desatinado. En un sueño que ya conocéis —el de los tres billetes de teatro por un florín cincuenta céntimos— hallamos un acabado ejemplo de este género. El juicio formulado en él era el siguiente: «*Fue un absurdo* casarse tan pronto.»

Observamos también, en el curso de nuestra labor interpretadora, qué es lo que corresponde a las dudas e incertidumbres que con tanta frecuencia manifiesta el sujeto sobre sí un cierto elemento ha entrado o no a formar realmente parte de su sueño. Estas dudas y vacilaciones no encuentran, por lo general, nada que a ellas corresponda en las ideas latentes y son tan sólo un efecto de la censura, debiendo relacionarse con una tentativa parcialmente conseguida de supresión o represión.

Otro sorprendente descubrimiento es el de la forma en la que la elaboración trata a las antítesis integradas en el contenido latente. Sabemos ya que las analogías y coincidencias existentes dentro de dicho contenido son sustituidas, en el sueño manifiesto, por condensaciones. Pues bien: con las antítesis sucede algo idéntico, y son, por tanto, expresadas por el mismo elemento manifiesto. De este modo, todo elemento manifiesto susceptible de poseer un contrario puede aparecer empleado tanto en su propio sentido como en el opuesto, y a veces en ambos simultáneamente. El sentido total del sueño orientará en estos casos nuestra interpretación. Tan singular procedimiento nos explica que en los sueños no hallemos nunca representada, inequívocamente por lo menos, la negación absoluta.

Este extraño mecanismo de la elaboración encuentra una feliz analogía en la evolución del idioma. Muchos filólogos afirman que en las lenguas más antiguas las antítesis fuerte-débil, claro-oscuro y grande-pequeño eran expresadas por el mismo radical *(la oposición de sentido en las palabras primitivas)*. Así, en el egipcio primitivo «ken» significaba fuerte y débil. Para evitar las equivocaciones que podían resultar del empleo de tales palabras ambivalentes se recurría, en el lenguaje oral, a una entonación o a un gesto que variaban con el sentido que se quería dar a la palabra y en la escritura se añadía a la misma un *determinativo;* esto es, una imagen no destinada a ser pronunciada. «Ken», en su significado de fuerte, se escribía añadiendo a la palabra una imagen que representaba la figura de un hombre en pie, y cuando su significado era el de débil, se añadía a la misma la figura de un hombre en cuclillas. Sólo en épocas posteriores llegó a obtenerse, por ligeras modificaciones de la palabra ambivalente primitiva, una designación especial para cada uno de los comentarios que englobaba.

De este modo se llegó a desdoblar ken (fuerte-débil) en ken-fuerte y ken-débil. Varias lenguas más jóvenes y hasta algunas de las actuales han conservado numerosas huellas de esta primitiva oposición de sentidos.

Os citaré aquí algunos ejemplos que tomo de la obra de K. Abel (1884):

El latín presenta las palabras ambivalentes que a continuación transcribimos: *altus* (alto-profundo); *sacer* (sagrado-maldito).

Y los siguientes casos de modificaciones del mismo radical: *clamare* (gritar), *clam* (silencioso-sereno, secreto); *siccus* (seco), *succus* (jugo).

En alemán: *stimme* (voz), *stumm* (mudo).

La comparación de idiomas afines proporciona numerosos ejemplos del mismo género:

Inglés: *lock* (cerrar), alemán *loch* (agujero), *lücke* (vacío-solución de continuidad).

Inglés: *cleave* (hendir), alemán: *kleben* (pegar).

La palabra inglesa *without*, cuyo sentido literal es *con-sin*, no se emplea hoy sino en el sentido de *sin,* pero las palabras compuestas *withdraw* y *withold* prueban que la palabra *with* fue empleada para designar no solamente una suma, sino también una sustracción. Lo mismo sucede con la palabra alemana *wieder.*

Todavía otra particularidad de la elaboración onírica encuentra un paralelo en el desarrollo del lenguaje. En el antiguo egipcio, como en otras lenguas más recientes, sucede a veces que el orden de sucesión de los sonidos de las palabras se invierte sin que el sentido cambie. He aquí algunos ejemplos de este género, sacados de la comparación del inglés con el alemán.

Topf (puchero)—*pot; boat* (barco)—*tub; hurry* (apresurarse)—*Ruhe* (reposo); *Balken* (viga)—*Kloben* (leña) y *club; wait* (esperar)—*täuwen.*

Y comparando el latín y el alemán:
Capere (coger)—*packen; ren* (riñón)—*Niere.*

Inversiones de este género se producen en el sueño en varias formas diferentes. Conocemos ya la inversión del sentido; esto es, la sustitución de un elemento por su contrario. Pero, además, se producen en los sueños inversiones de la situación y de las relaciones entre dos personas, como si todo sucediese en un «mundo al revés». En el sueño es con frecuencia la liebre la que trata de cazar al cazador. La sucesión de los acontecimientos queda también invertida muchas veces, de manera que la serie antecedente o causal se sitúa después de aquella que normalmente debería seguirle. Es esto algo semejante a cuando, en las representaciones de aficionados o cómicos de la legua, cae muerto en escena el protagonista antes que entre bastidores suene el disparo que debía matarle. Hay también sueños en los que el orden de los elementos queda totalmente invertido, y, por tanto, si queremos hallar su sentido, habremos de comenzar nuestra interpretación por el último de dichos elementos y terminarla por el primero. Recordaréis, sin duda, que en nuestro estudio sobre el simbolismo de los sueños demostramos que sumergirse o caer en el agua significaba lo mismo que salir de ella, esto es, parir o nacer, y que gatear por una escala o subir una escalera tenía el mismo sentido que descender por ellas. Fácilmente se observan las ventajas que la deformación de los sueños puede extraer de una tal libertad de representación.

Estas particularidades de la elaboración onírica deben ser consideradas como rasgos *arcaicos*, pues son igualmente inherentes a los antiguos sistemas de expresión; esto es, a las antiguas lenguas y escrituras, en las que originan las mismas dificultades. De estas dificultades trataremos más adelante en relación con determinadas observaciones críticas.

Para terminar, formularemos algunas consideraciones suplementarias. En la elaboración onírica se trata evidentemente de transformar en imágenes sensoriales, y con preferencia visuales, las ideas latentes verbalmente concebidas. Ahora bien: todas nuestras ideas tienen como punto de partida tales imágenes sensorias. Sus primeros materiales y sus fases preliminares fueron impresiones sensoriales, o más exactamente, las imágenes mnémicas de dichas impresiones. Sólo más tarde se enlazaron palabras a estas imágenes y se reunió las palabras en ideas. La elaboración hace, pues, sufrir a las ideas una marcha *regresiva*, un desarrollo retrógrado, y en el curso de esta regresión debe desaparecer todo lo que la evolución de las imágenes mnémicas y su transformación en ideas ha podido aportar a título de nuevas adquisiciones.

Tal sería, pues, el mecanismo de la elaboración onírica. Ante los procesos que su examen nos ha revelado, nuestro interés por el sueño manifiesto ha tenido que pasar a un segundo término. Mas como el sueño manifiesto es lo único que conocemos de un modo directo, habré de consagrarle aún algunas observaciones.

Es muy natural que el sueño manifiesto vaya perdiendo a nuestros ojos en importancia. Ya nos importa muy poco que se halle bien compuesto o que parezca disociado en una serie de imágenes aisladas sin conexión alguna. Aun aquellas veces en que presenta una apariencia significativa sabemos que ésta debe su origen a la deformación y que su relación orgánica con el contenido interno del sueño puede ser tan escasa como la existente entre la fachada de una iglesia italiana y su estructura y planta. Sin embargo, hay sueños en los que, reproduciendo esta fachada, sin deformarlo o deformándolo apenas, un elemento constitutivo importante de las ideas latentes llega a poseer por sí misma un sentido. Pero es éste un hecho imposible de comprobar hasta después de haber efectuado la interpretación del sueño de que se trata y averiguado así el grado de deformación a que ha sido sometido. Análoga duda surge en aquellos casos en los que dos elementos del sueño se nos muestran íntimamente relacionados. De este hecho puede deducirse la conclusión de que los elementos correspondientes del sueño latente deben de hallarse igualmente próximos, pero también puede suceder que a esta íntima relación manifiesta corresponda una total disociación latente.

Debemos guardarnos, en general, de querer explicar una parte del contenido manifiesto por el resto del mismo, como si el sueño se hallase concebido coherentemente y formase una representación pragmática, pues, por lo contrario, semeja más bien, en la mayoría de los casos, a un mosaico hecho con fragmentos de diferentes piedras reunidas por un cemento y en el que los dibujos resultantes no corresponden a los contornos de ninguno de sus elementos constitutivos. Existe, en efecto, una *elaboración secundaria de los sueños,* que se encarga de transformar en un todo aproximadamente coherente los datos más inmediatos del sueño, pero que lo hace ordenando los materiales conforme a un sentido independiente e introduciendo complementos allí donde lo cree necesario.

Por otra parte, no hay que exagerar la importancia de la elaboración ni atribuirle un excesivo alcance. Su actividad se limita a los efectos que hemos enumerado, condensar, desplazar, realizar la representación plástica y someter después la totalidad a una elaboración secundaria, es todo lo que la elaboración onírica puede hacer y nada más. Los juicios, las apreciaciones críticas, el asombro y las conclusiones que aparecen en los sueños no son jamás los efectos de la elaboración y sólo raras veces de una reflexión sobre el sueño; en la mayoría de los casos son fragmentos de ideas latentes que han pasado al sueño manifiesto después de haber sufrido determinadas modificaciones y una cierta adaptación del mismo. La elaboración no puede tampoco componer discursos. Aparte de algunas raras excepciones las frases que en el sueño oímos o pronunciamos son ecos o yuxtaposiciones de palabras oídas o pronunciadas en el día que precedió al sueño y han sido introducidas en las ideas latentes como materiales del sueño o estímulos del mismo. Los cálculos escapan igualmente a la competencia de la elaboración, y aquellos que en el sueño encontramos son casi siempre yuxtaposiciones de cifras y simulaciones de cálculos totalmente desprovistas de sentido, o también simples copias de operaciones efectuadas en las ideas latentes. Dadas estas circunstancias, no debe asombrarnos ver que el interés que habíamos dedicado a la elaboración se aparta ahora de ella para dirigirse a las ideas latentes, que más o menos deformadas se transparentan en el sueño manifiesto. Pero será equivocado exagerar este cambio de orientación hasta el punto de sustituir, en las consideraciones teóricas, al sueño mismo por sus ideas latentes y referir a estas últimas cosas que sólo al primero resultan aplicables. Es singular que se haya podido abusar de los datos del psicoanálisis para establecer esta confusión. El «sueño» no es otra cosa que el resultado de la elaboración, o sea la *forma* que la misma imprime a las ideas latentes.

La elaboración onírica es un proceso de singularísima naturaleza, sin paralelo alguno en la vida psíquica. Sus condensaciones, desplazamientos y transformaciones regresivas de las ideas en imágenes son novedades cuyo descubrimiento constituye ya de por sí una generosa recompensa de los trabajos psicoanalíticos. Por las analogías que la elaboración muestra con procesos pertenecientes a otros dominios científicos, habréis podido además comprobar las interesantísimas relaciones de los estudios psicoanalíticos con diversas cuestiones aparentemente muy lejanas a ellos, tales como la evolución del lenguaje y del pensamiento. Pero cuando os daréis cuenta de toda la importancia de estos nuevos conocimientos será al saber que los procesos de la elaboración onírica constituyen el prototipo de aquellos que presiden la génesis de los síntomas neuróticos.

Claro está que no nos es posible abrazar con un solo golpe de vista todas las consecuencias que la Psicología puede extraer de estos trabajos. Por tanto, me limitaré a llamaros la atención sobre las nuevas pruebas que hemos podido obtener en favor de la existencia de actos psíquicos inconscientes —las ideas latentes del sueño no son otra cosa— y sobre el insospechado auxilio que la interpretación de los sueños nos procura para el conocimiento de la vida psíquica inconsciente.

En la próxima lección analizaré ante vosotros algunos pequeños ejemplos de sueños, con objeto de haceros ver en detalle lo que hasta ahora no he presentado sino de una manera sintética y general a título de preparación.

LECCION XII.   8.   ANALISIS DE ALGUNOS EJEMPLOS DE SUEÑOS

Señoras y señores:

No os llaméis a engaño si en lugar de invitaros a asistir a la interpretación de un sueño extenso y acabado me limito una vez más a presentaros fragmentos de interpretaciones. Me diréis, sin duda, que tras de una tan detenida preparación tenéis ya derecho a ser tratados con más confianza y que después de la feliz interpretación de tantos miles de sueños debería haberse podido reunir, hace ya mucho tiempo, una colección de excelentes ejemplos que nos ofrecieran todas las pruebas deseadas en favor de la totalidad de nuestras afirmaciones sobre la elaboración onírica y las ideas latentes. Así debiera ser, en efecto, pero he de advertiros que a la realización de vuestro deseo se oponen numerosas dificultades.

Ante todo, he de indicaros que no existen personas que hagan de la interpretación de los sueños su ocupación principal. Mas entonces, ¿cuándo tenemos oportunidad de interpretar un sueño?

En ocasiones nos ocupamos sin intención ninguna especial de los sueños de una persona amiga o analizamos durante una temporada los nuestros propios con el fin de ejercitarnos en la técnica psicoanalítica, pero la mayoría de las veces se trata de sueños de personas nerviosas sometidas al tratamiento analítico. Estos últimos sueños constituyen un excelente material nada inferior al que nos proporcionan los de personas sanas, pero la técnica del tratamiento nos obliga a subordinar su interpretación a las exigencias terapéuticas y a abandonar muchos de ellos en cuanto logramos extraer los datos de que para el tratamiento precisamos. Algunos de los sueños que se producen durante la cura escapan a una interpretación completa, pues habiendo surgido del conjunto total de los materiales psíquicos que aún ignoramos, no podemos comprenderlos sino una vez terminado el tratamiento. La comunicación de estos sueños necesitaría ser precedida de una exposición detallada de los misterios de la neurosis, labor que no entra en nuestros propósitos, dado que consideramos aquí el estudio de los sueños como una preparación al de las neurosis.

Ante estas circunstancias opinaréis quizá que debemos renunciar a esta clase de sueños para limitarnos a la explicación de los nuestros propios o de los de personas de salud normal. Pero también esto resulta imposible, dado el contenido de uno y otros. No podemos confesarnos en público ni tampoco revelar lo que sabemos de aquellas personas que en nosotros han puesto su confianza, con toda la franqueza y sinceridad que exigiría una interpretación completa de los sueños, los cuales, como sabéis, proceden de lo más íntimo de nuestra personalidad.

Aparte de esta dificultad para procurarnos materiales, existe aún otra razón que se opone a la comunicación de los sueños. Si éstos aparecen ya a los ojos del sujeto mismo como algo singular y extraño, mucho más lo han de ser para aquellos que no conocen a la persona que los ha soñado. Nuestra literatura no carece de excelentes análisis completos de sueños y yo mismo he publicado algunos en los historiales clínicos de varios de mis pacientes. Pero de todas las interpretaciones publicadas, la más bella es la realizada por O. Rank de dos sueños de una muchacha, íntimamente enlazados uno con otro. Su exposición no ocupa sino dos páginas, y en cambio, su análisis, setenta y seis. Para abordar un análisis de este género en mi actual exposición me sería preciso cerca de un semestre. Cuando emprendemos la interpretación de un sueño un poco extenso y considerablemente deformado, precisamos tantos esclarecimientos, tenemos que anotar tantas ocurrencias y recuerdos del sujeto y se nos imponen tantas digresiones, que la exposición de la labor interpretadora alcanzaría una excesiva amplitud y no llegaría a satisfacer vuestros deseos. Debo, pues, rogaros que os contentéis con aquello que podamos obtener más fácilmente, esto es, con la comunicación de pequeños fragmentos de sueños de personas neuróticas, fragmentos cuyo examen e interpretación pueden confirmar aisladamente varias de nuestras afirmaciones. Lo que de estos sueños se presta más fácilmente a la demostración es el simbolismo onírico y determinadas particularidades de la representación regresiva. En cada uno de los sueños que a continuación voy a exponeros comunicaré las razones por las que me parecen merecer ser publicados.

1.º   Comenzaremos por un sueño que se compone tan sólo de dos breves imágenes: *Su tío fuma un cigarrillo a pesar de ser sábado.—Una mujer le besa y le acaricia como si fuera hijo suyo.*

A propósito de la primera imagen, el sujeto, que es judío, nos comunica que su tío, hombre piadoso, no ha cometido jamás, ni es, en general, capaz de cometer el pecado de fumar en sábado. La mujer que figura en la segunda imagen le sugiere exclusivamente el recuerdo de su madre. Existe, desde luego, una relación entre estas dos imágenes o ideas, pero a primera vista no sospechamos cuál puede ser. Como el sujeto excluye en absoluto la realidad del acto de su tío, nos inclinamos a reunir las dos imágenes por una relación de dependencia temporal: «En el caso en que mi tío, tan piadoso, se decidiera a fumar un cigarrillo en sábado, podría yo dejarme acariciar por mi madre.» Esto significa que las caricias entre madre e hijo constituyen algo tan poco permitido como para un judío piadoso el fumar en sábado. Ya os he dicho, y sin duda lo recordaréis, que en la elaboración del sueño todas las relaciones entre las ideas oníricas quedan suprimidas, siendo éstas reducidas al estado de primera materia y hallándose a cargo de la interpretación el reconstruir las relaciones desaparecidas.

2.º   Tras de mis publicaciones sobre los sueños he llegado a ser, hasta cierto punto, un consultor oficial sobre todo lo relativo al fenómeno onírico, y recibo, desde hace muchos años, cartas de las más diversas procedencias, en las cuales se me comunican sueños o se me pide mi opinión sobre ellos. Naturalmente, agradezco que se me envíen materiales suficientes para hacer posible la interpretación o que se me propongan por el sujeto proyectos de la misma. A esta categoría pertenece el sueño siguiente, que me ha sido comunicado en 1910 por un estudiante de Medicina muniqués. Lo cito aquí para demostraros cuán difícil es, en general, comprender un sueño mientras el sujeto del mismo no nos proporciona todas las informaciones necesarias. Al mismo tiempo, voy a evitaros incurrir en un grave error, pues sospecho que os halláis inclinados a considerar como la interpretación ideal de los sueños aquella que se base en la de los símbolos y a colocar en segundo plano la técnica fundada en las asociaciones del sujeto.

13 de julio de 1910: Cerca ya de la mañana sueño lo siguiente: *Desciendo en bicicleta por las calles de Tubinga y un «basset» negro se precipita tras de mí y me muerde en el talón. Bajo de la bicicleta un poco más lejos, y sentándome en una gradería comienzo a defenderme contra el furioso animal, que se niega a soltar su presa.* (Ni la mordedura ni la escena que le sigue me hacen experimentar sensación ninguna desagradable.) *Frente a mí se hallan sentadas dos señoras de edad que me miran con aire burlón. Al llegar el sueño a este punto me despierto, y como ya me ha sucedido más de una vez, en el mismo momento de pasar del sueño al estado de vigilia, todo mi sueño se me aparece con perfecta claridad.*

Los símbolos nos prestarían aquí muy escaso auxilio. Pero el sujeto nos comunica lo siguiente: «Desde hace algún tiempo estoy enamorado de una muchacha que no conozco sino por haberla encontrado a menudo en la calle, aunque no he tenido jamás ocasión de aproximarme a ella. Me hubiera satisfecho grandemente que esta ocasión me hubiese sido proporcionada por el *basset*, pues tengo gran cariño a los animales y creo haber adivinado el mismo sentimiento en la muchacha.» Añade después que este cariño a los animales le ha llevado a intervenir varias veces, causando la sorpresa de los transeúntes, para separar a perros que se peleaban, y nos dice también que la muchacha de la que se había enamorado iba siempre acompañada por un perro como el de su sueño. Pero en el contenido manifiesto de este último desaparece la joven y sólo queda el perro asociado a su aparición. Es posible que las señoras que en el sueño se burlan del durmiente constituyan una sustitución de la muchacha, pero las informaciones del sujeto no bastan para aclarar este punto. El hecho de verse en el sueño montando en bicicleta constituye la reproducción directa de la situación recordada, pues en realidad las veces que había hallado en su camino a la joven del *basset* iba él en bicicleta.

3.º Cuando alguien pierde a una persona querida, suele tener, durante largo tiempo, singulares sueños, en los cuales hallamos las transacciones más sorprendentes entre la certidumbre de la muerte y la necesidad de hacer revivir a la persona fallecida. Unas veces se halla ésta muerta, pero continúa, sin embargo, viva, pues no sabe que ha fallecido y sólo fallecería «por completo» en el momento en que lo supiese, y otras está medio viva y medio muerta, distinguiéndose cada uno de estos estados por signos particulares. Erraríamos calificando de absurdos estos sueños, pues la resurrección no es más inadmisible en ellos que, por ejemplo, en los cuentos, los cuales nos la presentan como un suceso muy corriente. De mis análisis de estos sueños he deducido que son susceptibles de una explicación racional y que el piadoso deseo de hacer revivir al muerto sabe satisfacerse por los medios más extraordinarios. Voy a citaros un sueño de este género, que parece extraño y absurdo y cuyo análisis os revelará mucho de lo que nuestras consideraciones teóricas han podido haceros prever. Es el sueño de un individuo cuyo padre había muerto algunos años antes.

El padre ha muerto, pero ha sido exhumado y tiene mala cara. Permanece en vida desde su exhumación, pero el sujeto hace todo lo posible para que no lo advierta. (Al llegar a este punto pasa el sueño a otras cosas aparentemente muy alejadas de su principio.)

La muerte del padre sabemos que es real; en cambio, su exhumación no corresponde a realidad ninguna, como tampoco los detalles ulteriores del sueño, pero el sujeto nos cuenta que «cuando volvió del entierro de su padre sintió un agudo dolor de muelas, y queriendo aplicar a la muela enferma el precepto de la religión judía que dice: 'Cuando una muela te hace sufrir, arráncala', fue a casa del dentista. Mas éste le dijo: 'No hay necesidad de sacarle a usted la muela con tanta premura. Es preciso tener paciencia. Por lo pronto voy a ponerle a usted algo que le quite el dolor y mate el nervio. Vuelva usted dentro de tres días; le extraeré entonces el nervio muerto, y podrá conservar la muela'».

Al llegar a este punto del análisis, exclamó de repente el sujeto que sin duda aquella «extracción» era lo que correspondía a la exhumación de su padre en el sueño.

Veamos si esta interpretación es la acertada. En parte, sí, pero sólo en parte, pues no es la muela lo que debía ser extraído, sino únicamente el nervio. Mas es ésta una de las numerosas imprecisiones que con gran frecuencia se observan en los sueños. En este caso habría el sujeto realizado una condensación, fundiendo en un solo elemento al fallecido padre y a la muela muerta, pero conservada. Nada de extraño tiene que de esta condensación haya resultado en el sueño manifiesto un absurdo, pues todo lo que de la muela puede decirse no resulta aplicable al padre. Pero, ¿cuál será entonces el «tertium comparationis» entre el padre y la muela, que ha hecho posible tal condensación? La existencia de una relación entre los elementos condensados es casi indudable, pues el sujeto mismo nos dice que sabe que cuando soñamos perder una muela es señal de que pronto fallecerá algún miembro de nuestra familia.

Sabemos que esta interpretación popular es inexacta o sólo es exacta en un sentido especial, y por tanto observaremos con asombro que este mismo tema vuelve a aparecer detrás de todos los demás fragmentos del contenido de este sueño.

Sin que a ello le solicitemos, continúa el sujeto, en el análisis, hablándonos de la enfermedad y muerte de su padre, así como también de su actitud para con el mismo. La enfermedad del padre había durado largo tiempo, y la asistencia y tratamiento había costado al hijo mucho dinero. Sin embargo, él no se había quejado jamás ni manifestado la menor impaciencia o deseo de que llegase el final de todo aquello. Por lo contrario, se vanagloria de haber sentido siempre por su padre un cariño extraordinario y de haberse conformado estrictamente, en sus relaciones con él, a las piadosas prescripciones de la ley judía. Pero advertimos una contradicción entre estas manifestaciones y las ideas relacionadas con el sueño. El sujeto ha identificado la muela y el padre. La primera debía ser arrancada conforme a la ley judía, que ordena hacerlo así en el instante en que nos causa dolor o desagrado. En cambio, para con su padre debía conducirse, en obediencia, a otro principio de la misma ley, de un modo totalmente contrario, esto es, aceptando con resignación los gastos y contrariedades y rechazando toda intención hostil contra el objeto causa del dolor. ¿No sería mucho más completa la semejanza entre las dos situaciones si el hijo hubiese sentido, con respecto al padre, idénticos impulsos que con respecto a la muela, esto es, si hubiese deseado que la muerte viniera a poner fin a la existencia inútil, dolorosa y costosa del mismo?

Por mi parte, estoy persuadido de que tales fueron, en efecto, los sentimientos de nuestro sujeto durante la penosa enfermedad de su padre, y creo firmemente que sus vivas protestas de cariño filial no tenían otro objeto que desviar su pensamiento del recuerdo de tales sentimientos reprochables. En las situaciones de este género, se experimenta generalmente el deseo de que la muerte llegue a ponerles término; pero este deseo se disfraza de cariñosa piedad y se manifiesta en la reflexión de que lo mejor que puede desearse al enfermo es que deje de sufrir. Observad, sin embargo, que hemos traspasado aquí el límite de las ideas latentes. La primera parte de las mismas no fue ciertamente inconsciente, sino durante poco tiempo, esto es, durante la formación del sueño, mientras que los sentimientos hostiles contra el padre debían de existir en estado inconsciente desde largo tiempo atrás, quizá desde la misma infancia del sujeto, siendo tan sólo durante la enfermedad cuando hallaron una ocasión para insinuarse tímidamente en la conciencia, después de sufrir una considerable deformación. Esto mismo lo podemos también afirmar, y todavía con mayor seguridad, de otras de las ideas latentes que han contribuido a constituir el contenido del sueño. En éste no se descubre huella ninguna de sentimientos hostiles contra el padre del sujeto; pero si, generalizando, buscamos en la vida infantil la raíz de una tal hostilidad de los hijos contra el padre, recordaremos que ya en estos tempranos años surge en los primeros el temor al segundo, temor basado en la coerción que el mismo ejerce sobre las primeras actividades sexuales del muchacho y que, por razones sociales, es mantenida luego, incluso en los años siguientes a la pubertad. A esta causa obedece también, en nuestro caso, la actitud del sujeto con respecto a su padre, pues a su cariño filial se mezclaban sentimientos de temor y respeto originados por la temprana coerción que el mismo había ejercido sobre su actitud sexual.

Los restantes detalles del sueño manifiesto se explican por el complejo del onanismo. El detalle *tiene mala cara (Er sieht schlecht aus)* puede ser una reminiscencia de lo que el dentista dijo al sujeto sobre lo feo que haría la mella que habría de quedar al extraer la muela enferma *(Es wird schlech aussehen)*, pero se refiere también a la *mala cara (schlechtes Aussehen)* con la que el adolescente delata o teme delatar su exagerada actividad sexual. No sin cierto alivio para su propia conciencia traslada el sujeto, en el contenido manifiesto del sueño, la «mala cara», a su padre, por medio de una de aquellas inversiones de que ya os he hablado, características de la elaboración onírica. El que el padre continúe viviendo después de su exhumación corresponde tanto al deseo de resurrección como a la promesa del dentista de que quizá no haya necesidad de extraer la muela. La frase «El sujeto hace todo lo posible para que (el padre) *no lo advierta*» es de una gran sutileza, pues tiene por objeto sugerirnos la falsa conclusión de que constituye un indicio de la realidad, o sea del fallecimiento del padre. Pero la única interpretación acertada de este elemento nos la proporciona de nuevo el complejo de onanismo, pues comprendemos fácilmente que el joven *haga*

LÁMINA 79.   El profesor Sigmund Freud, a sus cincuenta y siete años (1913), dibujo por John Philipp.

LÁMINA 80.   Debemos al artista norteamericano Don Punchatz esta original composición que titula: *Crisis del Psicoanálisis*.

todo lo posible por ocultar a su padre su vida sexual. Recordad, por último, que siempre que hemos emprendido la investigación de un sueño estimulado por un dolor de muelas, nos hemos visto obligados a recurrir, para interpretarlo, al complejo de onanismo y al temido castigo por esta práctica contra naturaleza.

Comprenderéis ahora cómo ha podido formarse este sueño que tan ininteligible parecía. Para darle origen han concurrido muy diversos procesos, verificándose una condensación singular y engañosa, un desplazamiento de todas las ideas fuera del centro de gravedad del contenido latente y una creación de varias formaciones sustitutivas que han tomado el lugar de aquellas ideas del sueño que poseían una mayor profundidad y se hallaban más lejanas en el tiempo.

4.º Ya varias veces hemos intentado abordar aquellos sueños sobrios y triviales que no contienen nada absurdo o extraño, pero que nos hacen preguntarnos por qué razón soñamos cosas tan indiferentes. Voy ahora a citaros un nuevo ejemplo de este género: tres sueños enlazados unos con otros y soñados por una muchacha en una misma noche.

a) *Atraviesa el salón de su casa y se da con la cabeza contra la araña que pende del techo, haciéndose sangre.* Ningún recuerdo ni reminiscencia de suceso alguno real surgen a propósito de este sueño en la imaginación de la sujeto, y las indicaciones que ésta nos proporciona versan sobre temas muy diferentes. «No sabéis —nos dice— cómo se me está cayendo el pelo en estos días. Mi madre me dijo ayer que, si continuaba así, mi cabeza quedaría pronto tan monda como un trasero.»

La cabeza aparece, pues, aquí como un símbolo de la parte opuesta del cuerpo, y siendo también evidente la significación simbólica de la araña, dado que todos los objetos alargados son símbolos del órgano sexual masculino, habremos de deducir que se trata de una hemorragia de la parte inferior del tronco a consecuencia de una herida ocasionada por el pene. Esta circunstancia podría interpretarse en varios sentidos, pero las restantes informaciones de la sujeto nos muestran que el contenido latente de su sueño es la creencia, muy generalizada en las muchachas aún no llegadas a la pubertad, de que las reglas son provocadas por las relaciones sexuales con el hombre.

b) *Ve en la viña una fosa profunda que sabe proviene de haber arrancado un árbol.* A este propósito observa la sujeto que le *faltaba* el árbol. Quiere decir, con esto, que no lo vio en su sueño, pero este modo de expresarse es idéntico al que serviría para manifestar una distinta idea que la interpretación simbólica nos revela con toda certidumbre. El sueño se refiere, en efecto, a otra teoría sexual infantil, según la cual las niñas poseen al principio los mismos órganos sexuales que los niños, perdiéndolos después por castración (arrancamiento de un árbol).

c) *Se halla ante el cajón de su escritorio, cuyo contenido le es tan familiar, que nota en seguida la menor intervención de una mano ajena.* El cajón del escritorio es, como todo cajón, caja o arca, la representación simbólica del órgano sexual femenino. La sujeto sabe que las huellas de las relaciones sexuales (según su creencia, también en los tocamientos) son fácilmente reconocibles, creencia que le ha procurado grandes preocupaciones. A mi juicio, lo más importante de estos tres sueños son los *conocimientos* sexuales de la sujeto, la cual recuerda la época de sus reflexiones infantiles sobre los misterios de la vida sexual.

5.º   Veamos otro sueño simbólico. Pero esta vez habré de exponer brevemente, antes de entrar en el análisis, la situación psíquica del sujeto. Un individuo que ha pasado una noche de amor con una mujer habla de esta última
como de una de aquellas naturalezas maternales en las que el sentimiento amoroso
se funda exclusivamente en el deseo de tener un hijo. Pero las circunstancias
en que su encuentro ha tenido lugar han sido tales, que el sujeto se ha visto
obligado a tomar precauciones contra un posible embarazo de su amante, y ya
sabemos que la principal de estas precauciones consiste en impedir que el líquido
seminal penetre en los órganos genitales de la mujer. Al despertar de aquella
noche, cuenta la señora el siguiente sueño:

*Un oficial, tocado con una gorra encarnada, la persigue por la calle. Ella echa
a correr por una cuesta arriba, llega sin aliento a su casa, entra y cierra la puerta
con llave. El oficial queda fuera, y mirando ella por el ventanillo, le ve sentado en un
banco y llorando.*

En la persecución por el oficial con la gorra encarnada y en la anhelante
fuga de la sujeto, cuesta arriba, reconoceréis sin esfuerzo la representación
del acto sexual. El hecho de que la sujeto *se encierre* para librarse de su obstinado
perseguidor nos presenta un ejemplo de aquellas inversiones que tan frecuentemente se producen en los sueños, pues, en realidad, había sido el hombre el
que se había sustraído a la perfección del acto sexual realizado. Del mismo modo
desplaza también la sujeto su tristeza, atribuyéndola a su compañero, y es a
él al que ve llorar en el sueño, llanto que constituye igualmente una alusión
a la emisión de esperma.

Habéis sin duda oído decir que, según el psicoanálisis, todos los sueños tienen
una significación sexual, pero ahora podréis observar por vosotros mismos
hasta qué punto este juicio es equivocado. Conocéis ya sueños que son realizaciones de deseos, otros en los que se trata de la satisfacción de las necesidades
más fundamentales, como el hambre, la sed y el ansia de libertad, y, por último,
los que hemos denominado sueños de comodidad y de impaciencia, y otros
puramente avariciosos o egoístas. Lo que sí es indiscutible y debéis tener siempre
presente como uno de los resultados de la investigación psicoanalítica es que
los sueños que aparecen considerablemente deformados son en su mayoría
—aunque tampoco siempre— la expresión de deseos sexuales.

6.º   Tengo motivos especiales para acumular aquí numerosos ejemplos de
empleo de los símbolos en los sueños. Ya en mis primeras lecciones os dije cuán
difícil era, en la enseñanza del psicoanálisis, proporcionar pruebas que demuestren nuestras teorías, conquistándonos la convicción de nuestros oyentes, afirmación cuya verdad habréis podido confirmar repetidas veces. Pero existe entre
las diversas proposiciones del psicoanálisis un enlace tan íntimo, que la convicción adquirida sobre un único punto puede extenderse a una gran parte de la
totalidad. Pudiera decirse del psicoanálisis que basta con entregarle un dedo para
que se tome toda la mano. De este modo, aquellos que llegan a comprender y
aceptar la explicación de los actos fallidos se ven obligados, si no quieren hacerse
reos de una falta de lógica, a admitir todo el resto. En el simbolismo de los sueños
se nos ofrece otro de tales puntos fácilmente accesibles. Voy, pues, a continuar
ocupándome de esta cuestión, exponiéndoos el sueño, ya publicado, de una mujer
perteneciente a la clase popular y casada con un agente de Policía, persona que,
como es natural, no ha oído hablar jamás del simbolismo onírico ni del psicoaná-

lisis. Vosotros mismos juzgaréis si la interpretación de este sueño con el auxilio de símbolos sexuales puede ser considerada como arbitraria y forzada.

*... Alguien se introdujo entonces en la casa, y llena ella de angustia, llamó a un agente de Policía. Pero éste, de acuerdo con dos ladrones, había entrado en una iglesia a la que daba acceso una pequeña escalinata. Detrás de la iglesia había una montaña cubierta, en su cima, de espeso bosque. El agente de Policía llevaba casco, gola y capote. Su barba era poblada y negra. Los dos vagabundos que tranquilamente le acompañaban llevaban a la cintura unos delantales abiertos en forma de sacos. De la iglesia a la montaña se extendía un camino bordeado de matorrales que se iban haciendo cada vez más espesos, hasta convertirse en un verdadero bosque al llegar a la cima *.*

Recordaréis aquí sin esfuerzo alguno los símbolos empleados. Los órganos genitales masculinos se hallan representados por la reunión de tres personas, y los femeninos, por un paisaje, compuesto de una capilla, una montaña y un bosque. Los escalones que dan acceso a la iglesia constituyen un símbolo del acto sexual, y aquello que en el sueño aparece como una montaña, lleva en Anatomía el mismo nombre: Monte de Venus.

7.º He aquí otro sueño que debe ser interpretado con ayuda de los símbolos y es harto instructivo y probatorio por ser el sujeto mismo el que ha traducido todos sus símbolos, a pesar de no poseer el menor conocimiento teórico de la interpretación onírica, circunstancia nada frecuente y cuyas condiciones nos son aún muy poco conocidas.

Pasea con su padre por un lugar que seguramente es el Prater, pues se ve la rotonda, y delante de ella, un pequeño edificio anejo, al que se halla amarrado un globo cautivo medio deshinchado. Su padre le interroga sobre la utilidad de todo aquello, pregunta que le asombra, pero a la cual da, sin embargo, la explicación pedida. Llegan después a un patio sobre cuyo suelo se extiende una gran plancha de hojalata. El padre quiere cortar un pedazo de ella, pero antes mira en derredor suyo para cerciorarse de que nadie puede verle. El sujeto le dice entonces que basta con prevenir al guarda para poder llevarse todo lo que se quiera. Partiendo de este patio, desciende una escalera a una fosa, cuyas paredes se hallan acolchadas en la misma forma que las cabinas telefónicas. Al extremo de esta fosa se encuentra una larga plataforma, tras de la cual comienza otra fosa idéntica...

El sujeto interpreta por sí mismo: «La rotonda representa mis órganos genitales, y el globo cautivo que se encuentra ante ella no es otra cosa que mi pene, cuya facultad de erección ha disminuido desde hace algún tiempo.» O más exactamente traducido; la rotonda es la región anal —que ya el niño considera generalmente como una parte del aparato genital—, y el pequeño anejo que se alza ante esta rotonda y al cual se halla sujeto el globo cautivo representa los testículos. En el sueño le pregunta su padre qué es lo que todo aquello significa; esto es, cuáles son el fin y la función de los órganos genitales. Sin riesgo de equivocarnos podemos invertir la situación y admitir que realmente es el hijo el que interroga. No habiendo planteado nunca el padre en la vida real semejante interrogación al hijo, debe considerarse esta idea como un deseo o interpretarla condicionalmente; esto es, en la forma que sigue: «Si yo hubiera pedido a mi

---

* Sueño citado originalmente por B. Dattner e incluido en 'La interpretación de los sueños'. *(Nota de J. N.)*

padre informaciones relativas a los órganos sexuales...» Más adelante hallaremos la continuación y el desarrollo de esta idea.

El patio sobre cuyo suelo se halla extendida la plancha de hojalata no debe ser considerado en esencia como un símbolo, pues forma parte del local en que el padre ejerce su comercio. Por discreción he reemplazado por la hojalata el artículo en que realmente comercia el padre sin cambiar en nada más el texto del sueño. El sujeto del mismo, que ayuda a su padre en los negocios, ha visto desde el primer día con gran repugnancia lo incorrecto de algunos de los procedimientos en los que en gran parte reposa el beneficio obtenido. Así, pues, podemos dar a la idea que antes dejamos interrumpida la continuación siguiente: «Si yo hubiera preguntado a mi padre..., me hubiera engañado, como engaña a sus clientes.» El deseo del padre de cortar y llevarse un pedazo de la plancha de hojalata pudiera ser una representación por su falta de honradez comercial, pero el sujeto mismo del sueño nos da otra explicación distinta, revelándonos que es un símbolo del onanismo, interpretación que coincide con nuestro conocimiento de los símbolos y con el hecho de que el secreto en que se han de realizar las prácticas masturbadoras quede expuesto en el sueño por la idea contraria, pues el hijo dice al padre que si quiere arrancar un pedazo de hojalata, debe hacerlo abiertamente pidiendo permiso al guarda. Tampoco nos extraña ver al hijo atribuir al padre las prácticas masturbatorias, del mismo modo que le ha atribuido la interrogación en la primera escena del sueño. La fosa acolchada es interpretada por el sujeto del sueño como una evocación de la vagina con sus suaves y blancas paredes, interpretación a la que por nuestra cuenta añadiremos que el descenso a la fosa significa como en otros casos el acto de subir a alguna parte: la realización del coito.

La circunstancia de que la primera fosa se hallaba seguida de una larga plataforma, al final de la cual comenzaba otra nueva fosa, nos la explica el sujeto por un detalle biográfico. Después de haber tenido frecuentes relaciones sexuales se halla privado de ellas por una enfermedad que le impide realizar el coito, y espera que un tratamiento a que se ha sometido le devuelva su perdido vigor.

8.º   Los dos sueños que siguen fueron soñados por un extranjero de disposiciones poligámicas muy pronunciadas. Los cito aquí para mostraros que es siempre el *yo* del soñador el que aparece en el sueño, aun cuando permanezca oculto o disimulado en el contenido manifiesto. Las maletas que figuran en estos sueños son símbolos femeninos.

a)   *Se halla próximo a partir y manda a la estación, en un coche, su equipaje, compuesto por un gran número de maletas, entre las cuales descuellan dos de gran tamaño y forradas de negro, análogas a las que usan los viajantes para llevar las muestras. El sujeto dice a alguien, con tono consolador: «Estas no van más que hasta la estación.»*

El sujeto viaja, en efecto, con mucho equipaje, pero, además, relató durante el tratamiento un gran número de aventuras amorosas. Las dos maletas negras corresponden a dos mujeres morenas que desempeñan actualmente en su vida un papel de gran importancia. Una de ellas quería seguirle a Viena, pero a mi instancia le telegrafió que se abstuviera de hacer tal viaje.

b)   Una escena en la aduana: *Uno de sus compañeros de viaje abre su baúl y dice, mientras fuma negligentemente un cigarrillo: «Ahí dentro no hay nada.» El aduanero parece creerle, pero comienza a registrar y encuentra algo cuya importación se halla totalmente prohibida. El viajero dice entonces con resignación:*

«*¡Qué le vamos a hacer!*» El viajero es el sujeto mismo del sueño, y el aduanero, yo. Generalmente muy sincero en sus confesiones, ha querido ocultarme las relaciones que acaba de iniciar con una señora, pues suponía, con razón, que dicha señora no me era desconocida. En su sueño ha transferido a un tercero la penosa situación de aquel que es cogido en una mentira, y ésta es la razón de que no figure personalmente en él.

9.º   He aquí un ejemplo de un símbolo que aún no he mencionado en estas lecciones: *Encuentra a su hermana en compañía de dos amigas, hermanas también entre sí. Tiende la mano a estas últimas, y en cambio a su hermana no.*

Este sueño no se enlaza a ningún suceso real, pero los recuerdos del sujeto le conducen a una época en la que por vez primera observó que los senos femeninos se desarrollan muy lentamente, y se preguntó cuál podía ser la causa. Las dos hermanas de sus sueños representan, pues, dos senos femeninos que cogería gustoso con su mano, siempre que no fueran los de su hermana.

10.   He aquí un ejemplo de simbolismo de la muerte en el sueño:

Pasa sobre un puente de hierro muy elevado con dos personas a las que conoce, pero cuyo nombre ha olvidado al despertar. De repente desaparecen sus acompañantes y ve ante sí una figura espectral que lleva un gorro en la cabeza y va vestida con un traje de lienzo. Le pregunto si es el repartidor de telégrafos... No. Luego si es el cochero. No. Continúa después su camino. Experimenta todavía antes de despertar una gran angustia, e incluso una vez despierto prolonga su sueño imaginando que el puente de hierro se hunde y le precipita consigo al abismo.

Aquellas personas que el sujeto de un sueño no reconoce en el mismo o cuyo nombre dice haber olvidado al despertar son casi siempre individuos de su familia o intimidad. El sujeto de este sueño tiene un hermano y una hermana, y si desea o ha deseado alguna vez su muerte, es justo que experimente por su parte el miedo a la misma. Con respecto al repartidor de telégrafos, observa el interesado en el análisis que los que tal oficio ejercen suelen ser siempre portadores de malas noticias. Mas, por el uniforme que el extraño individuo vestía, podía también ser un farolero, los cuales, como sabemos, no se hallan encargados solamente de encender los faroles, sino también de apagarlos, siendo en esto semejantes al genio de la muerte, que apaga la antorcha de la vida. A la idea de «cochero» asocia el recuerdo del poema de Uhland sobre las travesías del rey Carlos, y evoca a este propósito un peligroso viaje por mar que efectuó con dos camaradas, y durante el cual desempeñó igual papel que el rey en el poema citado. Con relación al puente de hierro recuerda un grave accidente acaecido poco tiempo antes y el absurdo aforismo chistoso que dice que la vida es un puente colgante.

11.   Otro ejemplo de representación simbólica de la muerte: *Un caballero desconocido deja para él una tarjeta de visita con bordes de luto.*

12.   El sueño siguiente, que tiene entre sus antecedentes un estado neurótico, habrá de interesarnos por diversas circunstancias: *El sujeto viaja en ferrocarril. El tren se detiene en pleno campo. Pensando que se trata de un accidente y que es necesario ponerse en salvo, atraviesa todos los departamentos del convoy y mata a todos aquellos con quienes tropieza: conductor, fogonero, revisor,* etc.

Con este sueño se enlaza el recuerdo de un relato oído a un amigo suyo: En un departamento reservado de un tren italiano, en el que era conducido un loco al manicomio, se dejó entrar por equivocación a otro viajero, que fue asesinado por el enfermo.

El sujeto del sueño se identifica, pues, con este loco, y justifica su acto por la representación obsesiva que le atormenta de cuando en cuando de que debe «suprimir a todos los testigos». Pero después, en el curso del análisis, halla una mejor motivación, que nos revela el punto de partida de su sueño. La víspera había visto en el teatro a una joven con la que se habría casado ya si no le hubiese dado motivo de celos. Pero teniendo en cuenta la gran intensidad que éstos han alcanzado en él, habría sido realmente una locura llegar a casarse con ella. Piensa, pues, el sujeto que su amada le inspira tan escasa confianza que si se hubiera casado hubiera tenido que matar por celos a todos aquellos que hubiera encontrado en su camino. Sabemos ya que el atravesar una serie de habitaciones (en este caso de vagones) es un símbolo del matrimonio.

A propósito de la detención del tren en pleno campo y del temor de un accidente, nos relata el sujeto que un día que viajaba realmente en ferrocarril paró el tren de súbito entre dos estaciones. Una señora joven, que se hallaba a su lado, declaró que iba probablemente a producirse un choque con otro tren, y que en este caso la primera precaución que debe tomarse es poner las piernas en alto. Esta idea de «las piernas en alto» desempeñó también un papel importante en las numerosas excursiones campestres que hizo el sujeto con la joven citada, durante la dichosa época de sus primeros amores, circunstancia que constituye una nueva prueba de que necesitaría estar loco para casarse ahora con ella.

A pesar de todo esto, el conocimiento que yo tenía de la situación me permite afirmar que el deseo de cometer tal locura continuaba a pesar de todo persistiendo en él.

LECCION XIII. 9.   RASGOS ARCAICOS E INFANTILISMO DEL SUEÑO

Señoras y señores:

U NO de los resultados obtenidos en nuestras investigaciones nos reveló que bajo la influencia de la censura comunica la elaboración onírica a las ideas latentes una particular forma expresiva. Las ideas latentes son iguales a aquellas de que en nuestra vida despierta tenemos perfecta conciencia, pero la expresión que en el sueño revisten presentan numerosos rasgos que nos son ininteligibles. Ya hemos dicho que esta forma expresiva retrocede a estados muy pretéritos de nuestro desarrollo intelectual, esto es, el lenguaje figurado, a las relaciones simbólicas y quizá a condiciones que existieron antes del desarrollo de nuestro lenguaje abstracto. En esta circunstancia es en la que nos hemos fundado para calificar de *arcaico* o *regresivo* el género de expresión de la elaboración onírica.

Podemos, pues, deducir que un estudio más profundo y detenido de la elaboración ha de proporcionarnos interesantísimos datos sobre los orígenes poco conocidos de nuestro desarrollo intelectual. En realidad, espero que así sea, pero es ésta una labor que no ha sido aún emprendida. La elaboración onírica nos hace retornar a una doble prehistoria: en primer lugar, a la prehistoria individual, o sea a la infancia, y después, en tanto en cuanto todo individuo reproduce abreviadamente en el curso de su infancia el desarrollo de la especie humana, a la prehistoria filogénica. No creo imposible que llegue a conseguirse algún día fijar qué parte de los procesos psíquicos latentes corresponde a la prehistoria individual y cuál otra a la prehistoria filogénica. Por lo pronto, creo que podemos considerar justificadamente la relación simbólica de que en el curso de estas lecciones hemos hablado y que el individuo no ha aprendido jamás a establecer como un legado filogénico.

Pero no es éste el único carácter arcaico del sueño. Todos conocéis, por propia experiencia, la singular amnesia infantil, o sea el hecho comprobado de que los cinco, seis u ocho primeros años de la vida no dejan como los sucesos de años posteriores una huella más o menos precisa en nuestra memoria. Existen ciertamente algunos individuos que pueden vanagloriarse de una continuidad mnémica que se extiende a través de toda la vida desde sus primeros comienzos, pero el caso contrario, aquel en el que la memoria del sujeto adolece de extensas lagunas, es el más frecuente y casi general. A mi juicio, no ha despertado este hecho toda la atención que merece. A la edad de dos años, el niño sabe ya hablar con bastante perfección, y poco después nos muestra que sabe también orientarse en situaciones psíquicas complicadas, y manifestar sus ideas y sentimientos por medio de palabras y actos que los que le rodean habrán de recordarle en años posteriores, pues él los olvidará por completo, a pesar de que la memoria es o debiera ser en los tempranos años infantiles, en los que se halla menos recargada, más sensible y apta para su misión retentiva. Por otra parte, nada nos autoriza a considerar la función de la memoria como una función psíquica especialmente elevada y difícil; suele, por lo contrario, suceder que personas de muy bajo nivel intelectual poseen esta facultad en alto grado.

A esta particularidad se añade la de que tal carencia de recuerdos sobre los primeros años infantiles no es ni mucho menos completa, pues en la memoria del adulto quedan algunas claras huellas de esta época, correspondientes casi siempre a impresiones plásticas, aunque con la singularidad de que no hay nada que a primera vista justifique su conservación con preferencia a otras. De las impresiones que recibimos en épocas posteriores de nuestra vida realiza nuestra memoria una selección, conservando las más importantes y dejando perderse el resto. Mas con los recuerdos que de nuestra infancia conservamos sucede algo muy distinto. Estos recuerdos no corresponden necesariamente a sucesos importantes de dicho período de nuestra vida, ni siquiera a sucesos que pudieron parecernos importantes desde el punto de vista infantil. Son, por lo contrario, tan triviales e insignificantes que nos preguntamos con asombro por qué razón han sido precisamente los que han escapado al olvido. Ya en una ocasión anterior intenté resolver el enigma de la amnesia infantil y de los restos de recuerdos conservados a pesar de la misma, y llegué a la conclusión de que también la memoria del niño efectúa una labor de selección, conservando tan sólo lo importante; mas por medio de los procesos que os son ya conocidos, el de condensación y, sobre todo, el de desplazamiento, quedan dichos recuerdos importantes sustituidos en la memoria del sujeto por otros que lo parecen menos. Basándome en esta circunstancia he dado a estos recuerdos infantiles el nombre de *recuerdos encubridores (Deckerinnerungen)*. Un penetrante análisis de los mismos nos permite descubrir tras de ellos lo importante olvidado.

En la terapéutica psicoanalítica nos hallamos siempre ante la necesidad de llenar las lagunas que presentan los recuerdos infantiles, y cuando el tratamiento da resultados aproximadamente satisfactorios, esto es, en un gran número de casos, conseguimos hacer surgir el contenido de los años infantiles encubierto por el olvido. Las impresiones de este modo reconstituidas no han sido nunca realmente olvidadas; lo que sucede es que han pasado a lo inconsciente, haciéndose latentes e inaccesibles fuera del análisis. Sin embargo, suelen a veces emerger espontáneamente en relación con ciertos sueños, mostrándosenos así la vida onírica capaz de hallar el camino de acceso a estos sucesos infantiles latentes. La literatura sobre los sueños nos muestra acabados casos de este género, y yo mismo he podido aportar un ejemplo personal. Una noche soñé con una persona que me había prestado un servicio y cuya figura se me apareció con gran precisión y claridad. Era un hombre de escasa estatura, gordo, tuerto y con la cabeza metida entre los hombros. Del contexto de mi sueño deduje que aquel hombrecillo era un médico. Felizmente pude preguntar a mi madre, que vivía todavía, cuál era el aspecto exterior del médico de mi ciudad natal, de la que salí a la edad de tres años, y supe que, en efecto, era tuerto, pequeño, gordo y tenía la cabeza metida entre los hombros. Me reveló, además, mi madre en qué ocasión olvidada por mí me había prestado este médico sus servicios. Vemos, pues, que este acceso a los materiales olvidados de los primeros años de la infancia constituye un nuevo rasgo arcaico del sueño.

Idéntica explicación puede aplicarse a otro de los enigmas con los cuales tropezamos en el curso de estas investigaciones. Recordaréis, sin duda, el asombro que experimentasteis cuando os expuse la prueba de que los sueños son estimulados por deseos sexuales, fundamentalmente perversos, y a veces de una tan desenfrenada licencia, que han hecho necesaria la institución de una censura y una deformación onírica. Cuando llegamos a comunicar al sujeto la interpretación de un sueño de este género no deja nunca de hacer constar su protesta contra la misma, pero aun en los casos más favorables, es decir, en aquellos en que acepta tal interpretación, pregunta siempre de dónde puede proceder un tal deseo que tan incompatible con su carácter y tan contrario al conjunto de sus tendencias y sentimientos le parece, interrogación cuya respuesta no tenemos por qué dilatar. Tales perversos deseos tienen sus raíces en el pasado, muchas veces en un pasado harto próximo, resultando posible demostrar que en dicho pretérito fueron conocidos y conscientes. Así, una señora cuyo sueño entrañaba el deseo de que muriese su hija, de diecisiete años de edad, encontró, guiada por nosotros, que hubo una época de su vida en la que realmente deseó dicha muerte. Su hija era el fruto de un desgraciado matrimonio al que el divorcio puso término. Hallándose todavía encinta, tuvo la señora, a consecuencia de una violenta escena con su marido, un tal acceso de cólera, que, perdiendo todo el dominio de sí misma, comenzó a golpearse el vientre con intención de ocasionar la muerte a la hija que en su seno llevaba. Muchas madres que aman hoy con gran ternura a sus hijos, y hasta les demuestran un exagerado cariño, no los concibieron sino a disgusto y desearon su muerte antes del parto, llegando algunas hasta intentar criminales prácticas abortivas que, afortunadamente, no dieron resultado alguno. Resulta, pues, que el deseo expresado por algunos sueños de ver morir a una persona amada, deseo que tan inexplicablemente parece al sujeto en la época en que tiene un tal sueño, se remonta a una época pretérita de sus relaciones con dicha persona.

En otro de los sueños de este género que hemos tenido ocasión de interpretar resultaba que el sujeto deseaba la muerte de su hijo mayor y más querido. Naturalmente, rechazó al principio la idea de haber abrigado nunca tal deseo, pero en el curso del análisis hubo de recordar que teniendo su hijo pocos meses, y hallándose él descontento de su matrimonio, pensó repetidas veces que si aquel pequeño ser, por el que aún no sentía cariño alguno, llegaba a morir, podría él recuperar su libertad y haría de la misma un mejor uso. Idéntico origen puede demostrarse para un gran número de análogos sentimientos de odio que no son sino recuerdos de algo que en un pretérito más o menos lejano fue consciente y desempeñó un importante papel en la vida psíquica. Me diréis que cuando no ha habido modificación alguna en la actitud del sujeto con respecto a una persona y cuando esta actitud ha sido siempre benévola, tales deseos y tales sueños no debieran existir. Por mi parte, estoy dispuesto a admitir esta condición, pero he de recordaros que a lo que en los sueños hemos de atender no es al contenido manifiesto, sino el sentido que el mismo adquiere después de la interpretación. Puede, por tanto, suceder que el sueño manifiesto que nos presenta la muerte de una persona amada signifique algo totalmente distinto y se haya servido de triste acontecimiento tan sólo a título de disfraz o utilice a dicha persona como engañadora sustitución de otra.

Pero esta misma circunstancia despertará en vosotros una interrogación mucho más importante. Me observaréis, en efecto, que incluso admitiéndolo que este deseo de muerte haya existido y sea confirmado por el sujeto al evocar sus recuerdos, ello no constituye explicación ninguna. Un tal deseo, vencido ha largo tiempo, no puede ya existir en lo inconsciente sino como un simple recuerdo desprovisto de afecto, nunca como un enérgico sentimiento. Nada nos prueba, en realidad, que posea fuerza ninguna. Mas entonces, ¿por qué es evocado por el sueño? Encuentro esta interrogación perfectamente justificada, pero un intento de responder a ella nos llevaría muy lejos y nos obligaría a adoptar una actitud determinada sobre uno de los puntos más importantes de la teoría de los sueños. Hallándonos obligados a permanecer dentro de los límites de nuestra exposición, habremos de abstenernos por el momento de entrar en el esclarecimiento de este problema y contentarnos con haber demostrado el hecho de que dichos deseos ahogados desempeñan el papel de estímulos del sueño. Proseguiremos, pues, nuestra investigación, encaminándola ahora a descubrir si también otros malos deseos tienen igualmente su origen en el pasado del individuo.

Limitémonos, por lo pronto, a los deseos de muerte, que la mayor parte de las veces son inspirados por el limitado egoísmo del sujeto. Es muy fácil demostrar que este deseo constituye un frecuentísimo estímulo de sueños. Siempre que alguien estorba nuestro camino en la vida (y todos sabemos cuán frecuente es este caso en las complicadísimas condiciones de nuestra vida actual), el sueño se muestra dispuesto a suprimirlo, aunque la persona que ha de ser suprimida sea el padre, la madre, un hermano, una hermana, un esposo o una esposa. Esta maldad que en los sueños demuestra la naturaleza humana hubo ya de asombrarnos y provocar nuestra resistencia a admitir sin reservas la verdad de este resultado de la interpretación onírica. Pero en el momento en que se nos reveló que debíamos buscar el origen de tales deseos en el pretérito, descubrimos en seguida el período del pasado individual en el que los mismos y el feroz egoísmo que suponen no tienen nada desconcertante. Es, en efecto, el niño en sus primeros años, que, como hemos visto, quedan más tarde velados por la amnesia, el que da con frecuencia pruebas del más alto grado de este egoísmo y presenta siempre, durante el resto de la infancia, marcadísimas supervivencias del mismo. En la primera época de su vida, el niño concentra toda su facultad de amar en su propia persona, y sólo más tarde es cuando aprende a amar a los demás y a sacrificarles una parte de su *yo*. Incluso el cariño que parece demostrar desde un principio a las personas que le cuidan y guardan no obedece sino a razones egoístas, pues necesita imprescindiblemente de ellas para subsistir, y pasará mucho tiempo hasta que logre hacerse independiente en él el amor del egoísmo. Puede decirse, por tanto, que en realidad es *el egoísmo lo que le enseña a amar*.

Desde este punto de vista resulta muy instructiva la comparación entre la actitud del niño con respecto a sus hermanos y hermanas y aquella que observa para con sus padres. El niño no ama necesariamente a sus hermanos y hermanas, y con harta frecuencia abriga hacia ellos sentimientos hostiles, considerándolos como competidores, actitud que se mantiene muchas veces sin interrupción durante largos años hasta la pubertad y aun después de ella. En ocasiones queda reemplazada o, más bien, encubierta, por sentimientos más cariñosos; pero, de un modo general, la actitud hostil es la primitiva, y se nos muestra con toda evidencia en los niños de dos años y medio a cinco con motivo del nacimiento de un nuevo hermano o una nueva hermana, los cuales reciben casi siempre una acogida nada amistosa. En estas ocasiones no es nada raro oír expresar al niño su protesta y el deseo de que la cigüeña vuelva a llevarse al recién nacido. Posteriormente aprovechará todas las ocasiones para denigrar al intruso, y llegará a veces hasta atentar directamente contra él. Cuando la diferencia de edad es menor, se encuentra ya el niño, al despertar su actividad psíquica, con la presencia del hermanito, y le acepta sin resistencia, como un hecho inevitable y consumado. En los casos en que dicha diferencia es, por lo contrario, más considerable, puede despertar el recién nacido determinadas simpatías, siendo considerado como un objeto interesante —una muñeca viva—. Por último, cuando entre los hermanos hay ya un intervalo de ocho o más años, suelen surgir en los mayores, y sobre todo en las niñas, sentimientos de maternal solicitud. De todos modos, creo sinceramente que cuando en un sueño descubrimos el deseo de ver morir a un hermano o a una hermana, no tenemos por qué asombrarnos y calificarlo de enigmático, pues sin gran trabajo se suele hallar la fuente del mismo en la primera infancia, y con alguna frecuencia en épocas más *tardías* de la vida en común.

Difícilmente se encontrará una *nursery* sin conflictos violentos entre sus habitantes, motivados por el deseo de cada uno de monopolizar en provecho propio la ternura de los padres, la posesión de los objetos y el espacio disponible. Los sentimientos hostiles se dirigen tanto hacia los hermanos menores como hacia los mayores. Ha sido, creo, Bernard Shaw quien ha dicho que si hay un ser al que una joven inglesa odie más que a su madre, es, seguramente, su hermana mayor. Mas en esta observación hay algo que nos desconcierta. Podemos en rigor concebir todavía el odio y la competencia entre hermanos y hermanas. Lo que no llegamos a explicarnos es que entre el padre y los hijos o entre la madre y las hijas puedan también surgir tales sentimientos hostiles.

Los hijos manifiestan ciertamente un mayor cariño hacia sus padres que hacia sus hermanos, circunstancia conforme en todo a nuestra concepción de las relaciones familiares, pues la falta de cariño entre padres e hijos nos parece mucho más contra naturaleza que la enemistad entre hermanos y hermanas. Pudiéramos decir que el cariño entre padres e hijos ha sido revestido por nosotros de un carácter sagrado que, en cambio, no hemos concedido a las relaciones fraternales. Y, sin embargo, la observación cotidiana nos demuestra cuán frecuentemente quedan las relaciones sentimentales entre padres e hijos muy por debajo del ideal marcado por la sociedad y cuánta hostilidad suelen entrañar, hostilidad que se manifestaría al exterior sin la intervención inhibitoria de determinadas tendencias afectivas. Las razones de este hecho son, generalmente, conocidas: trátase, ante todo, de una fuerza que tiende a separar a los miembros del mismo sexo dentro de una familia; esto es, a la hija de la madre y al hijo del padre. La hija encuentra en la madre una autoridad que coarta su voluntad y se halla encargada de la misión de imponerle el renunciamiento a la libertad sexual exigido por la sociedad. Esto, sin hablar de aquellos casos, nada raros, en los que entre madre e hija existe una especie de rivalidad o de verdadera competencia. Algo idéntico, pero de una intensidad aún mayor, sucede entre el padre y los hijos. Para el hijo representa el padre la personificación de la coerción social impacientemente soportada. El padre se opone a la libre voluntad del hijo cerrándole el acceso a los placeres sexuales y a la libre posesión de la fortuna familiar. La espera de la muerte del padre se eleva en el sucesor al trono a una verdadera altura trágica. En cambio, las relaciones entre padres e hijas y entre madres e hijos parecen más francamente amistosas. Sobre todo, en la relación de madre e hijo, y en su recíproca, es donde hallamos los más puros ejemplos de una invariable ternura exenta de toda consideración egoísta.

Os preguntaréis, sin duda, por qué os hablo de estas cosas tan triviales y generalmente conocidas. Lo hago porque existe una fuerte tendencia a negar su importancia en la vida y a considerar que el ideal social es seguido y obedecido siempre y en todos los casos. Es preferible que, en lugar del cínico, sea el psicólogo el que diga la verdad, y conviene, además, hacer constar que la negación de la existencia de tales sentimientos hostiles sólo se mantiene con respecto a la vida real, pues a la poesía narrativa y dramática se las deja toda libertad para servirse de situaciones originales por la perturbación del ideal social sobre las relaciones familiares.

No habremos, por tanto, de extrañar que en muchas personas revela el sueño el deseo de ver morir al padre o a la madre, siendo lo más frecuente que los hijos deseen lo primero y las hijas lo segundo, y debemos incluso admitir que este deseo existe igualmente en la vida despierta, llegando a veces hasta hacerse consciente cuando puede disimularse detrás de un distinto motivo, como sucedía en uno de los sueños citados anteriormente (número 3), en el que el deseo de ver morir al padre se disfrazaba de compasión por sus sufrimientos. Es raro que la hostilidad domine exclusivamente en estas situaciones, pues casi siempre se esconde detrás de sentimientos más tiernos, que la mantienen reprimida, y se ve obligada a esperar que un sueño venga a aislarla. Aquello que tras este proceso toma en el sueño exageradas proporciones, disminuye de nuevo después que la interpretación lo ha hecho entrar en el conjunto vital (H. Sachs). Pero tales deseos de muerte se nos revelan también en casos en los que la vida no les ofrece ningún punto de apoyo y en los que el hombre despierto no consiente jamás en confesarlas. Esto se explica por el hecho de que el motivo más profundo y habitual de la hostilidad, sobre todo entre personas del mismo sexo, surge ya en la primera instancia, pues no es otro que la competencia amorosa, con especial acentuación del carácter sexual. Ya en los primeros años infantiles comienza el hijo a sentir por la madre una particular ternura. La considera como cosa suya y ve en el padre una especie de competidor que le disputa la posesión. Análogamente considera la niña a su madre como alguien que estorba sus cariñosas relaciones con el padre y ocupa un lugar que la hija quisiera monopolizar. Determinadas observaciones nos muestran a qué tempranísima edad debemos hacer remontarse esta actitud, a la que hemos dado el nombre de *complejo de Edipo* por aparecer realizados, con muy ligeras modificaciones, en la leyenda que a Edipo tiene por protagonista los dos deseos extremos derivados de la situación del hijo; esto es, los de matar al padre y desposar a la madre. No quiero con esto afirmar que el complejo de Edipo agote todo lo que se relaciona con la actitud recíproca de padres e hijos, pues esta actitud puede ser mucho más complicada. Por otra parte, puede el complejo mismo hallarse más o menos acentuado y hasta sufrir una inversión, pero de todas maneras constituye siempre un factor regular y muy importante de la vida psíquica infantil, y si algún riesgo corremos en su estimación, será más bien el de darle menos valor del que efectivamente posee que el de exagerar su influencia y efectos. Además, sucede muchas veces que los niños llegan a adoptar la actitud correspondiente al complejo de Edipo por reacción al estímulo de sus mismos padres, los cuales se dejan guiar, en sus predilecciones, por la diferencia sexual que impulsa al padre a preferir a la hija, y a la madre a preferir al hijo, o hacer que el padre haga recaer sobre la hija, y la madre sobre el hijo, el afecto que uno u otro cesan de hallar en el hogar conyugal.

No puede afirmarse que el mundo haya agradecido a la investigación psicoanalítica su descubrimiento del complejo de Edipo, el cual provocó, por lo contrario, la resistencia más encarnizada, y aun aquellos que omitieron sumarse a la indignada negación de la existencia de una tal relación sentimental prohibida o «tabú», han compensado su falta dando al complejo que la representa interpretaciones que la despojaban de todo su valor. Por mi parte, yo permanezco inquebrantablemente convencido de que no hay nada que negar ni atenuar, siendo necesario que nos familiaricemos con este hecho que la misma leyenda griega reconoce como una fatalidad ineluctable. Resulta, por otra parte, interesante que este complejo de Edipo, al que se quisiera eliminar de la vida real, queda, en cambio, abandonado a la libre disposición de la poesía. O. Rank ha demostrado, en un concienzudo estudio, que el complejo de Edipo ha sido un rico manantial de la inspiración para la literatura dramática, la cual nos lo presenta en infinidad de formas y lo ha hecho pasar por toda clase de modificaciones, atenuaciones y deformaciones, análogas a las que realiza la censura onírica que ya conocemos. Podremos, pues, atribuir también al complejo de Edipo incluso a aquellos sujetos que han tenido la dicha de evitar, en años posteriores a la infancia, todo conflicto con sus padres. En íntima conexión con él descubrimos, por último, otro complejo, al que llamaremos *complejo de castración,* y que es una reacción a las trabas que el padre impone a la actividad sexual precoz de su hijo.

Habiendo sido conducidos por las investigaciones que preceden al estudio de la vida psíquica infantil, podemos abrigar la esperanza de que el mismo nos proporcione también una explicación del origen de los restantes deseos prohibidos que se manifiestan en los sueños, o sea de los sentimientos sexuales excesivos. Impulsados de este modo a estudiar igualmente la vida sexual del niño, llegamos a observar los hechos siguientes: Constituye, ante todo, un gran

error negar la realidad de una vida sexual infantil y admitir que la sexualidad
no aparece sino en el momento de la pubertad, esto es, cuando los órganos
genitales alcanzan su pleno desarrollo. Por el contrario, el niño posee, desde un
principio, una amplia vida sexual que difiere en diversos puntos de la vida sexual
ulterior considerada como normal. Aquello que en la vida del adulto calificamos
de «perverso» se aparta de lo normal por el desconocimiento de la diferencia
específica (del abismo que separa al hombre del animal), la transgresión de los
límites establecidos por la repugnancia, el incesto (prohibición de intentar satisfacer los deseos sexuales en personas a las que nos unen lazos de consan-
guinidad) y la homosexualidad y por la transferencia de la función genital a
otros órganos y partes del cuerpo. Todos estos límites, lejos de existir desde un
principio, son edificados, poco a poco, en el curso del desarrollo y de la educación. El niño los desconoce por completo. Ignora que existe entre el hombre y
el animal un abismo infranqueable, y sólo más tarde adquiere el orgullo con
que el hombre se opone a la bestia. Tampoco manifiesta, al principio, repugnancia
alguna por los excrementos, repugnancia que irá adquiriendo después, poco a
poco, bajo el influjo de la educación. Lejos de sospechar las diferencias sexuales,
cree que ambos sexos poseen genitales idénticos, y sus primeros impulsos de
carácter esencial y sus primeras curiosidades de este género recaen sobre aquellas
personas que tiene más próximas y que, por otras razones, le son más queridas,
tales como los padres, hermanos y guardadores. Por último, se manifiesta
en él un hecho que volvemos a encontrar en el momento cumbre de las relaciones
amorosas, o sea el de que no es únicamente en los órganos genitales donde sitúa
la fuente del placer que espera, sino que otras distintas partes de su cuerpo
aspiran en él a una igual sensibilidad, proporcionando análogas sensaciones de
placer y pudiendo desempeñar de este modo el papel de órganos genitales.
El niño puede, pues, presentar lo que llamaríamos una «perversidad polimórfica»,
y si todas estas tendencias no se advierten en él sino como débiles indicios, ello
se debe, de una parte, a su menor intensidad en comparación con la que alcanzan
en una edad más avanzada, y de otra, a que la educación reprime con la mayor
energía, conforme van apareciendo todas las manifestaciones sexuales del
niño. Esta supresión pasa después, por decirlo así, de la práctica a la teoría
y los adultos se esfuerzan en no darse cuenta de una parte de las manifestaciones
sexuales del niño y en despojar el resto de las mismas, con ayuda de determinadas
interpretaciones, de su naturaleza sexual. Hecho esto, nada más fácil que negar
la totalidad de tales fenómenos. Pero lo curioso es que los que sostienen esta
negativa son con frecuencia los mismos que en la *nursery* truenan contra todas
las «mañas» sexuales de los niños, cosa que no les impide, una vez ante su mesa
de trabajo, defender a capa y espada la pureza sexual de la infancia. Siempre
que los niños son abandonados a sí mismos o sufren influencias desmoralizantes,
podemos observar en ellos manifestaciones, a veces muy pronunciadas, de
perversidad sexual. Sin duda tienen razón los adultos en no tomar demasiado en
serio tales «niñerías», dado que el niño no es responsable de sus actos ni puede
ser juzgado por el tribunal de las costumbres o el de las leyes, pero de todos
modos resultará siempre que tales cosas existen y poseen su importancia, tanto
como síntoma de una constitución congénita como a título de antecedentes
y factores de la orientación del desarrollo posterior, revelándonos, además,
datos muy interesantes sobre la vida sexual infantil y con ellos sobre la vida
sexual humana en general. De este modo, si volvemos a hallar todos estos deseos

perversos detrás de nuestros sueños deformados, ello significará solamente que también en este dominio ha llevado a cabo el sueño una regresión al estado infantil.

Entre estos deseos prohibidos merecen especial mención los incestuosos; esto es, los deseos sexuales dirigidos hacia los padres, hermanos y hermanas. Conocéis ya la aversión que la sociedad humana experimenta, o por lo menos promulga, con respecto al incesto y qué fuerza coercitiva poseen las prohibiciones contra el mismo. Los hombres de ciencia se han esforzado en hallar las razones de esta fobia al incesto. Unos han visto en su prohibición una representación psíquica de la selección natural, puesto que las relaciones sexuales entre parientes consanguíneos habrían de tener por consecuencia una degeneración de los caracteres raciales. Otros, en cambio, han pretendido que la vida en común, practicada desde la más tierna infancia, desvía nuestros deseos sexuales de las personas con las que nos hallamos en contacto permanente. Pero tanto en un caso como en otro, el incesto se hallaría eliminado automáticamente y entonces no habría habido necesidad de recurrir a severas prohibiciones, las cuales testimonian más bien de una fuerte inclinación a cometerlo. Las investigaciones psicoanalíticas han establecido de un modo incontestable que el amor incestuoso es el más primitivo y existe de una manera regular, siendo solamente más tarde cuando tropieza con una oposición cuyo origen podemos hallar en la psicología individual.

Recapitulemos ahora los datos que para la comprensión del sueño nos ha proporcionado el estudio de la psicología infantil. No solamente hemos hallado que los materiales de que se componen los sucesos olvidados de la vida infantil son accesibles al sueño, sino que hemos visto, además, que la vida psíquica de los niños, con todas sus particularidades, su egoísmo, sus tendencias incestuosas, etc., sobrevive en lo inconsciente y emerge en los sueños, los cuales nos hacen retornar cada noche a la vida infantil. Constituye esto una confirmación de que *lo inconsciente de la vida psíquica no es otra cosa que lo infantil*. La penosa impresión que nos deja el descubrimiento de la existencia de tantos rasgos malignos de la naturaleza humana comienza ahora a atenuarse. Estos rasgos, tan terriblemente perversos, son simplemente lo inicial, primitivo e infantil de la vida psíquica, elementos que podemos hallar en estado de actividad en el niño, pero que pasan inadvertidos a causa de sus pequeñas dimensiones, aparte de que, en muchos casos, no los tomamos en serio, por no ser muy elevado el nivel moral que al niño exigimos. Al retroceder los sueños hasta esta fase, parecen hacer surgir a la luz aquello que de más perverso hay en nuestra naturaleza, pero esto no es sino una engañosa apariencia que no debe alarmarnos. En realidad, somos mucho menos perversos de lo que hubimos de inclinarnos a creer después de estudiar la interpretación onírica.

Puesto que las tendencias que se manifiestan en los sueños no son sino supervivencias infantiles y un retorno a los principios de nuestro desarrollo moral, y puesto que el sueño nos transforma, por decirlo así, en niños, desde el punto de vista de la inteligencia y del sentimiento, no tenemos ya razón plausible alguna para avergonzarnos de estos malignos sueños. Pero como lo racional no forma sino una parte de la vida psíquica, la cual encierra en sí muchos otros elementos que nada tienen de racionales, resulta que, sin embargo, experimentamos una irracional vergüenza de nuestros sueños de este género. Por esta razón los sometemos a la censura y nos avergüenza y contraría el que uno de estos deseos prohibidos consiga penetrar hasta la conciencia bajo una forma suficientemente inalterada para poder ser reconocido. En algunos casos llegamos incluso a avergonzarnos de nuestros sueños deformados, como si los comprendiésemos. Recordad el indignado juicio que la buena señora que tuvo el sueño de los «servicios de amor» hizo recaer sobre el mismo, aun no conociendo su interpretación psicoanalítica. No podemos, pues considerar resuelto el problema, y es posible que prosiguiendo nuestro estudio sobre los perversos elementos que se manifiestan en los sueños lleguemos a formarnos una distinta idea y a establecer una diferente apreciación de la naturaleza humana.

Como resultado de nuestra investigación hemos obtenido dos nuevos datos, pero vemos en seguida que los mismos constituyen el punto de partida de nuevos enigmas y nuevas vacilaciones. Nos damos cuenta, en primer lugar, de que la regresión que caracteriza a la elaboración onírica no es únicamente formal, sino también material. No satisfecha con dar a nuestras ideas una forma de expresión primitiva, despierta asimismo las particularidades de nuestra vida psíquica primitiva, o sea la antigua preponderancia del *yo,* las tendencias iniciales de nuestra vida sexual y hasta nuestro primitivo bagaje intelectual, si es que se nos permite considerar como tal la relación simbólica. En segundo lugar, observamos que todo este primitivo infantilismo, que en épocas anteriores ejerció una total hegemonía, debe ser localizado actualmente en lo inconsciente, circunstancia que modifica y amplía las nociones que de esta instancia psíquica poseemos. Lo inconsciente no es ya tan sólo aquello que se encuentra en un momentáneo estado de latencia, sino que forma un dominio psíquico particular, con sus tendencias optativas propias, su privativo modo de expresión y mecanismos psíquicos particulares. Pero las ideas latentes del sueño que nos han sido reveladas por la interpretación onírica no forman parte de este dominio y podríamos tenerlas igualmente en la vida despierta. Sin embargo, son inconscientes. ¿Cómo resolver una tal contradicción? Comenzamos a sospechar que nos ha de ser preciso efectuar aquí una diferenciación. Algo que proviene de nuestra vida consciente y que participa de sus caracteres —los «restos diurnos»— se asocia a algo que proviene del dominio de lo inconsciente, y de esta asociación resulta el sueño.

La elaboración onírica se efectúa entre estos dos grupos de elementos, y la influencia ejercida por lo inconsciente sobre los restos diurnos contiene quizá la condición de la regresión. Es ésta la idea más adecuada que, en tanto que exploramos otros dominios psíquicos, podemos formarnos de la naturaleza del sueño. Pero no se halla lejano el momento de aplicar al carácter inconsciente de las ideas latentes del sueño una distinta calificación que permita diferenciarlo de los elementos inconscientes procedentes del dominio de lo infantil.

Naturalmente, podemos plantearnos todavía las siguientes interrogaciones: ¿Qué es lo que impone a la actividad psíquica esta regresión durante el sueño? ¿Por qué no suprime dicha actividad las excitaciones perturbadoras del sueño sin la ayuda de una tal regresión? Y si para ejercer la censura se halla obligada a disfrazar las manifestaciones del sueño, dándoles una expresión primitiva actualmente incomprensible, ¿para qué le sirve hacer revivir las tendencias psíquicas, los deseos y los rasgos característicos desvanecidos hace largo tiempo, o dicho de otra manera, de qué le sirve añadir la regresión material a la regresión formal? La única respuesta susceptible de satisfacernos sería la de que es éste el único medio de formar un sueño y que desde el punto de vista dinámico resulta imposible concebir de un modo distinto la supresión del estímulo perturbador del reposo. Pero dado el estado actual de nuestros conocimientos, no tenemos todavía el derecho de dar tal respuesta.

LECCION XIV.   10.   REALIZACIONES DE DESEOS.

Señoras y señores:

H ABRÉ de recordaros una vez más el camino que hemos ya recorrido? ¿Habré de recordaros cómo, habiendo tropezado en la aplicación de nuestra técnica con la deformación onírica, nos decidimos a prescindir momentáneamente de ella y pedir a los sueños infantiles datos decisivos sobre la naturaleza del fenómeno onírico? ¿Debo, por último, recordaros cómo una vez en posesión de los resultados de estas investigaciones atacamos directamente la deformación de los sueños cuyas dificultades hemos ido venciendo una por una? Mas llegados a este punto, nos vemos obligados a convenir en que lo que hemos obtenido siguiendo el primero de estos caminos no concuerda por completo con los resultados que las investigaciones efectuadas en la segunda dirección nos han proporcionado. Así, pues, nuestra labor más inmediata será la de confrontar estos dos grupos de resultados y ponerlos de acuerdo.

Por ambos lados hemos visto que la elaboración onírica consiste esencialmente en una transformación de ideas en sucesos alucinatorios. Esta transformación constituye ya de por sí un hecho enigmático, pero se trata de un problema de Psicología general, del cual no tenemos para qué ocuparnos aquí. Los sueños infantiles nos han demostrado que la elaboración tiende a suprimir, por la realización de un deseo, una excitación que perturba el reposo. De la deformación de los sueños no podíamos decir lo mismo antes de haber aprendido a interpretar éstos. Pero desde un principio esperamos poder deducir los sueños deformados al mismo punto de vista que los infantiles. La primera realización de esta esperanza nos ha sido proporcionada por el descubrimiento de què, en rigor, todos los sueños son sueños infantiles, pues todos ellos laboran con materiales infantiles y tendencias y mecanismos ʾde este género. Y puesto que consideramos como resuelta la cuestión de la deformación onírica, nos queda únicamente por investigar si la concepción de la realización de deseos se aplica igualmente a los sueños deformados.

En páginas anteriores hemos sometido a interpretación una serie de sueños sin tener en cuenta el punto de vista de la realización de deseos, y, por tanto, tengo la convicción de que más de una vez os habéis preguntado: Pero ¿qué se ha hecho de aquella realización de deseos que antes se nos presentó «como el fin de la elaboración onírica»? Esta interrogación posee una gran importancia, pues es la que generalmente nos plantean nuestros críticos profanos. Como ya sabéis, la Humanidad experimenta una aversión instintiva hacia todas las novedades intelectuales, siendo una de las manifestaciones de esta aversión el hecho de que cada novedad queda en el acto reducida a su más pequeña amplitud y como condensada en una fórmula. Para la nueva teoría de los sueños la fórmula corriente es la de «realización de deseos». Habiendo oído decir que el sueño es una realización de deseos, puede preguntarse en seguida dónde se halla tal realización. Pero al mismo tiempo que se plantea suele ya resolverse esta inte-

LÁMINA 81. Sector del consultorio profesional de Freud, en el que aparece el famoso diván utilizado para el diagnóstico psicoanalítico.

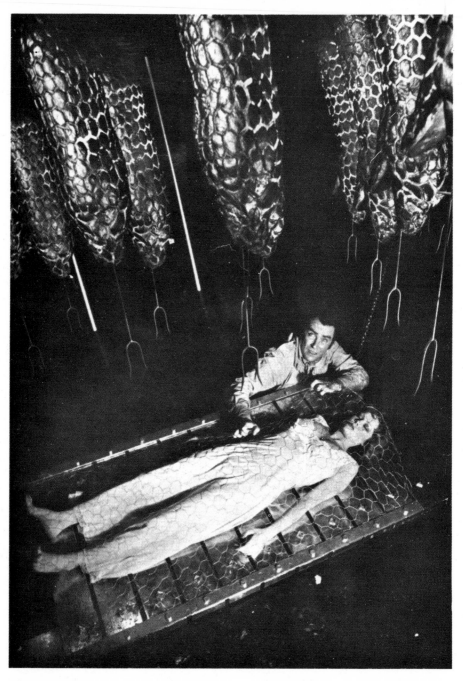

LÁMINA 82. Secuencia cinematográfica de una película *de terror,* que constituye un símbolo de la terapia freudiana, liberando a la protagonista de sus traumas psíquicos, representados por los ofidios que la amenazan con sus lenguas bífidas.

rrogación en sentido negativo, sin esperar más amplias explicaciones. Fundándose en el recuerdo de innumerables experiencias personales, en las que el displacer más profundo y hasta la más desagradable angustia han aparecido ligados a los sueños, declaran nuestros críticos que las afirmaciones de la teoría psicoanalítica sobre los mismos son por completo inverosímiles. A esta objeción nos es fácil responder que en los sueños deformados puede no ser evidente la realización de deseos, debiendo ser buscada y resultando muchas veces imposible de demostrar sin una previa interpretación del sueño. Sabemos igualmente que los deseos de estos sueños deformados son deseos prohibidos y reprimidos por la censura, deseos cuya existencia constituye precisamente la causa de la deformación onírica y lo que motiva la intervención de la instancia censora. Pero es difícil hacer entrar en la cabeza del crítico profano la evidente verdad de que no se puede buscar la realización de deseos en un sueño sin antes haberlo interpretado. Nuestro crítico olvidará constantemente esta verdad, mas su actitud negativa ante la teoría de la realización de deseos no es en el fondo sino una consecuencia de la censura onírica, pues viene a sustituir en su psiquismo a los deseos censurados de los sueños y es un efecto de la negación de los mismos.

Tendremos, naturalmente, que explicarnos la existencia de tantos sueños de contenido penoso y en particular la de los sueños de angustia o pesadillas. Nos hallamos aquí por vez primera ante el problema de los sentimientos en el sueño, problema que merecería ser estudiado por sí mismo. Desgraciadamente, no podemos efectuar aquí tal estudio. Si el sueño es una realización de deseos, no debiera provocar sensaciones penosas. En esto parecen tener razón los críticos profanos. Pero existen tres complicaciones en las cuales no han pensado.

(1)   En primer lugar, puede suceder que la elaboración onírica no consiga crear plenamente una realización de deseos y pase, por tanto, al contenido manifiesto un resto de los afectos dolorosos de las ideas latentes. El análisis deberá entonces mostrarnos —y en efecto nos lo muestra en cada caso de este género— que las ideas latentes eran aún mucho más dolorosas que el sueño formado a sus expensas. En estos sueños admitimos que la elaboración onírica no ha alcanzado el fin que se proponía, del mismo modo que aquellos sueños en los que soñamos beber no logran su objeto de dominar la excitación producida por la sed y acabamos por tener que despertarnos para beber realmente. Mas, sin embargo, hemos tenido un sueño verdadero y que no ha perdido nada de su carácter de tal por no haber conseguido constituir la realización del deseo. Debemos, pues, reconocerlo así, y decir: *Ut desint vires, tamen est laudanda voluntas* *. Si el deseo no ha sido satisfecho, no por ello la intención deja de ser laudable. Estos fracasos de la elaboración onírica no son nada raros. Lo que a ellos contribuye es que los afectos son a veces harto resistentes y, por tanto, resulta muy difícil, para la elaboración, modificarlos en el sentido deseado. Sucede así que, aun habiendo conseguido la elaboración transformar en una realización de deseos el contenido doloroso de las ideas latentes, el sentimiento displaciente que acompaña a las mismas pasa sin modificación ninguna al sueño manifiesto. En los sueños de este género existe, pues, un completo desacuerdo entre el afecto y el contenido manifiesto, circunstancia en la que se fundan muchos

---

* 'Aunque estén fallando las fuerzas, merece alabarse la voluntad.' *(Nota de J. N.)*

críticos para negarles un carácter de realización de deseos, alegando que incluso un contenido inofensivo puede aparecer acompañado de un sentimiento de displacer. Frente a esta incomprensiva objeción haremos constar que precisamente en esta clase de sueños es en lo que la tendencia a la realización de deseos se manifiesta con más claridad, pues aparece totalmente aislada. El error proviene de que aquellos que no conocen la neurosis se imaginan que existe entre el contenido y el afecto una íntima conexión, y no comprenden que un contenido pueda quedar modificado sin que lo sea a la vez la manifestación afectiva que le corresponde.

(2)   Otra circunstancia mucho más importante, que el profano omite tener en cuenta, es la que sigue: una realización de deseos debiera ser, desde luego, una causa de placer. Mas ¿para quién? Naturalmente, para aquel que abriga tal deseo. Ahora bien: sabemos que la actitud del sujeto con respecto a sus deseos es una actitud harto particular, pues los rechaza, los censura y no quiere saber nada de ellos. Resulta, pues, que la realización de los mismos no puede procurarle placer alguno, sino todo lo contrario, y la experiencia nos muestra que este afecto contrario, que permanece aún inexplicado, se manifiesta en forma de angustia. En su actitud ante los deseos de sus sueños, el durmiente se nos muestra, por tanto, como compuesto de dos personas diferentes, pero unidas, sin embargo, por una íntima comunidad. En vez de entrar en una detallada explicación de este punto concreto os recordaré un conocido cuento en el que hallamos una idéntica situación. Una hada bondadosa promete a un pobre matrimonio la realización de sus tres primeros deseos. Encantado de la generosidad del hada, se dispone el matrimonio a escoger con todo cuidado, pero la mujer, seducida por el olor de unas salchichas que en la cabaña vecina están asando, desea comer un par de ellas, y en el acto aparecen sobre la mesa, quedando cumplido el primer deseo. Furioso, el marido pide que las salchichas aquellas vayan a colgar de las narices de su imbécil mujer, deseo que es cumplido en el acto, como el segundo de los tres concedidos. Inútil deciros que esta situación no resulta nada agradable para la mujer, y como, en el fondo, su marido se siente unido a ella por el cariño conyugal, el tercer deseo ha de ser el de que las salchichas vuelvan a quedar sobre la mesa. Este cuento nos muestra claramente cómo la realización de deseos puede constituir una fuente de placer para una de las dos personalidades que al sujeto hemos atribuido y de displacer para la otra, cuando ambas no se hallan de acuerdo.

No nos será difícil llegar ahora a una mejor comprensión de las pesadillas. Utilizaremos todavía una nueva observación y nos decidiremos luego en favor de una hipótesis, en apoyo de la cual podemos alegar más de un argumento. La observación a que me refiero es la de que las pesadillas muestran con frecuencia un contenido exento de toda deformación; esto es, un contenido que, por decirlo así, ha escapado a la censura. La pesadilla es muchas veces una realización no encubierta de un deseo, pero de un deseo que, lejos de ser bien acogido por nosotros, es rechazado y reprimido. La angustia que acompaña a esta realización toma entonces el puesto de la censura. Mientras que el sueño infantil podemos decir que es la abierta realización de un deseo admitido, y del sueño ordinario, que es la realización encubierta de un deseo reprimido, no podemos definir la pesadilla sino como la franca realización de un deseo reprimido, y la angustia constituye una indicación de que tal deseo se ha mostrado más fuerte que la censura y se ha realizado o se hallaba en vías de realización, a pesar de la misma. Fácilmente se comprende que para el sujeto que se sitúa en tal punto de vista de la censura, una tal realización ha de ser obligadamente un manantial de dolorosas sensaciones y le ha de hacer colocarse en una actitud defensiva. El sentimiento de angustia que entonces experimentamos en el sueño podemos decir que es un reflejo de la angustia que sentimos ante la fuerza de determinados deseos que hasta el momento habíamos conseguido reprimir.

Lo que para las pesadillas no deformadas resulta verdadero, debe de serlo también para aquellas que han sufrido una deformación parcial y para todos los demás sueños desagradables, cuyas penosas sensaciones se aproximan más o menos a la angustia. La pesadilla es seguida generalmente por un sobresaltado despertar, quedando interrumpido nuestro reposo antes que el deseo reprimido del sueño haya alcanzado, en contra de la censura, su completa realización. En estos casos, el sueño no ha podido cumplir su función, pero esto no modifica en nada su peculiar naturaleza. En efecto, comparamos al sueño con un vigilante nocturno encargado de proteger nuestro reposo contra posibles perturbaciones; pero también los vigilantes despiertan al vecindario cuando se sienten demasiado débiles para alejar sin ayuda ninguna la perturbación o el peligro. Esto no obstante, conseguimos muchas veces continuar durmiendo aun en el momento en que el sueño comienza a hacerse sospechoso y a convertirse en pesadilla. En tales casos, solemos decirnos, sin dejar de dormir: «No es más que un sueño», y proseguimos nuestro reposo.

Mas ¿cuándo adquiere el deseo onírico una potencia tal que le permite salir victorioso de la censura? Esta circunstancia puede depender tanto del deseo como de la censura misma. Por razones desconocidas, puede el deseo adquirir, desde luego, en un momento dado, una intensidad extraordinaria, pero tenemos la impresión de que más frecuentemente es a la censura a la que se debe este desplazamiento de las relaciones recíprocas entre las fuerzas actuantes. Sabemos ya que la intensidad de la censura es muy variable y que cada elemento es tratado con muy distinto rigor. A estas observaciones podemos ahora añadir la de que dicha variabilidad va aún mucho más lejos y que la censura no aplica siempre igual rigor al mismo elemento represible. Si alguna vez le sucede hallarse impotente ante un sueño que intenta dominarla por sorpresa, utiliza, en efecto, de la deformación, el último arbitrio de que dispone, poniendo fin al reposo por medio de la angustia.

Al llegar a este punto de nuestra exposición advertimos que ignoramos aún por qué estos deseos reprimidos se manifiestan precisamente durante la noche como perturbadores de nuestro reposo. Para resolver esta interrogación hemos de fundarnos en la especial naturaleza del estado de reposo. Durante el día se hallan dichos deseos sometidos a una rigurosa censura que les prohíbe, en general, toda manifestación exterior. Pero durante la noche esta censura, como muchos otros intereses de la vida psíquica, queda suprimida o por lo menos considerablemente disminuida en provecho del deseo onírico. A esta disminución de la censura durante la noche es a lo que dichos deseos prohibidos deben la posibilidad de manifestarse. Muchos individuos nerviosos, atormentados por el insomnio, nos han confesado que al principio era el mismo voluntario, pues el miedo a los sueños, esto es, a las consecuencias del relajamiento de la censura que el reposo trae consigo, hacía que prefieran permanecer despiertos. Fácilmente se ve que tal supresión de la censura no constituye una grosera falta de previsión. El estado de reposo paraliza nuestra motilidad, y nuestras perversas intenciones, aun cuando entran en actividad, no llegarán nunca a producir cosa distinta de los sueños, los cuales son prácticamente inofensivos. Esta tranquilizadora circunstancia queda expresada en la razonable observación que el durmiente se hace de que todo aquello no es más que un sueño, observación que forma parte de la vida nocturna, pero no de la vida onírica: «Esto no es más que un sueño, y puesto que no puede pasar de ahí, dejémoslo hacer y continuemos durmiendo.»

(3)   Si, en tercer lugar, recordáis la analogía que hemos establecido entre el durmiente que lucha contra sus deseos y un ficticio personaje compuesto de dos individualidades distintas, pero estrechamente ligadas una a otra, observaréis, sin esfuerzo, que existe otra razón para que la realización de un deseo pueda ser considerada como algo extraordinariamente desagradable, o sea como un castigo. Retornemos a nuestro cuento de los tres deseos. La aparición de las salchichas sobre la mesa constituye la realización directa del deseo de la primera persona, esto es, de la mujer; la adherencia de las mismas a la nariz de la imprudente son la realización del deseo de la segunda persona, o sea del marido, pero constituye asimismo el castigo infligido a la mujer por su absurdo deseo. Más adelante, al ocuparnos de las neurosis hallaremos la motivación del tercero de los deseos de que el cuento nos habla. Refiriéndome ahora al punto concreto del castigo, he de indicaros que en la vida psíquica del hombre existe un gran número de tendencias punitivas muy enérgicas a las que hemos de atribuir la motivación de la mayor parte de los sueños displacientes. Me objetaréis aquí que, admitiendo todo esto, nuestra famosa realización de deseos queda reducida a su más mínima expresión; pero examinando los hechos con un mayor detenimiento comprobaréis lo equivocado de vuestra crítica. Dada la variedad (de la cual ya trataremos más tarde) que la naturaleza del sueño podría revestir —y que según algunos autores reviste, en efecto—, nuestra definición (realización de un deseo, de un temor o de un castigo) resulta verdaderamente limitada. Debemos, además, tener en cuenta que el temor o la angustia es algo por completo opuesto al deseo y que los contrarios se encuentran muy próximos unos de otros en la asociación, e incluso llegan a confundirse, como ya sabemos, en lo inconsciente. Además, el castigo es por sí mismo la realización de un deseo: el de aquella parte de la doble personalidad del durmiente que se halla de acuerdo con la censura.

Observaréis que no he hecho la menor concesión a vuestras objeciones contra la teoría de la realización de deseos. Pero tengo el deber, que no quiero eludir, de mostraros que cualquier sueño deformado no es otra cosa que una tal realización. Recordad el ejemplo que interpretamos en una de las lecciones anteriores y a propósito del cual hemos descubierto tantas cosas interesantes; me refiero al sueño que gravitaba en torno de tres malas localidades de un teatro por un florín cincuenta céntimos. Una señora a la cual su marido anuncia aquel mismo día que su amiga Elisa, tan sólo tres meses menor que ella, se ha prometido a un hombre honrado y digno, sueña que se encuentra con su esposo en el teatro. Una parte del patio de butacas se halla casi vacía. Su marido le dice que Elisa y su prometido hubieran querido venir también al teatro, pero que no pudieron hacerlo por no haber encontrado sino tres localidades muy malas por un florín cincuenta céntimos. Ella piensa que no ha sido ninguna desgracia no poder venir aquella noche al teatro. En este sueño descubrimos que las ideas latentes se refieren al remordimiento de la señora por haberse casado demasiado pronto y a su falta de estimación por su marido. Veamos ahora cómo estas melancólicas ideas han sido elaboradas y transformadas en la realización de un deseo y dónde aparecen sus huellas en el contenido manifiesto. Sabemos ya que el elemento «demasiado pronto, apresuradamente», ha sido eliminado del sueño por la censura. El patio de butacas medio vacío constituye una alusión a él. El misterioso «3 por un florín cincuenta céntimos» nos resulta ahora más comprensible gracias a nuestro posterior estudio del simbolismo onírico [1430]. El 3 representa realmente en este sueño a un hombre, y el elemento manifiesto en que aparece puede traducirse sin dificultad para la idea de comprarse un marido con su dote. («Con mi dote hubiera podido comprarme un marido diez veces mejor.») El matrimonio queda claramente reemplazado por el hecho de ir al teatro, y el «tomar con demasiada anticipación los billetes» viene a sustituirse a la idea «me he casado demasiado pronto», sustitución motivada directamente por la realización de deseos. La sujeto de este sueño no se ha sentido nunca tan poco satisfecha de su temprano matrimonio como el día en que supo la noticia de los desposorios de su amiga. Hubo, sin embargo, un tiempo en el que tenía a orgullo el hallarse prometida y se consideraba superior a su amiga Elisa. Constituye, en efecto, un hecho muy corriente el de que las jóvenes ingenuas manifiesten su alegría, en los meses que preceden al matrimonio, ante la proximidad de la época en que podrán asistir a toda clase de espectáculos, sobre todo a aquellos que de solteras les estaban prohibidos. Se transparenta en este hecho una curiosidad, que seguramente fue, en sus principios, de naturaleza sexual y recaía con especialidad sobre la vida sexual de los propios padres, curiosidad que constituyó en este caso uno de los más enérgicos motivos que impulsaron a nuestra heroína a su temprano matrimonio. De este modo es como el «ir al teatro» llega en el sueño a constituir una sustitución representativa del «estar casada». Lamentando ahora su temprano matrimonio, se transporta la señora a la época en que el mismo constituía para ella la realización de un deseo, permitiéndole satisfacer su curiosidad visual, y guiada por este deseo de una época pasada, reemplaza el hecho de hallarse casada por el de asistir al teatro.

No puedo ser acusado de haber escogido, ciertamente, el ejemplo más cómodo para demostrar la existencia de una oculta realización de deseos. Mas el procedimiento que nos permite llegar a descubrir tales realizaciones es análogo en todos los sueños deformados. No pudiendo emprender aquí ningún otro análisis de este género, he de limitarme a aseguraros que nuestra investigación quedaría en todo caso coronada por el más completo éxito. Sin embargo, quiero consagrar aún algunos momentos a este punto especial de nuestra teoría; pues sé por experiencia que es uno de los más expuestos a los ataques de la crítica y a la incomprensión. Pudierais, además, creer que el añadir que el sueño puede ser, además de la realización de un deseo, la de un angustioso temor o de un castigo, he retirado una parte de mi primera tesis, y juzgar favorable la ocasión para arrancarme otras concesiones. Por último, quiero evitar que, como otras varias

---

[1430] No cito aquí otra posible interpretación del número 3 en los sueños de mujeres sin descendencia por no habernos proporcionado este análisis dato alguno que a tal significación de este elemento se refiera.

veces, se me reproche el exponer demasiado sucintamente, y por tanto de un modo muy poco persuasivo, aquello que a mí me parece evidente.

Muchos de aquellos que me han seguido en la interpretación de los sueños y han aceptado los resultados obtenidos se detienen al llegar a la realización de deseos y me preguntan: Admitiendo que el sueño tiene siempre un sentido y que este sentido puede ser revelado por la técnica psicoanalítica, ¿cuál es la razón de que contra toda evidencia deba hallarse siempre moldeado en la fórmula de la realización de un deseo? ¿Por qué el pensamiento nocturno no habría de tener, a su vez, sentidos tan variados y múltiples como el diurno? O dicho de otra manera, ¿por qué el sueño no habría de corresponder unas veces a un deseo realizado, o como nos habéis expuesto, a un temor o un castigo, y otras, en cambio, a un proyecto, una advertencia, una reflexión con sus argumentos en pro y en contra, un reproche, un remordimiento, una tentativa de prepararse a un trabajo inmediato, etc.? ¿Por qué habría de expresar siempre y únicamente un deseo o todo lo más su contrario?

Pudiera suponerse que una divergencia sobre ese punto carece de importancia, siempre que sobre los demás se esté de acuerdo, y que habiendo hallado el sentido del sueño y establecido el medio de descubrirlo, resulta en extremo secundaria la cuestión de fijar estrictamente dicho sentido. Pero esto constituye un grave error. Una mala inteligencia sobre este punto ataca a la esencia misma de nuestro conocimiento de los sueños y anula el valor del mismo para la inteligencia de la neurosis.

Volvamos, pues, a nuestra interrogación de por qué un sueño no ha de corresponder a cosa distinta de la realización de un deseo. Mi primera respuesta será la que en todos estos casos acostumbro formular: ignoro por qué razón no sucede así, y por mi parte no tendría ningún inconveniente en que así fuera, pero la realidad es distinta y nos obliga a rechazar una tal concepción de los sueños, más amplia y cómoda que la que aquí sostenemos. En segundo lugar, tampoco me es ajena la hipótesis de que el sueño puede corresponder a diversas operaciones intelectuales. En una historia clínica publicada por mí se halla incluida la interpretación de un sueño que, después de repetirse tres noches consecutivas, no volvió a presentarse, y mi explicación de esta particularísima circunstancia es la de que este sueño correspondía a un proyecto, ejecutado el cual no tenía ya razón ninguna para continuar reproduciéndose. Posteriormente, he hecho también público el análisis de otro sueño que correspondía a una confesión. Pero entonces, ¿cómo puedo contradecirme y afirmar que el sueño no es siempre sino un deseo realizado?

Lo hago así para alejar el peligro de una ingenua incomprensión que podría destruir por completo el fruto de los esfuerzos realizados para alcanzar la inteligencia del sueño, incomprensión que confunde el sueño con las ideas oníricas latentes y atribuye al primero algo que sólo a las segundas pertenece. Es exacto que el sueño puede representar todo aquello que antes hemos enumerado y sustituirlo: proyectos, advertencias, reflexiones, preparativos, intentos de resolver un problema, etc., pero un atento y detenido examen os hará observar que nada de esto resulta cierto con respecto a las ideas latentes, de cuya transformación ha nacido el contenido manifiesto. La interpretación onírica nos ha mostrado que el pensamiento inconsciente del hombre se ocupa con tales proyectos y reflexiones, con los que la elaboración onírica forma después los sueños. Sólo si esta elaboración no os interesa y la elimináis por completo para no atender sino a la ideación inconsciente del hombre, es como podréis decir que el sueño corresponde a un proyecto, una advertencia, etc. Este procedimiento se sigue con gran frecuencia en la actividad psicoanalítica cuando se trata de destruir la forma que ha revestido el sueño y sustituirla por las ideas latentes que le han dado origen.

Se nos revela, pues, en el examen particular de las ideas latentes que todos aquellos actos psíquicos tan complicados que antes hemos enumerado pueden realizarse fuera de la conciencia; resultado tan magnífico como desorientante.

Pero, volviendo a la multiplicidad de los sentidos que los sueños pueden poseer, os he de indicar que no tenéis derecho a hablar de una tal multiplicidad sino sabiendo que os servís de una fórmula que no puede hacerse extensible a la esencia del fenómeno onírico. Al hablar de «sueños», habréis de referiros siempre al sueño manifiesto, esto es, al producto de la elaboración onírica, o todo lo más a esta elaboración misma, o sea al proceso psíquico que, sirviéndose de las ideas latentes, forma el sueño manifiesto. Cualquier otro empleo que deis a dicho término podrá crear graves confusiones. Cuando, en cambio, queráis referiros a las ideas latentes que se ocultan detrás del contenido manifiesto, decidlo directamente y no contribuyáis a complicar el problema —ya harto intrincado— con un error de concepto o una expresión imprecisa. Las ideas latentes son la materia prima que la elaboración onírica transforma en el contenido manifiesto. Deberéis, por tanto, evitar toda confusión entre esta materia y la labor que le imprime una forma determinada, pues si no, ¿qué ventaja lleváis a aquellos que no conocen más que al producto de dicha elaboración y no pueden explicarse de dónde proviene y cómo se constituye?

El único elemento esencial del sueño se halla constituido por la elaboración, la cual actúa sobre la materia ideológica. Aunque en determinados casos prácticos nos veamos obligados a prescindir de este hecho, no nos es posible ignorarlo en teoría. La observación analítica muestra igualmente que la elaboración no se limita a dar a estas ideas la forma de expresión arcaica o regresiva que conocéis, sino que, además, añade siempre a ellas algo que no pertenece a las ideas latentes del día, pero que constituye, por decirlo así, la fuerza motriz de la formación del sueño. Este indispensable complemento es el deseo, también inconsciente, para cuya realización sufre el contenido del sueño todas las transformaciones de que ya hemos hablado.

Limitándonos a tender en el sueño a las ideas por él representadas, podemos, desde luego, atribuirle las más diversas significaciones, tales como las de una advertencia, un proyecto, una preparación, etc., pero al mismo tiempo será siempre la realización de un deseo inconsciente, y considerado como un producto de la elaboración, no será nunca cosa distinta de una tal realización. Así, pues, un sueño no es nunca exclusivamente un proyecto, una advertencia, etc., sino siempre un proyecto o una advertencia que han recibido, merced a un deseo inconsciente, una forma de expresión arcaica y han sido transformados para servir a la realización de dicho deseo. Uno de estos caracteres, la realización de deseos, es constante. En cambio, el otro puede variar e incluso ser también a veces un deseo, caso en el que el sueño representará un deseo latente del día, realizado con ayuda de un deseo inconsciente.

Todo esto me parece fácilmente comprensible, pero no sé si he logrado exponéroslo con suficiente claridad. Además, tropiezo para su demostración con dos graves dificultades. En primer lugar, sería necesario realizar un gran número de minuciosos análisis y, por otro lado, resulta que esta cuestión, la más espinosa e importante de nuestra teoría de los sueños, no puede ser expuesta de un modo convincente sino relacionándola con algo de lo que aún no hemos tratado. La íntima conexión que une a todas las cosas entre sí hace que no se pueda profundizar en la naturaleza de una de ellas sin antes haber sometido a investigación aquellas otras de naturaleza análoga. Siendo así, y desconociendo todavía por completo aquellos fenómenos que se aproximan más al sueño, o sea los síntomas neuróticos, debemos contentarnos por ahora con los resultados logrados hasta el momento. Por tanto, me limitaré, mientras adquirimos los datos necesarios para continuar nuestra investigación, a elucidar aquí un ejemplo más y someterlo a vuestra consideración.

Examinaremos nuevamente aquel sueño del que ya varias veces nos hemos ocupado, o sea el de las tres localidades de un teatro por un florín cincuenta céntimos. Puedo aseguraros que la primera vez que lo escogí como ejemplo fue sin ninguna intención especial. Sabéis ya que las ideas latentes de este sueño son el sentimiento por haberse casado tan pronto, despertado por la noticia del próximo matrimonio de su amiga, el desprecio hacia su propio marido y la sospecha de que hubiera podido encontrar uno mejor si hubiera querido esperar. Conocéis también el deseo que con todas estas ideas ha formado un sueño, y que es la afición de los espectáculos y a frecuentar los teatros, ramificación probable a su vez de la antigua curiosidad de enterarse de lo que sucede al contraer matrimonio. En los niños recae generalmente esta curiosidad sobre la vida sexual de sus padres. Trátase, pues, de una curiosidad de carácter infantil, o sea de una tendencia cuyas raíces alcanzan a los primeros años de la vida del sujeto. Mas la noticia recibida por la señora en el día anterior a su sueño no proporcionaba pretexto alguno para despertar su tendencia al placer visual, sino únicamente sus remordimientos por haberse casado tan pronto. La tendencia optativa no formaba parte, al principio, de las ideas latentes y, por tanto, pudimos realizar la interpretación de este sueño sin tenerla para nada en cuenta. Pero, por otro lado, la contrariedad de la sujeto por haberse casado tan pronto no era suficiente por sí sola para producir el sueño. Sólo después de haber despertado el antiguo deseo de ver lo que sucedía al casarse es cuando la idea «fue un absurdo casarme tan pronto» adquirió capacidad para originar un sueño. Una vez conseguido esto formó dicho deseo el contenido manifiesto del sueño, reemplazando el matrimonio por el hecho de ir al teatro y presentando al sueño como la realización de un antiguo deseo: «Yo podré ya ir al teatro y ver todo aquello que antes me estaba prohibido y que para ti sigue estándolo. Voy a casarme dentro de poco, y, en cambio, tú tienes todavía que esperar.» De este modo, la situación actual quedó transformada en su contraria y sustituida una reciente decepción por un triunfo pretérito. Al mismo tiempo aparecen mezcladas en el sueño la satisfacción de la afición de la sujeto a los espectáculos y una satisfacción egoísta procurada por el triunfo sobre una competidora. Esta satisfacción es la que determina el contenido manifiesto del sueño, en el que vemos realmente que la sujeto se halla en el teatro mientras que su amiga no ha podido lograr acceso a él. Sobre esta situación de satisfacción se acumulan luego, como modificaciones sin relación con ella e incomprensibles, aquellos fragmentos del contenido del sueño detrás de los cuales se disimulan todavía las ideas latentes. La interpretación debe hacer caso omiso de todo aquello que sirve para representar la realización de deseos y reconstituir, guiándose por los elementos que a dicha realización se superponen, las dolorosas ideas latentes de este sueño.

La nueva consideración que me proponía someteros se halla destinada a atraer vuestra atención sobre las ideas latentes que ahora hemos colocado en primer término. Os ruego no olvidéis que tales ideas son inconscientes en el sujeto, perfectamente inteligibles y coherentes, resultando explicables como naturales reacciones al estímulo del sueño, y pueden, por último, tener el mismo valor que cualquier otra tendencia psíquica u operación intelectual.

Denominando ahora a estas ideas *restos diurnos (Tagesreste)* en un sentido más riguroso que el que antes dábamos a esta calificación y sin que nos importe ya que el sujeto las confirme o no como tales restos, estableceremos una distinción entre restos diurnos e ideas latentes, dando este nombre a todo aquello que averiguamos por medio de la interpretación y reservando el de «restos diurnos» para una parte especial del conjunto de tales ideas. Diremos entonces que a los restos diurnos ha venido a agregarse algo que pertenecía también a lo inconsciente, o sea un deseo intenso, pero reprimido, y que este deseo es lo que ha hecho posible la formación del sueño. La acción ejercida por él sobre los restos diurnos crea un nuevo acervo de ideas latentes, y precisamente aquellas que no pueden ya ser consideradas como racionales y explicables en la vida despierta.

Para ilustrar las relaciones que existen entre los restos diurnos y el deseo inconsciente me he servido ya repetidas veces de una comparación que habré de reproducir aquí. Cada empresa tiene necesidad de un capitalista que subvenga a los gastos y de un socio industrial que organice y dirija la explotación. En la formación de un sueño, el deseo inconsciente desempeña siempre el papel de capitalista, siendo el que proporciona la energía psíquica necesaria para la misma. El socio industrial queda representado por el resto diurno que dirige el empleo de dicha energía. Ahora bien: en ciertos casos es el mismo capitalista quien puede organizar la empresa y poseer los conocimientos especiales que exige su realización y en otros es el socio industrial el que dispone del capital necesario para montar el negocio. Esto simplifica la situación práctica; pero hace, en cambio, más difícil su comprensión teórica. Reconociéndolo así, descompone siempre la economía política esta doble personalidad y considera separadamente los elementos que la integran restableciendo la situación fundamental que ha servido de punto de partida a nuestra comparación. Idénticas variantes, cuyas modalidades podéis deducir por vosotros mismos, se producen en la formación de los sueños.

No quiero pasar adelante sin antes contestar a una importantísima interrogación que sospecho ha de haber surgido en vosotros hace ya largo tiempo. «Los restos diurnos —preguntáis—, ¿son verdaderamente inconscientes en el mismo sentido que el deseo inconsciente, cuya intervención es necesaria para hacerlos aptos para provocar un sueño?» Nada más justificado que esta pregunta, pues, como con razón sospecháis al plantearla, se refiere a la esencia misma del problema que investigamos. Pues bien: los restos diurnos no son inconscientes en el mismo sentido que el deseo que los capacita para formar un sueño. Este deseo pertenece a otro inconsciente distinto; esto es, a aquel que reconocimos como de origen infantil y al que hallamos provisto de especialísimos mecanismos. Sería muy indicado diferenciar estas dos variedades de inconsciente, dando a cada una su especial calificación; mas para hacerlo así esperamos a familiarizarnos con la fenomenología de las neurosis. Si ya se tachan de fantásticas nuestras teorías porque admitimos la existencia de un sistema inconsciente figuraos lo que de ellas se dirá viendo que ya no nos basta con uno solo, y afirmamos que aún existe otro más.

Detengámonos, pues, aquí. De nuevo os he expuesto cosas incompletas; pero de todos modos, creo muy satisfactoria la idea de que estos conocimientos son susceptibles de un ulterior desarrollo que será efectuado un día, sea por nuestros propios trabajos, sea por los de aquellos que en el estudio de estas materias nos sucedan. Además, lo que hasta ahora hemos averiguado me parece ya lo bastante nuevo y sorprendente para compensar nuestra labor de investigación.

LECCION XV.   11.   INCERTIDUMBRES Y CRITICAS

Señoras y señores:

N o quiero abandonar el tema de los sueños sin antes ocuparme de las principales dudas a que las nuevas teorías expuestas en las páginas que preceden pueden dar motivo. Muchas de tales vacilaciones deben de haber surgido ya, durante el curso de estas conferencias, en el ánimo de aquellos que las han seguido con alguna atención.

1.º Tendréis quizá la impresión de que, aun aplicando correctamente nuestra técnica, adolecen de una tal inseguridad los resultados de la interpretación onírica, que no es posible realizar una reducción cierta del sueño manifiesto a las ideas latentes. En apoyo de vuestra opinión alegaréis, en primer lugar, que no sabemos nunca si un elemento dado del sueño debe ser comprendido en su sentido estricto o en sentido simbólico, pues los objetos empleados a título de símbolos no por ello pierden su significación propia. No pudiéndonos apoyar en circunstancia objetiva ninguna para decidir sobre este punto, quedaría la interpretación abandonada al arbitrio del intérprete. Ademas, a consecuencia de la fusión de los contrarios que la elaboración onírica efectúa no se sabe nunca de un modo cierto si un elemento determinado del sueño debe ser interpretado en sentido negativo o en sentido positivo, ni si lo debemos aceptar tal y como aparece en el contenido manifiesto o sustituirlo por su contrario, circunstancia que somete de nuevo el resultado a nuestro arbitrio. En tercer lugar, y dada la frecuencia de las inversiones en el sueño, puede el intérprete considerar como una de ellas cualquier fragmento del contenido manifiesto. Por último, invocaréis el hecho de haber oído decir que raras veces puede afirmarse con certeza que la interpretación hallada es la única posible, y que siendo así, corremos el riesgo de aceptar una que no es sino aproximadamente verosímil. La conclusión que de todo esto deduciréis será lo que de en estas condiciones queda abandonado al arbitrio del intérprete un campo de acción demasiado amplio, incompatible con la certidumbre objetiva de los resultados. O también podéis suponer que el error no depende del sueño y que las insuficiencias de nuestra interpretación provienen de la inexactitud de nuestras teorías e hipótesis.

Las observaciones consignadas son innegablemente ciertas; pero no creo que justifican las conclusiones que de ellas deducís, y según las cuales la interpretación onírica tal y como la practicamos queda abandonada a la arbitrariedad, haciendo dudar los defectos que sus resultados presentan de la eficacia de nuestro procedimiento y de la verdad de las teorías en que se basa. Si en lugar de hablar del arbitrio del intérprete dijeseis que la interpretación depende de la habilidad, de la experiencia y de la inteligencia del mismo, tendría que sumarme a vuestra opinión. El factor personal no puede ser eliminado, por lo menos cuando nos hallamos ante los más intrincados problemas de la interpretación. Pero esto sucede igualmente en toda práctica científica. Nada puede impedir que unos profesionales manejen con más perfección que otros una determinada técnica, cualquiera que ésta sea. Sin embargo, la arbitrariedad que en la interpretación onírica, por ejemplo, en la traducción de los símbolos, parece existir, queda siempre neutralizada por completo, pues los lazos existentes entre las ideas del sueño y entre el sueño mismo y la vida del sujeto y, además, toda la situación psíquica en la que el sueño aparece, permiten escoger una sola de las interpretaciones posibles y rechazar todas las demás por no tener relación alguna con el caso de que se trata. Por otro lado, la conclusión en que deducís, de las imperfecciones de la interpretación, la inexactitud de nuestras hipótesis, pierde toda su fuerza en cuanto observamos que la indeterminación del sueño constituye precisamente uno de sus necesarios caracteres.

He dicho anteriormente, y sin duda lo recordaréis, que la elaboración onírica da a las ideas latentes una forma de expresión primitiva, análoga a la escritura figurada. Pues bien: todos estos primitivos sistemas de expresión presentan tales indeterminaciones y dobles sentidos, y no por ello tenemos derecho a poner en duda la posibilidad de su empleo. Sabéis ya que la reunión de los contrarios que la elaboración onírica realiza es semejante a lo que se denomina «oposición de sentido de las palabras primitivas» en las lenguas más antiguas. El lingüista K. Abel (1884), al que debemos este punto de vista, nos previene contra la creencia de que las frases en que se empleaban tales palabras ambivalentes poseyeran por ello un doble sentido, pues el orador podía disponer de la entonación y del gesto para indicar el sentido deseado, el cual quedaba, además, determinado por el contexto del discurso. En la escritura, en la que no caben los recursos del gesto y la entonación, se fijaba el sentido por medio de un signo figurado independiente de la pronunciación. Así, a la palabra egipcia *ken* se le agregaba en la escritura jeroglífica la figura de un hombre en pie o perezosamente acurrucado, según había de significar «fuerte» o «débil». De este modo se evitaban las equivocaciones, a pesar de la multiplicidad de sentido de los sonidos verbales y los signos.

Los antiguos sistemas de expresión (por ejemplo, las escrituras de estas lenguas primitivas) presentan numerosas indeterminaciones que no toleraríamos en nuestras lenguas actuales. Así, en determinadas escrituras semíticas sólo se designan las consonantes de las palabras, correspondiendo al lector la labor de colocar las vocales omitidas, guiándose por su conocimiento del idioma y por el sentido total. La escritura jeroglífica procedía de un modo análogo, circunstancia que nos impide llegar al conocimiento de la pronunciación del egipcio primitivo. En la escritura sagrada de los egipcios hallamos todavía otras indeterminaciones, pues quedaba al arbitrio del sujeto el ordenar las imágenes de derecha a izquierda o de izquierda a derecha, y en la lectura hemos de atenernos al precepto de seguir la dirección de los rostros de las figuras, pájaros, etcétera. Pero el escritor podía también ordenar los signos figurados en un sentido vertical, y cuando se trataba de hacer inscripciones sobre pequeños objetos, determinadas consideraciones de estética o simetría podían llevarle a adoptar cualquier otra sucesión de signos. Por último, lo que más nos desorienta en la escritura jeroglífica es el hecho de que la misma ignora la separación de las palabras. Los signos se suceden sobre el papiro a igual distancia unos de otros, y nunca se sabe si un signo determinado forma todavía parte del que le precede o constituye el comienzo de una palabra nueva. No sucede así en la escritura cuneiforme persa, en la cual las palabras quedan separadas por una cuña oblicua.

La lengua y la escritura chinas, muy antiguas, son todavía empleadas en la actualidad por cuatrocientos millones de hombres. No creáis que yo las domine; pero sí me he documentado sobre ellas con la esperanza de hallar en sus particularidades algunas analogías con las indeterminaciones de los sueños, esperanza que se ha confirmado plenamente. La lengua china se halla, en efecto, llena de tales indeterminaciones. Conocido es que se compone de un gran número de sonidos monosilábicos que pueden ser pronunciados tanto aisladamente como combinándolos por parejas. Uno de los principales dialectos chinos posee cerca de 400 sílabas de esta clase, pero como su vocabulario consta de unas cuatro mil palabras, resulta que a cada sílaba corresponden diez significaciones, y dado que el contexto no permite siempre adivinar aquella que la persona que pronuncia una sílaba dada quiere dar a entender al oyente, ha habido necesidad de inventar una gran cantidad de medios destinados a evitar los errores. Entre estos medios citaremos la asociación de dos sílabas en una sola palabra y la pronunciación de la misma sílaba en cuatro tonos diferentes. Una circunstancia aún más interesante para nuestra comparación es la de que esta lengua no posee gramática. No existe una sola de sus palabras monosilábicas de la que podamos decir si es sustantivo, adjetivo o verbo, ni tampoco recibe ninguna de las modificaciones destinadas a expresar el género, el número, el tiempo y el modo. Se nos muestra, pues, este idioma como reducido a su materia prima, estado muy semejante al que presenta nuestro lenguaje abstracto después de sufrir la disociación a que la elaboración onírica le somete eliminando la expresión de las relaciones. En la lengua china queda abandonada la determinación del sentido, en todos los casos ambiguos, a la inteligencia del oyente, auxiliada por el contexto. Así, he anotado, como ejemplo, un proverbio chino, cuya traducción literal es la siguiente: «Poco que ver, mucho que maravillosos.»

Este proverbio no es difícil de comprender. Puede significar que «cuanto menos cosas se han visto, más ocasiones encuentra uno de maravillarse», o que «hay mucho que admirar para aquel que ha visto poco». Naturalmente, no puede hablarse de una elección entre estas dos traducciones, que sólo gramaticalmente difieren. Sin embargo, se nos asegura que, a pesar de tales indeterminaciones, la lengua china constituye un excelente medio para la expresión del pensamiento. Así, pues, la indeterminación no trae consigo necesariamente la multiplicidad de sentidos.

Cierto es que, por otro lado, debemos reconocer que en lo que concierne al sistema de expresión del sueño, la situación es mucho menos favorable que en el caso de las lenguas y escrituras antiguas, pues éstas se hallan, después de todo, destinadas a servir de instrumento de comunicación; esto es, calculadas para ser comprendidas cualesquiera que sean los medios que a ellos coadyuven, carácter de que el sueño carece en absoluto. El sueño no se propone decir nada a nadie, y lejos de ser un instrumento de comunicación, se halla destinado a permanecer incomprendido. No debemos, pues, asombrarnos ni dejarnos inducir en error, aunque resultara que un gran número de polivalencias e imprecisiones del sueño escapase a toda determinación. El único resultado seguro del paralelo que entre el fenómeno onírico y los idiomas más antiguos hemos llevado a cabo es el de que las indeterminaciones que se han querido utilizar como un argumento contra el acierto de nuestras interpretaciones oníricas son normalmente inherentes a todos los primitivos sistemas de expresión.

El grado de comprensibilidad real del sueño no puede ser determinado sino por la experiencia práctica. A mi juicio, es harto elevado, y los resultados obtenidos por los analíticos que han seguido una buena disciplina confirman en absoluto mi opinión. El público, en general, se complace siempre en oponer un escepticismo despreciativo a las dificultades e incertidumbres de una nueva contribución científica; conducta, a mi entender, injusta. Muchos de vosotros ignoráis quizá que al comenzar a descifrarse las inscripciones babilónicas se produjo uno de estos movimientos de escepticismo. Hubo incluso un tiempo en el que la opinión pública llegó hasta a tachar de bromistas a los descifradores de inscripciones cuneiformes y a calificar de charlatanería todas las investigaciones de este género. Pero, en 1857, la Royal Asiatic Society llevó a cabo una prueba decisiva. Invitó a cuatro de los más eminentes especialistas, Rawlinson, Hincks, Fox Talbot y Oppert, a dirigirle, bajo sobre lacrado, cuatro traducciones independientes de una inscripción cuneiforme que acababa de ser descubierta, y después de haber comparado las cuatro lecturas, pudo declarar que coincidían suficientemente para justificar una absoluta confianza en los resultados anteriormente obtenidos. Las burlas de los profanos fueron entonces extinguiéndose poco a poco, y el desciframiento de los documentos cuneiformes prosiguió efectuándose con una seguridad cada día mayor.

2.º Otra serie de objeciones se basa en la impresión, que también habréis experimentado, de que muchas de las soluciones que nos hallamos obligados a aceptar a consecuencia de nuestras interpretaciones parecen artificiales y traídas por los cabellos, y a veces hasta cómicas y chistosas. Las objeciones de este género son tan frecuentes, que la única dificultad para exponer alguna de ellas es la de elegir. Escogeré, pues, al azar la última que ha llegado hasta mi conocimiento. En la libre Suiza, un director de instituto ha sido recientemente declarado cesante por haberse ocupado del psicoanálisis. Naturalmente, protestó contra esta arbitraria medida, y un periódico de Berna publicó el informe de las autoridades escolares a consecuencia del cual se había decretado la cesantía, informe del que me limitaré a copiar aquí aquello que al psicoanálisis se refiere: «Además, muchos de los ejemplos incluidos en el libro citado del doctor Pfister muestran un carácter rebuscado y artificioso. Es verdaderamente singular que un director del instituto acepte, sin crítica alguna, tales afirmaciones y apariencias de prueba.» Este es el tono del informe que se quiere hacer aceptar como decisión de una serena e imparcial autoridad; pero a mi juicio, es más bien tal imparcialidad la que puede calificarse de mera apariencia artificiosa.

Resulta verdaderamente divertido ver la rapidez y la seguridad con la que algunos sujetos se pronuncian sobre el tan espinoso problema de la psicología de lo inconsciente, fundándose tan sólo en su primera impresión. Pareciendo las interpretaciones rebuscadas y forzadas o simplemente desagradables, se deduce que tienen que ser falsas y que la labor verificada por el psicoanalítico carece de todo valor. Ni un solo minuto acude a su espíritu la idea de que puede haber importantes razones para que las interpretaciones presenten tal apariencia y que, por tanto, puede ser interesante investigar cuáles son dichas razones.

Las afirmaciones a las que más particularmente se contrae la crítica a que nos estamos refiriendo son las relativas a los resultados del desplazamiento, que, como ya sabéis, constituye el factor más poderoso de la censura onírica, la cual lo utiliza para crear aquellas formaciones sustitutivas que hemos descubierto como alusiones. Pero se trata de alusiones difíciles de reconocer como tales, siendo muy difícil llegar hasta su substrato, al cual se enlazan por medio de asociaciones externas en extremo singulares y a veces por completo desusadas. En todos estos casos nos hallamos ante algo que debe permanecer oculto, fin al cual tiende la censura. Ahora bien: cuando sabemos que una cosa ha sido escondida, no debemos esperar encontrarla en el lugar en que normalmente debía hallarse. La policía que actualmente tiene a su cargo la vigilancia de las fronteras es, desde este punto de vista, mucho más inteligente que las autoridades escolares suizas, pues no se contenta con registrar las carteras y los bolsillos de los viajeros sospechosos, sino que supone que los presuntos espías o contrabandistas pueden haberse ocultado el cuerpo del delito en aquellos lugares en que menos puede esperarse hallarlo, por ejemplo, entre las suelas de su calzado. Si los objetos escondidos son descubiertos, se dirá que ha costado trabajo buscarlos, pero no que el registro ha sido infructuoso.

Admitiendo que pueda haber entre un elemento latente del sueño y su sustitución manifiesta las conexiones más lejanas y singulares, y hasta cómicas y aparentemente chistosas, no hacemos sino conformarnos a la experiencia adquirida en un gran número de interpretaciones, cuya solución nos ha sido impuesta por circunstancias objetivas, pues es muy raro que la misma quede abandonada por completo al libre arbitrio del intérprete, el cual, además, sería incapaz de descubrir en algunos casos el enlace que existe entre un elemento latente y su sustitución manifiesta. Pero el sujeto nos proporciona unas veces la traducción completa, merced a una idea que acude directamente a su imaginación a propósito del sueño (cosa muy hacedera para él, puesto que es en su propia persona donde se ha producido dicha formación sustitutiva), y pone otras a nuestra disposición tantos y tan excelentes materiales, que la solución, lejos de exigir una penetración particular, se impone por sí misma. En aquellas ocasiones en que el sujeto no acude en nuestra ayuda por alguno de estos dos medios, el elemento manifiesto dado permanecerá incomprensible para nosotros. Permitidme que os cite un caso que he tenido ocasión de observar recientemente. Una de mis pacientes perdió a su padre mientras se hallaba ella sometida al tratamiento psicoanalítico, y desde este momento aprovecha toda ocasión para evocar en sueños al muerto. En uno de estos sueños se le aparece su padre y le dice: *Son las doce y cuarto, las doce y media, la una menos cuarto,* palabras a propósito de las cuales recordó mi paciente que su padre gustaba de que todos sus hijos acudiesen con gran puntualidad a las horas de comer. Este recuerdo poseía, desde luego, una relación con el elemento del sueño al que se refería, pero no hacía posible formular conclusión alguna sobre el origen del mismo. Mas, por otro lado, los resultados que durante aquellos días rendía el tratamiento permitían deducir que una determinante actitud crítica cuidadosamente reprimida de la paciente con respecto a su amado y venerado padre no era por completo ajena a la producción del sueño. Continuando la evocación de sus recuerdos, en apariencia cada vez más alejados de su sueño, relató la sujeto haber tomado parte la víspera en una conversación sobre Psicología, en la que uno de sus parientes había dicho que «*el hombre primitivo (der urmensch)* alienta aún en todos nosotros». Este recuerdo es el que nos da la buscada clave. La frase de su pariente fue para la señora una excelente ocasión de resucitar a su padre en sueños, transformándole en el *hombre-reloj (Unhrmensch)* y haciéndole anunciar los cuartos de la hora meridiana.

Hay aquí, evidentemente, algo que hace pensar en un juego de palabras, circunstancia que en muchas ocasiones ha hecho que se atribuyan al intérprete tales ingeniosidades, cuyo autor es el propio sujeto del sueño. Existen todavía otros ejemplos en los cuales no resulta nada fácil decidir si nos hallamos en presencia de un chiste o de un sueño. Pero recordaréis que a propósito de algunas equivocaciones orales surgieron en nosotros las mismas dudas. Un individuo cuenta haber soñado que iba en el automóvil de su tío y que éste le daba un beso. Apenas iniciado el análisis, nos da el sujeto mismo la interpretación de su sueño, el cual entraña la idea de «autoerotismo» (término tomado de la teoría de la libido y que significa la satisfacción erótica sin participación de un objeto exterior). ¿Debemos acaso pensar que el sujeto se ha permitido burlarse de nosotros presentándonos como un sueño algo que no constituye sino un juego de palabras perfectamente consciente? A mi juicio, no. Pero si el sueño ha existido realmente, ¿de qué proviene una tan singular semejanza con el juego de palabras? Esta interrogación me ha hecho apartarme ocasionalmente de mis estudios acostumbrados para someter a una minuciosa y penetrante investigación el chiste mismo [1431]. Como resultado de este estudio hemos descubierto que la génesis del chiste es un proceso en el que una serie de ideas preconscientes queda abandonada a la elaboración inconsciente, de la cual surge después en calidad de chiste. Bajo la influencia de lo inconsciente sufre dicha serie de ideas la acción de los mecanismos peculiares de lo inconsciente; esto es, de la condensación y del desplazamiento, procesos cuya actuación hemos comprobado también en la elaboración onírica. A este hecho es al que debemos atribuir exclusivamente la semejanza que en algunos casos encontramos entre el chiste y el sueño. Pero el «chiste onírico» constituye un fenómeno intencionado que, por razones que un detenido estudio del chiste nos ha revelado, no nos proporciona aquella aportación de placer inherente al chiste real. El «chiste onírico» nos parece «malo» y no nos mueve a risa.

Nos aproximamos aquí a la primitiva y clásica interpretación de los sueños, que al lado de gran cantidad de material inutilizable nos ha legado muchas excelentes interpretaciones de un insuperable acierto. Una de éstas es la que de un sueño de Alejandro Magno citan con algunas variantes Plutarco y Atermidoro de Daldis. En la época en que asediaba a la ciudad de Tiro, sin lograr vencer su encarnizada resistencia (322 antes de J. C.), vio el rey en sueños un sátiro danzando. El adivino Aristandro, que formaba parte del cortejo real, interpretó este sueño descomponiendo la palabra *satyros* σα Τνρος (Tiro es tuyo), y creyó, por tanto, poder prometer al rey la toma de la ciudad. A consecuencia de esta interpretación, que a pesar de su artificiosa apariencia era innegablemente

---

[1431] Véase *El chiste y su relación con lo inconsciente,* volumen III de estas *Obras completas. (Nota del T.)*

exacta, decidió Alejandro continuar el sitio, que ya pensaba levantar, y acabó por conquistar la plaza.

3.º Os habrá impresionado, sin duda, averiguar que también personas que en calidad de psicoanalistas se han ocupado durante mucho tiempo de la interpretación onírica han formulado después objeciones contra nuestra concepción de los sueños. Pero lo singular hubiera sido que un tan rico venero de nuevos errores hubiese quedado sin explotar, y de este modo los errores de concepto en que tales psicoanalistas han incurrido y las indebidas generalizaciones que han llevado a cabo han engendrado afirmaciones tan equivocadas como las que se fundan en la concepción médica del sueño. Una de tales afirmaciones os es ya conocida. Se pretende en ella que los sueños constituyen tentativas de adaptación al presente y de ejecución de futuras obligaciones, persiguiendo, por tanto, una «tendencia prospectiva» (A. Maeder). Ya hemos demostrado que esta teoría reposa en una confusión entre el sueño y las ideas latentes del mismo y que, en consecuencia, elimina por completo la elaboración onírica. En tanto en cuanto se propone caracterizar la vida anímica inconsciente, a la que las ideas latentes pertenecen, no es esta teoría ni nueva ni completa, pues la actividad psíquica inconsciente se ocupa de muchas cosas más que de la preparación del porvenir. En otra confusión aún mayor se halla fundada la afirmación de que detrás de cada sueño se esconde la «cláusula de la muerte». No sé exactamente lo que tal fórmula puede significar, pero supongo que se deriva de una confusión entre el sueño y la personalidad total del sujeto.

Como muestra de una injustificada generalización, deducida de unos cuantos casos efectivos, citaré la teoría según la cual todo sueño es susceptible de dos interpretaciones: la psicoanalítica, tal y como en estas lecciones la hemos expuesto, y la denominada anagógica, que hace abstracción de los deseos y tiende a la representación de las funciones psíquicas superiores (H. Silberer). Existen, desde luego, sueños de este género; pero sería inútil que intentaseis extender esta concepción, aunque sólo fuese a una parte de los fenómenos oníricos. Después de todo lo que en estas lecciones habéis oído, os parecerá también inconcebible la afirmación de que todos los sueños son bisexuales y deben ser interpretados en el sentido de una interferencia entre las tendencias masculinas y las femeninas (A. Adler). Existen, naturalmente, algunos sueños aislados de este género, y más tarde veréis que presentan idéntica estructura que determinados síntomas histéricos. Si menciono todos estos descubrimientos de nuevos caracteres generales de los sueños, es para poneros en guardia contra ello o, por lo menos, para no dejaros duda alguna de mi opinión sobre los mismos.

4.º Se ha intentado asimismo atacar el valor objetivo de la investigación onírica alegando que los pacientes sometidos al tratamiento psicoanalítico adaptan sus sueños a las teorías favoritas de sus médicos y que de este modo pretenden unos que en sus sueños dominan las tendencias sexuales, mientras que otros presentan especialmente sueños de ambición o de palingenesia (W. Stekel). Pero esta observación pierde también todo valor en cuanto reflexionamos que los hombres soñaban ya antes de la existencia de un tratamiento psicoanalítico que pudiese guiar sus sueños y que los pacientes sometidos actualmente a dicho tratamiento también solían soñar antes de acudir al médico. Además, lo que en ella hay de verdad es algo natural y lógico que en nada contradice a nuestra teoría de los sueños. En efecto, los restos diurnos que suscitan el sueño proceden de los intereses intensos de la vida despierta.

De este modo, si las palabras y los estímulos del médico adquieren para el analizado una cierta importancia, entrarán a formar parte del círculo de los restos diurnos y podrán, análogamente a los demás intereses afectivos aún no satisfechos del día, proporcionar excitaciones psíquicas para la formación de un sueño y actuar en idéntica forma que las excitaciones somáticas que influyen sobre el durmiente durante el reposo. Al igual de los demás estímulos de los sueños, las ideas despertadas por el médico pueden aparecer en el sueño manifiesto o ser descubiertas en el contenido latente. Por otro lado, sabemos también que es posible provocar los sueños experimentalmente, o dicho con más exactitud, introducir en un sueño una parte de los materiales de que el mismo ha de componerse. En estas influencias ejercidas sobre los pacientes desempeña el análisis un papel idéntico al del hombre de ciencia que emprende un experimento, actuando, por ejemplo, como Mourly-Vold cuando hacía adoptar a los sujetos de sus investigaciones determinadas posturas al ir a entregarse al reposo.

Puede alguna vez sugerirse al sujeto que sueñe *con* algo determinado, pero es imposible actuar sobre *lo* que va a soñar. El mecanismo de la elaboración onírica y el deseo inconsciente del sueño escapan a toda influencia extraña. Ya al examinar los sueños provocados por una excitación somática hubimos de reconocer que la peculiar naturaleza y la autonomía de la vida onírica se revelan en la relación con la que el sueño responde a las excitaciones somáticas y psíquicas que recibe. Vemos, pues, que la objeción de que aquí nos ocupamos y que quisiera poner en duda la objetividad de la investigación onírica se halla también basada en una confusión: la del sueño con sus materiales.

Es esto todo lo que sobre los problemas de la vida onírica me proponía exponeros. Adivináis, sin duda, que he omitido muchas cosas y habréis asimismo advertido que me he visto obligado a interrumpirme muchas veces antes de agotar la materia tratada. Pero estos defectos de mi exposición dependen de las relaciones existentes entre los fenómenos del sueño y las neurosis. Hemos investigado el sueño a título de introducción al estudio de las neurosis, procedimiento, desde luego, mucho más correcto y conveniente que el inverso; pero así como la inteligencia de los sueños prepara para la comprensión de las neurosis, no pueden, a su vez, los primeros revelarnos todos sus secretos sino cuando hemos llegado a adquirir un exacto conocimiento de los fenómenos neuróticos.

Ignoro lo que de todo esto pensaréis; pero puedo aseguraros que no lamento, en ningún modo, haber despertado vuestro interés por los problemas del sueño y haber consagrado a su estudio una parte tan considerable del tiempo de que disponemos, pues no existe ningún otro sector cuyo estudio pueda proporcionar tan rápidamente la convicción de la exactitud de los principios psicoanalíticos. Así, para demostrar que los síntomas de un caso patológico neurótico poseen un sentido, sirven a una intención y se explican por la historia del paciente, son necesarios varios meses y a veces años enteros de asidua y paciente labor. En cambio, el obtener idénticos resultados en un sueño que al principio nos parece confuso e incomprensible es tan sólo cuestión de algunas horas y nos permite alcanzar simultáneamente una confirmación de todas las hipótesis del psicoanálisis sobre la inconsciencia de los procesos psíquicos, los especiales mecanismos a los que tales procesos obedecen y las tendencias que en ellos se manifiestan. Y si a la perfecta analogía que existe entre la formación de un sueño y la de un síntoma neurótico añadimos la rapidez de la transformación que hace del soñador un sujeto despierto y razonable, adquiriremos también la certidumbre de que la neurosis reposa igualmente en una alteración de las relaciones que existen normalmente entre las energías de los diferentes poderes de la vida anímica.

PARTE III

TEORIA GENERAL DE LAS NEUROSIS

1916-7 [1917]

LECCION XVI.   PSICOANALISIS Y PSIQUIATRIA

Señoras y señores:

CONSTITUYE para mí un verdadero placer veros de nuevo en estas aulas y reanudar ante vosotros la serie de lecciones comenzada en el curso pasado. Durante él os expuse la concepción psicoanalítica de los actos fallidos y los sueños, y en el actual quisiera iniciaros en la comprensión de los síntomas neuróticos, que, como no tardaréis en descubrir, poseen, con aquellos otros, numerosos caracteres comunes. Mas, antes de entrar en materia, debo advertiros que al tratar de los fenómenos neuróticos no podré suponeros colocados, con respecto a mí, en la misma actitud que en mis anteriores lecciones. En todas ellas hube, en efecto, de constreñirme a no avanzar un solo paso sin antes ponerme de acuerdo con mi auditorio, y de este modo discutí ampliamente con vosotros, examiné todas aquellas objeciones que podíais presentarme y os consideré como representantes de la «sana razón humana», viendo en vosotros la instancia decisiva. Es ésta una conducta que ahora, y por una sencillísima razón, no puedo seguir observando. Los actos fallidos y los sueños eran fenómenos que todos conocíais, y podíamos admitir que poseíais o podíais llegar a poseer sobre ellos la misma experiencia que yo. Pero el sector de los fenómenos neuróticos os es ajeno; no siendo médicos, la primera y única fuente de conocimiento de que por el momento disponéis será la exposición que aquí me propongo desarrollar, y a ella habréis de ateneros sin que siquiera os sea dado criticarla, pues todo juicio, por acertado que parezca, carece de validez cuando recae sobre una materia que no se domina a fondo.

No creáis, sin embargo, que quiera dar a estas conferencias un tono dogmático ni que intente exigiros una incondicional adhesión. Nada de eso; lejos de querer imponeros convicción alguna, me bastará con estimular vuestro pensamiento y desvanecer algunos prejuicios. Por el momento, y dado que vuestra carencia de preparación no os permite someter a juicio alguno mis afirmaciones, no podréis admitirlas desde luego, pero tampoco os será lícito rechazarlas de plano. Habréis, pues, de limitaros a escucharme atentamente, dejando que aquello que voy a exponeros actúe sobre vuestra inteligencia.

No es nada fácil llegar a una convicción determinada, y sucede muchas veces que aquellas convicciones que adquirimos sin esfuerzo se nos muestren luego desprovistas de todo valor y consistencia. Sólo el que, como yo, ha dedicado años enteros de paciente labor a una determinada materia y ha obtenido en su investigación, repetidamente, los mismos nuevos y sorprendentes resultados, tendrá el derecho de poseer una convicción sobre el objeto de su estudio. En el terreno intelectual, las convicciones rápidas, las conversaciones instantáneas y las negociaciones impulsivas, no tienen razón alguna de ser. El «flechazo» o enamoramiento fulminante es algo que cae por completo fuera de los dominios científicos.

Considerándolo así, no exigimos nunca de nuestros pacientes una adhesión convencida a las teorías psicoanalíticas. Por el contrario, una tal adhesión nos los hace, más bien, sospechosos, y de este modo, la actitud que preferimos verles adoptar es la de un benévolo escepticismo. Así, pues, he de aconsejaros que dejéis madurar lentamente en vosotros la concepción psicoanalítica al lado de la vulgar o psicológica, hasta el momento en que se presente ocasión de que una y otra pueden entrar en relación, valorándose mutuamente y asociándose para dar origen a una concepción definitiva.

Por otra parte, os equivocaríais considerando la concepción psicoanalítica que aquí voy exponiéndoos como un sistema especulativo, pues se trata, en primer lugar, de una viva experiencia, fruto de la observación directa, y luego, de la elaboración reflexiva de los resultados de la misma. Sólo los futuros progresos de la ciencia podrán decirnos con seguridad si tal elaboración ha sido suficiente y acertada; mas lo que sí puedo hacer constar desde ahora es que las observaciones en que se basa reposan, a su vez, en una intensa y profunda labor de cerca de veinticinco años alcanzada a bien avanzada edad [sesenta años].

Es, sin embargo, esta última circunstancia la que parecen ignorar o no querer tener en cuenta nuestros adversarios, los cuales suelen prescindir por completo de este origen de nuestras afirmaciones y juzgarlas como si se tratase de algo meramente subjetivo a lo que fuese lícito oponer diferentes opiniones personales no basadas en una labor de investigación equivalente. Esta actitud, que me ha parecido siempre un tanto incomprensible, depende quizá de que los médicos no acostumbran prestar la necesaria atención a sus pacientes neuróticos, y haciendo caso omiso de sus manifestaciones, se privan de una importantísima fuente de conocimiento. Pero he de advertiros que en las lecciones que hoy iniciamos me propongo con toda firmeza no entrar en discusión polémica alguna. No creo en la verdad de aquella máxima que pretende que de la discusión nace la luz, máxima que me parece ser un producto de la sofística griega y pecar, como ella, por la atribución de un exagerado valor a la dialéctica.

Por lo que a mí respecta, estimo que lo que denominamos polémica científica es algo por completo estéril y tiende siempre a revestir su carácter personal. Hasta hace algunos años podía vanagloriarme de no haber entablado en toda mi vida sino una sola discusión con un hombre de ciencia (Löwenfeld, de Munich), discusión cuyo resultado fue el de convenir nuestro antagonismo en una firme voluntad que dura todavía. Mas como no siempre se puede estar seguro de un tan agradable desenlace, no he querido, durante mucho tiempo, volver a discutir con nadie.

Juzgaréis quizá que semejante repugnancia a toda polémica es testimonio de una impotencia para rebatir las objeciones que se nos oponen o de una extrema obstinación. Mas habréis de reconocer que cuando, después de una improba labor, se ha llegado a adquirir una convicción determinada, está más que justificada una enérgica resistencia a abandonarla. Sin embargo, he de hacer constar que en más de una ocasión he rectificado mis opiniones sobre importantes extremos de mis teorías o las he reemplazado por otras que mi labor de investigación me demostraba más acertadas, y claro es que en todos y cada uno de estos casos he hecho inmediatamente públicos tales cambios de actitud. Mas lo curioso es que un tan sincero proceder me ha sido, en general, adverso. Muchos de mis contradictores han pasado por alto estas modificaciones, y hay todavía quienes critican en mi obra puntos de vista abandonados por mí hace ya mucho tiempo.

En cambio, me reprochan otros el haberme rectificado, tomándolo como un signo de versatilidad y alegando que aquel que ha modificado ya una vez sus opiniones no merece confianza ninguna, pues nada asegura que sus últimas afirmaciones no han de ser también equivocadas. Por otro lado, aquellos que mantienen invariablemente una conclusión determinada son tachados de ciega obstinación. Ante este contradictorio proceder de la crítica, la mejor solución es hacer caso omiso de ella y no dejarnos guiar sino por nuestros propios juicios. Así, pues, nada ha de impedirme en lo sucesivo modificar y corregir mis opiniones conforme a los progresos de mi experiencia. De todos modos, debo advertiros que en lo fundamental de mis teorías no he hallado aún, ni espero hallar en lo futuro, nada que rectificar.

En esta nueva serie de conferencias me propongo exponer, como ya antes hube de anunciaros, la concepción psicoanalítica de los fenómenos neuróticos. Esta exposición puede enlazarse sin dificultad alguna a la que en el curso anterior efectuamos de los actos fallidos y los sueños, y, por tanto, elegiré como punto de partida un acto sintomático que he visto realizar a muchas de las personas que acuden a mi consulta. Aquellos sujetos que visitan al médico con la única intención de desahogarse, relatándoles en un cuarto de hora todas las miserias de su vida, más o menos larga, pero sin propósito de someterse a tratamiento curativo alguno, no interesan al psicoanalista, el cual tampoco puede desembarazarse, en conciencia, de tales enfermos —como lo hacen otros médicos menos profundamente conocedores de estas cuestiones— diciéndoles que están perfectamente y recetándoles una ligera cura hidroterápica. Así, uno de nuestros colegas, al que se preguntó qué hacía con los pacientes de este género que acudían a su consulta, respondió, encogiéndose de hombros, que les imponía una multa de un determinado número de coronas. No es, por tanto, de extrañar que la consulta de un psicoanalista, aun del de mayor clientela, sea, en general, poco visitada. A pesar de esto, yo he hecho colocar una doble puerta entre mi sala de espera y mi gabinete de consulta, precaución cuyo objeto no es difícil de adivinar. Pues bien: sucede muchas veces que los clientes que hago pasar de la primera a la segunda de estas habitaciones olvidan cerrar tras ellos las dos puertas. En cuanto lo advierto, y cualquiera que sea la calidad social de la persona, no dejo nunca de hacerle observar, con enfado, su negligencia y rogarle que la repare. Me diréis que esto constituye una pedantería llevada al exceso, tanto más cuanto que en ocasiones se trata de enfermos nerviosos que repugnan tocar los picaportes y dejan gustosos, a los que los acompañan, el cuidado de abrir y cerrar las puertas. Pero en la mayor parte de estos casos mi severa actitud tiene perfecta justificación, pues aquellos que dejan abiertas las puertas al entrar en el gabinete del médico son gente mal educada que no merece ser acogida con amabilidad. No vayáis a creer que se trata de un absurdo prejuicio mío, y dejad que os explique el porqué de mi afirmación. Los clientes no cometen esta falta más que cuando se hallan solos en la sala de espera y no dejan a nadie en ella al pasar a un gabinete, pues en el caso contrario comprenden muy bien que su propio interés es evitar que otras personas escuchen su conversación con el médico y no olvidan nunca cerrar cuidadosamente ambas puertas.

Vemos, por tanto, que esta negligencia de los pacientes, lejos de ser accidental, se halla perfectamente determinada y no carece de sentido ni de importancia, pues revela su actitud con respecto al médico. Aquellos que olvidan cerrar las puertas tras de sí, al entrar en el gabinete de consulta, son pacientes para los cuales la mejor garantía es el renombre mundano de que el médico goce, y quieren ser deslumbrados por el lujo de su instalación y lo concurrido de su consulta. Probablemente han telefoneado con anterioridad preguntando a qué hora pueden ser recibidos, e imaginan hallar ante la puerta una larga cola de clientes. De este modo, cuando entran en la sala de espera y la ven vacía y, además, muy modestamente amueblada, quedan tan defraudados, que pierden en el acto todo respeto hacia el médico... y dejan abiertas las puertas tras de sí, como queriendo decirle: «Para qué cerrar, si no hay nadie en la sala de espera ni es probable que nadie entre en ella mientras yo esté en el gabinete de consulta.» En un tal estado de ánimo llegarían estos pacientes a dar prueba de una absoluta incorrección, durante la visita, si el médico no tuviera la precaución de imponerse a ellos duramente desde las primeras palabras.

El análisis de este pequeño acto sintomático no os enseña nada que ya no sepáis, o sea que el mismo no es accidental, que posee un móvil, un sentido y una intención, y que forma parte de un conjunto psíquico definido, constituyendo un indicio de un importante estado de alma. Pero lo más importante es que se trata de un proceso ajeno por completo a la conciencia del actor, pues ni uno solo de los pacientes que dejan las dos puertas abiertas confesaría haber querido testimoniarme su desprecio por medio de una negligencia. Es muy probable que más de uno conviniera en haber experimentado un sentimiento de decepción al entrar en la sala de espera; pero la conexión entre esta impresión y el acto sintomático subsiguiente escapa siempre a la conciencia del sujeto.

Voy ahora a hacer un paralelo entre este pequeño acto sintomático y una observación clínica. Para ello escogeré un caso que he tenido ocasión de tratar recientemente, y que se presta a una breve exposición dentro de la amplitud exigida por toda comunicación de este género.

Un joven oficial del ejército aprovechó una licencia para venir a mi casa y encargarme de someter a tratamiento a su suegra, la cual, a pesar de vivir en condiciones felicísimas, envenenaba su existencia y la de todos los suyos con una absurda obsesión. Cuando la enferma acudió a mi consulta, vi que se trataba de una señora de cincuenta y tres años, muy bien conservada, amable y sencilla. Sin hacerse rogar me relató la historia siguiente: Vive en el campo con su marido, director de una gran fábrica. Su vida conyugal ha sido felicísima, y nunca ha tenido nada que reprochar a su esposo, que la colma de cariñosas atenciones. Se casaron por amor hace treinta años, y desde el día de la boda ni una sola discordia ni un solo motivo de celos han venido a perturbar la paz del matrimonio. Sus dos hijos se han casado a completa satisfacción de todos, y su marido, queriendo cumplir hasta el fin sus deberes de padre de familia, no ha consentido todavía en retirarse de los negocios. Pero hace un año se produjo un hecho incomprensible, que ella misma no acierta a explicarse. Habiendo recibido una carta anónima que acusaba a su marido de mantener relaciones amorosas con una joven, un incoercible impulso interior la llevó a prestar fe a aquella calumnia, y desde que recibió el anónimo ha visto desvanecerse toda su apacible felicidad. Las circunstancias que rodearon la recepción de la calumniosa denuncia fueron las siguientes: Una criada, a la que la señora de que tratamos admitía con exceso en su intimidad, perseguía con un odio feroz a otra joven que, siendo de igual modestísimo nacimiento, había logrado crearse una posición mucho mejor, pues en lugar de entrar a servir había obtenido, tras de una rápida preparación comercial, un empleo en la fábrica. Poco después, cuando la guerra obligó a incorporarse a filas a la mayor parte del personal masculino, llegó la joven a ocupar un puesto de importancia, adquiriendo derecho a habitar en las dependencias de la fábrica y siendo tratada con toda clase de consideraciones por los jefes de la misma. Esta elevación de su antigua compañera despertó en la criada una tremenda envidia. Así las cosas, le habló un día su señora de un individuo, ya de cierta edad, al que habían invitado recientemente a comer y del que se sabía que se hallaba separado de su mujer y vivía con una querida. Nuestra enferma, sin saber a punto fijo por qué, dijo entonces a su criada que para ella no habría desgracia más terrible que averiguar que su marido la engañaba..., y al siguiente día recibió por correo la carta anónima, en que con letra contrahecha se le anunciaba la fatal noticia. La señora sospechó en el acto que el anónimo era obra de su perversa criada, pues la persona a la que en él se denunciaba como querida del marido no era otra que la joven emplea- da a la que aquélla odiaba. Pero aunque la señora adivinó en seguida la intriga y poseía bastante experiencia para saber cuán poca confianza merecen tales cobardes delaciones, no por ello dejó de experimentar una profunda impresión. Sufrió una terrible crisis de excitación y envió a buscar a su marido, al que dirigió los más amargos reproches. El marido rechazó con toda calma la acusación e hizo lo mejor que en estos casos puede hacerse. Avisó al médico de la familia y de la fábrica, y entre todos intentaron calmar a la infeliz señora. La actitud ulterior del matrimonio fue de una gran sensatez. La criada quedó despedida, y la pre- sunta querida continuó en su puesto. Nuestra enferma pretende desde entonces haber recobrado por completo su tranquilidad y no creer ya en la verdad de la anónima denuncia; pero esta calma no es ni profunda ni duradera, pues le basta encontrar en la calle a la joven calumniada u oír pronunciar su nombre para ser presa de una nueva e intensa crisis de excitación.

Tal es el historial de esta buena señora. No era necesario poseer una gran experiencia psiquiátrica para comprender que, al contrario de otros enfermos nerviosos, se hallaba más bien inclinada a atenuar su caso o, como solemos decir los neurólogos, a disimular, aunque sin conseguir jamás desvanecer su creencia en la acusación formulada en el anónimo.

¿Qué actitud será la del psiquíatra ante un caso de este género? Podemos suponer la que adoptaría con respecto al acto sintomático de aquellos pacientes que dejan abierta tras de sí las puertas de la sala de espera, pues sabemos que en dicho acto no vería sino un accidente desprovisto de todo interés psicológico. Pero esta actitud es insostenible ante un caso de celos morbosos. El acto sinto- mático puede parecernos indiferente; mas el síntoma se nos impone siempre como un fenómeno importante y de innegable trascendencia, tanto desde el punto de vista subjetivo como desde el objetivo. Así, en el caso que nos ocupa, no sólo trae consigo intensos sufrimientos para el paciente, sino que amenaza destruir la felicidad de una familia. No será, pues, posible para el psiquíatra prescindir de dedicarle todo su interés, y conforme a los métodos usuales, inten- tará, en primer lugar, caracterizarlo por una de sus propiedades esenciales. No puede decirse que la idea que atormenta a la enferma sea absurda en sí misma. Es muy frecuente, en efecto, que hombres casados y ya de edad madura sostengan una querida joven. Pero lo que sí es absurdo es su credulidad, no teniendo, como no tiene, fuera de las afirmaciones del anónimo, motivo alguno para dudar de la fidelidad de su cariñoso marido. Sabe también que la anónima denuncia no me- rece confianza alguna, y posee clarísimos indicios de que no se trata sino de una vengativa calumnia. Dadas todas estas circunstancias, debería decirse que sus celos carecen de todo fundamento, y, en efecto, lo piensa así; pero, a pesar de ello, continúa sufriendo como si poseyese pruebas irrefutables de la traición de su marido. La Psiquiatría ha convenido en calificar de delirios las ideas de este género, refractarias a los argumentos lógicos y extraídos de la más inmediata realidad. Así, pues, la buena señora sufre de *celos delirantes*, constituyendo ésa la característica esencial de su caso patológico.

Tras de esta primera conclusión aumenta nuestro interés psiquiátrico. Si un delirio resiste a las pruebas extraídas de la realidad, ello debe de obedecer a que su origen es totalmente ajeno a la misma. Mas entonces, ¿cuál podrá ser su procedencia? Y siendo muy variable el contenido de los delirios, ¿por qué, en nuestro caso, se halla constituido precisamente por celos? Por último, ¿en qué persona se desarrollan tales delirios, y con especialidad el delirio de celos? Mucho nos agradaría saber lo que de todo esto piensa el psiquiatra; pero nuestra curiosidad queda por completo defraudada. De todas las interrogaciones que sobre este caso nos hemos planteado, sólo una le interesa. Investigará los antecedentes familiares del sujeto y nos dará *quizá* la respuesta de que los delirios se producen en aquellas personas que acusan, en sus antecedentes hereditarios, análogos trastornos u otro género cualquiera de perturbaciones psíquicas, cosa que equivale a decir que si el sujeto ha desarrollado una idea delirante, es porque poseía una predisposición hereditaria a tal enfermedad. Esta respuesta es, sin duda, interesante; pero no satisface todos nuestros deseos ni agota tampoco la motivación del presente caso patológico. No creemos poder admitir que el hecho de aparecer el delirio de celos, en lugar de otro cualquiera de distinto contenido, sea indiferente, arbitrario e inexplicable, ni tampoco que interpretando en sentido negativo el principio de la omnipotencia de las leyes hereditarias, se llegue a concluir que desde el momento en que un alma se halla predispuesta a ser presa de un delirio carecen de toda importancia los sucesos susceptibles de actuar sobre ella. Extrañaréis, sin duda, que la Psiquiatría científica rehúse proporcionarnos más informaciones sobre estas materias; pero habéis de tener en cuenta que aquel que da más de lo que tiene no es un hombre honrado, y que el psiquiatra no posee medio alguno de penetrar más profundamente en la interpretación de los casos de este género, hallándose, por tanto, obligado a limitarse a formular el diagnóstico y a establecer, a pesar de su copiosa experiencia, un pronóstico muy incierto sobre la marcha ulterior de la enfermedad.

Pero, ¿acaso puede el psicoanálisis proporcionarnos una más amplia explicación? Ciertamente, y espero poder demostraros que incluso en un caso tan difícilmente accesible como el que nos ocupa es nuestra disciplina capaz de descubrir datos susceptibles de hacernos llegar a su inteligencia. Recordad, ante todo, el hecho, insignificante en apariencia, de que, en realidad, ha sido la misma paciente la que ha provocado la redacción del anónimo, punto de partida de su delirio, pues advirtió el día antes a la joven intrigante que su mayor desgracia sería saber que su marido tenía una querida. Diciendo esto, hizo surgir, indudablemente, por vez primera en la imaginación de la criada la idea del anónimo. El delirio se hace así, hasta cierto punto, independiente de la carta, y ha debido existir anteriormente en la enferma a título de temor o quizá de deseo. Añadid a esto los siguientes pequeños indicios que nos fue dado descubrir después de dos horas de análisis: la paciente se encontraba muy poco dispuesta a obedecer cuando al terminar el relato de su historia le rogué que me participase otras ideas y recuerdos que pudieran hallarse relacionados con ella. Pretendía no tener nada más que decir, y al cabo de dos horas hubo necesidad de poner fin al análisis, puesto que la paciente declaraba sentirse completamente bien y estar segura de haberse desembarazado para siempre de su patológica idea, declaración que le fue dictada, indudablemente, por el temor de verme proseguir el análisis. Sin embargo, durante dichas dos horas hubo de dejar escapar algunas observaciones que autorizaban y hasta imponían una determinada interpretación, mediante la cual quedaba claramente definida la génesis de su idea delirante. La paciente escondía un intenso amor hacia un joven —aquel su yerno a cuya instancia había acudido a mi consulta—; pero no se daba perfecta cuenta de este sentimiento, pues, además de que apenas era consciente en ella, los lazos de parentesco que la unían al amado hicieron que su pasión amorosa no encontrase grandes dificultades para revestir el disfraz de una lícita ternura familiar. Dada la experiencia que sobre las situaciones de este género hemos adquirido en la práctica psicoanalítica, podemos penetrar sin dificultad en la vida psíquica de esta honrada mujer y excelente madre de familia.

El amor que su yerno le había inspirado era demasiado monstruoso e imposible para poder abrirse camino hasta su conciencia; pero manteniéndose en estado inconsciente, ejercía sobre su vida psíquica una intensa presión. Necesitaba, pues, hallar un exutorio, y lo encontró, en efecto, utilizando el mecanismo de desplazamiento, proceso que participa siempre en la génesis de los celos delirantes. Si su marido incurriese a su vez en la gravísima falta de enamorarse de alguien mucho más joven que él, se vería ella libre del remordimiento y de su infidelidad. Esta idea fija era para la señora como un bálsamo calmante aplicado sobre una ardiente llaga. Su propia pasión no había llegado a abrirse paso hasta su conciencia; pero, en cambio, el desplazamiento de la misma sobre su marido, proceso que tan gran alivio le proporcionaba, sí llegó a hacerse consciente, e incluso en una forma obsesiva y delirante. De este modo, todos los argumentos que contra la idea fija pudieron oponerse tenían que ser necesariamente baldíos, pues no se dirigían contra el verdadero estado de cosas, sino contra su imagen refleja, a la cual comunicaba aquél toda su energía, permaneciendo oculto e inatacable en lo inconsciente.

Recapitulemos los datos que hemos podido obtener por medio de este breve y difícil esfuerzo psicoanalítico y que nos permitirán quizá llegar a la comprensión del caso patológico que hubo de motivarlo, suponiendo, naturalmente, que hayamos procedido con acierto en su análisis, cosa de la que no podéis vosotros ser jueces. Primer dato: el delirio no es ya algo absurdo e incomprensible, sino que presenta un sentido y se halla bien motivado, formando parte de un suceso afectivo sobrevenido en la vida del paciente. Segundo dato: esta idea delirante corresponde a la necesaria reacción a un proceso psíquico inconsciente que determinados indicios nos han hecho posible descubrir, y debe precisamente a una tal conexión con dicho proceso su carácter delirante y su resistencia a todos los argumentos proporcionados por la lógica y la realidad, llegando incluso a constituir algo deseado por el sujeto, como una especie de consuelo y alivio. Tercer dato: si la víspera de recibir el anónimo hizo la señora a su criada la confidencia que ya conocéis, es incontestable que la impulsó a ello el secreto sentimiento que hacia su yerno alimentaba, sentimiento que forma algo como el segundo término de su enfermedad. Vemos, por tanto, que este caso presenta, con el acto sintomático anteriormente analizado, importantes analogías en lo que se refiere al esclarecimiento del sentido o intención y a las relaciones con un inconsciente daño en la situación.

Claro es que con eso no hemos resuelto todas las interrogaciones que podemos plantearnos a propósito de este caso, pues son muchos los problemas que entraña. Algunos de ellos no tienen aún solución posible, y otros no han podido ser resueltos por las circunstancias harto desfavorables en que el análisis hubo de realizarse. Así, podemos preguntarnos todavía por qué una mujer tan feliz en su matrimonio llega a enamorarse de su yerno y por qué el exutorio necesario a este sentimiento reprimido toma, en lugar de otra forma cualquiera, la de un reflejo o una proyección de su propio estado sobre su marido. Contra lo que pudiéramos creer, no son estas interrogaciones ociosas y arbitrarias, e incluso poseemos ya algunos datos que hacen posible una respuesta. En primer lugar, nuestra enferma se encuentra en la edad crítica, la cual trae consigo una súbita e indeseada exaltación de la necesidad sexual. Este hecho podría, en rigor, bastar para explicar todo el resto. Pero también es posible que el excelente y fiel marido no se hallase ya desde hace algunos años en posesión de una potencia sexual proporcionada a las necesidades de su mujer, mejor conservada. Sabemos por experiencia que estos maridos, cuya fidelidad no tiene necesidad de ninguna otra explicación, se distinguen precisamente por el tierno cariño que muestran a sus mujeres y por una indulgencia poco común con respecto a los trastornos nerviosos de las mismas. Por último, puede también no ser indiferente que el amor patológico de esta señora haya venido a recaer precisamente sobre el joven marido de su hija. Una intensa pasión erótica de una madre hacia su hija, sentimiento que podría reducirse, en último análisis, a la constitución sexual de la primera, halla a veces en tales transformaciones el medio de continuar subsistiendo. A este propósito habré de recordaros que las relaciones eróticas entre suegra y yerno han sido siempre consideradas como particularmente abyectas y eran objeto en los pueblos primitivos de un rigurosísimo *tabú* [1432]. Mas a pesar de esto, suelen superar, manifestándose ora en sentido positivo, ora en el negativo, la medida socialmente deseable. No habiendo conseguido realizar un completo análisis de este caso, no puedo indicaros ahora cuál de los factores antes detallados intervino en la génesis del mismo, ni tampoco si actuaron dos de ellos o todos tres conjuntamente.

Advierto en este instante que estoy hablándoos de algo para cuya comprensión no os halláis preparados. Mas si lo he hecho así ha sido con objeto de establecer un paralelo entre la Psiquiatría y el psicoanálisis. Y ahora os pregunto: ¿Habéis observado que exista una contradicción entre ambos? La Psiquiatría no aplica los métodos técnicos del psicoanálisis ni intenta enlazar algo a la idea delirante, satisfaciéndose con mostrarnos en la herencia un factor etiológico general y lejano, en lugar de dedicarse a la investigación de causas más especiales y próximas. Pero, ¿acaso constituye esto una contradicción? Nada de eso; por el contrario, el psicoanálisis y la Psiquiatría se completan uno a otra, hallándose en una relación semejante a la que existe entre el factor hereditario y el suceso psíquico, los cuales, lejos de excluirse, recíprocamente colaboran del modo más eficaz a la obtención del mismo resultado. Me concederéis, por tanto, que en la

---

[1432] Véase *Totem y tabú.* (Volumen V de esta edición.)

naturaleza de la labor psiquiátrica no hay nada que pueda servir de argumento contra la investigación psicoanalítica. Es el psiquíatra y no la Psiquiatría lo que se opone al psicoanálisis, el cual es a aquélla, aproximadamente, lo que la Histología es a la Anatomía, ciencias de las cuales estudia una las formas exteriores de los órganos y la otra los tejidos y las células de que los mismos se componen. Una contradicción entre estos dos órdenes de estudios, continuación uno del otro, es inconcebible. La Anatomía constituye hoy la base de la Medicina científica, pero hubo un tiempo en el que la disección de cadáveres humanos, practicada con el fin de estudiar la estructura interna del cuerpo, se hallaba prohibida, del mismo modo que hoy en día se juzga casi condenable dedicarse al psicoanálisis para investigar el funcionamiento íntimo de la vida psíquica. Todo nos lleva, sin embargo, a creer que no puede tardar ya en imponerse la convicción de que una psiquiatría verdaderamente científica ha de poseer un profundo conocimiento de los misteriosos procesos inconscientes que se desarrollan en nuestro psiquismo.

Nuestra disciplina psicoanalítica, tan combatida, posee quizá entre vosotros algunos partidarios que verían con gusto su consagración como método terapéutico, y sabiendo que los medios psiquiátricos de que hasta ahora disponemos no tienen acción ninguna sobre las ideas fijas, esperan que el psicoanálisis, al que es conocido el mecanismo de los síntomas a ellas correspondientes, será quizá más afortunado. Pues bien: desgraciadamente, no es así, y su impotencia actual ante estas afecciones es idéntica a la del resto de los métodos terapéuticos. Merced al psicoanálisis, llegamos a descubrir lo que en la vida psíquica del enfermo se ha desarrollado; pero no poseemos medio alguno de hacérselo comprender al enfermo mismo.

Ya os advertí que en el caso de que en esta primera lección nos hemos ocupado me fue imposible llevar el análisis más allá de los primeros estratos. Pero, ¿puede acaso hacerse de esta circunstancia un argumento para afirmar que en tales casos debe abandonarse todo análisis como totalmente estéril? A mi juicio, no. Tenemos el derecho, e incluso el deber, de proseguir estas investigaciones, sin preocuparnos de su utilidad inmediata. Al llegar a su término, por ahora indeterminable, todos aquellos conocimientos que hayamos logrado adquirir en nuestro camino, por mínimos que parezcan, se encontrarán transformados en poder terapéutico. Por otro lado, aunque ante otras afecciones nerviosas y psíquicas demostrara el psicoanálisis una igual impotencia que con respecto a las ideas delirantes, no por ello dejaría de hallarse perfectamente justificado como medio insustituible de investigación científica.

Por si tal impotencia existiera en realidad, tampoco podría practicarse nuestra disciplina como método investigatorio, pues los sujetos humanos que constituyen nuestro material de estudio se hallan dotados de voluntad propia, y para prestarse a ayudarnos tienen necesidad de motivos personales que a ello los impulsen. En caso contrario, nos rehusarán siempre su colaboración. Por tanto, he de hacer constar, como término de esta primera lección, que existen amplios grupos de perturbaciones nerviosas cuya comprensión resulta fácilmente transformable en poder terapéutico, y que en estas afecciones, difícilmente accesibles por otros caminos, logra el psicoanálisis obtener resultados nada inferiores a aquellos que se obtienen en cualquier otra rama de la terapia interna.

LECCION XVII. EL SENTIDO DE LOS SINTOMAS

Señoras y señores:

E<small>N</small> la lección que antecede hube de exponeros cómo la Psiquiatría clínica prescinde de la forma aparente y del contenido de los síntomas, mientras que, en cambio, el psicoanálisis dedica atención principal a ambos elementos, y ha sido de este modo el primero en establecer que todo síntoma posee un sentido y se halla estrechamente enlazado a la vida psíquica del enfermo.

El sentido de los síntomas neuróticos fue descubierto por el doctor J. Breuer mediante el estudio y la acertadísima derivación de un caso de histeria (1880-1882), que se ha hecho célebre en los fastos de la Medicina. Cierto es que P. Janet realizó, independientemente de Breuer, idéntico descubrimiento, y que incluso le pertenece la prioridad de publicación, pues Breuer no comunicó sus observaciones sino diez años más tarde (1893-95), en la época de su colaboración conmigo; pero, en último término, es indiferente establecer a cuál de los dos corresponde la prioridad en el hallazgo. En todo descubrimiento suele participar, generalmente, más de una persona, y no siempre el éxito acompaña a quien realmente debiera. Así, América no ha recibido su nombre de Colón, su verdadero descucubridor. Además, si a eso fuéramos, habríamos de hacer constar que antes que Breuer y Janet formuló ya el gran psiquiatra Leuret la opinión de que si supiéramos traducir los delirios de los alienados, encontraríamos que poseían un sentido. Por mi parte, confieso que durante mucho tiempo he estado dispuesto a atribuir a Janet los mayores merecimientos en la explicación de los síntomas neuróticos, por concebirlos como manifestaciones de «ideas inconscientes» que dominarían a los enfermos. Pero más tarde se ha expresado sobre este punto con tan exageradas reservas, que parece haber querido dar a entender que lo inconsciente no era para él sino un concepto auxiliar sin realidad alguna efectiva *une façon de parler;* inútil rectificación que le ha perjudicado extraordinariamente, aminorando en gran manera sus méritos científicos. Personalmente, puedo decir que desde ella me resultan incomprensibles las restantes deducciones de este autor.

Así, pues, los síntomas neuróticos poseen —como los actos fallidos y los sueños— un sentido propio y una íntima relación con la vida de las personas en las que surgen. Por medio de algunos ejemplos espero facilitaros la comprensión de este importante punto de vista, cuya general efectividad no puede, como es natural, ser objeto en estas lecciones de una prueba total. Pero aquellos que quieran convencerse de la verdad de mi afirmación sobre el sentido inherente a todo síntoma no tienen sino realizar por sí mismos una cantidad suficiente de observaciones directas. Por determinadas razones, los ejemplos que a continuación voy a exponeros no están tomados de la histeria, sino de otra neurosis harto singular y en el fondo muy análoga, sobre la cual habré de deciros previamente algunas palabras a título de introducción.

Esta neurosis, a la que denominamos *neurosis obsesiva,* no es tan generalmente conocida como la histeria, pues se comporta mucho más discretamente, renunciando casi por completo a todo género de manifestaciones somáticas y concentrando todos los síntomas en el dominio psíquico. La neurosis obsesiva y la histeria han sido, entre todas las formas de la enfermedad neurótica, aquellas cuyo estudio ha constituido la primera base del psicoanálisis, y cuyo tratamiento ha proporcionado y proporciona a nuestra terapia sus mayores éxitos. Especialmente, la primera de dichas perturbaciones, que no presenta aquella misteriosa extensión de lo psíquico a lo somático, característica de la histeria, ha sido objeto, por parte de nuestra disciplina, de un más completo esclarecimiento, demostrándose que presenta con mucha mayor precisión determinados caracteres de las enfermedades neuróticas.

Los enfermos de neurosis obsesiva muestran, generalmente, las siguientes manifestaciones: experimentan impulsos extraños a su personalidad; se ven obligados a realizar actos cuya ejecución no les proporciona placer ninguno, pero a los cuales no pueden sustraerse, y su pensamiento se halla invariablemente fijo a ideas ajenas a su interés normal. Tales ideas (representaciones obsesivas) pueden carecer por sí mismas de todo sentido o ser tan sólo indiferentes para el individuo al que se imponen; pero lo más frecuente es que sean totalmente absurdas. De todos modos, y cualquiera que sea el carácter que presenten, constituyen siempre el punto de partida de una intensa actividad intelectual que agota al enfermo, el cual se ve constreñido, contra todo el torrente de su voluntad, a cavilar incesantemente en derredor de tales ideas, como si se tratase de sus asuntos personales más importantes. Los impulsos que el enfermo experimenta pueden presentar también, en ocasiones, un carácter infantil y desatinado, pero la mayor parte de las veces poseen un contenido temeroso, sintiéndose el enfermo incitado a cometer graves crímenes, de los que huye horrorizado, defendiéndose contra la tentación por medio de toda clase de prohibiciones, renunciamientos y limitaciones de su libertad.

Conviene hacer constar que tales crímenes y malas acciones no llegan jamás a ser siquiera iniciados, pues la fuga y la prudencia acaban siempre por imponerse. Los actos que el enfermo lleva realmente a cabo, esto es, los actos obsesivos, son siempre inocentes e insignificantes, consistiendo de ordinario, en repeticiones u ornamentaciones ceremoniosas de los actos más corrientes de la vida cotidiana.

Resulta de este modo que los actos más necesarios, tales como los de acostarse, lavarse, vestirse o salir de paseo, se convierten en problemas complicadísimos, apenas solubles.

Las representaciones, impulsos y actos patológicos no aparecen mezclados en idéntica proporción en cada forma y caso de neurosis obsesiva, pues casi siempre es uno solo de estos factores el que domina en el cuadro sintomático y caracteriza a la enfermedad; pero todas las formas y todos los casos tienen innegables rasgos comunes.

Trátase, ciertamente, de una singular dolencia. La fantasía más extravagante de un psiquíatra no hubiera conseguido nunca imaginar nada semejante, y si no tuviéramos ocasión de ver continuamente casos de este género, no creeríamos en su existencia. No supongáis, sin embargo, contribuir al alivio del enfermo aconsejándole que se distraiga, deseche sus ideas absurdas y piense, en su lugar, en algo razonable. El enfermo mismo quisiera hacer aquello que le aconsejáis, pues presenta una perfecta lucidez, comparte vuestra opinión sobre sus síntomas obsesivos e incluso la formula espontáneamente antes que vosotros; pero nada le es posible hacer para mejorar su estado. Aquellos actos que la neurosis obsesiva impone al paciente se hallan sostenidos por una energía para la cual no encontramos comparación ninguna en la vida normal. El enfermo no puede hacer otra cosa que desplazar o sustituir su obsesión, reemplazando una idea absurda por otra que quizá lo es menos, cambiando de precauciones y prohibiciones o variando de ceremonial. Puede desplazarse la coerción, pero no suprimirla.

Esta capacidad de desplazamiento de los síntomas, desde su forma primitiva a otra muy alejada y diferente, constituye uno de los principales caracteres de la neurosis obsesiva, dolencia en la cual descubrimos, además, la singularísima circunstancia de que las oposiciones (polaridades) que llenan la vida psíquica se muestran particularmente acentuadas. Junto a la obsesión de contenido negativo o positivo vemos aparecer, en el terreno intelectual, un estado de duda que, extendiéndose sobre las cosas generalmente más ciertas y seguras, provoca en el sujeto una perpetua indecisión, despojándole de toda su energía y haciéndole imponerse inhibiciones cada vez más rigurosas. Este cuadro sintomático resulta tanto más singular cuanto que los neuróticos obsesivos suelen haber sido antes, por lo general, personas de carácter enérgico, a veces de una gran tenacidad, y siempre de un nivel intelectual superior al vulgar. En la mayoría de los casos presentan, además, una alta disciplina moral, llevada hasta el escrúpulo, y una extrema corrección. Podéis, pues, imaginar la difícil labor que es necesario llevar a cabo para orientarse en este contradictorio conjunto de rasgos de carácter y síntomas patológicos. Por tanto, no aspiramos, en un principio, sino a un modestísimo resultado, esto es, al de conseguir comprender e interpretar algunos de los síntomas de esta enfermedad.

Antes de entrar en el fondo de la cuestión querréis, sin duda, saber cuál es la actitud que la Psiquiatría adopta ante los problemas de la neurosis obsesiva. Muy poco es lo que sobre este punto puede comunicaros, pues dicha disciplina se limita a distribuir calificativos a las diferentes obsesiones y a sostener que los sujetos portadores de los síntomas de las mismas son siempre «degenerados», afirmación nada satisfactoria, pues lejos de constituir un esclarecimiento, no pasa de ser una estimación de carácter peyorativo, de la que habremos de deducir que aquellos individuos que salen del nivel vulgar son campo abonado para el desarrollo de toda clase de singularidades.

En realidad, es innegable que las personas susceptibles de presentar tales síntomas han de haber recibido de la Naturaleza una constitución diferente de la del resto de los humanos. Pero, ¿por qué razón ha de considerárselos más «degenerados» que a los demás nerviosos, tales como los histéricos o los enfermos de psicosis? La característica establecida por la Psiquiatría resulta, evidentemente, demasiado general, y hasta nos inclinaremos a rechazarla totalmente al observar que individuos de un gran valor social pueden presentar los mismos síntomas. Generalmente, sabemos muy poco de la vida íntima de nuestros grandes hombres, cosa debida tanto a su propia discreción como a la falta de sinceridad de sus biógrafos. Pero cuando tropezamos con un fanático de la verdad como Emilio Zola, que pone ante nosotros toda su vida sin el menor fingimiento, vemos cuántas costumbres obsesivas suelen atormentar a tales hombres de alta mentalidad [1433].

Para estos neuróticos de elevada intelectualidad ha creado la Psiquiatría la categoría de los «degenerados superiores». Está bien; pero el psicoanálisis nos ha descubierto que es posible hacer desaparecer definitivamente estos singulares síntomas obsesivos, como hacemos desaparecer muchas otras dolencias en sujetos que nadie ha pensado en calificar de «degenerados». Por mi parte, puedo asegurar que he conseguido más de una vez este halagüeño resultado.

[1433] E. Toulouse, *Emile Zola, enquête médico-psychologique*, París, 1896.

Pasaré ahora a citaros dos ejemplos de análisis de un síntoma obsesivo. El primero de ellos data de hace ya muchos años, pero no he encontrado otro más reciente que siendo de igual interés se preste mejor a ser expuesto en estas lecciones. El segundo, en cambio, es de fecha muy próxima. Dado que los casos de este género exigen ser expuestos en su totalidad y sin omitir un solo detalle, serán éstos los dos únicos ejemplos que podré comunicaros aquí en apoyo de mis afirmaciones sobre esta parte de la investigación psicoanalítica.

Una señora de treinta años, aproximadamente, que sufría de fenómenos obsesivos muy graves y a la que hubiera yo quizá logrado aliviar sin un pérfido accidente que destruyó toda mi labor y del que ya os hablaré en otra ocasión, ejecutaba varias veces al día, entre otros muchos, el singular acto obsesivo siguiente: Corría desde su alcoba a un gabinete continuo, se colocaba en un lugar determinado, delante de la mesa que ocupaba el centro de la habitación, llamaba a su doncella, le daba una orden cualquiera o la despedía sin mandarle nada y volvía después, con igual precipitación, a la alcoba.

Este manejo no constituye, ciertamente, un grave síntoma patológico, pero sí es lo bastante singular para excitar nuestra curiosidad. Afortunadamente, pudo proporcionarnos su explicación —de un modo irrefutable— la paciente misma, sin la menor intervención por nuestra parte, pues de otra forma nos hubiese sido imposible dar con el sentido de su acto obsesivo o siquiera proponer una interpretación del mismo. Siempre que le habíamos preguntado por qué llevaba a cabo aquel extraño manejo y qué significación podía tener, nos había contestado que lo ignoraba en absoluto; pero un día, después de lograr vencer en ella un grave escrúpulo de conciencia, encontró de repente la explicación buscada y nos relató los hechos a los que el misterioso síntoma se enlazaba. Más de diez años atrás había contraído matrimonio con un hombre que le llevaba muchos años y que durante la noche de bodas demostró una total impotencia. Toda la noche la pasó corriendo de su cuarto al de su mujer para renovar sus tentativas, pero sin obtener éxito ninguno. A la mañana siguiente, dijo contrariado: «Me avergüenza que la criada que va a venir a hacer la cama pueda adivinar lo que ha sucedido», y cogiendo un frasco de tinta roja que por azar se hallaba en el cuarto lo vertió en las sábanas; pero no precisamente en el sitio en que hubieran debido encontrarse las manchas de sangre. Al principio, no llegué a comprender qué relación podía existir entre este recuerdo y el acto obsesivo de mi paciente, pues el paso repetido de una habitación a otra y la aparición de la doncella eran los únicos extremos que el mismo tenía comunes con el supuesto antecedente real. Pero entonces me llevó la enferma a la segunda habitación, y colocándome ante la mesa me hizo descubrir en el tapete que la cubría una gran mancha roja y me explicó que se situaba junto a la mesa en una posición tal, que la criada no podía por menos de ver la mancha. Ante este nuevo detalle no había ya posibilidad de duda sobre la estrecha relación existente entre la escena de la noche de bodas y el acto obsesivo actual. Pero además nos ofrece este caso otras interesantísimas observaciones.

Ante todo, es evidente que la enferma se identifica con su marido y reproduce su conducta durante la noche de bodas, imitando su paso de una habitación a otra. Para que tal identificación sea completa, habremos además de admitir que reemplaza el lecho y las sábanas por la mesa y el tapiz que la cubre, sustitución que podría parecernos arbitraria si no conociésemos ya, por haberlo estudiado a fondo en la primera serie de estas lecciones, el simbolismo onírico. Pero sabemos que la mesa es muchas veces, en nuestros sueños una representación del lecho, y que mesa y lecho son, a la par, símbolos del matrimonio, pudiendo, por tanto, reemplazarse indistintamente entre sí.

Todo esto parece demostrar que el acto obsesivo de esta enferma posee un sentido, constituyendo una representación y una repetición de la escena anteriormente descrita. Pero nada nos obliga a declararnos satisfechos con esta apariencia de prueba, pues sometiendo a un examen más detenido las relaciones entre el suceso real y el acto obsesivo obtendremos quizá interesantes informaciones sobre hechos más lejanos y sobre la intención del acto mismo. El nódulo de este último consiste, evidentemente, en el hecho de hacer venir a la criada y atraer su atención sobre la roja mancha, contrariamente a los deseos del marido después del desgraciado intento de simulación. De este modo se conduce la paciente —siempre en representación de su marido— como si no tuviera que temer la entrada de la doncella, dado que la mancha cae sobre el lugar debido. Vemos, pues, que no se contenta con reproducir la escena real, sino que la ha continuado y corregido, perfeccionándola. Pero al hacerlo así rectifica también aquel otro penoso accidente que obligó al marido a recurrir a la tinta roja; esto es, a su total impotencia. De todo eso habremos de deducir que el acto obsesivo de nuestra enferma presenta el siguiente sentido: «Mi marido no tenía por qué avergonzarse ante nadie, pues no era impotente.» El deseo que encierra esta idea es presentado por la enferma como realizado en un acto obsesivo, análogamente a como sucede en los sueños, y obedece a la tendencia de la buena señora a rehabilitar a su esposo.

En apoyo de lo que antecede podría citaros todo lo que de esta paciente sé; o mejor dicho, son todas las circunstancias de su vida las que nos imponen una tal interpretación de su acto obsesivo, ininteligible por sí mismo. Separada de su marido hace varios años, lucha contra la idea de solicitar sea anulado su matrimonio; mas por determinados escrúpulos de conciencia no se decide a ello, y sintiéndose obligada a permanecer fiel, vive en el más absoluto retiro. Para alejar toda tentación, llega incluso a rehabilitarle y engrandecerle en su fantasía. Pero aún hay más. El verdadero y profundo secreto de su enfermedad consiste en que por medio de la misma protege a su marido contra las murmuraciones y le hace posible vivir separado de ella sin que nadie sospeche la causa real de la separación. Vemos, pues, cómo el análisis de un inocente acto obsesivo puede hacernos penetrar directamente hasta el más profundo nódulo de un caso patológico y revelarnos, al mismo tiempo, una gran parte del misterio de la neurosis de obsesión. Si me he detenido a exponeros minuciosamente este ejemplo, ha sido por aparecer reunidas en él condiciones características que no en todos es posible encontrar. Su interpretación fue descubierta por la enferma misma, fuera de toda dirección ajena y mediante el establecimiento de una relación entre sus síntomas y un suceso real perteneciente no a un olvidado período de su vida infantil, sino a su plena madurez; suceso que ha dejado una precisa huella en su memoria. Todas las objeciones que la crítica dirige generalmente contra nuestras interpretaciones de síntomas se estrellan contra este solo caso, pero claro es que no siempre tenemos una tal fortuna.

Algunas palabras todavía antes de pasar a otro ejemplo: seguramente habréis extrañado que un acto obsesivo, tan insignificante en apariencia, nos haya llevado a cosa tan íntima de la existencia de la sujeto como la historia de su noche de bodas, y os preguntaréis, además, si el hecho de pertenecer tales intimidades precisamente a la vida sexual ha de considerarse o no como un simple azar desprovisto de toda trascendencia. Claro es que esta circunstancia ha podido depender de la naturaleza particular del caso escogido como primer ejemplo; pero, de todos modos, quisiera que no sentarais conclusión alguna antes de oír el que a continuación voy a exponeros y que presenta características por completo diferentes, pues constituye una muestra de una categoría harto frecuente, o sea de un ceremonial inherente al acto de acostarse.

Trátase de una bella muchacha de diecinueve años, hija única y muy superior a sus padres, tanto en instrucción como en agilidad intelectual. De niña presentaba un carácter salvaje y orgulloso, y durante sus últimos años, sin causa exterior aparente, había llegado a mostrarse patológicamente nerviosa. Da prueba de una particular hostilidad contra su madre y se manifiesta descontenta, deprimida, e inclinada a la indecisión y a la duda, hasta el punto de no poder atravesar sola las plazas ni las calles un poco anchas. Nos hallamos aquí ante un complicado estado patológico, susceptible, por lo menos, de dos diagnósticos: el de agorafobia y el de neurosis obsesiva. Pero sin detenernos a discutir este punto concreto, pasaremos a lo que verdaderamente nos interesa en esta enferma, o sea el ceremonial que lleva a cabo al acostarse y con el que causa la desesperación de sus padres. Puede decirse que, en un cierto sentido, todo sujeto normal tiene su ceremonial para acostarse o precisa para conciliar el sueño del cumplimiento de determinadas condiciones, pues ha rodeado el paso del estado de vigilia al de reposo de ciertas formalidades que ha de reproducir exactamente cada noche. Pero todos los requisitos de que el hombre sano rodea su sueño son tan racionales como fácilmente comprensibles, y cuando las circunstancias exteriores le imponen alguna modificación, se adapta a ella sin trabajo ni pérdida de tiempo. En cambio, el ceremonial patológico carece de flexibilidad; sabe imponerse al precio de los mayores sacrificios, ocultándose detrás de fundamentos en apariencia racionales, y examinado superficialmente, no parece diferenciarse del ceremonial normal sino por una exagerada minuciosidad. Pero un más detenido examen nos mostrará siempre que el ceremonial patológico trae consigo requisitos que ninguna razón justifica y otros francamente antirracionales. Nuestra enferma explica sus precauciones nocturnas alegando que para dormir bien tiene necesidad de un silencio absoluto y se ve obligada, por tanto, a limitar todo lo que pudiera producir un ruido. Con este fin, toma todas las noches, antes de acostarse, las precauciones siguientes: en primer lugar, para el reloj de pared que hay en el cuarto y hace transportar a otra habitación distante todos los demás relojes, sin exceptuar siquiera uno pequeño de pulsera, metido dentro de su estuche; en segundo lugar, reúne sobre su escritorio todos los floreros y jarrones, de manera que ninguno de ellos pueda caer y romperse durante la noche, turbando así su reposo. Sabe perfectamente que la necesidad de proteger su descanso no justifica estas medidas sino en apariencia, pues se da cuenta de que el pequeño reloj de pulsera, metido dentro de su estuche, no podría ser causa de perturbación alguna, tanto más cuanto que nadie ignora que el tictac regular y monótono de un reloj, lejos de perturbar el sueño, lo favorece. Conviene, además, en que el temor de que los floreros y jarrones caigan espontáneamente al suelo, produciendo ruido, es por completo inverosímil. Los restantes detalles del ceremonial carecen ya de toda relación con el absoluto silencio que dice serle necesario para conciliar el sueño. Así, exige, entre otras cosas, que la puerta que separa su alcoba de la de sus padres quede entreabierta, y para obtener este resultado la inmoviliza con ayuda de diversos objetos, precaución que en vez de evitar posibles ruidos es, por el contrario, susceptible de producirlos. Pero la parte más importante del ceremonial se refiere al lecho mismo. La almohada larga no debe tocar a la cabecera y el pequeño almohadón superior ha de quedar dispuesto en rombo sobre dicha almohada, reclinando luego la enferma su cabeza en este almohadón y precisamente en el sentido del diámetro longitudinal del rombo. Por último, ha de sacudir el edredón, de manera que todo su contenido vaya a acumularse en su parte inferior formando un promontorio, pero inmediatamente deshace su labor, igualándolo de nuevo.

Os haré gracia de los demás detalles, a veces muy minuciosos, de este ceremonial, los cuales, sobre no enseñarnos nada nuevo, nos alejarían considerablemente del fin que nos proponemos. Pero he de advertiros que la realización del mismo resulta mucho más complicada de lo que pudiera creerse. La enferma teme siempre no haberlo llevado a cabo con todo el cuidado necesario, y revisa y repite indefinidamente cada uno de los actos de que se compone, a medida que sus dudas van recayendo sobre ellos. De este modo resulta que tales manejos duran una o dos horas, durante las cuales ni la muchacha ni sus atemorizados padres pueden conciliar el sueño.

El análisis de este ceremonial no ha sido tan fácil como el del acto obsesivo de nuestra anterior enferma, pues me vi obligado a guiar a la muchacha y a proponerle proyectos de interpretación que rechazaba invariablemente con una negativa categórica o no acogía sino con una despreciativa duda. Pero a esta primera reacción negativa siguió un período durante el cual, mostrándose interesada por las hipótesis de interpretación que se le proponían, reunía las asociaciones que con respecto a ellas surgían en su imaginación, comunicaba sus recuerdos y establecía relaciones entre ellos y sus síntomas, acabando por aceptar nuestra explicación de estos últimos, aunque sometiéndola previamente a una elaboración personal. A medida que esta labor iba cumpliéndose en ella, se fue haciendo menos meticulosa en la ejecución de sus actos obsesivos, y antes del término del tratamiento llegó a abandonar todo su ceremonial.

He de advertiros también que la labor psicoanalítica, tal como hoy en día la practicamos, no se ocupa sucesivamente de cada uno de los síntomas particulares hasta su completa elucidación. Por lo contrario, nos veremos a cada instante en la necesidad de abandonar un tema dado; pero ello no nos preocupa lo más mínimo, pues estamos seguros de volver a hallarlo al abordar el examen de cualquiera de los restantes elementos del caso. La interpretación de síntomas que a continuación voy a exponeros es, por tanto, una síntesis de resultados cuya consecución fue interrumpida varias veces por otros trabajos diferentes, y duró de este modo varios meses.

Nuestra enferma comenzó por comprender que si le resultaba imposible dejar un reloj en su cuarto durante la noche, era por constituir para ella dicho objeto un símbolo genital femenino. El reloj de pared, del que conocemos todavía otras interpretaciones simbólicas, asume este papel a causa de la periódica seguridad de su funcionamiento. Cuando una mujer quiere acentuar la regularidad de sus menstruos, suele decir que «anda como un reloj». Pero lo que nuestra enferma temía sobre todo era ser perturbada en su sueño por el tictac de la maquinaria, ruido que puede ser considerado como una representación simbólica de los latidos del clítoris en los momentos de excitación sexual. En efecto: nuestra enferma había sido despertada repetidas veces por esta penosa sensación y el temor a la misma, o sea a la erección del clítoris, era lo que la obligaba a alejar de su alcoba todos los relojes en marcha.

Los floreros y los jarrones son, como todos los recipientes, símbolos femeninos. Así, pues, la precaución de colocarlos durante la noche en sitio desde el que no pudiesen caer y romperse no se hallaba desprovista de sentido. Conocida es la costumbre, nada rara, de romper un cacharro o un plato en la ceremonia de los esponsales y repartir los fragmentos entre los asistentes, costumbre que, colocándonos en el punto de vista de una organización matrimonial premonogámica, podemos interpretar como un renunciamiento de los circunstantes a los derechos que cada uno podía o debía tener sobre la desposada.

A esta parte del ceremonial de nuestra enferma asociaba la misma un recuerdo y varias ideas. Siendo aún niña, iba un día con un vaso en la mano y cayó al suelo, hiriéndose en un dedo con un cristal y sangrando abundantemente. Más tarde, al llegar a la pubertad, tuvo conocimiento de los hechos referentes a las relaciones sexuales, y quedó obsesionada por el temor angustioso de no sangrar en la noche de bodas, circunstancia que haría dudar a su marido de su virginidad. Sus precauciones contra la rotura de los floreros y jarrones de su alcoba constituyen, pues, una especie de reacción contra todo el complejo relacionado con la virginidad y la hemorragia consecutiva al primer contacto sexual, reacción de protesta que se dirige tanto contra el temor de sangrar como contra el opuesto de no sangrar.

Vemos, pues, que el deseo de prevenir todo ruido, con el cual explica la muchacha estas precauciones, no tiene, en realidad, relación ninguna con ellas.

La paciente misma adivinó el sentido central de su ceremonial un día en que tuvo la súbita comprensión del motivo por el que no quería que la almohada tocase la cabecera del lecho. «La almohada —decía— es siempre mujer, y la pared vertical del lecho es hombre.» Quería, pues, y por una especie de acto mágico, separar al hombre de la mujer, esto es, impedir a sus padres todo contacto sexual. Mucho antes de haber establecido su ceremonial había intentado ya alcanzar idéntico fin de una manera más directa, simulando miedo o utilizando un miedo real, para obtener que la puerta que separaba la alcoba de la de sus padres quedase abierta durante la noche, medida que conservó luego en el ceremonial que nos ocupa. De este modo se proporcionaba un medio de espiar a sus padres, y a fuerza de estar en constante vigilancia, contrajo un insomnio que duró varios meses. No contenta con perturbar así la vida de sus padres, iba algunas veces a instalarse entre ambos en el lecho conyugal, acto con el que conseguía realmente separar la «almohada» de la «cabecera». Cuando alcanzó ya una edad en la que no podía acostarse con sus padres sin molestarlos y hallarse molesta ella misma, se ingenió todavía para simular un incoercible miedo, con el fin de obtener que la madre le cediese su sitio junto al padre y fuera a ocupar su cama de soltera. Esta situación constituyó seguramente el punto de partida de algunas de las fantasías cuya huella encontramos en el ceremonial.

El acto de sacudir el edredón, que, como la almohada, es también un símbolo femenino, hasta que, reuniéndose todas sus plumas en su parte inferior formase una especie de bolsa, posee también un sentido: el de embarazar a la mujer. Pero nuestra paciente no dejaba de disipar en el acto este simbólico embarazo, pues había vivido durante muchos años con el temor de que le naciese un hermano que hubiese dado al traste con su privilegiada posición de hija única. Por otro lado, si la almohada grande, símbolo femenino, representaba a su madre, el pequeño almohadón de encima tenía que ser representación de su propia persona. Más entonces, ¿por qué había de quedar este almohadón dispuesto en sentido romboidal y colocar luego ella encima su cabeza en la dirección del diámetro longitudinal del mismo? La paciente cayó en seguida en que el rombo es la elemental forma geométrica con la que se suele representar en los gráficos callejeros el genital femenino abierto. Así, pues, se adjudicaba ella el papel masculino, reemplazando con su cabeza el miembro viril. (Cf. «La decapitación como representación simbólica de la castración».)

Me diréis que es triste que en la imaginación de una muchacha virgen puedan germinar tales cosas. Convengo en ello; pero no debéis olvidar que en esta triste verdad no me cabe responsabilidad alguna, pues me he limitado a interpretar los signos en que se manifiesta. Los ceremoniales que acabo de describiros son siempre fenómenos de extraordinaria singularidad. Sin embargo, con respecto al caso presente no podréis menos de reconocer que existe una estrecha correspondencia entre sus elementos y las fantasías que la interpretación nos revela. Pero lo que más me interesa es que hayáis observado claramente en este ejemplo cómo estos ceremoniales son cristalización, no de una sola y única fantasía, sino de varias, muy distintas, aunque convergentes en un punto dado. Por último, habréis también advertido que las formalidades del ceremonial analizado traducían los deseos sexuales de un sentido tan pronto positivo, a modo de sustitutivos, como negativo, a título de medios de defensa.

El análisis de este ceremonial hubiera podido proporcionarnos todavía más amplios resultados si hubiésemos relacionado con él todos los demás síntomas que la enfermedad presentaba, pero esta labor carecía de conexión con el fin que nos habíamos propuesto. Contentaos, pues, con saber que esta muchacha experimentaba por su padre una atracción erótica cuyos principios se remontaban a su niñez, hecho en el que habremos quizá de ver el motivo de su actitud hostil hacia su madre. Resulta, por tanto, que también el análisis de este síntoma nos ha introducido en la vida sexual de la enferma, circunstancia que hallaremos cada vez menos sorprendente a medida que vayamos conociendo mejor el sentido y la intención de los síntomas neuróticos.

En los dos ejemplos analizados habréis podido observar que, al igual de los actos fallidos y los sueños, también los síntomas neuróticos poseen un sentido que los enlaza estrechamente a la vida íntima de los enfermos. Cierto es que no puedo pediros que consideréis suficiente prueba de esta afirmación los dos casos expuestos, pero, en cambio, vosotros no podéis exigirme que os exponga aquí un número ilimitado de ejemplos hasta que lleguéis a un tal convencimiento, pues la necesaria minuciosidad de este género de comunicaciones haría necesario un curso semestral de cinco horas por semana, sólo para elucidar este punto concreto de la teoría de la neurosis. Habré de limitarme, por tanto, a estas dos pruebas en favor de mi afirmación, remitiendo a aquellos que deseen conocer un mayor número de casos a la literatura existente sobre esta cuestión, y especialmente a las clásicas interpretaciones de síntomas efectuadas por J. Breuer, a las interesantísimas explicaciones de los oscuros síntomas de la demencia precoz, publicadas por C. G. Jung en la época en que este autor no era todavía más que psicoanalista y no pretendía arrogarse la categoría de profeta, y, por último, a los estudios publicados en nuestras revistas psicoanalíticas. Las investigaciones de este género son precisamente muy numerosas, pues el análisis, la interpretación y la traducción de los síntomas neuróticos han atraído siempre el interés de los psicoanalistas hasta el punto de hacerles descuidar todos los demás problemas de las neurosis.

Aquellos de entre vosotros que quieran imponerse este trabajo de documentación quedarán seguramente impresionados por la amplitud y la fuerza probatoria del material reunido sobre esta materia; pero al mismo tiempo tropezarán con una dificultad: Sabemos que el sentido de un síntoma reside en una relación del mismo con la vida íntima del enfermo. Cuanto más individualizado se halla un síntoma, más fácil resulta establecer dicha relación. La labor que nos incumbe, cuando nos hallamos ante una idea desprovista de sentido o de un acto sin objeto, será, por tanto, la de descubrir la situación pretérita en la que tales ideas o actos poseyeron sentido y objeto, respectivamente. El acto obsesivo de aquella enferma que se colocaba delante de la mesa de su gabinete y hacía acudir a la doncella constituye el prototipo de este género de síntomas. Pero con gran frecuencia hallamos también síntomas que poseen un carácter totalmente distinto y a los que hemos de considerar como típicos de la enfermedad, pues son aproximadamente los mismos en todos los casos y no presentan diferencias individuales, o sólo tan poco definidas, que se hace muy difícil enlazarlos a la vida individual de los enfermos y referirlos a situaciones vividas. Ya el ceremonial de nuestra segunda enferma presenta muchos de estos rasgos típicos, aunque también nos muestra rasgos individuales suficientes para hacer posible lo que pudiéramos llamar interpretación *histórica* del caso. Mas todos estos enfermos de neurosis obsesiva poseen una tendencia a repetir determinados actos, aislándolos de los restantes de su vida cotidiana y dándoles un ritmo distinto. La mayoría de ellos muestran un excesivo afán de limpieza. Los enfermos atacados de agorafobia (topofobia-miedo del espacio), dolencia que no entra ya en el cuadro de la neurosis obsesiva, sino en el de la histeria de angustia *(Angsthysterie)*, reproducen en sus cuadros nosológicos, con una monotonía a veces fatigosa, idénticos rasgos: miedo de los lugares cerrados, de los grandes espacios descubiertos y de las calles y avenidas que se extienden hasta perderse de vista, creyéndose, en cambio, protegidos, cuando son acompañados por una persona conocida u oyen detrás de ellos el ruido de un coche. Pero sobre este fondo uniforme, cada enfermo presenta sus condiciones individuales, o como pudiéramos decir, sus fantasías, que son a veces diametralmente opuestas en los diversos casos. Unos temen las calles estrechas y otros las anchas; unos no pueden andar por la calle más que cuando hay poca gente, y otros, por lo contrario, sólo se sienten a gusto entre la multitud. Del mismo modo la histeria, a pesar de toda su riqueza en rasgos individuales, presenta numerosísimos caracteres generales y típicos que hacen muy difícil la retrospección histórica. No olvidemos, sin embargo, que estos síntomas típicos son los que nos sirven de guía para fijar el diagnóstico. Si en un caso dado de histeria hemos conseguido enlazar un síntoma típico con un suceso personal o una serie de sucesos personales análogos (por ejemplo, relacionar una serie de vómitos histéricos con determinadas impresiones de repugnancia), nos desorientará ver que el análisis de otro caso de síntomas idénticos refiere los vómitos a la influencia presunta de sucesos personales de una naturaleza por completo diferente. En tales casos, nos inclinamos a admitir que los síntomas, o sea, en este ejemplo, los vómitos histéricos, poseen causas que permanecen ocultas, no siendo los datos históricos revelados por el análisis sino pretextos accidentales que en el momento de presentarse son aprovechados por la necesidad interna existente.

Llegamos así a la desalentadora conclusión de que si bien podemos obtener una explicación satisfactoria del sentido de los síntomas neuróticos individuales, guiándonos por su relación con los sucesos vividos por el enfermo, en cambio, todo nuestro arte interpretativo es insuficiente para descubrirnos el significado de los síntomas típicos, mucho más frecuentes. Además, habréis de tener en cuenta que no os he expuesto aún todas las dificultades con que tropezamos cuando queremos perseguir rigurosamente la interpretación histórica de los síntomas, exposición de la que quiero abstenerme de momento, mas no porque intente presentaros esta cuestión más fácil de lo que en realidad es, sino porque no me parece conveniente provocar confusiones y desalientos en vosotros desde el comienzo de vuestros estudios comunes. Cierto es que nos hallamos todavía al principio del camino que ha de llevarnos a la comprensión de lo que los síntomas significan, pero debemos atenernos provisionalmente a los resultados obtenidos y no avanzar sino progresivamente hacia lo desconocido. Trataré, pues, de mitigar la mala impresión que mis anteriores palabras hayan podido causaros, haciéndoos saber que entre las dos categorías de síntomas —individuales y típicos— no puede existir una diferencia fundamental. Demostrado que los síntomas individuales dependen incontestablemente de los sucesos vividos por el enfermo, podemos admitir que también los síntomas típicos pueden ser reducidos a su vez a sucesos igualmente típicos; esto es, comunes a todos los hombres. Los rasgos restantes que observamos regularmente en las neurosis pueden ser reacciones generales que la naturaleza misma de las alteraciones patológicas impone al enfermo, tales como la repetición y la duda de la neurosis obsesiva. En realidad, no tenemos razón ninguna para desalentarnos antes de conocer los resultados a que nuestra investigación ha de llevarnos más adelante.

En la teoría de los sueños tropezamos con una idéntica dificultad, de la que no tuve ocasión de hablaros en nuestras anteriores lecciones sobre el fenómeno onírico. El contenido manifiesto de los sueños, que sometido al análisis nos da los resultados que ya conocéis, es infinitamente vario y presenta grandes diferencias individuales.

Pero junto a esta variedad existen sueños que pueden ser igualmente calificados de típicos y se producen de un modo idéntico en todos los hombres, presentando un contenido uniforme que opone a la interpretación iguales dificultades que los síntomas antes detallados. Estos sueños son aquellos en que experimentamos la sensación de caer o planear en el espacio, volamos, nadamos, nos vemos privados de movimientos o desnudos, y otros varios de carácter angustioso. Su interpretación es en cada sujeto diferente, y no nos proporciona explicación alguna sobre la regular identidad de su contenido ni sobre su carácter típico. Pero en ellos observamos también un fondo común mezclado con rasgos individuales, y es muy probable que los progresos de nuestra investigación nor permitan incluirlos en la concepción de la vida onírica que del estudio de los sueños restantes hemos deducido.

LECCION XVIII. LA FIJACION AL TRAUMA. LO INCONSCIENTE

Señoras y señores:

E N mi pasada conferencia os anuncié que para continuar la labor que aquí venimos desarrollando no tomaríamos ya como punto de partida nuestras dudas y vacilaciones, sino los resultados positivos obtenidos. Comenzaremos, pues, por examinar dos interesantísimas conclusiones que se deducen de los dos análisis antes expuestos.

Primera. Las dos pacientes nos producen la impresión de hallarse, por decirlo así, fijadas a un determinado fragmento de su pasado, siéndoles imposible desligarse de él y mostrándose, por tanto, ajenas al presente y al porvenir. Se han sumido en la enfermedad como antes se sumergían en el claustro aquellas personas que no se sentían con fuerzas para afrontar una vida desgraciada o difícil. Nuestra primera enferma vio destrozada su vida por la no consumación de su matrimonio, y expresa en sus síntomas tanto sus agravios contra su marido como aquellos sentimientos que la impulsan a disculparle, rehabilitarle y lamentar su pérdida. Aunque joven y deseable, recurre a toda clase de precauciones reales e imaginarias (mágicas) para conservarle su fidelidad. Rehúsa todo trato social, descuida su tocado, experimenta dificultad para levantarse del sillón en que se halla sentada, vacila cuando tiene que firmar con su nombre de soltera y es incapaz de hacer regalo ninguno a nadie, bajo el pretexto de que nadie debe recibir nada de ella.

En nuestra segunda paciente —la joven del ceremonial—, el factor que hubo de actuar sobre su existencia, desviándola del curso normal, fue una inclinación erótica hacia su padre, surgida en ella antes de la pubertad. De su estado patológico ha deducido la conclusión de que no puede casarse mientras no se cure, pero creemos más que justificada la sospecha de que, por lo contrario, es para no casarse y poder permanecer junto a su padre por lo que ha enfermado.

No siendo esta extraña y desventajosa actitud de nuestras dos pacientes ante la vida un particularísimo rasgo personal, sino un carácter general y de gran trascendencia práctica de la neurosis, habremos de preguntarnos cómo, por qué caminos y en virtud de qué motivos llegan los enfermos a adoptarla. La primera enferma histérica que Breuer trató se hallaba igualmente fijada a la época durante la cual hubo de asistir a su padre en la enfermedad que le llevó al sepulcro. Después, y a pesar de la curación de su histeria, renunció, hasta cierto punto, a la existencia, pues no obstante haber recobrado la salud y el ejercicio regular de todas sus funciones se sustrajo al destino normal de la mujer *. El análisis de todos y cada uno de estos casos nos demuestra que los enfermos han retrocedido, con sus síntomas y las consecuencias que de los mismos se derivan, a un período de su vida pretérita, eligiendo casi siempre una fase muy precoz de la misma, su primera infancia, y a veces, aunque parezca ridículo, el período en el que aún eran niños de pecho.

Las neurosis traumáticas, de las que tantos casos hemos observado durante la pasada guerra, presentan una cierta analogía con los casos de que aquí venimos

---

* Anna O. no llegó a casarse, según Jones, cit. por Strachey. *(Nota de J. N.)*

ocupándonos: estas neurosis, que también se dan en tiempos de paz, como consecuencia de catástrofes ferroviarias u otros accidentes cualesquiera que hayan puesto en peligro la vida del sujeto, no pueden, en el fondo, asimilarse a las neurosis espontáneas, objeto habitual de la investigación y la terapia analítica, y por razones que espero poder exponeros algún día, no nos ha sido todavía posible someterlas a nuestros puntos de vista. Pero existe, sin embargo, un extremo en el que coinciden ambos géneros de neurosis, pues en las traumáticas hallamos como base de la enfermedad una fijación del sujeto al accidente sufrido. Los pacientes reproducen regularmente en sus sueños la situación traumática, y en aquellos casos que se presentan acompañados de accesos histeriformes, susceptibles de análisis, puede comprobarse que cada acceso corresponde a un retorno total del sujeto a dicha situación. Diríase que para el enfermo no ha pasado aún en el momento del trauma, y que sigue siempre considerándolo como presente, circunstancia que merece todo nuestro interés, pues nos muestra el camino hacia una teoría, que pudiéramos calificar de *económica*, de los procesos psíquicos. En realidad, ya el término «traumático» no posee sino un tal sentido económico, pues lo utilizamos para designar aquellos sucesos que, aportando a la vida psíquica, en brevísimos instantes, un enorme incremento de energía, hacen imposible la supresión o asimilación de la misma por los medios normales y provocan de este modo duraderas perturbaciones del aprovechamiento de la energía.

La semejanza descubierta entre ambas dolencias neuróticas nos induce a considerar también como traumáticos los sucesos a los que nuestros enfermos de neurosis espontánea parecen haber quedado fijados. Obtenemos así una etiología extraordinariamente sencilla para esta neurosis, pues podremos asimilarla a una enfermedad traumática y explicar su patogénesis por la incapacidad del paciente para reaccionar normalmente a un suceso psíquico de un carácter afectivo muy pronunciado. Es éste el mismo punto de vista que en 1893-95 expusimos Breuer y yo en la fórmula que encerraba los resultados de nuestras nuevas observaciones. A él se adapta perfectamente el primero de los casos analizados en el capítulo anterior, o sea el de la joven enferma separada de su marido. No habiendo cicatrizado en ella la herida moral que le infirió la no consumación de su matrimonio, permanece como suspensa del trauma experimentado. Pero ya en nuestro segundo ejemplo —el de la muchacha eróticamente fijada a su padre— hallamos que nuestra fórmula no es lo suficientemente comprensiva. El enamoramiento infantil de una niña por su padre es un sentimiento tan corriente y tan generalmente dominado, que el calificativo de «traumático» correría, si lo aplicásemos a este caso, el peligro de perder toda significación. Además, el historial de esta enferma nos muestra que su primera fijación erótica transcurrió sin daño alguno hasta parecer extinguida y sólo muchos años después fue cuando volvió a surgir, manifestándose en los síntomas de la neurosis obsesiva. Advertimos, pues, en este caso un más amplio contenido de condiciones patógenas y una mayor complicación, pero creemos también que nada habremos de hallar en él que pueda invalidar el punto de vista traumático.

Creo conveniente abandonar aquí el camino por el que con las anteriores consideraciones nos hemos internado, y que por el momento no nos lleva a conclusión alguna. Para poder continuar por él habremos de ampliar previamente nuestros conocimientos. Mientras tanto, me limitaré a indicaros que la fijación a una fase determinada del pasado traspasa los límites de la neurosis.

Toda neurosis comporta una fijación de este género, pero no toda fijación conduce necesariamente a la neurosis, se confunde con ella o se introduce en su curso. En la tristeza, que trae consigo un total desligamiento del presente y del porvenir, hallamos un manifiesto ejemplo de una tal fijación afectiva del pasado. Pero incluso los menos versados en estas cuestiones advierten una clarísima diferencia entre la tristeza y la neurosis. En cambio, existen ciertas neurosis que pueden ser consideradas como una forma patológica de la tristeza.

Nos sucede también a veces hallar individuos que a consecuencia de un suceso traumático que ha conmovido lo que hasta el momento constituía la base misma de su vida caen en un profundo abatimiento y llegan a renunciar a todo interés por el presente y el futuro, quedando fijadas al pasado todas sus facultades anímicas. Pero no por ello puede decirse que estos desgraciados sean neuróticos. Vemos, pues, que no debemos conceder un exagerado valor a este carácter de la neurosis, cualesquiera que sean sus efectos y la regularidad con que se manifieste.

Pasemos ahora a examinar el segundo resultado de nuestros análisis. A propósito de nuestra primera enferma, hicimos observar cuán desprovisto de sentido se hallaba el acto obsesivo que llevaba a cabo y cuáles eran los recuerdos íntimos de su vida que con él enlazaba. A continuación investigamos las relaciones que podrían existir entre este acto y dichos recuerdos, y descubrimos la intención del primero guiándonos por la naturaleza de los segundos. Pero al llegar a este punto de nuestra labor, pasamos por alto un detalle que merece toda nuestra atención. Mientras la enferma estuvo repitiendo su acto obsesivo, no sabía que al realizarlo se refería a un suceso de su vida. No siéndole conocido el lazo existente entre el acto y dicho suceso, decía verdad al afirmar que ignoraba los móviles que la impulsaban a obrar. Mas un día, bajo la influencia del tratamiento, tuvo la revelación de dicho enlace y pudo comunicárnoslo, aunque ignorando todavía la intención al servicio de la cual realizaba su acto obsesivo, y que no era otra sino la de corregir un penoso suceso pretérito y rehabilitar a su marido, al que seguía amando. Sólo después de una larga y penosa labor llegó a comprender que tal intención podía ser la única causa determinante de su acto obsesivo.

De la relación con la escena que siguió a la desdichada noche de bodas y de móviles de la enferma, inspirados en su cariño conyugal, es de lo que dedujimos aquello que hemos convenido en considerar como el «sentido» del acto obsesivo. Pero mientras ejecutaba éste, tal sentido le era desconocido, tanto en lo referente al origen del acto como en lo concerniente a su fin. Resulta, pues, que actuaban en ella procesos psíquicos de los que el acto obsesivo era un producto. Este producto era percibido normalmente por la enferma, pero ninguna de las condiciones psíquicas previas del mismo llegaba a su conocimiento consciente. Comportábase, pues, exactamente como aquel hipnotizado al que Bernheim ordenó abrir un paraguas en la clínica cinco minutos después de despertar, y que una vez despierto ejecutó esta orden sin poder explicar los motivos de su acto. A este género de situaciones es al que nos referimos cuando hablamos de *procesos psíquicos inconscientes,* y creemos poder afirmar rotundamente que no es posible definirlas de una manera científica más correcta. Si alguien lo logra, renunciaremos voluntariamente a la hipótesis de los procesos psíquicos inconscientes, pero de aquí a entonces habremos de mantenerla y acogeremos con un resignado enco-

gimiento de hombros la objeción de que lo inconsciente carece de toda realidad
científica, no siendo sino un concepto auxiliar o *une façon de parler*, objeción
inconcebible en el caso que nos ocupa, puesto que este inconsciente, cuya realidad
se quiere negar, produce efectos de una realidad tan palpable y evidente como el
acto obsesivo.

En el caso de nuestra segunda paciente, la situación es, en el fondo, idéntica.
La sujeto creó un principio según el cual no debía la almohada tocar a la cabecera
del lecho, y obedece a este principio sin conocer su origen y sin saber lo que
significa ni tampoco a qué fuentes debe su poder. El enfermo puede no dar
importancia a tales principios o puede también rebelarse, indignado, contra ellos
y proponerse desobedecerlos; todo ello no posee la menor importancia desde
el punto de vista de la ejecución del acto obsesivo. Se siente impulsado a obedecer,
y es inútil que se pregunte por qué. En estos síntomas de la neurosis obsesiva,
representaciones e impulsos que surgen de no se sabe dónde, mostrándose refractarios a todas las influencias de la vida normal y siendo considerados por
el enfermo mismo como energías omnipotentes llegadas de un modo extraño o
como espíritus inmortales que vienen a mezclarse al tumulto de la vida humana,
hemos de reconocer desde luego un clarísimo indicio de la existencia de un particular sector de la vida anímica aislado de todo el resto de la misma. Tales
síntomas y representaciones nos conducen infaliblemente a la convicción de la
existencia de lo inconsciente psíquico, y ésta es la razón de que la psiquiatría
clínica, que no conoce sino una psicología de lo consciente, no sepa salir del
apuro sino declarando que dichas manifestaciones no son otra cosa que productos
de degeneración. Claro es que las representaciones y los impulsos obsesivos no
son inconscientes por sí mismos, siendo objeto, como la realización de los actos
obsesivos, de la percepción consciente. Para llegar a constituirse en síntomas
han necesitado antes penetrar hasta la conciencia, pero las condiciones psíquicas
previas a las cuales se hallan sometidos, así como los conjuntos en los que nuestra
interpretación nos permite ordenarlos si son inconscientes, por lo menos hasta
el momento en que las hacemos llegar a la conciencia del enfermo por medio
de nuestra labor de análisis.

Si a todo esto agregamos que el estado de cosas comprobado en nuestros
dos análisis se repite en la sintomatología de todas las afecciones neuróticas,
que los enfermos ignoran siempre y sin excepción alguna el sentido de sus síntomas, y que el análisis revela, en todo caso, que tales síntomas son producto de
procesos inconscientes, los cuales pueden, sin embargo, ser hechos conscientes
en determinadas y muy diversas condiciones favorables, comprenderéis sin esfuerzo que el psicoanálisis no puede prescindir de la hipótesis de lo inconsciente y que
nos hayamos acostumbrados a manejar este elemento como algo perfectamente
concreto. Comprenderéis también cuán poco competentes son en estas cuestiones
todos aquellos que no conocen lo inconsciente sino a título de noción y no han
practicado nunca análisis ni interpretado jamás un sueño o buscado el sentido
y la interpretación de síntomas neuróticos. Digámoslo una vez más: la sola
posibilidad de atribuir, mediante la interpretación analítica, un sentido a los
síntomas neuróticos, constituye ya una prueba irrefutable de la existencia de
procesos psíquicos inconscientes o, si lo preferís, de la necesidad de admitir la
existencia de estos procesos.

Pero no es esto todo. Otro descubrimiento de Breuer, más importante aún,
a mi juicio, que el primero, y realizado sin colaboración ajena, amplía conside-

rablemente nuestro conocimiento de las relaciones existentes entre lo inconsciente y los síntomas neuróticos. El sentido de los síntomas es, desde luego, inconsciente; pero, además, existe, entre esta inconsciencia y la aparición o persistencia de los síntomas una relación de exclusión recíproca. Vais a comprender en seguida lo que esto significa. De conformidad con las teorías de Breuer, afirmo, a mi vez, lo siguiente: siempre que nos hallamos en presencia de un síntoma, debemos deducir la existencia en el enfermo de procesos inconscientes que contienen precisamente el sentido de dicho síntoma. Y al contrario. Es necesario que tal sentido sea inconsciente para que el síntoma se produzca. Los procesos conscientes no engendran síntomas neuróticos; pero, además, en el momento mismo en que procesos inconscientes se hacen conscientes, desaparecen los síntomas. Hallamos, pues aquí, un nuevo procedimiento terapéutico, o sea un medio de lograr la desaparición de los síntomas. El mismo Breuer obtuvo de este modo la curación del caso de histeria a que antes nos hemos referido y fijó la técnica por medio de la cual se conseguía atraer a la conciencia del enfermo los procesos inconscientes que contenían el sentido de sus síntomas y provocar, por tanto, la desaparición de estos últimos.

Este descubrimiento de Breuer no fue resultado de una especulación lógica, sino de una afortunada observación directa favorecida por la colaboración de la enferma misma. En lugar de intentar comprenderlo, relacionándolo con algo ya conocido, os aconsejo que lo aceptéis como un hecho fundamental que trae consigo la explicación de otros muchos. Por tanto, habréis de permitirme que os facilite su inteligencia exponiéndolo en otra forma distinta.

El síntoma se forma como sustitución de algo que no ha conseguido manifestarse al exterior. Ciertos procesos psíquicos que hubieran debido desarrollarse normalmente hasta llegar a la conciencia, han visto interrumpido o perturbado su curso por una causa cualquiera, y obligados a permanecer inconscientes, han dado, en cambio, origen al síntoma. Existe, pues, una especie de permuta que la terapia de los síntomas neuróticos habrá de deshacer.

El descubrimiento de Breuer constituye aún hoy en día la base del tratamiento psicoanalítico. El principio de que los síntomas desaparecen en cuanto sus previas condiciones inconscientes son atraídas a la conciencia del sujeto ha sido confirmado por todas las investigaciones ulteriores, a pesar de las singularísimas e inesperadas complicaciones con las que tropezamos al querer llevar a cabo su aplicación práctica. La eficacia de nuestra terapia no va más allá de la medida en la que le es posible transformar lo inconsciente en consciente.

Permitidme aquí una breve digresión encaminada a poneros en guardia contra la aparente facilidad de esta labor terapéutica. Por lo que hemos expuesto pudiera creerse que la neurosis no es sino la consecuencia de una especie de ignorancia de ciertos procesos psíquicos que debían ser conocidos por el sujeto, definición que se aproximaría mucho a la teoría socrática según la cual el vicio mismo es un efecto de la ignorancia. Ahora bien: un médico acostumbrado a practicar análisis no hallará, generalmente, dificultad ninguna para descubrir los procesos psíquicos de los que un enfermo no tiene conciencia, y siendo así, debería poder restablecer sin esfuerzo a su paciente, desvaneciendo su ignorancia por la comunicación de lo que a él le ha sido posible descubrir. Por lo menos, la parte relativa al sentido inconsciente de los síntomas quedaría fácilmente resuelta de este modo, pues claro es que sobre la parte restante, o sea sobre las relaciones entre los síntomas y los sucesos vividos, no puede el médico proporcionar grandes aclaraciones, dado que no conoce dichos sucesos y tiene que esperar que el enfermo los recuerde y le hable de ellos. Pero incluso sobre este punto es posible obtener, en ciertos casos, las informaciones deseadas por un camino indirecto interrogando a los familiares del enfermo, los cuales, hallándose al corriente de la vida del mismo, podrán muchas veces indicar aquellos sucesos que sobre ella han podido actuar a modo de traumas y referirse incluso a acontecimientos que el enfermo ignora por haberse producido en una época muy temprana de su vida. Combinando estos dos procedimientos debería, pues, alcanzarse, en poco tiempo y con un mínimo de esfuerzo, el resultado apetecido, o sea el de atraer a la conciencia del enfermo sus procesos psíquicos inconscientes.

Desgraciadamente, la realidad práctica es muy distinta y nos muestra que puede haber géneros muy diversos de conocimiento y que no todos poseen un mismo valor psicológico. 'Hay fagots y fagots', como decía Molière. El conocimiento del médico no es el mismo que el del enfermo y no puede tener iguales efectos. Cuando el médico comunica al paciente sus descubrimientos no obtiene resultado positivo ninguno, o mejor dicho, el único resultado que obtiene consiste no en suprimir los síntomas, sino en iniciar el análisis, cuyos primeros datos son proporcionados a veces por las contradicciones y negativas del paciente. Este sabe ya algo que hasta el momento ignoraba, o sea que sus síntomas poseen un sentido, pero su conocimiento de dicho sentido continúa siendo tan absolutamente nulo como antes. Vemos, por tanto, que existen varios géneros de ignorancia, mas para determinar en qué consisten tales diferencias será necesario esperar a que nuestros conocimientos psicológicos alcancen una mayor profundidad. De todos modos, nuestra afirmación de que los síntomas desaparecen en cuanto su sentido se hace consciente, no por ello resulta menos verdadera. Lo que sucede es que el conocimiento de dicho sentido debe hallarse basado en una transformación interna del enfermo, transformación que sólo mediante una labor psíquica continuada y orientada hacia un fin determinado puede llegar a conseguirse. Nos hallamos aquí en presencia de problema que concretaremos dentro de poco en una *dinámica* de la formación de síntoma.

Quisiera saber si esto no os parece demasiado oscuro y complicado y si no os desoriento y confundo al reiterar con tanta frecuencia aquello mismo que acabo de exponer, rodear cada afirmación de toda clase de limitaciones y abandonar un camino a poco de iniciado. Sentiría que fuese así, pero no gusto de simplificar a expensas de la verdad y no veo inconveniente alguno en que os deis cuenta de que la materia aquí tratada presenta múltiples facetas y una extrema complicación. Pienso, además, que no hay mal ninguno en exponeros sobre cada punto concreto más de lo que por el momento puede seros útil, pues sé muy bien que cada oyente o lector somete a una orientación en su pensamiento a aquello que le es comunicado y abrevia la exposición simplificándola y seleccionando lo que le parece digno de conservar en su memoria. De este modo resulta innegable que hasta una cierta medida, cuanto más cosas se exponen, más queda en los oyentes. Espero, por tanto, que no obstante todos los accesorios con que he creído deber sobrecargar mi exposición, habréis conseguido formaros una clara idea de la parte esencial de la misma, esto es, de lo relativo al sentido de los síntomas, a lo inconsciente y a las relaciones existentes entre tales elementos. Y habréis comprendido también que nuestros esfuerzos ulteriores tenderán a dos fines distintos: averiguar cómo los hombres enfermos contraen neurosis que a veces duran toda la vida, cuestión que constituye un problema clínico, e investigar, en segundo lugar, cómo los síntomas patológicos se desarrollan partiendo de las condiciones de la neurosis, cuestión que constituye un problema de dinámica psíquica. Debe, además, de existir un punto en el que estos dos problemas se encuentren.

No quisiera avanzar más por hoy, pero como aún nos queda algún tiempo aprovechable, lo utilizaré para atraer vuestra atención sobre otro carácter de nuestros dos análisis, del que más adelante habremos de ocuparnos con todo detenimiento. Me refiero a las lagunas de la memoria o amnesias. Ya os hice observar que la actuación del tratamiento psicoanalítico podría resumirse en la siguiente fórmula: transformar en consciente todo lo inconsciente patogénico. Pero quizá os extrañe averiguar que esta fórmula puede ser reemplazada por esta otra: llenar todas las lagunas de la memoria de los enfermos, o sea suprimir sus amnesias. Siendo equivalentes los contenidos de estas fórmulas, habremos de deducir que las amnesias de los neuróticos se hallan íntimamente relacionadas con la producción de sus síntomas. Sin embargo, recordando nuestro primer análisis, me observaréis que nada hay en él que justifique tal afirmación. La enferma, lejos de haber olvidado la escena a la que se enlaza su acto obsesivo, guarda de ella el más vivo recuerdo, y en la génesis de su síntoma no encontramos tampoco olvido ninguno. Menos precisa, pero totalmente análoga, es la situación psíquica de nuestra segunda enferma, la joven del ceremonial obsesivo. También ella recuerda claramente, aunque con cierta vacilación y muy a disgusto, su conducta anterior cuando insistía para que la puerta que separaba su alcoba de la de sus padres permaneciese abierta toda la noche o para que su madre le cediese su sitio en el lecho conyugal. Lo único que pudiera parecernos singular es que la primera enferma, a pesar de haber llevado a cabo su acto obsesivo un número incalculable de veces, no haya tenido jamás la menor idea de las relaciones del mismo con el suceso acaecido la noche de bodas y que el recuerdo de este suceso no haya surgido en ella ni aun en el momento en que por un interrogatorio directo se la invitaba a buscar los motivos de dicho acto. Lo mismo podemos decir de la muchacha, la cual relaciona, además, su ceremonial y las circunstancias que lo provocaron con una misma situación reproducida cada noche. En ninguno de estos casos se trata de una amnesia propiamente dicha, o sea de una pérdida de recuerdos, pero sí existe la ruptura de una conexión que debería traer consigo la reproducción del suceso, o sea su reaparición en la memoria. Una tal perturbación de esta facultad resulta suficiente en la neurosis obsesiva. En cambio, la histeria se caracteriza, la mayor parte de las veces, por amnesias de gran amplitud. El análisis de los síntomas histéricos revela, sin excepción alguna, toda una serie de impresiones de la vida pretérita que el enfermo confirma haber olvidado hasta el momento. Esta serie de impresiones olvidadas se extiende, por un lado, hasta los primeros años de la vida, de modo que la amnesia histérica puede ser considerada como una continuación directa de la amnesia infantil, que oculta, incluso a los sujetos más normales, las primeras fases de su vida anímica. Pero, además, averiguamos con asombro que también los sucesos más recientes de la vida de los enfermos pueden sucumbir al olvido, y especialmente aquellos que han favorecido la iniciación de la enfermedad o la han intensificado.

Con gran frecuencia desaparecen del recuerdo de tales sucesos recientes importantísimos detalles, o son éstos sustituidos por falsos recuerdos. También suele suceder casi siempre que, próximo ya el término del análisis, comiencen a surgir recuerdos de sucesos recentísimos, cuya retención había dejado grandes lagunas en el contexto total.

Estas perturbaciones de la memoria son, como ya hemos dicho, características de la histeria, enfermedades que presenta también, a título de síntomas, estados (crisis de histerismo) que no deja generalmente huella ninguna en la memoria. Nada de esto puede, en cambio, observarse en la neurosis obsesiva, y, por tanto, habremos de deducir que tales amnesias constituyen un carácter psicológico de la alteración histérica y no un rasgo común a todas las neurosis. Pero esta diferencia pierde parte del valor que pudiéramos atribuirle ante la consideración siguiente: al hablar del «sentido» de un síntoma nos referimos tanto a su procedencia (¿de dónde?) como a su fin (¿a dónde?) u objeto (¿para qué?); esto es, tanto a las impresiones y sucesos a que debe su origen como a la intención a cuyo servicio se ha colocado. El origen de un síntoma (¿de dónde?) se reduce de este modo a impresiones procedentes del exterior, que han sido necesariamente conscientes, en un momento dado, pero que han devenido luego inconscientes a consecuencia del olvido en que hubieron de caer. El fin del síntoma, o sea su tendencia (¿a dónde?), es, por lo contrario, en todos los casos, un proceso endopsíquico que ha podido ser consciente alguna vez, pero que puede también haber permanecido oculto siempre en lo inconsciente. Carece, por tanto, de importancia el que la amnesia pueda recaer también sobre los orígenes del síntoma, esto es, sobre los sucesos en los que el mismo se basa, pues los factores que determinan la dependencia del síntoma con relación a lo inconsciente son exclusivamente su fin y su tendencia, factores que desde un principio han podido ser inconscientes.

Esta importancia que a lo inconsciente concedemos en la vida psíquica del hombre ha sido lo que ha hecho surgir contra el psicoanálisis las más encarnizadas críticas. Mas no creáis que esta resistencia que se opone a nuestras teorías en este punto concreto es debida a la dificultad de concebir lo inconsciente o la relativa insuficiencia de nuestros conocimientos sobre este sector de la vida anímica. A mi juicio, procede de causas más profundas. En el transcurso de los siglos han infligido la ciencia a la *naïve* autoestima de los hombres dos graves mortificaciones. La primera fue cuando mostró.que la Tierra, lejos de ser el centro del Universo, no constituía sino una parte insignificante del sistema cósmico, cuya magnitud apenas podemos representarnos. Este primer descubrimiento se enlaza para nosotros al nombre de Copérnico, aunque la ciencia alejandrina anunció ya antes algo muy semejante. La segunda mortificación fue infligida a la Humanidad por la investigación biológica, la cual ha reducido a su más mínima expresión las pretensiones del hombre a un puesto privilegiado en el orden de la creación, estableciendo su ascendencia zoológica y demostrando la indestructibilidad de su naturaleza animal. Esta última transmutación de valores ha sido llevada a cabo en nuestros días bajo la influencia de los trabajos de Carlos Darwin, Wallace y sus predecesores, y a pesar de la encarnizada oposición de la opinión contemporánea. Pero todavía espera a la megalomanía humana una tercera y más grave mortificación cuando la investigación psicológica moderna consiga totalmente su propósito de demostrar al *yo* que ni siquiera es dueño y señor en su propia casa, sino que se halla reducido a contentarse con escasas y fragmentarias informaciones sobre lo que sucede fuera de su conciencia en su vida psíquica. Los psicoanalistas no son ni los primeros ni los únicos que han lanzado esta llamada a la modestia y al recogimiento, pero es a ellos a los que parece corresponder la misión de defender este punto de vista con mayor ardor, y aducir en su apoyo un rico material probatorio, fruto de la experiencia directa y al alcance de todo el mundo. De aquí la resistencia general que se alza contra nuestra disciplina y el olvido de todas las reglas de la cortesía académica, de la lógica y de la imparcialidad en el que caen nuestros adversarios. Mas a pesar de todo esto, aún nos hemos visto obligados, como no tardaréis en saber, a perturbar todavía más y en una forma distinta la tranquilidad del mundo.

LECCION XIX.   RESISTENCIA Y REPRESION

Señoras y señores:

Para progresar en nuestra inteligencia de las neurosis precisamos de nuevos datos. Voy, pues, a exponeros dos interesantísimas observaciones, que al ser publicadas por vez primera despertaron general sorpresa.

Primera. Los enfermos cuya curación emprendemos intentando libertarlos de sus síntomas oponen siempre a nuestra labor terapéutica, y a través de toda la duración del tratamiento, una enérgica y tenaz resistencia. Es éste un hecho tan singular, que no extrañamos la incredulidad con que suele acogerse su exposición y, por tanto, nos guardamos muy bien de comunicarlo a los familiares del enfermo, pues correríamos el peligro de que nuestras indicaciones fuesen consideradas como una prudente medida preventiva, encaminada a justificar de antemano la larga duración del tratamiento o su posible fracaso. Tampoco el paciente reconoce su resistencia como tal y constituye ya un éxito hacerle darse cuenta de ella. Tanto para él como para los que le rodean tiene que resultar ridículamente inverosímil la idea de que pueda haber alguien que, atormentado por determinados síntomas y dispuesto a toda clase de sacrificios con tal de verlos desaparecer, se coloque, no obstante, al lado de su enfermedad y en contra de aquellos que acuden a librarle de ella. Y, sin embargo, nada más exacto. Ante la objeción de inverosimilitud recordaremos un hecho análogo muy frecuente. No es nada raro ver individuos que, sufriendo de un terrible dolor de muelas, no se deciden a acudir al dentista, o le oponen una violenta resistencia cuando trata de atenazar la muela enferma con la llave liberadora.

La resistencia del enfermo adopta las más diversas y sutiles formas, cambia continuamente de apariencia y se hace a veces muy difícil de reconocer. Por tanto, el médico deberá hallarse constantemente sobre aviso y desconfiar de todos los actos y manifestaciones del paciente. En la terapia psicoanalítica aplicamos aquella misma técnica que os di a conocer al tratar de la interpretación de los sueños. Invitamos al enfermo a situarse en un estado de serena autoobservación y a comunicarnos todas las percepciones internas que de este modo efectúe —sentimientos, ideas y recuerdos—, en el mismo orden en que se le vayan presentando. Le rogaremos, además, expresamente, que no ceda a ningún motivo que pudiera dictarle una selección o una exclusión de determinadas percepciones, aunque las mismas le parezcan *desagradables* o *indiscretas, poco importantes* o *demasiado absurdas* para ser comunicadas. Por último, le advertiremos que no deberá pasar en ningún momento de la superficie de su conciencia, haciendo caso omiso de toda crítica que en él se eleve contra los resultados de su autoobservación, y le aseguraremos que el éxito y, sobre todo, la duración del tratamiento dependen de la fidelidad con la que se conforme y adapte a esta regla fundamental del análisis. Por la aplicación de esta técnica a la interpretación de los sueños sabemos ya que precisamente aquellas ideas y recuerdos que más dudas y objeciones despiertan en el sujeto son las que encierran, por lo general, los materiales más susceptibles de ayudarnos a descubrir lo inconsciente.

El primer resultado que obtenemos al formular esta regla fundamental de nuestra técnica es el de despertar contra ella la resistencia del enfermo, el cual intentará sustraerse a sus mandamientos por todos los medios posibles. Tan pronto afirmará que no se le ocurre nada que comunicarnos como alegará una imposibilidad de orientarse en el cúmulo de ideas que surgen en su imaginación. Comprobaremos después, con desagrado, que, a pesar de nuestras advertencias, cede a aquellas objeciones críticas contra las que hubimos de prevenirle, delatándose por las prolongadas pausas que intercala en sus manifestaciones, y acabando por confesar que le es imposible comunicarnos lo que se le ocurre, por tratarse de cosas demasiado íntimas o concernientes a una tercera persona, a la que no sería correcto poner en evidencia. Otras veces argüirá que se trata de algo tan insignificante, estúpido y absurdo, que no puede creer tenga la menor relación con nuestros propósitos terapéuticos, y de este modo, continuará variando sus objeciones hasta lo infinito, obligándonos a recordarle que si le hemos dicho que había de comunicarnos *todo* lo que en su pensamiento surgiese, es porque considerábamos indebida y perjudicial la más mínima excepción.

Difícilmente encontraremos un enfermo que no haya intentado silenciar todo un sector de su vida psíquica con el fin de hacerlo inaccesible al análisis. Uno de mis pacientes, persona de altas dotes intelectuales, me ocultó, de este modo, durante semanas enteras, unas relaciones amorosas, y cuando le reproché tal infracción a la sagrada regla psicoanalítica, se defendió alegando haber creído que aquello no podía interesar a nadie más que a él. Pero el tratamiento psicoanalítico no admite este derecho de asilo. Inténtese, por ejemplo, decretar que en una ciudad como Viena no podrá prenderse a nadie en lugares tales como el Gran Mercado o la catedral de San Esteban, y resultará inútil todo esfuerzo que se haga para capturar a cualquier malhechor, pues podemos estar seguros de que ninguno saldría de dichos asilos. En otro caso, había yo creído poder conceder un tal derecho de excepción a un individuo de cuyo restablecimiento dependían cuestiones de general importancia y al que un juramento oficial impedía revelar muchas cosas que ocupaban su imaginación. Después de vencer infinitas dificultades, terminó el tratamiento a satisfacción del enfermo, pero yo quedé mucho menos satisfecho de los resultados obtenidos, y me prometí no emprender nunca un nuevo ensayo de este género en iguales condiciones.

Los neuróticos obsesivos llegan a hacer casi inaplicable este regla técnica, exagerando sus escrúpulos de conciencia y sus vacilaciones, y los enfermos de histeria de angustia consiguen incluso reducirla al absurdo, no confesando sino ideas, sentimientos y recuerdos cuya falta de relación con lo buscado desorienta totalmente nuestra labor. Pero no entra en mis intenciones exponeros al detalle todas estas dificultades técnicas. Básteos saber que cuando por fin conseguimos, a fuerza de energía y perseverancia, imponer al enfermo una cierta obediencia a nuestra regla fundamental, la resistencia vencida por este lado se transporta en el acto a otro terreno distinto, produciéndose una resistencia *intelectual* que combate con ayuda de los más diversos argumentos, y se apodera de las dificultades e inverosimilitudes que el pensamiento normal, pero mal informado, descubre en las teorías analíticas. Escuchamos entonces de boca del enfermo todas las críticas y objeciones que en la literatura científica constan contra nosotros y que, a su vez, nos eran ya familiares antes de su publicación, por haberlas oído exponer a pacientes anteriores. Como veis, trátase de una verdadera tempestad en un vaso de agua. Pero el enfermo consiente en oírnos, y se presta a que le instruyamos, refutando sus objeciones e indicándole los trabajos de que puede extraer una completa información. Se halla dispuesto a hacerse partidario de nuestras teorías, pero a condición de que el análisis no intervenga en su caso para nada, singular actitud que habremos de rechazar como una manifestación de la resistencia, encaminada a desviarnos de nuestra labor terapéutica. En los neuróticos obsesivos, la resistencia se sirve de una táctica especial. El enfermo no pone obstáculo ninguno a nuestra labor analítica, haciéndonos creer que vamos obteniendo un rápido esclarecimiento de su caso patológico; pero al cabo de algún tiempo nos damos cuenta de que a dicho esclarecimiento no corresponde como debiera una marcada atenuación de los síntomas, y descubrimos que la resistencia se ha refugiado en el estado de duda característico de la neurosis obsesiva, y burla, atrincherada en esta oculta posición, todos nuestros ataques. El enfermo piensa, aproximadamente, lo que sigue: «Todo esto es muy interesante y merece ser seguido con la mayor atención. Si fuera verdad, cambiaría seguramente el curso de mi enfermedad, pero no creo que lo sea, y mientras no me convenza para nada puede influir en ella.» Esta situación dura, a veces, largo tiempo, hasta que nos es posible atacar a la resistencia en su refugio mismo e iniciar de este modo la lucha decisiva.

Las resistencias intelectuales no son las peores y logramos siempre vencerlas. Pero permaneciendo dentro del cuadro del análisis halla el enfermo medio de suscitar resistencias contra las que la lucha resulta extraordinariamente difícil. En lugar de recordar, *repite* aquellos sentimientos y actitudes de su vida pretérita, que por medio de la *transferencia* pueden ser utilizados como procedimientos de resistencia contra el médico y el tratamiento. Los enfermos de sexo masculino reproducen generalmente, en estos casos, los sentimientos que abrigaron hacia su propio padre, pero sustituyendo a éste la persona del médico, y convierten así en resistencia determinados caracteres de la relación filial o resultante de ella, tales como el deseo de independencia, el amor propio que impulsa al hijo a igualar o sobrepasar a su padre y la repugnancia a echar sobre sí, una vez más, en la vida, el peso del agradecimiento. Por momentos experimentamos la impresión de que el propósito de confundir al médico, hacerle sentir su impotencia y triunfar sobre él, supera en el enfermo a la intención mejor y más lógica de ver curada su enfermedad. Las mujeres muestran, a su vez, una gran maestría para utilizar como procedimiento de resistencia la transferencia sobre el médico de sentimientos cariñosos de acentuado carácter erótico. Cuando esta tendencia llega a alcanzar una cierta intensidad, pierde la enferma todo interés por el tratamiento y olvida todas las obligaciones a que prometió someterse en sus comienzos. Por otro lado, los celos, que no dejan nunca de presentarse, y la decepción que causa a la paciente la cortés frialdad que el médico opone a sus sentimientos, no pueden sino contribuir a perturbar las serenas relaciones personales que deben existir entre médico y sujeto y a eliminar de este modo uno de los más poderosos factores del análisis.

Sin embargo, no debemos condenar irrevocablemente las resistencias de este género, pues, a pesar de todo, contienen siempre importantísimos datos de la vida pretérita del enfermo, y nos lo revelan, además, de una forma tan convincente, que constituyen uno de los mejores elementos auxiliares del análisis, siempre que por medio de una acertada técnica se las sepa orientar favorablemente. Pero, de todos modos, se observa que estos elementos comienzan siempre por ponerse al servicio de la resistencia, y no exteriorizan sino una fachada hostil al tratamiento. Puede también decirse que se trata de caracteres o cualidades peculiares al *yo* del enfermo, que han sido movilizados para combatir aquellas modificaciones que el tratamiento aspira a conseguir. Estudiando estos caracteres nos damos cuenta de que se han formado en relación con las condiciones de las neurosis y por reacción contra sus exigencias. Podemos, pues, considerarlos como latentes, en sentido de que no se hubieran jamás presentado, o no se hubieran presentado con la misma intensidad fuera de la neurosis. Pero no creáis que la aparición de estas resistencias pueda amenazar la eficacia del tratamiento analítico, pues no constituye nada imprevisto para ei analista. Por el contrario, contamos con ellas, y únicamente nos desagradan cuando no logramos provocarlas con una precisión suficiente y hacerlas inteligibles al enfermo. Finalmente, llegamos a darnos cuenta de que la supresión de estas resistencias constituye la más importante función del análisis, y al mismo tiempo la única parte de nuestra labor, que si logramos llevarla a buen puerto, podrá darnos la certidumbre de haber prestado al enfermo un verdadero servicio.

A todo esto habréis de añadir que el paciente aprovecha cualquier ocasión de relajar su esfuerzo, utilizando con este fin los accidentes que puedan sobrevenir durante el tratamiento, los sucesos exteriores susceptibles de distraer su atención, las opiniones adversas al análisis formuladas por alguna persona de su intimidad, una enfermedad orgánica accidental o surgida a título de complicación de la neurosis, y, en último término, incluso la misma mejoría de su estado. Añadid todo esto, y tendréis un cuadro, si no completo, muy aproximado de las formas y medios de resistencia con los que nos vemos obligados a luchar durante todo el análisis. Me he detenido a exponeros tan al detalle esta parte de nuestras investigaciones por ser precisamente el conocimiento de la resistencia opuesta por el enfermo a la supresión de sus síntomas lo que ha servido de base a nuestra concepción dinámica de las neurosis. Breuer y yo comenzamos por practicar la psicoterapia por medio del hipnotismo. La primera enferma de Breuer no fue tratada sino en estado de sugestión hipnótica, y yo continué después aplicando este procedimiento a mis enfermos. Con la ayuda del hipnotismo resulta el tratamiento analítico mucho más breve, fácil y agradable que actualmente, pero sus resultados eran inseguros y nada duraderos, razón por la cual me decidí a prescindir de él en absoluto, y vi entonces claramente cómo durante todo el tiempo en que hubimos de recurrir a su ayuda fue imposible llegar al conocimiento de la dinámica de estas enfermedades. En efecto, el estado hipnótico ocultaba la resistencia a la percepción del médico. Bajo la presión de la hipnosis, la resistencia dejaba libre un determinado sector, en el que el análisis podía actuar con todo desembarazo, pero, en cambio, se acumulaba en los límites de dicho sector, haciéndose impenetrable. La actuación del hipnotismo, con respecto a la resistencia, resultaba así muy semejante a las que atribuimos a la duda de la neurosis obsesiva. Creo, por tanto, tener un pleno derecho a proclamar que el psicoanálisis propiamente dicho no data sino del momento en que renuncié a recurrir a la sugestión hipnótica.

Pero aunque la comprobación de este fenómeno haya alcanzado una tan importante significación, será prudente preguntarnos si quizá no procedemos con alguna ligereza al considerar como resistencia muchas de las exteriorizaciones de nuestros enfermos. Pudieran existir casos de neurosis en los que la carencia de asociaciones obedeciese a causas distintas, y tampoco es imposible que los argumentos que sobre este punto concreto se nos oponen merezcan ser tomados en consideración, siendo nosotros los que obramos equivocadamente al rechazar la crítica intelectual de nuestros analizados, aplicándola al cómodo calificativo de resistencia. Pero debo advertiros que este juicio no ha sido formulado por nosotros sino después de una larga e intensa labor y después de haber tenido ocasión de observar a cada uno de estos enfermos críticos en el momento de aparición de una resistencia y después de la desaparición de la misma. Sucede, además, que la resistencia cambia constantemente de intensidad, pues aumenta siempre que se aborda un tema nuevo, alcanza su grado máximo en el momento más interesante de la elaboración del mismo y baja de nuevo al quedar agotado. Lo que nunca hemos llegado a provocar, a menos de haber incurrido en graves errores de técnica, ha sido el máximo de resistencia de que el enfermo resulta capaz. De este modo, nos ha sido posible adquirir la convicción de que los pacientes abandonan y vuelven a adoptar su actitud crítica un número incalculable de veces durante el curso del análisis. Cuando nos hallamos a punto de atraer a la conciencia un nuevo fragmento, particularmente penoso, del material inconsciente, su criticismo alcanza el más alto grado, y todo aquello que de nuestras teorías ha llegado a aceptar y comprender hasta el momento queda anulado en un instante. En su tendencia a la contradicción a todo precio puede incluso llegar a presentar el cuadro completo de la imbecilidad afectiva. Pero si podemos ayudarle a vencer esta resistencia, recobrará el dominio sobre sus ideas y su facultad de comprender. Su crítica no es, por tanto, una función independiente y, como tal, digna de respeto, sino un arma de su situación afectiva dirigida por su resistencia. Contra aquello que no le conviene se defiende con agudo ingenio y gran espíritu crítico; pero, en cambio, da muestras de la mayor y más ingenua credulidad cuando se trata de aceptar algo que se acomoda a sus intenciones. Puede ser que esto mismo se verifique también en todo hombre normal, y que si esta subordinación del intelecto a la vida afectiva se nos muestra con mayor precisión en el analizado, sea únicamente por la presión que sobre él ejerce el análisis.

¿Cómo explicamos este hecho de que el enfermo se defienda con tanta energía contra la supresión de sus síntomas y el restablecimiento del curso normal de sus procesos psíquicos? Nos decimos que estas fuerzas que se oponen a la modificación del estado patológico deben de ser las mismas que anteriormente hubieron de provocarlo. Durante la construcción de sus síntomas algo debió de tener lugar que ahora nosotros podemos reconstruir, de las propias experiencias durante la resolución de sus síntomas. Sabemos ya, desde las observaciones de Breuer, que la existencia del síntoma tiene por condición el que un proceso psíquico no haya podido llegar a su fin normal de manera a poder hacerse consciente. El síntoma viene entonces a sustituir a aquella parte evolutiva del proceso que ha quedado obstruida. Estas observaciones nos revelan el lugar en que debemos situar aquella actuación de una energía cuya existencia sospechábamos. Contra la penetración del proceso psíquico hasta la conciencia ha debido de elevarse una violenta oposición, que le ha forzado a permanecer inconsciente, adquiriendo como tal la capacidad de engendrar síntomas. Idéntica oposición se manifiesta en el curso del tratamiento contra los esfuerzos encaminados a transformar lo inconsciente en consciente, y esta oposición es la que advertimos en calidad de resistencia. A este proceso patógeno, que se manifiesta a nuestros ojos por el intermedio de la resistencia, es al que damos el nombre de «represión».

Intentaremos ahora formarnos una idea más precisa de este proceso de represión, que constituye la condición preliminar de la formación de síntomas y es a la vez algo para lo que no conocemos analogía ninguna. Tomemos como modelo un impulso, o sea un proceso psíquico dotado de una tendencia a transformarse en acto. Sabemos que este impulso puede ser rechazado y condenado y que por este hecho queda despojado de la energía de que podía disponer y deviene impotente. Pero puede persistir a título de recuerdo, dado que todo el proceso de su enjuiciamiento y condena se desarrolla bajo la intervención consciente del *yo*. Si este mismo impulso sucumbiera a la represión, la situación sería muy distinta, pues el impulso conservaría su energía, pero no dejaría tras de sí ningún recuerdo, y el proceso mismo de la represión se llevaría a cabo sin conocimiento del *yo*.

Vemos, pues, que esta comparación no nos aproxima en ningún modo a la inteligencia de la naturaleza de la represión. Con objeto de conseguir la comprensión de este proceso os expondré ahora aquellas representaciones teóricas que han demostrado ser las únicas utilizables para enlazar el concepto de represión a una imagen definida. Ante todo, es necesario que sustituyamos al sentido descriptivo de la palabra «inconsciente» su sentido sistemático o, dicho de otra manera, es preciso que nos decidamos a reconocer que la conciencia o la inconsciencia de un proceso psíquico no son sino una de las propiedades del mismo, sin que, además, hayan de ser como tales obligadamente unívocas. Cuando un proceso permanece inconsciente, su separación de la conciencia constituye, quizá, tan sólo un indicio de la suerte que ha corrido, pero nunca esta suerte misma. Para hacernos una idea exacta de este su destino admitimos que todo proceso psíquico —salvo una excepción, de la que más tarde hablaremos— existe al principio en una fase o estadio inconsciente, pasando después a la fase consciente, del mismo modo que una imagen fotográfica comienza por ser negativa y no llega a constituir la imagen verdadera sino después de haber pasado a la fase positiva. Ahora bien: así como no todos los negativos llegan necesariamente a ser positivados, tampoco es obligado que todo proceso psíquico inconsciente haya de transformarse en consciente.

Diremos, pues, que todo proceso forma parte primeramente del sistema psíquico de lo inconsciente y puede después, bajo determinadas circunstancias, pasar al sistema de lo consciente.

La representación más grosera de estos sistemas —o sea la espacial— es la que nos resulta más cómoda. Asimilaremos, pues, el sistema de lo inconsciente a una gran antecámara, en la que se acumulan, como seres vivos, todas las tendencias psíquicas. Esta antecámara da a otra habitación más reducida, una especie de salón, en el que habita la conciencia; pero ante la puerta de comunicación entre ambas estancias hay un centinela que inspecciona a todas y cada una de las tendencias psíquicas, les impone su censura e impide que penetren en el salón aquellas que caen en su desagrado. Que el centinela rechace a una tendencia dada desde el umbral mismo del salón o que la haga retroceder después de haber penetrado en él son detalles exentos de toda importancia y dependientes tan sólo de la mayor o menor actividad y perspicacia que el mismo despliegue. Esta imagen tiene para nosotros la ventaja de permitirnos desarrollar nuestra nomenclatura técnica. Las tendencias que se encuentran en la antecámara reservada a lo inconsciente escapan a la vista de la conciencia recluida en la habitación vecina, y, por tanto, tienen en un principio que permanecer inconscientes. Cuando después de haber penetrado hasta el umbral son rechazadas por el vigilante, es que son incapaces de devenir consciente, y entonces las calificamos de *reprimidas*. Pero tampoco aquellas otras a las que el vigilante ha permitido franquear el umbral se han hecho por ello conscientes necesariamente, pues esto no podrá suceder más que en los casos en que hayan conseguido atraer sobre sí la mirada de la conciencia. Llamaremos, pues, a esta segunda habitación sistema de lo *preconsciente*. De este modo conserva la percatación su sentido puramente descriptivo. La esencia de la represión consiste en el obstáculo infranqueable que el centinela opone al paso de una tendencia dada, de lo inconsciente a lo preconsciente. Y este mismo centinela es el que se nos muestra en forma de resistencia cuando intentamos poner fin a la represión por medio del análisis.

Me diréis, sin duda, que estas representaciones son tan groseras como fantásticas y nada propias de una exposición científica. Convengo en que, efectivamente, adolecen del primero de los defectos señalados, y añadiré que no las creo, además, completamente exactas. Así, pues, tengo ya preparado algo que las sustituya con ventaja, aunque no pueda garantizaros que no siga pareciéndonos fantástico. Entre tanto, habréis de concederme que estas representaciones auxiliares, de las que tenemos un ejemplo en el muñeco de Ampère nadando en el circuito eléctrico, no son, ni mucho menos, despreciables, en tanto en cuanto constituyen un medio auxiliar para la comprensión de determinadas observaciones. Puedo aseguraros que nuestra grosera hipótesis de las dos habitaciones con un centinela vigilando a la puerta de comunicación entre ambas, y la conciencia como espectadora al fondo de la segunda estancia, nos da una idea muy aproximada de la situación real, y quisiera también que convinierais en que nuestros términos *inconsciente, preconsciente* y *consciente* prejuzgan menos y se justifican más que otros muchos propuestos o ya en uso, tales como *subconsciente, paraconsciente, intraconsciente,* etc.

Pero aún podéis hacerme una observación mucho más importante. Podéis, en efecto, advertirme que la organización del aparato psíquico, admitida por nosotros para la explicación de los síntomas neuróticos, habrá de poseer una validez general y servirnos también para el esclarecimiento de la función normal. Exacto. No me es posible, por el momento, entrar en el examen de esta extensión de nuestra hipótesis a la vida anímica normal, pero sí quiero hacer resaltar el extraordinario incremento que experimenta nuestro interés por la psicología de la formación de síntomas, ante la esperanza de que el estudio de las circunstancias patológicas nos aproxime al conocimiento del devenir psíquico normal, oculto hasta ahora a nuestros ojos.

Todo esto que acabo de exponeros sobre los dos sistemas psíquicos, sus relaciones recíprocas y los lazos que les unen a la conciencia, ¿no os recuerda algo ya conocido? A poco que reflexionéis os daréis cuenta de que el centinela que hemos colocado entre lo inconsciente y lo preconsciente no es otra cosa que una personificación de la *censura,* a la que en nuestra primera serie de conferencias vimos dedicada a la formación del sueño manifiesto. Los restos diurnos, a los que reconocimos como estímulos del sueño, eran, según nuestra concepción del fenómeno onírico, materiales inconscientes que, habiendo sufrido durante el estado de reposo nocturno la influencia de deseos inconscientes y reprimidos, se asocian a ellos y forman, con su colaboración y merced a la energía de que se hallan dotados, el sueño latente. Bajo el dominio del sistema inconsciente, los materiales preconscientes sufren una elaboración constituida por una condensación y un desplazamiento, elaboración que no suele observarse sino excepcionalmente en la vida psíquica normal, o sea en el sistema preconsciente. Estas diferencias en el funcionamiento de los dos sistemas fue lo que nos sirvió para caracterizarlos, considerando únicamente como un indicio de la pertenencia de un proceso a uno u otro de ellos su relación con la conciencia, la cual no es sino una prolongación de lo preconsciente. Ahora bien: el sueño no es ya un fenómeno patológico y se realiza en todo hombre normal dentro de las condiciones que caracterizan al estado de reposo. Nuestra hipótesis sobre la estructura del aparato psíquico, hipótesis que engloba en la misma explicación la formación del sueño y la de los síntomas neuróticos, puede extenderse, según todas las probabilidades, a la vida psíquica normal.

Es esto todo lo que por el momento puedo deciros sobre la represión, proceso que no es sino una *precondición* de la formación de síntomas. Sabemos que el síntoma es un sustitutivo de algo que la represión impide manifestarse. Pero del conocimiento de este proceso a la comprensión de la formación sustitutiva hay una considerable distancia. La represión nos plantea ya por sí misma los problemas de cuáles son las tendencias psíquicas que a ella sucumben y cuáles las fuerzas que la imponen y los motivos a que obedece. Para responder a estas interrogaciones no disponemos por ahora sino de un único elemento. Nuestras anteriores investigaciones nos han demostrado que la resistencia es un producto de las fuerzas del *yo,* esto es, de sus cualidades características, tanto conocidas como latentes. Son, pues, estas mismas fuerzas y cualidades las que deben de haber determinado la represión, o por lo menos, haber contribuido a producirla. El resto nos es todavía desconocido.

En este punto acude a prestarnos su auxilio la segunda de las observaciones de que antes os he hablado. El análisis nos permite definir de un modo general la intención a cuyo servicio se hallan colocados los síntomas neuróticos. No es esto, además, nada nuevo para vosotros, pues ya pudisteis observarlo en los casos de neurosis que hemos sometido a investigación. Ahora bien: podéis alegar que dos únicos análisis no constituyen prueba suficiente y exigirme que os demuestre mi afirmación en un número ilimitado de ejemplos. Pero esto es imposible. Habré, pues, de aconsejaros nuevamente que recurráis a la observación directa o prestéis fe a la afirmación unánime de todos los psicoanalistas.

Recordaréis, sin duda, que en los dos casos cuyos síntomas hemos sometido a un detenido examen nos ha hecho penetrar el análisis en la vida íntima sexual de los enfermos. Además, en el primero de ellos hemos reconocido de un modo particularmente preciso la intención o la tendencia de los síntomas investigados. En cambio, en el segundo es posible que dicha intención o tendencia haya quedado oculta por algo de lo que ya tendremos ocasión de hablar más adelante. Todos los demás casos que sometiésemos al análisis nos revelarían exactamente los mismos datos, pues en todos ellos llegaríamos al conocimiento de los deseos sexuales del enfermo y de los sucesos de este mismo orden que han dejado una huella en su vida, imponiéndonos la conclusión de que todos los síntomas de los neuróticos obedecen a idéntica tendencia; esto es, a la satisfacción de los deseos sexuales. Los síntomas tienden a la satisfacción sexual del enfermo y constituyen una sustitución de la misma cuando el enfermo carece de ella en la vida normal.

Recordad el acto obsesivo de nuestra primera paciente. Tratábase de una mujer privada de su marido, al que ama en extremo, pero cuya vida no puede compartir a causa de sus defectos y debilidades. No obstante, debe continuar siéndole fiel y no intenta reemplazarle por otro hombre. Su síntoma obsesivo le procura aquello a lo que aspira, pues por medio de él rehabilita a su marido, negando y corrigiendo sus debilidades y, ante todo, su impotencia. Este síntoma no es, en el fondo, como los sueños, sino una satisfacción de un deseo erótico. A propósito de nuestra segunda enferma, habréis podido observar, por lo menos, que su ceremonial se encaminaba a oponerse a las relaciones sexuales de sus padres, con el fin de hacer imposible el nacimiento de un nuevo hijo. Habréis visto, igualmente, que por medio de este ceremonial tendía, en el fondo, nuestra enferma a sustituir a su madre. Trátase, pues, aquí como en el primer caso, de la supresión de obstáculos que se oponen a la satisfacción sexual y de la realización de deseos eróticos. De aquella complicación a que antes aludimos nos ocuparemos muy en breve.

Con el fin de justificar las restricciones que a continuación he de imponer a la generalidad de los principios expuestos, quiero atraer ahora vuestra atención sobre el hecho de que todo lo que aquí afirmo sobre la represión, la formación de los síntomas y su significado ha sido deducido del análisis de tres formas de neurosis —la histeria de angustia, la histeria de conversión y la neurosis obsesiva—, y no se aplica en principio más que a ellas. Estas tres afecciones, que acostumbramos reunir en un mismo grupo bajo el nombre genérico de *neurosis de transferencia*, circunscriben igualmente el dominio en que puede ejercerse la terapia psicoanalítica. Las demás neurosis no han sido objeto, por parte del psicoanálisis, de estudios tan penetrantes y profundos, e incluso hemos dejado de ocuparnos de uno de sus grupos ante la imposibilidad de toda intervención terapéutica. No debéis olvidar que el psicoanálisis es una ciencia aún muy joven, que para prepararse a ejercerla es necesaria una penosa y duradera labor, y que hasta hace poco tiempo no contaba sino con un sólo partidario.

Pero en la actualidad se manifiesta un general deseo de penetrar y comprender la naturaleza de aquellas otras afecciones distintas de las neurosis de transferencia, y espero poder exponeros todavía el desarrollo que experimentan nuestras hipótesis y resultados al ser aplicados a estos nuevos materiales, y mostraros cómo de estos nuevos estudios no ha surgido refutación alguna de nuestras primeras conclusiones. Una nueva observación, referente a las tres neurosis de transferencia, realza aún más el valor de los síntomas. El examen comparativo de las causas ocasionales de estas tres enfermedades da un resultado que puede resumirse en la fórmula siguiente: Los enfermos atacados por ellas sufren de una *frustración*, por rehusarles la realidad de la satisfacción de sus deseos sexuales. Como veis, el acuerdo entre estos dos resultados es perfecto y nos muestra una vez más que los síntomas son una satisfacción sustitutiva destinada a reemplazar a aquella que resulta imposible en la vida normal.

Ciertamente, pueden oponerse todavía numerosas objeciones al principio de que los síntomas neuróticos son satisfacciones sexuales sustitutivas. De dos de estas objeciones quiero ocuparme en el acto. Si hubierais sometido directamente al examen psicoanalítico un cierto número de enfermos, me diríais quizá en tono de reproche: «Existe una serie de casos en que vuestra afirmación no se confirma, pues los síntomas parecen presentar en ellos una tendencia contraria, consistente en excluir o suprimir la satisfacción sexual.» No voy por ahora a negar la exactitud de vuestra interpretación. Pero aquellos estados que constituyen el objeto de los estudios psicoanalíticos son generalmente más complicados de lo que quisiéramos, aunque claro es que si no lo fueran, no habría necesidad de una disciplina especial para elucidarlos. Ciertos fragmentos del ceremonial de nuestra segunda enferma muestran, en efecto, este carácter ascético y hostil a la satisfacción sexual, por ejemplo, cuando aleja de su habitación toda clase de relojes, acto mágico con el que imagina evitarse las erecciones nocturnas, o cuando quiere impedir la caída y rotura de floreros y jarrones, esperando con este acto preservar su virginidad. En otros casos de ceremonial inherente al acto de acostarse que he tenido ocasión de analizar, este carácter negativo se mostraba mucho más pronunciado, y algunos de ellos se componían por entero de medidas preservativas contra los recuerdos y las tentaciones sexuales. Pero el psicoanálisis nos ha mostrado más de una vez que las antítesis no equivalen siempre a una contradicción. Pudiéramos ampliar nuestro principio diciendo que los síntomas tienden unas veces a procurar una satisfacción sexual al sujeto y otras a preservarle contra la misma, predominando en la histeria el carácter positivo, o sea el de satisfacción, y el negativo o ascético en la neurosis obsesiva. Si los síntomas pueden servir tanto a la satisfacción sexual como a su contrario, este su doble destino o bipolaridad se explica perfectamente por uno de los engranajes de su mecanismo, del que no hemos tenido todavía ocasión de hablar. Los síntomas son, ante todo, como más adelante veremos, efectos de transacciones resultantes de la interferencia de las tendencias opuestas, y expresan tanto lo que ha sido reprimido como lo que ha constituido la causa de tal represión y ha contribuido de esta manera a su génesis. La sustitución puede efectuarse más en provecho de una de estas tendencias que de la otra, y raras veces se hace en provecho de una sola. En la histeria, las dos intenciones se expresan, la mayor parte de las veces, por un único síntoma, y, en cambio, en la neurosis obsesiva existe una separación entre ambas, consistente en que el síntoma aparece en dos tiempos; esto es, se compone de dos actos que se llevan a cabo sucesivamente y se anulan uno al otro.

Menos fácil nos será disipar otra de nuestras dudas. Pasando revista a un cierto número de interpretaciones de síntomas, os mostraréis quizá inclinados a concluir que constituye un abuso teórico el querer explicaros todos por la satisfacción sustitutiva de deseos sexuales, y haréis resaltar que estos síntomas no ofrecen a la satisfacción ningún elemento real, limitándose la mayor parte de las veces a reanimar una sensación o a representar una imagen fantástica perteneciente a un complejo sexual. Hallaréis, además, que la pretendida satisfacción sexual presenta con gran frecuencia un carácter pueril e indigno, se aproxima a un acto masturbatorio o recuerda aquellas sucias prácticas que prohibimos ya a los niños. Pero, sobre todo, manifestaréis vuestro asombro ante el hecho de considerar como una satisfacción sexual algo que no debía ser descrito sino como una satisfacción de deseos crueles o repugnantes y a veces contra la naturaleza. Sobre estos últimos puntos no nos será posible ponernos de acuerdo mientras no hayamos sometido a un profundo examen la vida sexual del hombre y no hayamos definido qué es lo que podemos permitirnos considerar como sexual sin riesgo de equivocarnos.

LECCION XX. LA VIDA SEXUAL HUMANA

Señoras y señores:

A primera vista parece que todo el mundo se halla de acuerdo sobre el sentido de «lo sexual», asimilándolo a lo indecente: esto es, a aquello de que no debe hablarse entre personas correctas. Hasta mis oídos há llegado la curiosa anécdota siguiente: Los alumnos de un célebre psiquíatra, queriendo convencer a su maestro de que los síntomas de los histéricos poseían, con extraordinaria frecuencia, un carácter sexual, le condujeron ante el lecho de una histérica, cuyos accesos simulaban, innegablemente, el parto. Mas el profesor exclamó con aire despectivo: «Está bien; pero el parto no tiene nada de sexual.» En efecto: un parto no es siempre un acto incorrecto y poco decoroso.

Extrañaréis, sin duda, que me permita bromear sobre cosas tan serias. Pero he de advertiros que no se trata únicamente de una chanza más o menos ingeniosa, pues, en realidad, resulta muy difícil delimitar con exactitud el contenido del concepto de «lo sexual». Lo más acertado sería decir que entraña todo aquello relacionado con las diferencias que separan los sexos; mas esta definición resultaría tan imprecisa como excesivamente comprensiva. Tomando como punto central el acto sexual en sí mismo, podría calificarse de sexual todo lo referente a la intención de procurarse un goce por medio del cuerpo y, en particular, de los órganos genitales del sexo opuesto, o sea todo aquello que tiende a conseguir la unión de los genitales y la realización del acto sexual. Sin embargo, esta definición tiene también el defecto de aproximarnos a aquellos que identifican lo sexual con lo indecente y hacernos convenir con ellos en que el parto no tiene nada de sexual. En cambio, considerando la procreación como el nódulo de la sexualidad, se corre el peligro de excluir del concepto definido una gran cantidad de actos, tales como la masturbación o el mismo beso, que, presentando un indudable carácter sexual, no tienen la procreación como fin. Estas dificultades con que tropezamos para establecer el concepto de lo sexual surgen en todo intento de definición y, por tanto, no deben sorprendernos con exceso. Lo que sí sospechamos es que en el desarrollo de la noción de «lo sexual» se ha producido algo cuya consecuencia podemos calificar utilizando un excelente neologismo de H. Silberer, de «error por encubrimiento» *(Uberdeckungsfehler)*.

Sin embargo, tampoco sería justo decir que carecemos de toda orientación sobre lo que los hombres denominan «sexual». Una definición que tenga a la vez en cuenta la oposición de los sexos, la consecución de placer, la función procreadora y el carácter indecente de una serie de actos y de objetos que deben ser silenciados; una tal definición, repetimos, puede bastar para todas las necesidades prácticas de la vida; pero resulta insuficiente desde el punto de vista científico, pues merced a minuciosas investigaciones, que han exigido por parte de los sujetos examinados un generoso desinterés y un gran dominio de sí mismos, hemos podido comprobar la existencia de grupos enteros de individuos cuya vida sexual difiere notablemente de la considerada como «normal». Algunos de estos «perversos» han suprimido, por decirlo así, de su programa la diferencia sexual, y sólo individuos de su mismo sexo pueden llegar a constituirse en objeto de sus deseos sexuales. El sexo opuesto no ejerce sobre ellos atracción sexual ninguna, y en los casos extremos llegan a experimentar por los órganos genitales contrarios una invencible repugnancia.

Estos individuos, que, naturalmente, han renunciado a toda actividad procreadora, reciben el nombre de homosexuales o invertidos y son hombres o mujeres que muchas veces, aunque no siempre, han recibido una esmerada educación, poseen un nivel moral o intelectual muy elevado y no presentan, fuera de esta triste anomalía, ninguna otra tara. Por boca de sus representantes en el mundo científico se dan a sí mismos la categoría de una variedad humana particular, de un «tercer sexo», que puede aspirar a los mismos derechos que los otros dos, pretensión cuyo examen crítico tendremos quizá ocasión de hacer más adelante. Han tratado, también, de hacer creer que constituyen una parte selecta de la Humanidad; pero lo cierto es que la proporción de individuos carentes de todo valor es, entre ellos, idéntica a la que se da en el resto de los grupos humanos de diferentes normas sexuales. Estos «perversos» se comportan, por lo menos con respecto a su objeto sexual, aproximadamente del mismo modo que los normales con respecto al suyo; pero existe todavía una amplia serie de anormales cuya actividad sexual se aparta cada vez más de aquello que un hombre de sana razón estima deseable. Por su variedad y singularidad, no podríamos compararlos sino a los monstruos deformes y grotescos que en el cuadro de P. Brueghel acuden a tentar a San Antonio, o a los olvidados dioses y creyentes que Gustavo Flaubert hace desfilar en larga procesión ante su piadoso eremita. Tan abigarrada multitud exige una clasificación, sin la cual nos sería imposible orientarnos. Así, pues, los dividimos en dos grupos: aquellos que, como los homosexuales, se distinguen del hombre normal por el *objeto* de sus deseos sexuales, y aquellos otros que tienden a un *fin* sexual distinto del normalmente aceptado. Al primer grupo pertenecen aquellos que han renunciado a la cópula de los órganos genitales opuestos y reemplazan en su acto sexual los genitales de su pareja por otra parte o región del cuerpo de la misma. Poco importa que esta parte o región se preste mal, por su estructura, al acto intentado; los individuos de este grupo prescinden de toda consideración de este género y traspasan los límites de la repugnancia, sustituyendo la vagina por la boca o el ano. A continuación, y dentro del mismo grupo, hallamos otros sujetos que encuentran la satisfacción de sus deseos en los órganos genitales, mas no a causa de la función sexual de los mismos, sino por otras funciones que por razones anatómicas o de proximidad les son inherentes. Todo el interés sexual de estos individuos queda monopolizado por las funciones de la excreción. Vienen después otros perversos que han renunciado ya por completo a los órganos genitales como objetos de satisfacción sexual y han elevado a esta categoría a otras partes del cuerpo totalmente diferentes, tales como los senos, los pies o los cabellos femeninos. Otros no intentan ya satisfacer su deseo sexual con ayuda de una región cualquiera del cuerpo femenino, sino que se contentan con una parte del vestido, un zapato, una prenda interior, etc., y reciben así el calificativo de «fetichistas». Por último, citaremos aquellos que desean al objeto sexual en su totalidad; pero exigen determinados requisitos, singulares o aterradores, hasta el punto de no ser capaces de gozar sino cuerpos muertos, aberración que los lleva hasta el asesinato. Pero basta de tales horrores.

El otro gran grupo de perversos se compone, en primer lugar, de individuos cuyo fin sexual es algo, normalmente considerado, como un mero acto preparatorio del fin verdadero. Inspeccionan, palpan y tocan a la persona de sexo opuesto, buscan entrever las partes escondidas e íntimas de su cuerpo o descubren sus propias partes pudendas con la secreta esperanza de obtener una reciprocidad. Vienen después los enigmáticos sadistas, que no conocen otro placer que el de infligir a su objeto dolores y sufrimientos de toda clase, desde la simple humillación a las graves lesiones corporales, y paralelamente a éstos, aparecen los masoquistas, cuyo único goce consiste en recibir del objeto amado todas las humillaciones y sufrimientos en forma simbólica o real. Otros, por último, presentan una asociación o entrecruzamiento de varias de estas tendencias anormales. Para terminar, añadiremos que cada uno de los dos grandes grupos de que acabamos de ocuparnos se subdivide en otros dos. La primera de estas subdivisiones comprende a los individuos que buscan la satisfacción sexual de la realidad, y la segunda, a aquellos otros que se contentan simplemente con representarse en su imaginación dicha satisfacción y sustituyen el objeto real por sus fantasías.

Que todos estos horrores o extravagancias representan realmente la actividad sexual de estos individuos es algo que no admite la menor duda, pues no sólo son concebidos por ellos como tal actividad, sino que desempeñan en su vida idéntico papel que la normal satisfacción sexual en la nuestra y su consecución les impulsa a sacrificios iguales y a veces mucho mayores que a los normales la de sus deseos. Examinando estas aberraciones, tanto al detalle como en conjunto, pueden descubrirse los extremos en que las mismas se aproximan al estado normal y aquellos otros en que de él se apartan. Adviértase asimismo que el carácter de indecencia inherente a la actividad sexual llega aquí a su máximo grado.

Y ahora, ¿qué actitud deberemos adoptar con respecto a estas formas extraordinarias de la satisfacción sexual? Declarar que nos hallamos indignados, manifestar nuestra aversión personal y asegurar que jamás compartiremos tales vicios son cosas que no significan nada y que, además, nadie nos exige. Trátase, después de todo, de un orden de fenómenos que solicita nuestra atención con los mismos títulos que otro cualquiera. Escudarse en la afirmación de que se trata de hechos rarísimos y excepcionales es exponerse a un rotundo mentís. Los fenómenos de que nos ocupamos son, por el contrario, muy frecuentes y se hallan harto difundidos. Ahora bien: si se nos alega que no tratándose, en último análisis, sino de desviaciones y perversiones del instinto sexual, no debemos dejarnos inducir por ellas en error por lo que respecta a nuestro modo de concebir la vida sexual en general, nuestra respuesta sería inmediata. Mientras no hayamos comprendido estas formas patológicas de la sexualidad y mientras no hayamos establecido sus relaciones con la vida sexual normal, nos será igualmente imposible llegar a la inteligencia de esta última. Nos hallamos, pues, ante una urgente labor teórica, que consistirá en justificar la posibilidad de las perversiones de que hemos hablado y establecer sus relaciones con la sexualidad llamada normal.

En esta labor nos auxiliarán una observación teórica y dos nuevos resultados experimentales: la primera es de Ivan Bloch, que, rectificando la concepción de todas estas perversiones como «estigmas de degeneración», hace observar que tales desviaciones del fin sexual y tales actitudes perversas con respecto al objeto han existido en todas las épocas conocidas y en todos los pueblos, tanto en los más primitivos como en los más civilizados, y han gozado a veces de completa tolerancia y general aceptación. Los dos nuevos resultados a que nos referimos han sido obtenidos en el curso de investigaciones psicoanalíticas de sujetos neuróticos, y son de tal naturaleza, que pueden orientar de una manera decisiva nuestra concepción de las perversiones sexuales.

Los síntomas neuróticos —hemos dicho— son satisfacciones sustitutivas, y ya hube de indicaros que la confirmación de este principio por medio del análisis de los síntomas tropezaría con graves dificultades. En efecto: para poder dar a los síntomas esta categoría tenemos que incluir en el concepto de «satisfacción sexual» la de los deseos sexuales llamados perversos, pues el análisis nos impone con sorprendente frecuencia una tal interpretación. La pretensión de los homosexuales o invertidos a ser considerados como seres excepcionales cae por su base en cuanto descubrimos que no existe un solo neurótico en el cual no podamos probar la existencia de tendencias homosexuales, y que gran número de síntomas neuróticos no son otra cosa que la expresión de esta inversión latente. Aquellos que se dan a sí mismos el nombre de homosexuales no son sino los invertidos conscientes y manifiestos, y su número es insignificante al lado de los homosexuales *latentes*. De este modo nos encontramos obligados a ver en la homosexualidad una ramificación casi regular de la vida erótica y a concederle una importancia cada vez más considerable, aunque claro es que nada de esto anula las diferencias existentes entre la vida sexual normal y la homosexualidad manifiesta. La importancia de esta última se mantiene intacta; pero, en cambio, disminuye mucho su valor teórico. Con respecto a una cierta afección que no podemos ya incluir entre las neurosis de transferencia —la paranoia—, llegamos incluso a averiguar que es siempre consecuencia de una defensa contra impulsos homosexuales de extrema intensidad. Recordaréis quizá todavía que una de las enfermas cuyo análisis expusimos en lecciones anteriores suplantaba, en su acto obsesivo, a un hombre, a su propio marido, del que vivía separada. Una tal producción de síntomas simulatorios de la actividad masculina es muy frecuente en las enfermas neuróticas, y aunque no podamos incluirla en el cuadro de la homosexualidad, lo cierto es que presenta una estrecha relación con las condiciones de la misma.

Sabido es que la neurosis histérica puede provocar la aparición de síntomas en todos los sistemas orgánicos, perturbando así todas las funciones. Pues bien: el análisis nos revela que tales síntomas no son sino manifestaciones de aquellas tendencias llamadas «perversas», que intentan sustituir los órganos genitales por otros de distinta función, comportándose entonces estos últimos como genitales sustitutivos. La sintomatología de la histeria es precisamente lo que nos ha llevado a la conclusión de que todos los órganos del soma pueden desempeñar una función sexual erógena, a más de su propia función normal, quedando ésta perturbada cuando aquélla alcanza una cierta intensidad.

Innumerables sensaciones e inervaciones, que a título de síntomas histéricos se localizan en órganos aparentemente ajenos a la sexualidad, nos revelan de este modo su verdadera naturaleza de satisfacciones de deseos sexuales perversos, satisfacciones en las que los órganos distintos de los genitales han asumido la función sexual. Dentro de un tal estado de cosas comprobamos la extraordinaria frecuencia con que los órganos de absorción de alimentos y los de excreción llegan a constituirse en portadores de excitaciones sexuales. Es éste un hecho que ya hemos observado en las perversiones, con la diferencia de que en ellas se nos muestra con toda claridad y sin error posible, mientras que en la histeria debemos comenzar por la interpretación de los síntomas y relegar después las tendencias sexuales perversas a lo inconsciente, en lugar de atribuirlas a la conciencia del individuo.

De los numerosos cuadros sintomáticos que la neurosis obsesiva puede presentar, los más importantes son los provocados por la presión de las tendencias sexuales intensamente sádicas, o sea perversas, con respecto a su fin. De conformidad con la estructura de la neurosis obsesiva, sirven estos síntomas de medios de *defensa* contra tales deseos y expresan así la lucha entre la voluntad de satisfacción y la voluntad de defensa. Pero la satisfacción misma, en lugar de producirse directamente, halla medio de manifestarse en la conducta de los enfermos por los caminos y medios más alejados y se vuelve preferentemente contra la persona misma del paciente, haciéndole infligirse toda clase de torturas. Otras formas de esta neurosis, aquellas que podemos denominar escrutadoras, corresponden a una sexualización excesiva de actos que en los casos normales no son sino preparatorios de la satisfacción sexual, tales como los de ver, tocar y registrar. La enorme importancia del miedo del tacto y de la obsesión de limpieza encuentran aquí una completa explicación. Una insospechada cantidad de actos obsesivos resulta no ser sino modificación o repetición disfrazada del onanismo, el cual acompaña, como acto único y uniforme, a las formas más variadas del fantasear sexual.

No me sería difícil ampliar la enumeración de los lazos que ligan la perversión a la neurosis; mas para nuestros fines creo suficiente lo expuesto hasta aquí. Debemos, sin embargo, guardarnos, después de esta explicación, del significado de los síntomas, de exagerar la frecuencia y la intensidad de las tendencias perversas en el hombres. Me habéis oído antes decir que la privación de una normal satisfacción sexual puede engendrar una neurosis. Pero en estos casos sucede, además, que la necesidad sexual se desvía hacia los caminos de satisfacción perversa, proceso que más adelante habré de exponeros con mayor detalle. De todos modos, comprenderéis ya sin dificultad que, merced a un tal estancamiento «colateral», muestran las tendencias perversas una mayor intensidad que si a la satisfacción sexual normal no se hubiera opuesto obstáculo alguno en la realidad. Una análoga influencia actúa también sobre las perversiones *manifiestas,* las cuales son provocadas o favorecidas en ciertos casos por aquellas invencibles dificultades con que a consecuencia de circunstancias pasajeras o de condiciones sociales permanentes se dificulta la satisfacción sexual normal. Claro es que tales tendencias perversas son, en otros casos, independientes de dichas circunstancias susceptibles de favorecerlas y constituyen, para los individuos en que se manifiestan, la forma normal de su vida sexual.

Habréis experimentado quizá la impresión de que, lejos de elucidar las relaciones existentes entre la sexualidad normal y la perversa, no hemos hecho sino complicarlas. Mas a poco que reflexionéis, habréis de convenir en que si es cierto que la restricción o privación efectiva de una satisfacción sexual normal es susceptible de hacer surgir tendencias perversas en personas que jamás las manifestaron, habremos de admitir que dichas personas poseían una predisposición a tales perversiones, o si lo preferís, que las mismas existían en ellas en estado latente.

Este hecho nos lleva al segundo de los nuevos resultados a que antes hube de referirme. La investigación psicoanalítica se ha visto obligada a dirigir también su atención sobre la vida sexual infantil, pues los recuerdos y asociaciones que surgen en la imaginación de los enfermos durante el análisis de sus síntomas alcanzan siempre hasta sus primeros años infantiles. Todas las hipótesis que hemos formulado sobre este hecho concreto han sido confirmadas, punto por punto, en la observación directa de sujetos infantiles. Por último, hemos llegado a comprobar que todas las tendencias perversas tienen sus raíces en la infancia y que los niños llevan en sí una general predisposición a las mismas, manifestándolas dentro de la medida compatible con la inmadura fase de la vida en que se hallan; esto es, que la sexualidad perversa no es otra cosa sino la sexualidad infantil ampliada y descompuesta en sus tendencias constitutivas.

Todo lo que antecede habrá transformado, sin duda alguna, vuestra idea sobre las perversiones y no podéis ya negar sus relaciones con la vida sexual del hombre. ¡Mas al precio de cuánta sorpresa y cuánta penosa decepción! Seguramente os inclinaréis al principio a negarlo todo, tanto que los niños posean algo que merezca el nombre de vida sexual como la exactitud de las observaciones psicoanalíticas y mi derecho a hallar en la conducta de los niños una afinidad con aquello que, a título de perversión, condenamos en los adultos. Permitidme, pues, que, en primer lugar, os exponga las razones de vuestra resistencia, y a continuación os daré a conocer la totalidad de mis conclusiones.

Pretender que los niños no tienen vida sexual —excitaciones sexuales, necesidades sexuales y una especie de satisfacción sexual— y que esta vida despierta en ellos bruscamente a la edad de doce a catorce años, es, en primer lugar, cerrar los ojos ante evidentísimas realidades y, además, algo tan inverosímil y hasta disparatado, desde el punto de vista biológico, como lo sería afirmar que nacemos sin órganos genitales y carecemos de ellos hasta la pubertad. Lo que en los niños despierta en esta edad es la función reproductora, la cual se sirve, para realizar sus fines, del material somático y psíquico ya existente. Pensando de otro modo caéis en el error de confundir sexualidad y reproducción y os cerráis todo acceso a la comprensión de la sexualidad, de las perversiones y de la neurosis. Pero, además, se trata de un error tendencioso que tiene un singularísimo origen. Pensáis así, precisamente, por haber pasado por la edad infantil y haber sufrido durante ella la influencia de la educación.

En efecto, la sociedad considera como una de sus esenciales misiones educativas la de lograr que el instinto sexual encuentre, al manifestarse en el sujeto como una necesidad de procreación, una voluntad individual obediente a la coerción social que lo refrene, limitándolo y dominándolo. Al mismo tiempo se halla también interesada en que el desarrollo completo de la necesidad sexual quede retardado hasta que el niño haya alcanzado un cierto grado de madurez intelectual, pues con la total aparición del instinto sexual queda puesto un fin a toda influencia educativa. Si la sexualidad se manifestase demasiado precozmente, rompería todos los diques y anularía toda la obra de la civilización, fruto de una penosa y larga labor. La misión de refrenar la necesidad sexual no es jamás fácil, y al realizarla se peca unas veces por exceso y otras por defecto. La base sobre la que la sociedad reposa es en último análisis de naturaleza económica; no poseyendo medios suficientes de subsistencia para permitir a sus miembros vivir sin trabajar, se halla la sociedad obligada a limitar el número de los mismos y a desviar su energía de la actividad sexual hacia el trabajo. Nos hallamos aquí ante la eterna necesidad vital, que, nacida al mismo tiempo que el hombre, persiste hasta nuestros días.

La experiencia ha debido demostrar a los educadores que la misión de someter la voluntad sexual de la nueva generación no es realizable más que cuando, sin esperar la explosión tumultuosa de la pubertad, se comienza a influir sobre los niños desde muy temprano, sometiendo a una rigurosa disciplina, desde los primeros años, su vida sexual, la cual no es sino una preparación a la del adulto, y prohibiéndoles entregarse a ninguna de sus infantiles actividades sexuales. Siendo el fin ideal a que han tendido todos los educadores el de dar a la vida infantil un carácter sexual, se ha llegado a creer realmente, al cabo del tiempo, en una tal asexualidad, y esta creencia ha pasado a constituirse en teoría científica. Así las cosas, y para evitar ponerse en contradicción con las propias opiniones y propósitos, cierra todo el mundo los ojos ante la actividad sexual infantil o le da —conforme a las teorías científicas— una distinta significación. El niño es considerado, sin excepción alguna, como la más completa representación de la pureza y la inocencia, y todo aquel que se atreve a juzgarlo diferentemente es acusado de sacrilegio y de atentado contra los más tiernos y respetables sentimientos de la Humanidad.

Los niños son los únicos a quienes estas convenciones no logran engañar, pues, a pesar de ellas, hacen valer con toda ingenuidad sus derechos animales, mostrando a cada instante que la pureza es algo de lo que aún no tienen la menor idea. Y resulta harto singular ver cómo sus guardadores, que niegan en redondo la existencia de una sexualidad infantil, no por ello renuncian a la educación, y condenan con la mayor severidad, a título de «malas mañas» del niño, las manifestaciones mismas de aquello que se resisten a admitir. Es, además, extraordinariamente interesante, desde el punto de vista teórico, el hecho de que los cinco o seis primeros años de la vida, esto es, la edad con respecto a la que el juicio de una infancia asexual resulta más equivocada, quedan envueltos luego, para una inmensa mayoría, por una nebulosa amnesia, que sólo la investigación analítica consigue disipar, pero que ya antes se mostró permeable para ciertas formaciones oníricas.

Voy ahora a exponeros aquello que el estudio de la vida sexual del niño nos revela más evidentemente. Para mayor claridad habréis de permitirme introducir en mi exposición el concepto de la libido. Con esta palabra designamos aquella fuerza en que se manifiesta el instinto sexual análogamente a como en el hombre se exterioriza el instinto de absorción de alimentos. Otras nociones, tales como las de excitación y satisfacción sexual, no precisan de esclarecimiento ninguno. Como por lo que sigue habréis de ver —y quizá lo utilicéis como argumento en contra mía—, la interpretación tiene que intervenir muy ampliamente en lo relativo a la actividad sexual del niño de pecho. Estas interpretaciones se consiguen sometiendo, en la investigación analítica, los síntomas del sujeto a un análisis regresivo. Las primeras manifestaciones de la sexualidad aparecen en el niño de pecho enlazadas a otras funciones vitales. El principal interés infantil del sujeto recae sobre la absorción de alimentos, y cuando después de mamar se queda dormido sobre el seno de su madre, presenta una expresión de euforia idéntica a la del adulto después del orgasmo sexual. Claro es que esto no bastaría para justificar conclusión alguna. Pero observamos asimismo que el niño de pecho se halla siempre dispuesto a comenzar de nuevo la absorción de alimentos, y no porque sienta ya el estímulo del hambre, sino por el acto mismo que la absorción trae consigo. Decimos entonces que «chupetea», y el hecho de que ejecutando este acto se duerma de nuevo con expresión bienaventurada nos muestra que la acción de chupetear le ha procurado por sí misma una satisfacción. Por último, acaba generalmente por no poder ya conciliar el sueño sin haber antes chupado algo. El primero que afirmó la naturaleza sexual de este acto fue un pediatra de Budapest, el doctor Lindner, y aquellas personas que teniendo niños a su cuidado no intenta adoptar actitud teórica ninguna, parecen ser de igual opinión, pues se dan perfecta cuenta de que este acto no sirve sino para procurarse un placer, ven en él una mala costumbre, y cuando el niño no quiere renunciar espontáneamente a ella intentan quitársela por medio de la asociación de impresiones desagradables. Averiguamos así que el niño de pecho realiza actos que no sirven sino para procurarle un placer y creemos que ha comenzado a experimentar este placer con ocasión de la absorción de alimentos, pero que después ha aprendido a separarlo de dicha condición. Esta sensación de placer la localizamos con la zona bucolabial, y designamos esta zona con el nombre de zona erógena, considerando el placer procurado por el acto de chupar como un placer sexual. Más adelante tendremos ocasión de discutir la legitimidad de estas calificaciones.

Si el niño de pecho fuera capaz de comunicar sus sensaciones, declararía, desde luego, que el acto de mamar del seno materno constituye el más importante de su vida. Diciendo esto no se equivocaría grandemente, pues por medio de él satisface a un tiempo dos grandes necesidades de su vida. No sin cierta sorpresa averiguamos, por medio del psicoanálisis, cuán profunda es la importancia psíquica de este acto, cuyas huellas persisten luego durante toda la vida. Constituye, en efecto, el punto de partida de toda la vida sexual y el ideal, jamás alcanzado, de toda satisfacción sexual ulterior, ideal al que la imaginación aspira en momentos de gran necesidad y privación. De este modo forma el pecho materno el primer objeto del instinto sexual y posee, como tal, una enorme importancia, que actúa sobre toda ulterior elección de objetos y ejerce en todas sus transformaciones y sustituciones una considerable influencia, incluso sobre los dominios más remotos de nuestra vida psíquica. Pero al principio no tarda el niño en abandonar el seno materno y reemplazarle por una parte de su propio cuerpo, dedicándose a chupar su dedo pulgar o su misma lengua. De este modo se procura placer sin tener necesidad del consentimiento del mundo exterior, y al recurrir a una segunda zona de su cuerpo intensifica, además, el estímulo de la excitación. Todas las zonas erógenas no son igualmente eficaces, y, por tanto, resulta un acontecimiento de gran importancia en la vida del niño, como lo informa Lindner, el hecho de tropezar, a fuerza de explorar su propio cuerpo, con una región particularmente excitable del mismo; esto es, con los órganos genitales, encontrando así el camino que acabará por conducirle al onanismo.

Dando al chupeteo toda su importancia y significación, descubrimos dos esenciales caracteres de sexualidad infantil. Enlázase ésta especialmente a la satisfacción de las grandes necesidades orgánicas y se comporta, además, de un modo *autoerótico;* esto es, halla sus objetos en el propio cuerpo del sujeto.

Aquello que se nos ha revelado con máxima claridad en la absorción de alimentos se reproduce parcialmente en excreciones. Deduciremos, pues, que el niño experimenta una sensación de placer al realizar la eliminación de la orina y de los excrementos y que, por tanto, tratará de organizar estos actos de manera que la excitación de las zonas erógenas a ellos correspondientes le procuren el mayor placer posible. Al llegar a este punto, toma para el niño el mundo exterior —según la sutil observación de Lou Andreas-Salomé— un carácter hostil a su rebusca de placer y le hace presentir, en lo futuro, luchas exteriores e interiores. En efecto, para obtener su renuncia a estas fuentes de goce se inculca al infantil sujeto la convicción de que todo lo relacionado con tales funciones es indecente y debe permanecer secreto, obligándole de este modo a renunciar al placer en nombre de la dignidad social. El niño no experimenta al principio repugnancia alguna por sus excrementos, a los que considera como una parte de su propio cuerpo, se separa de ellos contra su voluntad y los utiliza como primer «regalo», con el que distingue a aquellas personas a las que aprecia particularmente. E incluso después que la educación ha conseguido desembarazarle de estas inclinaciones, transporta sobre los conceptos «regalo» y «dinero» el valor que antes concedió a los excrementos, mostrándose, en cambio, particularmente orgulloso de aquellos éxitos que enlaza al acto de orinar.

Siento que hacéis un esfuerzo sobre vosotros mismos para no interrumpirme y gritar: «¡Basta de horrores! ¡Pretender que la defecación es una fuente de satisfacción sexual utilizada ya por el niño de pecho y que los excrementos son una sustancia preciosa y el ano una especie de órgano sexual! No podremos creerlo jamás y comprendemos por qué los pediatras y los pedagogos no quieren saber nada del psicoanálisis ni de sus resultados.» Calmaos. Habéis olvidado que si os he hablado de hechos de la vida sexual infantil, ha sido con ocasión de las perversiones sexuales. ¿Acaso no sabéis que en las relaciones sexuales de numerosos adultos, tanto homosexuales como heterosexuales, reemplaza realmente el ano a la vagina? ¿Y no sabéis también que existen individuos para los cuales la defecación constituye durante toda su vida una fuente de voluptuosidad, a su juicio nada despreciable? En cuanto al interés que suscita el acto de la defecación y al placer que se puede experimentar asistiendo a la realización de este acto por segunda persona, no tenéis para informaros más que dirigiros a los niños mismos cuando en una edad más avanzada puedan ya comunicar sus impresiones y sentimientos. Claro es que no debéis comenzar por intimidarlos, pues comprenderéis que haciéndolo así no obtendréis de ellos el menor dato. Con respecto a las demás cosas aquí expuestas y a las que os resistís a prestar fe, puedo remitiros a los resultados del análisis y de la observación directa de los niños, pero me he de permitir indicaros que es necesaria muy mala voluntad para no ver los hechos de que acabo de hablaros o darles una distinta explicación. No extraño en modo alguno que encontréis sorprendente la afinidad que afirmamos existe entre la actividad sexual infantil y las perversiones; mas habéis de tener en cuenta que tal afinidad es naturalísima. Si el niño posee una vida sexual, ha de ser sinceramente de naturaleza perversa, puesto que, salvo algunos vagos indicios, carece de todo aquello que hace de la sexualidad una función procreadora, siendo precisamente este desconocimiento del fin esencial de la sexualidad —la procreación— lo que caracteriza a las perversiones. Calificamos, en efecto, de perversa toda actividad sexual que, habiendo renunciado a procreación, busca el placer como un fin independiente de la misma. De este modo la parte más delicada y peligrosa del desarrollo de la vida sexual es la referente a su subordinación a los fines de la procreación. Todo aquello que se produce antes de este momento, se sustrae a dicho fin o sirve únicamente para procurar placer, recibe la denominación peyorativa de *perverso,* y es, a título de tal, condenado.

Dejadme, en consecuencia, proseguir mi rápida exposición de la sexualidad infantil. Aquello que antes os he expuesto con referencia a los órganos de absorción de alimentos y a los de excreción podría ser completo por el examen de las demás zonas erógenas del soma. La vida sexual de un niño comporta una serie de tendencias parciales que actúan independientemente unas de otras y utilizan para conseguir placer tanto el cuerpo mismo del sujeto como objetos exteriores. Entre los órganos sobre los cuales se ejerce la actividad sexual no tardan en ocupar el primer lugar los genitales, y existen hombres que desde la masturbación infantil hasta la inevitable masturbación de la pubertad no han conocido jamás otra fuente de goce que sus propios órganos genitales, situación que a veces persiste bastante más allá de los años púberes. Este tema de la masturbación no es, por cierto, fácilmente agotable, pues se presta a múltiples y variadas consideraciones.

A pesar de mi deseo de abreviar lo más posible mi exposición, me hallo obligado a deciros aún algunas palabras sobre la *curiosidad* o *investigación sexual de los niños,* muy característica de la sexualidad infantil y extraordinariamente importante desde el punto de vista de la sintomatología de las neurosis. La curiosidad sexual infantil comienza en hora muy temprana, a veces antes de los tres años, y no tiene como punto de partida las diferencias que separan los sexos, diferencias que no existen para el niño, el cual atribuye a ambos idénticos órganos genitales masculinos. Cuando un niño descubre en su hermana o en otra niña cualquiera la existencia de la vagina, comienza por negar el testimonio de sus sentidos, pues no puede figurarse que un ser humano se halle desprovisto de un órgano al que él mismo atribuye un tan importante valor. Más tarde rechaza asustado la posibilidad que se le revela, comienza a experimentar los efectos de determinadas amenazas que le fueron dirigidas anteriormente, con ocasión de la excesiva atención que consagraba a su pequeño miembro viril, y cae de esta manera bajo el dominio de aquello que nosotros llamamos *complejo de castración,* cuya constitución influirá sobre su carácter si continúa poseyendo una salud normal, sobre sus neurosis si las contrae y sobre sus resistencias cuando es sometido a un tratamiento psicoanalítico. Por lo que respecta a las niñas, sabemos que consideran como un signo de inferioridad la ausencia de un pene largo y visible, que envidian a los niños la posesión de este órgano, envidia de la cual nace en ellas el deseo de ser hombres, y que este deseo forma después parte de la neurosis provocada por los fracasos que puedan llegar a sufrir en el cumplimiento de su misión femenina. El clítoris desempeña, además, en la niña pequeña el papel de pene, siendo la sede de una excitabilidad particular y el órgano dispensador de la satisfacción autoerótica. La transformación de la niña en mujer se caracteriza ante todo por el desplazamiento total de esta sensibilidad desde el clítoris a la entrada de la vagina. En los casos de anestesia llamada sexual de las mujeres conserva el clítoris intacta su sensibilidad.

El interés sexual infantil se dirige más bien, en primer término, sobre el problema de saber de dónde vienen los niños; esto es, sobre el problema que constituye el fondo de la interrogación planteada por la esfinge tebana, y este interés es despertado la mayoría de las veces por el temor egoísta que suscita el posible nacimiento de un hermanito. La respuesta habitual de los adultos, esto es, la de que quien trae a los niños es la cigüeña, suele ser acogida, más frecuentemente de lo que se cree, con una gran incredulidad, aun por los niños más pequeños. La impresión de ser engañado por los adultos contribuye mucho al aislamiento del niño y al desarrollo de su independencia. Pero el infantil sujeto no puede resolver este problema por sus propios medios. Su constitución sexual, insuficientemente desarrollada todavía, opone límites a su facultad de conocer. Admite al principio que los niños nacen a consecuencia de la absorción con los alimentos de determinadas sustancias especiales e ignora todavía que únicamente las mujeres pueden tener niños. Sólo más tarde averigua este hecho, y entonces relega al dominio de las fábulas la explicación que hace depender la venida de los niños de la absorción de un determinado alimento. En años posteriores, pero inmediatos, el niño se da ya cuenta de que el padre desempeña un determinado papel en la aparición de los hermanitos, pero no le es posible todavía definir en qué consiste esta intervención. Si por azar llega a sorprender un acto sexual, ve en él una tentativa de violencia, un brutal cuerpo a cuerpo, que le hace formar una falsa concepción sádica del coito. Sin embargo, no establece inmediatamente una relación entre este acto y la llegada de nuevos niños, y aunque advierte huellas de sangre en el lecho y en la ropa interior de su madre, no ve en ellas más que una prueba de las violencias que su padre le ha hecho sufrir. Más tarde comienza a sospechar que el órgano genital del hombre desempeña un papel esencial en la cuestión que tanto le preocupa, pero sigue sin poder asignar a este órgano otra función que la de evacuar la orina.

Los niños creen desde el principio unánimemente que el parto se produce por el ano, y sólo cuando su interés se desvía de este órgano es cuando abandonan la teoría y la reemplazan por otra, según la cual nace el niño por el ombligo materno, que se abre para dejar paso al nuevo ser. Por último, sitúan en la región del esternón, entre ambos senos, el sitio por donde el recién nacido hace su aparición. De este modo es como el niño va aproximándose al conocimiento de los hechos sexuales o, extraviado por su ignorancia, pasa a su lado sin advertirlos, hasta que, en los años inmediatamente anteriores a la pubertad, recibe de ellos una explicación incompleta y deprimente, que actúa muchas veces sobre él como un intenso traumatismo.

Habréis oído decir que para mantener sus afirmaciones sobre la causalidad sexual de las neurosis y sobre la importancia sexual de los síntomas da el psicoanálisis a la noción de lo sexual una extensión exagerada. Pero, a mi juicio, os encontráis ya en situación de juzgar si esta extensión resulta realmente injustificada. No hemos ampliado la noción de la sexualidad más que lo imprescindiblemente necesario para incluir en ella la vida sexual de los perversos y de los niños, o dicho de otra manera, no hemos hecho otra cosa que restituir a dicho concepto su verdadera amplitud. Aquello que fuera del psicoanálisis se entiende por sexualidad es una sexualidad extraordinariamente restringida y puesta al servicio de la procreación; esto es, tan sólo aquello que se conoce con el nombre de vida sexual normal.

LECCION XXI.   DESARROLLO DE LA LIBIDO Y ORGANIZACIONES· SEXUALES

Señoras y señores:

TENGO la impresión de no haber conseguido convenceros, como era mi deseo, de la importancia de las perversiones para nuestra concepción de la sexualidad. Voy, pues, a precisar y completar en lo posible lo que sobre este tema hube de exponeros en la lección anterior.

Nuestra modificación del concepto de sexualidad, que tan violentas críticas nos ha valido, no reposa única y exclusivamente en los datos adquiridos por medio de la investigación de las perversiones. El examen de la sexualidad infantil ha contribuido aún en mayor medida a imponernos tal modificación, y sobre todo la perfecta concordancia de los resultados de ambos estudios ha sido para nosotros algo definitivo y convincente. Pero las manifestaciones de la sexualidad infantil, evidentes en los niños ya un poco crecidos, parecen, en cambio, perderse al principio en una vaga indeterminación. Aquellos que no quieren tener en cuenta el desarrollo evolutivo y las relaciones analíticas rehusarán a tales manifestaciones todo carácter sexual y las atribuirán más bien un carácter indiferente. No debéis olvidar que por el momento no disponemos de una característica generalmente aceptada que nos permita afirmar la naturaleza sexual de un proceso, pues ya vimos que, so pena de tolerar una exagerada restricción de la sexualidad, no podíamos considerar como tal característica la pertenencia del proceso de que se trate a la función procreadora. Los criterios biológicos, tales como las periodicidades de veintitrés y veintiocho días establecidos por W. Fliess, son aún muy discutibles, y ciertas particularidades químicas que en los procesos sexuales nos ha hecho sospechar nuestra labor esperan todavía quien las descubra. Por el contrario, las perversiones sexuales de los adultos son algo concreto e inequívoco. Como su misma denominación, generalmente admitida, lo indica, forman parte innegable de la sexualidad, y considerándolas o no como estigmas degenerativos, nadie se ha atrevido todavía a situarlas fuera de la fenomenología de la vida sexual. Su sola existencia nos permite ya afirmar que la sexualidad y la reproducción no coinciden, pues es universalmente conocido que todas las perversiones niegan en absoluto el fin de la procreación. ·

Podemos establecer a este propósito un interesante paralelo. Mientras que para una inmensa mayoría lo *consciente* es idéntico a lo *psíquico*, nos hemos visto nosotros obligados a ampliar este último concepto y a reconocer la existencia de un psiquismo que no es consciente. Pues bien: con la identidad que muchos establecen entre lo *sexual y aquello que se relaciona con la procreación,* o sea lo *genital*, sucede algo muy análogo, dado que no podemos menos de admitir la existencia de algo sexual que no es genital ni tiene nada que ver con la procreación. Entre estos dos conceptos no existe sino una analogía puramente formal, falta de toda base consistente.

Pero si la existencia de las perversiones sexuales aporta a esta discusión un argumento decisivo, no deja de ser un tanto singular que no se haya podido llegar todavía a un acuerdo. Ello se debe indudablemente a que el riguroso anatema que pesa sobre las prácticas perversas se extiende también al terreno teórico y se opone al estudio científico de las mismas. Diríase que la gente ve en las perversiones algo no solamente repugnante, sino también peligroso, y se conduce como si temiera caer en la tentación y abrigara en el fondo una secreta envidia a los perversos, semejante a la que el severo Landgrave confiesa en la célebre parodia del *Tannhäuser* [de Nestroy]:

«¡En Venusberg olvidó el honor y el deber!—¡Ay! A nosotros no nos suceden esas cosas.»

En realidad, los perversos no son más que unos pobres diablos que pagan muy duramente la satisfacción alcanzada a costa de mil penosos esfuerzos y sacrificios.

Aquello que, a pesar de la extrema singularidad de su objeto y de su fin, da a la actividad perversa un carácter incontestablemente sexual es la circunstancia de que el acto de la satisfacción perversa comporta casi siempre un orgasmo completo y una emisión de esperma. Claro que únicamente en las personas adultas, pues en el niño el orgasmo y la emisión de esperma no son todavía posibles y quedan reemplazados por fenómenos a los que no siempre podemos atribuir con seguridad un carácter sexual.

Para completar mi exposición demostrativa de la importancia de las perversiones sexuales debo añadir aún lo siguiente: a pesar de todo el desprecio que sobre tales perversiones pesa, y a pesar de la absoluta separación que se quiere establecer entre ellas y la actividad sexual normal, no podemos menos de reconocer que la vida sexual de los individuos más normales aparece casi siempre mezclada con algún rasgo perverso. Ya el beso puede ser calificado de acto perverso, pues consiste en la unión de dos zonas bucales erógenas y no en la de los órganos sexuales opuestos. Sin embargo, no se le ha ocurrido aún a nadie condenarlo como una perversión, y es incluso tolerado en la escena a título de velada expresión del acto sexual, a pesar de que al alcanzar una alta intensidad puede provocar —y provoca realmente en muchas ocasiones— el orgasmo y la emisión de esperma, quedando así transformado en un completo acto perverso. Por otro lado, es del dominio general que para muchos individuos el contemplar y palpar el objeto sexual constituye una condición indispensable del goce sexual, mientras que otros muerden y pellizcan cuando su excitación genésica llega al máximo grado, y sabemos también que para el amante no es siempre de los genitales del objeto amado, sino de otra cualquier región del cuerpo del mismo, de donde emana la máxima excitación. Esta serie de observaciones, que podría ampliarse hasta lo infinito, nos muestra lo absurdo que sería excluir de la categoría de los normales y considerar como perversas a aquellas personas que presentan aisladamente tales tendencias. En cambio, vamos viendo cada vez con mayor claridad que el carácter esencial de las perversiones no consiste en sobrepasar el fin sexual o reemplazar los órganos genitales por otros, ni siquiera en el cambio de objeto, sino más bien en su exclusividad, carácter que las hace incompatibles con el acto sexual como función procreadora. Desde el momento en que los actos perversos se subordinan a la realización del acto sexual normal a título de preparación o intensificación del mismo, sería injusto seguir calificándolos de perversiones, y claro es que la solución de continuidad que separa a la sexualidad normal de la sexualidad perversa queda muy disminuida merced a los hechos de este género. Deduciremos, pues, sin violencia ninguna, que la sexualidad normal es un producto de algo que existió antes que ella, y a expensas de lo cual hubo de formarse, eliminando como inaprovechables algunos de sus componentes y conservando otros para subordinarlos a un nuevo fin, o sea el de la procreación.

Antes de utilizar los conocimientos que acabamos de adquirir sobre las perversiones para adentrarnos, provistos de nuevos datos y esclarecimientos, en el estudio de la sexualidad infantil, quiero atraer vuestra atención sobre una importante diferencia que existe entre dichas perversiones y esta sexualidad. La sexualidad perversa se halla generalmente centralizada de una manera perfecta. Todas las manifestaciones de su actividad tienden hacia el mismo fin, que con frecuencia es único, pues suele predominar una sola de sus tendencias parciales, excluyendo a todas las demás o subordinándolas a sus propias intenciones. Desde este punto de vista no existe entre la sexualidad normal y la perversa otra diferencia que la de las tendencias parciales respectivamente dominantes, diferencia que trae consigo la de los fines sexuales. Puede decirse que tanto en una como en otra existe una tiranía bien organizada, siendo únicamente distinto el partido que la ejerce. Por el contrario, la sexualidad infantil, considerada en conjunto, no presenta ni centralización ni organización, pues todas las tendencias parciales gozan de iguales derechos y cada una busca el goce por su propia cuenta. Tanto la falta como la existencia de una centralización se hallan en perfecto acuerdo en el hecho de ser las dos sexualidades, la perversa y la normal, derivaciones de la infantil. Existen, además, casos de sexualidad perversa que presentan una semejanza todavía mayor con la sexualidad infantil en el sentido de que numerosas tendencias parciales persiguen o, mejor dicho, continúan persiguiendo sus fines independientemente unas de otras. Pero en estos casos será más justo hablar de infantilismo sexual que de perversión.

Así preparados, podemos abordar la discusión de una propuesta que no dejará de hacérsenos. Seguramente se nos dirá: «¿Por qué os obstináis en dar el nombre de sexualidad a estas manifestaciones de la infancia, indefinibles según vuestra propia confesión, y de las que sólo mucho más tarde surge algo evidentemente sexual? ¿No sería preferible que, contentándoos con la descripción fisiológica, dijeseis simplemente que en el niño de pecho se observan actividades, tales como el 'chupeteo' y la retención de los excrementos, que demuestran una tendencia a la consecución de placer por mediación de determinados órganos, 'placer de órgano'? Diciendo esto evitaríais herir los sentimientos de vuestros oyentes y lectores con la atribución de una vida sexual a los niños apenas nacidos.» Ciertamente, no tengo objeción alguna que oponer a la posibilidad de la consecución de placer por mediación de un órgano cualquiera, pues sé que el placer más intenso, o sea el que procura el coito, no es sino un placer concomitante de la actividad de los órganos sexuales. Pero ¿sabríais decirme cuándo reviste este placer local, indiferente al principio, el carácter sexual que presenta luego en las fases evolutivas ulteriores? ¿Poseemos acaso un más completo conocimiento del placer local de los órganos que de la sexualidad? A todo esto me responderéis que el carácter sexual aparece precisamente cuando los órganos genitales comienzan a desempeñar su misión; esto es, cuando lo sexual coincide y se confunde con lo genital, y refutaréis la objeción que yo pudiera deducir de la existencia de las perversiones, diciéndome que, después de todo, el fin de la mayor parte de las mismas consiste en obtener el orgasmo genital, aunque por un medio distinto de la cópula de los órganos genitales. Eliminando así de la característica de lo sexual las relaciones que presentan con la procreación —incompatibles con las perversiones—, mejoráis, en efecto, considerablemente, vuestra posición, pues hacéis pasar la procreación a un segundo término y situáis en el primero la actividad genital pura y simple. Mas entonces las divergencias que nos separan son menores de lo que pensáis. ¿Cómo interpretáis, sin embargo, las numerosas observaciones que muestran que los órganos genitales pueden ser sustituidos por otros en la consecución de placer, como sucede en el beso normal, en las prácticas perversas de los libertinos y en la sintomatología de los histéricos? Sobre todo, en esta última neurosis sucede muy a menudo que diversos fenómenos de excitación, sensaciones e inervaciones, y hasta los procesos de la erección, aparecen desplazados desde los órganos genitales a otras regiones del cuerpo, a veces muy alejadas de ellos; por ejemplo, la cabeza y el rostro. Convencidos así de que nada os queda que podáis conservar como característico de aquello que llamáis sexual, os hallaréis obligados a seguir mi ejemplo y a extender dicha denominación a aquellas actividades de la primera infancia, encaminadas a la consecución del placer local que determinados órganos pueden procurar.

Por último, acabaréis por darme toda la razón si tenéis en cuenta las dos consideraciones siguientes: como ya sabéis, si calificamos de sexuales las dudosas e indefinibles actividades infantiles encaminadas a la consecución de placer, es porque el análisis de los síntomas nos ha conducido hasta ella a través de materiales de naturaleza incontestablemente sexual. Me diréis que de este carácter de los materiales que el análisis nos ha proporcionado no puede deducirse que las actividades infantiles de referencia sean igualmente sexuales. De acuerdo. Pero examinemos, sin embargo, un caso análogo. Imaginad que no tuviéramos ningún medio de observar el desarrollo de dos plantas dicotiledóneas, tales como el peral y el haba, a partir de sus semillas respectivas, pero que en ambos casos pudiéramos perseguir tal desarrollo en sentido inverso; esto es, partiendo del individuo vegetal totalmente formado y terminado en el primer embrión con sólo dos cotiledones. Estos últimos parecen indiferenciados e idénticos en los dos casos. ¿Deberemos por ello concluir que se trata de una identidad real y que la diferencia específica existente entre el peral y el haba no aparece sino más tarde, durante el crecimiento? ¿No será acaso más correcto, desde el punto de vista biológico, admitir que tal diferencia existe ya en los embriones, a pesar de la identidad aparente de los cotiledones? Pues esto y no otra cosa es lo que hacemos al calificar de sexual el placer que al niño de pecho procuran determinadas actividades.

En cuanto a saber si todos los placeres procurados por los órganos deben ser calificados de sexuales, o si existe, al lado del placer sexual, un placer de una naturaleza diferente, es cosa que no podemos discutir aquí. Sabemos aún muy poco sobre el placer procurado por los órganos y sobre sus condiciones, y no es nada sorprendente que nuestro análisis regresivo llegue en último término a factores todavía indefinibles.

Una observación más. Bien considerado, vuestra afirmación de la pureza sexual infantil no ganaría en consistencia aunque llegaseis a convencerme de que existen excelentes razones para no considerar como sexuales las actividades del niño de pecho, pues en una época inmediatamente posterior, esto es, a partir de los tres años, la vida sexual del infantil sujeto se nos muestra con absoluta evidencia. Los órganos genitales se hacen susceptibles de erección y se observa, con gran frecuencia, un período de onanismo infantil, o sea de satisfacción sexual. Las manifestaciones psíquicas y sociales de la vida sexual no se prestan ya a equívoco ninguno; la elección de objeto, la preferencia afectiva por determinadas personas, la decisión en favor de un sexo con exclusión del otro y los celos, son hechos que han sido comprobados por observadores imparciales, ajenos al psicoanálisis y anteriores a él, y pueden volver a serlo por todo observador de buena voluntad.

Me diréis que jamás habéis puesto en duda el precoz despertar de la ternura, pero no dudáis de que posea un carácter sexual. Es cierto, pues a la edad de tres a ocho años los niños han aprendido ya a disimular este carácter; pero observando con atención descubriréis numerosos indicios de las intenciones sexuales de esta ternura, y aquello que escape a vuestra observación directa se revelará fácilmente después de una investigación analítica. Los fines sexuales de este período de la vida se enlazan estrechamente a la exploración sexual que preocupa a los niños durante la misma época, y de la cual ya os he citado algunos ejemplos. El carácter perverso de alguno de estos fines se explica, naturalmente, por la falta de madurez constitucional del niño, ignorante aún del fin del acto genésico.

Entre los seis y los ocho años sufre el desarrollo sexual una detención o regresión, que en los casos socialmente más favorables merece el nombre de período de latencia. Esta latencia puede también faltar, y no trae consigo ineluctablemente una interrupción completa de la actividad y de los intereses sexuales. La mayor parte de los sucesos y tendencias psíquicas anteriores al período de latencia sucumben entonces a la amnesia infantil y caen en aquel olvido de que ya hemos hablado y que nos oculta toda nuestra primera infancia. La labor de todo psicoanálisis consiste en hacer revivir el recuerdo de este olvidado período infantil, olvido que no podemos menos de sospechar motivado por los comienzos de la vida sexual contenidos en tal período, y que es, por tanto, un efecto de la represión.

A partir de los tres años, la vida sexual del niño presenta multitud de analogías con la del adulto y no se distingue de ésta sino por la ausencia de una sólida organización bajo la primacía de los órganos genitales, por su carácter innegablemente perverso, y, naturalmente, por la menor intensidad general del instinto. Pero las fases más interesantes, desde el punto de vista teórico, del desarrollo sexual o, mejor dicho, del desarrollo de la libido, son aquellas que preceden a este período. Dicho desarrollo se lleva a cabo con tal rapidez, que la observación directa no hubiera, probablemente, conseguido nunca fijar sus fugitivas imágenes. Solamente merced al estudio psicoanalítico de las neurosis ha sido posible descubrir fases todavía más primitivas del desarrollo de la libido. Sin duda no son éstas sino puras especulaciones, pero el ejercicio práctico del psicoanálisis nos mostrará su necesidad. Pronto comprenderéis por qué la patología puede descubrir aquí hechos que necesariamente pasan inadvertidos en circunstancias normales.

Podemos ahora darnos cuenta del aspecto que reviste la vida sexual del niño antes de la afirmación de la primacía de los órganos genitales, primacía que se prepara durante la primera época infantil anterior al período de latencia y comienza luego a organizarse sólidamente a partir de la pubertad. Existe durante todo este primer período una especie de organización más laxa, a la que daremos el nombre de *pregenital*, pero en esta fase no son las tendencias genitales parciales, sino las *sádicas* y *anales* las que ocupan el primer término. La oposición entre *masculino* y *femenino* no desempeña todavía papel alguno, y en su lugar hallamos la oposición entre *activo* y *pasivo*, a la que podemos considerar como precursora de la polaridad sexual con la que más tarde llega a confundirse. Aquello que en las actividades de esta fase, y considerado desde el punto de vista de la fase genital, presenta un carácter masculino, se nos revela como expresión de un instinto de dominio que degenera fácilmente en crueldad. A la zona erógena del ano, importantísima durante toda esta fase, se enlazan tendencias de fin pasivo, los deseos de ver y saber se afirman imperiosamente y el factor genital no interviene en la vida sexual más que como órgano de excreción de la orina. No son los objetos lo que falta a las tendencias parciales de estas fases, pero estos objetos no se reúnen necesariamente para formar uno solo. La organización sádico-anal constituye la última fase preliminar anterior a aquella en la que se afirma la primacía de los órganos genitales. Un estudio un poco profundo muestra cuántos elementos de esta fase preliminar entran en la constitución del aspecto definitivo ulterior y por qué motivos llegan las tendencias parciales a situarse en la nueva organización genital *. Más allá de la fase sádico-anal del desarrollo de la libido advertimos un estado de organización aún más primitivo, en el que desempeña el papel principal la zona erógena bucal. Podéis comprobar que la característica de este estadio es aquella actividad sexual que se manifiesta en el chupeteo y admiraréis la profundidad y el espíritu de observación de los antiguos egipcios, cuyo arte representa a los niños —entre otros a Horus, el dios infantil— con un dedo en la boca. Abraham nos ha revelado recientemente, en un interesantísimo estudio, cuán profundas huellas deja en toda la vida sexual ulterior esta primitiva fase oral.

Temo que todo lo que acabo de decir sobre las organizaciones sexuales os haya fatigado en lugar de instruiros. Es posible que yo haya detallado con exceso; pero tened paciencia; en las aplicaciones que de lo que acabáis de oír haremos ulteriormente tendréis ocasión de daros cuenta de toda su gran importancia. Mientras tanto, dad por seguro que la vida sexual, o como nosotros decimos, la función de la libido, lejos de aparecer de una vez y lejos de desarrollarse permaneciendo semejante a sí misma, atraviesa una serie de fases sucesivas entre las cuales no existe semejanza alguna, presentando, por tanto, un desarrollo que se repite varias veces, análogo al que se extiende desde la crisálida a la mariposa. El punto máximo de este desarrollo se halla constituido por la subordinación de todas las tendencias sexuales parciales bajo la primacía de los órganos genitales; esto es, por la sumisión de la sexualidad a la función procreadora. Al principio, la vida sexual presenta una total incoherencia, hallándose compuesta de un gran número de tendencias parciales que ejercen su actividad independientemente unas de otras en busca del placer local procurado por los órganos. Esta anarquía se halla mitigada por las predisposiciones a las organizaciones pregenitales que desembocan en la fase sádico-anal, pasando antes por la fase oral, que es la más primitiva. Añadid a esto los diversos procesos, todavía insuficientemente conocidos, que aseguran el paso de una fase de organización a la fase siguiente y superior. Próximamente veremos la importancia que puede tener, desde el punto de vista de la concepción de la neurosis, este largo y gradual desarrollo de la libido.

Por hoy vamos a examinar todavía una distinta faceta de este desarrollo, o

---

* Strachey recuerda que posteriormente Freud intercaló la fase *fálica* entre las organizaciones sádica-anal y la genital. (*Nota de J. N.*)

sea la relación existente entre las tendencias parciales y el objeto; o, mejor dicho, echaremos una ojeada sobre este desarrollo para detenernos más largamente en uno de sus resultados, bastante tardíos. Hemos dicho que algunos de los elementos constitutivos del instinto sexual poseen desde el principio un objeto que mantiene con toda energía. Tal es el caso de la tendencia a dominar (sadismos) y de los deseos de ver y de saber. Otros, que se enlazan más manifiestamente a determinadas zonas erógenas del cuerpo, no tienen un objeto sino al principio, mientras se apoyan todavía en las funciones no sexuales y renuncian a él cuando se desligan de estas funciones. De este modo, el primer objeto del elemento bucal del instinto sexual se halla constituido por el seno materno, que satisface la necesidad de alimento del niño. El elemento erótico, que extraía su satisfacción del seno materno, conquista su independencia con el «chupeteo», acto que le permite desligarse de un objeto extraño y reemplazarlo por un órgano o una región del cuerpo mismo del niño. La tendencia bucal se hace, pues, *autoerótica*, como lo son desde el principio las tendencias anales y otras tendencias erógenas. El desarrollo ulterior persigue, para expresarnos lo más brevemente posible, dos fines: primero, renunciar al autoerotismo, esto es, reemplazar el objeto que forma parte del cuerpo mismo del individuo por otro que le sea ajeno y exterior; segundo, unificar los diferentes objetos de las distintas tendencias y reemplazarlas por un solo y único objeto. Este resultado no puede ser conseguido más que cuando tal objeto único es completo y semejante al del propio cuerpo, y a condición de que un cierto número de tendencias queden eliminadas como inutilizables.

Los procesos que terminan en la elección de un objeto son harto complicados y no han sido aún descritos de un modo satisfactorio. Nos bastará con hacer resaltar el hecho de que cuando el ciclo infantil que precede al período de latencia se encuentra ya próximo a su término, el objeto elegido sigue siendo casi idéntico al del placer bucal del período precedente. Este objeto, si no es ya el seno materno, es, sin embargo, siempre la madre. Decimos, pues, de ésta que es el primer *objeto de amor*. Hablamos, sobre todo, de amor cuando las tendencias psíquicas del deseo sexual pasan a ocupar el primer plano, mientras que las exigencias corporales o sexuales, que forman la base de este instinto, se hallan reprimidas o momentáneamente olvidadas.

En la época en que la madre llega a constituir un objeto de amor, el trabajo psíquico de la represión ha comenzado ya en el niño, trabajo a consecuencia del cual una parte de sus fines sexuales queda sustraída a su conciencia. A esta elección que hace de la madre un objeto de amor se enlaza todo aquello que bajo el nombre de «complejo de Edipo» ha adquirido una tan considerable importancia en la explicación psicoanalítica de las neurosis y ha sido quizá una de las causas determinantes de la resistencia que se ha manifestado contra el psicoanálisis.

Escuchad un pequeño sucedido que se produjo durante la última guerra.

Uno de los más ardientes partidarios del psicoanálisis se hallaba movilizado como médico de una región de Polonia y llamó la atención de sus colegas por los inesperados resultados que obtuvo en el tratamiento de un enfermo. Preguntado, declaró que se servía de los métodos psicoanalíticos, y se mostró dispuesto a iniciar en ellos a sus colegas, los cuales convinieron en reunirse todas las noches para que les fuera instruyendo en las misteriosas teorías del análisis. Todo fue bien durante un cierto tiempo, hasta el día en que nuestro psicoanalista llegó a hablar a sus oyentes del complejo de Edipo. Mas entonces se levantó un superior, y manifestando su indignación ante aquellas enormidades que se trataba

de hacer creer a honrados padres de familia que se hallaban combatiendo por
su patria, prohibió la continuación de las conferencias, viéndose obligado nuestro
partidario a pedir su traslado a otro sector.

Desearéis, sin duda, averiguar de una vez en qué consiste ese terrible complejo de Edipo. Su propio nombre os permite ya sospecharlo, pues todos conocéis la leyenda griega del rey Edipo, que, habiendo sido condenado por el
Destino a matar a su padre y desposar a su madre, hace todo lo que es posible
para escapar a la predicción del oráculo, pero no lo consigue, y se castiga, arran-
cándose los ojos, cuando averigua que, sin saberlo, ha cometido los dos crímenes
que le fueron predichos. Supongo que muchos de vosotros habréis experimentado
una intensa emoción en la lectura de la tragedia en que Sófocles ha tratado este
argumento. La obra del poeta ático nos expone cómo el crimen cometido por
Edipo va revelándose poco a poco en una investigación artificialmente retardada
y reanimada sin cesar merced a nuevos indicios, proceso muy semejante al del
tratamiento psicoanalítico. En el curso del diálogo sucede que Yocasta, la madre-
esposa, cegada por el amor, se opone a la prosecución de la labor investigadora,
invocando para justificar su oposición el hecho de que muchos hombres han
soñado que cohabitaban con su madre, pero que los sueños no merecen consideración alguna. Nosotros, por nuestra parte, no despreciamos los sueños,
sobre todo los típicos, o sea aquellos que son soñados por muchos hombres,
y nos hallamos persuadidos de que el relatado por Yocasta se enlaza íntimamente
con el contenido de la leyenda.

Es singular que la tragedia de Sófocles no provoque en el lector la menor
indignación y que, en cambio, las inofensivas teorías psicoanalíticas sean objeto
de tan enérgicas repulsas. El *Edipo* es, en el fondo, una obra inmoral, pues suprime
la responsabilidad del hombre, atribuye a las potencias divinas la iniciativa del
crimen y demuestra que las tendencias morales del individuo carecen de poder
para resistir a las tendencias criminales. Entre las manos de un poeta como
Eurípides, enemigo de los dioses, la tragedia de Edipo hubiera sido un arma
poderosa contra la divinidad y contra el destino, pero el creyente Sófocles evita
esta posible interpretación de su obra por medio de una piadosa sutileza, proclamando que la suprema moral exige la obediencia a la voluntad de los dioses,
aun cuando éstos ordenen el crimen. A mi juicio, es esta conclusión uno de los
puntos más débiles de la tragedia, aunque no influya en el efecto total de la
misma, pues el lector no reacciona a esta moral, sino al oculto sentido de la
leyenda, y reacciona como si encontrase en sí mismo, por autoanálisis, el complejo de Edipo, como si reconociese en la voluntad de los dioses y en el oráculo
representaciones simbólicas de su propio inconsciente y como si recordase con
horror haber experimentado alguna vez el deseo de alejar a su padre y desposar
a su madre. La voz del poeta parece decirle: «En vano te resistes contra tu responsabilidad y en vano invocas todo lo que has hecho para reprimir estas intenciones criminales. Tu falta no se borra con ello, pues tales impulsos perduran
aún en tu inconsciente, sin que hayas podido destruirlos.» Contienen estas
palabras una indudable verdad psicológica. Aun cuando el individuo que ha
conseguido reprimir estas tendencias en lo inconsciente cree poder decir que no
es responsable de las mismas, no por ello deja de experimentar esta responsabilidad como un sentimiento de culpa, cuyos motivos ignora.

En este complejo de Edipo debemos ver también, desde luego, una de las principales fuentes del sentimiento de remordimiento que atormenta con tanta frecuencia a los neuróticos. Pero aún hay más: en un estudio sobre los comienzos de la religión y la moral humanas, publicado por mí en 1913, con el título de *Totem y tabú*, formulé la hipótesis de que es el complejo de Edipo el que ha sugerido a la Humanidad, en los albores de su historia, la conciencia de su culpabilidad, última fuente de la religión y de la moral. Podría deciros muchas cosas sobre esta cuestión, pero prefiero no tocarla por ahora, pues una vez iniciada resulta muy difícil de abandonar y nos apartaría con exceso del camino de nuestra exposición.

¿Qué es lo que del complejo de Edipo puede revelarnos la observación directa del niño en la época de la elección de objeto anterior al período de latencia? Vemos fácilmente que el pequeño hombrecito quiere tener a la madre para sí solo, que la presencia del padre le contraría, que se enfurruña cuando el mismo da a la madre muestras de ternura y que no esconde su satisfacción cuando su progenitor se halla ausente o parte de viaje. A veces, llega incluso a expresar de viva voz sus sentimientos y promete a la madre casarse con ella. Me diréis, quizá, que todo esto resulta insignificante comparado con las hazañas de Edipo; pero, a mi juicio, se trata de hechos totalmente equivalentes, aunque sólo en germen. Con frecuencia nos desorienta la circunstancia de que el mismo niño da pruebas, en otras ocasiones, de una gran ternura para con el padre; pero estas actitudes sentimentales opuestas, o más bien ambivalentes, que en el adulto entrarían fatalmente en conflicto, se concilian muy bien y durante largo tiempo en el niño, del mismo modo que en épocas posteriores continúan perdurando lado a lado en lo inconsciente. Diríamos, quizá, que la actitud del niño se explica por motivos egoístas y no autoriza, en ningún modo, la hipótesis de un complejo erótico, dado que siendo la madre quien vela y satisface todas las necesidades del niño, ha de tener éste un máximo interés en que ninguna otra persona se ocupe de él. Esto es, ciertamente, verdadero; pero advertimos enseguida que en esta situación, como en muchas otras análogas, el interés egoísta no constituye sino un punto de apoyo de la actividad erótica. Cuando el niño manifiesta, con respecto a la madre, una curiosidad sexual nada disimulada; cuando insiste para dormir durante la noche a su lado, quiere asistir a su tocado e incluso pone en práctica medios de seducción que no escapan a la madre, la cual los comenta entre risas, la naturaleza erótica de la adherencia a la madre parece fuera de duda. No hay que olvidar que la madre rodea de iguales cuidados a sus hijas, sin provocar el mismo efecto, y que el padre rivaliza con frecuencia con ella en atenciones para con el niño, sin lograr nunca adquirir a los ojos de éste igual importancia. En concreto, no hay argumento crítico con la ayuda del cual pueda eliminarse de la situación la preferencia sexual. Desde el punto de vista del interés egoísta, no sería ni siquiera inteligente, por parte del niño, el no adherirse sino a una sola persona, esto es, a la madre, cuando podría tener fácilmente a su devoción dos en vez de una sola, o sea el padre y la madre.

Observaréis que no he expuesto aquí más que la actitud del niño con respecto al padre y a la madre. La de la niña es, excepción hecha de las modificaciones necesarias, por completo idéntica. La tierna afección por el padre, la necesidad de apartar a la madre, cuya presencia es considerada como molesta, y una coquetería que dispone ya de todas las sutilezas femeninas, forman en la niña un cuadro encantador que nos hace olvidar la gravedad y las peligrosas consecuencias posibles de esta situación infantil. Añadamos, desde luego, que los mismos padres ejercen con frecuencia un influjo decisivo sobre la adquisición, por sus hijos, del complejo de Edipo, cediendo, por su parte, a la atracción sexual, circunstancia a la que se debe que en las familias de varios hijos prefiera el padre manifiestamente a las hijas, mientras que la madre dedica toda su ternura a los varones. A pesar de su importancia, no constituye, sin embargo, este factor un argumento contra la naturaleza espontánea del complejo de Edipo en el niño. Cuando la familia crece por el nacimiento de otros niños, se convierte este complejo, ampliándose, en el complejo familiar. Los hijos mayores ven en el nacimiento de nuevos hermanos una amenaza a sus derechos adquiridos, y, por tanto, acogen a los nuevos hermanos o hermanas con escasa benevolencia y el formal deseo de verlos desaparecer, sentimientos de odio que llegan a ser expresados verbalmente por los niños con mucha mayor frecuencia que los inspirados por el complejo paternal. Cuando el mal deseo del niño se realiza y la muerte hace desaparecer rápidamente a aquellos que habían sido considerados como intrusos, puede comprobarse, con ayuda de un análisis posterior, la importancia que este suceso tiene para el niño, a pesar de que a veces puede no conservar el más pequeño recuerdo de él. Relegado al segundo plano por el nacimiento de un hermano o una hermana, y casi abandonado en los primeros días, el niño olvida difícilmente este abandono, que puede hacer surgir en él importantes modificaciones de carácter y constituir el punto de partida de una disminución de su cariño hacia su madre. Hemos dicho ya que las investigaciones sobre la sexualidad, con todas sus consecuencias, se enlazan precisamente a esta dolorosa aventura infantil. A medida que los hermanos y las hermanas van siendo mayores, cambia para con ellos la actitud del niño, el cual llega incluso a trasladar a la hermana el amor que antes experimentaba hacia la madre, cuya infidelidad le ha herido tan profundamente. Ya en la *nursery* puede verse nacer entre varios hermanos que rodean a una hermana más pequeña estas situaciones de hostil rivalidad que en la vida ulterior desempeñan un tan importante papel. La niña, en cambio, sustituye al padre, que ya no testimonia hacia ella la misma ternura que antes por el hermano mayor, o reemplaza con su hermana pequeña el niño que había deseado tener de su padre.

Tales son los hechos que la observación directa de niños y la interpretación imparcial de sus recuerdos espontáneos nos han revelado con absoluta evidencia. Resulta, pues, que el lugar que cada hijo ocupa en una familia numerosa constituye un importantísimo factor para la conformación de su vida ulterior y una circunstancia que debe tenerse en cuenta en toda biografía. Pero —cosa mucho más importante—, ante estas explicaciones que obtenemos sin esfuerzo ninguno, no podréis por menos de recordar con risa todos los esfuerzos que la ciencia ha hecho para explicar la prohibición del incesto, llegando hasta decirnos que la vida en común durante la infancia anula la atracción sexual que sobre el niño pudieran ejercer los miembros de su familia de sexo distinto, y también que la tendencia biológica a evitar los cruces consanguíneos halla su complemento psíquico en el innato horror al incesto. Al decir esto, se olvida que si la tentación incestuosa hallase realmente en la naturaleza obstáculos infranqueables, no hubiera nunca habido necesidad de prohibirla, tanto por leyes implacables como por las costumbres. La verdad es totalmente opuesta. El primer objeto sobre el que se concentra el deseo sexual del hombre es siempre de naturaleza incestuosa —la madre o la hermana—, y solamente a fuerza de severísimas prohibiciones es como se consigue reprimir esta inclinación infantil. En los primitivos todavía existentes, esto es, en los pueblos salvajes, las prohibiciones del incesto son aún más severas que entre nosotros, y Th. Reik ha mostrado recientemente, en un brillante estudio que los ritos de la pubertad que existen entre los salvajes y representan una resurrección tienen por objeto romper el lazo incestuoso que liga al niño con su madre y efectuar su reconciliación con el padre.

La Mitología nos muestra que los hombres no vacilan en atribuir a los dioses el incesto, y la historia antigua nos enseña que el matrimonio incestuoso con la hermana era entre los antiguos faraones y entre los incas peruanos un mandamiento sagrado, siendo considerado como un privilegio prohibido al común de los mortales. Observamos también que los dos grandes crímenes de Edipo —el asesinato de su padre y el incesto materno— aparecen ya condenados por la primera institución religiosa y social de los hombres, o sea el totemismo.

Pasemos ahora de la observación directa del niño al examen analítico del adulto neurótico y veamos cuáles son los datos que el análisis puede proporcionarnos para llegar a un más profundo conocimiento del complejo de Edipo. El análisis nos presenta este complejo tal y como la leyenda nos lo expone, mostrándonos que cada neurótico ha sido por sí mismo una especie de Edipo, cosa que viene a ser igual, que se ha convertido por reacción, en un Hamlet. La representación analítica del complejo de Edipo es, naturalmente, una ampliación del esquema infantil antes expuesto. El odio hacia el padre y el deseo de verle morir quedan abiertamente evidenciados, y el cariño hacia la madre confiesa su fin de poseerla por esposa. ¿Tenemos acaso el derecho de atribuir a la tierna infancia estos crudos y extremos sentimientos, o es el análisis mismo lo que nos induce en error? Esto último pudiera ser cierto, pues siempre que una persona habla del pasado, aunque se trate de un historiador, debemos tener en cuenta todo aquello que del presente o de un más próximo pretérito intercala involuntariamente en el período de que se ocupa, cuya descripción queda de este modo falseada. En los enfermos neuróticos no parece esta confusión entre el pasado y el presente ser por completo intencionada, y más adelante habremos de ver los motivos a que obedece e investigar el proceso de tal «fantasear retrospectivo». Descubrimos también, sin esfuerzo, que el odio hacia el padre queda intensificado por numerosos motivos correspondientes a épocas y circunstancias posteriores, y que los deseos sexuales que tienen a la madre por objeto revisten formas que debían ser todavía desconocidas y ajenas al niño. Pero sería un vano esfuerzo querer explicar el complejo de Edipo, en su totalidad, por dicho «fantasear retrospectivo» y referirlo así a épocas posteriores, pues el análisis nos muestra siempre la existencia del nódulo infantil, tal y como los hallamos en la observación directa del niño y acompañado de un número más o menos considerable de elementos accesorios.

El hecho clínico que se nos revela detrás de la forma analíticamente establecida del complejo de Edipo presenta una gran importancia práctica. Averiguamos que en la época de la pubertad, cuando el instinto sexual se afirma con toda su energía, reaparece la antigua elección incestuosa de objeto, revistiendo de nuevo un carácter libidinoso. La elección infantil de objeto no fue más que un tímido preludio de la que luego se realiza en la pubertad; pero, no obstante, marcó a esta última su orientación de un modo decisivo. Durante esta fase se desarrollan procesos afectivos de una gran intensidad, correspondientes al complejo de

Edipo o a una reacción contra él; pero las premisas de estos procesos quedan sustraídas, en su mayor parte, a la conciencia, por su carácter inconfesable. Más tarde, a partir de esta época, el individuo humano se halla ante la gran labor de desligarse de sus padres, y solamente después de haber llevado a cabo esta labor podrá cesar de ser un niño y convertirse en miembro de la comunidad social. La labor del hijo consiste en desligar de su madre sus deseos libidinosos, haciéndolos recaer sobre un objeto real no incestuoso, reconciliarse con el padre, si ha conservado contra él alguna hostilidad, o emanciparse de su tiranía cuando por reacción contra su infantil rebelión se ha convertido en un sumiso esclavo del mismo. Es ésta una labor que se impone a todos y cada uno de los hombres, pero que sólo en muy raros casos consigue alcanzar un término ideal; esto es, desarrollarse de un modo perfecto, tanto psicológica como socialmente. Los neuróticos fracasan por completo en ella, permanecen sometidos toda su vida a la autoridad paterna y son incapaces de trasladar su libido a un objeto sexual no incestuoso. En este sentido es como el complejo de Edipo puede ser considerado como el nódulo de las neurosis.

Adivináis, sin duda, que prescindo aquí de un gran número de importantes detalles, tanto prácticos como teóricos, relativos al complejo de Edipo. No insistiré más sobre sus variantes y su posible inversión. Sólo os diré, por lo que respecta a sus relaciones más lejanas, que ha constituido una abundante fuente de producción poética. Otto Rank ha mostrado en un libro meritorio que los dramaturgos de todos los tiempos han extraído sus materiales poéticos principalmente del complejo de Edipo y del complejo de incesto, en todas sus variantes, más o menos veladas. Por último, os advertiré que los dos deseos criminales que forman parte de este complejo han sido reconocidos, largo tiempo antes del psicoanálisis, como los deseos representativos de la vida instintiva sin freno. En el diálogo del célebre enciclopedista Diderot, titulado *El sobrino de Rameau,* hallaréis las interesantísimas frases siguientes: *Si le petit sauvage était abandonné à lui même, qu'il conservât toute son imbécillité et qu'il réunît au peu de raison de l'enfant au berceau la violence des passions de l'homme de trente ans, il tordrait le cou à son père et coucherait avec sa mère.*

Existe aún algo que no debemos omitir. No en vano nos ha hecho pensar en los sueños la esposa-madre de Edipo. Recordaréis, sin duda, que nuestros análisis oníricos nos revelaron que los deseos de los que los sueños surgen eran con frecuencia de naturaleza perversa o incestuosa, o revelaban una insospechada hostilidad hacia personas muy próximas y amadas.

Pero entonces no llegamos a explicarnos el origen de tales malignas tendencias, origen que ahora se nos muestra con absoluta evidencia. Trátase de productos de la libido y de revestimiento de objeto que, datando de la primera infancia y habiendo desaparecido ha largo tiempo de la conciencia, revelan todavía su existencia durante la noche y se muestran aún capaces de una determinada actuación. Ahora bien: dado que estos sueños perversos, incestuosos y crueles son comunes a todos los hombres y no constituyen, por tanto, un monopolio de los neuróticos, podremos concluir que el hombre normal ha pasado también, en su desarrollo, a través de las perversiones y revestimientos de objetos característicos del complejo de Edipo, constituyendo éste el camino evolutivo normal y no presentando los neuróticos sino una ampliación de aquello que el análisis de los sueños nos revela igualmente en los hombres de completa salud.

A esta razón se debe, en gran parte, el que hayamos hecho preceder en estas lecciones el estudio de los sueños al de las neurosis.

LECCION XXII.   PUNTOS DE VISTA DEL DESARROLLO Y DE LA REGRESION. ETIOLOGIA

Señoras y señores:

H EMOS visto ya que la función de la libido pasa por un largo desarrollo hasta llegar a la fase llamada normal, o sea aquella en la que entra al servicio de la procreación. En la presente conferencia me propongo exponeros la significación que para la etiología de las neurosis posee esta circunstancia.

Creo hallarme de completo acuerdo con las enseñanzas de la patología general, admitiendo que dicho desarrollo comporta dos peligros: el de *inhibición* y el de la *regresión*. Quiere esto decir que, dada la tendencia a variar, propia de los procesos biológicos, puede suceder que no todas las fases preparatorias transcurran con absoluta corrección y lleguen a su término definitivo, pues ciertas partes de la función pueden estancarse de una manera duradera en alguna de estas tempranas fases y obstruir así la marcha total del desarrollo.

Busquemos en otros dominios algún proceso análogo. Cuando todo un pueblo abandona los lugares en que habita para buscar nuevas tierras en que establecerse, hecho que se produjo frecuentemente en las épocas primitivas de la historia humana, no llega nunca en su totalidad al nuevo país. Aparte de otras causas de eliminación, debió de suceder, frecuentemente, que pequeños grupos o asociaciones de emigrantes se fueran fijando en diversos lugares del camino, mientras que el grueso del pueblo continuaba su marcha. O para elegir una comparación más próxima: las glándulas seminales de los mamíferos superiores, originariamente situadas en lo más profundo de la cavidad abdominal, sufren en un momento dado de la vida intrauterina un desplazamiento que las transporta al extremo inferior del tronco y casi a flor de piel. A consecuencia de esta emigración, existe un gran número de individuos en los que una de dichas glándulas ha permanecido en la cavidad abdominal o se ha localizado definitivamente en el canal inguinal que ambas deben franquear normalmente, pudiendo suceder asimismo que este canal quede abierto en vez de cerrarse después del paso de las glándulas, como sucede en los casos normales. En el primer trabajo científico que, siendo aún un joven estudiante, realicé bajo la dirección de Von Brücke, hube de ocuparme del origen de las raíces nerviosas posteriores de la medula en un pescado de forma aún muy arcaica, y hallé que las fibras nerviosas de dichas raíces emergían de grandes células situadas en la corteza posterior de la sustancia gris, circunstancia que no se observa ya en otros vertebrados. Pero no tardé en descubrir que tales células nerviosas aparecían también fuera de la sustancia gris y se extendían a lo largo de todo el trayecto que conduce hasta el ganglio llamado espinal de la raíz posterior, descubrimiento del que hube de deducir que las células de dichas masas ganglionares han emigrado de la medula espinal para situarse a lo largo del trayecto radicular de los nervios. Esta emigración ha sido confirmada por la historia de la evolución; pero en el pequeño pescado objeto de mi estudio aparecía de una manera evidente, pues el trayecto recorrido quedaba marcado por las células escalonadas en el camino. Un reflexivo examen de estas comparaciones os revelará los defectos de que adolecen y, por tanto, creo que lo mejor será exponeros ya directamente el pensamiento psicoanalítico sobre esta cuestión.

En toda tendencia sexual puede, a nuestro juicio, darse el caso de que algunos de los elementos que la componen permanezcan estancados en fases evolutivas anteriores, cuando otros han alcanzado ya el fin propuesto. Claro es que concebimos cada una de estas tendencias como una corriente que avanza sin interrupción desde el comienzo de la vida, y que al descomponerla, como lo hacemos, en varios impulsos sucesivos usamos de un procedimiento hasta cierto punto artificial. La impresión que, sin duda, experimentáis de que todas estas representaciones precisan de más amplio esclarecimiento es perfectamente justa; pero tal labor habría de llevarnos demasiado lejos. Me limitaré, pues, a indicaros por el momento que tal estancamiento de una tendencia parcial en una temprana fase del desarrollo es lo que hemos convenido en denominar técnicamente *fijación*.

El segundo peligro de tal desarrollo gradual es el de que aquellos elementos que no han experimentado fijación alguna emprenden, en cambio, una marcha retrógrada y vuelven así a fases anteriores, proceso al que damos el nombre de *regresión,* y que se verifica cuando una tendencia llegada ya a un avanzado estadio de su desarrollo tropieza en el ejercicio de su función, esto es, en el logro de la satisfacción que constituye su fin, con graves obstáculos exteriores. Todo hace creer que fijación y regresión no son independientes una de otra. Cuanto más considerable haya sido la fijación durante el curso del desarrollo, más dispuesta se hallará la función a eludir las dificultades exteriores por medio de la regresión, retrocediendo hasta los elementos fijados, y menos capacidad de resistencia poseerá, al llegar a puntos avanzados de su desarrollo, para vencer los obstáculos exteriores que se opongan a la definitiva perfección del mismo. Un pueblo que al emigrar vaya dejando en su camino fuertes destacamentos, retrocederá en su busca en cuanto sufra una derrota o tropiece con un enemigo superior, y al mismo tiempo tendrá tantas más probabilidades de ser derrotado y tener que recurrir a tal retirada cuanto mayores sean las fuerzas que ha dejado atrás.

Para la acertada inteligencia de las neurosis importa mucho no perder de vista esta relación entre la fijación y la regresión, pues poseemos en ella un importantísimo punto de apoyo para el examen que de la etiología de dichas afecciones nos proponemos emprender.

Pero antes quiero deciros aún algunas palabras sobre la regresión. Dado nuestro conocimiento del desarrollo de la función de la libido, no os sorprenderá oír que existen dos clases de regresión: retorno a los primeros objetos que la libido hubo de revestir, objetos que, como ya sabemos, son de naturaleza incestuosa, y retroceso de toda la organización sexual a fases anteriores. Ambos géneros de regresión aparecen en las neurosis de transferencia y desempeñan en su mecanismo un importantísimo papel, observándose sobre todo, y con una monótona regularidad, el retorno a los primeros objetos de la libido. Aún podríamos ampliar considerablemente nuestras consideraciones sobre las regresiones de la libido si pudiéramos detenernos a examinar los procesos que de esta naturaleza se efectúan en otro grupo de neurosis —las llamadas narcisistas—, pero es ésta una labor que no entra por ahora en el cuadro de nuestros propósitos. Sólo os diré que estas afecciones nos revelan nuevos procesos evolutivos de la función de la libido y nos muestran, por tanto, nuevas especies de regresión.

Creo importante poneros sin más tardanza en guardia contra una posible confusión entre *regresión* y *represión* y ayudaros a obtener una precisa idea de las relaciones existentes entre ambos conceptos. Represión es —como sin duda recordáis— aquel proceso merced al cual un acto susceptible de devenir consciente y que, por tanto, forma parte del sistema preconsciente, deviene inconsciente y es retrotraído así a este último sistema. Hay también represión cuando el acto psíquico inconsciente no es siquiera admitido en el vecino sistema preconsciente, sino por el contrario, rechazado por la censura al llegar a los umbrales de la preconsciencia. No existe, pues, entre el concepto de represión y el de sexualidad relación alguna, hecho que os ruego no dejéis nunca de tener en cuenta. La represión es un proceso puramente psicológico, que caracterizaremos aún mejor calificándolo de *tópico*. Queremos con esto decir que posee una relación con nuestra metáfora de los compartimientos psíquicos o, renunciando a esta grosera representación auxiliar, con la estructura del aparato psíquico, constituido por varios sistemas diferentes.

La comparación que de estos dos procesos hemos emprendido nos muestra que hasta ahora sólo hemos empleado la palabra «regresión» en un especialísimo sentido. Dando a este término su significación general, esto es, la de retorno desde una fase evolutiva superior a otra inferior, puede incluso quedar subordinada la *represión* a la *regresión*, pues el primero de estos procesos puede también ser descrito como un retorno a una fase anterior en el desarrollo de un acto psíquico. Pero en la represión no nos interesa especialmente esta dirección retrógrada, pues hallamos también represión, en el sentido *dinámico*, cuando un acto psíquico es retenido en la fase inferior constituida por lo inconsciente. La represión es un concepto puramente descriptivo. Hasta ahora, al hablar de regresión y establecer las relaciones de la misma con el retorno de la libido a fases anteriores de su desarrollo, esto es, a algo que difiere totalmente de la represión, y es por completo independiente de ella. Tampoco podemos afirmar que la regresión de la libido sea un proceso puramente psicológico y no sabríamos asignarle una localización determinada en el aparato psíquico. Aunque ejerce sobre la vida psíquica una profundísima influencia, el factor que domina en ella es el orgánico.

Estas especulaciones os parecerán, sin duda, harto áridas. Pero su aplicación clínica puede hacérnoslas más comprensibles. La histeria y la neurosis obsesiva son —como ya sabéis— las dos afecciones principales del grupo de las neurosis de transferencia. En la histeria existe siempre una regresión de la libido a los primeros objetos sexuales de naturaleza incestuosa; pero falta todo retorno a una fase primaria de la organización sexual, siendo, en cambio, la represión la que desempeña en el mecanismo de esta enfermedad el papel principal. Si me permitís completar con una construcción teórica el inatacable conocimiento que hemos logrado adquirir de la histeria, podré describiros la situación en la forma siguiente: La reunión de las tendencias parciales bajo la primacía de los órganos genitales queda conseguida, pero las consecuencias que de esta unión se derivan tropiezan con la resistencia del sistema preconsciente, enlazado a la conciencia. La organización genital resulta, pues, válida para lo inconsciente, mas no para lo preconsciente, y esta repulsa por parte del sistema preconsciente motiva la aparición de un cuadro que presenta ciertas analogías con el estado anterior a la primacía de los órganos genitales, pero que, en realidad, es algo muy distinto. De las dos regresiones de la libido, aquella que se dirige hacia una fase anterior de la organización sexual es, desde luego, la más interesante. Pero como en la histeria falta esta última regresión y como toda nuestra concepción de las neurosis se resiente aún de la influencia del estudio de la histeria, llevado a cabo con anterioridad, la importancia de la regresión de la libido no se nos ha mostrado sino muy posteriormente a la de la represión. Debemos, pues, esperar que nuestros puntos de vista encuentren nuevas ampliaciones y modificaciones cuando, además de la histeria y de la neurosis obsesiva, incluyamos en nuestra investigación las neurosis narcisistas.

Al contrario de lo que sucede en la histeria, el proceso que en la neurosis obsesiva presenta mayor importancia y regula la aparición de los síntomas es la regresión de la libido a la fase preliminar sádico-anal. El impulso amoroso tiene que presentarse en estos casos bajo una máscara sádica, y la representación obsesiva «quisiera matarte» no significa otra cosa —una vez despojada de determinados agregados, no accidentales, sino indispensables— que «quisiera gozarte». Añadid a esto que simultáneamente se ha verificado una regresión con respecto al objeto y que, por tanto, tales impulsos vienen a recaer sobre las personas más próximas y amadas, y tendréis una idea del horror que en el enfermo han de despertar tales representaciones obsesivas y de cuán ajenas ha de considerarlas a su percepción consciente. También la represión desempeña en estas neurosis un importantísimo papel, pero que resulta muy difícil de precisar y definir en una exposición tan sintética y rápida como la que aquí me veo obligado a haceros. La regresión de la libido no podría producir nunca por sí sola y sin el acompañamiento de la represión una neurosis, sino que conduciría únicamente a una perversión. Vemos, pues, que la represión es el proceso más propio de la neurosis y aquel que mejor la caracteriza. Más adelante tendré, quizá, ocasión de exponeros lo que sobre el mecanismo de las perversiones hemos averiguado, y entonces veréis que se trata de algo mucho más complicado de lo que generalmente se supone.

Espero que me perdonaréis la amplitud con que he tratado de la fijación y la regresión de la libido cuando sepáis que todo lo que sobre estas cuestiones os he expuesto constituye una preparación al estudio de la etiología de las neurosis. Sobre esta etiología no os he dado, hasta ahora, sino un único dato: el de que los hombres enferman de neurosis cuando ven negada la posibilidad de satisfacer su libido, o sea —empleando el mismo término de que antes hube de servirme— por frustración, siendo los síntomas un sustitutivo de la satisfacción denegada. Naturalmente, no quiere esto decir que toda privación de la satisfacción libidinosa convierta en neurótico al individuo sobre el que recae, sino tan sólo que el factor privación existe en todos los casos de neurosis analizados. Por tanto, vemos que nuestro principio no es reversible, y supongo os habréis dado también cuenta de que no constituye por sí solo un total esclarecimiento del misterio de la etiología de las neurosis, sino solamente la expresión de una de sus condiciones esenciales.

Ignoramos todavía si para la discusión ulterior de este principio deberemos insistir principalmente sobre la naturaleza de la frustración, o sobre la idiosincrasia del sujeto que la sufre, pues la privación sólo raras veces resulta completa y absoluta, y para devenir patógena tiene que recaer sobre aquella forma de satisfacción que el sujeto exige y es la única de la que es capaz. Hay, en general, numerosos medios que permiten soportar sin peligro de neurosis la privación de satisfacción libidinosa y conocemos individuos capaces de infligirse esta privación sin daño alguno. No son felices, y añoran de continuo la satisfacción de lo que se ven privados, pero no caen enfermos. Debemos, además, tener en cuenta que las tendencias sexuales son —si me es permitido expresarme así— extraordinariamente *plásticas*. Pueden reemplazarse recíprocamente, y una sola puede asumir la intensidad de las demás, resultando de este modo que cuando la realidad rehúsa la satisfacción de una de ellas existe una posible compensación en la satisfacción de otra. Podemos, pues, compararlas a una red de canales comunicantes, y esto a pesar de su subordinación a la primacía genital, dos características difíciles de conciliar. Además, tanto las tendencias parciales de la sexualidad como la corriente sexual resultante de su síntesis, poseen una gran facilidad para variar de objeto, cambiando uno de difícil acceso por otro más asequible, propiedad que constituye una fuente de resistencia a la acción patógena de una privación. Entre estos factores que oponen una acción que pudiéramos calificar de profiláctica a la nociva de las privaciones existe uno que ha adquirido una particular importancia social, y consiste en que una vez que la tendencia sexual ha renunciado al placer parcial o al que procura el acto de la procreación, reemplaza tales fines por otro que presenta con ellos relaciones de origen, pero que ha cesado de ser sexual para hacerse social. Damos a este proceso el nombre de «sublimación», y efectuándolo así, nos adherimos a la opinión general que concede un valor más grande a los fines sociales que a los sexuales, considerando a estos últimos, en el fondo, como egoístas. La sublimación no es, además, sino un caso especial del apoyo de tendencias sexuales en otras no sexuales. Más adelante trataré de esta cuestión con un mayor detalle.

Supondréis, quizá, que merced a todos estos medios que permiten soportar la privación pierde ésta toda su importancia. Pero, en realidad, no sucede así, y la frustración conserva toda su fuerza patógena. Los medios que a ella oponemos son, generalmente, insuficientes, y el grado de insatisfacción de la libido que el hombre puede soportar es limitado. La plasticidad y la movilidad de la libido no alcanzan en todos los hombres un igual nivel, y la sublimación no puede nunca suprimir sino una parte de la libido, existiendo, además, muchos sujetos que no poseen la facultad de sublimar sino en grado muy restringido. La principal de estas restricciones es aquella que recae sobre la movilidad de la libido, pues limita extraordinariamente el número de fines y objetos que pueden proporcionar al individuo la necesaria satisfacción. Recordando que un desarrollo incompleto de la libido comporta numerosas fijaciones muy variadas de la misma a fases anteriores a la organización y a objetos primitivos, fases y objetos que la mayor parte de las veces no son ya capaces de procurar una satisfacción real, reconoceréis que la fijación de la libido constituye, después de la frustración, un importantísimo factor etiológico de las neurosis, hecho que podemos esquematizar diciendo que la fijación de la libido constituye en la etiología de las neurosis el factor interno, o sea la predisposición, y, en cambio, la frustración, el factor accidental externo.

Se me presenta aquí una excelente ocasión, que no quiero desaprovechar, para aconsejaros os abstengáis de intervenir en una superflua discusión que sobre estas materias se ha desarrollado. El mundo científico acostumbra tomar una parte de la verdad y sustituirla a la verdad completa, discutiendo luego todo el resto, no menos verdadero, en favor del fragmento desglosado. Por medio de este procedimiento han surgido diversas ramificaciones del movimiento psicoanalítico, ramificaciones que aceptan únicamente las tendencias egoístas y niegan las sexuales, no reconocen la influencia de la vida pretérita del sujeto, sino tan sólo la de los deberes reales, impuestos por la sociedad, etc. De un modo análogo se ha hecho también objeto de controversia la cuestión a que ahora nos referimos más especialmente, y se discute si las neurosis son enfermedades *exógenas* o *endógenas*, consecuencia necesaria de una determinada constitución o producto de ciertas acciones traumáticas nocivas, planteándose asimismo el problema de si son motivadas por la fijación de la libido y otras particularidades de la constitución sexual o por la influencià de la frustración. Mas tales dilemas poseen tan escaso sentido como este otro que yo podría plantearos: ¿El niño nace por haber sido procreado por el padre o por haber sido concebido por la madre? Naturalmente, nos responderéis que ambas condiciones son igualmente indispensables. Pues bien: en la etiología de la neurosis sucede algo muy análogo, si no idéntico. Desde el punto de vista etiológico, las enfermedades neuróticas pueden ordenarse en una serie en la que los dos factores, constitución sexual e influencias exteriores, o si se prefiere, fijación de la libido y frustración, se hallan representados de tal manera, que cuando uno de ellos crece, el otro disminuye. En uno de los extremos de esta serie se hallan los casos límites de los cuales podemos afirmar con perfecta seguridad que, dado el anormal desarrollo de la libido del sujeto, habría éste enfermado siempre, cualesquiera que fuesen los sucesos exteriores de su vida y aunque ésta se hallase totalmente desprovista de accidentes. Al otro extremo hallamos los casos de los que, por el contrario, podemos decir que el sujeto hubiera escapado, desde luego, a la neurosis si no se hubiera encontrado en una determinada situación. En los casos intermedios nos hallamos en presencia de combinaciones tales, que a una mayor predisposición, dependiente de la constitución sexual, corresponde una parte menor de influencias nocivas sufridas durante el curso de la vida, e inversamente. En estos sujetos, la constitución sexual no habría producido la neurosis sin la intervención de influencias nocivas, y estas influencias no habrían sido seguidas de un efecto traumático si las condiciones de la libido hubieran sido diferentes. Podría quizá conceder en esta serie un cierto predominio a la predisposición, pero una tal concesión por parte mía habría de depender siempre de los límites que convinierais en asignar a la neurosis.

Para facilitar nuestra labor de exposiciones daremos a estas series el nombre de «series complementarias». Más adelante tendremos ocasión de establecer otras análogas *.

La tenacidad con que la libido se adhiere a determinados objetos y orientaciones, o sea lo que pudiéramos llamar su *viscosidad*, se nos muestra como un factor independiente que varía en cada individuo, y cuyas normas nos son totalmente desconocidas. No debemos despreciar como desprovista de importancia la intervención de este factor en la etiología de las neurosis, pero tampoco habremos de considerar demasiado íntima su relación con esta etiología. Tal viscosidad de la libido —dependiente de causas ignoradas— aparece también ocasionalmente en individuos normales y se nos muestra, asimismo a título de factor determinante, en personas que forman una categoría opuesta a la de los neuróticos, esto es, en los perversos.

Ya antes del psicoanálisis (Binet) era conocida la posibilidad de descubrir en

---

* Para Strachey es el primer uso del término, mas no del concepto empleado por Freud ya en su segundo trabajo sobre la neurosis de angustia (1895) con el nombre de *ecuación etiológica*. (*Nota de J. N.*)

la anamnesis de los perversos la huella de una temprana impresión que trajo consigo una orientación anormal del objeto y desviaciones a las que la libido del perverso quedó después fijada durante toda la vida. Con gran frecuencia resulta imposible determinar qué es lo que capacita a tales impresiones para ejercer sobre la libido una atracción tan irresistible. Voy a relataros un caso observado por mí mismo. Un hombre al que los órganos genitales y todos los demás encantos de la mujer dejan hoy indiferente, pero que experimenta, en cambio, una excitación sexual irresistible a la vista de un pie calzado en determinada forma, recuerda una escena de su infancia, que desempeñó un papel decisivo en la fijación de su libido. Teniendo seis años de edad, se hallaba un día sentado sobre un taburete, junto a su institutriz, que se disponía a darle lección de inglés. La institutriz, una solterona seca y fea, con acuosos ojos azules y nariz respingona, se había herido en un pie y lo tenía apoyado sobre una silla y calzado con una zapatilla de terciopelo, quedando la pierna cuidadosa y decentemente oculta entre las faldas.

Pues bien: los pies delgados y de salientes tendones, como el de la fea institutriz, es lo que llegó a ser para nuestro sujeto, después de un tímido ensayo de normal actividad sexual, durante su pubertad, el único objeto sexual, objeto cuya atracción se hace irresistible cuando la persona correspondiente muestra algún otro parecido con la institutriz inglesa. Esta fijación de la libido ha hecho de nuestro sujeto, no un neurótico, sino un perverso, o sea lo que denominamos un fetichista del pie. Como veis, aunque la fijación excesiva y precoz de la libido constituye un factor etiológico indispensable de las neurosis, su acción se extiende más allá del cuadro de estas afecciones. Resulta, pues, que tampoco la fijación puede considerarse como el factor etiológico decisivo.

El problema de la determinación de la neurosis parece de este modo complicarse. La investigación psicoanalítica nos revela, en efecto, un nuevo factor, que no figura en nuestra serie etiológica y que aparece con máxima evidencia en aquellas personas cuya salud se ve perturbada de repente por una dolencia neurótica. En estos sujetos descubrimos siempre indicios de una oposición de deseos o, siguiendo nuestra acostumbrada forma de expresión, de un *conflicto* psíquico. Una parte de la personalidad manifiesta determinados deseos, y otra parte se opone y los rechaza. Sin un conflicto de este género no existe neurosis, circunstancia que no habrá ya de extrañaros, pues sabéis que nuestra vida psíquica se halla constantemente removida por conflictos cuya solución nos incumbe hallar. Mas para que semejante conflicto devenga patógeno han de concurrir ciertas condiciones particulares, y, por tanto, habremos de preguntarnos cuáles son estas condiciones, entre qué fuerzas psíquicas se desarrollan tales conflictos patógenos y cuáles son las relaciones que existen entre el conflicto y los demás factores determinantes.

Espero poder dar a estas interrogaciones respuestas satisfactorias, aunque abreviadas y esquemáticas. El conflicto es provocado por la frustración, la cual obliga a la libido, que carece de satisfacción, a buscar otros objetos y caminos, siendo condición indispensable que tales nuevos caminos y objetos provoquen el desagrado de una cierta fracción de la personalidad, la cual impone su veto, en un principio, al nuevo modo de satisfacción. A partir de este punto se inicia el proceso de la formación de síntomas, proceso que más adelante investigaremos, y las tendencias libidinosas rechazadas consiguen manifestarse por caminos indirectos, aunque no sin ceder en cierto modo a las exigencias de los elementos hostiles, aceptando determinadas deformaciones y atenuaciones. Tales caminos indirectos son los de la formación de síntomas, viniendo estos últimos a constituir la satisfacción nueva o sustitutiva que la privación ha hecho necesaria.

La importancia del conflicto psíquico se manifiesta aun en el hecho de que para que una frustración *exterior* se haga patógena es necesario que se añada a ella una frustración *interior*. Claro es que cada una de estas frustraciones —exterior e interior— se refiere a objetos diferentes y sigue camino distinto. La frustración exterior aleja determinada posibilidad distinta, estallando entonces el conflicto en derredor de esta última. Si doy aquí a mi exposición una forma particular, ello obedece al oculto sentido implícito de su contenido y que no es otra cosa que la posibilidad de que en las épocas primitivas del desarrollo humano hayan sido determinadas las abstenciones interiores por reales obstáculos exteriores.

Pero, ¿cuáles son las fuerzas de las que emanan la oposición a la tendencia libidinosa; esto es, cuál es la otra parte actuante en el conflicto patógeno? Tales fuerzas son —en sentido general— las tendencias no sexuales, a las que designamos con el nombre genérico de «instintos del *yo*». El psicoanálisis de las neurosis de transferencia no nos ofrece medio alguno de aproximarnos a su comprensión, y sólo nos es dado llegar a un cierto conocimiento de su naturaleza por las resistencias que se oponen al análisis. El conflicto patógeno surge, por tanto, entre los instintos del *yo* y los instintos sexuales. En determinados casos experimentamos la impresión de que se trata de un conflicto entre diferentes tendencias puramente sexuales, apariencia que no contradice en nada nuestra afirmación, pues de las dos tendencias sexuales en conflicto, una es siempre 'ego-sintónica', por decirlo así, mientras que la otra provoca la defensa del *yo*. Volvemos, pues, al conflicto entre el *yo* y la sexualidad.

Siempre que el psicoanálisis ha considerado un suceso psíquico como un producto de tendencias sexuales, se le ha objetado, con indignación, que el hombre no se compone exclusivamente de sexualidad; que existen en la vida psíquica tendencias e intereses distintos de los sexuales y que no debemos derivarlo todo de la sexualidad, etc. Por una vez, nos satisface en extremo hallarnos de acuerdo con nuestros adversarios. En efecto, el psicoanálisis no ha olvidado jamás que existen también fuerzas instintivas no sexuales; se basa precisamente en la definida separación existente entre los instintos sexuales y los instintos del *yo*, y ha afirmado, contra todas las objeciones, que las neurosis no son producto exclusivo de la sexualidad, sino del conflicto entre ésta y el *yo*. En su labor de analizar y definir la misión de los instintos sexuales, tanto en la vida normal como en circunstancias patológicas, no ha tropezado con nada que le incite a negar la existencia y significación de los instintos del *yo*, y si se ha ocupado, en primer lugar, de los instintos sexuales, ha sido por ser éstos los que en las neurosis demuestran una más precisa significación.

Tampoco es exacto pretender que el psicoanálisis no se interesa por la parte no sexual de la personalidad. La separación entre el *yo* y la sexualidad es precisamente lo que por vez primera nos ha hecho ver con toda evidencia que los instintos del *yo* sufren a su vez un significativo desarrollo que no es ni totalmente independiente de la libido ni se halla exento por completo de reacción contra ella. En honor a la verdad, hemos de confesar que el desarrollo del *yo* nos es mucho menos conocido que el de la libido, mas esperamos que el estudio de las neurosis narcisistas nos permita penetrar en la estructura del *yo*. Ferenczi ha llevado ya a cabo una interesante tentativa de establecer teóricamente las fases de dicho desarrollo, y poseemos, por lo menos, dos sólidos puntos de apoyo para formular un juicio sobre el mismo. Sería inexacto decir que los intereses libidinosos de una persona son desde un principio y necesariamente contrarios a sus intereses de autoconservación, pues lo que sucede es que el *yo* tiende a adaptarse a su organización sexual en todas y cada una de las etapas de su desarrollo. La sucesión de las diferentes fases evolutivas de la libido se realiza probablemente conforme a un programa preestablecido; mas no puede negarse que puede ser influida por el *yo,* debiendo existir un cierto paralelismo y una cierta concordancia entre las fases del desarrollo del *yo* y las de la libido y pudiendo nacer un factor patógeno de la perturbación de esta concordancia. Mucho nos interesaría determinar cómo se comporta el *yo* en aquellos casos en los que la libido experimenta una fijación a una fase dada de su desarrollo. El *yo* puede adaptarse a esta fijación, haciéndose perverso, o sea infantil, en proporción directa a la importancia de la misma, pero puede también rebelarse contra ella, y sufre entonces una represión correlativa a la fijación de la libido.

Veamos, pues, que el tercer factor de la etiología de las neurosis, *la tendencia a los conflictos,* depende tanto del desarrollo del yo como del de la libido, descubrimiento que completa nuestra concepción de la determinación de las dolencias neuróticas, cuyas condiciones etiológicas serán, aparte de la frustración, como factor de orden general, la fijación de la libido, que marca la orientación de la enfermedad y la tendencia al conflicto, derivada del desarrollo del *yo*, que ha rechazado los sentimientos libidinosos. La situación no es, pues, tan complicada ni tan difícil de comprender como sin duda os pareció en un principio, aunque bueno será advertiros que todavía nos queda mucho que hablar sobre esta cuestión. A lo ya dicho habremos de añadir todavía importantísimas consideraciones, y sobre todo habremos de someter a un análisis más profundo muchos de los puntos ya examinados.

Para mostraros la influencia que el desarrollo del *yo* ejerce sobre la constitución del conflicto, y, por tanto, sobre la determinación de las neurosis, os expondré un ejemplo que, aunque imaginario, no es nada inverosímil, y que me ha sido inspirado por el título de una comedia de Nestroy: *En el bajo y en el principal.* En el bajo habita el portero, y en el principal, el propietario de la casa, persona rica y estimada. Ambos tienen hijos, y supondremos que la hija del propietario no encuentra dificultad alguna para jugar, sin que nadie la vigile, con la hija del portero. Puede entonces suceder que los juegos de estas niñas lleguen a tomar un carácter erótico, esto es, sexual, mostrándose una a otra los órganos genitalés y procurándose recíprocamente una excitación de los mismos. La hija del propietario, que, a pesar de sus cinco o seis años, ha podido tener ocasión de realizar determinadas observaciones sobre la sexualidad de los adultos, puede muy bien desempeñar en nuestra historia el papel de corruptora. Aun cuando estos juegos no duran mucho tiempo, bastan para activar en las dos niñas ciertas tendencias sexuales, que, una vez terminados dichos juegos, continúan manifestándose durante algunos años por la masturbación. Hasta aquí marchan paralelos los destinos de nuestras dos protagonistas, pero el desenlace es diferente para cada una. La hija del portero se entrègará a la masturbación hasta la aparición de los menstruos renunciará después sin gran dificultad a ella, tomará un amante, tendrá quizá un hijo, emprenderá una carrera cualquiera y llegará acaso a ser una artista conocida, acabando, de este modo, en aristócrata. Es posible también que su destino sea menos brillante, pero de todos modos vivirá el resto de su vida sin resentirse del ejercicio precoz de su sexualidad ni contraer neurosis ninguna. Muy distinto será el destino de la hija del propietario. Aun antes de salir de la infancia, experimentará el sentimiento de haber hecho algo malo, renunciará en seguida, pero después de una terrible lucha, a la satisfacción masturbadora y guardará de ella un recuerdo y una impresión deprimentes. Más tarde, cuando, llegada a la pubertad, comiencen a revelársele las circunstancias del comercio sexual, rechazará con una intensa repugnancia —cuya causa no acertará a explicarse— todo nuevo conocimiento sobre esta cuestión y preferirá permanecer en la ignorancia. Probablemente se sentirá de nuevo dominada por una irresistible tendencia a la masturbación de la que no se atrevería a lamentarse. Más tarde, a la edad en que las mujeres comienzan a pensar en el matrimonio, contraerá una neurosis que cerrará su acceso a la vida normal y destruirá todas sus esperanzas de felicidad. El análisis de esta neurosis nos mostrará que la enferma, joven educada, inteligente e idealista, ha reprimido por completo sus tendencias sexuales, inconscientes en ella, pero íntimamente enlazadas a los insignificantes juegos de la infancia.

La diferencia que existe entre estos dos destinos, a pesar de la identidad de los sucesos iniciales, depende de que el *yo* de una de nuestras protagonistas ha experimentado un determinado desarrollo, y en cambio, el de la otra, no. Para la hija del portero, la actividad sexual ha sido en todo momento algo natural y. lícito. En cambio, la hija del propietario ha sufrido la influencia de la educación que ha inspirado a su *yo* ideales de pureza y continencia incompatibles con la actividad sexual, quedando debilitado merced a esta formación intelectual su interés por la misión que se halla llamada a desempeñar como mujer. Tal desarrollo moral e intelectual, superior al de su camarada de juegos infantiles, es lo que ha provocado el conflicto en que se halla con las exigencias de su sexualidad.

Quiero insistir aún sobre un segundo punto de la evolución del *yo*, tanto por determinadas perspectivas, muy vastas, que su conocimiento puede abrir ante nosotros, como porque las conclusiones que de este examen vamos a deducir justifican nuestra afirmación de que existe una definida separación entre las tendencias del *yo* y las sexuales, separación difícil de observar a primera vista. Para formular un juicio sobre estos dos desarrollos —el del *yo* y el de la libido— hemos de admitir una premisa que hasta ahora no hemos tenido suficientemente en cuenta. Ambos desarrollos no son, en el fondo, sino legado y repeticiones abreviadas de la trayectoria evolutiva que la Humanidad entera ha recorrido a partir de sus orígenes y a través de un largo espacio del tiempo. Este origen *filogénico* del desarrollo de la libido resulta, a nuestro juicio, fácilmente reconocible. Recordad que en determinados animales se halla el aparato genital íntimamente relacionado con la boca, es inseparable del aparato de excreción o aparece enlazado a los órganos de movimiento, circunstancias todas de las que hallaréis una interesante exposición en el libro de W. Bölsche. Vemos, por tanto, que la organización sexual de los animales puede limitarse a cualquier fijación perversa. En el hombre resulta más difícil de comprobar este punto de vista filogénico, pues sucede que aquellas particularidades que en el fondo son heredadas resultaban también adquiridas de nuevo en el curso del desarrollo individual, a causa probablemente de que las condiciones que impusieron anteriormente la adquisición de una particularidad dada persisten todavía y continúan ejerciendo su acción sobre todos los individuos sucesivos. Podríamos decir que estas condiciones que primitivamente fueron creadoras se han convertido en evocadoras. Es, además, incontestable que la marcha del desarrollo predeterminado pueda quedar perturbada y modificada en cada individuo por influencias exteriores recientes. Lo que sí conocemos, desde luego, es la fuerza que ha impuesto a la Humanidad este desarrollo, y cuya acción continúa ejerciéndose en la misma dirección. Esta fuerza es nuevamente la frustración, impuesta por la realidad o, para llamarla con su verdadero nombre, la necesidad, que es un carácter esencial de la vida. La Ανάγκη (Ananke), severa educadora a la que el hombre debe mucho, es la que con su rigor ha motivado efectos nocivos en los neuróticos, pero es éste un peligro inherente a toda educación. Proclamando que la necesidad vital constituye el motor del desarrollo, no disminuimos en absoluto la importancia de las «tendencias evolutivas internas» cuando la existencia de éstas se deja comprobar.

Ahora bien: conviene observar que las tendencias sexuales y las de autoconservación no se conducen de igual manera con respecto a la necesidad real. Los instintos de conservación y todo lo que con ellos se relaciona son más fácilmente educables y aprenden tempranamente a plegarse a la necesidad y a conformar su desarrollo a las indicaciones de la realidad, cosa concebible, dado que no pueden procurarse de otro modo los objetos de que precisan y sin los que el individuo corre el peligro de perecer. Las tendencias sexuales, que no tienen al principio necesidad ninguna de objeto e incluso ignoran esta necesidad, son más difíciles de educar. Viviendo una existencia que podríamos calificar de parasitaria, asociada a la de otros órganos del soma, y siendo susceptibles de hallar una satisfacción autoerótica sin salir del cuerpo mismo del individuo, escapan a la influencia educadora de la necesidad real, y en la mayor parte de los hombres guardan, en determinadas circunstancias, durante toda la vida, este carácter arbitrario, caprichoso, refractario y enigmático.

Añadid a esto que el individuo deja de ser accesible a la educación, precisamente en el momento en que sus necesidades sexuales alcanzan su intensidad definitiva. Los educadores conocen ya esta circunstancia, y es quizá de esperar que los resultados del psicoanálisis les mueven a desplazar la más intensa presión educadora sobre la época en que realmente puede resultar eficaz; esto es, sobre la primera infancia. El sujeto infantil llega a su completa formación a la edad de cuatro o cinco años, y en adelante se limita a manifestar lo adquirido hasta dicha edad.

Para hacer resaltar toda la significación de la diferencia que hemos establecido entre los dos grupos de instintos, habremos de introducir en nuestra exposición una de aquellas consideraciones a las que convinimos en calificar de «económicas», abordando así uno de los dominios más importantes, pero desgraciadamente más oscuros, del psicoanálisis. Nos planteamos, en efecto, el problema de averiguar si la labor de nuestro aparato psíquico tiende a la consecución de un propósito fundamental cualquiera, problema al que respondemos, en principio, afirmativamente, añadiendo que, según todas las apariencias, nuestra actividad psíquica tiene por objeto procurarnos placer y evitarnos displacer, hallándose automáticamente regida por el *principio del placer*. Mucho nos interesaría averiguar cuáles son las condiciones del placer y del displacer, mas carecemos de elementos para llegar a este conocimiento. Lo único que podemos afirmar es que el placer se halla en relación con la disminución, atenuación o extinción de las magnitudes de excitación acumuladas en el aparato psíquico, mientras que el dolor va paralelo al aumento o exacerbación de dichas excitaciones. El examen del placer más intenso accesible al hombre, esto es, del placer experimentado en la realización del acto sexual, no nos permite duda alguna sobre este punto. Dado que en estos actos acompañados de placer se trata de los destinos de grandes magnitudes de excitación o de energía psíquica, damos a las consideraciones con ellos relacionadas el nombre de *económicas*. Observamos asimismo que la labor que incumbe al aparato psíquico y la función que el mismo ejerce pueden ser también descritas de una manera más general que insistiendo sobre la adquisición del placer. Puede decirse que el aparato psíquico sirve para dominar y suprimir las excitaciones e irritaciones de origen externo e interno. Por lo que respecta a las tendencias sexuales, es evidente que desde el principio al fin de su desarrollo constituyen un medio de adquisición de placer, función que cumplen sin la menor discontinuidad. Tal es igualmente al principio el objetivo de las tendencias del *yo;* pero bajo la presión de la necesidad, gran educadora, acaban éstas por reemplazar el principio del placer por una modificación. La misión de desviar el dolor se les impone con la misma urgencia que la de adquirir el placer, y el *yo* averigua que es indispensable renunciar a la satisfacción inmediata, diferir la adquisición de placer, soportar determinados dolores y renunciar, en general, a ciertas fuentes de placer. Así educado, el *yo* se hace razonable y no se deja ya dominar por el principio del placer, sino que se adapta al *principio de la realidad*, que en el fondo tiene igualmente por fin el placer; pero un placer que, si bien diferido y atenuado, presenta la ventaja de ofrecer la certidumbre que le procuran el contacto con la realidad y la adaptación a sus exigencias.

El paso del principio del placer al principio de la realidad constituye uno de los progresos más importantes del desarrollo del *yo*. Sabemos ya que los instintos sexuales no franquean sino tardíamente y como forzados y constreñidos estas fases del desarrollo del *yo,* y más tarde veremos qué consecuencias pueden deducirse para el hombre de estas relaciones más laxas que existen entre su sexualidad y la realidad exterior. Si el *yo* del hombre experimenta un desarrollo y tiene, al igual de su libido, su historia evolutiva, no puede ya sorprendernos la existencia de regresiones del *yo* a fases anteriores de su desarrollo, regresiones cuya influencia en la etiología y curso de las enfermedades neuróticas habremos de examinar detenidamente.

LECCION XXIII. VIAS DE FORMACION DE SINTOMAS

Señoras y señores:

P ARA el profano son los síntomas lo que constituye la esencia de la enfermedad, y, por tanto, la considerará curada en el momento en que los mismos desaparecen. En cambio, el médico establece una precisa distinción entre ambos conceptos y pretende que la desaparición de ios síntomas no significa, en modo alguno, la curación de la enfermedad. Mas como lo que de ésta queda, después de dicha desaparición, es tan sólo la facultad de formar nuevos síntomas, podremos adoptar provisionalmente el punto de vista del profano y admitir que analizar los síntomas equivale a comprender la enfermedad.

Los síntomas —y, naturalmente, no hablamos aquí sino de los síntomas psíquicos (psicógenos) y de la enfermedad psíquica— son actos nocivos o, por lo menos, inútiles, que el sujeto realiza muchas veces contra toda su voluntad y experimentando sensaciones displacientes o dolorosas. Su daño principal se deriva del esfuerzo psíquico, que primero exige su ejecución y luego la lucha contra ellos; esfuerzo que en una amplia formación de síntomas agota la energía psíquica del enfermo y le incapacita para toda otra actividad. Resulta, pues, esta incapacidad dependiente de las magnitudes de energía dadas en cada caso, y de este modo reconocemos que el «estar enfermo» es un concepto esencialmente práctico. Mas si nos colocamos en un punto de vista teórico y hacemos abstracción de tales magnitudes, podremos decir que todos somos neuróticos, puesto que todos, hasta los más normales, llevamos en nosotros las condiciones de la formación de síntomas.

De los síntomas neuróticos sabemos ya que son efecto de un conflicto surgido en derredor de un nuevo modo de satisfacción de la libido. Las dos fuerzas opuestas se reúnen de nuevo en el síntoma, reconciliándose, por decirlo así, mediante la transacción constituida por la formación de síntomas, siendo esta doble sustentación de los mismos lo que nos explica su capacidad de resistencia. Sabemos también que una de las dos fuerzas en conflicto es la libido insatisfecha, alejada de la realidad y obligada a buscar nuevos modos de satisfacción. Cuando ni aun sacrificando su primer objeto y mostrándose dispuesta a sustituirlo por otro logra la libido vencer la oposición de la realidad, recurrirá, en último término, a la regresión y buscará su satisfacción en organizaciones anteriores y en objetos abandonados en el curso de su desarrollo. Lo que la atrae por el camino de la regresión son las fijaciones que fue dejando en sus diversos estadios evolutivos.

La ruta que conduce a la perversión se separa claramente de la que termina en la neurosis. Cuando las regresiones no despiertan ninguna oposición por parte del *yo,* no aparece la neurosis y la libido logra una satisfacción. Pero cuando el *yo,* que regula no solamente la conciencia, sino también los accesos a la inervación motriz, y, por consiguiente, la posibilidad de realización de las tendencias psíquicas; cuando el *yo,* repetimos, no acepta estas regresiones, surge el conflicto. La libido encuentra cerrado el camino y se ve obligada a buscar, conforme a las exigencias del principio del placer, un distinto exutorio para su reserva de energía. Deberá, pues, separarse del *yo,* y lo conseguirá apoyándose en las fijaciones que fue dejando a lo largo del camino de su desarrollo y contra las que el *yo* hubo de protegerse por medio de represiones. Ocupando en su marcha regresiva estas posiciones reprimidas, se hace la libido independiente del *yo* y renuncia a toda la educación que bajo su influencia hubo de recibir. Con la esperanza de hallar la buscada satisfacción, pudo dejarse guiar durante algún tiempo; pero bajo la doble presión de la frustración interior y exterior se insubordina contra toda tutela y añora la felicidad de los tiempos pasados. Las representaciones a las que la libido aplica desde este momento su energía forman parte del sistema de lo inconsciente y se hallan sometidas a los procesos propios del mismo, o sea, en primer lugar, a la condensación y al desplazamiento. Nos hallamos aquí ante una situación idéntica a la de la formación de los sueños. Así como en esta última tropieza el sueño formado en lo inconsciente con un fragmento de actividad preconsciente que le impone su censura y le obliga a una transacción, cuyo resultado es el sueño manifiesto, así también la representación libidinosa inconsciente se ve obligada a someterse en cierto grado al poder del *yo* preconsciente. La oposición que contra ella ha surgido en el *yo* la fuerza entonces a aceptar una forma expresiva transaccional, surgiendo así el síntoma como un producto considerablemente deformado de una realización de deseos libidinosos inconscientes, producto equívoco que presenta dos sentidos totalmente contradictorios. Mas en este último punto se nos muestra una precisa diferencia entre la formación de los sueños y la de los síntomas, pues en la primera la intención preconsciente no tiende sino a proteger el sueño y a impedir que llegue hasta la conciencia aquello que pudiera perturbarlo, pero no opone al deseo inconsciente una rotunda negativa. Esta tolerancia queda justificada por el menor peligro de la situación, dado que el estado de reposo hasta por sí solo para impedir toda comunicación con la realidad.

Vemos, pues, que merced a la existencia de fijaciones puede la libido escapar a las circunstancias creadas por el conflicto. El revestimiento regresivo de tales fijaciones permite eludir la represión y conduce a una derivación —o satisfacción— de la libido dentro de las condiciones establecidas en la transacción. Por medio de este rodeo a través de lo inconsciente y de las antiguas fijaciones consigue llegar la libido a una satisfacción real, aunque extraordinariamente limitada y apenas reconocible. Permitidme haceros dos observaciones a propósito de este resultado. En primer lugar, quiero llamaros la atención sobre la íntima conexión existente entre la libido y lo inconsciente, por una parte, y entre el *yo*, la conciencia y la realidad por otra, aunque al principio no se hallen esos factores ligados entre sí por ningún lazo. En segundo lugar, he de advertiros que todas estas consideraciones y las que a continuación voy a exponeros se refieren únicamente a la formación de los síntomas en la neurosis histérica.

Mas, ¿dónde encuentra la libido las fijaciones de que precisa para abrirse paso a través de las represiones? Indudablemente, en las actividades y los sucesos de la sexualidad infantil, en las tendencias parciales abandonadas y en los primitivos objetos infantiles. A todo esto es a lo que retorna la libido en su marcha regresiva. La época infantil nos muestra aquí una doble importancia. Durante ella manifiesta el niño por vez primera aquellos instintos y tendencias que aporta al mundo a título de disposiciones innatas, y experimenta, además, determinadas influencias exteriores que despiertan la actividad de otros de sus instintos, dualidad que creo perfectamente justificado establecer, dado que la manifestación de las disposiciones innatas es algo por completo evidente y que la hipótesis —fruto de la experiencia psicoanalítica— de que sucesos puramente accidentales, sobrevenidos durante la infancia, son susceptibles de motivar fijaciones de la libido, no tropieza tampoco con dificultad teórica ninguna. Las disposiciones constitucionales son incontestablemente efectos lejanos de sucesos vividos por nuestros ascendientes; esto es, caracteres adquiridos un día y transmitidos luego por herencia. Esta última no existiría si antes no hubiese habido adquisición, y no podemos admitir que la facultad de adquirir nuevos caracteres susceptibles de ser transmitidos por herencia termine precisamente en la generación de que nos ocupamos. A nuestro juicio, es equivocado minorar la importancia de los sucesos acaecidos durante la infancia del sujeto y acentuar, en cambio, la de los correspondientes a la vida de sus antepasados o a su propia madurez. Por el contrario, habremos de conceder a los sucesos infantiles una particularísima significación, pues por el hecho de producirse en una época en la que el desarrollo del sujeto se halla todavía inacabado, traen consigo más graves consecuencias y son susceptibles de una acción traumática. Los trabajos de Roux y otros hombres de ciencia sobre la mecánica del desarrollo nos han mostrado que la más mínima lesión —un simple pinchazo con una aguja— infligida al embrión durante la división celular puede producir gravísimas perturbaciones del desarrollo. La misma lesión infligida a la larva o al animal perfecto no produce ningún efecto perjudicial.

La fijación de la libido del adulto, introducida por nosotros en la ecuación etiológica de la neurosis, a título de representante del factor constitucional, puede descomponerse ahora en dos nuevos factores: la disposición hereditaria y la disposición adquirida en la primera infancia. Como sé que los esquemas son siempre bien acogidos por todos aquellos que tratan de aprender algo, resumiré estas relaciones en la forma siguiente:

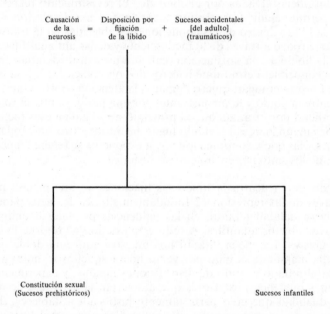

La constitución sexual hereditaria ofrece una gran variedad de disposiciones según la tendencia parcial que aisladamente o en unión de otras presenta máxima energía. En asociación con los sucesos de la vida infantil forma la constitución sexual una nueva «serie complementaria» totalmente análoga a aquella cuya existencia hemos comprobado como resultado de la asociación entre la disposición del adulto y los sucesos accidentales de su vida. En ambas series encontramos los mismos casos extremos y las mismas relaciones de sustitución, planteándosenos el problema de si la más singular de las regresiones de la libido, esto es, su regresión a una cualquiera de las tempranas fases de la organización sexual, no se halla quizá condicionada, principalmente, por el factor constitucional hereditario. Pero creo conveniente diferir la respuesta a esta interrogación hasta el momento en que podamos referirnos a una más amplia serie de formas de la enfermedad neurótica.

La investigación psicoanalítica nos ha mostrado que la libido de los neuróticos se halla íntimamente enlazada a los sucesos de su vida sexual infantil, y de este modo parece prestar a tales sucesos una enorme importancia con respecto a la vida del hombre y a la adquisición, por el mismo, de enfermedades nerviosas. Esta importancia es, incontestablemente, muy grande mientras no tenemos en cuenta sino la labor terapéutica; pero haciendo abstracción de ella, advertiremos sin esfuerzo que corremos el peligro de ser víctimas de un error y formarnos de la vida una concepción unilateral fundada demasiado exclusivamente en la situación neurótica. La importancia de los sucesos infantiles resulta disminuida por el hecho de que la libido no retorna a ellos, en su movimiento regresivo, sino después de haber sido expulsada de sus posiciones más avanzadas. Ante esta circunstancia, la conclusión que parece imponerse es la de que los sucesos infantiles no han tenido en la época en que se produjeron significación alguna y sólo regresivamente han llegado a adquirirla. Recordaréis que en la discusión del complejo de Edipo nos encontramos ya ante una análoga alternativa.

Pero tampoco esta vez nos ha de resultar difícil llegar a una definitiva conclusión. La observación según la cual el revestimiento libidinoso, y, por tanto, la importancia patógena de los sucesos de la vida infantil queda considerablemente intensificado por la regresión de la libido, es desde luego justa, pero podría inducirnos en error si la aceptásemos por sí sola y sin tener en cuenta otros factores de los que no se puede prescindir. Hallamos, en primer lugar y de una manera indiscutible, que los sucesos de la vida infantil poseen su importancia propia y la manifiestan ya en la infancia. Existen neurosis infantiles en las que la regresión en el tiempo no desempeña sino un insignificante papel o no se produce en absoluto, apareciendo la enfermedad inmediatamente después de un suceso traumático. Análogamente a como el estudio de los sueños infantiles nos condujo a la inteligencia del fenómeno onírico en los adultos, puede también la investigación de las neurosis de la infancia ahorrarnos más de un error en la comprensión de las neurosis que atacan al sujeto en épocas más avanzadas de su vida. Tales neurosis infantiles son mucho más frecuentes de lo que se cree, pero suelen pasar inadvertidas, siendo consideradas como signos de perversidad o mala educación que los guardadores del niño se esfuerzan en reprimir. De todos modos, no resulta difícil descubrirlas *a posteriori,* por medio de un examen retrospectivo, y su forma más corriente es la *histeria de angustia,* afección de la que ya trataremos en lecciones posteriores. Cuando en una de las fases más avanzadas de la vida surge la neurosis, nos revela siempre el análisis que se trata de la consecuencia directa de una dolencia infantil del mismo género, dolencia que no se manifestó por entonces sino velada y esquemáticamente. Pero, como ya hemos dicho, existen casos en que esta neurosis infantil perdura, sin solución alguna de continuidad, a través de toda la vida del sujeto. Directamente —esto es, en los propios sujetos infantiles— hemos podido realizar algunos análisis de este género de neurosis, pero la mayor parte de las veces hemos tenido que conformarnos con deducir su existencia del examen de una neurosis adulta.

No podemos menos de reconocer que sería inexplicable tan regular retorno de la libido a la época infantil si en este período no existiese algo que ejerciera atracción sobre ella. La fijación a ciertos puntos de la trayectoria evolutiva carecería de todo contenido si no la concibiésemos como cristalización de una determinada cantidad de energía libidinosa. Debo, por último, advertiros que entre la intensidad y el efecto patógeno de los sucesos de la vida infantil e iguales caracteres de los correspondientes a la vida adulta existe una relación de complemento recíproco idéntica a la que comprobamos en las series precedentemente estudiadas. Hay casos en los que el principal factor etiológico se halla constituido por los sucesos sexuales de la infancia, cuyo efecto traumático no precisa para manifestarse de condición especial ninguna, aparte de los inherentes a la constitución sexual media y a la falta de madurez infantil. Pero, en cambio, existen otros en los que la etiología de la neurosis debe ser buscada únicamente en los conflictos posteriores, reduciéndose a un efecto de la regresión la importancia que en el análisis parecen presentar los sucesos infantiles. Son éstos los dos puntos extremos de la «inhibición del desarrollo» y de la «regresión», pudiendo existir entre ellos los grados de la combinación de ambos factores.

Estos hechos presentan considerable interés para la Pedagogía, una de cuyas misiones es la de prevenir las neurosis, interviniendo desde muy temprano en el desarrollo sexual del niño. Concentrando toda nuestra atención sobre los sucesos sexuales de la infancia, pudiéramos creer cumplida la misión de prevenir las enfermedades nerviosas con sólo retardar el desarrollo sexual y evitar al niño impresiones de este orden. Pero sabemos ya que las condiciones determinantes de la neurosis son mucho más complicadas y no dependen de un único factor. Una rigurosa vigilancia ejercida sobre el niño no resulta, ni mucho menos, suficiente para alcanzar el fin profiláctico deseado, pues, aparte de carecer de toda influencia sobre el factor constitucional, tropieza con más dificultades de las que los educadores suponen y comporta dos graves peligros. Sobrepasa el fin propuesto, favoreciendo una exagerada represión sexual que puede ser de muy perjudiciales consecuencias, y lanza al niño a la vida sin medio alguno de defensa contra el embate de las tendencias sexuales que la pubertad habrá de traer consigo. Las ventajas de la profilaxis sexual de la infancia son, por tanto, más que dudosas, y de este modo habremos de buscar en otra diferente actuación inmediata un curso más seguro de prevenir las neurosis.

Pero volvamos ahora a los síntomas, que, como hemos visto, crean una sustitución de la satisfacción denegada, por medio del retroceso de la libido, a fases anteriores, circunstancia que trae consigo el retorno a los objetos u organizaciones característicos de dichas fases. Sabemos ya que el neurótico se halla ligado a un determinado período de su vida pretérita durante el cual no se hallaba su libido privada de satisfacción y se sentía, por tanto, feliz. Retrocederá, pues, en su pasado, hasta la época en que aún se hallaba en la lactancia, época que se representará conforme a sus recuerdos o a la idea que posteriormente se haya formado de ella y el síntoma reproducirá entonces, en una forma cualquiera, la infantil satisfacción libidinosa, aunque deformada por la censura, producto del conflicto, acompañada generalmente por sensaciones de dolor y asociada a factores correspondientes a la ocasión que ha provocado la enfermedad. Esta satisfacción que el síntoma procura es de una singularísima naturaleza. Desde luego, el sujeto no la siente como tal, sino, por el contrario, como algo doloroso y lamentable, transformación que no es sino un efecto natural del conflicto psíquico, bajo la presión del cual hubo de formarse el síntoma. Aquello que en épocas anteriores fue para el individuo una satisfacción, despierta hoy su repugnancia. Conocemos un ejemplo muy instructivo de esta transformación de sensaciones. El mismo niño que antes lactaba con avidez del seno materno manifiesta algunos años más tarde una considerable aversión por la leche, aversión que llega a constituirse en invencible repugnancia cuando la leche o la bebida mezclada con leche aparecen cubiertas por una ligera membrana, no siendo quizá muy atrevido suponer que esta membrana despierta en el niño el recuerdo del seno materno, antes tan ardientemente deseado. De todos modos, habremos de tener en cuenta que, con anterioridad a esta transformación, ha tenido efecto el destete, suceso que ejerce sobre el niño una intensa acción traumática.

Existen todavía otras razones por las que los síntomas nos resultan incomprensibles como medios de alcanzar la satisfacción libidinosa. No recuerdan en nada aquello de lo que normalmente solemos esperar una satisfacción, y haciendo abstracción del objeto, renuncian a toda relación con la realidad exterior. Estas particularidades las interpretamos como una consecuencia del renunciamiento al principio de la realidad y del retorno al principio del placer; pero hay aquí también el retorno a aquel amplio autoerotismo que procuró al instinto sexual sus primeras satisfacciones. Los síntomas sustituyen una modificación del mundo exterior por una modificación somática, o sea una acción exterior por una acción interior, un acto por una adaptación, circunstancia que desde el punto de vista filogénico corresponde también a una importantísima regresión. No comprenderemos bien todo esto sino después de llegar al conocimiento de un nuevo dato que más adelante deduciremos de nuestras investigaciones analíticas sobre la formación de los síntomas. Habremos de recordar, además, que a esta formación cooperan los mismos procesos inconscientes que a la de los sueños; esto es, la condensación y el desplazamiento. Como el sueño, presenta el síntoma algo en estado de realización, procurando una satisfacción al modo infantil; pero mediante una condensación llevada al último extremo, puede esta satisfacción quedar limitada a una sola sensación o inervación, y mediante un desplazamiento igualmente extremado puede asimismo quedar restringida a un pequeñísimo fragmento de todo el complejo libidinoso. No es, por tanto, de extrañar que hallemos ciertas dificultades para reconocer en el síntoma la satisfacción libidinosa que suponemos constituye.

Os he anunciado un nuevo dato sobre esta cuestión. Trátase, en efecto, de algo no solamente nuevo, sino sorprendente y maravilloso. Sabéis ya que, partiendo del análisis de los síntomas, llegamos al conocimiento de sucesos de la vida infantil a los cuales se halla fijada la libido, y que constituyen el nódulo de las manifestaciones sintomáticas. Pero lo asombroso es que estas escenas infantiles no son siempre verdaderas. Podemos afirmar, en efecto, que en su mayor partes son falsas, y en algunos casos incluso directamente contrarias a la verdad histórica. Más que otro cualquier argumento, resulta apropiado este dato para hacer desconfiar de la labor analítica que ha llegado a un resultado semejante o de la buena fe del enfermo, sobre cuyas manifestaciones reposa todo el edificio del análisis y toda la comprensión de la neurosis. Trátase, además, de algo susceptible de sumirnos en la mayor confusión. Si los sucesos infantiles averiguados por medio del análisis fueran siempre reales, experimentaríamos la sensación de movernos sobre un terreno sólido. Si fueran siempre falsos y se revelaran en todo caso como invenciones o fantasías de los enfermos, no nos quedaría otro remedio que abandonar este terreno movedizo y buscar otro más consistente. Pero no nos hallamos en ninguna de estas dos circunstancias. Los sucesos infantiles evocados o reconstituidos por el análisis son tan pronto incontestablemente falsos como no menos incontestablemente reales, y en la mayoría de los análisis se presentan como una mezcla de verdad y mentira. Los síntomas pueden, por tanto, corresponder, ora a sucesos que han acaecido realmente, y a los cuales debemos reconocer una influencia sobre la fijación de la libido; ora a fantasías de los enfermos, carentes de toda actuación etiológica. Resulta en extremo difícil orientarse en esta complicada situación. El único punto de referencia lo hallamos quizá en un análogo estado de cosas que descubrimos en una fase anterior de nuestra investigación psicoanalítica. Vimos, en efecto, que determinados recuerdos infantiles, que los hombres conservan siempre en su conciencia, sin que para atraerlos a ella haya habido precisión de análisis ninguno, podían también demostrarse como inexactos o, por lo menos, como una mezcla de mentira y realidad. De este modo, nos cabe el consuelo de que la desagradable sorpresa a la que nuestras investigaciones sobre los síntomas nos han conducido no es imputable a defectos del análisis, sino a peculiaridades del enfermo.

Baste reflexionar un poco para comprender que lo que en esta situación nos desorienta es el desprecio de la realidad y el hecho de no tener para nada en cuenta la diferencia que existe entre realidad e imaginación. Nos sentimos inclinados a reprochar al enfermo el habernos hecho prestar oído a sus invenciones y apreciamos la realidad como algo muy alejado de la imaginación y de muy distinto valor. Este último punto de vista es también el del pensamiento normal del enfermo.

Al oírle comunicarnos los materiales disimulados tras de sus síntomas y que han de conducirnos a situaciones optativas modeladas sobre los sucesos de la vida infantil, comenzamos siempre por preguntarnos si se trata de hechos reales o imaginarios. Pero más adelante hallamos indicios que nos permiten resolver esta cuestión en uno u otro sentido, planteándosenos entonces la labor de poner al enfermo al corriente de la solución hallada, labor que no deja de traer consigo ciertas dificultades. Si desde un principio le decimos que se ha dedicado a relatarnos aquellos sucesos imaginarios con los que se encubre a sí propio la historia de su infancia, obrando así como todos y cada uno de los pueblos, los cuales constituyen con leyendas la historia de su olvidado pretérito, comprobaremos que su interés en proseguir hablando sobre el tema de que se trate disminuye súbitamente, resultado que contraría nuestros deseos. Querrá también volver a la realidad y manifestará su desprecio por las cosas imaginarias. Mas si para lograr nuestras intenciones terapéuticas mantenemos al sujeto en la convicción de que sus relatos reproducen exactamente los sucesos reales de su infancia, nos exponemos a que nos reproche más tarde nuestro error y se burle de nuestra presunta credulidad. Por otro lado, le costará mucho trabajo comprender nuestra proposición de colocar en un mismo plano la realidad y la fantasía y prescindir de toda preocupación sobre si aquellos sucesos de su vida infantil que nos ha relatado y tratamos de eludir pertenecen a la primera o la segunda de estas categorías.

Y, sin embargo, es ésta la única actitud recomendable con respecto a las producciones psíquicas, pues tales producciones son, a su vez, reales en un determinado sentido. Siempre quedará, en efecto, el hecho real de que el enfermo ha creado dichos sucesos imaginarios, y desde el punto de vista de la neurosis posee este hecho la misma importancia que si el contenido de tales fantasías fuera totalmente real. Estas fantasías poseen, pues, una realidad *psíquica* en contraste con la realidad *material,* y poco a poco vamos llegando a comprender que *en el mundo de las neurosis la realidad que desempeña el papel predominante es la realidad psíquica.*

Entre los sucesos que figuran en todas o casi todas las historias infantiles de los neuróticos hay algunos cuya particularísima importancia los hace dignos de especial mención. Estos hechos son el haber sorprendido a los padres realizando el coito, la seducción por una persona adulta y la amenaza de castración. Sería un error suponer que no se trata aquí sino de cosas imaginarias sin ninguna base real, pues, por lo contrario, resulta posible en un gran número de casos comprobar la efectividad de estos hechos interrogando a los parientes más ancianos del enfermo. Así, es muy frecuente averiguar que, siendo niño, comenzó a jugar, sin ocultarse, con su órgano genital, y fue amenazado por sus padres o guardadores con la amputación del pene o de la mano pecadora. La realidad de esta amenaza es muchas veces confirmada por los mismos que la profirieron, pues creen haber obrado acertadamente intimidando así al niño.

Algunos enfermos conservan de ella un recuerdo consciente y correcto, sobre todo aquellos que al ser amenazados tenían ya alguna edad. Cuando la persona que la profiere es del sexo femenino, designa siempre como ejecutor al padre o al médico. En el célebre *Struwwelpeter,* del pediatra Hoffmann, obra cuyo encanto está en la profunda comprensión de los complejos de la infancia, tanto sexuales como de otro género, la castración se halla reemplazada por la amputación del pulgar, operación con la que se amenaza al niño para quitarle la costumbre del «chupeteo». No obstante, es inverosímil que la amenaza de castración sea tan frecuente como del análisis de los neuróticos pudiera deducirse, y, por tanto, habremos de suponer que el niño la imagina basándose, primero, en determinadas alusiones, sabiendo, en segundo lugar, que la satisfacción autoerótica se halla prohibida, y, por último, bajo la impresión que le ha dejado el descubrimiento del órgano genital femenino. Tampoco es nada inverosímil que aun en las familias no proletarias haya podido el niño, al que se cree incapaz de comprender y recordar determinados actos, ser testigo del comercio sexual entre sus padres u otras personas adultas, y que habiendo comprendido más tarde lo que hubo de ver, haya entonces reaccionado *in retrospect* a la impresión recibida. Pero cuando al descubrir las relaciones sexuales de las que ha podido ser testigo da detalles demasiado minuciosos para proceder de la observación real, o las describe, cosa que sucede con gran frecuencia, como relaciones *more ferarum*, no podemos dudar de que se trata de una fantasía basada en la observación de la cópula entre animales (los perros) y motivada por la insatisfacción escopofílica del niño, exacerbada durante los años de la pubertad.

El caso más extremo de este género es aquella fantasía en la que el sujeto pretende haber observado el coito de sus padres hallándose todavía en el seno materno. La fantasía relativa a la seducción presenta un interés particular, pues muchas veces no se trata de un hecho imaginario, sino del recuerdo de un suceso real, aunque, por fortuna, no tan frecuente como por los resultados del análisis pudiera creerse. La seducción por niños de igual o mayor edad que el seducido es mucho más frecuente que la efectuada por personas adultas, y cuando una niña acusa en el análisis como seductor a su propio padre, cosa nada rara, no cabe duda alguna sobre el carácter imaginario de tal acusación, ni tampoco sobre los motivos que la determinan. Inventando una falsa seducción, trata el niño de encubrir el período autoerótico de su actividad sexual, y al crear un imaginativo objeto de su deseo sexual durante este lejano período de su infancia, se ahorra la vergüenza de confesar haberse entregado a la masturbación. No creáis, sin embargo, que el abuso sexual cometido con niños por sus padres o parientes más próximos sea un hecho perteneciente por completo al dominio de la fantasía. La mayoría de los psicoanalistas han tenido, entre sus enfermos, casos en los que este abuso ha existido realmente y pudo ser confirmado de una manera indiscutible. Pero, en general, se comprobó también que fue realizado en una época mucho más tardía de la que el sujeto fijaba.

Experimentamos la impresión de que todos estos sucesos de la vida infantil constituyen un elemento necesario e indispensable de la neurosis, pues cuando no corresponden a la realidad, son creados imaginativamente. De todas maneras, el resultado es el mismo, y no hemos podido observar todavía diferencia alguna entre los efectos de los sucesos reales de este género y los producidos por las creaciones imaginativas homólogas. Hallamos aquí nuevamente una relación de complemento, y, por cierto, la más singular de todas las que hasta ahora conocemos. La primera interrogación que se nos plantea es la referente al origen de la necesidad de estas invenciones y a la procedencia de los materiales que las constituyen. No podemos dudar de los móviles a que obedecen, pero sí habremos de intentar explicarnos por qué hallamos siempre invenciones de idéntico contenido. Sé muy bien que la respuesta que puedo daros a esta interrogación os parecerá harto atrevida. A mi juicio, tales fantasías, a las que, en unión de otras varias, creo poder calificar de «primitivas», constituyen un patrimonio filogénico. Por medio de ellas vuelve el individuo a la vida primitiva, cuando la suya propia ha llegado a ser excesivamente rudimentaria.

Es, además, posible que todo lo que el sujeto nos relata como fantasías durante el análisis, o sea la seducción infantil, la excitación sexual a la vista del comercio carnal de los padres y la amenaza de la castración, o más bien, la castración; es posible, repito, que todas estas invenciones fueran en épocas lejanas, en las fases primitivas de la familia humana, realidades concretas, y que dando libre curso a su imaginación no haga el niño sino llenar, con ayuda de la verdad prehistórica, lagunas de la verdad individual. Se experimenta, pues, la impresión de que la psicología de las neurosis es susceptible de proporcionarnos, sobre las fases primitivas de la evolución humana, datos más numerosos y exactos que ninguna de las restantes fuentes de que disponemos.

Las cuestiones examinadas en los párrafos que anteceden nos obligan a detener nuestra atención en el problema del origen y carácter de aquella actividad espiritual que denominamos «fantasía», actividad que, como sabéis, goza de alta estimación, aunque no hayamos podido todavía localizarla exactamente en la vida psíquica. He aquí lo que sobre ella puedo deciros: Bajo la influencia de la necesidad exterior, llega el hombre a adquirir poco a poco una exacta noción de lo real y adaptar su conducta a aquello que hemos convenido en denominar «principio de la realidad», adaptación que le fuerza a renunciar, provisional o permanentemente, a diversos objetos y fines de sus tendencias hedonistas, incluyendo entre ellas la tendencia sexual. Pero todo renunciamiento al placer ha sido siempre doloroso para el hombre, el cual no lo lleva a cabo sin asegurarse cierta compensación. Con este fin, se ha reservado una actividad psíquica, merced a la cual todas las fuentes de placer y todos los medios de adquirir placer a los cuales ha renunciado continúan existiendo bajo la forma que les pone al abrigo de las exigencias de la realidad y de aquello que denominamos «prueba de la realidad». Toda tendencia reviste en seguida la forma que la representa como satisfecha, y no cabe duda de que complaciéndonos en las satisfacciones imaginarias de nuestros deseos, experimentamos un placer, aunque no lleguemos a perder la conciencia de su irrealidad. En la actividad de su fantasía continúa gozando el individuo de una libertad a la que la coerción exterior le ha hecho renunciar, en realidad, hace ya mucho tiempo. No bastándole la escasa satisfacción que puede arrancar a la vida real, se entrega a un proceso, merced al cual puede comportarse alternativamente como un animal, sólo obediente a sus instintos, y como un ser razonable. «Es imposible prescindir de construcciones auxiliares», dice Th. Fontane en una de sus obras. La creación del reino psíquico de la fantasía halla su completa analogía en la institución de «parques naturales», allí donde las exigencias de la agricultura, de las comunicaciones o de la industria amenazan con destruir un bello paisaje. En estos parques se perpetúan intactas las bellezas naturales que en el resto del territorio se ha visto el hombre obligado a sacrificar —muchas veces con disgusto— a fines utilitarios, y en ellos debe todo, tanto lo útil como lo perjudicial, crecer y expandirse sin coerción de ningún género. El reino psíquico de la fantasía constituye uno de estos parques naturales sustraído al principio de la realidad.

Los productos más conocidos de la fantasía son los «sueños diurnos», de los que ya hemos hablado: satisfacciones imaginarias de deseos ambiciosos o eróticos y tanto más completas y espléndidas cuanto más necesaria es en la realidad la modestia y la resignación. En estos sueños diurnos se nos muestra claramente la esencia misma de la felicidad imaginaria, que consiste en hacer independiente la adquisición del placer del sentimiento de la realidad. Sabemos, además, que tales fantasías constituyen el nódulo y el prototipo de los sueños nocturnos, los cuales no son en el fondo otra cosa que un sueño diurno dotado de una mayor maleabilidad por la libertad nocturna de las tendencias y deformado por el aspecto nocturno de la actividad psíquica. Por último, he de recordaros que el sueño diurno no es necesariamente consciente, existiendo sueños diurnos inconscientes susceptibles de originar tantos sueños nocturnos como síntomas neuróticos.

Las consideraciones que siguen nos ayudarán a comprender el papel que la fantasía desempeña en la formación de síntomas. Dijimos antes que en los casos de frustración, vuelve la libido a ocupar, por regresión, posiciones pretéritas que abandonó en su marcha progresiva, aunque dejando en ellas determinadas adherencias. Sin retirar nada de esta afirmación ni rectificarla en ningún modo, la completaremos ahora con un nuevo elemento. Si la libido halla sin dificultad el camino que ha de conducir a tales puntos de fijación es porque no ha llegado a abandonar totalmente aquellos objetos y orientaciones que en su marcha progresiva fue dejando atrás. Estos objetos y orientaciones, o sus derivados, persisten todavía con cierta intensidad en las representaciones de la fantasía, y de este modo bastará con que la libido entre de nuevo en contacto con tales representaciones para que, desde luego, halle el camino que ha de conducirla a todas las fijaciones reprimidas. Las fantasías a que nos referimos han gozado siempre de cierta tolerancia, y por muy opuestas que hayan sido a las tendencias del *yo,* no han llegado a entrar en el conflicto con él mientras ha ido cumpliéndose una determinada condición de naturaleza *cuantitativa.* Pero esa condición queda ahora perturbada por el reflujo de la libido a dichas fantasías, cuyo acervo de energía queda así aumentado hasta tal punto, que comienza a manifestar una tendencia a la realización, surgiendo entonces, inevitablemente, el conflicto con el *yo*. Cualquiera que sea el sistema psíquico —preconsciente o consciente— al que pertenezcan, sucumben ahora a la represión por parte del *yo* y quedan sometidas a la atracción de lo inconsciente. Estas fantasías devenidas inconscientes son el punto de apoyo que utiliza la libido para remontarse hasta sus orígenes en lo inconsciente; esto es, hasta sus propios puntos de fijación.

La regresión de la libido a la fantasía constituye una etapa intermedia en el camino que conduce a la formación de síntomas, etapa que merece una especial denominación. Jung propuso a este efecto la de *introversión*, acertadísima a nuestro juicio, pero incurrió luego en error dándole una segunda significación apropiada. Por nuestra parte, designamos exclusivamente con el nombre de introversión al alejamiento de la libido de las posibilidades de satisfacción real y su desplazamiento sobre fantasías consideradas hasta el momento como inofensivas. Un introvertido no es todavía un neurótico; pero se encuentra ya en una situación de equilibrio inestable y manifestará síntomas neuróticos con ocasión del primer desplazamiento de energías que en él se verifique, a menos que su libido reprimida halle un diferente exutorio. El carácter irreal de la satisfacción neurótica y la desaparición de la diferencia entre fantasía y realidad, quedan, en cambio, determinados por la permanencia en la fase de la introversión.

Habréis observado, sin duda, que en mis últimas explicaciones he introducido en el encadenamiento etiológico un nuevo factor: la cantidad, o sea la magnitud de las energías, factor cuya actuación habremos de examinar desde muy diversos puntos de vista.

El análisis puramente cualitativo en las condiciones etiológicas no llega a agotar la materia, cosa que equivale a afirmar que la concepción puramente *dinámica* de los procesos psíquicos que nos ocupan resulta insuficiente, siendo preciso considerarlos también desde el punto de vista *económico*. Debemos, pues, decirnos que el conflicto entre dos tendencias no surge sino a partir del momento en que los revestimientos alcanzan una cierta intensidad, aunque desde largo tiempo atrás existan las necesarias condiciones de contenido. La importancia patógena de los factores constitucionales dependen asimismo del predominio cuantitativo de una determinada tendencia parcial en la disposición constitucional y puede incluso afirmarse que todas las predisposiciones humanas son cualitativamente idénticas y no difieren entre sí más que por sus proporciones cuantitativas. No menos decisivo es este factor cuantitativo en lo que respecta a la capacidad de resistencia del sujeto contra la neurosis. Todo depende, en efecto, de la *cantidad* de libido inempleada que el sujeto pueda mantener en estado de suspensión y de la *parte más o menos considerable* de esta libido que el mismo sea capaz de desviar de la sexualidad y orientar hacia la sublimación. El último fin de la actividad psíquica, que desde el punto de vista cualitativo puede ser descrito como una tendencia a conseguir el placer y evitar el dolor, se nos muestra, considerado desde el punto de vista económico, como un esfuerzo encaminado a dominar las magnitudes de excitación actuantes sobre el aparato psíquico e impedir el dolor que pudiera resultar de su estancamiento.

Es todo esto lo que me proponía deciros sobre la formación de síntomas en las neurosis; pero quiero insistir una vez más, y en forma más explícita, sobre la circunstancia de que todo lo dicho no se refiere sino a la formación de síntomas en la histeria. Ya en la neurosis obsesiva nos hallamos ante un diferente estado de cosas, aunque los hechos fundamentales continúan siendo los mismos. Las resistencias a los impulsos derivados de las tendencias, resistencias de las cuales hemos hablado a propósito de la histeria, pasan en la neurosis obsesiva a ocupar el primer plano y a dominar el cuadro clínico por medio de las llamadas «formaciones reaccionales».

Análogas diferencias y otras más profundas aparecen en las demás neurosis, en las que aún no hemos llevado a término nuestras investigaciones sobre sus correspondientes mecanismos de formación de síntomas.

Antes de terminar esta conferencia, quisiera llamaros todavía la atención sobre una de las facetas más interesantes de la vida de la fantasía. Se trata de la existencia de un camino de retorno desde la fantasía a la realidad. Este camino no es otro que el del arte. El artista es, al mismo tiempo, un introvertido próximo a la neurosis. Animado de impulsos y tendencias extraordinariamente enérgicos, quisiera conquistar honores, poder, riqueza, gloria y amor. Pero le faltan los medios para procurarse esta satisfacción y, por tanto, vuelve la espalda a la realidad, como todo hombre insatisfecho, y concentra todo su interés, y también su libido, en los deseos creados por su vida imaginativa, actitud que fácilmente puede conducirle a la neurosis. Son, en efecto, necesarias muchas circunstancias favorables para que su desarrollo no alcance ese resultado, y ya sabemos cuán numerosos son los artistas que sufren inhibiciones parciales de su actividad creadora a consecuencia de afecciones neuróticas. Su constitución individual entraña seguramente una gran actitud de sublimación y una cierta debilidad para efectuar las represiones susceptibles de decidir el conflicto. Pero el artista vuelve a encontrar el camino de la realidad en la siguiente forma: desde luego, no es el único que vive una vida imaginativa. El dominio intermedio de la fantasía goza del favor general de la Humanidad, y todos aquellos que sufren de cualquier frustración acuden a buscar en ella una compensación y un consuelo. La diferencia está en que los profanos no extraen de las fuentes de la fantasía sino un limitadísimo placer, pues el carácter implacable de sus represiones los obliga a contentarse con escasos sueños diurnos que, además, no son siempre conscientes. En cambio, el verdadero artista consigue algo más. Sabe dar a sus sueños diurnos una forma que los despoja de aquel carácter personal que pudiera desagradar a los extraños y los hace susceptibles de constituir una fuente de goce para los demás. Sabe embellecerlos hasta encubrir su equívoco origen y posee el misterioso poder de modelar los materiales dados hasta formar con ellos una fidelísima imagen de la representación existente en su imaginación enlazando de este modo a su fantasía inconsciente una suma de placer suficiente para disfrazar y permitir, por lo menos de un modo interino, las represiones. Cuando el artista consigue realizar todo esto, procura a los demás el medio de extraer nuevo consuelo y nuevas compensaciones de las fuentes de goce inconscientes, devenidas inaccesibles para ellos. De este modo logra atraerse el reconocimiento y la admiración de sus contemporáneos y acaba por conquistar, merced a su fantasía, aquello que antes no tenía sino una realidad imaginativa: honores, poder y amor de las mujeres.

LECCION XXIV.   EL ESTADO NEUROTICO CORRIENTE

Señoras y señores:

D ESPUÉS del considerable avance que con las últimas conferencias hemos dado a nuestra labor expositiva, quiero abandonar por un momento la materia para dirigirme directamente a vosotros. Sé, desde luego, que os halláis descontentos. Os habéis formado una idea distinta de lo que debía ser una «Introducción al Psicoanálisis», y no esperabais oír la exposición de una teoría, sino la de una serie de ejemplos extraídos de la vida real. Me diréis asimismo que en una ocasión, cuando os expuse el paralelo anecdótico titulado *En el bajo y en el principal,* llegasteis a comprender, sin esfuerzo, algo de la etiología de las neurosis, pero que lamentáis que se tratase de una anécdota imaginativa y no de una observación real. Igualmente, cuando al principio de esta serie de conferencias os di a conocer dos interesantes casos clínicos, revelándoos, en cada uno de ellos, la relación de los síntomas con la vida del enfermo y haciéndoos asistir después a la desaparición de dichos síntomas, pudisteis ver con toda claridad el «sentido» de los mismos. Esperabais, pues, verme perseverar en este camino; pero, por el contrario, me he dedicado a desarrollar ante vosotros extensas y complicada teorías, nunca completas, manejando conceptos en cuyo conocimiento no os había aún hecho penetrar, pasando de la concepción descriptiva a la concepción dinámica y de ésta a la «económica», y dejándoos en la duda de si cada uno de los términos técnicos por mí empleados correspondía a una noción distinta o si existían algunos que, poseyendo idéntico significado, no eran aplicados alternativamente sino por razones eufónicas. Por último, os he presentado puntos de vista tan vastos como los del principio del placer, el principio de la realidad y el patrimonio hereditario filogénico, y en lugar de mostraros el acceso a una disciplina, he hecho desfilar ante vosotros algo que a medida que yo lo iba evocando se alejaba de vuestra inteligencia.

¿Por qué no he iniciado la introducción a la teoría de las neurosis por la exposición de aquello que sobre ellas os es ya conocido y ha suscitado desde hace largo tiempo vuestro interés? ¿Por qué no he comenzado por hablaros de la naturaleza particular de los neuróticos, de sus incomprensibles reacciones a la vida de relación social y a las influencias exteriores, de su irritabilidad y de su falta de previsión y adaptación? ¿Por qué no os he conducido poco a poco desde la inteligencia de las formas simples, que pueden observarse todos los días, a la de los problemas relacionados con las manifestaciones más extremas y enigmáticas de la neurosis?

Reconozco lo acertado de estas vuestras observaciones, y no tengo la pretensión de presentaros los defectos de mi arte expositiva como méritos particulares de la misma. Llegaré incluso a concederos que una distinta forma de exposición hubiera sido quizá más provechosa para vosotros, y en realidad mi intención era la de seguir un diferente sistema en estas lecciones; pero no siempre resulta fácil realizar nuestros propósitos, por razonables que sean, pues la materia misma que de desarrollar se trata impone un determinado curso y nos desvía de nuestras primeras intenciones. Incluso una labor tan sencilla, aparentemente, como la de ordenar un material que conocemos a fondo no depende siempre de nuestra exclusiva voluntad, sino que va realizándose por sí misma, dejándonos reducidos a investigar, *a posteriori,* por qué en nuestra exposición han ido ordenándose los materiales en una forma dada, con preferencia a otra cualquiera. En nuestro caso, una de las razones a que quizá obedece el curso seguido es la de que el título de «Introducción al Psicoanálisis» no resulta ya apropiado para la parte de nuestra exposición referente a las neurosis. La introducción al psicoanálisis se contrae más bien al estado de los actos fallidos y los sueños, pues la teoría de las neurosis constituye ya el psicoanálisis mismo. De todos modos, no creo que me hubiera sido posible daros a conocer en tan poco tiempo el contenido de la teoría de las neurosis empleando una forma menos sintética y condensada. Se trataba de daros una idea de conjunto del sentido y de la importancia de los síntomas y del mecanismo y condiciones interiores y exteriores de su formación, y esto es lo que he intentado conseguir en mis explicaciones, pues ello constituye por el momento el nódulo de lo que el psicoanálisis puede enseñaros, aunque todavía nos queda mucho que decir sobre la libido y su desarrollo y también sobre el desarrollo del *yo.* Las premisas de nuestra técnica y las nociones de lo inconsciente y de la represión (de la resistencia) nos son ya conocidas, por lo que sobre ellas os expuse en mi primera serie de conferencias. Más adelante, en una de las próximas lecciones, os señalaré la dirección en que la labor psicoanalítica continúa su progreso orgánico. Por lo pronto, no os he ocultado que todas nuestras deducciones no han sido extraídas sino de un solo grupo de afecciones nerviosas: esto es, de las llamadas neurosis de transferencia, y que incluso al analizar el mecanismo de la formación de síntomas me he atenido exclusivamente a la neurosis histérica. Resulta, pues, que, aun suponiendo que no haya logrado con mi exposición haceros adquirir un sólido y detallado conocimiento de estas materias, siempre os habré dado una exacta idea de los medios con los que el psicoanálisis labora, de los problemas que se plantea y de los resultados que he obtenido.

He supuesto que hubierais deseado verme comenzar la exposición de las neurosis por la descripción de la conducta de los sujetos neuróticos ante la vida, de los sufrimientos que su enfermedad les causa y de la forma en que se defienden contra ella o a ella se adaptan. Es ésta, desde luego, una materia interesante, instructiva y nada difícil de exponer, pero hubiera sido peligroso comenzar por ella. De hacerlo así, habríamos corrido el peligro de no llegar a descubrir lo inconsciente, dejar pasar inadvertida la gran importancia de la libido y apreciar los hechos de un modo idéntico a como lo hace el *yo* del enfermo, al cual no podemos considerar como juez imparcial, pues siendo el *yo* el poder que niega lo inconsciente y lo reprime, no está capacitado para formular un juicio equitativo. Entre los objetos reprimidos, figuran en primera línea las exigencias sexuales rechazadas, y, por tanto, no podremos nunca formarnos una idea de su magnitud e importancia ateniéndonos al concepto de que de ellos posee el *yo.* Desde el momento en que descubrimos el proceso de la represión, vemos la imposibilidad de aceptar como juez del litigio a ninguna de las dos partes litigantes, y mucho menos a la que aparece como victoriosa. Sabemos ya, en efecto, que todo lo que el *yo* podría decirnos habría de inducirnos en error. Si hemos de creer sus manifestaciones, fue siempre y en toda ocasión activo, habiendo creado, por propia voluntad, sus síntomas. Pero nos consta que muchas veces hubo de mantenerse en absoluta pasividad, actitud que trata de ocultar a nuestros ojos, aunque algunas veces —así, en las neurosis obsesivas— no consiga ni siquiera iniciar tal intento y se vea obligado a confesar la existencia de fuerzas extrañas que se le imponen y contra las que le cuesta enorme esfuerzo defenderse.

Aquellos que sin desalentarse ante estas advertencias acepten como verdaderas las falsas indicaciones del *yo*, eludirán con gran facilidad todos los obstáculos que se oponen a la interpretación psicoanalítica de lo inconsciente, de la sexualidad y de la pasividad del *yo,* y podrán afirmar, como lo hace A. Adler, que el carácter «neurótico» es la causa de la neurosis y no su efecto, pero no podrán explicar el menor detalle de la formación de síntomas ni interpretar el sueño más insignificante.

Vais a preguntarme si no sería posible reconocer la parte que corresponde al *yo* en los estados neuróticos y en la formación de síntomas sin dejar de lado, de una manera demasiado flagrante, los factores descubiertos por el psicoanálisis, interrogación a la que os responderé que ello debe ser ciertamente posible y llegará un día en que se realice; pero que dada la orientación seguida por nuestra disciplina, no debe ser ésta su labor inicial. Lo que sí podemos es predicar el momento en que el psicoanálisis habrá de dedicarse a ella. Existen neurosis en las que el *yo* participa con mucha mayor intensidad que en aquellas que hemos estudiado hasta el momento. Son éstas las neurosis que denominamos «narcisistas», cuyo examen analítico nos permitirá determinar con toda certidumbre e imparcialidad la participación del *yo* en la participación de las afecciones neuróticas.

Existe, sin embargo, una determinada relación del *yo* con su neurosis, que por su evidencia podemos ya desde un principio tomar en consideración. No parece faltar en ningún caso; pero donde con mayor precisión se nos muestra es en una enfermedad a cuya inteligencia no hemos llegado aún: en la *neurosis traumática.* Habéis de saber que en la determinación y el mecanismo de todas las formas posibles de neurosis hallamos siempre la intervención de los mismos factores, variando únicamente la importancia de cada uno de ellos con respecto a la formación de síntomas. Sucede con estos elementos lo que con los actores de una compañía teatral, los cuales tienen marcado cada uno su empleo especial —galán, joven, graciosa, barba, etc.—; pero, llegado el día de su beneficio, escogen siempre un papel de naturaleza distinta. De este modo resulta que en la histeria se nos muestran con mayor evidencia que en ninguna otra neurosis las fantasías que se convierten en síntomas; en las neurosis obsesivas son las resistencias y las formaciones reaccionales lo que predomina en el cuadro sintomático; en la paranoia ocupa el primer lugar, a título de delirio, aquello que al estudiar los sueños calificamos de *elaboración secundaria,* y así sucesivamente.

Desde este punto de vista descubrimos en las neurosis traumáticas, y sobre todo en las provocadas por los horrores de la guerra, un móvil personal egoísta, utilitario y defensivo, que es incapaz de crear por sí solo la enfermedad, pero que contribuye a la aparición de la misma y la mantiene una vez surgida. Este motivo intenta proteger el *yo* contra los peligros cuya amenaza ha constituido la causa ocasional de la enfermedad y hará imposible la curación mientras que el enfermo no se halle garantizado contra el retorno de dichos peligros o no haya recibido una compensación por haberse expuesto a ellos.

Tal interés del *yo* en el nacimiento y la persistencia de la neurosis no es privativo de los trastornos traumáticos, sino común a todas las dolencias neuróticas. Ya hube de indicaros que el *yo* coadyuva a la persistencia del síntoma, pues halla en éste algo que ofrece satisfacción a sus tendencias represoras. Además, la solución del conflicto por medio de la formación de síntomas es la más cómoda y mejor adaptada al principio del placer, pues ahorra al *yo* una penosa y considerable labor interna. Hay casos en los que incluso el mismo médico se ve obligado a convenir en que la neurosis constituye la solución más inofensiva, y desde el punto social, más ventajosa, de un conflicto, pronunciándose, por tanto, en favor de aquella misma enfermedad que ha sido llamada a combatir. No es esto cosa que deba asombrarnos sobre manera, pues el médico sabe que hay en el mundo otras miserias distintas de la enfermedad neurótica y otros sufrimientos quizá mas reales y todavía más rebeldes, y sabe también que la necesidad puede obligar a un hombre a sacrificar su salud cuando este sacrificio individual puede evitar una inmensa desgracia de la que sufrirían muchos otros. Si de este modo se ha podido decir que el neurótico *se refugia en la enfermedad para escapar a un conflicto,* hay que convenir en que en determinados casos se halla justificada esta fuga, y el médico, si se da cuenta de la situación, debería retirarse en silencio y con todos los respetos.

Pero hagamos abstracción de estos casos excepcionales. En los ordinarios, el hecho de refugiarse en la neurosis procura al *yo* una determinada ventaja de orden interno y naturaleza patológica, ventaja a la que en determinadas ocasiones se añade otra de orden exterior, cuyo valor real es muy variable. Tomemos el ejemplo más frecuente de este género. Una mujer a la que su marido maltrate y explote sin consideración alguna se refugiará en la neurosis cuando a ello coadyuve su constitución, cuando sea demasiado cobarde o demasiado honrada para mantener un secreto comercio con otro hombre, cuando no sea bastante fuerte para desafiar los prejuicios sociales y separarse de su marido, cuando no experimente el deseo de rehacer su vida o buscar un marido mejor y cuando, además, le impulse, a pesar de todo, su instinto sexual hacia su verdugo. La neurosis constituirá para esta mujer un arma defensiva y hasta un instrumento de venganza. De su matrimonio no le estaba permitido lamentarse y, en cambio, de su enfermedad puede hacerlo. Hallando en el médico un poderoso auxiliar, obliga a su marido, que en circunstancias normales no tenía para ella consideración ninguna, a respetarla, a hacer gastos considerables y a permitirse ausentarse de su casa y escapar por algunas horas a la tiranía conyugal. En los casos en que la ventaja exterior o accidental que la enfermedad procura de este modo al *yo* es considerable y no puede ser reemplazada por ninguna otra más real, el tratamiento de la neurosis corre el peligro de no tener eficacia alguna.

Vais a objetarme que estas ventajas procuradas por la enfermedad constituyen un argumento favorable a la concepción que antes rechazamos, y según la cual es el *yo* el que crea y quiere la neurosis. Nada de eso: los hechos que acabo de relataros no son, en todo caso, más que una prueba de que el *yo* se complace en la neurosis, y no habiendo podido evitarla, la utiliza del mejor modo posible. En la medida en que la neurosis presenta ventajas, el *yo* se acomoda a ella sin esfuerzo, pero al lado de tales ventajas existen también graves daños. Resulta así, generalmente, que el *yo* realiza un mal negocio dejándose sumir en la neurosis, pues paga demasiado cara la atenuación del conflicto y no consigue sino cambiar los sufrimientos que el mismo le infligía por las sensaciones de dolor inherentes a los síntomas, sensaciones que traen consigo una mayor magnitud de displacer. En esta situación intentará el *yo* desembarazarse de lo que los síntomas tienen de doloroso sin renunciar a las ventajas que saca de la enfermedad, pero todos sus esfuerzos serán baldíos, circunstancia demostrativa de que su actividad no es tan completa como él mismo suponía.

En el tratamiento de los neuróticos puede comprobarse sin dificultad que aquellos enfermos que más se lamentan de su padecimiento no son luego los que menores resistencias oponen a nuestra labor terapéutica. Más bien al contrario. Pero comprenderéis fácilmente que todo aquello que contribuye a aumentar las ventajas del estado patológico tiene que intensificar la resistencia de la represión y agravar las dificultades terapéuticas. A la ventaja que procura el estado patológico, y que nace, por decirlo así, con el síntoma, debemos añadir otra nueva que se manifiesta más tarde. Cuando una organización psíquica, tal como la enfermedad, se ha mantenido durante un cierto tiempo, acaba por comportarse como una entidad independiente, manifestando una especie de instinto de conservación y estableciendo un *modus vivendi* con los demás sectores de la vida psíquica, incluso con aquellos que en el fondo le son hostiles. De este modo encuentra siempre ocasión de mostrarse de nuevo útil y aprovechable, llegando a desempeñar una *función secundaria* muy apropiada para consolidar y proteger su existencia. A título de aclaración os expondré un ejemplo extraído de la vida cotidiana: Un honrado obrero que gana su vida con su trabajo queda inválido a consecuencia de un accidente profesional. Imposibilitado ya para trabajar, ve asegurada en parte su existencia por la pequeña renta que le pasa el patrono a cuyo servicio se hallaba cuando le ocurrió el accidente, y aprende, además, a utilizar su desgracia para dedicarse a la mendicidad. Resulta, pues, que su actual vida miserable reposa sobre el mismo hecho que puso término a su honrado pasar anterior. Poniendo término a su invalidación, le quitaríais sus medios de subsistencia, y, por tanto, habréis primero de comprobar su capacidad para retornar a su antiguo trabajo. Aquello que en la neurosis corresponde a este aprovechamiento secundario de la enfermedad puede ser considerado como una ventaja *secundaria* que viene a añadirse a la primaria.

Sin embargo, he de advertiros de un modo general que no debéis estimar muy por bajo la importancia práctica de la ventaja procurada por el estado patológico, pero tampoco dejar que influya con exceso en la concepción teórica. Abstracción hecha de las excepciones antes reconocidas, nos recuerda esta ventaja los ejemplos de inteligencia de los animales que Oberländer ilustró en el *Fliegende Blätter:*

Un árabe, montado en su camello, pasa por un estrecho sendero tallado en una abrupta montaña. En una revuelta del camino se halla de repente ante un león dispuesto a saltar sobre él. La montaña a un lado y al otro un abismo, cierran toda salida. No hay tampoco tiempo de volver grupas y huir del peligro. El árabe se ve perdido. Pero el camello, más inteligente, encuentra el medio de burlar al león, arrojándose con su jinete al abismo, donde ambos quedan destrozados. De este mismo género es la ayuda que al enfermo presta la neurosis. Es muy posible que la solución del conflicto por la formación de síntomas no constituya sino un proceso automático, estimulado por la inferioridad del individuo ante las exigencias de la vida y en el que el hombre renuncia a utilizar sus mejores y más elevadas energías. Pero si hubiera posibilidad de escoger, debería preferirse la derrota heroica; esto es, la consecutiva a un noble cuerpo a a cuerpo con el Destino.

Debo exponeros todavía las demás razones por las que no he comenzado mi exposición de la teoría de las neurosis con la relativa al estado neurótico corriente. Creéis, quizá, que si he procedido así ha sido porque de otro modo hubiera encontrado más dificultades para establecer la etiología sexual de las neurosis. Nada de eso. En las neurosis de transferencia es necesario comenzar por la interpretación de los síntomas para poder llegar a tal etiología y, en cambio, en las formas ordinarias de las neurosis llamadas *actuales*, la importancia etiológica de la vida sexual aparece con particular evidencia. Hace ya más de veinte años que hube de llegar a esta conclusión al preguntarme por qué los médicos nos obstinamos en dejar a un lado, al examinar a nuestros enfermos nerviosos, su actividad sexual. Por aquel entonces sacrifiqué a estas investigaciones la simpatía de que gozaba cerca de los enfermos, pero no fue muy fácil comprobar que una vida sexual normal excluye toda posibilidad de contraer neurosis alguna de las llamadas *actuales*. Cierto es que esta afirmación borra las diferencias individuales y adolece de la vaguedad inherente al concepto de «lo normal»; pero, de todos modos, posee todavía un valor de orientación. En la época a que me estoy refiriendo llegué incluso a establecer relaciones específicas entre determinadas formas de nerviosidad y ciertas perturbaciones sexuales particulares, y estoy convencido de que hoy en día volvería a realizar idénticas observaciones si dispusiese de un análogo conjunto de enfermos que someter a observación. Con gran frecuencia llegué a comprobar que individuos limitados a una satisfacción sexual incompleta (por ejemplo, la masturbación manual), habían contraído una forma determinada de neurosis actual, y que esta forma era reemplazada por otra distinta cuando el sujeto adoptaba un régimen sexual diferente, aunque legalmente poco recomendable. De este modo me fue posible adivinar las transformaciones de la vida sexual del enfermo por los cambios y reflejos de su estado patológico y adquirí asimismo la costumbre de mantener mis hipótesis y perseverar hasta vencer la insinceridad del enfermo y arrancarle una completa confesión, aunque el resultado fuera que mis clientes me abandonasen para dirigirse a otros médicos que ponían menor insistencia en informarse sobre su vida sexual.

No pudo tampoco pasarme inadvertido que la etiología del estado patológico no se refería siempre, obligadamente, a la vida sexual. Unos sujetos enferman, en efecto, a consecuencia de una perturbación sexual; pero, en cambio, otros se ven atacados de una dolencia neurótica después de pérdidas pecuniarias importantes o de una grave enfermedad orgánica. La explicación de esta variedad no se nos ha mostrado sino más tarde, cuando comenzamos a entrever las relaciones recíprocas, hasta entonces solamente sospechadas, entre el *yo* y la libido, pero ha ido completándose y haciéndose cada vez más satisfactoria a medida que nuestro conocimiento de dichas relaciones ha ganado en profundidad. Para que una persona enferme de neurosis es necesario que su *yo* haya perdido la facultad de reprimir la libido en una forma cualquiera. Cuando más fuerte es el *yo*, más fácil le será llevar a cabo tales represiones. Toda debilitación de sus energías, cualquiera que sea la causa a que obedezca, traerá consigo efectos idénticos a los provocados por el exagerado crecimiento de las exigencias de la libido, y hará, por tanto, posible el nacimiento de una neurosis. Entre el *yo* y la libido existen todavía otras relaciones más íntimas, cuyo examen dejaremos para más adelante, pues carecen de conexión con el punto concreto de que nos ocupamos. Lo que por el momento resulta más importante e instructivo para nosotros es que en todos los casos, y cualquiera que sea el motivo ocasional de la enfermedad, son los síntomas proporcionados por la libido, circunstancia que testimonia de un aprovechamiento anormal de la misma.

Debo atraer ahora vuestra atención sobre la diferencia fundamental que existe entre los síntomas de las neurosis actuales y los correspondientes a las psiconeurosis, grupo este último al que pertenecen las neurosis de transferencia, cuyo estudio venimos realizando. En muchos casos se derivan los síntomas de la libido, constituyendo aprovechamientos anormales de la misma, a título de satisfacciones sustitutivas; pero los síntomas de las neurosis actuales —pesadez de cabeza, sensación de dolor, irritación de un órgano, debilitación o inhibición de una función— carecen de «sentido»; esto es, de significación psíquica. No sólo limitan al cuerpo su campo de exteriorización —conducta idéntica a la de los síntomas histéricos—, sino que constituyen procesos exclusivamente somáticos, en cuya génesis faltan todos aquellos complicados mecanismos psíquicos que antes examinamos. Corresponde, pues, en realidad, al concepto que durante mucho tiempo se ha tenido de los síntomas psicoanalíticos. Pero entonces, ¿cómo es posible que constituyan aprovechamientos de la libido, la cual es, como ya hemos visto, una fuerza psíquica? Muy sencillo. Permitidme evocar una de las primeras objeciones que se opusieron a nuestra disciplina. Decíase que el psicoanálisis perdía el tiempo queriendo establecer una teoría puramente psicológica de los fenómenos neuróticos, labor estéril por completo, dado que las teorías psicológicas no podrían jamás proporcionarnos la explicación de una enfermedad. Pero al esgrimir este argumento se olvidaba que la función sexual no es ni puramente psíquica ni puramente somática, sino que ejerce a la vez su influencia sobre la vida anímica y sobre la vida corporal. Si hemos reconocido en los síntomas de las psiconeurosis manifestaciones psíquicas de perturbaciones sexuales, no podemos ya asombrarnos de hallar en las neurosis actuales los efectos somáticos directos de dichas perturbaciones.

Para la concepción de estas últimas neurosis nos proporciona la clínica médica una preciosa indicación, que ha sido ya tomada en cuenta por diversos autores. Las neurosis actuales manifiestan en todos los detalles de su sintomatología, así como en su peculiar cualidad de influir sobre todos los sistemas orgánicos y sobre todas las funciones, una incontestable analogía en los estados patológicos ocasionados por la acción crónica de sustancias tóxicas exteriores o por la supresión brusca de las mismas, esto es, con las intoxicaciones y los estados de abstinencia. El parentesco entre estos dos grupos de afecciones resulta todavía más íntimo cuando se trata de estados patológicos que, como la enfermedad de Basedow, atribuimos a la acción de sustancias tóxicas no procedentes del exterior y ajenas al organismo, sino producto de los procesos químicos del soma. A mi juicio, nos impone estas analogías la conclusión de que las neurosis actuales son consecuencia de perturbaciones del metabolismo de las sustancias sexuales, sea que la producción de toxinas resulte superior a la que el individuo puede soportar, sea que determinadas condiciones internas o incluso psíquicas perturben el adecuado aprovechamiento de dichas sustancias. La sabiduría popular ha profesado siempre estas ideas sobre la naturaleza del deseo sexual, diciendo que el amor es una «embriaguez», que el enamoramiento puede ser provocado por determinadas bebidas o «filtros», hipótesis con la que cambia el origen del agente, de endógeno en exógeno. Con este motivo podríamos recordar aquí la existencia de zonas erógenas y la afirmación de que la excitación sexual puede nacer en los más diversos órganos. Fuera de esto, el término «metabolismo sexual» o «quimismo de la sexualidad» es para nosotros un término sin contenido. No sabemos nada sobre tal materia ni podemos siquiera decidir si existen dos sustancias diferentes, a las que, respectivamente, calificaríamos de «masculina» y «femenina», o si se trata de una sola toxina sexual, causa de todas las excitaciones de la libido. El edificio teórico del psicoanálisis creado por nosotros no es, en realidad, sino una superestructura que habremos de asentar algún día sobre una firme base orgánica. Mas, por el momento, no tenemos posibilidad de hacerlo.

Lo que caracteriza al psicoanálisis como ciencia no es la materia de que trata, sino la técnica que emplea. Sin violentar su naturaleza, puede ser aplicada tanto a la historia de la civilización, a la ciencia de las religiones y a la Mitología como a la teoría de las neurosis. Su único fin y su única función consisten en descubrir lo inconsciente en la vida psíquica. Los problemas que se enlazan a las neurosis actuales, cuyos síntomas son, probablemente, consecuencia de lesiones tóxicas directas, no se prestan al estudio psicoanalítico, el cual no puede proporcionar ningún esclarecimiento sobre ellos y debe, por tanto, resignar esta labor en manos de la investigación medicobiológica. Si os hubiese prometido una «Introducción a la teoría de la neurosis», hubiese debido comenzar por las formas más simples de las neurosis actuales para llegar a las afecciones psíquicas más complicadas, consecutivas a las perturbaciones de la libido. Este hubiera sido, indudablemente, el orden más natural. A propósito de las primeras, hubiera debido presentaros todo aquello que nuestra labor de investigación nos ha descubierto, y una vez llegado a la psiconeurosis, os hubiera hablado del psicoanálisis como del medio técnico auxiliar más importante de todos aquellos de que disponemos para esclarecer estos estados. Pero mi intención era exponeros una «Introducción al Psicoanálisis», y siendo éste el título de mis conferencias, me interesaba mucho más daros una idea del psicoanálisis que haceros adquirir determinados conocimientos sobre la neurosis. Este propósito me dispensaba de colocar, en primer término, las neurosis actuales, materia perfectamente estéril desde el punto de vista del psicoanálisis. Creo haber seguido de este modo el camino más ventajoso para vosotros, pues el psicoanálisis merece, por sus profundas premisas y sus múltiples relaciones, el interés de toda persona culta, y, en cambio, la teoría de las neurosis no es sino un capítulo de la Medicina, semejante a muchos otros.

Sin embargo, tenéis derecho a esperar que dediquemos también cierto interés a las neurosis actuales, y realmente nos hallamos obligados a hacerlo así, aunque no sea más que por las estrechas relaciones clínicas que con la psiconeurosis presentan. Por tanto, os diré que distinguimos tres formas puras de neurosis actuales: la *neurastenia,* la *neurosis de angustia* y la *hipocondría.* Esta división ha provocado, desde luego, numerosas objeciones. Los nombres que la constituyen son de uso corriente, pero las cosas que designan son indeterminadas e inciertas. Hay incluso médicos que se oponen a toda clasificación del mundo caótico de los fenómenos neuróticos y a todo establecimiento de unidades clínicas y de individualidades patológicas, llegando hasta rechazar la división en neurosis actuales y psiconeurosis. A mi juicio, van estos médicos demasiado lejos y no siguen el camino que conduce al progreso. Cierto es que estas formas de neurosis sólo raras veces se presentan aisladas, apareciendo casi siempre combinadas entre sí o con una afección psiconeurótica, pero esta circunstancia no nos autoriza a renunciar a su división. Pensad tan sólo en la diferencia que la Mineralogía establece entre la oritognosia y la geognosia. Los minerales son descritos como individuos, sin duda por la circunstancia de presentarse con frecuencia como cristales precisamente circunscritos y separados de lo que los rodea. Las rocas, en cambio, se componen de conjuntos de minerales, cuya asociación, lejos de ser accidental, se halla determinada por las condiciones de su formación. Nuestra teoría de las neurosis no posee aún un suficiente conocimiento del punto de partida del desarrollo para construir algo análogo a la geognosia. Pero obramos seguramente con acierto comenzando por aislar de la totalidad las entidades clínicas que conocemos y que, por su parte, pueden ser comparadas a los minerales.

Entre los síntomas de la neurosis actuales y los de la psiconeurosis existe una relación interesantísima que nos proporciona una importante contribución al conocimiento de la formación de los síntomas psiconeuróticos. Sucede, en efecto, que el síntoma de la neurosis actual constituye con frecuencia el nódulo y la fase preliminar del síntoma psiconeurótico. Esta relación se nos muestra con particular evidencia entre la neurastenia y aquella neurosis de transferencia a la que damos el nombre de histeria de conversión entre la neurosis de angustia y la histeria de angustia y entre la hipocondría y aquellas formas de que más adelante hablaremos, designándolas bajo el nombre de parafrenias (demencia precoz y paranoia). Tomemos como ejemplo el dolor de cabeza o los dolores lumbares histéricos. El análisis nos demuestra que por la condensación y el desplazamiento han llegado a ser estos dolores una satisfacción sustitutiva de toda una serie de fantasías o recuerdos libidinosos. Pero hubo un tiempo en que eran reales, siendo un síntoma directo de una intoxicación sexual, o sea la expresión somática de una excitación libidinosa. No pretendemos que todos los síntomas histéricos contengan un nódulo de este género; pero, de todos modos, es éste un caso particularmente frecuente, y la histeria utiliza con gran preferencia, para la formación de sus síntomas, todas las influencias normales y patológicas que la excitación libidinosa ejerce sobre el soma. Desempeñan éstas entonces el papel de los granos de arena que las ostras perlíferas van recubriendo con su nacarada secreción. Los pasajeros signos de excitación sexual que acompañan al acto sexual son, igualmente, utilizados por la psiconeurosis como un apropiadísimo material para la formación de síntomas.

Existe aún otro análogo proceso que presenta un interés particular desde el punto de vista del diagnóstico y del tratamiento. En aquellas personas que, aunque predispuestas a la neurosis, no la han contraído aún, puede a veces una alteración somática patológica —por inflamación o lesión— despertar la elaboración de síntomas, convirtiéndose el síntoma proporcionado por la realidad en representante de todas las fantasías inconscientes que espiaban la primera ocasión de manifestarse. En los casos de este género puede el médico seguir los diferentes tratamientos: intentará suprimir la base orgánica sin cuidarse de las manifestaciones neuróticas que en ella se sustentan o, por el contrario, combatir la neurosis ocasionalmente surgida sin atender a la causa orgánica que le ha servido de pretexto. De la eficacia de cada uno de estos procedimientos podremos juzgar por los efectos que se obtengan, pero es muy difícil establecer reglas generales para estos casos mixtos.

LECCION XXV.   LA ANGUSTIA

Señoras y señores:

L A exposición que sobre la nerviosidad común desarrollé en mi última conferencia debió de pareceros tan incompleta como insuficiente. Me doy cuenta perfecta de ello, y pienso que lo que más ha debido de asombraros es no encontrar en ella nada referente a la «angustia», síntoma del que se queja la mayoría de los nerviosos como de su más terrible sufrimiento. Esta angustia puede, en efecto, revestir extraordinaria intensidad e impulsar al enfermo a cometer las mayores insensateces. Merece, pues, ser objeto de un detenido examen en capítulo aparte.

No creo tener necesidad de definir la angustia. Todos vosotros habéis experimentado, aunque sólo sea una vez en la vida, esta sensación, o, dicho con mayor exactitud, este estado afectivo. Y, sin embargo, nadie se ha preocupado hasta el día de investigar por qué son precisamente los nerviosos los que con más frecuencia y mayor intensidad sufren de este estado de angustia. Quizá se haya encontrado natural esta circunstancia, como lo muestra la general costumbre de emplear indiferentemente, como sinónimos, los términos «nervioso» y «angustiado». Pero al hacerlo así se comete un grave error, pues hay individuos «angustiados» que no padecen neurosis ninguna, y, en cambio, neuróticos que no presentan entre sus síntomas el de la propensión a la angustia.

De todos modos, lo cierto es que el problema de la angustia constituye un punto en el que convergen los más diversos e importantes problemas y un enigma cuya solución habrá de proyectar intensa luz sobre toda nuestra vida psíquica. No afirmaré poder daros una solución completa, pero ya supondréis que el psicoanálisis ha dedicado toda atención a este problema y trata de resolverlo, como ha resuelto tantos otros, por medios diferentes de los empleados por la medicina académica. Esta concentra todo su interés en la investigación del determinismo anatómico de la angustia, y declarando que se trata de una irritación de la *medula oblongata*, diagnostica una neurosis del *nervus vagus*. El bulbo o medula alargada es, desde luego, algo muy serio. Por mi parte, he dedicado a su estudio mucho tiempo de intensa labor. Pero hoy en día debo confesar que desde el punto de vista de la comprensión psicológica de la angustia nada me es más indiferente que el conocimiento del trayecto nervioso seguido por las excitaciones que de él emanan.

Ante todo, debo indicaros que se puede tratar extensamente de la angustia sin relacionarla para nada con los estados neuróticos. Existe, en efecto, una *angustia real*, independiente por completo de la *angustia neurótica*, y que se nos muestra como algo muy racional y comprensible, pudiendo ser definida como una reacción a la percepción de un peligro exterior, esto es, de un daño esperado y previsto. Esta reacción aparece enlazada al reflejo de fuga y podemos considerarla como una manifestación del instinto de conservación. Mas, ¿ante qué objetos y en qué situaciones se produce la angustia? Ello depende, naturalmente, de los conocimientos del individuo y de su sentimiento de potencia ante el mundo exterior. El miedo que al salvaje inspira la vista de un cañón y la angustia que experimenta ante un eclipse solar nos parecen naturales. En cambio, el europeo, que sabe manejar las armas de fuego y predecir el eclipse, no experimenta en ninguno de los dos casos la menor angustia. A veces, lo que produce esta sensación es, por lo contrario, el saber demasiado, pues entonces prevemos el peligro mucho antes de su llegada. De este modo, el salvaje experimentará miedo al advertir en el bosque la huella de un peligroso animal, huella que para el europeo carecerá de toda significación, y el marino observará con terror una pequeña nube, anuncio de ciclón, mientras que el pasajero no verá en ella amenaza ninguna.

Reflexionando más detenidamente, nos vemos obligados a reconocer que nuestro juicio sobre la racionalidad y la adaptación a un fin de la angustia real debe ser sometido a una revisión. La única actitud racional ante la amenaza de un peligro consistiría en comparar nuestras propias fuerzas con la gravedad de dicha amenaza y decidir después si el miedo más eficaz de escapar al peligro es la fuga, la defensa o incluso el ataque. En esta actitud no hay lugar alguno para la angustia, lo cual no puede influir en el desarrollo de los hechos, constituyendo, en cambio, un nuevo peligro para el sujeto, pues cuando alcanza una cierta intensidad llega a paralizar toda acción de defensa, impidiendo incluso la fuga. Generalmente, la reacción a un peligro es un compuesto de sentimiento de angustia y acción defensiva. El animal asustado experimenta angustia y huye; pero únicamente la fuga responde a un fin, mientras que la angustia carece de él en absoluto. Estas consideraciones nos inclinan a ver en la angustia algo incongruente y desprovisto de todo fin. Pero analizando la situación a que da origen, lograremos quizá formarnos una más exacta idea de su naturaleza. Lo primero que en tal situación observamos es que el sujeto se halla preparado a la aparición del peligro, circunstancia que se manifiesta en el incremento de la atención sensorial y de la tensión motriz. Este estado de espera y de preparación es incontestablemente favorable, y su falta traería consigo graves consecuencias para el sujeto. De él se deriva, por una parte, la acción motora que va desde la fuga a la defensa activa, y por otra, aquello que experimentamos como un estado de angustia. Cuanto más restringido es el desarrollo de la angustia, más rápida y racionalmente se lleva a cabo la transformación del estado de preparación ansiosa en acción. Resulta, pues, que el estado de preparación ansiosa es útil y ventajoso, mientras que el desarrollo de angustia se nos muestra siempre como perjudicial y contrario al fin.

No me parece necesario entrar aquí en la discusión de si el lenguaje corriente designa o no con las palabras «angustia», «miedo» y «susto» la misma cosa. A mi juicio, la angustia se refiere tan sólo al estado, haciendo abstracción de todo objeto, mientras que en el miedo se halla precisamente concentrada la atención sobre una determinada causa objetiva. La palabra «susto» me parece, en cambio, poseer una significación especialísima y designar, sobre todo, el efecto de un peligro al que no nos hallábamos preparados por un previo estado de angustia. Puede decirse, por tanto, que el hombre se defiende contra el susto por medio de la angustia.

Resulta de todos modos que el uso corriente da a la palabra «angustia» una vaga e indeterminada significación susceptible de múltiples interpretaciones. La mayor parte de las veces se entiende por angustia el estado subjetivo provocado por la percepción del desarrollo de angustia, estado que se considera como de carácter afectivo. Ahora bien: ¿qué es lo que desde el punto de vista dinámico consideramos como un estado afectivo? Algo muy complicado. Un estado afectivo comprende, ante todo, determinadas inervaciones o descargas, y además ciertas sensaciones. Estas últimas son de dos clases: percepciones de acciones motoras realizadas, y sensaciones directas de placer y displacer que imprimen al estado afectivo lo que pudiéramos llamar su tono fundamental. No creo, sin embargo, que con estas consideraciones hayamos agotado todo lo que sobre la naturaleza de los estados afectivos puede decirse. En algunos de ellos creemos poder remontarnos más allá de estos elementos y reconocer que el nódulo en derredor del cual ha cristalizado la totalidad se halla constituido por la repetición de cierto suceso importante y significativo vivido por el sujeto. Este suceso puede no ser sino una impresión muy pretérica, de un carácter muy general, y perteneciente a la prehistoria de la especie y no a la del individuo. Para que me comprendáis mejor os diré que el estado afectivo presenta la misma estructura que la crisis de histeria, y es, como ella, el residuo de una reminiscencia. Podemos comparar, por tanto, la crisis de histeria a un estado afectivo individual de nueva formación y considerar el estado afectivo normal como la expresión de una histeria genérica que ha llegado a ser hereditaria.

No creáis que este conocimiento de los estados afectivos es patrimonio reconocido de la Psicología normal. Trátase, por lo contrario, del resultado exclusivo de las investigaciones psicoanalíticas. Lo que la Psicología nos dice sobre dichos estados, por ejemplo, la teoría de James-Lange, resulta para nosotros, psicoanalistas, tan incomprensible que ni siquiera podemos entrar a discutirlo. Sin embargo, he de hacer constar que tampoco nosotros nos hallamos plenamente seguros de la exactitud de nuestros conocimientos sobre esta materia. La labor de investigación que a ella hemos dedicado no constituye todavía sino un primer intento de orientarnos en tan oscuro dominio. Hecha esta advertencia, continuaré mi exposición. Creemos saber qué temprana impresión es la que reproduce el estado afectivo caracterizado por la angustia y nos decimos que el *acto de nacer* es el único en el que se da aquel conjunto de afectos de displacer, tendencias de descarga y sensaciones físicas que constituye el prototipo de la acción que un grave peligro ejerce sobre nosotros, repitiéndose en nuestra vida como un estado de angustia. La causa de la angustia que acompañó al nacimiento fue el enorme incremento de la excitación, incremento consecutivo a la interrupción de la renovación de la sangre (de la respiración interna). Resulta, pues, que la primera angustia fue de naturaleza tóxica. La palabra «angustia» (del latín *angustiae,* estrechez; en alemán, *Angst),* hace resaltar precisamente la opresión o dificultad para respirar que en el nacimiento existió como consecuencia de la situación real y se reproduce luego casi regularmente en el estado afectivo homólogo. Es también muy significativo el hecho de que este primer estado de angustia corresponda al momento en que el nuevo ser es separado del cuerpo de su madre. Naturalmente, poseemos el convencimiento de que la predisposición a la repetición de este primer estado de angustia ha quedado incorporada a través de un número incalculable de generaciones al organismo humano, de manera que ningún individuo puede ya escapar a dicho estado afectivo, aunque, como el legendario Macduff, haya sido «arrancado de las entrañas de su madre»; esto es, aunque haya venido al mundo de un modo distinto del nacimiento natural. En cambio, ignoramos cuál ha podido ser el prototipo del estado de angustia en animales distintos de los mamíferos y cuál es el conjunto de sensaciones que en estos seres corresponde a nuestra angustia.

Tendréis quizá curiosidad por saber cómo hemos podido llegar a la idea de que es el acto del nacimiento el que constituye la fuente y el prototipo del estado afectivo caracterizado por la angustia. La especulación no ha contribuido casi en absoluto a tal hallazgo, pues en cierto modo fue el ingenuo pensamiento popular lo que orientó al mío en una tal dirección. Un día —hace ya muchos años— nos hallábamos reunidos en un restaurante varios jóvenes médicos de hospital y el interno de la sala de obstetricia nos relató una divertida anécdota de la que había sido testigo en los últimos exámenes de comadronas. Una de las aspirantes a este título, preguntada por lo que significaba la presencia de meconio en las aguas durante el parto, respondió sin vacilar que ello probaba que el niño experimentaba angustia. Esta respuesta hizo reír a los examinadores, y la alumna fue suspendida; mas, por lo que a mí respecta, tomé en silencio su partido y comencé a sospechar que la pobre mujer había tenido la justa intuición de una importantísima relación.

Pasemos ahora a la angustia neurótica. ¿Cuáles son las nuevas manifestaciones y relaciones que la angustia nos muestra en estos enfermos? Sobre este tema hay mucho que decir. En primer lugar hallamos en los neuróticos un estado general de angustia, esto es, una angustia que podríamos calificar de flotante, dispuesta a adherirse al contenido de la primer representación adecuada. Esta angustia influye sobre los juicios del sujeto, elige las esperas y espía atentamente toda ocasión que pueda justificarla, mereciendo de este modo el calificativo de angustia de espera, o espera ansiosa, que hemos convenido en asignarle. Las personas atormentadas por esta angustia prevén siempre las eventualidades más terribles, ven en cada suceso accidental el presagio de una desdicha y se inclinan siempre a lo peor cuando se trata de un hecho o suceso inseguro. La tendencia a esta espera de la desdicha es un rasgo de carácter propio de gran número de individuos que fuera de esto no presentan ninguna enfermedad, siendo considerados como gente de humor sombrío o pesimista. Pero cuando esta angustia de espera alcanza ya cierta intensidad, corresponde casi siempre a una afección nerviosa a la que he dado el nombre de *neurosis de angustia* y situado entre las neurosis actuales.

Una segunda forma de la angustia presenta, inversamente a aquella que acabo de describir, conexiones más bien psíquicas y aparece asociada a determinados objetos y situaciones. Es ésta la angustia que caracteriza a las diversas «fobias» tan numerosas como singulares. El eminente psicólogo americano Stanley Hall se ha tomado recientemente el trabajo de presentarnos toda la serie de estas fobias bajo nuevos nombres griegos, relación que semeja la de las plagas de Egipto, con la diferencia de que el número de las fobias excede considerablemente de diez *. Oíd todo lo que puede llegar a objeto o contenido de una fobia: la oscuridad, el aire libre, los espacios descubiertos, los gatos, las arañas, las orugas, las serpientes, los ratones, las tormentas, las puntas agudas, la sangre, los espacios cerrados, las multitudes humanas, la soledad, el paso por puentes, las travesías por mar, los viajes en ferrocarril, etc. Al intentar orientarnos en este caso, vemos la posibilidad de distinguir tres grupos. Algunos de estos objetos o situaciones tienen algo de siniestros incluso para nosotros los normales, pues nos recuerdan un peligro, razón por la cual no nos parecen incomprensibles las fobias correspondientes, aunque sí exagerada su intensidad. Así, experimentamos casi todos un sentimiento de repulsión a la vista de las serpientes, hasta el punto de que

---

* Strachey menciona que Stanley Hall enumeró a 132 fobias diferentes. *(Nota de J. N.)*

puede decirse que esta fobia es generalmente humana. Carlos Darwin ha descrito de una manera impresionante la angustia que, aun hallándose protegido por un grueso cristal, experimentó a la vista de uno de estos reptiles que se dirigía hacia él. En un segundo grupo ordenamos los casos en los que existe todavía un peligro; pero tan lejano, que no acostumbramos normalmente tenerlo en cuenta. Sabemos, en efecto, que un viaje en ferrocarril puede exponernos a accidentes que evitaríamos permaneciendo en casa, y sabemos que el barco en que vamos puede naufragar, pero no por ello dejamos de viajar sin experimentar angustia ninguna ni pensar siquiera en tales peligros. Es igualmente cierto que caeríamos al agua si el puente que cruzamos se hundiese en aquel momento; pero esto ocurre tan raras veces, que semejante idea no tiene por qué preocuparnos. También la soledad trae consigo determinados peligros y está justificado que procuremos evitarla en ciertas circunstancias, pero ello no quiere decir que no podamos, bajo ningún pretexto y en ninguna ocasión, soportarla un momento. Todo esto se aplica igualmente a las multitudes, a los espacios cerrados, a las tormentas, etc. Lo que en estas fobias de los neuróticos nos parece extraño, no es tanto su contenido como su intensidad. La angustia que causan es absolutamente incoercible. A veces llegamos a sospechar que, aunque los neuróticos declaran provocada su angustia por objeto y situaciones que en determinadas circunstancias pueden motivar igualmente la del hombre normal, no son en el fondo tales objetos y situaciones a los que su angustia es imputable.

Queda todavía un tercer grupo de fobias que escapan por completo a nuestra comprensión. Cuando vemos a un hombre maduro y robusto experimentar angustia al tener que atravesar una calle o una plaza de su ciudad natal, cuyos más ocultos rincones le son familiares, o vemos a una mujer de apariencia normal dar muestras de un insensato terror porque un gato ha rozado la fimbria de su falda o ha visto cruzar un ratón ante su paso, ¿cómo podemos establecer una relación entre la angustia del sujeto y un peligro que, sin embargo, existe evidentemente para él? Por lo que respecta a las fobias que tienen por objeto determinados animales, es indudable que no puede tratarse de una exageración de antipatías generalmente humanas, pues tenemos la prueba contraria en el hecho de que numerosas personas no pueden pasar al lado de un gato sin llamarle ni acariciarle. El ratón, tan temido por las mujeres, ha prestado su nombre a una expresión cariñosa muy corriente, y se da el caso de que una muchacha a la que encanta oírse llamar «mi querido ratoncito» por su novio, grita horrorizada en cuanto ve a uno de los graciosos animalitos de este nombre. Por lo que respecta a los individuos que experimentan la angustia de las calles y plazas, no hallamos otro medio de explicar su estado sino diciendo que se conducen como niños. La educación trata de hacer comprender al niño que tales situaciones constituyen un peligro para él, que, por tanto, no debe afrontarlas yendo solo. De igual manera se conducen los agorafobos, que, incapaces de atravesar sin compañía una calle, no experimentan la menor angustia cuando alguien cruza con ellos.

Las dos formas de angustia que acabamos de describir, esto es, la angustia de espera, libre de toda conexión, y la angustia asociada a las fobias, son independientes una de otra. No puede decirse que una de ellas represente una fase muy avanzada de la otra, y sólo de un modo excepcional y como accidental aparecen alguna vez conjuntamente. El más intenso estado de angustia general no se manifiesta fatalmente por medio de fobias y, en cambio, personas cuya vida se halla envenenada por la agorafobia, permanecen totalmente exentas de la angustia de espera, fuente de pesimismo. Se ha demostrado que determinadas fobias, tales como la del espacio, la del ferrocarril, etc., no se adquieren más que en la edad madura, constituyendo una grave enfermedad, mientras que otras, tales como la de la oscuridad, la de los animales y la de la tormenta, pueden existir desde los primeros años de la vida y pasan como singularidades o extravagancias del sujeto. Cuando un individuo presenta una fobia de este último grupo, podemos sospechar justificadamente que posee todavía otras más del mismo género. Debo añadir que situamos todas estas fobias en el cuadro de la histeria de angustia; esto es, que las consideramos como enfermedades muy afines a la histeria de conversión.

La tercera forma de la angustia neurótica nos plantea un enigma presentando una absoluta carencia de relación entre la angustia y un peligro cuya amenaza la justifique. En la histeria, por ejemplo, acompaña esta angustia a los demás síntomas histéricos o surge en una excitación cualquiera que nos hacía esperar una manifestación afectiva, pero no la de la angustia. Por último, puede también producirse sin causa ninguna aparente y en una forma incomprensible, tanto para nosotros como para el enfermo, constituyendo un acceso espontáneo y libre, sin que exista peligro alguno o pretexto de peligro cuya exageración pudiera haberlo provocado. En el curso de estos accesos espontáneos comprobamos que el conjunto al que damos el nombre de estado de angustia es susceptible de disociación. El acceso puede ser reemplazado en su totalidad por un único, pero muy intenso síntoma —temblores, vértigos, palpitaciones u opresión—, faltando o apareciendo apenas marcado aquel sentimiento general característico de la angustia. Y sin embargo, estos estados, a los que damos el nombre de «equivalentes de la angustia», deben ser asimilados a ella desde todos los puntos de vista, tanto clínicos como etiológicos.

Surgen aquí dos interrogaciones: ¿existe un enlace cualquiera entre la angustia neurótica, en la que el peligro no desempeña papel ninguno o sólo mínimo, y la angustia real, que es siempre y esencialmente una reacción a un peligro? ¿Y cómo hemos de comprender esta angustia neurótica? Quisiéramos, ante todo, salvar el principio de que cada vez que esta angustia se presenta debe de existir algo que la provoca.

La observación clínica nos proporciona un cierto número de elementos susceptibles de ayudarnos a comprender la angustia neurótica, elementos cuya significación quiero analizar ante vosotros.

a) No es difícil establecer que la angustia de espera o estado de angustia general depende íntimamente de ciertos procesos de la vida sexual, o más exactamente, de ciertas aplicaciones de la libido. El caso más sencillo e instructivo de este género es el de las personas que se exponen a una excitación frustrada; es decir, aquellas en las que violentas excitaciones sexuales no hallan una derivación suficiente ni llegan a un término satisfactorio. Tal es, por ejemplo, el caso de los hombres durante los noviazgos y de las mujeres cuyos maridos no poseen una potencia sexual normal o abrevian o hacen abortar, por precaución, el acto sexual. En estas circunstancias desaparece la excitación libidinosa para dejar paso a la angustia, tanto en la forma de angustia de espera como en las de accesos o sus equivalentes. La interrupción del acto sexual, como medida preventiva del embarazo de la mujer, constituye, cuando se convierte en régimen sexual normal, una frecuentísima causa de neurosis de angustia, sobre todo en las mujeres, hasta el punto de que siempre que nos hallamos ante un caso de este género habremos de pensar, ante todo, en la posibilidad de una tal etiología. Procediendo así tendremos numerosas ocasiones de comprobar que la neurosis de angustia desaparece en cuanto el sujeto renuncia a la restricción sexual.

La relación existente entre esta restricción y los estados de angustia ha sido reconocida incluso por medios ajenos al psicoanálisis, pero también se ha intentado subvertirla alegando que las personas que la practican son precisamente aquellas que poseen una previa disposición a la angustia. Esta hipótesis queda, sin embargo, desmentida en forma categórica por la actitud de la mujer, cuya actuación sexual es de naturaleza esencialmente pasiva, siendo el hombre quien la determina y dirige. Cuanto más ardiente sea el temperamento de una mujer, y sea ésta, en consecuencia, más inclinada a las relaciones sexuales y más capaz de hallar en ellas una amplia satisfacción, más enérgicamente reaccionará al *coitus interruptus* por manifestaciones de angustia, reacción que no tendrá, en cambio, efecto en las mujeres atacadas de anestesia sexual o poco libidinosas.

La abstinencia sexual, tan calurosamente preconizada en nuestros días por los médicos, no favorece, naturalmente, la producción de estados de angustia más que en aquellos casos en los que la libido, privada de derivación satisfactoria, alcance un cierto grado de intensidad y no queda descargada en su mayor parte por la sublimación. El curso del estado patológico depende siempre de factores cuantitativos. Pero aun en aquellos casos en los que no se trata de una enfermedad, sino tan sólo del carácter personal del sujeto, observamos sin esfuerzo que la restricción sexual es propia de individuos de carácter indeciso y asustadizo, resultando incompatible, en cambio, con la intrepidez y la osadía. Por diversas que sean las restricciones y complicaciones que las numerosas influencias de la vida civilizada pueden imponer a estas relaciones entre el carácter y la vida sexual, nunca deja de comprobarse que la angustia y la restricción sexual son directamente proporcionales.

No os he comunicado aún la totalidad de las observaciones que confirman esta relación entre la libido y la angustia. Entre ellas está la referente al influjo ejercido en la producción de las enfermedades caracterizadas por la angustia por aquellas fases de la vida que, como la pubertad y la menopausia, favorecen la exaltación de la libido. En ciertos estados de excitación puede también observarse directamente la combinación de angustia y de libido y la sustitución final de ésta por aquélla. De tales hechos sacamos una doble impresión: ante todo, nos parece observar que se trata de una acumulación de libido, cuyo curso normal es obstruido, y en segundo lugar, que los procesos a los que asistimos son únicamente de naturaleza somática. En un principio no vemos cómo la angustia nace de la libido y sólo comprobamos que ésta ha desaparecido y que su lugar ha sido ocupado por la angustia.

b) El análisis de las psiconeurosis, y más esencialmente el de la histeria, nos proporciona otra indicación importantísima. Sabemos ya que en esta enfermedad aparece con frecuencia la angustia acompañando a los síntomas, pero observamos también una angustia independiente de los mismos y que se manifiesta como un estado permanente o en forma de accesos. Los enfermos no saben decir por qué experimentan angustia, y a consecuencia de una elaboración secundaria fácil de observar enlazan su estado a las fobias más corrientes, tales como las de la muerte, de la locura o de un ataque de apoplejía. Cuando analizamos la situación que ha engendrado la angustia o los síntomas a que acompaña, llegamos casi siempre a descubrir la corriente psíquica normal que no ha alcanzado su fin y ha sido reemplazada por el fenómeno de angustia. O para expresarnos de otra manera: volvemos a construir el proceso inconsciente como si no hubiera sufrido una represión y hubiese proseguido sin obstáculo su desarrollo hasta llegar a la conciencia. Este proceso hubiera sido acompañado por un cierto estado afectivo, y nos sorprende comprobar que este estado afectivo, concomitante a la evolución normal, es siempre sustituido, después de la represión, por angustia, cualquiera que sea su calidad propia. Así, pues, cuando nos hallamos en presencia de un estado de angustia histérica, tenemos derecho a suponer que su complemento inconsciente se halla constituido por un sentimiento de la misma naturaleza —angustia, vergüenza, confusión—, por una excitación positivamente libidinosa o por un sentimiento hostil y agresivo, como el furor o la cólera. La angustia constituye, pues, la moneda corriente por la que se cambia o pueden cambiarse todas las excitaciones afectivas cuando su contenido de representaciones ha sucumbido a la representación.

c)   Un tercer dato nos es proporcionado por el examen de aquellos enfermos que ejecutan actos obsesivos, enfermos a los que la angustia respeta en absoluto mientras obedecen a su obsesión. Pero cuando intentamos impedirles la realización de dichos actos —abluciones, ceremoniales, etc.—, o cuando por sí mismos se atreven a renunciar a ellos, experimentan una terrible angustia que los obliga a ceder de nuevo en su enfermedad. Comprendemos entonces que la angustia se hallaba disimulada detrás del acto obsesivo y que éste no era llevado a cabo sino como un medio de sustraerse a ella. Así, pues, si la angustia no se manifiesta al exterior en la neurosis obsesiva, es por haber sido reemplazada por los síntomas. En la histeria hallamos también una idéntica relación como resultado de la represión, apareciendo la angustia aisladamente o acompañando a los síntomas, o produciéndose un conjunto de síntomas más completo y carente de angustia. Podemos, pues, decir de una manera abstracta que los síntomas no se forman sino para impedir el desarrollo de la angustia, que sin ellos sobrevendría inevitablemente. Esta concepción sitúa la angustia en el centro mismo del interés que nos inspiran los problemas relativos a las neurosis.

Nuestras observaciones sobre las neurosis de angustia nos llevaron a la conclusión de que la desviación de la libido de su aplicación normal, desviación que engendra la angustia, constituye el resultado final de procesos puramente somáticos. El análisis de la histeria y de las neurosis obsesivas nos ha permitido completar esta conclusión, mostrándonos que desviación y angustia pueden resultar igualmente de una negativa a intervenir de los factores psíquicos. A esto se reducen todos nuestros conocimientos sobre la génesis de la angustia neurótica, sin que veamos tampoco, por ahora, medio posible de ampliarlos.

Otro de los problemas que nos habíamos propuesto esclarecer, esto es, el de fijar las conexiones existentes entre la angustia neurótica resultante de una aplicación anormal de la libido y la angustia real que corresponde a una reacción a un peligro, parece aún más intrincado. Experimentamos la impresión de que se trata de cosas completamente heterogéneas, pero no poseemos medio alguno que nos permita distinguir en nuestra sensación estas dos angustias una de otra.

Sin embargo, tomando como punto de partida nuestra afirmación —tantas veces repetida— de la existencia de una oposición entre el *yo* y la libido, acabamos por descubrir la conexión buscada. Sabiendo que el desarrollo de angustia es la reacción del *yo* ante el peligro y constituye la señal para la fuga, nada puede impedirnos admitir, por analogía, que también en la angustia neurótica busca el *yo* escapar a las exigencias de la libido y se comporta con respecto a este peligro interior del mismo modo que si de un peligro exterior se tratase. Este punto de vista justificaría la conclusión de que siempre que existe angustia hay algo que la ha motivado; pero aún podemos llevar más allá el paralelo iniciado. Del mismo modo que la tendencia a huir ante un peligro exterior queda anulada por la decisión de hacerle frente y la adopción de las necesarias medidas de defensa, así también es interrumpido el desarrollo de angustia por la formación de síntomas.

Pero el deseado esclarecimiento de las relaciones existentes entre la angustia y los síntomas tropieza ahora con una nueva dificultad. La angustia, que significa una huida del *yo* ante su libido, es, sin embargo, engendrada por esta última. Este hecho, que dista mucho de ser evidente, es, sin embargo, real, y nos recuerda la necesidad de no olvidar que la libido de una persona es algo inherente a la misma y no puede oponerse a ella como un factor externo. Lo que aún permanece oscuro para nosotros es la dinámica tópica del desarrollo de la angustia, o sea la cuestión de saber cuáles son las energías psíquicas gastadas en estas ocasiones y cuáles los sistemas psíquicos de que provienen. No me es posible prometeros una solución definitiva de estas interrogaciones; pero llamando en auxilio de nuestra labor especulativa a la observación directa y a la investigación psicoanalítica, procederemos al examen de dos interesantes cuestiones susceptibles de proporcionarnos algún esclarecimiento: la génesis de la angustia en los niños y la procedencia de la angustia neurótica asociada a las fobias.

La angustia infantil es algo muy frecuente, resultando harto difícil diagnosticar si se trata de angustia neurótica o real y quedando incluso anulado el valor de esta diferenciación por la actitud del niño. No nos asombra, en efecto, que el niño experimente angustia al hallarse ante personas, situaciones y objetos que le son desconocidos, y nos explicamos esta reacción por su debilidad y su ignorancia. Le atribuimos, pues, una intensa tendencia a la angustia real, tendencia que no tendríamos inconveniente en considerar como innata, a título de predisposición hereditaria. Siendo así, no haría el niño sino reproducir la actitud del hombre primitivo, que por su ignorancia y falta de medios de defensa hubo de experimentar angustia ante todo aquello que resultaba nuevo para él. Aún hoy en día hallamos esta actitud en los salvajes, a los cuales inspiran el más profundo terror cosas familiares ya para el hombre civilizado e incapaces de provocar en él la menor angustia. No nos extrañaría, por tanto, descubrir que por lo menos una parte de las fobias infantiles son idénticas a las que podemos suponer que padecía el hombre primitivo.

Por otro lado, no podemos menos de advertir que no todos los niños se hallan sujetos a la angustia en la misma medida, y que aquellos que manifiestan una angustia particular ante toda clase de objetos y de situaciones, son precisamente los futuros neuróticos. La disposición neurótica se traduce, pues, también en una tendencia acentuada a la angustia real, mostrándose la angustia como el estado primario e imponiéndose la conclusión de que si el niño, y más tarde el adulto, experimentan angustia ante la intensidad de su libido, es por hallarse predispuesto a angustiarse por todo. Esta conclusión nos llevaría a negar que la angustia pueda ser un producto de la libido, y tomándola como punto de partida de una investigación de las condiciones de la angustia real, llegaríamos a la teoría de que la causa primera de la neurosis no es otra que la conciencia de la propia debilidad e impotencia —o el sentimiento de inferioridad, según término de A. Adler— cuando esta conciencia persiste en el sujeto más allá de la época infantil.

Todo el razonamiento que antecede parece tan sencillo como atractivo, mas su único resultado sería el de desplazar el enigma de la nerviosidad. La persistencia del sentimiento de inferioridad y, por consiguiente, de la condición de la angustia y de la formación de síntomas, nos parece algo tan seguro e inevitable, que si aceptásemos la teoría antes expuesta, lo enigmático y necesitado de explicación no sería la nerviosidad, sino lo que consideramos como estado de salud normal. Pero la observación directa de la angustia infantil nos revela que al principio sólo la presencia de personas extrañas es susceptible de provocar este estado en el niño, el cual no experimenta, en cambio, sensación angustiosa ninguna en situaciones en las que tales personas no intervienen. Por lo que respecta a los objetos, únicamente más tarde comienzan a ser susceptibles de provocar dicha sensación en el infantil sujeto. Pero si el niño experimenta angustia a la vista de personas extrañas, no es porque les atribuya malas intenciones ni porque, comparando su propia debilidad a la potencia de las mismas, vea en ellas un peligro para su existencia, su seguridad y su euforia. Este tipo del niño desconfiado, que vive con el constante temor de una agresión, y al que todo parece hostil, no pasa de ser una equivocada construcción teórica. Es mucho más exacto afirmar que si el niño se asusta a la vista de rostros extraños, es porque espera siempre ver el de su madre, persona familiar y amada, y la tristeza y decepción que experimenta se transforman en angustia. Trátase pues, de una libido que se hace inutilizable, y que no pudiendo ser mantenida en suspensión, halla su derivación en la angustia. No constituye, ciertamente, una casualidad el que en esta situación característica de la angustia infantil se encuentre reproducida la condición del primer estado de angustia que acompaña al acto del nacimiento, o sea a la separación de la madre.

Las primeras fobias de situaciones que observamos en el niño son las que se refieren a la oscuridad y la soledad. La primera persiste a veces durante toda la vida, y la ausencia de la persona amada que cuida al niño, esto es, de la madre, es común a ambas. Un niño, angustiado por hallarse en la oscuridad, se dirige a su tía, que se encuentra en una habitación vecina, y le dice: «Tía, háblame; tengo miedo.» «¿Y de qué te sirve que te hable, si de todas maneras no me ves?» «Hay más luz cuando alguien habla», responde el niño. La tristeza que se experimenta en la oscuridad se transforma de este modo en angustia ante la oscuridad. Por tanto, resulta inexacto afirmar que la angustia neurótica es un fenómeno secundario y un caso especial de la angustia real, pues la observación directa del niño nos muestra algo que, conduciéndose como angustia real, tiene con la angustia neurótica un esencialísimo rasgo común: la procedencia de una libido inempleada. El niño no parece hallarse sujeto a la verdadera angustia real sino en un mínimo grado. En todas las situaciones que pueden convertirse más tarde en condiciones de fobias, tales como la altura, el viaje en ferrocarril o en barco, etc., no manifiesta el niño angustia ninguna, hallándose tanto más protegido contra ella cuanto mayor es su ignorancia. Hubiera sido deseable que hubiese recibido en herencia un mayor número de instinto de preservación de la vida, pues ello facilitaría extraordinariamente la labor de las personas encargadas de vigilarle e impedirle exponerse a peligros sucesivos. Pero en realidad el niño comienza por tener de sus fuerzas una idea exagerada, y se conduce sin experimentar angustia porque ignora el peligro. Corre al borde del agua, sube a las balaustradas de las ventanas, juega con objetos cortantes y con fuego; esto es, hace todo aquello que puede perjudicarle y preocupar a los que lo rodean. Sólo a fuerza de educación acaban los adultos por despertar en el niño la angustia real, pues, naturalmente, no puede permitirse que se instruya por experiencia personal.

Si hay niños que han experimentado la influencia de esta educación por la angustia en una medida tal que acaban por encontrar por sí mismos peligros de los que no se les ha hablado y contra los que no se les había puesto en guardia, ello depende de que su constitución trae consigo una necesidad libidinosa más pronunciada o de que desde muy temprano han contraído malas costumbres en lo que concierne a la satisfacción libidinosa. Nada de extraño tiene que estos niños lleguen a ser más tarde neuróticos, pues, como ya sabemos, lo que más facilita el nacimiento de una neurosis es la incapacidad de soportar durante un período de tiempo más o menos largo una considerable represión de la libido. Observaréis que en estas consideraciones reconoceremos toda la importancia del factor constitucional, importancia que, por otra parte, jamás hemos discutido. A lo que sí nos oponemos es a que se prescinda de los restantes factores, atendiendo únicamente al constitucional, o a que se sitúe a éste en primer término en aquellos casos en los que tanto la observación directa como el análisis demuestran que carecen de toda intervención o no desempeña sino un secundario papel.

Así, pues, la observación directa del estado de angustia en los niños nos ha llevado a las siguientes conclusiones: la angustia infantil no tiene casi ningún punto de contacto con la angustia real y se aproxima, por lo contrario, considerablemente a la angustia neurótica de los adultos. Como ésta, debe su origen a la libido inempleada y constituye el objeto erótico de que carece por un objeto o una situación exteriores.

El análisis de las fobias no nos descubre ya grandes novedades, pues su desarrollo es idéntico al de la angustia infantil. La libido inempleada sufre en ellas una incesante transformación en angustia real aparente y el más mínimo peligro queda así capacitado para constituir un sustitutivo de las exigencias libidinosas. Esta concordancia entre las fobias y la angustia infantil no puede ya sorprendernos, pues las fobias infantiles no son únicamente el prototipo de aquellas otras más tardías que incluimos en el cuadro de la histeria de angustia, sino también su condición directa previa y su estado preliminar. Toda fobia histérica se remonta a una angustia infantil y la continúa aun cuando posea distinto contenido y deba, por tanto, recibir una diferente denominación. Las dos enfermedades no difieren entre sí más que desde el punto de vista del mecanismo. En el adulto no basta, para que la angustia se transforme en libido, el que ésta permanezca momentáneamente inempleada, pues el adulto ha aprendido hace ya mucho tiempo a mantener su libido en suspensión o a darle distinto empleo. Pero cuando la libido forma parte de un proceso psíquico que ha sucumbido a la represión, reaparecen las circunstancias dadas anteriormente en el niño, el cual no sabía aún establecer diferencia alguna entre lo consciente y lo inconsciente y esta regresión hacia la fobia infantil proporciona a la libido un

medio cómodo de transformarse en angustia. Recordáis, sin duda, cuán ampliamente hemos tratado en estas conferencias de la represión; pero nuestra labor
sobre esta materia se ha dirigido siempre a perseguir los destinos de las representaciones que a dicho proceso sucumbían, por ser este punto el más fácil de
dilucidar y exponer. En cambio, hemos dejado siempre a un lado lo referente a
la suerte corrida por el estado afectivo asociado a la representación reprimida,
y solamente ahora averiguamos que el primer destino de este estado afectivo
consiste en sufrir la transformación en angustia, cualquiera que hubiese podido
ser su cualidad en condiciones normales. Esta transformación del estado afectivo
constituye la parte más importante del proceso de represión, pero también la
más difícil de elucidar, dado que no podemos afirmar la existencia de estados
afectivos inconscientes, del mismo modo que afirmamos la de representaciones
de este orden. Las representaciones permanecen idénticas a sí mismas, sean o no
conscientes, y podemos muy bien indicar lo que corresponde a una representación
inconsciente. Pero un estado afectivo es un proceso de descarga y debe ser juzgado
de muy distinta manera que una representación. Sin haber analizado y elucidado
a fondo nuestras premisas relativas a los procesos psíquicos, no nos es posible
indicar qué es lo que en lo inconsciente corresponde al estado afectivo. Es ésa,
además, una labor que no podemos emprender aquí, pero por lo pronto mantendremos nuestra hipótesis de que el desarrollo de la angustia se halla íntimamente enlazado al sistema de lo inconsciente.

Os indiqué antes que la transformación de angustia, o, más exactamente,
la descarga bajo la forma de angustia, constituye el primero de los destinos reservados de la libido reprimida, y debo ahora añadir que no es éste ni su único
destino ni su destino definitivo. En el curso de las neurosis aparecen procesos
que tienden a obstruir este desarrollo de la angustia y lo logran de diferentes
modos. En las fobias, por ejemplo, se distinguen claramente dos fases del proceso
neurótico. La primera es la de la represión de la libido y su transformación
en angustia, fase que queda ligada a un peligro exterior. Durante la segunda se
van constituyendo todos los medios de defensa destinados a impedir un contacto
con este peligro, que queda tratado como un hecho exterior. La represión corresponde a una tendencia de fuga del *yo* ante la libido considerada como un
peligro; y así, pues, la fobia viene a constituir una especie de defensa contra el
peligro exterior que reemplaza ahora a la temida libido. La falta de resistencia
del sistema de defensa empleado en las fobias depende de que la fortaleza, inex-
pugnable desde el exterior, no lo es, en cambio, desde el interior. La proyección
al exterior del peligro representado por la libido no puede jamás conseguirse
de una manera perfecta, y por esta razón existen en las demás neurosis otros
sistemas de defensa contra el posible desarrollo de la angustia. Es éste un capítulo
muy interesante de la psicología de la neurosis, pero desgraciadamente no podemos abordarlo en estas lecciones, pues además de que nos llevaría muy lejos,
se trata de materias cuya comprensión exige conocimientos especiales muy
profundos. Por tanto, me limitaré a añadir a lo ya expuesto una única observación. Os he hablado de una contracarga a la que el *yo* recurre en los casos de
represión, carga que se halla obligado a mantener sin solución de continuidad
para que la represión perdure. Pues bien: esta misma defensa es la que tiene a
su cargo la creación de los diversos medios de protección contra el desarrollo
de angustia subsiguiente al proceso represor.

Pero volvamos a las fobias. Creo haberos demostrado que, interesándonos tan sólo por su contenido y limitándonos a investigar por qué un objeto o una situación llegan a convertirse en objeto de una fobia, no nos es posible llegar más que a un deficientísimo conocimiento de estos singulares fenómenos. El contenido de una fobia es a la misma, aproximadamente, lo que al sueño su fachada manifiesta. Bajo determinadas reservas, podemos admitir que entre tales contenidos existen algunos que, como lo ha demostrado Stanley Hall, se hallan capacitados desde luego por herencia filogénica para convertirse en objeto de angustia, hipótesis confirmada por el hecho de que muchos de estos objetos no presentan con el peligro sino relaciones puramente simbólicas.

Las consideraciones que anteceden nos han revelado la esencial importancia que en la psicología de la neurosis presenta el problema de la angustia y nos han mostrado la estrecha relación existente entre el desarrollo de angustia, la libido y el sistema de lo inconsciente. Sólo una laguna observamos aún en nuestra teoría: la relativa al hecho —difícilmente contestable— de tener que admitir la angustia real como una manifestación de los instintos de conservación del *yo*.

LECCION XXVI.   LA TEORIA DE LA LIBIDO Y EL NARCISISMO

Señoras y señores:

V ARIAS veces, la última en ocasión muy reciente, hemos tenido que ocuparnos de la diferenciación entre instintos del *yo* e instintos sexuales. Ya en un principio nos demostró la represión que tales dos clases de instintos podían entrar en conflicto y que a consecuencia del mismo quedaban derrotadas los sexuales y obligadas a emprender rodeos regresivos para alcanzar una satisfacción compensadora de su derrota. Hemos visto después que ambos grupos de instintos se comportan distintamente ante la necesidad, gran educadora, y siguen, por tanto, distintos caminos en su desarrollo, mostrando asimismo muy distintas relaciones con el principio de la realidad. Por último, creemos observar que los instintos sexuales poseen una más íntima conexión que los del *yo* con el estado afectivo de angustia, observación que aparece robustecida por la interesantísima circunstancia de que la no satisfacción del hambre y de la sed, los dos más elementales instintos de conservación, no trae jamás consigo la transformación de dichos instintos en angustia, mientras que, como ya sabemos, la transformación en angustia de la libido insatisfecha es uno de los fenómenos más conocidos y frecuentemente observados.

Nuestro derecho a establecer una distinción entre los instintos del *yo* y los instintos sexuales es en absoluto incontestable, pues nace de la existencia misma del instinto sexual como actividad particular del individuo. La única interrogación que podría plantEársenos sería la referente a la importancia que a dicha diferenciación atribuimos, pero a esta interrogación no podemos responder hasta después de haber establecido las diferencias que en sus manifestaciones somáticas y psíquicas muestran los instintos sexuales con respecto a los demás instintos que a ellos oponemos y haber fijado la importancia de los efectos que de dichas diferencias se derivan. Naturalmente, no poseemos base alguna para afirmar que entre ambos grupos de instintos exista una diferencia de naturaleza. Tanto uno como otro designan fuentes de energía del individuo y la cuestión es saber si estos dos grupos no forman en el fondo más que uno —y en este caso, cuándo ha tenido efecto la separación que ahora advertimos— o son, por el contrario, de esencia en absoluto diferente; esta cuestión repetimos, no puede basarse en nociones abstractas, sino en hechos biológicos. Pero sobre este punto concreto poseemos conocimientos aún muy insuficientes, y aunque lográramos ampliarlos, ello no habría de fomentar en gran medida nuestra labor analítica.

Tampoco ganaríamos nada acentuando —como lo hace Jung— la primitiva unidad de todos los instintos y dando el nombre de «libido» a la energía que se manifiesta en cada uno de ellos; pues dada la imposibilidad de eliminar de la vida psíquica la función sexual, nos veríamos obligados a hablar de una libido sexual y de una libido asexual, desnaturalizando así el término «libido», que, como lo hemos hecho hasta ahora, debe ser reservado a las fuerzas instintivas de la vida sexual.

Opino, pues, que la cuestión de saber hasta qué punto conviene llevar la separación entre instintos sexuales e instintos derivados del instinto de conservación, no presenta significación ninguna para el psicoanálisis, el cual carece, además, de competencia para resolverla. En cambio, la Biología nos proporciona ciertos datos que permiten atribuir a dicha dualidad una profunda importancia. La sexualidad es, en efecto, la única de las funciones del organismo animado que, traspasando los límites individuales asegura el enlace del individuo con la especie. Es indudable que el ejercicio de esta función no resulta siempre, como el de las restantes, útil y provechoso para el sujeto, sino que, por el contrario, le expone, a cambio del extraordinario placer que puede procurarle, a graves peligros, fatales a veces para su existencia. Además, creemos muy probable que para la transmisión de una parte de la vida individual a individuos posteriores, a título de disposición, sean necesarios especialísimos procesos metabólicos. Por último, el ser individual, para el que lo primero y más importante es su propia persona, y que no ve en su sexualidad sino un medio de satisfacción, como tantos otros, no es, desde el punto de vista biológico, sino un episodio aislado dentro de una serie de generaciones, una efímera excrecencia de un protoplasma virtualmente inmortal y el usufructuario de un fideicomiso destinado a sobrevivirle.

Para la explicación psicoanalítica de las neurosis no tienen, sin embargo, utilidad ninguna estas consideraciones de tan gran alcance. El examen separado de los instintos sexuales y de los instintos del *yo* nos ha permitido llegar a la comprensión de las neurosis de transferencia, afecciones que hemos podido reducir al conflicto entre los instintos sexuales y los derivados del instinto de conservación, o para expresarnos en términos biológicos, aunque menos precisos, al conflicto entre el *yo* como ser individual e independiente y el *yo* considerado como miembro de una serie de generaciones. Es de creer que este desdoblamiento no existe sino en el hombre, siendo éste, por tanto, el único ser que ofrece un terreno abonado a la neurosis. El desarrollo excesivo de su libido y la riqueza y variedad que a consecuencia del mismo presenta su vida psíquica, parecen haber creado las condiciones del conflicto a que nos referimos, condiciones que, evidentemente, son también las que han permitido al hombre elevarse sobre el nivel animal. Resulta, por tanto, que nuestra predisposición a la neurosis no es sino el reverso de nuestros dones puramente humanos. Pero dejemos aquí estas especulaciones, que no pueden sino alejarnos de lo que constituye nuestra labor inmediata.

La posibilidad de distinguir, por sus manifestaciones, los instintos del *yo* y los sexuales, constituyó el punto de partida de nuestra labor investigadora. En las neurosis de transferencia pudimos llevar a cabo esta diferenciación sin dificultad alguna. Dimos el nombre de «libido» a los revestimientos o catexis de energía que el *yo* destaca hacia los objetos de sus deseos sexuales y el de «interés» a todos los demás que emanan de los instintos de conservación. Persiguiendo todos los revestimientos libidinosos a través de sus transformaciones, hasta su destino final, pudimos adquirir una primera noción del funcionamiento de las fuerzas psíquicas. Las neurosis de transferencia nos ofrecieron un excelente material de estudio. Pero el mismo *yo*, con su naturaleza compuesta de diferentes organizaciones, su estructura y su funcionamiento, permaneció oculto a nuestros ojos, quedándonos únicamente la esperanza de que el análisis de otras perturbaciones neuróticas pudiese proporcionarnos algunos datos sobre estas cuestiones.

Hace ya largo tiempo que comenzamos a extender nuestras teorías psicoanalíticas a estas otras afecciones neuróticas, distintas de la neurosis de transferencia. Así, formuló K. Abraham, en 1908, y después de un intercambio de ideas conmigo, el principio de que el carácter esencial de la demencia precoz (situada entre las psicosis) consiste en *la ausencia de revestimiento libidinoso de los objetos*. Suscitada después la cuestión de cuáles podían ser los destinos de la libido de los pacientes con demencia precoz, desviada de todo objeto, la resolvió Abraham afirmando que dicha libido se retraía al *yo*, siendo este retorno reflejo, la fuente de la megalomanía de la demencia precoz, manía de grandezas que puede compararse a la supervaloración que en la vida erótica recae sobre el objeto. Resulta, pues, que la comparación con la vida erótica normal fue lo que por vez primera nos condujo a la inteligencia de un rasgo de una psicosis.

Estas primeras concepciones de Abraham se han mantenido intactas en el psicoanálisis y han pasado a constituir la base de nuestra actitud con respecto a la psicosis. Poco a poco nos hemos ido familiarizando con la idea de que la libido que hallamos adherida a los objetos, y que es la expresión de un esfuerzo por obtener una satisfacción por medio de los objetos, puede también abandonarlos y reemplazarlos por el *yo*. La palabra *narcisismo*, que empleamos para designar este desplazamiento de la libido, la hemos tomado de Paul Näcke, autor que da este nombre a una perversión en la que el individuo muestra para su propio cuerpo la ternura que normalmente reservamos para un objeto exterior.

Continuando el desarrollo de esta concepción, nos dijimos que tal capacidad de la libido para fijarse al propio cuerpo y a la propia persona del sujeto en lugar de ligarse a un objeto exterior no puede constituir un suceso excepcional e insignificante, siendo más bien probable que el narcisismo sea el estado general y primitivo del que ulteriormente, y sin que ello implique su desaparición, surge el amor a objetos exteriores. Además, por nuestro conocimiento del desarrollo de la libido objetal, sabemos que muchos instintos sexuales reciben al principio una satisfacción que denominamos autoerótica, esto es, una satisfacción cuya fuente es el cuerpo mismo del sujeto, siendo precisamente esta aptitud para el autoerotismo lo que explica el retraso con que la sexualidad se adapta al prinpio de la realidad inculcado por la educación. Resulta, pues, que el autoerotismo es la actividad sexual de la fase narcisista de ubicación de la libido.

De este modo llegamos a formarnos, de las relaciones entre la libido del *yo* y la libido objetal una idea que puedo haceros fácilmente comprensible por medio de una comparación con la Zoología. Como sabéis, existen seres vivos elementales [amebas] que no son sino una esferilla de sustancia protoplásmica apenas diferenciada. Estos seres emiten prolongaciones llamadas seudópodos, en los que irrigan su sustancia vital, pero pueden también retirar estas prolongaciones y volver a ser de nuevo un glóbulo. Ahora bien: nosotros asimilamos la emisión de prolongaciones a la afluencia de la libido a los objetos, mientras que su masa principal permanece en el *yo*, y admitimos que en circunstancias normales la libido del *yo* se transforma con facilidad en libido objetal e inversamente.

Con ayuda de estas representaciones nos es posible explicar, o por lo menos describir en el lenguaje de la teoría de la libido, un gran número de estados psíquicos que deben ser considerados como una parte de la vida normal, estados tales como la conducta psíquica durante el enamoramiento, las enfermedades orgánicas y el reposo nocturno. Con respecto a este último, admitimos que se basaba en un aislamiento con relación al mundo exterior y en la subordinación al deseo de dormir, y descubrimos que todas las actividades psíquicas nocturnas que se manifiestan en el fenómeno onírico se hallan al servicio de dicho deseo y son determinadas y dominadas por móviles egoístas. Situándonos ahora en el punto de vista de la teoría de la libido, deducimos que el dormir es un estado en el que todas las catexias de objetos libidinales como egoístas, se retiran de ellos y vuelven al *yo*, hipótesis que arroja clara luz sobre el bienestar procurado por el sueño y sobre la naturaleza de la fatiga. El cuadro del feliz aislamiento de la vida intrauterina, cuadro que el durmiente evoca ante nuestros ojos cada noche, se encuentra así completado desde el punto de vista psíquico. En el durmiente aparece reproducido el primitivo estado de distribución de la libido; esto es, el narcisismo absoluto, estado en el que la libido y el interés del *yo,* unidos e indiferenciables, existen en el mismo *yo*, que se basta a sí mismo.

Surgen en este punto dos nuevas observaciones. En primer lugar: ¿cómo diferenciar los conceptos «narcisismo» y «egoísmo»? A mi juicio, el primero es el complemento libidinoso del segundo. Al hablar de egoísmo no pensamos sino en lo que es útil para el individuo. En cambio, cuando nos referimos al narcisismo incluimos la satisfacción libidinosa. Prácticamente, esta distinción entre el narcisismo y egoísmo puede llevarse muy lejos. Se puede ser absolutamente egoísta sin dejar por ello de ligar grandes cantidades de energía libidinosa a determinados objetos, en tanto en cuanto la satisfacción libidinosa procurada por los mismos constituye una de las necesidades del *yo*. El egoísmo cuidará entonces de que la búsqueda de estos objetos no perjudique al *yo*. Asimismo podemos ser egoístas y presentar simultáneamente un grado muy pronunciado de narcisismo; esto es, una mínima necesidad de objetos, sea desde el punto de vista de la satisfacción sexual directa, o sea en lo que concierne a aquellas aspiraciones máximas derivadas de la necesidad sexual que acostumbramos oponer, en calidad de amor, a la sensualidad pura. En todas estas circunstancias, el egoísmo se nos muestra como el elemento indiscutible y constante y, en cambio, el narcisismo como el elemento variable. Lo contrario del egoísmo, o sea el *altruismo*, lejos de coincidir con la subordinación de los objetos a la libido, se distingue por la ausencia total del deseo de satisfacciones sexuales. Solamente en el amor absoluto coincide el altruismo con la concentración de la libido sobre el objeto sexual. Este atrae generalmente así una parte del narcisismo, circunstancia en la que se manifiesta aquello que podemos denominar «super-valoración sexual» del objeto. Si a esto se añade aún la transfusión altruista del egoísmo al objeto sexual, se hace éste extremadamente poderoso y podemos decir que ha absorbido al *yo*. Creo no equivocarme que os parecerá refrescante alejarse de esta árida disgreción científica si les presento una poética representación de la diferencia económica entre lo que es el narcisismo y el enamoramiento. Cito unos versos del 'Westöstlicher Diwan' de Goethe (*):

ZULEIKA

Pueblo, siervos y señores
proclaman, a no dudar,
que la dicha más cumplida
de los hijos de la tierra
es la personalidad.

Si a sí mismo se conserva
el hombre, todo va bien,
cualquier sino es tolerable,
y todo puede perderse
si sigue siendo quien es.

HATEM

Puede que cierto sea.
Así la gente dice,
mas yo no opino igual,
porque sólo en Zuleika
la dicha puedo hallar.

Cuan bien me mira ella **
valor adquiere mi yo,
mas si la espalda me vuelve ***
dejo de ser lo que soy.

Si no me amara, ya Hatem
de ser quien es dejara,
mas yo entonces, en el cuerpo
de su amado me entraría.****

La segunda de las observaciones a que antes hube de referirme constituye un complemento de la teoría del sueño. No podremos explicarnos la génesis del mismo si no admitimos que lo inconsciente reprimido se ha hecho hasta cierto punto independiente del *yo*, no sometiéndose ya al deseo de dormir y manteniendo sus revestimientos propios aun en aquellos casos en que todos los demás revestimientos de objetos dependientes del *yo* quedan acaparados en provecho del reposo, en la medida misma en la que se hallan ligados a los objetos. Sólo así nos es posible comprender que este inconsciente pueda aprovechar la supresión o la disminución nocturna de la censura y apoderarse de los restos diurnos para constituir, con los materiales que los mismos le proporcionan, un prohibido deseo onírico. Por otro lado, puede ser que los restos diurnos deban, por lo menos en parte, su poder de resistencia contra la libido acaparada por el reposo a la circunstancia de hallarse ya previamente en relación con lo inconsciente reprimido. Es éste un importante carácter dinámico que habremos de introducir *a posteriori* en nuestra concepción de la formación de los sueños.

Una afección orgánica, una irritación dolorosa o una inflamación de un órgano crean un estado, a consecuencia del cual queda la libido desligada de sus objetos; retorna al *yo*, manifestándose como una catexis reforzada del órgano

---

* Tomados de la versión española de Rafael Cansinos Assens. Escritos con ocasión de la partida de Mariana, el 26 de septiembre de 1815. El alejamiento del ser amado provoca en Goethe una serie de afectos comentados por Freud en este trabajo, particularmente aquellos procesos en el revestimiento libidinal de objeto cuando éste es perdido. (*Nota de J. N.*)

** Las versiones inglesas y francesas son más ex-

plícitas de aclarar el extremo poder conferido por Hatem al amor de Zuleika, si ésta prodiga afecto aquél es capaz de autoestima. (*Nota de J. N.*)

*** Si pierde a su objeto amoroso devenido omnipotente. (*Nota de J. N.*)

**** Reacción a la pérdida del objeto por una identificación con el rival afortunado. (*Nota de J. N.*)

enfermo. Podemos incluso arriesgar la afirmación de que en estas condiciones, el desligamiento de la libido de sus objetos es aún más evidente que el del interés egoísta con respecto al mundo exterior. Esta circunstancia nos aproxima a la inteligencia de la hipocondría, afección en la que un órgano preocupa igualmente al *yo*, sin que advirtamos en él enfermedad ninguna.

Pero quiero resistir a la tentación de adentrarme más por este camino y analizar otras distintas situaciones, que las hipótesis del retorno de la libido objetal al *yo* podrían hacernos inteligibles, pues me parece más urgente rebatir dos objeciones que sin duda han surgido en vuestra imaginación. Deseáis saber, en primer término, por qué al hablar de sueño, de la enfermedad y de otras situaciones análogas establezco siempre una distinción entre libido e interés, o sea entre los instintos sexuales y los del *yo,* cuando para interpretar las observaciones realizadas basta admitir la existencia de una sola y única energía que, pudiendo desplazarse libremente, se enlaza tan pronto al objeto como al *yo* y entra al servicio de toda clase de instintos. En segundo lugar, extrañáis oírme considerar como fuente de un estado patológico el desligamiento de la libido del objeto, siendo así que estas transformaciones de la libido objetal en libido del *yo*, o generalizando más, en energía del *yo,* forman parte de los procesos normales de la dinámica psíquica, procesos que se reproducen cotidiana y nocturnamente.

Vuestra primera objeción posee una apariencia de verdad. El examen de los estados de reposo, de enfermedad y de enamoramiento no nos hubiera conducido nunca por sí sólo a la distinción entre una libido del *yo* y una libido objetal o entre la libido y el interés. Pero olvidáis las investigaciones que nos sirvieron de punto de partida y a cuya luz consideramos ahora las situaciones psíquicas de que se trata. El examen del conflicto, del que nacen las neurosis de transferencia, es lo que nos ha enseñado a distinguir entre libido e interés y, por consiguiente, entre los instintos sexuales y los instintos de conservación, siéndonos ya imposible renunciar a tal diferenciación. La hipótesis de que la libido objetal puede transformarse en libido del *yo*, y, por tanto, la necesidad de contar con una libido del *yo*, nos ha parecido la única explicación verosímil del enigma de las neurosis llamadas narcisistas —por ejemplo, la demencia precoz— y de las semejanzas y diferencias que existen entre estas neurosis, la histeria y las obsesiones. Nuestra labor actual se limita a aplicar a la enfermedad, al dormir y al enamoramiento aquello que en otras investigaciones hemos confirmado de un modo irrefutable. Vamos, pues, a proseguir estas aplicaciones, con el fin de ver hasta dónde puede llevarnos. La única proposición que no se deriva directamente de nuestra experiencia analítica es la de que la libido permanece siempre idéntica a sí misma, se aplique a los objetos o al propio *yo* del sujeto, no pudiendo jamás transformarse en interés egoísta. Lo mismo puede decirse de este último; pero esta afirmación equivale a la distinción, sometida ya por nosotros a un riguroso examen crítico, entre los instintos sexuales y los instintos del *yo*, distinción que por razones de eurística nos hemos decidido a mantener hasta que podamos refutarla.

Vuestra segunda objeción es igualmente justa, pero se halla erróneamente orientada. Sin duda, el retorno hacia el *yo* de la libido desligada de los objetos no es directamente patógeno, pues vemos producirse este fenómeno siempre antes del sueño y seguir una marcha inversa después de despertar. La ameba esconde sus prolongaciones para sacarlas de nuevo en la primera ocasión; pero cuando un determinado proceso, muy enérgico, obliga a la libido a abandonar los objetos, nos hallamos ante un caso muy distinto. La libido, devenida narcisista, no puede ya encontrar de nuevo el camino que conduce a los objetos, y esta disminución de su movilidad es lo que resulta patógeno. Diríase que la acumulación de la libido narcisista no puede ser soportada por el sujeto sino hasta un determinado nivel, y podemos además suponer que si la libido acude a revestir objetos. es porque el *yo* ve en ello un medio de evitar los efectos patológicos que produciría un estancamiento de la misma. Si en nuestras intenciones entrase la de ocuparnos más en detalle de la demencia precoz, os mostraría que el proceso, a consecuencia del cual la libido, desligada de los objetos, halla obstruido el camino cuando quiere volver a ellos, se aproxima al de represión y puede ser considerado como paralelo al mismo, siendo casi idénticas sus condiciones. En ambos procesos parece existir el mismo conflicto entre las mismas fuerzas, y si el resultado es distinto al que, por ejemplo, observamos en la histeria, ello no puede depender sino de una diferencia en la disposición del sujeto. En los enfermos de los que aquí nos ocupamos, el punto débil del desarrollo de la libido corresponde a otra fase; y la fijación decisiva, que, como os indiqué en lecciones anteriores, es condición de la formación de síntomas, queda también desplazada, situándose probablemente en la fase del narcisismo primitivo, al que la demencia precoz retorna en su estadio final. Resulta harto singular que nos veamos obligados a admitir, para la libido de todas las neurosis narcisistas, puntos de fijación correspondientes a fases evolutivas mucho más precoces que en la histeria o en la neurosis obsesiva. Pero ya os expuse que las nociones que hemos adquirido en nuestro estudio de las neurosis de transferencia nos permiten orientarnos también en las neurosis narcisistas, mucho más graves desde el punto de vista práctico. Ambas afecciones poseen numerosos rasgos comunes, hasta el punto de que podemos afirmar que en el fondo se trata de un solo campo de fenómenos. Así, pues, os daréis fácilmente cuenta de las dificultades con que tienen que tropezar aquellos que emprenden la explicación de estas enfermedades, ajenas ya a los dominios de la Psiquiatría, sin llevar a este trabajo un conocimiento analítico de las neurosis de transferencia.

El cuadro sintomático, muy variable, de la demencia precoz no se compone únicamente de los síntomas derivados del desligamiento de la libido de sus objetos y de su acumulación en el *yo* como libido narcisista. Una gran parte de él se halla constituida por otros fenómenos relativos a los esfuerzos de la libido por retornar a los objetos, y correspondientes, por tanto, a una tentativa de restablecimiento o curación *. Estos últimos síntomas son incluso los más evidentes e inoportunos. En ocasiones presentan una incontestable semejanza con los de la histeria, y menos frecuentemente con los de la neurosis obsesiva; pero su naturaleza es diferente a la de unos y otros. En la demencia precoz parece como si en sus esfuerzos por retornar a los objetos, esto es, a las imágenes de los objetos, consiguiese la libido volver a adherirse a ellos; pero en realidad lo único que de ellos logra aprehender es una vana sombra; esto es, las imágenes verbales que les corresponden. No puedo extenderme más sobre esta materia, pero estimo que esta conducta de la libido en sus aspiraciones de retorno al

---

* Strachey comenta que ya Freud analizó esta explicación de la sintomatología esquizofrénica en el estudio sobre el caso Schreber (1911). *(Nota de J. N.)*

objeto es lo que nos permite darnos cuenta de la verdadera diferencia que existe entre una idea consciente y una idea inconsciente.

Con las consideraciones que preceden os he introducido en el dominio en el que la labor analítica está llamada a realizar sus próximos progresos. Desde que nos hemos familiarizado con el manejo de la noción de «libido del *yo*», se nos han hecho accesibles las neurosis narcisistas y se nos ha planteado la labor de hallar una explicación dinámica de estas enfermedades, completando al mismo tiempo nuestro conocimiento de la vida psíquica por una más profunda comprensión del *yo*. La psicología del *yo* que intentamos edificar no debe basarse sobre los datos de nuestra introspección, sino como la teoría de la libido, sobre el análisis de las perturbaciones y destrozos del *yo*. De todos modos, es posible cuando hayamos terminado esta labor quede disminuido a nuestros ojos el valor de los conocimientos que sobre los destinos de la libido nos ha proporcionado el estudio de las neurosis de transferencia. A las neurosis narcisistas escasamente podemos aplicar la técnica que tan excelentes resultados nos dio en las de transferencia, y voy a deciros el porqué inmediatamente. Siempre que intentamos adentrarnos en el estudio de ellas vemos alzarse ante nosotros un muro que nos cierra el paso. En las neurosis de transferencia recordaréis que tropezamos también con resistencias, pero pudimos ir dominándolas poco a poco. En cambio, en las neurosis narcisistas la resistencia resulta invencible, y lo más que podemos hacer es echar una mirada por encima del muro que nos detiene y espiar lo que al otro lado del mismo sucede. Nuestros métodos técnicos usuales deben, pues, ser reemplazados por otros, pero ignoramos todavía si nos será posible operar esta sustitución. Cierto es que en lo que a estos enfermos respecta no carecemos de materiales que someter a investigación, pues manifiestan su estado de muy variadas maneras, aunque no sea siempre bajo la forma de respuestas a nuestros interrogatorios, en cuyo caso nos vemos reducidos a interpretar tales manifestaciones con ayuda de los conocimientos que el estudio de los síntomas de las neurosis de transferencia nos ha proporcionado. La analogía entre ambas enfermedades es suficiente para garantizarnos al principio un resultado positivo. Queda por verse cuán lejos nos puede conducir esta técnica.

Nuestra labor de investigación tropieza aún con otras dificultades. Las afecciones narcisistas y las psicosis con ellas ligadas no manifestarán su secreto sino a observadores entrenados en el estudio analítico de las neurosis de transferencia; pero nuestros psiquíatras no son estudiantes de psicoanálisis, y nosotros, psicoanalistas, no examinamos sino muy pocos casos psiquiátricos. Tenemos necesidad de una generación de psiquíatras que haya estudiado el psicoanálisis a título de ciencia preparatoria. Actualmente vemos surgir en América un movimiento de este género, pues eminentes psiquíatras americanos inician a sus alumnos en las teorías psicoanalíticas, y los directores de sanatorios y manicomios, tanto privados como públicos, se esfuerzan en observar a sus enfermos a la luz de estas teorías. De todos modos, también nosotros hemos conseguido echar una mirada por encima de la muralla narcisista, y hemos visto algo que voy a exponeros seguidamente.

La enfermedad conocida como paranoia, esto es, la locura sistemática crónica, ocupa en los intentos de clasificación de la Psiquiatría moderna un lugar incierto. Sin embargo, resulta indudable su parentesco con la demencia precoz, hasta el punto de que en una ocasión he creído poder reunir la paranoia y la demencia precoz bajo la denominación común de parafrenia. Atendiendo a sus diversas formas, se ha dividido la paranoia en megalomanía, manía persecutoria, erotomanía, delirio de celos, etc.; pero la Psiquiatría no nos proporciona el menor esclarecimiento sobre ninguna de ellas. Por mi parte, quiero exponeros una tentativa, aunque insuficiente, de lograr un tal esclarecimiento, deduciendo un síntoma de otro por un proceso intelectual. El enfermo que en virtud de una disposición primaria se cree perseguido, deduce de esta persecución la conclusión de que es un personaje importante, deducción que da origen a su manía de grandezas. Para nuestra concepción analítica la manía de grandezas es la consecución inmediata de la ampliación del *yo* por toda la cantidad de energía libidinosa retirada de los objetos, y constituye un narcisismo secundario sobrevenido como consecuencia del despertar del narcisismo primitivo, que es el de la primera infancia. Pero una observación que hube de realizar en los casos de manía persecutoria me orientó en un nuevo rumbo. Pude comprobar, en efecto, que en la gran mayoría de los casos el supuesto perseguidor pertenecía al mismo sexo que el perseguido y era precisamente la persona a la que el enfermo mostraba antes mayor afecto, siendo también posible la sustitución de esta persona por otra que con ella presentase determinadas afinidades conocidas. Así, el padre podía ser sustituido por el maestro o por un superior cualquiera. De estas observaciones, cuyo número fue aumentando, deduje la conclusión de que la *paranoia persecutoria* es una forma patológica en la que el individuo se defiende contra una tendencia homosexual que se ha hecho excesivamente enérgica. La transformación de la ternura en odio, transformación que, como sabemos, puede constituir una grave amenaza contra la vida del objeto a la vez amado y odiado, corresponde en estos casos a la transformación de la tendencia libidinosa en angustia, que constituye una consecución regular del proceso de represión. Voy a exponeros uno de los últimos casos de este género por mí examinados. Un joven médico fue condenado a la pena de destierro por haber amenazado de muerte a un hijo de un catedrático que hasta entonces había sido su mejor amigo. Nuestro enfermo atribuía a este su antiguo amigo intenciones verdaderamente diabólicas y un poder demoníaco y le acusaba de todas las desgracias que durante los últimos años habían caído sobre su familia y de todos sus reveses personales. No contentos con esto, el perverso amigo y su padre habían provocado la guerra y facilitado la invasión de los rusos. Nuestro enfermo hubiera arriesgado su vida mil veces para lograr la desaparición de aquel malhechor, pues se halla persuadido de que su muerte pondría fin a todas sus desgracias; mas, sin embargo, el cariño que profesa a su antiguo amigo es todavía tan intenso, que paralizó su mano un día en que hubiera podido matarle de un disparo de revólver. En las breves conversaciones que tuve con el enfermo averigüé que sus relaciones de amistad con el supuesto perseguidor databan de sus primeros años de colegio y habían traspasado, por lo menos una vez, los límites de la amistad, pues una noche que durmieron juntos llegaron a realizar un completo acto sexual. Nuestro paciente no ha experimentado jamás hacia las mujeres los sentimientos correspondientes a su edad. Mantuvo relaciones con una bella y distinguida muchacha; pero notando ésta la frialdad de su prometido, rompió con él al poco tiempo. Bastantes años después se inició su perturbación psíquica repentinamente, en ocasión de haber logrado por vez primera satisfacer por completo a una mujer. En el momento en que ésta le abrazaba con reconocimiento y abandono, experimentó nuestro enfermo un súbito e intenso dolor, como si le seccionasen el cráneo de una cuchillada. Más tarde nos explicó él mismo este dolor, diciendo que no podía compararlo sino al que experimentaríamos si se nos saltase la tapa de los sesos para dejar al descubierto el cerebro, como suele hacerse en las autopsias o en algunas trepanaciones de gran extensión. Como su amigo se había especializado en la anatomía patológica, dedujo el enfermo que aquella mujer había sido una enviada suya, y a partir de este día comprendió claramente que todas las demás persecuciones de que se le hacía víctima eran provocadas por su antiguo amigo.

La existencia de casos en los que el perseguidor no pertenece al mismo sexo que el perseguido parece contradecir nuestra explicación por la defensa contra una libido homosexual. Pero en un examen clínico muy reciente * hemos tenido ocasión de deducir de esta aparente contradicción una confirmación de nuestro punto de vista. La paciente, que se decía perseguida por un hombre al que había concedido dos amorosas citas, había, en realidad, comenzado por dirigir su manía contra una mujer que en su pensamiento había sustituido a su madre. Solamente después de la segunda cita fue cuando consiguió desligar su manía de la mujer para hacerla recaer sobre el hombre. Resulta, pues, que también en este caso, como en el primero de que os he hablado, se halló primitivamente realizada la condición de igualdad de sexos. En la queja que formuló ante su abogado y ante su médico no mencionó la enferma esta fase preliminar de su locura, circunstancia que proporcionaba un aparente mentís a nuestra concepción de la paranoia.

La elección homosexual de objeto se halla originariamente más próxima al narcisismo que la elección heterosexual, circunstancia que facilita en gran manera el retorno al narcisismo cuando el sujeto se ve en el caso de rechazar una violenta tendencia homosexual indeseada. Hasta el momento no se me ha presentado ocasión de hablaros de los fundamentos de la vida amorosa tal y como nosotros, psicoanalistas, los concebimos, y tampoco puedo ahora dedicarme a cegar por completo tal laguna. Todo lo que puedo deciros es que la elección de objeto y la continuación del desarrollo de la libido después de la fase narcisista pueden efectuarse según dos tipos diferentes. Según el *tipo narcisista*, quedando reemplazado el *yo* del sujeto por otro *yo* que se le asemeja lo más posible, según el *tipo ligazón* o apoyo, siendo elegidas como objetos de la libido aquellas personas que se han hecho indispensables para el sujeto por haberse venido procurando la satisfacción de las restantes necesidades vitales. Una fuerte fijación de la libido a la elección narcisista de objeto debe considerarse como parte integrante de la predisposición a la homosexualidad manifiesta.

Recordaréis que en la primera lección de este año académico [Lección XVI] les relaté el caso de una mujer enferma con delirios de celos. Tendréis, sin duda, curiosidad por saber cómo explicamos los delirios desde el punto de vista psicoanalítico. Desgraciadamente, es muy poco lo que sobre este tema puedo deciros. La inaccesibilidad de los delirios a la acción de los argumentos lógicos y de la experiencia real se explica, del mismo modo que en las obsesiones, por su relación con los elementos inconscientes representados y mantenidos por el delirio o por la obsesión. Las dos enfermedades difieren entre sí desde los puntos de vista tópico y dinámico.

* Cf. *Un caso de paranoia contrario a la teoría psicoanalítica.* Vol. III de esta edición. *(Nota de J. N.)*

Como en la paranoia, hemos hallado también en la melancolía, en la que incidentalmente se han descrito varias formas clínicas, un aspectos que nos permite echar una ojeada a su estructura interna, y hemos comprobado que los implacables reproches con que los melancólicos se abruman a sí mismos van dirigidos en realidad contra otra persona; esto es, contra el objeto sexual, que el enfermo ha perdido o ha dejado ya de estimar por sus propias culpas. De esta circunstancia deducimos que si bien ha retirado el melancólico su libido del objeto, se ha verificado, en cambio, un proceso —la «identificación narcisista»—, a resultas del cual ha quedado dicho objeto incorporado al *yo*, o sea proyectado sobre él. De este proceso no puedo daros aquí una descripción tópico-dinámica en toda regla y sí tan sólo una sintética representación. El propio *yo* del sujeto recibe en estos casos el tratamiento que correspondería al objeto abandonado y sufre todas aquellas agresiones y venganzas que el sujeto reserva para aquél. Las tendencias de los melancólicos al suicidio queda de este modo explicada, pues mediante él suprime el enfermo, simultáneamente, su propio *yo* y el objeto a la vez amado y odiado. Tanto en la melancolía como en las demás afecciones narcisistas se manifiesta de un modo muy pronunciado un rasgo de la vida afectiva, al que damos, desde Bleuler, el nombre de *ambivalencia,* y que no es sino la existencia, en una misma persona, de sentimientos opuestos, amistosos y hostiles, con relación a otra. Desgraciadamente, no he tenido ocasión en el curso de estas lecciones de hablaros más detalladamente de esta ambivalencia de los sentimientos.

Al lado de la identificación narcisista existe una identificación histérica que conocemos desde mucho antes. Por medio de algunos ejemplos quisiera poderos mostrar las diferencias existentes entre ambas, pero no disponemos de tiempo para ello. En cambio, puedo exponeros sobre las formas periódicas y cíclicas de la melancolía algo que seguramente os interesará. En condiciones favorables, que yo he visto en dos ocasiones, resulta posible impedir, merced al tratamiento analítico aplicado en los intervalos libres de toda crisis, el retorno del estado melancólico, tanto en la misma tonalidad afectiva como en la tonalidad opuesta, circunstancia demostrativa de que en la melancolía y en la manía se trata de una forma especial de solución de un conflicto cuyos elementos son exactamente los mismos que en las demás neurosis. Vemos, pues, que el psicoanálisis está llamado a recoger en estos dominios un importantísimo acervo de nuevos datos.

En ocasión anterior hube de indicaros que por medio del análisis de las afecciones narcisistas esperábamos llegar al conocimiento de la composición de nuestro *yo* y al de las instancias que lo constituyen, conocimiento en el que realmente hemos comenzado a iniciarnos. Del análisis del delirio de observación hemos creído poder concluir la existencia en el *yo* de una instancia que observa, critica y compara infatigablemente, oponiéndose así a la otra parte del *yo*. Por esta razón estimamos que el enfermo nos revela una verdad, a la que no ha dado hasta ahora toda la importancia que merece, cuando se lamenta de que cada uno de sus pasos es espiado, y denunciado y criticado cada uno de sus pensamientos. Su único error consiste en considerar esta desagradable intervención como algo ajeno y exterior a su persona. El sujeto advierte en sí la actuación de una instancia que compara su *yo* actual y cada una de sus manifestaciones con un *yo ideal* forjado por él mismo en el curso de su desarrollo. A mi juicio, la creación de este *yo* ideal obedece al propósito de restablecer aquella autosatisfacción que era inherente al narcisismo primario infantil y que tantas perturbaciones y contrariedades ha experimentado después. La instancia autoobservadora nos es ya conocida. Es el censor del *yo,* o sea la conciencia, y la misma que ejerce durante la noche la censura onírica y de la que parten las represiones de deseos inadmisibles. Disociándose en el delirio de observación, nos revela sus orígenes en las influencias ejercidas por los padres, los educadores y el ambiente social y en la identificación con alguna de las personas que el sujeto ha tomado en su vida como modelo.

Tales serían algunos de los resultados obtenidos merced a la aplicación del psicoanálisis a las enfermedades narcisistas. Reconozco que no son muy numerosos y que carecen de aquella precisión que sólo cuando llegamos a familiarizarnos con un nuevo objeto de estudio podemos obtener. Todos ellos los debemos a la utilización del concepto de libido del *yo* o libido narcisista, que nos ha permitido extender a las neurosis narcisistas los datos que nos había proporcionado el estudio de las de transferencia. Preguntaréis, sin duda, si no sería posible llegar a subordinar a la teoría de la libido todas las perturbaciones de las afecciones narcisistas y de las psicosis, y si, en fin de cuentas, no es el factor libidinoso de la vida psíquica el único reponsable de la enfermedad, sin que podamos invocar una alteración en el funcionamiento de los instintos de conservación. Pero no me parece urgente encontrar respuesta a esta interrogación, y, sobre todo, creo que debemos esperar a que los progresos de la investigación científica nos permitan intentar resolverla con mayores garantías de éxito. No me extrañaría nada descubrir que el poder patógeno constituye efectivamente un privilegio de las tendencias libidinosas y que la teoría de la libido triunfa en toda la línea, desde las neurosis actuales más simples hasta la enajenación psicótica más grave de la personalidad. ¿No sabemos acaso que lo que caracteriza a la libido es su negativa a someterse a la realidad cósmica a Ananke? Desde luego, me parece muy verosímil que los instintos del *yo,* arrastrados por los impulsos patógenos de la libido, experimenten a su vez perturbaciones funcionales, y si algún día se descubre que en las psicosis graves puede también presentar los instintos del *yo* perturbaciones primarias, no veré en este hecho una desviación de la dirección general de nuestras investigaciones. Pero, por lo menos para vosotros, es ésta una cuestión que el porvenir aclarará.

Permitidme solamente volver un momento a la angustia para disipar una última oscuridad que sobre ella hemos dejado. Dijimos que, dadas las relaciones que existen entre la angustia y la libido, no nos parecía admisible que la angustia real ante un peligro sea la manifestación de los instintos de conservación. ¿No pudiera ser igualmente que el estado afectivo caracterizado por la angustia tomase sus elementos no de los instintos egoístas del *yo,* sino de la libido del mismo? Sucede que el estado de angustia es, en el fondo, irracional, y esta su irracionalidad se hace patente en cuanto alcanza un nivel un poco elevado. En estos casos, la angustia llega a perturbar la acción, sea de la fuga o de la defensa, que es la única racional y susceptible de asegurar la conservación. De este modo, atribuyendo la parte afectiva de la angustia real a la libido del *yo,* y la acción que se manifiesta en esta ocasión al instinto conservador del *yo,* alejamos todas las dificultades teóricas. Supongo que no creeréis seriamente que huimos porque sentimos angustia. Nada de eso. Experimentamos angustia y huimos por un mismo motivo, derivado de la percepción del peligro. Hombres que han corrido grandes peligros cuentan que no han experimentado la menor angustia, sino que han obrado simplemente y con toda serenidad en defensa de su vida. He aquí ciertamente una reacción por completo racional.

LECCION XXVII. LA TRANSFERENCIA

Señoras y señores:

V IENDO ya próximo el fin de estas conferencias, esperáis, sin duda, oírme tratar de aquella terapia en la que reposa la posibilidad de practicar el psicoanálisis. No puedo, en efecto, eludir este tema, pues si así lo hiciera, os dejaría en la ignorancia de un nuevo hecho, sin cuyo conocimiento resultaría harto incompleta vuestra inteligencia de las enfermedades investigadas en el curso de estas lecciones.

Sé que no esperáis que os inicie en la forma de practicar el análisis con un fin terapéutico. Lo que deseáis es conocer, de un modo general, los medios de que la terapia psicoanalítica se sirve y los resultados que obtiene. Reconociendo que vuestro deseo se halla perfectamente justificado, no voy sin embargo, a satisfacerlo por medio de una exposición directa, sino que me limitaré a proporcionaros datos suficientes para que por vosotros mismos podáis deducir una respuesta a vuestras interrogaciones.

Reflexionad un poco. Conocéis ya las condiciones esenciales de la enfermedad y los factores que actúan sobre el sujeto después de enfermar. ¿Qué acción terapéutica puede ser posible en estas circunstancias? En primer lugar, nos hallamos ante la predisposición hereditaria, factor en cuya importancia insistimos poco los psicoanalistas, porque ya otros se encargan de hacerlo por nosotros, y nada tenemos que agregar por nuestra cuenta. Pero esto no quiere decir que no reconozcamos toda su enorme significación. Como terapeutas, hemos tenido ocasión de comprobar el poder de la disposición, no habiéndonos sido posible modificarla en lo más mínimo y permaneciendo, por tanto, para nosotros como algo dado, que limita y restringe nuestra actuación. Hallamos después la influencia de los sucesos infantiles tempranos, influencia a la que atendemos preferentemente en el análisis. Estos sucesos infantiles pertenecen al pasado y nada puede ya deshacerlos. Por último, y reunidas en el concepto de «frustración real», se nos muestran todas aquellas desgraciadas circunstancias de la vida que nos imponen una privación de amor, pobreza, las discordias familiares, una elección enferma de pareja conyugal, desfavorables circunstancias sociales y la presión exigente de los estándares éticos sobre el individuo. Cada uno de estos elementos señala un camino a la intervención terapéutica; mas para que esta intervención diera algún resultado, tendría que ser semejante a la que, según la popular leyenda vienesa, ejerció el emperador José; esto es, tendría que provenir de un poderoso personaje ante cuya voluntad se doblegasen los hombres y desapareciesen las dificultades. No es éste ciertamente nuestro caso. Pobres, sin poder personal ninguno y obligados a ganarnos el sustento en el ejercicio de nuestra profesión, no podemos ni siquiera prestar asistencia gratuita a un cierto número de enfermos —como otros médicos con otros métodos terapéuticos lo hacen—, pues nuestra terapéutica demanda mucho tiempo y es muy laboriosa como para que eso sea posible. Quizá creáis ver en uno de los factores antes detallados el punto de apoyo que necesitamos para ejercer nuestra influencia curativa. Pensáis, en efecto, que si la limitación ética impuesta por la sociedad es responsable de la privación de que el enfermo sufre, podrá el tratamiento aliviarle, incitándole directamente a traspasar dicha limitación, y a procurarse satisfacción y salud, negándose a conformar su conducta a un ideal al que la sociedad concede un gran valor, pero en el que no siempre se inspira el individuo. Equivaldría esto a afirmar que se puede recobrar la salud viviendo sin restricciones la propia vida sexual. Si el tratamiento analítico implicase un consejo de este género, merecería ciertamente el reproche de ser opuesto a la moral general, que lo que se le ha dado al individuo ha sido sacado de la comunidad. Pero todo esto es absolutamente erróneo. El consejo de vivir sin traba alguna nuestra vida sexual no interviene para nada en la terapia psicoanalítica. Como ya os he indicado, existe en el enfermo un tenaz conflicto entre la tendencia libidinosa y la represión sexual, o sea entre su lado sensual y su lado ascético, y este conflicto no se resuelve, ciertamente, ayudando a uno de tales factores a vencer al otro. En los neuróticos, es el ascetismo la instancia victoriosa, y a consecuencia de esta victoria se ve obligada la sexualidad a buscar una compensación en la formación de síntomas. Si, por el contrario, procurásemos la victoria a la sensualidad, sería la represión sexual la que intentaría compensarse del mismo modo al ser descartada, es decir, con síntomas. Así, pues, ninguna de estas dos soluciones puede poner término al conflicto interior, dado que siempre quedará insatisfecho uno de los elementos que lo provocaron. Por otro lado, son muy raros los casos en que el conflicto es tan débil que la intervención del médico basta para resolverlo, y, a decir verdad, estos casos no precisan de un tratamiento psicoanalítico. Las personas sobre las que el médico podría ejercer una influencia de este género obtendrían fácilmente idéntico resultado sin la intervención del mismo. Cuando un joven abstinente se decide a entregarse a una relación sexual ilegítima, o cuando una mujer insatisfecha busca una compensación en otro hombre, no suelen haber esperado para hacerlo la autorización del médico, ni siquiera la de sus analistas.

Al tratar de esta cuestión no suele tenerse en cuenta una importantísima circunstancia: la de que el conflicto patógeno de los neuróticos no es comparable a una lucha normal entre tendencias psíquicas y sobre un mismo terreno psicológico. En los neuróticos, la lucha se desarrolla entre fuerzas que han llegado a la fase de lo preconsciente y lo consciente, y otras que no han pasado el límite de lo inconsciente. Resulta, pues, que los adversarios se hallan situados en distintos planos como el oso polar con la ballena, según una familiar analogía; y, por tanto, es imposible toda solución hasta que se logra ponerlos frente a frente, labor que, a mi juicio, es la que solamente corresponde efectuar a la terapéutica.

Puedo, además, aseguraros que estáis en un error si creéis que aconsejar y guiar al sujeto en las circunstancias de su vida forma parte de la influencia psicoanalítica. Por el contrario, rechazamos siempre que nos es posible este papel de mentores, y nuestro solo deseo es el de ver al enfermo adoptar por sí mismo sus decisiones. Así, pues, le exigimos siempre que retrase hasta el final del tratamiento toda decisión importante sobre la elección de una carrera, la iniciación de una empresa comercial, el casamiento o el divorcio. Convenid que no es esto lo que pensabais. Sólo cuando nos hallamos ante personas muy jóvenes o individuos muy desamparados o inestables nos resolvemos a asociar a la misión del médico la del educador. Pero entonces, conscientes de nuestra responsabilidad, actuamos con todas las precauciones necesarias.

De la energía con que me defiendo contra el reproche de que el tratamiento psicoanalítico impulsa al enfermo a vivir sin freno alguno su vida sexual, haríais mal en deducir que nuestra influencia se ejerce en provecho de la moral convencional. Esta intención nos es tan ajena como la primera. No somos reformadores, sino observadores; pero lo que nadie puede impedirnos es que nuestra observación posea un carácter crítico. Por tanto, no podemos tomar la defensa de la moral sexual convencional y aprobar la forma en que la sociedad intenta resolver, en la práctica, el problema de la vida sexual. Podemos decir a la sociedad que lo que ella llama su moral cuesta más sacrificios de lo que vale, y que sus procedimientos carecen tanto de sinceridad como de prudencia. Estas críticas las formulamos claramente ante los pacientes, acostumbrándolos así a reflexionar sin prejuicios sobre los hechos sexuales como sobre cualquier otro género de realidades, y cuando, terminado el tratamiento, recobran su independencia y se deciden, por su propia voluntad, en favor de una solución intermedia entre la vida sexual sin restricciones y el ascetismo absoluto, nuestra conciencia no tiene nada que reprocharnos, pues nos decimos que aquel que después de haber luchado contra sí mismo consigue elevarse hasta la verdad, se encuentra al abrigo de todo peligro de inmoralidad y puede permitirse tener para su uso particular una escala de valores morales muy diferente de la admitida por la sociedad. Debemos guardarnos, además, de exagerar la participación de la abstinencia en la producción de las neurosis. Solamente en un pequeño número de casos consigue el sujeto poner fin, por medio de la iniciación de unas relaciones sexuales que no perturben mucho a la situación patógena derivada de la privación y de la acumulación de la libido.

Como veis, no puede explicarse el efecto terapéutico del psicoanálisis por la autorización de prescindir de toda restricción sexual. Al tratar de disipar este vuestro error, creo haberos sugerido una orientación más acertada. La utilidad del psicoanálisis —pensáis ahora— se deriva, sin duda, del hecho de reemplazar lo inconsciente por lo consciente. Exacto; atrayendo lo inconsciente a la conciencia, levantamos las represiones, anulamos las precondiciones que presiden la formación de síntomas y transformamos el conflicto patógeno en un conflicto normal que acabará por hallar alguna solución. Nuestra actuación se limita a provocar en el enfermo esta simple modificación psíquica, y cuanto más completa sea ésta, mayor será el efecto terapéutico. Igualmente, en los casos en que no podemos suprimir una represión (u otro proceso psíquico del mismo género) resulta por completo ineficaz nuestra intervención.

El fin que en nuestra labor perseguimos puede expresarse por medio de diversas fórmulas, tales como las de: transformación de lo inconsciente en consciente, levantamiento de las represiones, llenar las lagunas mnésicas. Todo ello viene a ser lo mismo. Pero esta afirmación os dejará quizá insatisfechos. Os habíais formado de la curación de un neurótico una idea distinta, figurándoos que después de haberse sometido al penoso trabajo de un psicoanálisis se convertía en otro hombre, y he aquí que os afirmo que su curación consiste en que tiene un poco más de consciente y un poco menos de inconsciente que antes. Mas, a mi juicio, no dais la importancia debida a una tal transformación interna. El neurótico curado se ha transformado, en efecto, en otro hombre; pero en el fondo sigue, naturalmente, siendo el mismo; esto es, el que hubiera podido ser independientemente del tratamiento en condiciones más favorables, y esto ya es mucho.

Teniendo, además, en cuenta la penosa labor que es necesario llevar a cabo para obtener esta modificación tan insignificante en apariencia de la vida psíquica del hombre, no dudaréis ya de la importancia de esta diferencia de niveles psíquicos que conseguimos producir.

Quiero hacer ahora una pequeña digresión para preguntaros si sabéis qué es lo que se denomina una terapéutica causal. Llamamos así a un método terapéutico que, en lugar de atacar las manifestaciones de una enfermedad, busca suprimir las causas de la misma. Ahora bien: la terapéutica psicoanalítica, ¿es o no una terapéutica causal? La respuesta a esta interrogación no es nada sencilla, pero nos ofrece quizá la ocasión de darnos cuenta de la inutilidad de plantearnos tal problema de esta manera. En la medida en que la terapéutica analítica no tiene por fin inmediato la supresión de los síntomas, se comporta como terapéutica causal; pero considerada desde un distinto punto de vista, se nos muestra como no causal. Desde hace mucho tiempo hemos seguido el encadenamiento de las causas más allá de las represiones hasta las disposiciones instintivas, sus intensidades relativas en la constitución del individuo y las desviaciones que presentan con respecto a su desarrollo normal. Suponed ahora que podamos intervenir por procedimientos químicos en este mecanismo, aumentando o disminuyendo la cantidad de libido existente en el momento dado o reforzando un instinto a expensas de otro. Esto sería una terapéutica causal en el sentido propio de la palabra, terapéutica en provecho de la cual habría llevado a cabo nuestro análisis una previa e independiente labor de reconocimiento. Pero no pudiendo intentar por ahora ejercer una influencia de este género sobre los procesos de la libido, nuestro tratamiento psíquico se dirige sobre otro anillo de la cadena, anillo que no forma parte de las raíces visibles de los fenómenos, pero que se halla, sin embargo, muy alejado de los síntomas y nos ha sido hecho accesible a consecuencia de circunstancias muy especiales.

¿Qué deberemos hacer para reemplazar en nuestros enfermos lo inconsciente por lo consciente? Creímos, en un momento, que ello era muy sencillo y que nos bastaba descubrir lo inconsciente y ponerlo ante la vista del enfermo, pero hoy sabemos que esto era un error de corto de vista. El conocimiento que el sujeto posee de su propio inconsciente no equivale al que nosotros hemos llegado a adquirir, y cuando le comunicamos este último, no lo *sustituye* al suyo, sino que lo sitúa *al lado* del mismo. Debemos, por tanto, formarnos de lo inconsciente del sujeto una representación *tópica* y buscar en sus recuerdos el lugar en que a consecuencia de una represión ha podido constituirse. Una vez suprimida dicha represión, la sustitución de lo inconsciente por consciente puede llevarse a cabo sin dificultad alguna. Mas, ¿cómo levantar tales represiones? Nuestra labor llega aquí a una segunda etapa. Primero está la búsqueda de la represión y a continuación la supresión de la resistencia que mantiene la represión.

La supresión de la resistencia se lleva a cabo por el mismo procedimiento; esto es, procediendo primero a descubrirla y atrayendo sobre ella la atención del enfermo, pues se deriva también de una represión, sea de aquella misma que intentamos resolver o de otra anterior. Resistencia que ha sido creada por una contracarga destinada a conseguir la represión de la tendencia reprochable e indeseada. Por tanto, llevaremos ahora a efecto aquello que al principio nos propusimos; esto es, interpretaremos, descubriremos y comunicaremos al enfermo los resultados que obtengamos, pero esta vez ya en lugar y momento favorables. La contracarga o la resistencia no forma parte de lo inconsciente, sino del *yo* —nuestro colaborador—, aun en los casos en que aquélla no es consciente. Trátase aquí de la doble significación que podemos dar a lo inconsciente, considerándolo como fenómeno o como sistema. Esto parece dificultoso y oscuro; ¿pero, es que no estamos repitiendo algo que ya hemos dicho antes? Hace mucho que nos hemos preparado para ello. Esperamos que la resistencia desaparezca en el momento en que nuestra interpretación le descubra el *yo*, y en estos casos laboremos con las siguientes fuerzas motivacionales: Contamos, ante todo, con el deseo que el enfermo abriga de recobrar la salud, deseo que le ha decidido a entrar en colaboración con nosotros; y contamos, además, con su inteligencia, a la que proporcionamos el apoyo de nuestra interpretación. Es, en efecto, indudable que la inteligencia del sujeto podrá reconocer más fácilmente la resistencia y hallar la traducción correspondiente a lo que ha sido reprimido si le proporcionamos previamente la representación de aquello que debe reconocer y encontrar. Si os digo que miréis al cielo para ver un globo, lo encontraréis antes que si me limito a indicaros que levantéis los ojos sin precisaros aquello que sobre vuestras cabezas se cierne. Del mismo modo, el estudiante que mira por primera vez a través de un microscopio no ve nada si el profesor no le dice lo que debe ver, aunque esté ahí y sea visible.

Volvamos ahora al terreno de los hechos. En un gran número de enfermedades nerviosas, tales como las histerias, las neurosis de angustia y las neurosis obsesivas, nuestras premisas demuestran ser ciertas. Buscando la represión de esta forma, descubriendo las resistencias y señalando lo que es reprimido, llegaríamos a buen término nuestra labor; la cual es: vencer los resistencias, levantar la represión y transformar en consciente el material inconsciente. En esta labor experimentamos la clara impresión de que, a propósito de cada una de las resistencias que de vencer se trata, se desarrolla en la mente del enfermo una violenta lucha, una lucha psíquica normal sobre un mismo terreno psicológico y entre motivaciones contrarias; esto es, entre fuerzas que tienden a mantener la contracarga y otras que impulsan a abandonarla. Las primeras motivaciones son las primitivas; esto es, aquellas que han provocado la represión, y entre las últimas se encuentran algunas recientemente surgidas y que parecen tender a resolver el conflicto en el sentido que deseamos. Hemos conseguido de este modo reanimar el antiguo conflicto que produjo la represión y someter a una revisión el proceso a que la misma pareció dar fin. Para lograr esta revisión indicamos al enfermo que la anterior solución fue causa de su enfermedad y le prometemos que otra nueva y distinta le hará recobrar la salud. Por último, le hacemos ver que desde aquel rechazo primitivo han variado extraordinariamente y en un sentido favorable todas las circunstancias. En la época en que la enfermedad se formó, el *yo* era débil e infantil y tenía quizá razones suficientes para proscribir las exigencias de la libido como una fuente de peligros. Pero hoy es más fuerte y más experimentado y posee, además, en el médico un fiel colaborador. Por tanto, podemos esperar que el conflicto reavivado tenga una solución más favorable que en la época en que terminó en la represión y como ya hemos dicho, el éxito que obtenemos en las histerias, las neurosis de angustia y las neurosis obsesivas justifica en principio nuestras esperanzas.

Existen, sin embargo, enfermedades en las que ante idénticas condiciones patológicas fracasan por completo nuestros procedimientos terapéuticos. Trátase igualmente en ellas de un conflicto primitivo entre el *yo* y la libido, conflicto que ha conducido también a una represión, aunque ésta pueda caracterizarse tópicamente de un modo distinto. Nos es asimismo posible descubrir en la vida de los enfermos los puntos en los que las represiones se produjeron; aplicamos al sujeto iguales procedimientos, le hacemos idénticas promesas, le ayudamos del mismo modo ofreciéndole representaciones anticipatorias; y una vez más el tiempo transcurrido entre las represiones y el presente favorece un resultado diferente del conflicto. Pues bien; a pesar de todo esto, no conseguimos levantar una sola resistencia ni suprimir una sola represión. Estos enfermos, paranoicos, melancólicos o dementes precoces permanecen no afectados del todo y son refractarios al tratamiento psicoanalítico. ¿Cuál puede ser la explicación de esto? No porque carezcan de inteligencia. Cierto es que el éxito del tratamiento exige que el enfermo alcance cierto nivel intelectual; pero los paranoicos, por ejemplo, llegan incluso a sobrepasarlo en sus ingeniosísimas combinaciones. Tampoco nos es posible atribuir nuestro fracaso a la ausencia de alguna de las fuerzas instintivas auxiliares, pues los melancólicos poseen —al contrario de los paranoicos— perfecta conciencia de hallarse enfermos y sufrir gravemente, sin que esto les haga más accesibles al tratamiento psicoanalítico. Ante estos hechos, que no resultan inexplicables, surge en nosotros la duda de si no habremos comprendido acertadamente las condiciones del éxito obtenido en el tratamiento de las demás neurosis.

Limitándonos a la histeria y a las neurosis de angustia, no tardamos en descubrir un segundo hecho totalmente inesperado. Advertimos, en efecto, que los enfermos de este género se comportan con respecto a nosotros de un modo singularísimo. Creímos haber pasado revista a todos los factores que habíamos de tener en cuenta en el curso del tratamiento y haber precisado nuestra situación con respecto al paciente hasta dejarla reducida a un cálculo matemático, pero ahora nos damos cuenta de que en este cálculo se ha introducido un nuevo elemento inesperado. Pudiendo este elemento presentarse bajo muy diversas formas, os describiré por ahora sus aspectos más frecuentes y más fácilmente inteligibles.

Comprobamos ante todo que el enfermo, al que sólo la solución de sus dolorosos conflictos debiera preocupar, manifiesta un particular interés por la persona de su médico. Todo lo que a éste concierne le parece poseer más importancia que sus propios asuntos y distrae su atención de su enfermedad. De este modo, resulta que las relaciones que se establecen entre el médico y el enfermo son durante algún tiempo muy agradables. El enfermo se muestra afable y dócil, se esfuerza en testimoniar su reconocimiento siempre que puede y revela sutilezas y cualidades de su carácter, que quizá no nos hubiésemos detenido a buscar. Esta conducta acaba por conquistarle las simpatías del médico, el cual bendice el azar que le ha proporcionado ocasión de acudir en ayuda de una persona tan digna de interés. Si alguna vez habla con los familiares del enfermo, advertirá, encantado, que la simpatía que el mismo le inspira obtiene una total reciprocidad. En su casa no cesa el enfermo de elogiar al médico, en el que descubre todos los días nuevas cualidades. «Esta muy entusiasmado con usted. Tiene en usted una ciega confianza, y todo lo que usted le dice es para él el Evangelio», os dirán las personas que le rodean. E incluso alguna de ellas más avispada exclamará: «Nos tiene ya aburridos de tanto hablar de usted.»

Es de suponer que el médico será lo bastante modesto para no ver en todas estas alabanzas sino una expresión del contenido que procura al enfermo la esperanza de curación y un efecto de la ampliación de su horizonte intelectual a consecuencia de las sorprendentes perspectivas que el tratamiento abre ante sus ojos. En estas condiciones realiza el análisis grandes progresos; pues el sujeto comprende las indicaciones que se le sugieren, profundiza en los problemas que ante él hace surgir el tratamiento, produce con fluente abundancia recuerdos y asociaciones y asombra al médico con la seguridad y acierto en sus interpretaciones, satisfaciéndole, además, por la buena voluntad con que acepta las novedades psicológicas que le son comunicadas, novedades que en la mayoría de los normales despiertan la más viva oposición. A esta favorable actitud del enfermo durante el trabajo analítico corresponde una evidente mejoría objetiva en todos los aspectos del estado patológico.

Pero el buen tiempo no puede durar siempre, y llega un día en que el cielo se nubla, comienzan a surgir dificultades en el curso del tratamiento, y el enfermo pretende que ya no acude a su mente idea ninguna. Experimentamos entonces la clara impresión de que no se interesa ya por la labor emprendida, se sustrae a la recomendación que le ha sido hecha de decir todo aquello que a su imaginación acudiese sin dejarse perturbar por ninguna consideración crítica y se conduce como si no estuviera en tratamiento y no hubiera firmado un pacto con el médico, mostrándose preocupado por algo que no quiere revelar. Es ésta una peligrosa situación para el tratamiento, y nos hallamos ante una violenta resistencia. ¿Qué es lo que ha sucedido?

Cuando hallamos el medio de esclarecer de nuevo la situación, comprobamos que la causa de la perturbación reside en un profundo e intenso cariño que del paciente ha surgido hacia el médico, sentimiento que no aparece justificado ni por la actitud de aquél ni por las relaciones que se han establecido entre los dos durante el tratamiento. La forma en la que esta ternura se manifiesta y los fines que persigue dependen, naturalmente, de las circunstancias personales de ambos protagonistas. Si se trata de una paciente joven y el médico lo es también, experimentaremos la impresión de que por parte de la primera se trata de un enamoramiento normal, encontraremos natural que una joven se enamore de un hombre con el que permanece a solas largos ratos, dialogando sobre sus más íntimos asuntos, y al que admira por la superioridad que le confiere su papel de poderoso auxiliar contra su enfermedad, olvidando que se trata de una neurótica en la que sería más lógico esperar una perturbación de la capacidad de amar. Cuando más se apartan de este caso hipotético las circunstancias personales de médico y enfermo, más nos asombrará hallar, a pesar de todo, en el segundo, idéntica actitud afectiva. Pase todavía cuando se trata de una joven casada, que, víctima de un matrimonio desgraciado, experimenta una seria pasión por su médico, soltero, y se halla pronta a obtener su divorcio y casarse con él, o, en último término, si hubiese serios obstáculos sociales llegar a ser su querida. Estas cosas suceden también fuera del psicoanálisis. Pero en los casos de que nos ocupamos oímos expresar a mujeres, tanto casadas como solteras, manifestaciones que revelan una singularísima actitud ante el problema terapéutico, pues pretenden haber sabido siempre que no podían curarse sino por el amor y haber tenido la certidumbre, desde el comienzo del tratamiento, de que la relación con el médico que las trataba les procuraría por fin aquello que la vida les había rehusado hasta entonces. Esta esperanza es lo que les ha dado fuerzas para superar las dificultades del tratamiento y, además —añadimos nosotros—, lo que ha aguzado su inteligencia, facilitándoles la comprensión de nuestras opiniones, tan contrarias a las normas generales. Tal confesión de las pacientes nos produce extraordinario asombro, pues echa por tierra todos nuestros cálculos. ¿Será posible que hayamos dejado pasar inadvertido hasta ahora un hecho de tan enorme importancia?

Así es, en efecto, y cuanto más amplia se hace nuestra experiencia, menos podemos oponernos a esta humillante rectificación de nuestras pretensiones científicas. Al principio pudimos creer que el análisis tropezaba con una perturbación provocada por un suceso accidental sin relación ninguna con el tratamiento propiamente dicho; pero cuando vemos reproducirse regularmente, en cada nuevo caso, este amor del enfermo hacia el médico y lo vemos manifestarse incluso en las condiciones más desvaforables y aun en aquellos, casos en que resulta grotesco, esto es, cuando se trata de una paciente de avanzada edad o de un anciano médico de blanca y venerable barba —casos en los que, a nuestro juicio, no puede haber atractivo ninguno ni fuerza de seducción posible—, entonces nos vemos obligados a abandonar la idea de un perturbado azar y a reconocer que se trata de un fenómeno que presenta las más íntimas relaciones con la naturaleza misma del estado patológico.

Este nuevo hecho, que tan a disgusto nos vemos obligados a aceptar, lo designamos con el nombre de «transferencia». Trataríase, pues, de una transferencia de sentimientos sobre la persona del médico, pues no creemos que la situación creada por el tratamiento pueda justificar la génesis de los mismos. Sospechamos más bien que toda esta disposición afectiva tiene un origen distinto; esto es, que existía en el enfermo en estado latente y ha sufrido una transferencia sobre la persona del médico con ocasión del tratamiento analítico. La transferencia puede manifestarse como una apasionada exigencia amorosa o en formas más mitigadas. Ante un médico entrado en años, la joven paciente puede no experimentar el deseo de entregarse a él, sino el de que la considere como una hija predilecta, pues su tendencia libidinosa puede moderarse y convertirse en una aspiración a una inseparable amistad ideal exenta de todo carácter sensual. Algunas mujeres llegan incluso a sublimar la transferencia y modelarla hasta hacerla en cierto modo viable. En cambio, otras la manifiestan en su forma más cruda y primaria, la mayor parte de las veces irrealizable; pero en el fondo se trata siempre del mismo fenómeno, que tiene, en todos los casos, idéntico origen.

Antes de preguntarnos dónde conviene situar este nuevo hecho me habéis de permitir que complete su descripción. ¿Qué sucede en los casos en que los pacientes pertenecen al sexo masculino? Pudiera creerse que escapan a la intervención de la diferencia sexual o de la atracción sexual. Pues bien, en ellos sucede exactamente lo mismo que en las pacientes femeninas. Los sujetos masculinos presentan igual adhesión al médico, se forman también una exagerada idea de sus cualidades, dan muestras de intenso interés por todo lo que al mismo se refiere y se manifiestan celosos de todos aquellos cercanos al médico en la vida real. Las formas sublimadas de la transferencia de hombre a hombre son tanto más frecuentes, y tanto más raras las exigencias sexuales directas, cuanto menor es la importancia de la homosexualidad manifiesta en relación a las otras vías de aprovechamientos de estos componentes instintivos. En sus pacientes masculinos observa de este modo el médico, con mayor frecuencia que en los femeninos, una forma de expresión de la transferencia que a primera vista os parecerá hallarse en contradicción con todo lo que hasta el presente hemos descrito. Esta forma de transferencia es la hostil o *negativa*.

Debo indicaros, ante todo, que la transferencia se manifiesta en el paciente desde el principio del tratamiento y constituye durante algún tiempo el más firme apoyo de la labor terapéutica. No la advertimos ni necesitamos ocuparnos de ella mientras su acción es favorable al análisis, pero en cuanto se transforma en resistencia nos vemos obligados a dedicarle toda nuestra atención y comprobamos que su posición con respecto al tratamiento ha variado por completo. Esta variación puede orientarse en dos direcciones contrarias: Primera, los sentimientos amorosos derivados de la transferencia pueden adquirir tal intensidad y manifestar tan a las claras su origen sexual, que lleguen a provocar la aparición de una oposición interna a ella. Y segunda, puede también tratarse de una transferencia de sentimientos hostiles. Generalmente, estos sentimientos hostiles surgen con posterioridad a los amorosos; pero a veces aparecen también simultáneamente a ellos, ofreciéndonos entonces una excelente imagen de aquella ambivalencia sentimental que domina en la mayor parte de nuestras relaciones íntimas con los demás. Los sentimientos hostiles indican, al igual de los amorosos, una adherencia sentimental, idénticamente a como la obediencia y la rebelión son indicios de signo contrario de una misma dependencia real, aunque con un signo negativo en vez de positivo antes de ella. Resulta, pues, incontestable que tales sentimientos hostiles hacia el médico merecen igualmente el nombre de transferencia, dado que la situación creada por el tratamiento no proporciona pretexto alguno suficiente para su formación. Esta necesidad en que nos vemos de admitir una transferencia negativa nos prueba que nos hemos engañado en nuestros juicios sobre la transferencia positiva o de sentimientos de ternura.

El origen de la transferencia, su posible aprovechamiento en beneficio de nuestros fines terapéuticos, la naturaleza de las dificultades que opone a nuestra labor y los medios que hemos de emplear para dominarlas son cuestiones a tratarse en detalle en una guía técnica de análisis y cuyo estudio no puedo emprender en esta conferencia con toda la amplitud que por su importancia merecen. Me limitaré, pues, a haceros algunas breves observaciones sobre ellas. Claro es que no cedemos a las exigencias que la transferencia inspira al enfermo, pero ello no quiere decir que debamos acogerlas hostilmente ni mucho menos rechazarlas con indignación. El medio de vencer la transferencia es demostrar al enfermo que sus sentimientos no son producto de la situación del momento ni se refieren, en realidad, a la persona del médico, sino que repiten una situación anterior de su vida. De este modo le forzamos a remontarse desde esta repetición al recuerdo de los sucesos originales. Conseguido esto, la transferencia cariñosa y hostil que parecía amenazar gravemente el éxito del tratamiento nos proporciona ahora fácil acceso a los más íntimos sectores de la vida psíquica convirtiéndose en la mejor herramienta terapéutica.

Con algunas nuevas consideraciones quisiera disipar la extrañeza que ha de haberos producido este inesperado fenómeno. No debemos olvidar que la enfermedad del paciente cuyo análisis emprendemos no constituye algo acabado e inmutable, sino que se halla siempre en vías de crecimiento y desarrollo, como un ser viviente. La iniciación del tratamiento no pone fin a este desarrollo; pero una vez que la acción terapéutica domine al paciente, podemos comprobar que la enfermedad cambia bruscamente de orientación, refiriendo ahora todas sus manifestaciones a la relación entre médico y enfermo. Así, pues, la transferencia es comparable a la capa vegetal existente entre la corteza y la madera de los árboles, capa que constituye el punto de partida de la formación de nuevos tejidos y del aumento de espesor del tronco. Cuando la transferencia llega a adquirir esta intensidad, impone a nuestra investigación y elaboración de los recuerdos del paciente un considerable retraso. Resulta, en efecto, que no nos hallamos ya ante la enfermedad primitiva, sino ante una nueva neurosis transformada que ha venido a sustituir a la primera. Pero esta nueva edición de la antigua dolencia ha nacido ante los ojos del médico, el cual se halla, además, situado en el propio nódulo central de la misma, y podrán, por tanto, orientarse más fácilmente. Todos los síntomas del enfermo pierden en estos casos su primitiva significación y adquieren un nuevo sentido dependiente de la transferencia, desapareciendo a veces aquellos que no han sido susceptibles de una tal modificación. La curación de esta nueva neurosis artificial coincide con la de la neurosis primitiva, objeto verdadero del tratamiento, quedando así conseguidos nuestros propósitos terapéuticos. El sujeto que consigue normalizar y liberar de la acción de las tendencias reprimidas sus relaciones con el médico mostrará esta misma normalidad en todos los actos de su vida, una vez terminado el tratamiento.

En las histerias, histerias de angustia y neurosis obsesivas es donde la transferencia presenta esta importancia extraordinaria e incluso central, desde el punto de vista del tratamiento, razón por la cual reunimos estas afecciones bajo el nombre común de *neurosis de transferencia*. Para todos aquellos que, habiendo practicado el psicoanálisis, han conseguido formarse una exacta noción de la transferencia, no puede existir ya la menor duda sobre la naturaleza libidinosa de las tendencias que en los síntomas de estas neurosis se manifiestan. Podemos, pues, decir que el descubrimiento de la transferencia ha confirmado definitivamente nuestra convicción de que los síntomas constituyen satisfacciones libidinosas sustitutivas.

Se nos plantea ahora la labor de rectificar nuestra anterior concepción dinámica del proceso de curación y armonizarla con los nuevos conocimientos adquiridos. Cuando llega para el enfermo el momento de comenzar la lucha normal contra las resistencias que el análisis le ha revelado, precisa de un poderoso impulso que decida el combate en el sentido que deseamos; esto es, en el de la curación, pues en caso contrario podría repetirse la primitiva solución del conflicto y volver a quedar reprimido en lo inconsciente todo aquello que habíamos logrado atraer a la conciencia. El factor que decide el resultado no es ya la introspección intelectual del enfermo, facultad que carece de energía y de libertad suficientes para ello, sino únicamente su actitud con respecto al médico. Si su transferencia lleva el signo positivo, revestirá al médico de una gran autoridad y considerará sus indicaciones y opiniones como dignas de crédito. En cambio, aquellos enfermos en que ésta no existe o cuya transferencia es negativa, no prestan al médico la menor atención. La creencia en el terapeuta reproduce aquí la historia misma de su desarrollo. Fruto exclusivo del amor, no tuvo al principio necesidad ninguna de argumentos, y sólo mucho después concede a éstos importancia bastante para someterlos a un examen crítico: cuando son formulados por personas amadas. Los argumentos que no tienen por corolario el hecho de emanar de personas amadas, no ejercen ni han ejercido jamás la menor influencia en la vida de la mayor parte de los humanos. De este modo, resulta que el hombre no es, en general, accesible por su lado intelectual, sino en proporción a su capacidad de revestimiento libidinoso de objetos; razón por la cual, podemos afirmar que el grado de influencia que la más acertada técnica analítica puede ejercer sobre él, depende por completo de la medida de su narcisismo, barrera contra tal influencia.

Todo hombre normal posee la facultad de concentrar catexias de objeto libidinosas sobre personas, y la inclinación a la transferencia comprobada por nosotros en las neurosis anteriormente citadas no constituye sino una extraordinaria intensificación de esta facultad general. Como es natural, este tan difundido e importantísimo rasgo del carácter humano ha sido ya advertido y apreciado en todo su valor por algunos investigadores. Así, Bernheim dio pruebas de una gran penetración fundando su teoría de los fenómenos hipnóticos en el principio de que todos los hombres son, en una cierta medida, «sugestionables», particularidad que no es sino la tendencia a la transferencia, concebida en una forma algo limitada; esto es, sin considerar la transferencia negativa. Sin embargo, no pudo nunca explicar este autor la naturaleza ni la génesis de la sugestión. Para él constituye ésta un hecho fundamental, cuyos orígenes no tenía necesidad de explicar, y no vio tampoco el lazo de dependencia existente entre la sugestionabilidad y la sexualidad, o sea la actividad de la libido. Por lo que a nosotros respecta, nos damos cuenta de que si antes excluimos la hipnosis de nuestra técnica analítica, redescubrimos ahora la sugestión bajo la forma de transferencia.

Creo deber interrumpirme aquí y cederos la palabra para permitiros expresar una objeción que, sin duda, se agita impetuosamente en vuestro pensamiento: «Acabáis, pues, por confesar —me diréis— que laboráis con ayuda de la sugestión, como todos los partidarios del hipnotismo. Hace mucho tiempo que lo sospechábamos. Mas entonces, ¿de qué os sirven la evocación de los recuerdos del pasado, el descubrimiento de lo inconsciente, la interpretación y la retraducción de las deformaciones, labor que supone un enorme gasto de energía, de tiempo y de dinero, si el único factor eficaz resulta ser la sugestión? ¿Por qué no sugerís directamente contra los síntomas, como otros honrados hipnotizadores lo hacen? Y luego si, queriendo excusaros de haber verificado un tan largo rodeo, alegáis los numerosos e importantes descubrimientos psicológicos que decís haber realizado y que la sugestión directa no hubiera hecho posibles, ¿quién nos garantiza la verdad de estos descubrimientos? ¿No pueden acaso ser también un efecto de la sugestión y que forzáis al paciente ir a donde queréis y a lo que os parece cierto?»

Estas objeciones que me planteáis presentan un enorme interés y exigen una respuesta; pero aplazaré su discusión para mi próxima conferencia, pues en la presente quiero dejar cumplida la promesa, con que la inicié, de haceros comprender, con auxilio del fenómeno de la transferencia, por qué todos nuestros esfuerzos terapéuticos fracasan en las neurosis narcisistas.

Nada más sencillo de explicar. Diré en pocas palabras cómo se resuelve el enigma y cómo ajustan cada uno de los elementos. La observación nos muestra que los enfermos atacados de neurosis narcisista carecen de la facultad de transferencia o sólo la poseen como residuos insignificantes. Estos enfermos rechazan la intervención del médico; pero no con hostilidad, sino con indiferencia, razón por la cual no son accesibles a su influjo. Lo que él les dice los deja fríos, no les causa mayor impresión. Resulta de este modo que el proceso por el que conseguimos la curación, y que consiste en reavivar el conflicto patógeno y vencer la resistencia opuesta por la represión, no puede tener efecto en estos pacientes. Permanecen como siempre son. Por propia iniciativa intentan ellos repetidamente modificar su estado, en procura de mejoría, pero estas tentativas no conducen sino a nuevos efectos patológicos. Nada podemos, por tanto, hacer en su favor.

Fundándonos en los datos clínicos que nos han sido proporcionados por nuestros enfermos de este género, podemos afirmar que en ellos ha debido descartarse las catexias de objeto y la libido de los objetos transformarse en libido del *yo,* siendo éste el carácter que diferencia a esta neurosis de las que constituyen el grupo antes examinado (histeria, neurosis angustiosa y neurosis obsesiva). Ahora bien: la forma en que la misma se conduce ante nuestros intentos terapéuticos confirma nuestro punto de vista. No presentando el fenómeno de la transferencia, permanecen inaccesibles a nuestros esfuerzos y no resultan curables por nosotros.

LECCION XXVIII.   LA TERAPIA ANALITICA

Señoras y señores:

S ABÉIS ya cuál es la materia que hoy vamos a tratar. Me habéis preguntado, en efecto, cómo, reconociendo que nuestra influencia reposaba esencialmente sobre la transferencia; esto es, sobre la sugestión, no nos servíamos directamente de esta última en nuestra terapia analítica, y habéis afirmado, además, que la capital importancia asignada a la sugestión no puede por menos de haceros dudar de la objetividad de nuestros descubrimientos psicológicos. A todo esto he prometido contestaros detalladamente.

La sugestión directa es aquella que se encamina contra la manifestación de los síntomas y constituye un combate entre nuestra autoridad y las razones del estado patológico. Recurriendo a ella, prescindimos en absoluto de tales razones y no exigimos del enfermo sino que cese de manifestarlas por medio de síntomas. Poco importa entonces que sumamos o no al paciente en la hipnosis. Con su habitual perspicacia observó ya Bernheim que la sugestión constituye la esencia de los fenómenos del hipnotismo, no siendo la hipnosis sino un efecto de la misma, o sea un estado sugerido. Fundándose en esta razón, practicó preferentemente la sugestión en estado de vigilia, procedimiento por medio del cual pueden alcanzarse iguales resultados que por el de la sugestión durante el sueño hipnótico.

¿Qué es lo que en esta cuestión os interesa más: los datos experimentales o las consideraciones teóricas?

Empezaremos por los primeros. Personalmente he sido alumno de Bernheim, a cuyas explicaciones asistí en Nancy el año 1889, y del que he traducido al alemán el libro sobre la sugestión. Durante años enteros apliqué a mi vez el tratamiento hipnótico, combinándolo primero con la sugestión prohibitiva y después con la exploración interrogando al enfermo por el método de Breuer.

Poseo, por tanto, experiencia suficiente para hablar de los efectos del tratamiento hipnótico o sugestivo. Un viejo aforismo médico afirma que una terapéutica ideal debe obrar rápidamente, producir resultados seguros y no causar molestias al enfermo. Pues bien: el método de Berhneim llenaba por lo menos dos de estas condiciones. Mucho más rápido que el procedimiento analítico, no imponía al paciente la menor fatiga ni le ocasionaba perturbación alguna. En cambio, para el médico se hacía, a la larga, monótono tener que recurrir en todos los casos a un mismo procedimiento para poner fin a la existencia de síntomas variadísimos, y esto sin poder llegar nunca a darse cuenta de la significación y efecto de cada uno, labor nada científica y más bien semejante a la magia, al exorcismo o la prestidigitación. Claro es que esta falta de atractivo de la labor terapéutica no significaba nada ante el interés del enfermo. Pero por otro lado resultaba que el método de que nos ocupamos carecía en absoluto de seguridad. Aplicable a unos pacientes, no lo era, en cambio, a otros, y esta misma arbitraria inseguridad se reflejaba en sus resultados, los cuales carecían, además, de duración. Poco tiempo después de dar por terminado el tratamiento solía sufrir el enfermo una recaída o se veía atacado por otra enfermedad del mismo género. En estos casos podía recurrirse de nuevo al hipnotismo; pero competentes hombres de ciencia habían hecho observar que con el frecuente empleo de este medio se corría el peligro de anular la independencia del enfermo, creando un hábito semejante al de los narcóticos. Por otro lado, aun en aquellos casos, muy poco frecuentes, en los que nuestra labor alcanzaba un éxito completo y definitivo, permanecíamos en la ignorancia de los factores a que el mismo se debía. En una ocasión pude observar que la reproducción de un grave estado patológico, y cuya curación habíamos conseguido después de un corto tratamiento hipnótico, coincidió con la emergencia en la enferma de sentimientos hostiles hacia mi persona. Reanudando el tratamiento, logré una nueva curación, aún más completa que la primera, en cuanto me fue dado hacer que la paciente se reconciliara conmigo; pero, al poco tiempo, una nueva aparición de los sentimientos hostiles trajo consigo una segunda recaída. Otra de mis enfermas, cuyas crisis nerviosas había yo logrado suprimir por largas temporadas mediante la hipnoterapia, se arrojó súbitamente a mi cuello en ocasión de hallarme dedicado a prestarle mis cuidados durante un acceso particularmente rebelde. Hechos de este género nos obligan, lo queramos o no, a plantearnos el problema de la naturaleza y el origen de la autoridad sugestiva.

Todos estos conocimientos experimentales nos muestran que renunciando a la sugestión directa no nos privamos de nada indispensable. Permitidme ahora formular sobre este tema algunas consideraciones. La aplicación de la hipnoterapia no impone a médico y paciente sino un mínimo esfuerzo, y se armonizan a maravilla con aquella opinión que sobre las neurosis profesa aún la mayoría de los médicos, opinión que les hace decir a sus pacientes neuróticos: «No tiene usted nada, pues se trata de perturbaciones puramente nerviosas, de las que puedo libertarle en pocos minutos y con sólo algunas palabras.» Pero nuestro punto de vista de las leyes energéticas rechaza la posibilidad de desplazar sin esfuerzo una enorme masa, atacándola directamente y sin ayuda de un herramental apropiado, labor tan imposible de realizar en las neurosis como en la mecánica. Sin embargo, me doy cuenta que este argumento no es intachable. Existe eso que se llama *efecto de gatillo.*

Los conocimientos que merced al psicoanálisis hemos adquirido nos permiten describir las diferencias que existen entre la sugestión hipnótica y la sugestión psicoanalítica en la forma siguiente: La terapéutica hipnótica intenta encubrir y disfrazar algo existente en la vida psíquica. Por el contrario, la terapéutica analítica intenta hacerlo emerger clara y precisamente, y suprimirlo después. La primera actúa como un procedimiento cosmético; la segunda, como un procedimiento quirúrgico. Aquélla utiliza la sugestión para prohibir los síntomas y reforzar las represiones, pero deja intactos todos los procesos que han conducido a la formación de síntomas. Inversamente, la terapéutica analítica intenta, al encontrarse ante conflictos que han engendrado síntomas, remontarse hasta la misma raíz y se sirve de la sugestión para modificar en el sentido deseado el destino de estos conflictos. La terapéutica hipnótica deja al enfermo en una absoluta pasividad, no suscita en él modificación alguna y, por tanto, no le provee tampoco de medio alguno de defensa contra una nueva causa de perturbaciones patológicas. El tratamiento analítico impone al médico y al enfermo penosos esfuerzos que tienden a levantar resistencias internas; pero una vez dominadas éstas, queda la vida psíquica del paciente modificada de un modo duradero, transportada a un grado evolutivo superior y protegida contra toda nueva posibilidad patógena. Esta lucha contra las resistencias constituye la labor esencial del tratamiento analítico e incumbe al enfermo mismo, en cuya ayuda acude el médico auxiliándole con la sugestión, que actúa sobre él en un sentido *educativo*. De este modo, se ha dicho, muy justificadamente, que el tratamiento psicoanalítico es una especie de *posteducación*.

Creo haberos hecho comprender en qué se diferencia de la hipnoterapia nuestro procedimiento de aplicar la sugestión. Reducida ésta a la transferencia, vemos claramente las razones a que obedecen tanto la arbitraria inseguridad del tratamiento hipnótico como la exactitud del analítico, en el que pueden ser calculados hasta los últimos efectos. En la aplicación de la hipnosis dependemos de la capacidad de transferencia del enfermo y nos es imposible ejercer el menor influjo sobre tal capacidad. La transferencia del individuo que vamos a hipnotizar puede ser negativa, o, lo que es más general, ambivalente. Asimismo puede el sujeto hallarse protegido por determinadas disposiciones particulares contra toda transferencia. Pero nada de esto nos es dado averiguar en la hipnoterapia. En cambio, con el psicoanálisis laboramos sobre la misma transferencia, suprimimos todo lo que a ella se opone y perfeccionamos nuestro principal instrumento de trabajo, siéndonos así posible extraer un provecho mucho más considerable del poder de la sugestión, la cual no queda ya al capricho del enfermo, sino que es dirigida por nosotros tanto como alcance ser accesible a su influjo.

Me diréis ahora que lo importante no es el nombre que demos a la fuerza motriz de nuestro análisis —transferencia o sugestión—, sino el indudable peligro existente de que la influencia ejercida sobre el sujeto quite todo valor objetivo a nuestros descubrimientos. Aquello que resulta provechoso desde el punto de vista terapéutico puede, en cambio, ser contrario a la investigación. Es ésta la objeción que con mayor frecuencia se opone al psicoanálisis, y debemos convenir en que, aun siendo errónea, no podemos, sin embargo, rechazarla como absurda. Pero si fuera acertada, quedaría reducido el psicoanálisis a un tratamiento sugestivo particularmente eficaz, y sus afirmaciones sobre las influencias vitales, la dinámica psíquica y lo inconsciente carecerían de todo valor. Así piensan, en efecto, nuestros adversarios, para los que nuestras interpretaciones de los sucesos sexuales —cuando no estos sucesos mismos— no son sino un exclusivo producto de nuestra corrompida imaginación, sugerido luego por nosotros al sujeto. Es más fácil refutar estas reflexiones recurriendo a la experiencia que por medio de consideraciones teóricas. Todos aquellos que han practicado el psicoanálisis conocen muy bien la imposibilidad de sugestionar a los enfermos hasta tal punto. No es, desde luego, difícil hacerles aceptar una determinada teoría y compartir un error del médico.Comportándose el paciente como cualquier otro sujeto, por ejemplo, un alumno [frente a su profesor], pero en este caso se habrá influido únicamente sobre su inteligencia y no sobre su enfermedad. La solución de sus conflictos y la supresión de sus resistencias no se consiguen más que cuando les hemos proporcionado representaciones anticipatorias que en ellos coinciden con la realidad. Aquello que en las hipótesis del médico no corresponde a esta realidad, queda espontáneamente eliminado en el curso del análisis y debe ser retirado y reemplazado por hipótesis más exactas. Por medio de una técnica apropiada intentamos siempre evitar posibles éxitos prematuros de la sugestión; pero aun en los casos en que éstos llegan a presentarse, ello no supone mal ninguno, pues nunca nos contentamos con los primeros resultados obtenidos ni damos por terminado el análisis hasta esclarecer totalmente el caso, cegar todas las lagunas mnémicas y descubrir las causas desencadenantes de las represiones. En los resultados obtenidos con excesiva rapidez vemos más bien un obstáculo que una ayuda de nuestra labor analítica; los destruimos, resolviendo la transferencia sobre la que reposan. Siendo realmente este último rasgo lo que diferencia el tratamiento analítico del puramente sugestivo y aleja de los resultados obtenidos por el análisis la sospecha de no ser sino efectos de la sugestión. En otros tratamientos sugestivos, la transferencia es cuidadosamente respetada y no sufre modificación alguna. Por el contrario, el tratamiento analítico tiene por objeto la transferencia misma, a la que procura disectar cualquiera que sea la forma que revista. Por último, al final de todo tratamiento analítico la transferencia debe ser liberada. De este modo, el éxito de nuestra labor no reposa sobre la sugestión pura y simple, sino sobre los resultados obtenidos merced a la misma, o sea sobre la supresión de las resistencias interiores y sobre las modificaciones internas alcanzadas en el enfermo.

En contra de la génesis de sugestiones aisladas actúa también el hecho de que durante el tratamiento tenemos que luchar sin descanso contra resistencias que saben transformarse en transferencias negativas (hostiles). Además, muchos de los resultados del análisis que pudiéramos suponer producto de la sugestión quedan confirmados en otro terreno libre de toda sospecha. Sobre los dementes precoces y los paranoicos no puede, en efecto, ejercerse influencia sugestiva ninguna, y sin embargo, lo que estos enfermos nos relatan sobre sus traducciones de símbolos y sus fantasías coinciden por completo con los resultados de nuestras investigaciones sobre lo inconsciente en las neurosis de transferencia y corrobora así la exactitud objetiva de nuestras discutidas interpretaciones. Concediendo en esta cuestión un amplio margen de confianza al psicoanálisis, no creo podáis caer en error.

Completaremos ahora la exposición del mecanismo de la curación, expresándola en las fórmulas de la teoría de la libido. El neurótico es incapaz de gozar y de obrar; de gozar, porque su libido no se halla dirigida sobre ningún objeto real; y de obrar, porque se halla obligado a gastar toda su energía para mantener a su libido en estado de represión y protegerse contra sus asaltos. No podrá curar más que cuando el conflicto entre su *yo* y su libido haya terminado y tener de nuevo el *yo* la libido a su disposición. La misión terapéutica consiste, pues, en desligar la libido de sus ataduras actuales, sustraídas al *yo*, y ponerla nuevamente al servicio de este último. Mas, ¿dónde se halla localizada la libido del neurótico? La respuesta a esta interrogación no es nada difícil de encontrar. La libido del neurótico se halla adherida a los síntomas, los cuales procuran al sujeto una satisfacción sustitutiva, la única por el momento posible. Habremos, pues, de apoderarnos de los síntomas y hacerlos desaparecer, labor que es precisamente la que el enfermo demanda de nosotros. Para ello nos es necesario remontarnos hasta sus orígenes, despertar el conflicto a que deben sus génesis y orientarlo hacia una distinta solución, haciendo actuar aquellas fuerzas motivacionales que en la época en que los síntomas nacieron no se hallaban a disposición del enfermo. Esta revisión del proceso que culminó en la represión no se guía sino fragmentariamente por las huellas que dicho proceso dejó tras de sí. La labor principal es la de crear, partiendo de la actitud del enfermo con respecto al médico, esto es, de la transferencia, nuevas ediciones de los antiguos conflictos. En éstas, tenderá el enfermo a conducirse de igual manera que en el conflicto primitivo; pero nosotros, haciendo actuar en él todas sus fuerzas psíquicas disponibles, le haremos llegar a una diferente solución. La transferencia se convierte en este modo en el campo de batalla sobre el cual deben combatir todas las fuerzas en lucha.

Toda la libido y todo lo que se le opone se hayan concentradas en la actitud del enfermo con respecto al médico, produciéndose inevitablemente una separación entre los síntomas y la libido, y quedando los primeros despojados de todo revestimiento libidinoso. En lugar de la enfermedad propiamente dicha aparece una nueva artificialmente provocada; esto es, la enfermedad de la transferencia, y los objetos tan variados como irreales de la libido quedan sustituidos por uno solo, aunque igualmente fantástico: la persona del médico. Pero la sugestión a la que el médico recurre lleva la lucha que se desarrolla en derredor de ese objeto a la más elevada fase psíquica, de manera que no nos hallamos ya sino ante un conflicto psíquico normal. Evitando una nueva represión, ponemos término a la separación entre el *yo* y la libido, y restablecemos la unidad psíquica de la persona. Cuando la libido se desliga por fin del objeto pasajero que supone la persona del médico, no puede ya retornar a sus objetos anteriores y se mantiene a disposición del *yo*. Las potencias con las que hemos tenido que combatir durante esta labor terapéutica son, por un lado, la antipatía del *yo* hacia determinadas orientaciones de la libido, antipatía que se manifiesta en la tendencia a la represión; y por otro, la fuerza de adherencia, o como pudiéramos decir, la *viscosidad* de la libido, que no abandona voluntariamente los objetos sobre los cuales ha llegado alguna vez a catectizar.

La labor terapéutica puede, pues, descomponerse en dos fases: en la primera, toda la libido se desliga de los síntomas para fijarse y concentrarse en las transferencias. En la segunda se desarrolla el combate en derredor del nuevo objeto, del cual acabamos por desligar la libido. Este resultado favorable no podrá obtenerse más que consiguiendo, durante este nuevo conflicto, impedir una nueva represión, a favor de la cual escaparía otra vez la libido del *yo* al refugiarse en lo inconsciente, represión que es evitada por la modificación que el *yo* ha sufrido bajo la influencia de la sugestión médica. Merced al trabajo de interpretación que transforma lo inconsciente en consciente, se amplía el *yo* a expensas de dicho inconsciente, haciéndose, bajo la influencia de los consejos que recibe, más conciliador con respecto a la libido, y disponiéndose a concederle una determinada satisfacción. Los rechazos que el enfermo experimentaba ante las exigencias de la libido se atenúan al mismo tiempo, merced a la posibilidad en que el mismo encuentra de disponer de parte de ella por la sublimación. Cuanto más próximas a esta descripción ideal resulten la evolución y la sucesión de los procesos en el curso del tratamiento psicoanalítico, mayor será el éxito de éste, que, en cambio, puede quedar limitado tanto por la insuficiente movilidad de la libido, que no se deja fácilmente desligar de los objetos a los que se ha fijado, como por la rigidez del narcisismo, que no admite la transferencia de un objeto a otro, sino hasta un cierto límite. Lo que quizá os podrá facilitar la comprensión de la dinámica del proceso curativo es el hecho de que interceptamos toda la libido que se había sustraído al dominio del *yo,* atrayendo sobre nosotros, con ayuda de la transferencia, una parte de la misma.

Las localizaciones de la libido que sobrevienen durante el tratamiento y después del mismo no autorizan a formular conclusión alguna directa sobre su localización durante el estado patológico. Supongamos que tengamos éxito de llevar un caso a un favorable resultado al descubrir y resolver una fuerte transferencia-paterna hacia el médico. En estas circunstancias nos equivocaríamos deduciendo que dicha fijación inconsciente de la libido del enfermo a la persona de su padre constituyó desde un principio el nódulo de la enfermedad, pues la transferencia-paterna descubierta no es sino el lugar en el que hemos conseguido apoderarnos de la libido, la cual no llegó a localizarse en él sino después de pasar por muy diversas vicisitudes. El terreno sobre el que combatimos no constituye necesariamente una de las posiciones importantes del enemigo, el cual no se halla obligado a organizar la defensa de la capital de su territorio, precisamente ante las puertas de la misma. Sólo después de haber resuelto una vez más la transferencia es cuando podemos reconstruir mentalmente la localización de la libido durante la enfermedad.

Situándonos en el punto de vista de la teoría de la libido, podemos añadir aún algunas últimas consideraciones sobre los sueños: los sueños de los neuróticos nos sirven de igual modo que sus actos fallidos y sus asociaciones libres para penetrar el sentido de los síntomas y descubrir la localización de la libido. Bajo la forma de realizaciones de deseos nos muestran aquellos sentimientos optativos que sucumbieron a una represión y los objetos a los que se halla ligada la libido sustraída al *yo.* Por esta razón, desempeña la interpretación de los sueños un tan importante papel en el psicoanálisis e incluso constituye en muchos casos y durante largo tiempo su principal instrumento de trabajo. Sabemos ya que el estado de reposo tiene como tal el efecto de relajar las represiones. A consecuencia de esta disminución del peso que sobre él gravita, puede el deseo reprimido revestir en el sueño una expresión más precisa que la que le ofrece el síntoma en la vida despierta. De este modo constituye el estudio del sueño el acceso más cómodo al conocimiento de lo inconsciente reprimido, de lo cual forma parte la libido sustraída al dominio del *yo.*

Los sueños de los neuróticos no difieren, sin embargo, esencialmente de los soñados por individuos de salud normal, e incluso resulta muy difícil distinguir unos de otros. Será absurdo querer dar de los sueños de los sujetos neuróticos una explicación que no fuese valedera para los sueños de los normales. Deberemos, pues, afirmar que la diferencia que existe entre la neurosis y la salud no se manifiesta sino en la vida despierta y desaparece en la vida onírica, circunstancia que nos permite aplicar y extender al hombre normal muchas de las conclusiones deducidas de las relaciones entre los sueños y los síntomas de los neuróticos. Reconociendo, por tanto, que el hombre sano posee también en su vida psíquica aquello que hace posible la formación de los sueños y la de los síntomas; y deduciremos que análogamente al neurótico, lleva a cabo represiones, realiza un determinado gasto psíquico para mantenerlas y oculta en su sistema inconsciente deseos reprimidos, provistos aún de energía. Por último, estableceremos también la conclusión de que *una parte de su libido se halla sustraída al dominio de su* «*yo*». El hombre sano es, por tanto, un neurótico en potencia, pero el único síntoma que puede producir es el fenómeno onírico. Claro es que esto no pasa de ser una apariencia, pues sometiendo la vida despierta del hombre normal —pretendidamente sana— a un examen más penetrante, descubrimos que se halla colmada de una multitud de síntomas, aunque insignificantes y de escasa importancia práctica.

La diferencia entre la salud nerviosa y la neurosis no es, pues, sino una diferencia relativa a la vida práctica y depende del grado de goce y de actividad de que la persona es todavía capaz, reduciéndose probablemente a las proporciones relativas que existen entre las cantidades de energía que permanecen libres y aquellas que se hallan inmovilizadas a consecuencia de la represión. Trátase, pues, de una diferencia de orden cuantitativo y no cualitativo. No creo necesario recordaros que este punto de vista proporciona una base teórica a la convicción que ya hemos expresado de que las neurosis son curables en principio, aunque tengan su base en una predisposición constitucional.

Esto es todo lo que la identidad que existe entre los sueños de los hombres sanos y los de los neuróticos nos autoriza a concluir sobre la característica de la salud; pero por lo que al sueño mismo respecta, resultan de esta identidad otras consecuencias, esto es, las de que no es posible desligar el sueño de las relaciones que presenta con los síntomas neuróticos, que no debemos creer suficientemente definida su naturaleza declarando que no es otra cosa que una arcaica forma expresiva de determinadas ideas y pensamientos; sino, debemos suponer que revela localizaciones de la libido y catexias de objeto realmente existentes.

Próximo ya el término de mi exposición, os sentís quizá defraudados al comprobar que en el capítulo relativo al tratamiento psicoanalítico me he limitado a consideraciones puramente teóricas y no os he dicho nada sobre las condiciones en las que puede iniciarse dicho tratamiento ni sobre los resultados que éste provoca. Me he limitado a la teoría, porque no entraba en mis propósitos ofreceros una guía práctica para el ejercicio del psicoanálisis. Y tenía varias razones para no hablaros de sus procedimientos ni de sus resultados. Ya en mis primeras conferencias hube de indicaros que en condiciones favorables logramos éxitos terapéuticos nada inferiores a los más acabados que puedan obtenerse en el dominio de la Medicina interna; y puedo añadir ahora que los éxitos debidos al psicoanálisis no son alcanzables por ningún otro método de tratamiento. Insistiendo sobre esta cuestión, me haría sospechoso de querer ahogar con un ruidoso reclamo el coro ya demasiado alborotador de nuestros denigradores. Ciertos «colegas» han llegado a amenazar a los psicoanalistas, incluso en reuniones profesionales, con revelar a todos la esterilidad de nuestro tratamiento, publicando la lista de nuestros fracasos e incluso la de los desastrosos resultados de que se ha hecho culpable nuestra disciplina. Pero aun haciendo abstracción del odioso carácter de semejante medida, que no sería sino una vil denuncia, la publicación con que se nos amenaza no autorizaría juicio ninguno sobre la eficacia terapéutica del análisis. La terapéutica analítica es, como sabéis, de muy reciente creación. Ha sido necesario mucho tiempo para fijar su técnica, y ésta sólo puede ser hecha durante la labor misma y bajo la influencia de la experiencia en aumento. A consecuencia de las dificultades que presenta la enseñanza de esta rama, el médico que comienza a ejercer el psicoanálisis queda más que ningún otro especialista abandonado a sus propias fuerzas para perfeccionarse en su arte, de manera que los resultados que puede obtener en el curso de sus primeros años de ejercicio no prueban nada ni en pro ni en contra de la eficacia del tratamiento analítico.

Muchos intentos de tratamiento han fracasado al principio del psicoanálisis porque se verificaban en casos en los que este procedimiento es inaplicable y que hoy excluimos de su indicación, pero precisamente merced a tales intentos es como hemos podido establecer nuestras indicaciones y contraindicaciones. No podíamos saber *a priori* que la paranoia y la demencia precoz en sus formas pronunciadas eran inaccesibles al psicoanálisis, y teníamos todavía el derecho de ensayar este método en enfermedades muy diversas. Justo es, sin embargo, decir que la mayoría de los fracasos de estos primeros años deben ser atribuidos menos a la inexperiencia del médico o la elección inadecuada del objeto que a circunstancias externas desfavorables. Hasta ahora no hemos hablado aquí sino de las resistencias internas opuestas por el enfermo inevitables, pero que pueden ser dominables. Pero existen también obstáculos externos, derivados del ambiente en el que el enfermo vive y creados por los que le rodean, obstáculos que no presentan interés alguno teórico, pero sí una gran importancia práctica. El tratamiento psicoanalítico es comparable a una intervención quirúrgica, y como ésta, no puede desarrollarse sino en condiciones en que las probabilidades del fracaso se hallen reducidas a un mínimo. Conocidas son todas las precauciones de que el cirujano se rodea —habitación apropiada, buena luz, ayudantes, ausencia de los parientes del enfermo, etc.—. ¿Cuántas operaciones terminarían favorablemente si tuvieran que ser practicadas en presencia de todos los miembros de la familia reunidos en derredor del cirujano y el enfermo, metiendo la nariz en el campo operatorio y gritando a cada incisión que el bisturí practicase? En el tratamiento psicoanalítico, la intervención de los familiares del enfermo constituye un peligro contra el que no tenemos defensa. Poseemos armas contra las resistencias interiores procedentes del sujeto y que sabemos inevitables. Pero, ¿cómo defendernos contra las resistencias exteriores? Por lo que a la familia del paciente respecta, es imposible hacerla entrar en razón y decidirla a mantenerse alejada de todo el tratamiento, sin que tampoco resulte conveniente establecer un acuerdo con ella, pues entonces corremos el peligro de perder la confianza del enfermo, el cual exige con perfecta razón que la persona a la que se confía esté de su parte. Aquellos que saben qué discordias desgarran con frecuencia a una familia no se asombrarán de comprobar en la práctica del psicoanálisis que los allegados del enfermo se hallan muchas veces más interesados que el paciente quede como es en la curación. En los casos, muy frecuentes, en que la neurosis se halla relacionada con disensiones surgidas entre miembros de una misma familia, aquellos que gozan de buena salud no vacilan ni un solo momento cuando se trata de escoger entre su propio interés y la curación del enfermo. No debe, pues, extrañarnos que un marido no acepte con gusto un tratamiento que trae consigo, como con razón sospecha, la revelación de todo un catálogo de sus pecados. Así, pues, nosotros, psicoanalistas, no nos asombramos de estas cosas y declinamos todo autorreproche cuando nuestro tratamiento fracasa o debe ser interrumpido porque la resistencia del marido acude a intensificar la de su mujer. Habíamos emprendido algo que en las circunstancias dadas resulta irrealizable.

No os citaré sino un solo ejemplo de este género, en el que consideraciones puramente médicas me impusieron el papel de víctima silenciosa. Hace algunos años emprendí el tratamiento psicoanalítico de una joven atacada de una angustia tal, que no podía ni salir a la calle ni quedarse sola en su casa. Poco a poco, la enferma acabó por confesarme que su imaginación había quedado terriblemente impresionada por el descubrimiento de las relaciones amorosas de su madre con un rico amigo de la casa. Mas por torpeza o por un cruel refinamiento descubrió a su madre lo que sucedía en las sesiones de psicoanálisis: cambiando de actitud con respecto a su madre, obligándola, como único medio de evitar una crisis de angustia, a permanecer constantemente a su lado y oponiéndose a que saliera nunca de la casa. Ante esta conducta de su hija, comprendió la madre que la angustia que a la paciente aquejaba se había convertido en un medio de tenerla a ella prisionera e impedirle entrevistarse con su amante. Alegando el éxito de un tratamiento hidroterápico al que ella se había sometido en una anterior enfermedad nerviosa, impuso la interrupción de la cura psicoanalítica y recluyó a la joven en un sanatorio de enfermos nerviosos, en el que durante muchos años se la presentó como 'una pobre víctima del psicoanálisis'. Por mi parte, fui objeto de indignados reproches y críticas a causa del mal resultado del tratamiento; pero el secreto profesional me ha obligado a guardar silencio, hasta que mucho después he averiguado, por un colega que visita dicho sanatorio y ha tenido ocasión de ver a la joven agorafóbica, que las relaciones entre la madre y el rico amigo de la familia eran públicamente notorias y probablemente consentidas por el marido y padre. Así, pues, fue a este pretendido secreto al que sacrificó el tratamiento.

En los años que precedieron a la guerra, en los que la gran afluencia de extranjeros me hizo independiente del favor o disfavor de mi ciudad natal, llegué a imponerme la regla de no emprender jamás el tratamiento de un enfermo que no fuese *sui juris* en las relaciones esenciales de la vida, independiente por completo. Pero claro es que no todo psicoanalista puede imponerse esta regla. De todos modos, no quiero que de estas consideraciones sobre el peligro que representan los familiares del enfermo deduzcáis que el mismo debe ser separado de su familia y que, por tanto, no puede aplicarse nuestro tratamiento más que a los pensionistas de los sanatorios para neuróticos. Nada de eso; es mucho más ventajoso para los enfermos, cuando no se hallan en un estado de grave agotamiento, permanecer durante la cura en las mismas condiciones en las que deben resolver los problemas que ante ellos se plantean. Bastará, en estos casos, con que sus allegados no neutralicen esta ventaja con su intervención ni manifiesten, en general, ninguna hostilidad hacia los esfuerzos del médico. ¿Pero cómo se propondrían influir en tal dirección factores inaccesibles a nosotros? Como ya ven, lo mucho que el éxito o el fracaso del tratamiento depende, es en gran manera del medio social y el grado de cultura de la familia del sujeto.

¿No encontráis que todo esto no es muy apropiado para darnos una alta idea de la eficacia del psicoanálisis como método terapéutico, aunque hagamos depender de factores exteriores interferentes la mayoría de nuestros fracasos? Varios partidarios del psicoanálisis me invitaron a oponer una estadística de éxitos a la colección de fracasos que se nos reprochan; pero yo no he aceptado su consejo y he alegado en apoyo de mi negativa que cuando una estadística se compone de elementos muy diferentes entre sí —como lo son los casos con afecciones neuróticas sometidos hasta hoy al análisis—, carece de todo valor probatorio. Además, el intervalo de que pudiéramos tener cuenta es demasiado breve para que podamos afirmar que se trata de curaciones durables, y en muchos casos no nos es tampoco posible arriesgar ninguna afirmación sobre este punto. Estos últimos casos corresponden a aquellas personas que han mostrado especial interés en ocultar tanto su enfermedad como su tratamiento y cuya curación me ha sido preciso mantener secreta. Pero lo que más que otra consideración cualquiera me ha hecho declinar este consejo es la experiencia que poseo de la irracional actitud que la generalidad adopta ante las cuestiones terapéuticas y de la escasa posibilidad de convencer a nadie por medio de argumentos lógicos, aunque sean extraídos de la experiencia y de la observación. Una novedad terapéutica es arbitrariamente aceptada unas veces con un ruidoso entusiasmo, como sucedió con la primera tuberculina de Koch, o con una absoluta desconfianza, como sucedió con la vacuna, verdaderamente benéfica, de Jenner, que tiene todavía hoy en día adversarios irreducibles. El psicoanálisis ha tropezado siempre con un prejuicio manifiesto. Cuando hablábamos de la curación de un caso difícil, se nos respondía que ello no probaba nada, pues nuestro enfermo hubiera curado aunque no hubiera sido sometido a nuestro tratamiento. En cambio, cuando una enferma que ha pasado ya por cuatro ciclos de depresión y de manía, y sometida, durante una pausa consecutiva a la melancolía, al tratamiento psicoanalítico se encuentra tres semanas después del mismo al principio de un nuevo período de manía, todos los miembros de la familia, con la aprobación de cualquier alta autoridad médica llamada a consulta, expresan la convicción de que esta nueva crisis no puede ser sino consecuencia del tratamiento intentado. Contra los prejuicios no hay solución alguna; es necesario esperar y dejar que el tiempo vaya erosionándolos. Llega un día en que los mismos hombres piensan sobre las mismas cosas de muy distinta manera que el día anterior. Mas, ¿por qué no pensaron la víspera como piensan hoy? Es esto algo que queda en un oscuro misterio.

Es, sin embargo, posible que el prejuicio contra la terapéutica analítica se halle ya en vías de disminución y quiero ver una prueba de ello en la difusión continua de nuestras teorías y en el aumento, en determinados países, del número de médicos que practican el psicoanálisis. Cuando yo era un joven médico he visto acoger en los círculos médicos el tratamiento por la sugestión hipnótica con la misma indignación que después hubo de despertar el psicoanálisis y que ahora lo oponen al análisis gente de puntos de vista 'moderados'. Pero el hipnotismo no ha cumplido como agente terapéutico todo lo que al principio prometía. Nosotros, psicoanalistas, debemos considerarnos como sus legítimos herederos, y no olvidamos todos los alientos y las explicaciones teóricas que a él debemos. Las desventajas que se reprochan al psicoanálisis se reducen, en el fondo, a fenómenos pasajeros producidos por la exageración de los conflictos en los casos de análisis torpemente hechos o bruscamente interrumpidos. Ahora que sabéis cómo nos conducimos con los enfermos, podéis juzgar si nuestra labor puede causar un perjuicio duradero. Cierto es que el análisis se presta a abusos en diversas formas y que la transferencia constituye un instrumento peligroso entre las manos de un médico poco concienzudo. Pero ¿conocéis acaso un método o un procedimiento terapéutico que no se preste al abuso? El bisturí tiene que cortar bien si ha de constituir un instrumento de curación.

Llegado al término de estas lecciones, quiero hacer constar, sin que ello constituya un mero artificio oratorio, que reconozco y lamento todos los defectos y las lagunas de mi exposición. Lamento, sobre todo, haberos prometido retornar sobre un determinado tema, al que aludí de pasada, y no haber podido cumplir mi promesa a consecuencia del rumbo que hubieron de tomar después mis explicaciones. De todos modos, habéis de tener en cuenta que la materia cuya exposición he emprendido ante vosotros se halla aún en pleno desarrollo y que, por tanto, su exposición ha de resultar, como ella, incompleta. Más de una vez he reunido en mis conferencias todo el material necesario para deducir una conclusión; pero me he abstenido de ello, pues mi propósito no era el de haceros peritos en estas materias, sino tan sólo proporcionaros algunos esclarecimientos e incitaros a su más profundo estudio.

INDICES TEMATICOS

(Elaborados por el doctor Jacobo Numhauser Tognola)

Los temas de estos índices alfabéticos han sido seleccionados de acuerdo a los siguientes criterios de precedencia: en primer lugar se han elegido aquellas primeras referencias a algún concepto original de Freud; luego, se consignan las citas de Freud que amplifican o definen las diversas opiniones; a continuación, se incluyen las veces que Freud ampliara o modificara el tema en cuestión. No se incluyen las simples repeticiones de uso, a excepción de aquellas menciones que sirven para ejemplarizar los variados epígrafes. Hemos seleccionado, además, diversos temas no relacionados ni con el Psicoanálisis, la Psicología, la Psiquiatría o la Medicina, pero a los que Freud acude repetitivamente, sea para ilustrar aspectos de su labor investigadora o sea para intentar sondeos de aplicación del psicoanálisis a otras disciplinas, tales como: Arte, Etnología, Filología, Filosofía, Historia, Literatura, Moral, Política, Religión y Sociología, entre otras.

Los nombres propios de autores citados por Freud irán en el subíndice 'G'. En el 'B', «Freud por Freud»; en el 'C', Caso del *Hombre de los lobos;* en el 'D', Indice de Temas Oníricos; en el 'E', Sueños; en el 'F', Psicoanálisis.

A.—INDICE TEMATICO GENERAL

ABERRACIONES sexuales: 2312.
ABORTO: 2246.
ABSTINENCIA:
— sexual: 2373, 2393.
— de tóxicos: 2364.
ACTIVIDAD:
— muscular, diferencia el exterior del interior: 2040.
— psíquica, fin último de la: 2356.
ACTIVO-PASIVO, antítesis: 2048-9.
ACTO(S):
— automáticos: 2134-5.
— *buenos* de los hombres: 2105-7.
— capaces de conciencia: 2065.
— casuales y sintomáticos: 2154-5.
— fallidos: 2131 y sig.
— fallidos multiplicados, acumulados y combinados: 2135, 2151.
—, obsesivo, sentido del: 2295.
— obsesivos: 2283-4, 2315.
— sintomático, dejar puerta abierta al consultar: 2275-6.

ADOLESCENCIA: 2121.
AFECCIONES somáticas y psíquicas, base común: 2129.
AFECTIVIDAD, manifestaciones de la: 2068.
AFECTO(S):
—, contenido separado del: 2255-6.
— inconscientes, concepto: 2068.
AGORAFOBIA: 2291, 2410.
AGRICULTURA: 2221.
AISLACION obsesiva: 2291.
AJEDREZ: 2111.
ALCOHOL, reacción frente a la pérdida del: 2090.
ALCOHOLICA, intoxicación: 2098.
ALEGRIA, estados de: 2098.
ALIMENTACION, perturbaciones del instinto de: 2000.
ALIMENTARSE, rechazo a: 2093, 2095.
ALTRUISMO: 2105-6, 2382.
ALUCINACION(ES):
— auditivas: 2029-30.

— paterno, ver el: 1958, 1970, 1972, 1985, 1989, 2014.
—, placer del: 2345.
COITUS INTERRUPTUS: 2372-3.
COMERSE al niño, juego a: 1956, 1963.
COMICIDAD: 2073.
COMPASION: 2046.
—, origen narcisista: 1989.
COMPLEJO(S):
— castración: 1947, 2027-8, 2250, 2320.
— castración, erotismo anal y: 2038.
—, concepto: 2185.
— de Edipo: 2007, 2249-50, 2328-33, 2349.
— de Edipo invertido: 2008.
— de Edipo, labor de desligarse de los padres: 2333.
— de Edipo, positivo: 1989.
— familiar: 2331.
— de la infancia: 2353.
— materno: 2012.
CONCEPCION:
— científica del mundo: 2133.
— dinámica de los fenómenos psíquicos: 2159.
— religiosa del mundo: 2133.
CONCIENCIA:
—, acceso a la: 2075-6.
—, inconsciente de culpa: 2067.
—, moral: 2030, 2094, 2104.
—, órgano sensorial: 2064.
—, segunda: 2063.
CONDENSACION:
— erótica: 1961.
— erótica, enamoramiento de mujeres de clase baja: 1991.
—, proceso de: 2072.
—, tres procedimientos: 2226-8.
CONDUCTA:
— cruel del hombre (ver tb. *crueldad*): 2104-5.
— del enfermo: 2126.
—, motivaciones: 2106.
CONFESION por *lapsus*: 2161.
CONFLICTO(S):
— actuales: 1968.
—, analogía del oso y la ballena: 2392.
— anímico, sumación de tendencias: 1975.
—, factor cuantitativo en el: 2056.
— entre intereses del Yo y del amor: 2051.
— patógeno: 2392.
— psíquico, condición de la neurosis: 2340-1.
—, no termina con el sistema: 2015-6.

CONFLUENCIA de los instintos de Adler: 2042.
CONOCIMIENTO:
— inconsciente del simbolismo: 2223.
— instintivo de los animales: 2008.
—, tipos de: 2298.
CONSCIENTE en el niño: 1999.
CONSTIPACION pertinaz: 1981.
CONTRACARGA:
— del Prec.: 2069-70, 2072.
— del Yo: 2378.
CONVICCIONES: 2273.
CREACION poética: 2024.
—, materiales: 2333.
CRIMINAL, sutiles huellas en la investigación: 2132.
CRUELDAD con animales: 1946, 1952.
CUENTO:
—, *La Caperucita Roja*: 1951, 1954-6, 1961.
— de *El lobo rabón*: 1955.
—, *El lobo y las siete cabritas*: 1951, 1955-6, 1960-2.
—, *Reynard el zorro*: 1951.
CURACION:
— por el amor: 2033, 2397.
— sintomática: 2345.
CURIOSIDAD:
— infantil: 2262.
— sexual infantil: 2320.

CHISTE(S):
— anales, complacencia por: 1982.
—, cuando uno de nosotros muera: 2116.
—, elaboración del: 2269.
— onírico: 2269.
—, técnica de remoción de la represión: 2056.
—, uso de la alusión: 2228.
CHUPETEAR: 2218, 2328, 2353.

DEFECACION:
— considerada como un nacimiento: 1996-7.
—, deseo imperioso de: 1981.
— por excitación sexual: 1985.
— infantil: 2036.
—, voluptuosidad en la: 2319.
DEFECTOS orgánicos: 2031.
DEFENSA(S):
— contra el desarrollo de angustia: 2378.
— contra los instintos: 2044.
—, proyección un medio de: 2084.
DEFICIENCIA mental emocional: 2109.

ENAMORAMIENTO(S) (ver tb. *Amor, Elección de objeto)*: 2025, 2032, 2097, 2383.
— obsesivos: 1961.
ENCLAVE a las influencias inconscientes: 2071.
ENFERMEDAD:
— de Basedow: 2364.
— (neurótica), condición de la: 2077.
— orgánica, desligamiento de la libido objetal: 2383-4.
— orgánica, neurosis desencadenada por: 2366.
— orgánica, libido en la: 2022.
ENTROPIA: 2006.
ENURESIS infantil: 1992.
ENVIDIA:
— a la madre: 1983.
— del pene: 2027, 2035-6, 2038, 2320.
EQUIVALENTE de angustia: 2372.
EQUIVOCACIONES orales: 2133. 2136-40, 2155, 2159-60.
— *apopo:* 2143.
— *en el buzón:* 2137.
— *calzones:* 2156.
— *cochinerías:* 2142, 2146, 2156-7, 2180.
— *Comité de préstamos:* 2149.
— *el confortable:* 2135-6.
—, contagiosidad de las: 2159.
— *doblando el espinazo:* 2155-6.
— *durará:* 2142, 2146.
— *no estoy inclinado:* 2137, 2141.
—, factores psicofisiológicos en las: 2144-5.
— *facha del sombrero:* 2138.
— *hacia ella:* 2139.
— *hundir la prosperidad:* 2136, 2143, 2147, 2157, 2211.
— *se levanta la sesión:* 2137-8, 2141, 2146, 2155.
— *de la manera más interesada:* 2155.
— *la Milo:* 2136.
—, mecanismos: 2157-8.
— *muchas tentaciones:* 2137.
— *mujer-caga-huevos:* 2143.
— *puede comer lo que yo quiera:* 2138, 2141, 2149, 2156.
— *Sentí un pech...:* 2136.
— *señorita, desearía ofender:* 2136-7, 2142, 2149, 2227.
— *Siemens y Halske:* 2137.
— *con un solo dedo:* 2142, 2156.
EROGENEIDAD corporal, concepto: 2023.

EROTISMO:
— anal: 1976.
— anal, complejo de castración y el: 1979-89.
— anal en la melancolía: 2097.
— anal persistente: 2037.
— uretral: 2001.
ERRATAS tipográficas: 2135.
ERROR por encubrimiento de Silberer: 2311.
ERRORES en la escritura:
— *ensayos en humanos:* 2160-1.
— *Kornprinz:* 2135.
ERRORES de lectura:
— *Agamenon:* 2140, 2161.
— *W. C.:* 2161.
ESCENA(S):
— infantil, activación de la: 1963.
— infantiles construidas: 1968.
— infantiles, elaboración a posteriori: 1959, 1963, 1971, 1983, 2003.
— infantiles, recuerdo de: 1967.
— primaria: 1960, 1962, 1969-70.
— primarias, realidad de: 1967, 1994-5.
— de seducción infantil: 1948, 1950-1.
ESCOPOFILIA: 2044, 2046-7, 2051.
ESCRITOR, materia prima del: 2179.
ESCRITURA:
— china: 2266.
— egipcia: 2265-6.
ESPIRITU SANTO: 1977.
ESPIRITUS, invención de los: 2113-4.
ESQUEMA de la ecuación etiológica: 2348.
ESQUIZOFRENIA(S): 2043, 2290, 2384-5, 2387, 2396.
—, apartamiento del mundo exterior: 2017, 2078.
—, apatía en la: 2078.
—, autoestima en la: 2031.
—, disposición: 2385.
—, elaboración de las palabras en la: 2078.
—, esfuerzos por recobrar el objeto perdido: 2082.
—, fase alucinatoria: 2087, 2090.
—, fenómenos del proceso patológico: 2024.
—, fenómenos residuales: 2024.
—, fenómenos de restitución: 2024.
—, incapacidad de transferencia: 2078.
—, libido retraída al yo: 2381.
—, lenguaje de: 2078-82.
—, manejar cosas concretas como abstractas: 2082.
—, mantiene cargas verbales: 2081.

PUENTES de palabras: 2087.

QUIMISMO sexual: 2020, 2043, 2322, 2364-5.

RABIETAS infantiles: 1945-6.
RACIONALIZACIONES usadas por las naciones: 2109.
RAMIFICACIONES:
— del Inc., analogía al mestizo: 2075.
— de lo reprimido: 2055-6.
— del sistema Inc.: 2074-6.
REALIDAD:
—, apartamiento de la: 2017-8, 2021.
—, creencia en la: 2088.
—, examen de la: 2088-9.
— material: 2352.
—, principio de (ver *Principio*).
—, prueba de la: 2355.
—, procesos Inc. carecen de: 2073.
—, psíquica: 2352-3.
RECORDAR el sueño hipnótico: 2182.
RECUERDOS:
— encubridores: 1947, 1967, 2245.
— infantiles, analogía con las leyendas: 2352.
— latentes: 2062.
REFUGIO en la enfermedad: 2361.
REGALAR, no: 2293.
REGALO, significado: 1985-6, 2036.
REGRESION(ES):
— a la fobia infantil: 2377.
— formal: 2253.
— material: 2253.
— en neurosis narcisistas: 2335.
— onírica: 2086.
— de la organización genital: 2001.
— a los primeros objetos: 2335.
—, proceso de: 2335-6.
— temporales: 2083, 2086.
— de toda la organización sexual: 2335.
— tópica: 2086-7.
— del Yo: 2345.
— del Yo y de la libido: 2083.
REGRESIVAS, creaciones: 1968.
RELIGION(ES):
—, ambivalencia de las doctrinas: 2006.
—, ambivalencia respecto al padre: 1976.
— del antiguo Egipto: 2220.
—, labor educativa: 2004-5.
REMORDIMIENTO normal: 2093.
RENDIMIENTOS: 2031.
RENUNCIA:
— a una parte del cuerpo: 1987.

— a la virilidad: 1987.
REPRESION: 2053 y sig.
—, analogía a expulsar a un sujeto indeseado: 2057.
—, atracción de lo reprimido: 2054.
—, carácter individual de la: 2055-6.
—, carácter móvil de la: 2056.
—, condición de la: 2028.
—, definición: 2336.
—, diferencia a juicio condenatorio: 1984.
—, dinámica de la: 2069.
—, efectos en las psiconeurosis: 2055.
—, esencia de la: 2054, 2061.
—, en la esquizofrenia: 2082.
—, fin de la: 2068.
— fracasada: 2057-60.
—, gasto energético de la: 2056.
—, levantamiento de la: 2067, 2077.
—, mecanismos de la: 2057-8.
—, móvil de la: 2002.
—, primaria: 2054, 2070.
—, primera fase: 2054.
—, proceso de: 1306-8.
— es un proceso tópico: 2336.
—, propiamente dicha: 2054, 2070.
—, retorno de lo reprimido: 2058.
—, segunda fase: 2054.
—, tópico del proceso de: 2090.
—, transformación del afecto en angustia: 2378.
RESISTENCIA(S): 2130, 2146-7, 2190, 2207, 2301-6, 2394-5.
—, analogía al camino recorrido en tiempos bélicos: 1944.
—, analogía al derecho de asilo: 2302.
—, analogía al dolor de muelas: 2301.
—, analogía al niño que no quiere abrir la mano: 2190.
—, cambios de intensidad: 2305.
—, complejo de castración en la: 2320.
—, desaparición de la: 1993.
— intelectual: 2302-3, 2305.
—, intensidades variables de: 2190-1, 2207.
— en las neurosis narcisistas: 2386.
—, origen en el Yo: 2308.
— por transferencia: 2303-4, 2399.
RESTOS diurnos: 2084.
RISA: 2073.
ROMPER un cacharro: 2289.
ROTURA de objetos: 2151, 2167.

SACRIFICIOS voluntarios: 2166.
SADICAS, actividades: 1952.
SADISMO: 2045-6.

YO:
—, acción en la neurosis: 2360-1.
— ampliado: 2051.
—, aspectos del: 2003.
—, daño al, analogía al crimen *lèse-majesté:* 2115.
— débil: 2395.
— debilitado: 2363.
—, desarrollo del: 2341-5.
—, disociación de una parte del: 2090.
—, empobrecimiento del: 2031-3, 2093, 2097.
—, enriquecimiento del: 2032.
—, evolución del: 2032.
— fuerte: 2363.
—, grandes instituciones del: 2094.
— ideal: 2028-30, 2032-3, 2389-90.

—, inhibición por duelo: 2092.
—, libido del: 2019.
—, magnitud del: 2031.
—, modificación del: 2059.
— no yo, antítesis: 2048-9.
—, objetivos de las tendencias del: 2345.
— de placer: 2049.
— de realidad: 2049.
—, regularización de la motricidad: 2346.

ZONA(S):
— anal, trastornos funcionales: 1983.
— erógenas: 2023.
— erógena bucolabial: 2318.
— erógenas excretorias: 2319.
ZOOFOBIA: 1941, 1955-6, 2058, 2070.

B.—INDICE DE FREUD POR FREUD

Abandona la hipnosis: 2304.
Actitud ante la muerte: 2110-7.
Amigo: 2152.
Anécdota:
— de la aspirante a comadrona: 2370.
— de la dama americana altruista en los sueños: 2108.
— *el parto nada de sexual:* 2311.
La angustia constituye la moneda corriente de cambio de todos los afectos: 2374.
«Lo anímico primitivo es absolutamente imperecedero»: 2108.
Aquel que da más de lo que tiene no es un hombre honrado: 2278.
Mi arte expositiva: 2358-9.
Balneario del Tirol: 2176.
El bisturí debe cortar bien: 2411.
Ça n'empêche pas d'exister: 2210.
Ciudad natal: 2246.
Ciudadano del mundo civilizado: 2103-4.
Conferencias:
— en la Clark University: 2166.
— en la Universidad de Viena, entre 1915-7: 2123 y sig.
Conjunto de ensayos sobre metapsicología: 2083.
Consulta, habitación de la: 1961.
Consultorio: 2275.
No creo que de la discusión nace la luz: 2274.
Crítica a Jung: 2290.
Cuadros:
— de Böcklin: 2227.

— de Brueghel: 2312.
—, *El Parnaso, La Escuela de Atenas:* 2103.
— de Schwind: 2203.
Con Charcot: 2210.
Descubrimiento de Breuer: 2297.
Discusiones, analogía del oso y la ballena: 1965.
Duermo profundo: 2176.
Entre el cielo y la tierra hay muchas más cosas que las que nuestra filosofía supone: 1944.
Episodio del militar que prohibió unas conferencias: 2328-9.
Escribe el caso del *Hombre de los lobos:* 1941.
Es el egoísmo el que enseña a amar: 2248.
Escoger la derrota heroica: 2362.
Es inútil que una ciencia que tiene algo que enseñar busque partidarios: 2181.
El estado ha prohibido al individuo la injusticia no porque quisiera abolirla, sino porque pretendía monopolizarla: 2104.
Estudia con Bernheim: 2402.
Estudios:
— con Brücke: 2334.
— sobre el bulbo: 2367.
Excursión a los Dolomitas: 2156.
Exposición *ad usum delphini:* 2181, 2215.
Une façon de parler: 2282, 2296.
Guerra Europea: 1941, 1944, 2009, 2101-10, 2126, 2117, 2119-20, 2164, 2210.
Hay fagots y fagots: 2298.

C.—CASO DEL *HOMBRE DE LOS LOBOS*

D.—INDICE DE TEMAS ONIRICOS

1.—Analogías del sueño

2.—Contenido manifiesto de sueños típicos o frecuentes

3.—Elaboración onírica

4.—Función y utilidad de los sueños

5.—Interpretación de los sueños

6.—Material onírico, fuentes y estímulos de los sueños

E.—INDICE DE SUEÑOS

Grandes:
— banquetes (tripulación de O. Nordens-
  kjöld): 2201.
— comidas (Jorge Back): 2202.
Hace salir una señora detrás de la cama
  (hombre): 2193.
Hermano encerrado en baúl (hombre):
  2193, 2199.
Invitada a comer (abuela de Ana F.): 2201.
Largos corredores (Scherner): 2177.
Montañas de tabaco (tripulación de O.
  Nordenskjöld): 2201.
Oficial con gorra encarnada la persigue
  (mujer después de coito): 2240.
Oía llamar a la puerta (histérica): 2015.
El padre ha muerto (judío): 2237-9, 2249.
Pasa sobre un puente (hombre): 2243.
Pasea con su padre por el Prater (joven):
  2241-2.
A pesar de ser sábado (judío): 2235.

Sátiro danzando (Alejandro Magno): 2170,
  2269.
Sube a una montaña: 2193-4.
Subir la Dachstein (niño de cinco años
  tres meses): 2197-8.
Suda copiosamente (Maury): 2174.

Sueño:
— de Dora: 2260.
— de los servicios de amor (Sra.): 2204-5,
  2207-8, 2253.
Travesía por el lago (niña de tres años tres
  meses): 2197, 2199.
Tres por un florín cincuenta céntimos (joven casada): 2194-6, 2206, 2230, 2258-9,
  2262.
Su única hija muerta (Sra): 2246.
Viaja en ferrocarril y mata (hombre):
  2243-4.
Ya no quedan (una paciente): 1967.

F.—PSICOANALISIS

1.—Generalidades

Adversarios: 1942, 2274, 2300-1.
ANALOGIA:
— a la confesión criminal: 2148.
— a las dos grandes mortificaciones de la
  autoestima humana: 2300, 2301.
— a la existencia de Alejandro Magno:
  2127-32.
— a la Histología: 2281.
— a la investigación del crimen de Edipo:
  2329.
— quirúrgica: 2403, 2409, 2411.
Aplicaciones: 2225.
Autoanálisis: 2128.
Base orgánica futura: 2365.
Ciencia preparatoria de psiquiatras: 2386.
CRITICAS:
— de autoridades escolares suizas: 2267-8.
— a la moral sexual: 2393.
Denigradores: 2408.
Desventajas: 2411.
Diferencia con otros tratamientos médicos:
  2125.
Dificultad de comunicar análisis prolonga-
  dos: 1963.
Difusión: 2411.
Dinámica del proceso curativo: 2400.
Disciplina de interés general: 2224-5.
Disidentes: 1941.
Enseñanza del (ver tb. *Analista)*: 2126,
  2409.

ESCUELA(S):
— psicoanalíticas: 2124.
— suiza: 2021.
— de Zurich: 2186.
Explicación psicoanalítica: 1999.
Imago: 2225.
Investigación, modelo de: 2146.
Materiales sometidos a su observación:
  2132.
Mecanismo de curación: 2405-7.
Medio de investigación científica: 2281.
Método terapéutico: 2281.
Movimiento psicoanalítico: 2338-9.
Oposición inevitable: 2124.
Perturbación de la tranquilidad del mundo:
  2300-1.
Posteducación: 2404.

PRINCIPIO:
— esencial primero: lo anímico es lo
  inconsciente: 2130.
— esencial segundo: rol de los impulsos
  sexuales en las enfermedades nerviosas:
  2130-1.
Y psiquiatría: 2273-81.
PSICOANALISIS EN:
— América: 2386.
— Suiza: 2267.
Sociedad Psicoanalítica de Viena: 2080.
Unico fin y única función: 2365.

2.—Analista

3.—Técnica analítica

4.—Paciente

G.—INDICE DE AUTORES

INDICE DE LAMINAS

INDICE GENERAL